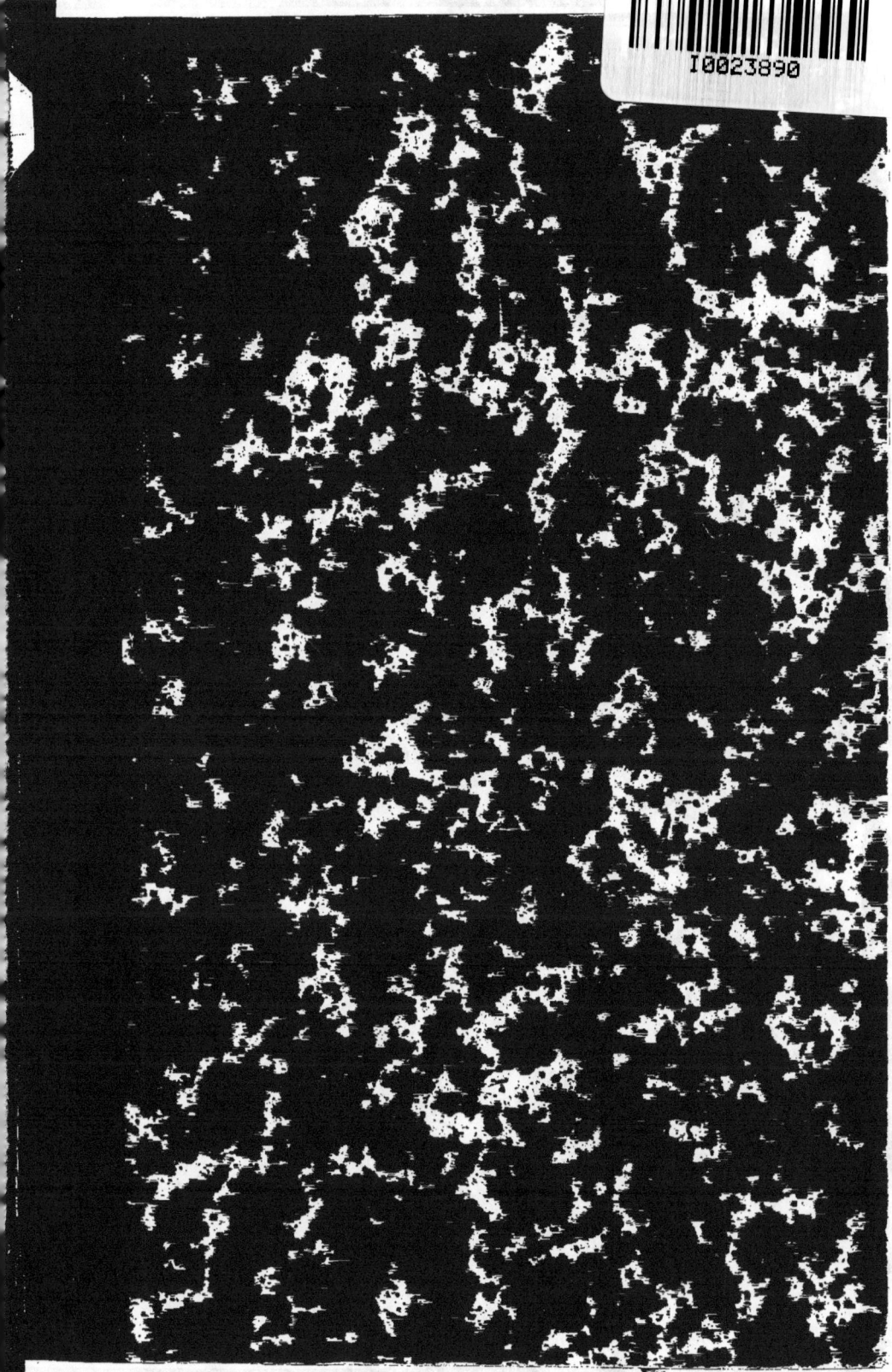

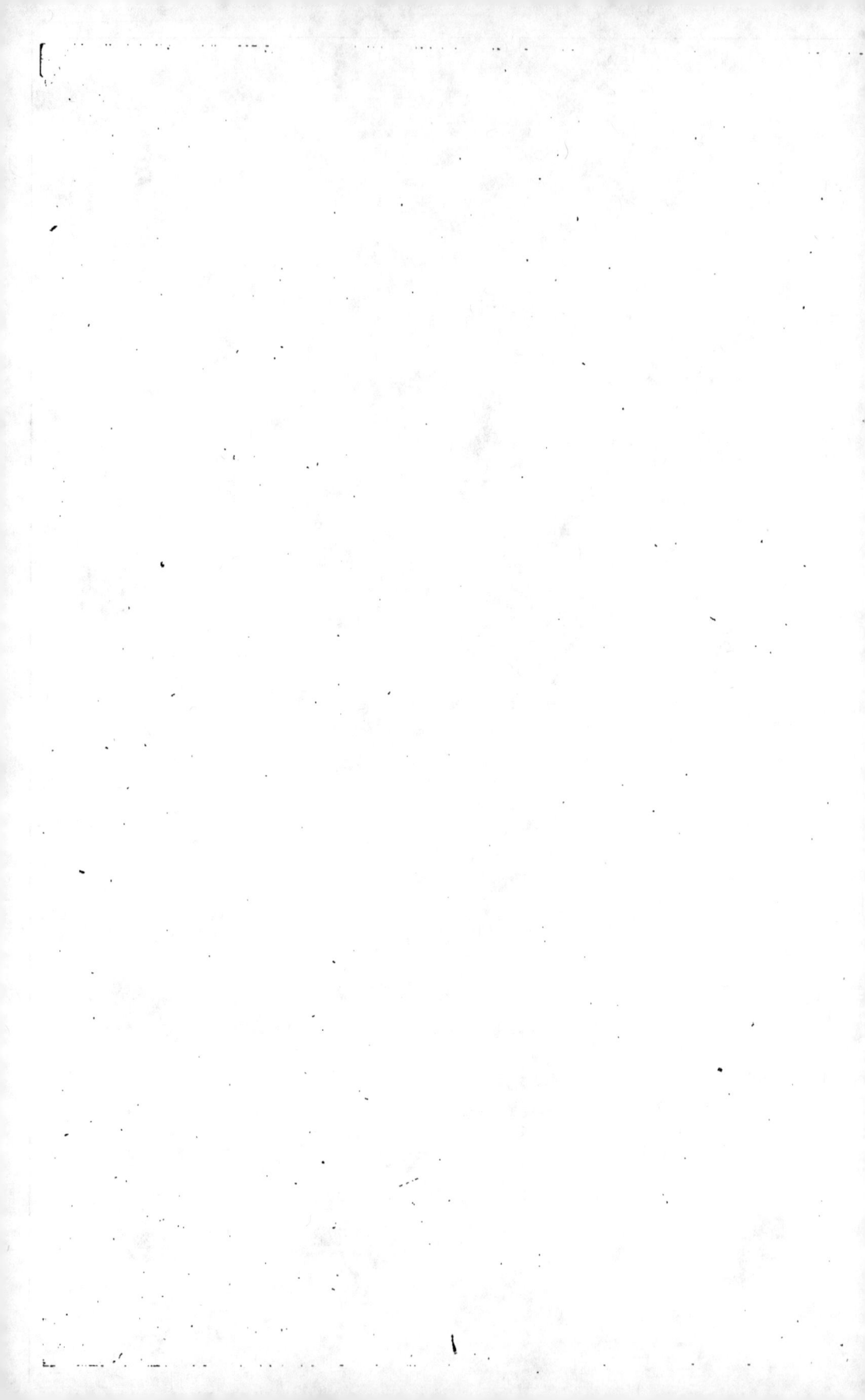

HISTOIRE

DE LA

GUERRE 1870-1871

Paris. — Typ. A. Parent, rue Monsieur-le-Prince, 31.

ÉMILE DE LA BÉDOLLIÈRE

HISTOIRE

DE LA

GUERRE 1870-1871

ILLUSTRÉE PAR

NOS MEILLEURS ARTISTES

AVEC UNE CARTE DE FRANCE D'APRÈS LE TRAITÉ DU 10 MAI 1871.

PAR DESBUISSON

PARIS

GEORGES BARBA, LIBRAIRE-ÉDITEUR

7, RUE CHRISTINE, 7

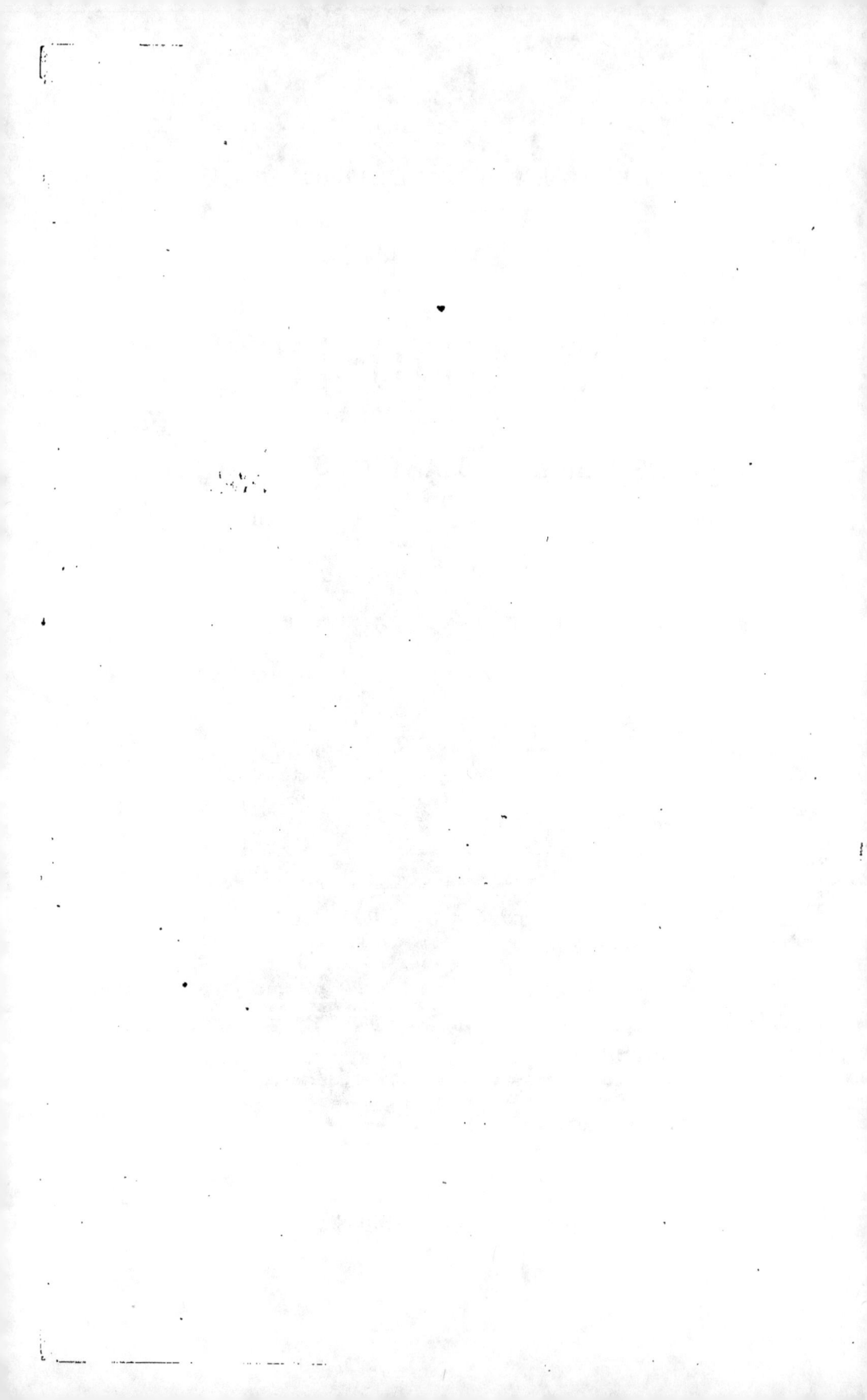

ÉMILE DE LABÉDOLLIÈRE

HISTOIRE

DE LA

GUERRE DE PRUSSE

M. de Bismack.

CHAPITRE PREMIER

Origine du conflit. — Candidature du prince Hohenzollern. —
Déclaration du 6 juillet.

Nous avons raconté, dans une série de publications qui ont eu le bonheur de rester pour ainsi dire classiques, la guerre d'Orient, l'affaire de Neufchâtel, l'expé-

dition d'Italie, l'expédition du Mexique, la grande lutte entre l'Autriche et la Prusse, et enfin les négociations qu'a soulevées la situation spéciale du Luxembourg..

A la fin de l'ouvrage intitulé *la France et la Prusse*, après avoir donné le texte du traité conclu à Londres le 1er mai 1867, nous disions :

« Toutes les causes de conflit sont elles maintenant conjurées? La paix est-elle solide et bien assise?

1

« L'avenir décidera. »

L'avenir a décidé !

La guerre éclate.

Nous reprenons la plume en exprimant la conviction que la lutte qui s'engage sera une des plus grandes et des plus décisives qu'aura vues le dix-neuvième siècle.

Depuis 1866 une sorte de cauchemar pesait sur l'Europe centrale et particulièrement sur la France.

Forte des traités d'alliance qu'elle avait contractés avec le Wurtemberg, le grand-duché de Bade et la Bavière, la Prusse, depuis cette mémorable année, travaillait avec une activité toujours croissante à étendre son hégémonie sur l'Allemagne du Nord. Le cabinet de Berlin avouait hautement le but de réaliser l'unité germanique au profit de la maison de Hohenzollern, et au sein du Reichstag de la Confédération de l'Allemagne du Nord, le chancelier fédéral, M. de Bismark, avait plusieurs fois fait entendre des paroles qui étaient comme un défi jeté à la France.

Dans le traité de paix conclu à Prague entre l'Autriche et la Prusse, le 23 août 1866, avait été inséré, à l'instigation de la France, un article 5 qui cédait au monarque prussien les duchés de Holstein et de Sleswig; avec la réserve expresse que les populations des districts septentrionaux de Sleswig, si elles exprimaient par un suffrage libre le désir d'appartenir au Danemark, devraient être rétrocédées.

Par suite du mauvais vouloir du cabinet de Berlin, cette clause restait inexécutée.

Après l'apaisement du différend luxembourgeois, et jusqu'au mois de juillet 1870, une sorte d'armistice régna entre la France et la Prusse; mais, le 4 juillet, on apprit inopinément que de mystérieuses négociations s'étaient engagées entre le maréchal Prim et le prince de Hohenzollern, auquel avait été offerte la couronne d'Espagne.

Qu'était-ce que ce prince, fils aîné du prince Charles de Roumanie?

C'était Léopold-Étienne-Charles-Antoine de Hohenzollern-Sigmaringen, dont le père, Charles-Antoine-Frédéric-Mainrad avait abdiqué, le 7 décembre 1849, le gouvernement de sa principauté en faveur du roi de Prusse.

Guillaume Ier (Frédéric-Louis), roi de Prusse, était le chef de la famille.

Né le 22 septembre 1835, le prince Léopold était lieutenant en premier dans le premier régiment de la garde à pied du roi Guillaume; il avait épousé, le 12 septembre 1861, la sœur de don Louis, roi de Portugal, Dona-Antonia-Maria-Fernanda-Micaëla-Gabriela.

Sa propre sœur s'était mariée, le 25 mars 1867, au comte de Flandres, héritier de la couronne de Belgique.

L'intrigue ourdie pour nommer le prince Léopold roi d'Espagne avait donc pour but de mettre, par un système d'alliances héréditaires, une partie de l'Europe à la disposition du roi de Prusse.

Grande fut l'émotion des hommes d'État, en entrevoyant à l'horizon la reconstruction de l'empire d'Allemagne. Le 5, une demande d'interpellation sur ce nouveau point litigieux fut déposée sur le bureau du Corps législatif par M. Cochery.

Le 6, M. le président Schneider prévint la Chambre que M. le ministre des affaires étrangères devait faire au début de la séance une communication à la Chambre.

« Je crois, ajouta-t-il, qu'il y aurait avantage à ne pas reprendre immédiatement la discussion du budget et à attendre l'arrivée de M. le ministre, qui a été prévenu. » (Oui! oui!)

Au bout d'un instant, M. le ministre, le duc de Gramont, entra dans la salle, monta à la tribune, et lut cette déclaration :

« Je viens répondre à l'interpellation qui a été déposée hier par l'honorable M. Cochery.

« Il est vrai que le maréchal Prim a offert au prince Léopold de Hohenzollern la couronne d'Espagne, et que ce dernier l'a acceptée. Mais le peuple espagnol ne s'est pas encore prononcé, et nous ne connaissons point encore les détails vrais d'une négociation qui nous a été cachée.

« Aussi une discussion ne saurait-elle aboutir maintenant à aucun résultat pratique; nous vous prions, messieurs, de l'ajourner.

« Nous n'avons cessé de témoigner nos sympathies à la nation espagnole, et d'éviter tout ce qui aurait pu avoir les apparences d'une immixtion quelconque dans les affaires intérieures d'une noble et grande nation en plein exercice de sa souveraineté; nous ne sommes pas sortis, à l'égard des divers prétendants au trône, de la plus stricte neutralité, et nous n'avons jamais témoigné pour aucun d'eux ni préférence ni éloignement.

« Nous persisterons dans cette conduite. Mais nous ne pensons pas que le respect des droits d'un peuple voisin nous oblige à souffrir qu'une puissance étrangère, en plaçant un de ses princes sur le trône de Charles-Quint, puisse déranger à notre détriment l'équilibre actuel des forces en Europe (Bruyants applaudissements), et mettre en péril les intérêts et l'honneur de la France. (Nouveaux applaudissements.)

« Cette éventualité, nous en avons le ferme espoir ne se réalisera pas.

« Pour l'empêcher, nous comptons à la fois sur la sagesse du peuple allemand et sur l'amitié du peuple espagnol.

« S'il en était autrement, forts de votre appui, messieurs, et de celui de la nation, nous saurions remplir notre devoir sans hésitation et sans faiblesse. »

Des applaudissements prolongés retentirent, puis M. Garnier-Pagès s'écria :

« Ce sont des questions dynastiques qui troublent la paix de l'Europe; les peuples n'ont que des raisons de s'aimer et de s'entr'aider. »

M. Schneider essaye de prononcer la clôture de l'incident et de donner la parole à M. Magnin sur le budget; mais M. Glais-Bizoin ramène la discussion sur la question que poursuit la déclaration du ministre.

M. Glais-Bizoin. — Après la déclaration de M. le ministre des affaires étrangères, il ne reste qu'à renvoyer le budget à la commission. Il est à refaire. (Réclamations.)

M. Ernest Picard. — Avant que la discussion du budget soit reprise, la chambre trouvera bon, je pense, d'inviter le ministre à mettre à notre disposition les documents diplomatiques qui nous sont nécessaires pour porter un jugement réfléchi sur la déclaration si grave qui vient de nous être faite.

Je crois répondre au sentiment général de la chambre en disant que notre devoir est de tenir la main à ce que les intérêts, les destinées du pays ne soient jamais engagés sans le consentement de ses représentants.

S. Exc. M. Chevandier de Valdrôme, ministre de l'intérieur. — En l'absence de mon collègue, M. le ministre des affaires étrangères, je dois rappeler que, par ses premières paroles, il a demandé que la discussion fût ajournée.

Quant à des documents diplomatiques, le gouvernement n'en a pas d'autres à communiquer. (Bruit à gauche.)

M. le président Schneider. — La parole est à M. Magnin sur le budget.

M. Crémieux. — Je demande à M. Magnin comment il pourra discuter le budget. Ce qu'il y a à examiner en ce moment, c'est la situation réelle de la France. Il faut voir ce que signifient ces mots : L'empire, c'est la paix, quand nous sommes encore menacés d'une guerre nouvelle.

Si la guerre est nécessaire, le gouvernement nous demandera des millions et il les obtiendra ; mais si la guerre n'est pas nécessaire, les paroles qui ont été prononcées à cette tribune sont de telle nature qu'une protestation est indispensable. (Interruption.)

J'ai entendu vos applaudissements, et c'est précisément contre eux que je proteste. (Nouvelles réclamations.)

Les paroles que vient de prononcer M. le ministre de la guerre... je veux dire M. le ministre des affaires étrangères... l'erreur se comprend : la guerre est déclarée par de semblables paroles. (Bruyantes dénégations.)

M. le garde des sceaux. — Je demande la parole.

M. Crémieux. — Je sais que vous êtes incertains si vous voulez la guerre ou la paix. Nous, nous voulons la paix (Bruit), à moins que l'honneur du pays soit engagé.

M. Bismark a eu la pensée d'envoyer un prince prussien sur le trône d'Espagne... (Interruptions nouvelles.)

M. le président Schneider. — N'entrons pas dans la discussion. (Réclamations à gauche.) Je suis responsable de l'ordre de nos débats, et je ne puis laisser discuter, ni de près ni de loin, le fond de l'interpellation. Je demande donc à M. Crémieux de s'en tenir à la question

de savoir s'il y a lieu, oui ou non, de continuer la discussion du budget. (Très-bien !)

M. Crémieux. — Je ne discute pas le fond de l'interpellation. M. le ministre en a demandé l'ajournement. La chambre ne s'est pas prononcée sur cette demande. J'aurais donc le droit de proposer que la chambre statue à cet égard. Mais je dis seulement que la chambre n'est pas dans une disposition d'esprit qui permette de reprendre utilement la discussion du budget. (Réclamations.)

L'équilibre du budget repose sur une combinaison que j'ai approuvée, celle de M. Soubeyran ; or cette combinaison repose elle-même sur ce fait que la rente soit à 73 francs. Mais la rente, en ce moment, est à 71 francs, et je ne dis pas que vos paroles ne la feront pas tomber encore plus bas. Que devient alors votre budget.

Il faut donc attendre et quand nous aurons examiné froidement la situation, nous aviserons. (Approbation à gauche.)

S. Exc. M. Émile Ollivier, garde des sceaux. — Je demande à l'assemblée de ne pas accepter la proposition de l'honorable M. Crémieux, et de reprendre et de continuer la discussion du budget. (Très-bien ! très-bien !)

Demain, l'honorable M. Crémieux et les différents membres de cette assemblée reliront la déclaration qui a été lue à cette tribune, après avoir été délibérée en conseil, et ils pourront mieux en peser les termes et en mesurer la portée...

M. Emmanuel Arago. — On l'a bien entendue ! (N'interrompez donc pas.)

M. le garde de sceaux. — Quand ils auront lu et pesé cette déclaration que je ne peux pas discuter en ce moment, ils se convaincront qu'elle ne contient de provocation contre personne, qu'elle ne porte aucune atteinte aux droits légitimes du peuple espagnol, que nous considérons comme un peuple ami, surtout qu'elle ne révèle...

M. Emmanuel Arago. — Je demande la parole.

M. le garde des sceaux. — ... Surtout qu'elle ne révèle en aucune manière une incertitude dans la pensée du gouvernement sur la question de savoir s'il veut la paix ou s'il appelle la guerre.

Le gouvernement désire la paix !... (Très-bien ! très-bien !)

... Il la désire avec passion... (Exclamations à gauche.)

M. Jules Favre. — Comme autrefois il ne voulait pas faire la guerre ! On connaît votre politique, elle a ses précédents, allez ! (Réclamations.)

A DROITE ET AU CENTRE. — Laissez donc parler !

M. le garde des sceaux. — Il la désire avec passion, mais avec honneur ! (Très-vives marques d'approbation.)

M. le général Le Breton. — Nous aussi, nous tous !

M. le garde des sceaux. — L'amour-propre de personne n'est engagé ; rien n'est encore définitif, et je ne puis admettre qu'en exprimant à haute voix son sentiment sur une situation qui touche à la sécurité et au prestige de la France, le gouvernement compromette la paix du monde.

Mon opinion est qu'il emploie le seul moyen qui reste de la consolider ; car chaque fois que la France se montre ferme, sans exagération dans la défense d'un droit légitime, elle est sûre d'obtenir l'appui moral et l'approbation de l'Europe. (Très-bien ! très-bien !)

Je supplie donc les membres de cette assemblée, je supplie la nation, d'être bien persuadée qu'elle n'assiste pas aux préparatifs déguisés d'une action vers laquelle nous marchons par des sentiers couverts ; nous disons notre pensée entière, nous ne voulons pas la guerre ; nous ne poursuivons pas la guerre, nous ne sommes préoccupés que de notre dignité. Si nous croyons un jour la guerre inévitable, nous ne l'engagerons qu'après avoir demandé et obtenu votre concours. (Très-bien ! très-bien !)

Une discussion s'engagera, et alors si vous n'adoptez pas notre opinion, comme nous vivons sous le régime parlementaire, il ne vous sera pas difficile de l'exprimer ; vous n'aurez qu'à nous renverser par un vote, et à confier la conduite des affaires à ceux qui vous paraîtront en mesure de les mener selon vos idées. (Rumeurs à gauche.)

Soyez convaincus de l'absolue sincérité de notre langage ; je l'affirme sur l'honneur, il n'y a aucune arrière-pensée dans l'esprit d'aucun de nous, quand nous disons que nous désirons la paix.

J'ajoute que nous l'espérons, à une condition, c'est qu'entre nous disparaissent tous les dissentiments de détail et de parti, et que la France et cette assemblée se montrent unanimes ! (Très-bien, très-bien ! — Vive approbation.)

M. Barthélemy Saint-Hilaire. — Il y a dans la déclaration qui a été faite par M. le ministre des affaires étrangères un point essentiel à éclaircir sur-le-champ. M. le ministre nous a dit : M. le maréchal Prim a offert la couronne d'Espagne au prince Léopold de Hohenzollern. Je voudrais savoir à quel titre le maréchal Prim a fait cette démarche. (Approbation à gauche.)

M. le garde des sceaux. — M. le ministre des affaires étrangères a demandé l'ajournement par ce motif que nous n'avions pas les détails vrais de la négociation.

Voilà la réponse que j'ai à faire à la question de l'honorable membre (Très-bien ! très-bien ! — Au budget ! au budget !)

M. Glais-Bizoin. — Il fallait attendre alors. (Bruit. — Assez ! assez !)

M. le ministre des affaires étrangères. — J'ai entendu ces mots : Il fallait attendre ! En n'attendant pas plus

longtemps, le gouvernement a voulu déférer au sentiment de la chambre. (Très-bien ! très-bien ! — L'ordre du jour ! l'ordre du jour !)

M. Emmanuel Arago. — La déclaration de M. le ministre des affaires étrangères a jeté dans cette assemblée une émotion que tout le monde partage. Quant à moi, je suis absolument de l'opinion de M. Crémieux : je crois avec lui que nous ne sommes pas à l'heure actuelle dans un état d'esprit suffisamment calme pour discuter froidement le budget. (Réclamations.)

Je pense d'ailleurs, comme l'honorable M. Barthélemy Saint-Hilaire, qu'il importe de relever une parole de M. le ministre, qui a demandé l'ajournement, afin de savoir en quelle qualité le maréchal Prim aurait offert la couronne. (Interruptions et cris. — La clôture !)

La réponse à cette question pourra donner à sa déclaration ou une importance extrême ou une importance moindre. Eh bien, il a été de la part du ministre au moins imprudent... (Interruptions bruyantes.)

Le règlement donne toujours le droit de répondre à un ministre.

M. le président Schneider. — Je fais remarquer à M. Arago une première chose qu'il est bon d'établir comme précédent : sans doute, d'après le règlement, un orateur a toujours le droit de répondre à un ministre. Mais nous ne sommes pas en ce moment dans une discussion, nous sommes en présence d'une déclaration que la Chambre a le droit de clore. (Oui ! oui !)

J'ajoute que la parole n'a pas été donnée à M. Arago pour entrer dans le fond du débat, mais pour traiter l'unique question de savoir si la Chambre continuera la discussion du budget. (C'est cela !)

M. Arago. — Si l'on avait bien voulu me prêter une minute d'attention de plus, j'aurais fini. Je voulais dire seulement que dans la situation qui nous est faite.... (Nouvelle interruption. — Assez ! assez !). Je descendrai bientôt de la tribune si la chambre le veut (Oui ! oui !) ; mais non sans avoir dit ce que j'ai à dire sur la situation présente (Exclamations), que je résume en deux mots : Nous ne pouvons pas froidement continuer la discussion du budget, lorsque M. le ministre des affaires étrangères, engageant la France malgré nous, a fait nettement deux choses du haut de cette tribune : nommé le roi d'Espagne et déclaré la guerre ! (Protestations sur un grand nombre de bancs.)

M. le président Schneider. — La parole est à M. Magnin pour la continuation de la discussion du budget. J'espère que la Chambre, en reprenant régulièrement cette discussion aujourd'hui, saura prouver, par son attention aux affaires intérieures, sa force politique et sa confiance.

De nombreuses marques d'assentiment accueillent ces paroles ; puis on passe à la discussion du budget.

CHAPITRE II

Entrevue de MM. de Gramont et de Werther. — M. Benedetti et le roi de Prusse. — Explications portées à la tribune par M. de Gramont. — La rue de Tournon au 15 juillet.

Avant de porter l'affaire à la connaissance des représentants de la nation, le ministre des affaires étrangères avait fait prier l'ambassadeur prussien, M. de Werther, de vouloir bien passer dans son cabinet.

M. de Werther s'y était rendu et y avait trouvé le garde des sceaux qui, sur le désir de l'Empereur, assistait à la conversation du diplomate prussien avec le duc de Gramont.

Ce dernier commença par demander à M. de Werther ce qu'il savait du projet du maréchal Prim d'élever au trône d'Espagne un membre de la famille du roi de Prusse. L'ambassadeur prussien répondit qu'il ne savait absolument rien de cette affaire. Il ajouta que, dans sa conviction, son gouvernement était complètement étranger à cette combinaison. Selon lui, il ne s'agissait là que d'une affaire particulière au prince de Hohenzollern, et qui avait dû être traitée en dehors de l'action du cabinet de Berlin. M. de Werther déclara que, pour son compte, il considérait le projet en question comme n'intéressant en rien l'État prussien.

Alors M. de Gramont demanda à son visiteur s'il n'aurait point l'intention d'entretenir personnellement le roi des inconvénients qu'entraînerait la réalisation du projet en question. M. de Werther répondit qu'en effet la situation était assez grave pour justifier un voyage à Ems.

M. de Gramont pria l'ambassadeur de Prusse de dire à S. M. le roi Guillaume, de la part de l'Empereur, toute la surprise pénible que lui avaient causée ces négociations secrètes, ainsi que le résultat auquel elles pourraient aboutir ; que cependant l'Empereur et son gouvernement se féliciteraient de cet incident imprévu, si la Prusse saisissait l'heureuse occasion qu'il lui fournissait de donner une preuve incontestable de la sincérité de son désir de voir la paix et les bonnes relations des puissances européennes maintenues.

Aussi, S. M. Napoléon III avait-il l'espoir que le roi Guillaume, non-seulement interdirait à son proche parent de donner suite au projet du cabinet espagnol, mais qu'il l'empêcherait en même temps de quitter l'Allemagne. Si, contrairement à cet espoir, le roi en décidait autrement, il y aurait lieu de craindre une catastrophe.

M. de Werther, prenant la parole à son tour, pria le duc de Gramont, vu la gravité des circonstances, de vouloir bien donner sa signification vraie au mot de « catastrophe » prononcé par lui. L'ambassadeur prussien désirerait savoir si, par ce mot, le ministre des affaires étrangères entendait proférer une menace de guerre.

A ce moment, M. le garde des sceaux, qui écoutait en silence, donna la déclaration suivante : « Au nom de l'Empereur et de son gouvernement, je vous réponds : Oui, il y a menace de guerre. »

Là-dessus, on se sépara, et M. de Werther partit le jour même pour Ems, où résidait alors le roi de Prusse ; il y fut bientôt rejoint par M. Benedetti, qui vint apporter au roi Guillaume une lettre autographe de Napoléon III, et demander des explications.

Les pourparlers qui suivirent sont exposés plus loin dans la communication que fit aux Chambres M. de Gramont le 15 juillet. La scrupuleuse exactitude de sa relation est attestée par les documents prussiens eux-mêmes. Un article du *Staatsanzeiger* de Berlin, publié avec l'autorisation de Guillaume Ier, constate que M. Benedetti demanda le 9 juillet au Roi qu'il ordonnât au prince de Hohenzollern de retirer l'acceptation de sa candidature.

Le Roi déclara qu'il n'avait pas donné son consentement à cette candidature, et que par conséquent il ne pouvait pas la faire retirer.

Dans la seconde audience, M. Benedetti demanda que le Roi insistât auprès du prince afin qu'il renonçât à la couronne d'Espagne. Le Roi répondit que le prince était libre dans ses décisions et qu'actuellement il était aux eaux.

Le 13 juillet, le Roi remit à M. Benedetti un supplément de la *Gazette de Cologne* contenant un télégramme particulier qui annonçait la renonciation du prince de Hohenzollern.

Le Roi ajouta qu'il n'avait pas reçu lui-même de lettre de Sigmaringen ; mais la nouvelle était exacte, et le prince Léopold était réellement un candidat démissionnaire.

Alors, M. Benedetti demanda au Roi qu'il promît positivement de ne jamais plus donner son autorisation à la candidature du prince.

Le Roi refusa cette demande d'une manière positive. Nonobstant, M. Benedetti demanda une troisième audience pour revenir encore sur cet objet. Le Roi refusa cette audience, n'ayant plus de réponse à donner, en disant que, du reste, toutes les négociations devaient passer par le ministère.

S'il faut en croire la *Tribune de Berlin*, Guillaume Ier dit à son aide de camp, le comte Lehndorff, qui lui transmettait la demande d'audience de notre ministre :

« Dites donc à ce monsieur que je n'ai plus rien à lui communiquer. »

M. Benedetti était assez près des interlocuteurs pour entendre ces paroles.

Quand l'aide de camp revint auprès de lui, sans attendre ce qu'il allait dire, M. Benedetti fit une révérence et lui tourna le dos.

C'était ce qu'il avait de mieux à faire.

Ce fut le 15 juillet que M. le ministre des affaires étrangères vint donner aux chambres de solennelles explications.

À une heure et demie, il était au Sénat, et prenait la parole en ces termes :

La manière dont le pays a accueilli notre déclaration du 6 juillet, nous ayant donné la certitude que vous approuviez notre politique et que nous pouvions compter sur votre appui, nous avons aussitôt commencé des négociations avec les puissances étrangères, afin d'obtenir leurs bons offices auprès de la Prusse, pour qu'elle reconnût la légitimité de nos griefs.

Dans ces négociations nous n'avons rien demandé à l'Espagne dont nous ne voulions ni éveiller les susceptibilités ni froisser l'indépendance ; nous n'avons pas agi auprès du prince de Hohenzollern, que nous considérons comme couvert par le Roi ; nous avons également refusé de mêler à notre discussion aucune récrimination ou de la faire sortir de l'objet même dans lequel nous l'avions renfermée dès le début.

La plupart des puissances ont été pleines d'empressement à nous répondre, et elles ont avec plus ou moins de chaleur admis la justice de nos réclamations.

Le ministère des affaires étrangères prussien nous a opposé une fin de non-recevoir, en prétendant qu'il ignorait l'affaire et que le cabinet de Berlin y était resté étranger.

Nous avons dû alors nous adresser au Roi lui-même, et nous avons donné à notre ambassadeur l'ordre de se rendre à Ems, auprès de Sa Majesté. Tout en reconnaissant qu'il avait autorisé le prince de Hohenzollern à accepter la candidature qui lui avait été offerte, le roi de Prusse a soutenu qu'il était resté étranger aux négociations poursuivies entre le gouvernement espagnol et le prince de Hohenzollern, qu'il n'y était intervenu que comme chef de famille et nullement comme souverain, et qu'il n'avait ni réuni ni consulté le conseil de ses ministres. Sa Majesté a reconnu cependant qu'elle avait informé le comte de Bismark de ces divers incidents.

Nous ne pouvions considérer ces réponses comme satisfaisantes ; nous n'avons pu admettre cette distinction entre le souverain et le chef de famille, et nous avons insisté pour que le Roi conseillât et imposât au besoin au prince Léopold une renonciation à sa candidature.

Pendant que nous discutions avec la Prusse, le désistement du prince Léopold nous vint du côté d'où nous ne l'attendions pas, et nous fut remis le 12 juillet par l'ambassadeur d'Espagne.

Le Roi ayant voulu y rester étranger, nous lui demandâmes de s'y associer et de déclarer que si, par un de ces revirements toujours possibles dans un pays sortant d'une révolution, la couronne était offerte de nouveau par l'Espagne au prince Léopold, il ne l'autoriserait plus à l'accepter, afin que le débat pût être considéré comme définitivement clos. (Approbation.)

Notre demande était modérée ; les termes dans lesquels nous l'exprimions ne l'étaient pas moins. « Dites bien au Roi, écrivions-nous au comte Benedetti, le 12 juillet à minuit, dites bien au Roi que nous n'avons aucune arrière-pensée, que nous ne cherchons pas un prétexte de guerre, et que nous ne demandons qu'à résoudre honorablement une difficulté que nous n'avons pas créée nous-mêmes. » (Oui ! oui ! c'est vrai ! Très-bien !)

Le Roi consentait à approuver la renonciation du prince Léopold, mais il refusa de déclarer qu'il n'autoriserait plus à l'avenir le renouvellement de cette candidature. (Mouvement.)

« J'ai demandé au Roi, nous écrivait M. Benedetti, le 13 juillet, à minuit, de vouloir bien me permettre de vous annoncer en son nom que si le prince de Hohenzollern revenait à son projet, Sa Majesté interposerait son autorité et y mettrait obstacle. Le Roi a absolument refusé de m'autoriser à vous transmettre une semblable déclaration. (Nouveau mouvement.) J'ai vivement insisté, mais sans réussir à modifier les dispositions de Sa Majesté.

« Le Roi a terminé notre entretien en me disant qu'il ne pouvait ni ne *voulait* prendre un pareil engagement, et qu'il devait, pour cette éventualité comme pour toute autre, *se réserver la faculté de consulter les circonstances.* » (Exclamations. — Vives protestations.)

Une voix. — On ne pousse pas plus loin l'insolence. (Oui ! oui !)

M. Duruy. — C'est un défi !

M. le ministre. — Quoique ce refus nous parût injustifiable (Oui ! oui ! vous avez raison !), notre désir de conserver à l'Europe les bienfaits de la paix était tel, que nous ne rompîmes pas les négociations, et que, malgré votre impatience légitime, craignant qu'une discussion ne les entravât, nous vous avons demandé d'ajourner nos explications jusqu'à aujourd'hui. (Assentiment marqué. — Très-bien ! très-bien !)

Aussi notre surprise a-t-elle été profonde, lorsque, hier, nous avons appris que le roi de Prusse avait notifié par un aide de camp à notre ambassadeur qu'il ne le recevrait plus (Profond mouvement d'indignation), et que, pour donner à ce refus un caractère non équivoque, son gouvernement l'avait communiqué officiellement aux cabinets de l'Europe. (Explosion de murmures. — Oh ! oh ! c'est trop fort !)

Quelques membres. — Décidément on ne pousse pas plus loin l'impertinence et l'audace !

M. le ministre. — Nous apprenions en même temps que M. le baron de Werther avait reçu l'ordre de prendre un congé, et que des armements s'opéraient en Prusse.

Dans ces circonstances, tenter davantage pour la conciliation eût été un oubli de dignité et une imprudence. (Énergique adhésion. — Bravos prolongés.)

Nous n'avons rien négligé pour éviter une guerre ;

nous allons nous préparer à soutenir celle qu'on nous offre (Oui! oui! Très-bien!), en laissant à chacun la part de responsabilité qui lui revient.

Dès hier, nous avons rappelé nos réserves, et, avec votre concours, nous allons prendre immédiatement les mesures nécessaires pour sauvegarder les intérêts, la sécurité et l'honneur de la France.

Les paroles du ministres sont suivies d'une explosion d'enthousiasme.

De toute part. — Bravo! bravo! — Vive la France! vive l'Empereur!

Les sénateurs se lèvent d'un mouvement unanime, et renouvellent leurs patriotiques acclamations, en les accompagnant de salves répétées d'applaudissements. — Les tribunes elle-même, par un mouvement irrésistible, prennent part à l'enthousiasme général.

Ce mouvement se prolonge pendant quelques instants sous l'impression d'une émotion inexprimable.

M. le ministre descend de la tribune et reçoit les chaleureuses félicitations des membres du Sénat.

M. le président. — Personne ne demande la parole?...

M. le baron Brenier se lève...

De toutes parts. — Non! non! Plus de discours, de l'action!

M. Hubert Delisle. — Plus de paroles, des actes!

M. Boinvilliers. — Rien de plus. Vive la France! Vive l'Empereur!

Les cris de vive la France! vive l'Empereur! éclatent de nouveau sur tous les bancs.

M. le président. — Le sénat, par ses bravos enthousiastes, a donné sa haute approbation à la conduite du gouvernement.

De toutes parts. — Oui! bravo! bravo!

M. le président — L'émotion qu'il éprouve est le précurseur des nobles sentiments du pays. (Assentiment unanime.)

Attendons de Dieu et de notre courage le triomphe de l'épée de la France. (Vive approbation et applaudissements.)

Je propose au sénat de lever la séance comme témoignage d'ardente sympathie pour les résolutions prises par l'Empereur. (Mouvement prolongé d'adhésion. — Oui! oui! — Très-bien!)

Le cri de Vive l'Empereur! retentit encore une fois. Les sénateurs se séparent lentement sous l'empire des vifs sentiments provoqués par la communication du gouvernement.

Aussitôt que la séance est levée, ceux qui ont assisté à cette séance unique dans les annales du Sénat, ceux qui aux alentours attendaient impatiemment des nouvelles descendent avec précipitation; ils jettent dans la rue de Tournon le cri : « La guerre est déclarée! » On y répond par des cris prolongés de : « Vive la France! »

Des étudiants, des ecclésiastiques, des militaires s'associent à cette manifestation spontanée.

Cependant quelques cris de : « Vive la paix! » se font entendre. Ils sont aussitôt couverts par les cris de : « Vive la guerre! »

La foule attend le passage des voitures de sénateurs, et les acclame.

Le maréchal Canrobert est acclamé!

M. de Lesseps, debout dans sa voiture, agite sa canne d'un air de triomphe. Il a cette physionomie radieuse que nous lui avons vue à Port-Saïd, en novembre 1869, au moment de l'inauguration du canal ne l'isthme de Suez.

CHAPITRE III

Débats du Corps législatif après la déclaration du 15 juillet. — M. Thiers. — M. Gambetta. — Proposition de M. Jules Favre. — Rejet. — Séance du soir. — Adoption du projet du gouvernement.

Au Corps législatif, ce fut M. le garde des sceaux qui lut la déclaration; puis il demanda à la Chambre un crédit de guerre de cinquante millions, dont l'urgence fut adoptée par assis et levé; mais la Chambre ne montra pas la même unanimité que le Sénat. Les premières objections vinrent de M. Thiers, qui débuta ainsi :

Devant la manifestation de la Chambre, je dois expliquer pourquoi je me sépare de la majorité.

Je crois aimer mon pays.

Quand la guerre sera déclarée, nul plus que moi ne soutiendra le gouvernement; mais il n'est encore question que d'une déclaration de guerre faite à la tribune.

Le ministère est-il seul ou agira-t-il avec nous? Si nous devons avoir voix au chapitre, il nous faut du temps; la décision fixera le sort de milliers d'hommes!

Qu'on nous donne un instant de réflexion.

Souvenez-vous du 6 mai 1866!

Vous m'avez refusé la parole! Vous en êtes-vous si bien trouvés?

Écoutez-moi aujourd'hui.

(Bruit.)

Vous ne me lasserez pas!

J'ai la conscience de résister à des passions imprudentes!

(Allons donc!)

Quand on a vécu quarante ans... (Murmures.)

M. le président. — N'interrompez pas, messieurs! ayez la dignité des circonstances!

M. Thiers. — Si j'étais seul, et le dernier d'entre vous, vous devriez m'écouter et je ne suis pas seul. (Non! non! à gauche.)

Est-il vrai, oui ou non, que le fond de votre réclamation était arrivée. Une vous ne vourez des torrents de sang que par mes susceptibilités, si honorable qu'elle soit?

Soucieux de ma mémoire, je ne voudrais pas la charger d'une si lourde responsabilité.

Je demande communication des pièces.

Si, dans cette circonstance, j'avais dirigé les destinées de mon pays, j'aurais voulu lui laisser quelques heures de réflexion.

Je regarde cette guerre comme imprudente. J'ai été affecté plus que personne des événements de 1866, j'en veux la réparation, mais les circonstances sont-elles bien choisies?

Je vous plains si vous ne comprenez pas le sentiment douloureux que j'éprouve.

(Interruption de M. de Piré.)

Si vous refusez de prendre communication des dépêches, vous manquez à votre devoir.

(Interruptions à droite.)

Et moi j'aurai rempli le mien!

(Bravos à gauche.)

M. Ollivier. — Nous aussi, nous avons le sentiment de notre responsabilité!

Nous aussi, nous déclarons coupables ceux qui obéissent à la passion; mais la guerre est nécessaire.

(MM. Emmanuel Arago et Jules Favre demandent la parole).

Nous n'avons obéi qu'à un sentiment, c'est que si nous tolérions ce nouvel acte de la Prusse, nous tombions au dernier rang des nations.

Nous avons été modérés, patients, équitables, conciliants. Le roi de Prusse a constamment refusé d'exiger le désistement du prince Léopold.

C'est au moment où la négociation était ainsi conduite, que l'on apprenait à toutes les puissances que notre ambassadeur était renvoyé.

Ce n'est pas par susceptibilité que nous avons agi, mais par honneur.

On parle de communication, nous avons cité dans notre exposé tout ce qui pouvait être communiqué, et nous ne communiquerons rien autre!

M. J. Favre. —C'est ainsi qu'on agissait dans l'affaire du Mexique.

M. Gambetta.—C'est une atteinte aux droits de la Chambre. Ce n'est pas par extraits, c'est par communication directe que la Chambre peut juger votre conduite!

M. Ollivier.— Une rectification. Personne n'a dit que notre ambassadeur avait été chassé.

J'ai dit que le roi de Prusse avait refusé de recevoir notre ambassadeur et qu'on avait communiqué ce manque d'égards à toutes les cours d'Europe.

M. Ollivier lit plusieurs dépêches.

Quand nous apprenions que dans la nuit du 13 au 14 la Prusse mettait ses armées en mouvement, nous ne pouvions pas hésiter.

Le roi de Prusse se réjouissait de n'en pas pouvoir de pas comprendre ce qu'il devait céder à la France; mais il redoutait l'exagération du sentiment allemand qui s'est prononcé énergiquement lorsqu'on a connu la renonciation du prince Léopold.

De ce jour, commence pour nous une grave responsabilité; nous l'acceptons le cœur léger et content, parce que nous avons fait tout ce qu'il était raisonnable pour l'éviter.

Les projets de loi suivants sont présentés.

1° Ouverture d'un crédit de 50 millions au ministère de la guerre.

2° De 16 millions au ministère de la marine;

3° Appel des réserves;

4° Appel de toute la garde mobile;

5° Et autorisation de recevoir les engagements volontaires limités à la durée de la guerre.

L'urgence est déclarée. Toute la gauche vote en sa faveur.

M. Gambetta explique pourquoi la gauche a voté l'urgence; mais il faut discuter avant tout les raisons de la guerre.

M. le ministre de la guerre. — La politique n'a rien à faire ici; le ministère de la guerre doit avoir ses coudées franches.

M. J. Simon. — Nous sommes ici un certain nombre de personnes qui désirons passionnément la paix; mais quand la guerre sera déclarée, nous ne laisserons à personne le droit de défendre énergiquement la frontière.

La séance est suspendue pendant 25 minutes.

A la reprise, M. Émile Ollivier monte à la tribune et dit:

Le gouvernement n'a rien à cacher, rien à dissimuler. S'il refuse de communiquer, c'est qu'il n'a que des rapports diplomatiques.

M. Arago. — Et c'est sur des rapports que vous faites la guerre.

M. Ollivier. — Le fait décisif est le refus de recevoir notre ambassadeur.

Ce fait nous a paru d'autant plus significatif que le refus opposé à notre ambassadeur a été très-courtois et ne pouvait pas faire soupçonner la pensée véritable expliquée aux cours étrangères.

A gauche. — Et c'est là-dessus qu'on fait la guerre!

M. Arago. — Les peuples civilisés vous donneront tort!

Si vous faites la guerre là-dessus, c'est que vous la voulez à tout prix!

M. E. Ollivier. — La publicité donnée à ce refus était une humiliation pour la France!

Si la Chambre pense que nous devons la subir, qu'elle le dise!

N'avons-nous pas fait concession sur con depuis quatre années?

Comment en avons nous été récompensés

Landwehr prussienne.

Qui menaçait, il y a quelques jours, la paix du monde? Est-ce nous ou ceux qui voulaient mettre un Prussien sur le trône d'Espagne?

M. Ollivier se résume.

La Chambre connaît tous les éléments de la discussion et n'a qu'à décider. (Bruit).

Je ne veux pas qu'on dise que nous vous avons engagé dans une affaire que vous ne connaissiez pas. Nous avons exposé nettement la situation.

M. Clément Duvernois parle comme auteur de l'interpellation qui devait avoir lieu et qui n'est pas retirée. (Bruit à gauche. — Au centre : Parlez!)

Le président insiste pour qu'on écoute.

A gauche. — Un membre de l'opposition doit parler après un ministre.

M. le Président. — M. Duvernois ne répondra pas au ministre et ne parlera que de son interpellation, question personnelle.

M. Thiers demande la parole pour un rappel au règlement.

M. Chagot et à droite. — A l'ordre!

M. Thiers comprend qu'on fera bien d'écouter M. Duvernois, mais qu'en ce moment il faut parler de la

question et écouter un de ceux qui regrettent la paix.

La majorité rit et se récrie, ne comprenant pas la phrase de M. Thiers.

M. Thiers. — Si on parle d'autre chose que de la déclaration du ministre, on la perdra de vue.

A droite. — Non! non!

A gauche. — Oui, vous avez raison.

M. le président dit que M. Duvernois n'avait qu'à dire un seul mot pour retirer son interpellation.

A droite. — Oui!

M. Picard parle dans le même sens que M. Thiers.

M. le président fait voter pour savoir si on doit ou non donner la parole à M. Duvernois.

Deux secrétaires trouvent que la majorité lui accorde la parole ; le président est du même avis, quoique les trois autres secrétaires disent non. Mais la voix du président étant prépondérante, M. Duvernois a la parole.

Il dit que le vote étant acquis, il n'y a plus lieu de délibérer et que son interpellation n'a plus de raison d'être (Bruit.)

M. Thiers (à la tribune) ne parlera pas longtemps.

Il est désolé d'avoir à le dire, mais nous avons la

guerre par une faute du cabinet. (Oui ! très-bien ! à gauche. Dénégation, à droite.)

M. Thiers répète avec douleur que c'est à une faute que nous devons la guerre.

On a substitué une question à une autre.

S'il s'agissait encore de l'Espagne, il serait d'accord avec le cabinet.

Il fallait aller contre la Prusse lorsqu'elle s'emparait de l'Allemagne, et, ne l'ayant pas fait, attendre une occasion où elle aurait eu tort.

On ne peut refaire par une fausse politique ce qu'on a défait.

La question Hohenzollern était écartée.

On avait obtenu le retrait de la candidature, à la face du monde. (Bruit à droite. — Très-bien ! à gauche.)

M. Thiers. — Je m'adresse au bon sens, à l'évidence, et vous verrez dans quelques jours que je ne serai plus seul à parler ainsi, et tous les journaux... (A droite : Rires et exclamations.)

M. Thiers. — La candidature Hohenzollern supprimée, y a-t-il, je le demande, lieu de supposer qu'elle eût été reprise?

(Non, à gauche. — Bruit à droite.)

M. Thiers. — C'est supposer que la Prusse serait devenue folle.

(Cris tumultueux à droite. Le président parvient avec peine à faire écouter M. Thiers.)

M. Thiers constate que la majorité ne veut pas laisser répondre à un ministre, et que la France le saura.

M. de Leusse et à droite. — C'est nous la France.

M. Thiers. — Le bruit que vous faites est sans doute une manière de faire votre cour.

(Bravos et applaudissements à gauche. Interruption violente de M. Dugué de la Fauconnerie. Cris : à l'ordre! à gauche.)

M. Thiers, au milieu du bruit, parle du Mexique et de Sadowa, qu'ont faits la majorité, et se demande comment aujourd'hui encore elle veut étouffer la discussion et empêcher que la lumière se fasse. Il y a trois jours, ne disait-on pas ici même qu'il n'y avait d'autre question que celle de la candidature Hohenzollern. Du moment qu'elle était retirée, il n'y avait plus de question.

Un membre de la majorité. — Vous êtes acquis à la Prusse ! (Bruit.)

M. Thiers. — Insister, après le retrait de la candidature, c'était mettre en jeu l'orgueil de la Prusse et rendre la guerre inévitable. (Interruption.)

M. Thiers va descendre de la tribune devant la fatigue qu'on lui fait éprouver.

A droite. — Tant mieux.

M. Thiers. — La guerre a été rendue inévitable par la faute du cabinet qui a soulevé la susceptibilité de la France.

M. de Gramont. — Si nous avions attendu plus long-temps pour demander aux puissances d'intervenir, nous aurions donné à la Prusse le temps de compléter ses armements.

Au surplus, le cabinet de Prusse a informé tous ceux de l'Europe qu'il avait refusé de recevoir notre ambassadeur.

Après une telle insulte pour l'Empereur et pour la Chambre, si je devais être blâmé par la majorité de la Chambre, je ne resterais pas là cinq minutes. (Bravos multipliés.)

M. Jules Favre monte à la tribune.

M. Pinard rappelle au règlement ; il trouve qu'on doit renvoyer aux bureaux. (Non ! non ! à gauche.)

M. Pinard. — On discutera après.

M. Favre. — Il sera trop tard. (Bruit.)

M. Ernest Picard rappelle que les ministres ont promis qu'on discuterait. (A droite : Non ! non ! On n'a pas dit cela.)

M. J. Favre ne veut dire qu'un mot.

M. Dugué veut qu'on consulte la Chambre et que la discussion soit close.

M. Favre prie la Chambre de se souvenir du grave devoir qu'elle remplit en ce moment. (Bruit.)

Les opinions bien connues de cette assemblée étaient le maintien de la paix.

M. de Cassagnac. — Allons donc!

M. Favre. — Le garde des sceaux ne prêchait-il pas la paix tout récemment, à vos applaudissements !

Il est de l'avis de M. Thiers.

C'est une question de susceptibilité, pas autre chose. Comment juger les choses?

On ne nous a rien montré qu'une dépêche, et nous savons l'usage qu'on peut faire du télégraphe. (Interruptions violentes.)

M. J. Favre propose un ordre du jour, sur lequel on aura à voter.

M. de Kératry. — La France a-t-elle subi un outrage ou non? Toute la question est là! (A droite et au centre : Très-bien!)

M. De Kératry. — L'occasion d'effacer Sadowa est venue. Profitons-en !

Ne parlons pas du traité de Prague, mais de l'offense faite à la France en choisissant un Hohenzollern.

Tarder, c'est laisser aux canons prussiens le temps de se charger. (Bravos répétés. — Non ! à gauche.)

M. Emmanuel Arago. — Voici sans contredit l'une des heures les plus solennelles... (Interruptions à droite.)

M. Arago. — La discussion ne saurait se clore ainsi, pour la dignité de la Chambre, sans avoir écouté quelques-uns de ceux qui croient qu'il ne faut pas s'engager quand on n'a pas pour soi le premier des soldats : le bon droit?

(Clameurs, bruit assourdissant à droite.)

M. Arago quitte la tribune.

(La clôture est votée par assis et levé.)

M. le Président. — Je donne lecture de la proposition de M. Jules Favre. En voici le texte :

« Nous demandons la communication des pièces et dépêches, et notamment de celle par laquelle le gouvernement prussien a donné connaissance des faits aux gouvernements étrangers. » (Tumulte.)

Une voix. — Nous discuterons ça demain.

M. le Président. — Il y a demande de scrutin sur la proposition. Insiste-t-on?

M. Bethmont appuie la proposition.

M. E. Picard, à la tribune, ne pouvant obtenir la parole, cède son tour à M. Buffet, qui veut poser la question. (Bruit : Assez! à droite.)

M. Buffet. — Il n'y a, croit-il, aucun motif pour refuser à la Chambre la communication de toutes les pièces, quand on demande au pays que nous représentons d'engager sa responsabilité avec celle du gouvernement.

(Applaudissements à gauche.)

M. Buffet, après ce qu'a dit le garde des sceaux, considère cette communication comme nécessaire.

M. Gambetta, à la tribune, ne pouvant obtenir le silence, descend presque immédiatement.

On procède au vote, qui donne les résultats suivants :

Votants...................... 247
Pour l'adoption..... 83
Contre............. 164

M. le président. — La Chambre se réunit dans ses bureaux pour nommer la commission examinant les lois présentées.

La Chambre se réunira ce soir à huit heures et demie pour prendre connaissance du résultat de la commission.

La séance de jour est levée.

Elle est reprise à neuf heures et demie.

M. le président. — La parole est à M. de Talhouët au nom de la commission.

M. le marquis de Talhouët, rapporteur. — Messieurs, vous avez envoyé à l'examen d'une même commission quatre projets de lois ayant pour objet :

1° D'accorder au ministère de la guerre un supplément de crédits de 50 millions sur le budget extraordinaire de 1870 ;

2° D'accorder au ministère de la marine, dans l'exercice 1870, au delà des crédits ouverts par la loi des finances du 8 mai 1869, des crédits montant à la somme de 16 millions ;

3° D'appeler à l'activité la garde nationale mobile ;

4° Les engagements volontaires en temps de guerre.

Chacun des membres de la commission nous ayant exposé les différentes opinions émises dans leurs bureaux respectifs, et la majorité de nos collègues ayant été invités à demander au gouvernement la communication des pièces diplomatiques, votre commission a entendu successivement M. le garde des sceaux. M. le

ministre de la guerre et M. le ministre des affaires étrangères. (Très bien ! très bien !)

M. le ministre de la guerre nous a justifié en peu de mots l'urgence des crédits demandés, et ses explications catégoriques, en même temps qu'elles nous conduisaient à l'approbation des projets de lois, nous montraient qu'inspirées par une sage prévoyance, les deux administrations de la guerre et de la marine se trouvaient en état de faire face, avec une promptitude remarquable, aux nécessités de la situation. (Applaudissements.)

Votre commission a ensuite entendu M. le garde des sceaux et M. le ministre des affaires étrangères. Des pièces diplomatiques nous ont été communiquées, et, sur ces textes, des explications très-complètes et très-nettes nous ont été fournies.

Nous savions répondre au vœu de la Chambre en nous enquérant avec soin de tous les incidents diplomatiques ; nous avons la satisfaction de vous dire, Messieurs, que le gouvernement, dès le début de l'incident et depuis la première phase des négociations jusqu'à la dernière, a poursuivi loyalement le même but. (Applaudissements.)

Ainsi la première dépêche adressée à notre ambassadeur arrive à Ems pour entretenir le roi de Prusse, se termine par cette phrase qui indique que le gouvernement a nettement formulé sa légitime prétention :

« Pour que cette renonciation, écrivait M. le duc de Gramont à M. Benedetti, produise son effet, il est nécessaire que le roi de Prusse s'y associe, et nous donne l'assurance qu'il n'autorisera pas de nouveau cette candidature.

« Veuillez vous rendre immédiatement auprès du Roi, pour lui demander cette déclaration. »

Ainsi, ce qui est resté le point litigieux de ce grand débat a été posé dès la première heure, et vous ne méconnaîtrez pas l'importance capitale de ce fait resté ignoré, il faut bien le dire, de l'opinion publique.

Mais, de même que S. M. le roi de Prusse s'était déjà refusé à donner la satisfaction légitime réclamée par le gouvernement français, qui avait tout attendu d'abord de la courtoisie officieuse de l'ambassadeur de Prusse parti de Paris pour aplanir le différend, l'ambassadeur de France, intervenu directement près du roi Guillaume, ne recueillit que la confirmation d'un fait qui ne donnait aucune garantie pour l'avenir.

Malgré ces faits, déjà trop graves, votre commission a voulu prendre et a reçu communication de dépêches émanant de plusieurs de nos agents diplomatiques, dont les termes sont uniformes, et confirment, comme il a été déclaré au Corps législatif et au Sénat, que M. de Bismark a fait connaître officiellement aux cabinets d'Europe que S. M. le roi de Prusse avait refusé de recevoir de nouveau l'ambassadeur de France, et lui avait fait dire par un aide de camp qu'elle n'avait aucune communication ultérieure à lui adresser. (Exclamations.)

En même temps, nous avons acquis la preuve que,
dès le 15 juillet au matin, pendant que les négociations
se poursuivaient, des mouvements de troupes importants
étaient ordonnés de l'autre côté du Rhin.

De plus, des pièces chiffrées ont été mises sous nos
yeux, et comme tous vos bureaux l'ont bien compris, le
secret de ces communications télégraphiques doit être
conservé par votre commission, qui, en vous rendant
compte de ses impressions, a conscience de son devoir
vis-à-vis de vous-mêmes comme vis-à-vis du pays. (Vive
approbation.)

Le sentiment profond produit par l'examen de ces
documents est que la France ne pouvait tolérer l'offense
faite à la nation, que notre diplomatie a rempli son devoir en circonscrivant ses légitimes prétentions sur un
terrain où la Prusse ne pouvait se dérober comme elle
en avait l'intention et l'espérance. (Vive approbation.)

En conséquence, messieurs, votre commission est unanime pour vous demander de voter les projets de lois
que vous présente le gouvernement.

Nous vous le répétons : à nos sentiments personnels
se sont ajoutées de nouvelles conviction fondées sur les
explications que nous avons reçues, et c'est avec l'accent
de la confiance dans la justice de notre cause, et animés de l'ardeur patriotique qui, nous le savons, règne
dans cette Chambre, que nous vous demandons, messieurs, de voter ces lois, parce qu'elles sont prudentes
comme instruments de défense, et sages comme expression du vœu national. (Bravo! bravo! — Applaudissements longtemps prolongés.)

M. le Président. — Le premier projet demande un
crédit de 50 millions sur le budget extraordinaire de 1870
pour le ministère de la guerre. La parole est à M. Guyot-
Montpayroux. (Bruit. — Parlez.)

M. Guyot-Mompayroux. — Ce n'est assurément ni le
jour ni l'heure des discours. (Mouvements divers.)

Si je suis monté à cette tribune, c'est que, ne me
trouvant pas d'accord avec la presque unanimité de
ceux de mes collègues à côté desquels j'ai l'honneur de
siéger... (Interruption), je demande à la chambre la
permission de motiver mon vote.

Je ne me reconnais pas le droit de voter, comme
c'est mon intention, et les hommes et l'argent que le
gouvernement nous demande, sans avoir fait connaître
les motifs qui m'ont fait prendre cette décision. (Mouvements divers.)

Si je pensais que la guerre pût être évitée d'une façon
honorable, si je pensais que la paix pût être féconde
et durable, nul plus que moi ne ferait ses efforts pour
étouffer les sentiments belliqueux, car nul plus que moi
n'a horreur de la guerre. (Interruptions.)

Mais je pense que la paix qui serait signée, en supposant qu'elle pût l'être, serait boiteuse, stérile, et voilà
pourquoi je suis partisan de la guerre. Je pense que,
enivrée par le succès de Sadowa, la Prusse, qui a la

prétention de se substituer à quand elle, ne sont pas
l'expression réelle de ce qu'est la France actuelle, il qu'il
faut le lui rappeler. (Très-bien! très-bien.)

Je pense qu'il est temps que la patrie et la révolution
fassent sentir leur suprématie aux yeux du monde,
au pays du moyen âge et de la féodalité. (Interruption.)

En parlant ainsi, messieurs, je sais que je corres-
ponds au sentiment de la grande majorité de ceux qui
m'ont envoyé dans cette enceinte. Car, ce qu'ils m'ont
chargé de réclamer, ce n'est pas une paix armée, stérile, mais une paix féconde, que vous ne pouvez pas
donner avec un budget qui est chiffré sur le pied de
guerre.

Ce que vous avez donc à faire aujourd'hui, pour arriver à une paix sérieuse et durable, c'est la guerre. Et
comme après la guerre, je veux réclamer la liberté, le
désarmement, je ne veux actuellement rien refuser au
gouvernement de ce qui lui sera nécessaire pour assurer
le succès. (Très-bien! très-bien!)

Dans les circonstances présentes, les dissensions
intestines doivent disparaître, et nous devons nous
grouper tous autour du drapeau national. On me trouvera chauvin, ridicule, peu importe, mais je dis mon
opinion hautement et rien ne m'empêchera de la dire.
(Aux voix! aux voix!)

Je dois donc m'étonner d'une attitude de la Chambre
que je ne sais comment expliquer, alors que je traduis
le sentiment qui est celui du pays.

Je dis qu'il faut que l'Europe sache deux choses : la
première, c'est qu'en engageant la guerre, la France
n'a pas un but égoïste ou intéressé, mais uniquement
qu'elle porte en elle le sentiment qu'elle doit ramener
le monde dans un état normal, et rassurer l'Europe
inquiétée depuis quatre ans par l'ambition prussienne.

La deuxième, c'est qu'il est bon qu'on sache de l'autre côté du Rhin comme en Europe, qu'à l'heure qu'il
est il n'y a pas de partis dans le pays, et que tout le
monde est prêt à se ranger en face de l'étranger autour
du drapeau national. (Mouvements divers.)

Je descends donc de la tribune avec le sentiment
d'avoir rempli mon devoir, et en laissant au pays le
soin de juger les uns et les autres. (Vive approbation
sur divers bancs. — Rumeurs sur d'autres.)

M. Gambetta. — Le temps et l'heure ne sont pas
aux longs discours; je ne comprendrais pas plus que
M. de Grammont qu'une assemblée française, alors
qu'elle ne fait que préparer la guerre qui n'est pas encore
déclarée... (Interruptions.)

Je ne veux pas m'imposer à la Chambre. (Parlez!) Je
dois dire que je suis à cette tribune sous l'empire
d'émotions diverses que j'ai peine à dominer; mais je
ne crois pas me tromper en disant que le compte rendu
de nos débats devra produire en Europe une impression particulière : c'est que, dans la séance d'aujour-
d'hui, les uns et les autres nous nous sommes départis

de la mesure qui convient à une décision d'une aussi grande portée.

Je crois que la force morale est tout dans le monde. Mais, en même temps que nous sommes tous prêts à donner notre vote aux mesures préparatoires de légitime défense, nous voulons envisager d'une façon patriotique, mais scrupuleuse, les causes d'un tel événement, dans l'intérêt et pour la dignité de notre patrie. (Parlez ! parlez !)

Je le dis à regret : nous avons eu aujourd'hui des mouvements de patriotisme, l'efflorescence d'un sentiment longtemps contenu et maté par une politique extérieure que je déteste et que je voudrais réparer. Mais ce mouvement est tardif et vous êtes obligés de donner devant l'Europe les raisons de votre changement de conduite.

Il est certain qu'il y quatre ans, la politique à laquelle vous allez revenir aujourd'hui n'était pas votre politique. Si elle l'eût été, vous auriez été impardonnables de ne pas la faire prévaloir.

Vous avez eu une confiance qui n'a pas été justifiée dans votre gouvernement. Il faut le dire avec sincérité, je sais que ceux qui émettront un vote de guerre ne sont pas des hommes politiques prêts à se contenter de la question d'un Hohenzollern, et des plus ou moins grandes susceptibilités résultant d'une question d'étiquette royale. (Mouvements divers.)

C'est la vérité, et la preuve en est que, quand M. le garde des sceaux, se livrant à la critique de nos griefs contre la Prusse, disait qu'il n'avait jamais pactisé avec une opinion quelconque sur les conséquences funestes de Sadowa, qu'il n'avait pas vu là un signe précurseur d'une grandeur rivale et menaçante, il y a eu dans cette Chambre un sentiment d'une incontestable froideur (Dénégations sur un grand nombre de bancs), qu'est venu relever un mouvement de M. le ministre des affaires étrangères.

C'est donc un changement de politique que vous nous proposez. Je ne l'approuve pas, mais il est certain que le cabinet nous a proposé de prendre sur nous-mêmes la responsabilité d'une attitude, d'une décision parlementaire qui lui permette d'engager la guerre.

Le rapport qui vient de vous être lu doit être soumis à un double examen : d'une part, sur la question politique de la paix ou de la guerre ; d'autre part, sur la question des mesures préparatoires.

Sur la première question, il faut que la Chambre, d'une manière précise, distincte, manifeste, non pas une opinion, mais un vote. Sur la seconde, je dis qu'il n'y a pas à discuter, parce que, quelle que soit votre politique, du moment que le pays est engagé, il y a un intérêt supérieur à sauvegarder, celui de la patrie, et ceux-là assumeraient une responsabilité criminelle qui ne voteraient pas les voies et moyens nécessaires pour faire face à l'ennemi. (Vive approbation.)

Nous devons les voter, mais il faut séparer cette question de la question diplomatique qui est celle du cabinet. Je dis que vous avez à cet égard une justification à faire. Et je m'attendais, après que 83 voix vous ont demandé la production de la pièce sur laquelle reposait, selon vous, le *casus belli*, que vous communiqueriez pleinement cette pièce à la commission. (Bruits divers.)

Comment ! vous appelez la France à donner des hommes et de l'argent, à engager cette grande question de la prépondérance française ou prussienne en Europe, question à laquelle sera peut-être consacrée la fin du dix-neuvième siècle, et vous ne voulez pas que la France et l'Europe puissent savoir s'il y a eu réellement outrage pour la France. (Interruption.)

M. le comte de Kératry. — La commission vous répond que le fait est inexact.

M. Dréolle. — Je demande la parole comme membre de la commission. Nous avons vu les pièces.

M. Gambetta. — Écoutez-moi... (Interruption), oui, écoutez-moi, car vous ne trouverez jamais dans mes paroles un mot dont puisse profiter l'étranger. (Très-bien ! très-bien !) Seulement j'ai le droit de dire que quand vous êtes venu, vous gouvernement, dans cette assemblée, apporter l'exposé de vos actes diplomatiques depuis huit jours, actes qui ont engagé non-seulement les destinées de la France, mais la paix du monde, j'ai le droit de dire que vous avez mis dans cet exposé habile une habileté de trop.

Vous avez entendu transmettre à cette assemblée la responsabilité de la guerre.

M. le garde des sceaux. — Nous l'avons prise, nous la prenons.

M. Gambetta. — J'entends bien que vous la prenez ; il ne manquerait plus que vous ne la prissiez pas ! et bien que vous la supportiez d'une façon plus ou moins allègre (Bruit), je dis que vous ne nous avez pas donné les satisfactions de certitude auxquelles nous avons droit.

M. le duc d'Albuféra. — La commission a vu les pièces.

M. Gambetta. — C'est en circonscrivant le débat sur le terrain parlementaire que je dis que vous n'avez pas encore fait les justifications légitimes. (Très-bien ! très-bien ! à gauche.)

Je ne cherche qu'une chose : si votre politique peut rencontrer l'assentiment de l'Europe et le concours de la France. Or, vous ne pouvez y compter que s'il résulte de vos explications que vous avez été profondément et réellement outragés. Eh bien qu'avez vous dit ?

Deux choses contradictoires, dont la plus grave repose sur une simple allégation et non sur un document.

La première, c'est la réponse du roi de Prusse, refusant de prendre l'engagement de n'autoriser jamais la candidature du prince de Hohenzollern ; la seconde, c'est ce fait par lequel vous voudriez faire décider la question que le roi de Prusse aurait éconduit votre ambassadeur.

Mais que disent à cet égard les deux dépêches de votre ambassadeur, en date du 13 juillet, 4 heures 25 et 4 heures 44 : « J'ai été, en termes très-courtois, éconduit par le roi de Prusse. » C'est cette attitude que vous qualifiez de rupture hautaine; mais votre ambassadeur vous a-t-il donc envoyé une dépêche d'indignation? A-t-il fait un éclat diplomatique, signe avant-coureur d'une rupture? (Très-bien! à gauche.) Nullement. .

Puis, dans d'autres dépêches, M. Benedetti, que je suis loin de croire aussi incapable qu'on l'a dit, ne paraît nullement ému de cette publication par voie de suppléments de journaux qui vous émeut si fort.

Que le procédé soit blessant et irrégulier, je le reconnais, mais ce qu'il nous faut, ce n'est pas une dépêche de tel ou tel de vos agents, ce qu'il nous faut, c'est le texte même de la dépêche par laquelle M. de Bismark a notifié aux cabinets le refus du roi de recevoir notre ambassadeur. Ce texte, il faut que nous le discutions avec vous. (Interruptions.)

M. le marquis de Piré. — Il vous aurait fallu le coup d'éventail du dey d'Alger.

M. Gambetta. — M. de Piré rappelle l'affaire d'Alger; mais la politique d'alors était celle de la Restauration. Et aujourd'hui, nous sommes sous le suffrage universel, et le suffrage universel a, j'imagine, quelque peu changé les rapports internationaux.

M. de Gramont, ministre des affaires étrangères.—Je déclare que j'ai communiqué la pièce à la commission, et qu'elle l'a vue. (Oui! oui!)

M. Gambetta.—M. le ministre me répond que la dépêche officielle a été communiquée à la commission, mais je veux vous laisser en présence d'une question et d'un doute. La question est celle-ci : La dépêche a-t-elle été communiquée à tous les cabinets d'Europe, ou bien à ceux de l'Allemagne du Sud?

Le doute est celui-ci : Si la dépêche est assez grave pour vous faire prendre une pareille résolution, ce n'est pas à la commission seulement, ce n'est même pas à la Chambre, à la France, c'est à l'Europe entière que vous devez la communiquer, et si vous ne le faites pas, l'Europe ne verra là, de votre part, qu'un prétexte de guerre. (Très-bien! très-bien! à gauche.—Bruit.)

Son Exc. M. Émile Ollivier, garde des sceaux, ministre de la justice et des cultes.—Messieurs, chacun parle de ses émotions et de ses impressions dans cette discussion. Laissez-moi vous dire combien je trouve nouveau, dans nos annales parlementaires, le spectacle auquel nous assistons : c'est pour la première fois qu'on trouve dans une assemblée française, d'un certain côté, tant de difficultés à expliquer une question d'honneur... (Violentes réclamations à gauche.)

M. Horace de Choiseul.—Je demande la parole.

M. Glais-Bizoin.—Je la demande aussi.

M. Horace de Choiseul, avec vivacité.—Monsieur le président, faites-nous respecter. (Allons donc!)

M. le garde des sceaux.—M. de Choiseul, monsieur le président n'a pas besoin de vous faire respecter, par la raison très-simple que je vous respecte.

M. Horace de Choiseul.—Vous avez insulté plusieurs de nos collègues; nous protestons. Retirez vos paroles.

M. le président.—Respectez vous-même la liberté de la tribune. (Nouvelles réclamations et murmures à gauche.)

M. Magnin.—Nous n'avons pas besoin du président pour nous faire respecter.

M. le président.—Commencez par respecter la liberté de la tribune.

La parole est à M. le ministre.

M. Horace de Choiseul.—Vous nous avez laissé insulter, je désire que la Chambre prononce. (Allons donc!)

Un membre au centre.—Elle vous condamnerait.

M. Horace de Choiseul.—Je ne me laisserai pas insulter par le garde des sceaux.

M. le garde des sceaux.—Vous ne ferez prendre le change à personne. (Très bien.)

M. Horace de Choiseul.—Je constate que je suis insulté.

M. Magnin. — Et que nous ne sommes pas défendus par le président.

M. Glais-Bizoin. — Oui, c'est une insulte.

M. le président. — Monsieur Glais-Bizoin veuillez vous calmer.

M. le garde des sceaux. — Vous ne ferez prendre le change à personne, et vous ne me ferez pas sortir de la modération que je dois conserver (Murmures à gauche).

J'ai le droit d'exprimer ma pensée comme vous avez exprimé la vôtre; quand vous êtes monté à cette tribune, nous avez-vous épargné les interprétations blessantes? Avez-vous hésité à opposer des doutes à nos affirmations les plus nettes? N'ai-je pas entendu arriver jusqu'à mon oreille des interruptions telles que celle-ci :

« Ce télégramme n'existe pas, il est inventé! »

J'ai gardé le silence, me croyant le droit de ne pas être atteint par ces soupçons (C'est vrai! — Très-bien!)

Je vous prie d'écouter, et de ne pas trouver une insulte là où il n'y a que l'expression...

M. Dugué de la Fauconnerie. — M. le garde des sceaux aurait tort de s'en émouvoir.

M. le garde des sceaux... là où il n'y a que l'expression vive, j'en conviens, mais profonde d'un sentiment qui, chez moi, est atteint et blessé, depuis le commencement de cette discussion; mais mes appréciations n'atteignent pas les personnes; elles passent au-dessus d'elles. (A gauche. Oh! oh!)

M. le garde des sceaux. — Elles passent au-dessus d'elles, et n'atteignent que des opinions ou des manières de raisonner et de juger. Et en vérité, messieurs, c'est nous, nous seuls qui aurions le droit d'être blessés par le langage qu'on nous adresse depuis quelques heures. (Très-bien! très-bien! — Bravo!)

Je reprends ma phrase, parce qu'elle ne contient aucune insulte, et quand je l'aurai achevée, vous le reconnaîtrez. C'est la première fois qu'il me paraît si difficile d'expliquer une question d'honneur national, et qu'un ministre est obligé...

M. Ernest Picard. — Je demande la parole.

M. le garde des sceaux. — Et qu'un ministre est obligé de monter plusieurs fois à la tribune pour préciser un fait d'une simplicité élémentaire. Oh! je comprends qu'on nous accuse d'impéritie; je comprends qu'on invoque les considérations les plus élevées pour ou contre cette guerre; je comprends encore mieux qu'en évoquant, par l'imagination, les malheurs qui vont arriver, le sang qui va couler, on laisse échapper de son cœur un cri de douleur, je comprends tous ces sentiments, mais je ne comprends pas qu'on puisse douter, discuter sur un fait saisissable, manifeste et déjà expliqué deux fois; et qu'un esprit aussi éminent et aussi lucide que celui de l'honorable M. Gambetta en soit encore à répéter : La dépêche, la dépêche prussienne! donnez-nous la dépêche prussienne!...

A gauche. — Oui! oui!

M. le garde des sceaux. — ...pour prouver que vous avez été insulté.

Qui donc vous a parlé d'une dépêche prussienne? Quand donc, pour établir qu'un affront a été fait à la France, avons-nous invoqué des protocoles de chancellerie, des dépêches plus ou moins mystérieuses? Notre langage a été bien autre. Nous vous avons dit : A l'heure où nous discutons, il y a un fait public en Europe, un fait que pas un journaliste, pas un ambassadeur, que pas un homme politique, que pas une personne au courant des choses de la diplomatie ne peut ignorer : c'est que, d'après les récits de la presse, notre ambassadeur n'a pas été reçu par le roi de Prusse, et qu'on lui a refusé, par un aide de camp, d'entendre une dernière fois l'exposé courtois, modéré, conciliant, d'une demande courtoise, modérée, conciliante, dont la justice est incontestable. (Vive approbation et applaudissements sur un grand nombre de bancs.)

Que nous importent les protocoles de chancellerie? (Interruption à gauche.) Les dépêches sur lesquelles on peut discuter? Sur notre honneur d'honnêtes gens, sur notre honneur de ministres, nous affirmons un fait.

Que serions-nous donc, si, en face de l'Europe, dont nous invoquons le témoignage, nous avions eu la sottise ou l'impudeur d'alléguer, comme prétexte, un fait inexact? Mais pour qui nous prenez-vous donc?

M. Glais-Bizoin. — Vous n'êtes pas infaillible! (Allons donc! allons donc!)

M. le garde des sceaux. — En vérité, quelque ineptes que vous vouliez bien nous supposer, notre ineptie n'est pas encore telle que nous puissions commettre une méprise ou une fourberie comparable à celle dont vous trouvez tout naturel de nous supposer capables, sans que nous reconnaissions le droit d'éprouver et d'exprimer le sentiment de la dignité froissée. (Bravos et applaudissements.)

Vous me parlez de dépêches. Je vous parle d'un acte, d'un acte connu de l'Europe entière.

M. Esquiros. — Que nous ne connaissons pas, seuls en Europe.

M. le garde des sceaux. — Seulement, lorsqu'on est au moment de prendre une de ces décisions qui font trembler la conscience, on a besoin de lumière, de beaucoup de lumière. L'évidence n'est jamais assez évidente. Nous l'avons éprouvé.

L'acte est incontestable, nous sommes-nous dit; mais il n'est peut-être pas intentionnel, c'est peut-être une de ces rumeurs échappées au patriotisme en éveil, et qu'il serait injuste, même dans les moments d'entraînement et de passion, de faire remonter jusqu'à un gouvernement.

Voilà les scrupules que les dépêches ont calmés. Nous n'avons plus douté de l'intention offensante, lorsque, de tous les coins de l'Europe, nous est venu, quoi? Le texte même...

M. de Jouvencel. — Donnez-nous le.

M. le garde des sceaux. — Le texte même... (Bruit à gauche) le texte même des instructions de M. de Bismark. Je n'en crois pas même ce que j'entends lorsque je recueille cette clameur : Donnez-nous-le! Mais je vous l'ai déjà donné! (Nouveau bruit à gauche.) Puis j'ai fait passer sous les yeux de la commission, qui l'a attesté...

M. le duc d'Albuféra et d'autres membres de la commission. — Parfaitement.

M. le garde des sceaux. — ... les pièces authentiques!

M. le comte de Kératry et d'autres membres. — Parfaitement!

M. le garde des sceaux. — Et puisque les ministres de la France...

M. Jules Ferry. — Mais vous ne nous les avez pas données à nous!

M. le garde des sceaux. — ... Et puisque enfin des ministres de la France sont obligés, sous l'attaque d'une opposition qui se prétend modérée, de prouver qu'ils n'altèrent pas et qu'ils n'inventent pas des pièces... (Nouvelles interruptions à gauche), nous avons communiqué à la commission les textes originaux. Vous avez entendu le marquis de Talhouët, le duc d'Albuféra, vous avez entendu M. de Kératry...

Au banc de la commission. — Tous! tous!

M. le garde des sceaux. — Vous les avez tous entendus, affirmant sur l'honneur qu'ils avaient tenu ces pièces entre leurs mains.

M. le marquis de Talhouët. — Semblables et émanant des différentes cours de l'Europe!

Voix nombreuses.—Ne les relisez pas! Ne répondez pas!

M. Chagot. — La continuation de cette discussion est indigne d'une Chambre française, et nous vous demandons, au nom du pays, de ne pas répondre.

M. le baron Zorn de Bulach. — Je suis sûr qu'on ne tiendrait pas un pareil langage et qu'on ne se livrerait pas à de semblables insinuations dans une Chambre prussienne, et je proteste au nom du pays.

M. le garde des sceaux. — Vous avez raison, messieurs. Après un tel témoignage, j'ai le devoir de ne rien ajouter (Très-bien! très-bien!), et je termine en vous suppliant de clore la discussion (très-bien!).

Un membre. — Elle n'aurait pas dû commencer!

M. le garde des sceaux. — Si elle se prolongeait, elle troublerait et déconcerterait le sentiment national qu'il est temps d'éveiller.

Voix nombreuses. — Non! il est éveillé.

M. le garde des sceaux. — Comment vous appliqueriez-vous ces paroles à vous, messieurs, qui, depuis que cette question est ouverte, avez prouvé si souvent déjà combien le sentiment national vibre en vous; laissez-moi donc finir ma phrase..., le sentiment national qu'il est temps d'éveiller chez ceux qui, ne connaissant pas encore la vérité des faits (Ah! — Très-bien!), croient qu'au lieu de défendre un intérêt légitime, nous cherchons des prétextes, des griefs imaginaires pour une guerre injuste.

Je vous en conjure, messieurs, mettons un terme à ces débats (Oui! oui!); unissons-nous.

M. Dugué de la Fauconnerie. — Nous n'avons pas besoin qu'on s'unisse à nous. (N'interrompez pas.)

M. le garde des sceaux. — Unissons-nous, messieurs.

M. de Choiseul. — Nous n'adhérons pas à votre politique.

M. le garde des sceaux. — Nous n'avons pas besoin de votre adhésion, monsieur de Choiseul; je m'adresse au pays et à la Chambre, je ne sais pas pourquoi vous m'interrompez. (Très-bien!)

M. de Choiseul. — Je ne vous ai pas interrompu.

M. le garde des sceaux. — Unissons-nous, nous qui sommes animés par les mêmes sentiments, pour dire que le moment des paroles est passé.... (Oui! oui! — Très-bien! très-bien!)

Votez! votez! car voter c'est agir. Ne discutez plus, parce que discuter c'est perdre un temps précieux! (Très-bien! très-bien! — Bravos et applaudissements prolongés.)

M. Ernest Picard. — Messieurs, je désirerais dire quelques paroles, non pas pour répondre à M. le ministre, mais pour ne pas laisser dans l'ombre une partie des questions importantes.... (Bruyantes interruptions). Nous sommes disposés à voter les subsides pour cette guerre où nous sommes engagés malgré nous, parce que, quand la guerre est déclarée, nous ne voyons plus devant nous que le drapeau de la France. (Nouvelles interruptions.) Individuellement, vous êtes tous contraires à ces discussions bruyantes. Je m'engage à parler brièvement et avec calme. (Aux voix!)

Une discussion grave n'arrête pas l'élan national, et la force de ceux qui combattent ne réside pas dans des moyens artificiels (bruit), mais dans une explosion claire des causes de la guerre. (Interruption.) Je ne dirai pas au ministre que je ne crois pas à l'existence des documents, ils existent; mais peut-être que s'ils avaient été produits, ils n'auraient pas eu l'effet qu'on pouvait en attendre, et alors se présenterait une situation que prévoyaient les ministres, quand ils ont fait cette déclaration du 6 juillet, qui a été le premier acte de la guerre, une situation telle qu'après être sortis une première fois des règles ordinaires de la diplomatie, en posant ici un ultimatum. (Bruit.)

Voix nombreuses. — La clôture!

Je sais bien que vous demandez la clôture. Je ne veux pas parler malgré vous. Je dis qu'en supposant acquis les faits mêmes que vous invoquez...... (Nouvelle et bruyante interruption. — La clôture! la clôture!)

C'est une ardeur qu'il faudrait réserver pour les champs de bataille.

(L'orateur descend de la tribune.)

M. Girault. — Je demande la parole. (Non! non!) Je demande à expliquer mon vote. (Bruit prolongé.) Nous serons les premiers à nous lever pour une guerre nationale, pour la défense de la patrie, nous ne voulons pas nous lever pour une guerre dynastique et agressive. (Aux voix! aux voix!)

M. le général Lebreton. — Je demande la parole. (Non! non!)

M. le président. — Si M. Picard veut continuer son discours, il a la parole. D'autre part, il y a encore plusieurs orateurs inscrits. Si M. Picard ne reprend pas la parole, je vais consulter la Chambre sur la clôture. (Aux voix! aux voix!)

M. de Choiseul. — Je demande la parole pour un fait personnel. (Non! non!) Je me suis trouvé blessé par quelques paroles de M. le garde des sceaux: mais je les lui pardonne, parce que je les attribue au trouble bien naturel que sa conscience doit éprouver aujourd'hui. (Rumeurs sur un grand nombre de bancs. — La clôture!)

M. le président. — La parole est à M. Grévy contre la clôture.

M. Grévy. — Je demande à la Chambre de dire un mot, un seul mot, qui sera le premier et le dernier que je prononcerai dans cette délibération. Lorsque la guerre.... (Interruption.) Voulez-vous ou ne voulez-vous pas me laisser la liberté qui m'appartient de motiver mon vote? (Non! non!) C'est ainsi que vous comprenez la liberté! Lorsque la guerre.... (Non! non! — La clôture!)

M. le président. — Je vais consulter la Chambre.

La Chambre consultée prononce la clôture.

M. Girault. — Je m'en vais, je ne voterai pas. (Rires.)

M. le président. — Je donne lecture de l'article unique du projet de loi.

« Il est ouvert au ministère de la guerre, sur le budget extraordinaire de 1870, un crédit supplémentaire de 50 millions. »

Napoléon III, empereur des Français.

M. E. Pelletan. — Je demande la parole. (Assez! — Aux voix!)

Mais votre parti est pris! vous allez voter d'enthousiasme le sang et les trésors de la France.... (Bruit prolongé.) C'est ainsi que, dans toutes les assemblées, quand on a voté sous l'influence de l'entraînement, on a pris des mesures détestables... (Exclamations. — Bruit prolongé.) J'ai demandé la parole, non pas comme j'en aurais le droit, pour dégager ma responsabilité (Bruit), mais pour vous arrêter dans votre précipitation. (Nouveau bruit.)

Vous ne voulez entendre rien, ni personne. (Réclamations.) Vous n'avez pas voulu entendre M. Grévy; vous voulez voter la guerre dans la nuit et dans le silence. (Bruit prolongé.) Vous la voterez d'enthousiasme et sans réflexion... (Assez! — La clôture!) Je constate publiquement, au nom de mes amis et au mien, qu'on n'a voulu entendre aucun orateur de l'opposition. (Excla-

mations. — Interruption bruyante. — Cris : Assez! Aux voix!) — Vos cris et vos murmures, j'allais dire vos hurlements, le constatent assez. (Assez! — Aux voix!)

M. le président. — Il va être procédé au scrutin.

Le scrutin a lieu; le Corps législatif adopte le projet de loi par 246 voix contre 10.

M. le président. — Le deuxième projet de loi est ainsi conçu : « Il est accordé au ministre de la marine sur l'exercice 1870, au delà des crédits ouverts par la loi de finances du 8 mai 1869, des crédits se montant à la somme de 16 millions. »

L'article unique est adopté. Il est procédé au scrutin sur l'ensemble de la loi.

Le projet de loi est adopté par 248 voix contre 1 sur 249 votants.

M. le président. — Projet de loi sur la garde nationale mobile : « Article unique : La garde nationale mobile est appelée à l'activité. »

2

Le projet de loi est adopté par 243 voix contre 1, sur 244 votants.

M. le président. — Projet de loi autorisant les engagements volontaires pour la durée de la guerre.

Les trois articles du projet sont successivement adoptés par assis et levé; il est procédé au scrutin sur l'ensemble de la loi, qui est adoptée par 244 voix contre 1, sur 245 votants.

CHAPITRE IV

Démonstrations populaires. — Les deux bandes. — Le sifflet Bismark. — La petite Bourse. — Protestations contre les amis de la paix. — Tumulte devant l'ambassade de Prusse.

Pendant ces délibérations, de nombreuses manifestations se produisaient au dehors. Paris prenait un aspect belliqueux. Les manifestations s'y multipliaient.

L'Empereur avait quitté les Tuileries à six heures et demie. Aussitôt les promeneurs des Tuileries et des Champs-Elysées, les passants des quais et de la place de la Concorde, avaient entouré la voiture du chef de l'État en poussant les cris de :

Vive l'Empereur! A bas la Prusse! Vive la guerre!

Cette manifestation parut causer une grande impression sur l'Empereur.

A neuf heures et demie, deux bandes se formèrent simultanément, et comme s'il y eût eu un mot d'ordre préalable: l'une, boulevard St-Michel, composée d'étudiants en majeure partie; l'autre, boulevard Poissonnière. La première, remontant le boulevard Saint-Michel, se dirigea vers le Luxembourg, recrutant de nouveaux adhérents sur tout le parcours, pour, de là, redescendre et traverser les ponts.

La deuxième se mit en marche dans la direction de la Madeleine. Dans l'origine, il devait y avoir jonction place de la Concorde, mais cette idée fut abandonnée. La police demeura neutre. Du reste, l'ordre le plus parfait régnait de part et d'autre; on se bornait à crier : « Vive la guerre! A bas la Prusse! » et à entonner quelques chants nationaux, parmi lesquels revenait fréquemment le refrain :

Mourir pour la patrie!

L'œillet rouge ou blanc à la boutonnière semblait être un signe de ralliement. D'aucuns s'escrimaient encore à siffler dans un petit instrument surmonté d'un cavalier en carton — Bismark — qui, à chaque coup de sifflet, saute en l'air et ne retombe que lorsque le siffleur cesse de souffler dans le tube.

A dix heures, la petite Bourse est envahie. Elle s'étend du coin de la rue Laffitte à la rue Drouot. Peu à peu, à la foule des boursiers vient s'ajouter la foule des curieux. La chaussée est pleine de monde. Les voitures ont une peine énorme à se frayer un chemin. Au café de Bade, des jeunes gens, debout, le chapeau à la main, poussent des cris enthousiastes de :

— Vive la guerre!

— A bas la Prusse!

— Les voyageurs pour Berlin en voiture!

Et la foule répond :

— Vive la guerre! à bas la Prusse!

De temps en temps pourtant de timides sifflets se mêlent à ces cris patriotiques.

Aussitôt on s'élance sur les siffleurs :

— Vous n'êtes pas des Français, vous êtes des misérables vendus à l'étranger!

Et autres aménités de ce genre.

Puis les cris de guerre reprennent de plus belle.

Les sergents de ville gardent naturellement une neutralité absolue.

Ils ont même renoncé à leur « circulez, messieurs! » traditionnel.

A minuit moins un quart, une troupe d'environ 5,000 personnes descendait le boulevard, venant du faubourg Saint-Antoine, en poussant les cris de Vive l'Empereur! à Berlin! vive la guerre! et chantant des chants patriotiques : la Marseillaise, le Chant du départ, Mourir pour la patrie!

Les manifesteurs parcourent le quartier Latin; ils s'arrêtent devant l'ambassade de Prusse, rue de Lille. On essaye d'ébranler la grande porte d'entrée de l'ambassade aux cris de :

— A bas Bismarck! A bas la Prusse! La porte, heureusement pour l'hôtel de l'ambassade, ne cède pas.

Après avoir séjourné rue de Lille pendant une dizaine de minutes, la bande se dirige vers le boulevard Saint-Michel.

A minuit une autre bande très-forte parcourt les boulevards.

Au milieu, sont trois porteurs de drapeaux tricolores. Quelques sergents de ville tentent de s'interposer. Mais la foule les contraint de reculer.

A une heure, la manifestation se dirige vers Saint-Cloud, suivie environ par deux cents voitures.

Jamais soirée ne fut plus tumultueuse. Jamais, pas même aux plus mauvais jours de juin et de janvier, foule plus compacte et plus surexcitée n'avait envahi les boulevards. Dès neuf heures du soir, sur toute la ligne du faubourg Poissonnière à la Madeleine, la circulation était devenue impossible. Mais le gros du mouvement était centralisé devant la petite bourse, entre le café du Grand-Balcon et le café Grétry.

Les promenades, les cris, les chants, continuèrent presque jusqu'au jour.

Pendant cette période d'agitation, qui se prolongea, les démonstrations belliqueuses devaient constamment étouffer quelques rares démonstrations pacifiques.

Paris s'était prononcé.

CHAPITRE V

Séance du Sénat du 16 juillet. — Projets de loi présentés par le gouvernement. — Rapport de M. Rouher. — Adoption des projets à l'unanimité.

Il fallait que les projets adoptés par le Corps législatif fussent approuvés par le Sénat.

A la séance du 16 juillet, M. Chaix d'Est-Ange, sénateur-secrétaire, donna lecture des dépêches en date du même jour, par lesquelles les ministres de la guerre et de la marine transmettaient au président du Sénat les quatre projets de lois adoptés par le Corps législatif, et relatifs :

1° A l'ouverture, au département de la guerre, d'un supplément de crédit de 50 millions sur le budget extraordinaire de 1870;

2° A l'ouverture, au département de la marine, d'un supplément de crédit de 16 millions, sur le budget extraordinaire 1870;

3° A la mobilisation de la garde nationale mobile;

4° A l'autorisation d'engagements volontaires pour la durée de la guerre.

L'urgence fut demandée et prononcée à l'unanimité; le Sénat nomma une commission de cinq membres, qui nomma pour rapporteur M. Rouher.

La séance est reprise à trois heures cinquante-cinq minutes.

M. le président. — L'ordre du jour appelle le rapport de la commission sur les quatre projets de loi présentés par le Gouvernement au commencement de la séance.

S. Exc. M. Rouher, *rapporteur.* — Messieurs les sénateurs, le Sénat est saisi par le Gouvernement de l'examen de quatre projets de lois :

Le premier propose l'ouverture au ministre de la guerre d'un crédit de 50 millions au budget extraordinaire de 1780.

Le second a pour objet d'accorder au ministre de la marine, pour l'exercice de 1870, et en outre des crédits ouverts par la loi de finances du 8 mai 1869, des crédits nouveaux s'élevant à 16 millions de francs ;

Le troisième autorise l'appel à l'activité de la garde nationale mobile ;

Le quatrième permet les engagements volontaires pour la durée de la guerre.

Toutes ces mesures ont le même but : préparer nos moyens de défense à raison de la guerre imminente entre la France et la Prusse.

M. le ministre des affaires étrangères s'est rendu dans le sein de la commission. Il lui a exposé avec

étendue, et en lui donnant lecture de toutes les dépêches importantes, la conduite des négociations entamées à Ems depuis le 6 juillet avec le roi de Prusse.

Votre commission a reconnu à l'unanimité que ces négociations avaient été suivies avec fermeté et modération de la part de la France. (Assentiment.) Tous les griefs signalés par les déclarations du Gouvernement lui ont paru à la fois fondés et légitimes. (Nouvel assentiment.) Elle a constaté notamment, avec une émotion indignée, qu'une dépêche du ministre des affaires étrangères de Prusse, communiquée aux diverses puissances, dénaturait une situation déjà tendue et regrettable, en déclarant que le roi Guillaume aurait refusé de recevoir notre ambassadeur. Nous nous disposions à vous retracer les points principaux de ces faits diplomatiques, lorsque le bruit non officiel s'est répandu d'une violation par les troupes prussiennes de notre territoire, à Sierck, sur la frontière de la Moselle. (Mouvement d'indignation. — Protestations énergiques.)

Réelle ou fausse, cette nouvelle prouve, du moins, que le temps des discussions est passé. (Très-bien ! très-bien ! — Bravo !) Disons seulement que la responsabilité de la guerre n'appartient point à ceux qui la déclarent pour défendre leur dignité, mais à ceux dont l'ambition inquiète porte atteinte à la sécurité d'une autre nation et jette le trouble dans les intérêts du monde. (Vive approbation. — Applaudissements.)

Votre commission vous propose à l'unanimité l'adoption des quatre projets de lois.

M. le président. — Quelqu'un demande-t-il la parole ?

De toutes parts ! — Non ! non ! Aux voix ! aux voix !

Personne ne demandant la parole, le sénateur-secrétaire donna lecture des projets de loi qui furent successivement adoptés à l'unanimité.

CHAPITRE VI

Visite des Sénateurs à Saint-Cloud. — Discours du président. — Réponse de l'Empereur. — Nouvelles manifestations dans Paris. — Avis du préfet de police. — Bruits d'escarmouches.

Après la séance, le Sénat se rendit spontanément à Saint-Cloud, où il fut reçu par l'Empereur et l'Impératrice, auprès desquels était le Prince impérial.

Le président du Sénat prononça le discours suivant :

« Sire,

« Le Sénat remercie l'Empereur de lui avoir permis de venir porter aux pieds du Trône l'expression des sentiments patriotiques avec lesquels il a accueilli les communications qui lui ont été faites à la séance d'hier.

« Une combinaison monarchique nuisible au prestige

et à la sécurité de la France avait été mystérieusement favorisée par le roi de Prusse.

« Sans doute, sur notre protestation, le prince Léopold a retiré son acceptation ; l'Espagne, cette nation qui connaît et nous rend les sentiments d'amitié que nous avons pour elle, a renoncé à une candidature qui nous blessait.

« Sans doute, le péril immédiat était écarté, mais notre légitime réclamation ne subsistait-elle pas tout entière ? N'était-il pas évident qu'une puissance étrangère, au profit de son influence et de sa domination, au préjudice de notre honneur et de nos intérêts, avait voulu troubler une fois de plus l'équilibre de l'Europe ?

« N'avions-nous pas le droit de demander à cette puissance des garanties contre le retour possible de pareilles tentatives ?

« Ces garanties sont refusées : la dignité de la France est méconnue. Votre Majesté tire l'épée : la patrie est avec vous, frémissante d'indignation et de fierté.

« Les écarts d'une ambition surexcitée par un jour de grande fortune devaient tôt ou tard se produire.

« Se refusant à ces impatiences hâtives, avec cette calme persévérance qui est la vraie force, l'Empereur a su attendre ; mais, depuis quatre années, il a porté à sa plus haute perfection l'armement de nos soldats, élevé à toute sa puissance l'organisation de nos forces militaires.

« Grâce à vos soins, la France est prête, Sire, et par son enthousiasme elle prouve que, comme vous, elle était résolue à ne tolérer aucune entreprise téméraire.

« Que notre auguste Souveraine redevienne dépositaire du pouvoir impérial ; les grands Corps de l'État l'entoureront de leur respectueuse affection, de leur absolu dévouement. La nation connaît l'élévation de son cœur et la fermeté de son âme ; elle a foi dans sa sagesse et dans son énergie.

« Que l'Empereur reprenne avec un juste orgueil et une noble confiance le commandement de ses légions agrandies de Magenta et de Solférino ; qu'il conduise sur les champs de bataille l'élite de cette grande nation.

« Si l'heure des périls est venue, l'heure de la victoire est proche

« Bientôt la patrie reconnaissante décernera à ses enfants les honneurs du triomphe ; bientôt l'Allemagne, affranchie de la domination qui l'opprime, la paix rendue à l'Europe par la gloire de nos armes, Votre Majesté qui, il y a deux mois, recevait pour elle et pour sa dynastie une nouvelle force de la volonté nationale, Votre Majesté se dévouera de nouveau à ce grand œuvre d'améliorations et de réformes dont la réalisation, — la France le sait, et le génie de l'Empereur le lui garantit, — ne subira d'autre retard que le temps que vous emploierez à vaincre. »

L'Empereur a répondu :

« Messieurs les Sénateurs, j'ai été heureux d'apprendre avec quel vif enthousiasme le Sénat a reçu la déclaration que le ministre des affaires étrangères a été chargé de lui faire. Dans toutes les circonstances où il s'agit des grands intérêts et de l'honneur de la France, je suis sûr de trouver dans le Sénat un appui énergique. Nous commençons une lutte sérieuse. La France a besoin du concours de tous ses enfants. Je suis bien aise que le premier cri patriotique soit parti du Sénat ; il aura dans le pays un grand retentissement. »

Tandis que cette scène se passait, les manifestations se renouvelaient à Paris ; des bandes nombreuses allaient et venaient au milieu d'une foule compacte, en entonnant des chants patriotiques ; les troupes qui passaient, ou qui dans leurs casernes faisaient des préparatifs de départ, étaient acclamées. L'agitation recommença le lendemain, malgré l'avis suivant que fit afficher le préfet de police.

Paris, le 17 juillet 1870.

« Pendant ces derniers jours, la population parisienne a voulu affirmer son patriotisme par des manifestations sur la voie publique.

« Au moment où nos soldats se rendent à la frontière, et après cette explosion du sentiment national, il est désirable que la capitale reprenne son aspect accoutumé, et témoigne, par son calme, de la confiance qui l'anime.

« Le préfet de police croit donc devoir demander aux habitants de Paris de s'abstenir de démonstrations qui ne peuvent se prolonger davantage sans inconvénient. »

Elles se prolongèrent pourtant. La nouvelle des préparatifs militaires qui étaient poussés activement, celle de manifestations analogues aux nôtres à Berlin ; le bruit, bientôt démenti d'ailleurs, d'une première escarmouche à Sierk, près de Forbach, tout contribuait à l'exaltation des esprits.

CHAPITRE VII

Texte des lois adoptées par le Corps législatif et par le Sénat.

Les lois, votées avec tant d'enthousiasme, furent promulguées dans le *Journal officiel* du 18 juillet 1870. En voici le texte :

LOI

qui accorde au ministre de la guerre un supplément de 50 millions sur le budget extraordinaire de 1870.

« NAPOLÉON,

« Par la grâce de Dieu et la volonté nationale, Empereur des Français,

« A tous présents et à venir, salut ;

« Nous avons proposé, les Chambres ont adopté, nous avons sanctionné et sanctionnons, promulguons ce qui suit :

« *Article unique.* Un supplément de crédit de 50 millions est ouvert au ministre de la guerre, sur les chapitres ci-après du budget extraordinaire de 1870, savoir :

Chap. 1er. Établissement et matériel de
l'artillerie. . . . . 5,000,000 fr.
— 2. — du génie. 2,000,000
— 3. États-majors 1,000,000
— 4. Solde et prestation en nature. 11,600,000
— 5. Habillement et campement. 7,000,000
— 6. Personnel de l'administration centrale 100,000
— 7. Matériel — 400,000
— 8. Dépôt général de la guerre. 100,000
— 9. Lits militaires. 100,000
— 10. Transports généraux 5,000,000
— 11. Remonte générale 14,000,000
— 12. Garde nationale mobile. . . 500,000
— 13. Dépenses secrètes. 200,000

50,000,000 fr.

La présente loi, discutée, délibérée et adoptée par le Sénat et par le Corps législatif, sera exécutée comme loi de l'État.

Mandons et ordonnons que les présentes, revêtues du sceau de l'État, et insérées au *Bulletin des lois*, soient adressées aux cours, aux tribunaux et aux autorités administratives, pour qu'ils les observent et les fassent observer, et notre ministre de la justice est chargé d'en surveiller la publication.

Fait au palais de Saint-Cloud, le 17 juillet 1870.

NAPOLÉON.

Vu et scellé du grand   Par l'Empereur :
sceau :

Le garde des sceaux, mi-   *Le maréchal ministre*
nistre de la justice et des   *de la guerre,*
cultes,

ÉMILE OLLIVIER.   LE BŒUF.

LOI

qui accorde au ministre de la marine et des colonies un crédit montant à la somme de 16 millions sur l'exercice de 1870.

« *Article unique.* Il est accordé au ministère de la marine et des colonies, sur l'exercice de 1870, au delà des crédits ouverts par la loi de finances du 8 mai 1869, des crédits montant à la somme de 16 millions de francs.

« Ces crédits sont répartis par chapitres, conformément à l'état ci-annexé, savoir :

Budget ordinaire.

Chap. 4. Solde, etc. (Armement). . 3,800,000 fr.
— 5. Troupes. 1,050,000
— 8. Hôpitaux. 255,000
— 9. Vivres. 2,320,000
— 10. Salaires d'ouvriers. 1,500,000
— 11. Approvisionnements généraux. 2,000,000
— 12. Frais de voyage, etc. . . 700,000

Total. . . . . 11,825,000 fr.

Budget extraordinaire.

Chap. 3. Artillerie. . . . . 4,175,000 fr.

Total. . . . . 16,000,000 fr.

LOI

appelant à l'activité la garde mobile.

« *Article unique.* La garde nationale mobile est appelée à l'activité.

Notons ici qu'un décret du 16 juillet, visant le décret du 1er février 1868, sur le recrutement de l'armée et l'organisation de la garde nationale mobile, ordonnait la réunion immédiate des gardes nationaux mobiles des trois premiers corps d'armée au chef-lieu de chaque département au contingent duquel ils appartenaient.

Ces trois corps ne comprenaient que les départements de la Seine, Seine-et-Oise, Oise, Seine-et-Marne, Aube, Yonne, du Loiret, d'Eure-et-Loir ; de la Seine-Inférieure, de l'Eure, du Calvados, Orne, Nord, Pas-de-Calais, Somme, Marne, Aisne, Ardennes, Moselle, Meuse, Meurthe, Vosges, Bas-Rhin, Haut-Rhin, Doubs, Jura, Côte-d'Or, Haute-Marne et Haute-Saône, en somme 29 départements pour 89.

Le décret ordonnant le rassemblement des gardes mobiles des trois premiers corps d'armée français fut publié au *Journal officiel*, le 17 juillet ; mais, d'après celui qui parut le lendemain, il paraît avoir été considéré comme insuffisant et non avenu.

LOI

relative aux engagements volontaires en temps de guerre.

« Art. 1er. Les engagements seront reçus, en temps de guerre, pour la durée de la guerre.

« Art. 2. Ces engagements seront soumis aux conditions générales déterminées par la loi organique sur le recrutement de l'armée.

« Art. 3. Aussitôt après la paix, les engagés volontaires, admis conformément à l'article 1er ci-dessus, seront libérés, en vertu d'un décret impérial, à moins qu'ils ne demandent à rester sous les drapeaux en se liant au service conformément à la loi modifiée du 21 mars 1832.

LOI

sur les engagements.

Article 1er.

Les articles 19, 20, 21, 22 et 23 de la loi du 21 mars 1832 sont modifiés ainsi qu'il suit :

Art. 19. Les jeunes gens compris définitivement dans le contingent cantonal pourront se faire remplacer.

Le remplacement ne pourra avoir lieu qu'aux conditions suivantes :

Le remplaçant devra :

1° Être libre de tout service et de toutes obligations résultant des lois sur le recrutement de l'armée et sur l'inscription maritime.

Néanmoins, les hommes sous les drapeaux et servant, soit comme jeunes soldats, soit comme engagés volontaires ou rengagés, soit comme remplaçants ou substituants, pourront, lorsqu'ils seront entrés dans la dernière année de leur service d'activité, être admis à souscrire un acte de remplacement, sous la condition qu'indépendamment du service qu'ils seront tenus d'accomplir pour le compte des remplacés, ils auront à compléter le temps qui leur resterait à faire au moment du remplacement.

Ils ne pourront cependant être admis à souscrire dans ces conditions un nouvel acte de remplacement, qu'autant que les années de réserve qu'ils sont déjà tenus d'accomplir, ajoutées à celles qui résulteront de ce nouvel acte, ne constitueront pas une période de plus de huit ans.

2° Être âgé de vingt à trente ans au plus, de vingt à trente-cinq ans s'il a été militaire, et de dix-sept à trente s'il est frère du remplacé ;

3° N'être ni marié, ni veuf avec enfants.

4° Avoir au moins la taille de 1 m. 55, s'il n'a pas déjà servi dans l'armée, et réunir les autres qualités requises pour faire un bon service.

5° N'avoir pas été réformé du service militaire.

6° Suivant sa position, être porteur des certificats spécifiés dans les articles 20 et 21 ci-après.

Art. 20. Le remplaçant produira un certificat délivré par le maire de la commune de sa dernière résidence.

Si le remplaçant ne compte pas au moins une année de séjour dans cette commune, il sera tenu d'en produire un autre du maire de la commune ou des maires des communes où il aura résidé pendant le cours de cette année. Les certificats devront contenir le signalement du remplaçant et attester :

1° La durée du temps pendant lequel il a été domicilié dans la commune ;

2° Qu'il jouit de ses droits civils ;

3° Qu'il n'a jamais été condamné à une peine correctionnelle pour vol, escroquerie, abus de confiance, ou attentat aux mœurs. Il sera produit, à l'appui de cette attestation, un extrait du casier judiciaire.

Dans le cas où le maire ne connaîtrait pas l'individu qui fait la demande de ce certificat, il devra en constater légalement l'identité, et recueillir les preuves et témoignages qu'il jugera convenables pour arriver à la connaissance de la vérité.

Art. 21. Si le remplaçant a été militaire, outre le certificat du maire, il sera tenu de produire un certificat de bonne conduite du dernier corps dans lequel il aura servi.

S'il est encore sous les drapeaux, il n'aura d'autre pièce à produire qu'un certificat d'acceptation, délivré par le corps dont il fait partie.

Art. 22. Le remplaçant sera admis soit par le conseil de révision du département où il a sa résidence depuis trois mois, ou, à défaut de résidence depuis trois mois, dans le département où il a résidé précédemment, soit par celui du département où ses parents sont domiciliés.

Immédiatement après la réception de l'acte par le préfet, le remplaçant sera dirigé sur le corps auquel il sera affecté.

Art. 23. Le remplacé sera, pour les cas d'insoumission et de désertion, responsable de son remplaçant pendant une année à compter du jour de l'acte passé devant le préfet.

Toutefois, il ne sera tenu de rejoindre son corps ou de fournir un autre remplaçant qu'à l'expiration de l'année de responsabilité.

Il sera libéré, si son remplaçant est réformé, s'il meurt, soit sous les drapeaux, soit dans la réserve, ou si, en cas de désertion ou d'insoumission, il est arrêté pendant l'année.

Le remplacé ne sera soumis à aucune responsabilité si, au moment du remplacement, son remplaçant est sous les drapeaux.

Article 2.

Les militaires qui, aux termes de l'article 19 susvisé, auront passé dix années consécutives sous les drapeaux pourront se marier, sans autorisation, après un an de service dans la réserve.

Cette faculté est suspendue par l'effet du décret du rappel à l'activité.

DISPOSITIONS TRANSITOIRES.

Article 3.

Les jeunes soldats des classes de 1864 et de 1865, présents au corps, qui comptent plus de cinq ans de service ou qui sont dans la cinquième année, sont admis, dès à présent, à remplacer, sous la condition qu'ils termineront dans la réserve le temps qui leur restera à faire, indépendamment de celui auquel ils seront tenus par leur acte de remplacement ; il en sera de même, en 1870, pour les jeunes soldats de la classe de 1866.

Suivait un décret qui créait un quatrième bataillon dans les cent régiments de ligne.

« NAPOLÉON,

« Par la grâce de Dieu et la volonté nationale, Empereur des Français.

« A tous présents et à venir, salut.

« Vu la loi du 14 avril 1832 et l'ordonnance du 16 mars 1838;

« Sur le rapport du ministre de la guerre,

« Avons décrété et décrétons ce qui suit:

« Art. 1er. Il est créé, dans chacun des cent régiments d'infanterie de ligne, un quatrième bataillon à quatre compagnies, prises dans les bataillons existants.

« Ce bataillon sera commandé par un chef de bataillon.

« Art. 2. Les emplois de capitaine adjudant-major des quatrièmes bataillons seront donnés aux capitaines instructeurs de tir, dont l'emploi est et demeure supprimé.

« Art. 3. Il sera créé deux compagnies par régiment pour compléter le dépôt.

« Ces deux compagnies seront ultérieurement organisées.

« Art. 4. Les emplois de chef de bataillon, de capitaine, de lieutenant, auxquels il y a lieu de pourvoir par suite de cette formation, seront donnés à l'ancienneté et au choix sur toute l'arme, conformément aux règles tracées par l'article de l'ordonnance du 16 mars 1838, portant règlement d'administration publique pour l'exécution de la loi du 14 avril 1832.

« Les sous-lieutenants seront nommés en vertu du même article.

« Art. 5. Notre ministre de la guerre est chargé de l'exécution du présent décret.

« Fait au palais des Tuileries le 14 juillet 1870.

NAPOLÉON.

Par l'Empereur:

Le maréchal ministre de la guerre,

LE BŒUF.

CHAPITRE VIII

Déclaration de guerre. — Circulaire de M. de Bismark, en date du 18 juillet. — Ouverture de la session du reichstag de l'Allemagne du Nord.

La déclaration de guerre fut envoyée de Paris à Berlin dans la nuit du 17 juillet; mais on ne la connut officiellement à Paris que le mercredi 20.

« Elle fut remise le 19, à une heure et demie, au gouvernement prussien; en voici le texte:

« Le soussigné, chargé d'affaires de France, se conformant aux ordres de son gouvernement, a l'honneur de porter la communication suivante à la connaissance de

S. Exc. M. le ministre des affaires étrangères de Sa Majesté le roi de Prusse.

« Le gouvernement de Sa Majesté l'empereur des Français, ne pouvant considérer le plan d'élever sur le trône d'Espagne un prince prussien que comme une entreprise dirigée contre la sûreté territoriale de la France, s'est vu placé dans la nécessité de demander à Sa Majesté le roi de Prusse l'assurance qu'une pareille combinaison ne pourrait pas se réaliser de son consentement.

« Comme S. M. le roi de Prusse a refusé de donner cette assurance, et que, au contraire, il a déclaré à l'ambassadeur de S. M. l'empereur des Français que, pour cette éventualité comme pour toute autre, il entendait se réserver la possibilité de consulter les circonstances, le gouvernement impérial a dû voir dans cette déclaration du roi une arrière-pensée menaçant la France ainsi que l'équilibre européen. Cette déclaration s'est aggravée encore par la notification faite aux cabinets du refus de recevoir l'ambassadeur de l'empereur et d'entrer avec lui dans de nouvelles explications.

« En conséquence, le gouvernement français a jugé qu'il avait le devoir de pourvoir sans retard à la défense de sa dignité et de ses intérêts lésés, et, décidé à prendre dans ce but toutes les mesures commandées par la situation qui lui est créée, il se considère, dès à présent, comme en état de guerre avec la Prusse.

« Le soussigné a l'honneur, etc.

« Berlin, 19 juillet 1870.

« *Signé :* LE SOURD. »

La Prusse ne perdit pas de temps. Dès la veille, prévoyant l'issue du conflit, elle essaya de soulever les populations qui lui étaient soumises et de se concilier des adhésions, en adressant la circulaire suivante aux représentants de la confédération de l'Allemagne du Nord à l'étranger.

« Berlin, 18 juillet, 1870.

« L'attitude des ministres français aux séances du Sénat et du Corps législatif, du 15 du mois courant, et les altérations de la vérité qui ont été commises avec le caractère solennel de déclarations officielles, ont fait tomber le dernier voile qui cachait des intentions au sujet desquelles personne, jugeant sans parti pris, ne pouvait plus avoir de doute depuis que l'Europe étonnée avait entendu deux jours auparavant, de la bouche du ministre français des affaires étrangères, que la France ne se contentait point du désistement volontaire du prince héréditaire et qu'elle aurait encore à négocier avec la Prusse.

« Pendant que les autres puissances européennes examinaient quelle attitude elles prendraient en présence de cette phase nouvelle et inattendue, et comment elles exerceraient peut-être une influence conciliante et médiatrice dans ces prétendues négociations, dont personne ne pouvait supposer la nature ni l'objet, le gouvernement français, par une déclaration publique et solennelle, laquelle, en dénaturant des faits connus, ajoutait de nouvelles offenses aux menaces du 6 du mois courant, a poussé les choses à une extrémité qui rendait tout arrangement impossible, en enlevant aux puissances amies toute occasion d'intervention et en rendant la rupture inévitable.

« Déjà, depuis une semaine, nous ne pouvions plus douter que l'Empereur ne fût absolument décidé à nous placer dans une situation qui ne nous laissât d'autre choix que la guerre ou une humiliation que le sentiment d'honneur d'aucune nation ne saurait supporter. Si nous avions pu concevoir encore des doutes, ils auraient disparu par le rapport du ministre royal relativement à son premier entretien avec le duc de Gramont et M. Émile Ollivier, après son retour d'Ems, entretien pendant lequel le premier qualifia le désistement du prince héréditaire de question de détail, tandis que les deux ministres exprimèrent l'espoir que S. M. le Roi écrirait à l'empereur Napoléon une lettre d'excuses dont la publication serait de nature à apaiser les esprits excités en France.

« Je joins une copie de ce rapport à la présente; il se passe de commentaires. Les insultes de la presse gouvernementale française anticipèrent sur le triomphe que l'on cherchait à obtenir. Mais le gouvernement sembla craindre que la guerre ne lui échappât néanmoins. Il s'empressa donc de déplacer la question par ses déclarations du 15 du mois courant, de la mettre sur un terrain où il n'y a plus d'intervention possible et de nous prouver, ainsi qu'à tout le monde, qu'aucune concession dans les limites du sentiment d'honneur national ne suffirait pour maintenir la paix.

« Mais comme personne ne doutait ni ne pouvait douter que nous voulions sincèrement la paix et que quelques jours auparavant nous considérions la guerre comme impossible; comme tout prétexte pour une guerre faisait défaut et que même le dernier prétexte créé artificiellement, violemment, s'était évanoui de lui-même, comme il avait été inventé sans nous; comme, en conséquence, il n'y avait aucune raison de guerre, il ne resta aux ministres français, pour se justifier en apparence devant leur propre peuple, dont la majorité est disposée à la paix et qui a besoin de la paix, il ne leur resta qu'à faire accroire aux deux chambres représentatives et par elles au peuple en dénaturant ou en inventant des faits dont la fausseté leur était officiellement connue, que la nation avait été offensée par la Prusse, afin d'exciter les passions et de provoquer une telle explosion qu'ils pussent alléguer avoir été entraînés.

« C'est une tâche douloureuse que devoir dévoiler cette série de contre-vérités. Heureusement les ministres français ont abrégé cette tâche en refusant d'accorder la communication, réclamée par une partie de l'assemblée, de la note ou de la dépêche, en préparant ainsi

le public à apprendre que cet office n'existe aucunement.

« Il en est réellement ainsi. Il n'existe point de note ou dépêche par laquelle le gouvernement prussien aurait annoncé aux cabinets de l'Europe le refus de recevoir le ministre français. Il n'existe rien, en dehors du télégramme des journaux que tout le monde connaît, et qui a été communiqué, d'après le texte des journaux, aux gouvernements allemands et à quelques-uns de nos représentants près des gouvernements non allemands, afin de les informer de la nature des prétentions françaises et de l'impossibilité de les admettre. Ce télégramme ne renferme, en outre, rien de blessant pour la France.

« Des communications ultérieures sur cet incident n'ont été adressées par nous à aucun gouvernement.

« Quant au fait du refus de recevoir le ministre français, afin de pouvoir placer cette allégation dans sa véritable lumière, j'ai été autorisé par Sa Majesté à vous transmettre les deux documents ci-joints, avec la demande de les communiquer au gouvernement auprès duquel vous avez l'honneur d'être accrédité : le premier de ces documents est un exposé rigoureusement exact, rédigé sur les ordres et sous l'approbation immédiate de S. M. le Roi, des événements qui ont eu lieu à Ems; le second est un rapport officiel de l'aide de camp de service de S. M. le Roi, touchant l'exécution de la mission qui lui avait été donnée.

« Il serait inutile de faire ressortir que la fermeté avec laquelle l'arrogance française a été repoussée était entourée, tant en ce qui concerne le fond que la forme, de la courtoisie la plus complète, laquelle répond tout aussi bien aux habitudes personnelles de S. M. le Roi qu'aux principes de politesse internationale envers les représentants de souverains et de nations étrangers.

« Quant au départ de notre ministre, je fais seulement observer, — comme le cabinet français le savait d'ailleurs officiellement, — qu'il ne s'agissait point d'un rappel, mais d'un congé sollicité par le ministre pour des motifs personnels, et que celui-ci a remis les affaires entre les mains du premier conseiller de légation, qui l'avait déjà fréquemment remplacé, et qu'il en a donné notification, comme cela se pratique habituellement. L'allégation, d'après laquelle S. M. le Roi aurait communiqué au chancelier fédéral soussigné la candidature du prince Léopold, est également inexacte; j'avais reçu accidentellement et confidentiellement connaissance, par une des personnes privées qui prenaient part aux négociations, de l'offre espagnole.

« Si, par conséquent, tous les motifs invoqués par le ministre français pour établir que la guerre était inévitable, s'évanouissent; s'il est ainsi établi que ces motifs sont complètement dénués de fondement, — il ne nous reste malheureusement que la triste nécessité de rechercher les véritables motifs dans les traditions les plus mauvaises de Louis XIV et du premier empire, stygma-

Metz.

tisées depuis un demi-siècle par les populations et les gouvernements du monde civilisé, qu'un certain parti en France inscrit encore sur sa bannière, mais auxquelles nous croyions que Napoléon III avait heureusement résisté.

« Comme causes déterminantes de ce regrettable phénomène, nous ne pouvons découvrir malheureusement que les instincts les plus mauvais de la haine et de la jalousie au sujet de l'autonomie et du bien-être de l'Allemagne, joints au désir de tenir terrassée la liberté à l'intérieur en précipitant le pays dans des guerres avec l'étranger.

« Il est triste de penser que par une lutte colossale, comme la surexcitation nationale et la grandeur et la puissance des deux pays le font entrevoir, le développement pacifique de la civilisation et du bien-être national, qui allaient sans cesse croissant, sera entravé, empêché pendant plusieurs années. Mais, devant Dieu et devant les hommes, nous devons en rejeter la responsabilité sur ceux qui, par leur attitude criminelle, nous

obligent à accepter la lutte pour l'honneur national et la liberté de l'Allemagne. Pour une cause aussi juste nous pouvons espérer avec confiance en l'aide de la Providence, de même que nous sommes déjà sûrs, grâce aux marques toujours croissantes d'un dévouement empressé, de l'assistance de toute la nation allemande, et que nous pouvons compter que pour cette guerre, provoquée de propos délibéré et sans droit, la France ne trouvera point d'allié.

« DE BISMARK. »

Cette circulaire précéda le discours du roi Guillaume Ier, qui, en ouvrant le 19 juillet la session du Parlement de l'Allemagne du Nord, y vint donner des explications.

Dès qu'il parut, le président M. Simson poussa un *vivat* en l'honneur du chef et du protecteur de la Confédération de l'Allemagne du Nord. Ce *vivat* provoqua une triple salve de hourras.

Le Roi, d'une voix ferme, mais dans laquelle l'émotion

se trahit plusieurs fois, lut le discours du Trône, qui fut interrompu onze fois par des bravos frénétiques.

« Honorés membres du Reichstag de la Confédération de l'Allemagne du Nord,

« Le jour où, lors de votre dernière réunion, je vous ai souhaité ici la bienvenue au nom des gouvernements confédérés, j'ai pu, avec une gratitude mêlée de joie, attester qu'avec l'aide de Dieu le succès n'avait pas manqué aux efforts faits par moi en vue de répondre aux vœux des peuples et aux besoins de la civilisation en prévenant toute perturbation de la paix.

« Si, néanmoins, des menaces de guerre et un danger de guerre ont imposé aux gouvernements confédérés le devoir de convoquer une session extraordinaire, en vous-mêmes comme en nous demeurera vivante la conviction que la Confédération de l'Allemagne du Nord s'est appliquée à utiliser la force populaire de l'Allemagne, non pas pour compromettre la paix générale, mais pour lui donner un puissant appui, et que si actuellement nous faisons appel à cette force populaire pour protéger notre indépendance, nous ne faisons qu'obéir à la voix de l'honneur et du devoir.

« La candidature d'un prince allemand au trône d'Espagne, candidature à la naissance et à l'abandon de laquelle les gouvernements confédérés sont également étrangers et qui, pour la Confédération de l'Allemagne du Nord, n'avait pas d'autre intérêt que celui de voir le gouvernement d'une nation amie et rattacher l'espoir de donner à un pays longtemps éprouvé les garanties d'un gouvernement régulier et pacifique, a fourni au gouvernement de l'Empereur des Français le prétexte de poser un cas de guerre d'une façon depuis longtemps inconnue dans les usages diplomatiques, et, après la disparition de ce prétexte, de maintenir un cas de guerre avec un mépris du droit des peuples aux bienfaits de la paix, dont l'histoire des souverains antérieurs de la France offre déjà des exemples.

« Si, dans les siècles précédents, l'Allemagne a supporté en silence ces atteintes portées à son droit et à son honneur, elle ne les a supportées que parce que, dans son déchirement, elle ne savait pas combien elle était forte. Aujourd'hui que le lien d'une union morale et légale, lien que les guerres de l'indépendance ont commencé à établir, unit ensemble, avec une connexité qui sera d'autant plus étroite qu'elle durera depuis plus longtemps, les membres de la famille allemande ; aujourd'hui que les armements de l'Allemagne ne laissent plus de porte ouverte à l'ennemi, l'Allemagne porte en elle-même la volonté et la force de se défendre contre les nouvelles violences de la France.

« Ce n'est pas l'outrecuidance qui me dicte ces paroles. Les gouvernements confédérés, ainsi que moi-même, agissent dans la pleine conscience que la victoire et la défaite sont entre les mains du Dieu des batailles.

« Nous avons, d'un regard calme et clair, mesuré la responsabilité qui, devant le jugement de Dieu et des hommes, incombe à celui qui pousse à des guerres de dévastation deux grands et paisibles peuples habitant au cœur même de l'Europe.

« Le peuple allemand et le peuple français, ces deux peuples qui jouissent chacun au même degré des bienfaits de la civilisation chrétienne et d'une prospérité croissante, et qui aspirent à ces bienfaits, sont appelés à une lutte plus salutaire que la lutte sanglante des armes. Mais les hommes qui gouvernent la France ont su, par une fausse direction (*missleitung*) calculée, exploiter pour leurs intérêts et leurs passions personnels l'amour-propre (*selbstgefühl*) légitime, mais irritable, du grand peuple qui est notre voisin.

« Plus les gouvernements confédérés ont la conscience d'avoir fait tout ce que leur honneur et leur dignité leur permettaient de faire pour conserver à l'Europe les bienfaits de la paix, plus il est évident aux yeux de tous que l'on nous a mis le glaive dans la main, et plus grande est la confiance avec laquelle, nous appuyant sur la volonté unanime des gouvernements allemands du Sud comme des gouvernements du Nord, nous nous adressons au patriotisme et au dévouement du peuple allemand, pour le convier à la défense de son honneur et de son indépendance.

« Suivant l'exemple de nos pères, nous combattrons pour notre liberté et pour notre droit contre la violence de conquérants étrangers, et dans ce combat, où nous ne poursuivrons pas d'autre but que celui d'assurer à l'Europe une paix durable, Dieu sera avec nous comme il a été avec nos pères ! »

Les passages les plus acclamés furent ceux qui sont relatifs à la participation du Sud, à la cessation du déchirement de l'Allemagne, aux sentiments pacifiques du peuple allemand, à la politique du gouvernement français.

A la clôture de la séance, M. de Friesen poussa un quadruple vivat en l'honneur du roi Guillaume.

Toute cette solennité porta l'empreinte du sentiment qu'éprouvaient le roi et les représentants du peuple de la grande et sérieuse tâche qui leur incombait.

Ce sentiment était celui qui dominait, en France, chez tous les hommes accoutumés à se livrer à des considérations politiques. Quant à la masse de la nation elle cédait à un belliqueux entraînement : les scènes de la capitale s'étaient reproduites dans un grand nombre de villes ; une patriotique ardeur enflammait les esprits, les sympathies du pays se traduisaient par l'organisation de souscriptions au bénéfice des blessés ou de leurs familles. La souscription fondée à Paris par quelques journalistes et quelques dames reçut, dès les premiers jours, de la compagnie des agents de change.

L'Impératrice donne 50,000 fr. M. de Rothschild,

40,000 francs. Les agents de change personnellement, 25,000 fr. M. Ibry, maire de Neuilly, 10,000 fr. M. de Flavigny, 1,000 fr. M. de Kœnigswarter 1,000 fr. M. de Khanu, 1,000 fr. M. et Mme Ch. Morel d'Arleux, 1,000 fr. MM. Ballier et Théodore 1,000 fr. Le journal le Temps, 1,000 fr.

Un très-grand nombre de femmes, prêtes à partir pour aller prodiguer leurs soins aux blessés, offrirent leurs services à la société internationale de secours aux blessés, à ses armées de terre et de mer.

CHAPITRE IX

Attitude des puissances. — Allemagne du Sud. — Angleterre. Autriche. — Russie. — Belgique. — Confédération helvétique.

Ce mouvement s'accentua davantage après le mercredi 20 juillet, jour où l'ouverture des hostilités, que quelques esprits confiants espéraient enfin voir conjurées, fut annoncée en ces termes aux députés par le ministre des affaires étrangères:

« Messieurs, l'exposé qui vous a été présenté dans la séance du 15 a fait connaître au Corps législatif les justes causes de guerre que nous avons contre la Prusse.

« Conformément aux règles d'usage, et par l'ordre de l'Empereur, j'ai invité le chargé d'affaire de France à notifier au cabinet de Berlin notre résolution de poursuivre par les armes les garanties que nous n'avons pu obtenir par la discussion.

« Cette démarche a été accomplie, et j'ai l'honneur de faire savoir au Corps législatif qu'en conséquence l'état de guerre existe à partir du 19 juillet entre la France et la Prusse.

« Cette déclaration s'applique également aux alliés de la Prusse qui lui prêtent contre nous le concours de leurs armes. »

Après la déclaration du mercredi 20 juillet, tous les gouvernements dessinèrent l'attitude qu'ils comptaient observer pendant les hostilités.

La Prusse, soutenue par les États du Sud, organisait son armée. Le général Vogel de Falkenstein, celui-là même qui avait rançonné Francfort en 1866, fut nommé gouverneur de la région militaire du Nord, à partir de Kœnigsberg jusqu'à la frontière hollandaise. L'armée du Nord elle-même était commandée par le grand-duc de Mecklembourg-Schwerin. Des trois armées formées dans la région militaire du Rhin et dans l'Allemagne du Sud, la première était commandée par le général de Steinmetz, le vainqueur de Nachod; la

seconde, par le prince Frédéric-Charles (armée du centre); la troisième, par le prince royal.

Les contingents des États du Sud devaient se réunir à cette armée. La division wurtembergeoise est commandée par le général de Hernitz, que le roi Charles avait demandé lui-même. Les douze corps de l'armée fédérale étaient commandés : la garde, par le prince Auguste de Wurtemberg; le 1er corps, par le général de Manteuffel; le 2e, par le général de Fanzecki; le 3e, par le général Alvensleben II; le 4e, par le général Alvensleben I; le 5e, par le général de Kirchbach; le 6e, par le général de Tumpling; le 7e, par le général de Zastrow; le 8e, par le général de Gœben; le 9e, par le général de Manstein; le 10e, par le général de Voigt-Rhetz; le 11e, par le général de Bose; et le 12e, par le prince royal de Saxe. Le corps d'armée saxon et la garde faisaient partie de l'armée du prince Frédéric-Charles.

Une ordonnance du roi de Prusse proclama l'état de siège dans les provinces du Nord, les provinces maritimes, les provinces du Rhin, la Hesse-Nassau et le Hanovre.

Les communications les plus amicales furent échangées entre le roi de Bavière et le roi de Prusse, sur l'exécution des traités secrets d'août 1866, entraînant une alliance offensive et défensive, ainsi qu'une garantie réciproque des possessions des contractants. Dès qu'il eut connaissance de la déclaration de guerre, le ministère se hâta de faire à la Prusse ses offres de service, et Guillaume 1er répondit par cette dépêche :

« Après avoir reçu le télégramme de votre ministère, j'ai pris aussitôt le commandement de votre armée et j'ai fait entrer celle-ci dans la composition de la troisième armée placée sous les ordres de mon fils. Nous sommes, par un acte d'arrogance inouï, jetés de la plus profonde paix dans la guerre. Votre conduite vraiment allemande a aussi électrisé votre peuple, et toute l'Allemagne désormais est unie comme elle ne l'a jamais été. Dieu veuille bénir nos armes dans les hasards de la guerre! Personnellement je dois vous exprimer combien au fond du cœur je vous suis reconnaissant d'avoir si fidèlement, si fermement maintenu les traités existant entre nous et sur lesquels repose le salut de l'Allemagne.

« WILHELM,
« Rex. »

Le roi de Bavière répliqua en ces termes, au milieu desquels nous signalerons une épithète au moins bizarre, quand de si graves intérêts sont en jeu :

« Votre télégramme fait naître en moi l'écho le plus joyeux.

« Les troupes bavaroises entreprendront la lutte, pleines d'enthousiasme, à côté de leurs glorieux compagnons d'armes, pour l'honneur et les droits de l'Allemagne. »

L'armée que la Bavière mettait

disposition des généraux prussiens se composait de
16 régiments d'infanterie à 3 bataillons chacun, 6 bataillons de chasseurs à pied, 10 régiments de cavalerie,
2 brigades d'artillerie, sans compter la landwehr. Elle
fournissait en tout 70,000 hommes réellement disponibles pour entrer en campagne.

L'armée du Wurtemberg comprenait 8 régiments
d'infanterie, à 2 bataillons par régiment; 2 bataillons
de chasseurs, 4 régiments de cavalerie, 2 d'artillerie; au
maximum, 24,000 hommes en ligne.

L'armée badoise formait une division de 18 bataillons d'infanterie, 3 régiments de cavalerie, avec 64 pièces
de canon, en tout 20,000 hommes pouvant aller au feu.

Les troupes du duché de Hesse-Darmstadt, déjà in-
corporées dans l'armée du Nord, faisaient partie du on-
zième corps fédéral.

L'armée combinée des États de l'Allemagne méridionale, sous les ordres du prince royal de Prusse, atteignait donc, d'après les chiffres détaillés ci-dessus, un
total d'environ 114,000 combattants.

Les autres puissances formulèrent successivement
leur neutralité.

Le cabinet de Madrid, désireux de se retirer complètement du débat dont il était la cause première, contremanda la convocation des Cortès, les ajourna au 28
octobre, et publia cette note :

« Le gouvernement du régent ayant manifesté officiellement que les raisons qui, à son avis, rendaient
nécessaire l'immédiate réunion des cortès ont cessé
d'exister, de concert avec la commission de permanence, la convocation faite pour le 20 juillet est et demeure sans effet. »

L'Angleterre fit une déclaration de neutralité. La
reine Victoria, dans la proclamation qu'elle publia à ce
sujet, exprime le regret de voir la guerre surgir, malgré les efforts suprêmes de l'Angleterre.

La reine déclare que, étant en relations amicales
avec les deux souverains, elle est fermement résolue à
s'abstenir de toute participation directe ou indirecte à
la guerre.

En conséquence, elle recommande et enjoint à tous
ses sujets de conformer leur conduite à ce principe et
d'observer une stricte neutralité relativement à la guerre
et pendant toute la durée de la guerre, ainsi que les
lois qui régissent cette neutralité.

La reine laisse à ceux qui agiraient contrairement à
cette prescription la responsabilité et le péril de leurs
actes.

La reine interdit spécialement les enrôlements pour
le service étranger, ainsi que la fourniture de fusils et
d'équipements. Enfin elle interdit aux navires anglais
de forcer les blocus, sous peine de perdre tout droit à la
protection de l'Angleterre s'ils sont capturés.

Une lettre de lord Granville aux commissaires de
l'amirauté contient, à ce sujet, des instructions détail-
lées.

La neutralité de l'Autriche fut moins nettement ac-
cusée que celle de la Grande-Bretagne. Dès le 19, fut
tenu sous la présidence de l'empereur un conseil auquel assistaient le chancelier comte de Beust, le ministre commun de la guerre général Kuhn, le ministre
commun des finances M. de Lonyay, le président du
cabinet cisleithan comte Potocki, et le président du
ministère hongrois comte Andrassy. On y décida que
l'Autriche garderait une attitude de neutralité non armée, mais expectante; que, pour parer à toutes les éventualités et sauvegarder les intérêts de l'Autriche-Hon-
grie, l'armée serait complétée, provisoirement sur le
pied de paix, et que la dislocation des troupes, qui a
lieu habituellement pour les exercices d'automne, serait
suspendue.

La Russie, qu'on avait d'abord présentée comme hostile, était au contraire favorablement disposée, du moins
s'il faut s'en rapporter aux allégations réitérées des
feuilles gouvernementales, en autres du *Constitutionnel*
qui contenait cette note évidemment communiquée.

« La prétendue alliance offensive et défensive entre la
Prusse et la Russie est une imagination de nouvellistes
prussiens. Nous savons qu'il n'y a absolument rien de
vrai dans de pareilles rumeurs, et que les relations de
notre gouvernement avec celui du czar sont complètement satisfaisantes.

« L'empereur Alexandre honore d'une bienveillance
toute spéciale notre ambassadeur, le général Fleury,
et la présence du général à Saint-Pétersbourg a produit des résultats si favorables, que nous pensons qu'il
sera maintenu à son poste, malgré tout le désir qu'il
aurait eu de prendre part aux fatigues et aux dangers
de l'armée. »

En effet, parut le 23 juillet dans le *Journal de Saint-
Pétersbourg* une déclaration de neutralité portant que
les dissensions survenues entre la France et la Prusse
avaient sollicité l'attention du czar Alexandre II;

Que par son ordre des efforts avaient été faits pour
prévenir le conflit ;

Qu'il regrettait que les calamités de la guerre n'eussent
pas été épargnées à l'Europe.

Mais, ajoutait la note russe :

« Par malheur, la forme péremptoire adoptée dès le
début dans les explications des deux gouvernements, a
fait échouer les efforts du gouvernement russe et ceux
des autres puissances.

« L'empereur est fermement résolu à garder une
stricte neutralité tant que les intérêts russes ne seront
pas affectés par les éventualités de la guerre. Le concours sincère de la Russie est acquis à toute tentative
propre à limiter les opérations de la guerre et à en
abréger la durée. »

La Belgique s'occupa des moyens d'empêcher l'invasion de son territoire par les belligérants. Elle reçut de
la France les meilleures assurances. Ayant fait demander à M. de Bismark si la Confédération du Nord res-

pecterait sa neutralité, elle obtint du chancelier fédéral cette réponse laconique mais significative : « sérieusement. »

Le Conseil fédéral suisse adressa à l'Assemblée fédérale un message qui est peut-être un des plus remarquables monuments par lesquels le patriotisme se soit manifesté. Aussi croirions-nous notre œuvre incomplète, si nous ne reproduisions cette pièce importante.

La voici :

« Monsieur le Président et Messieurs,

« L'horizon politique, qui paraissait sans nuages, s'est tout à coup assombri, et la paix de l'Europe s'est trouvée en peu de jours menacée de la façon la plus grave. La perspective du choix du prince de Hohenzollern comme roi d'Espagne, dont on a eu connaissance le 3 juillet, a été la pomme de discorde qui a fait surgir un conflit entre la France et la Confédération de l'Allemagne du Nord. Cette perspective, combinée avec d'autres incidents dont les détails ne sont pas encore clairement établis, a engagé la France à faire une déclaration de guerre qui a été annoncée le 15 juillet par le ministère des affaires étrangères de France au Corps législatif et au Sénat.

« Dès l'abord, le Conseil fédéral a porté la plus grande attention sur ce conflit naissant, et il a pris sans bruit ses dispositions pour n'être pas surpris par les événements. Il a l'honneur de soumettre des propositions y relatives à l'Assemblée fédérale, à laquelle appartient le droit de décider en dernier ressort, et à cette occasion il peut donner l'assurance que la Suisse est prête pour toute éventualité.

« On ne peut être dans le doute sur l'attitude qu'il convient à la Suisse de prendre dans ce conflit. Les traités européens, de même que l'intérêt à sa propre conservation, lui font un devoir de rester neutre, c'est-à-dire de ne point intervenir dans ce conflit, qui lui est entièrement étranger. Mais, pour pouvoir maintenir efficacement cette position, il faut que la nation suisse soit fermement résolue à repousser, les armes à la main, toute force militaire étrangère qui voudrait emprunter son territoire.

« On ne peut guère déterminer d'avance quel développement de forces sera nécessaire pour atteindre ce but ; cela dépend du temps et des circonstances. En tout cas, la guerre entre les deux puissances belligérantes prendra de très-grandes proportions : le théâtre de la guerre peut se rapprocher ou s'éloigner de la Suisse ; d'autres États peuvent être entraînés dans la lutte. Les mesures à prendre seront subordonnées à ces événements. Aussi le Conseil fédéral se voit-il dans l'obligation de demander à l'Assemblée fédérale qu'elle mette à sa disposition toute l'armée suisse, de même que toutes les ressources financières de la nation. Il ne se dissimule pas l'importance de la responsabilité que lui imposent ces pouvoirs et ce crédit illimités ; il fera de ces

attributions momentanées un usage loyal et consciencieux, et il en rendra un compte exact au moment opportun.

« La marche rapide de ces événements a obligé le Conseil fédéral de procéder déjà à une levée de troupes considérable. A son avis, la Suisse doit prouver dès l'abord aux puissances belligérantes qu'elle ne redoute aucun sacrifice pour maintenir énergiquement sa position politique. Le Conseil fédéral vous demande de bien vouloir approuver cette mesure.

« Le nombre des troupes mises sur pied nécessitant, d'après la loi, la nomination d'un général et d'un chef d'état-major général, nous désirons que vous procédiez de suite au choix des officiers qui seront chargés de ces hautes fonctions.

« Conformément à ce qui s'est pratiqué dans d'autres occasions, il sera convenable que la Confédération fasse connaître d'avance aux puissances garantes de sa neutralité sa résolution de défendre cette neutralité par tous les moyens dont elle dispose. Le Conseil fédéral estime que c'est à l'Assemblée fédérale à prendre elle-même une décision à cet égard et à charger le Conseil fédéral de l'exécution de cette décision. Provisoirement des déclarations dans ce sens ont été faites aux puissances belligérantes, par l'organe des ministres suisses à Paris et à Berlin, qui ont demandé des déclarations conformes. Dès que le Conseil fédéral aura reçu les réponses à sa communication, il présentera à ce sujet un rapport à l'Assemblée fédérale.

« Nous avons à parler ici d'une circonstance spéciale. Les traités de 1815 ont garanti la neutralité de la Savoie du Nord à l'égal de la neutralité suisse et ont donné à la Confédération le droit d'envoyer des troupes dans cette contrée, si elle le juge convenable, au cas où une guerre serait déclarée ou imminente entre les puissances voisines. Le traité de Turin du 24 mars 1860, par lequel la Savoie a été cédée à la France, a réservé ce droit à la Confédération suisse. Il est dit, en effet, à l'article 2 de ce traité :

« Il est également entendu que S. M. le roi de Sar-
« daigne ne peut transférer les parties neutralisées de la
« Savoie qu'aux conditions auxquelles il les possède
« lui-même, et qu'il appartiendra à S. M. l'Empereur
« des Français de s'entendre à ce sujet tant avec les
« puissances représentées au Congrès de Vienne qu'avec
« la Confédération helvétique, et de leur donner les
« garanties qui résultent des stipulations rappelées dans
« le présent article. »

« On ne peut encore savoir s'il entrera dans les convenances de la Suisse de faire usage de ce droit ; il se peut que les événements l'y engagent plus tard, si le théâtre de la guerre venait à s'étendre. Il est bon toutefois de rappeler dès l'abord cette disposition aux puissances dans notre déclaration de neutralité, afin d'éviter que les mesures que nous pourrions être appelés à prendre eussent la moindre apparence d'actes d'hostilité.

Nous garantirons ainsi pour tous les cas les droits de la Confédération. Il y aura lieu de s'entendre encore spécialement sur ce point avec le gouvernement français.

« Au point de vue militaire, la Suisse est organisée de telle sorte qu'elle peut faire face à toutes les éventualités. L'armement de l'infanterie, des carabiniers et de l'artillerie est dans le meilleur état. Bien que la fabrication des fusils à répétition ne soit pas encore aussi avancée, notre infanterie n'en possède pas moins une arme qui n'a rien à envier à celle d'aucune autre armée en Europe. Nous avons des munitions de tout genre en grande quantité, et l'on a pris toutes les dispositions désirables en vue d'un approvisionnement encore plus considérable. Nous pouvons, fort heureusement, en dire autant quant au fourrage.

« Nous n'avons pas pensé qu'il fût nécessaire d'interdire dès à présent la sortie des chevaux. Les deux puissances belligérantes peuvent trouver chez elles tout ce dont elles ont besoin à cet égard. Néanmoins, nous avons pris des mesures pour être exactement informés du mouvement qui, sous ce rapport, se produira à nos frontières, de sorte que, le cas échéant, nous pourrions satisfaire en temps opportun à cette partie de nos besoins militaires en interdisant la sortie des chevaux.

« Au point de vue financier, nous avons un encaisse suffisant pour entretenir l'armée pendant longtemps; en outre, nous avons chargé notre département des finances de pourvoir à d'autres ressources, qu'on met de toutes parts à notre disposition.

« Prête à tout événement et forte par son union, par le dévouement de sa population et par l'esprit patriotique de son armée, la Suisse peut regarder l'avenir avec confiance. Bien qu'elle ne puisse se mesurer, quant à la force numérique, avec les armées des États belligérants, elle peut attendre sans crainte les événements, car le sentiment de ne porter atteinte aux droits de personne et de se borner à défendre les biens les plus sacrés de l'humanité et de la patrie lui donnera la force d'empêcher qu'un ennemi ne viole son territoire, ou de faire payer chèrement cet acte d'agression s'il devait s'accomplir.

Nous mettons à votre disposition les documents propres à vous renseigner plus exactement sur ce qui s'est fait jusqu'à ce jour, et nous vous recommandons l'adoption du projet d'arrêté ci-joint, en saisissant cette occasion de vous renouveler, monsieur le Président et Messieurs, l'assurance de notre haute considération.

« Berne, le 16 juillet 1870.

« Au nom du Conseil fédéral suisse :

« *Le Président de la Confédération,*
« Dr J. DUBS.

« *Le chancelier de la Confédération,*
« SCHIESS. »

Suit le texte du projet d'arrêté concernant la position neutre de la Suisse. Il est ainsi conçu :

« L'Assemblée fédérale de la Confédération suisse, — vu le Message du Conseil fédéral du 16 juillet 1870 concernant la position actuelle de la Suisse et les mesures que cette position nécessite, arrête :

« 1° La Confédération suisse, pendant la guerre qui va éclater, défendra sa neutralité et l'intégrité de son territoire par tous les moyens dont elle dispose.

« Le Conseil fédéral est invité à communiquer cette déclaration aux gouvernements des parties belligérantes, ainsi qu'à ceux des puissances signataires et garantes des traités de 1815.

« 2° Les levées de troupes ordonnées par le Conseil fédéral sont approuvées.

« 3° Le Conseil fédéral est en outre autorisé à lever toutes les troupes nécessaires pour maintenir la neutralité de la Suisse et pourvoir à la sûreté de son territoire. Il est pareillement autorisé à prendre toutes les mesures de défense qu'il jugera opportunes.

« 4° Un crédit illimité est ouvert au Conseil fédéral pour couvrir les frais qu'entraînera l'application des pleins pouvoirs accordés par l'article précédent.

« Il est spécialement autorisé à contracter les emprunts qui pourraient devenir nécessaires.

« 5° L'Assemblée fédérale procédera immédiatement à la nomination du commandant en chef de l'armée suisse, ainsi qu'à celle du chef de l'état-major général.

« 6° Le Conseil fédéral rendra compte à l'Assemblée fédérale, dans sa prochaine réunion, de l'usage qu'il aura fait des pleins pouvoirs qui lui sont conférés par le présent arrêté.

« 7° Le Conseil fédéral est chargé de l'exécution de cet arrêté. »

CHAPITRE X

Commencement des hostilités. — Départ des troupes. — Départ de la garde impériale. — Dispositions législatives. — Clôture des chambres. — Discours de l'Empereur.

Il était urgent que chacun prît ses précautions, car les armées étaient en marche : les Prussiens s'avançaient vers le Rhin, où les attendaient leurs alliés de l'Allemagne du Sud. Dès le 29 juillet et les jours suivants, des escarmouches eurent lieu sur la frontière de Sarrebruck, à la Petite-Rosselle (Moselle), et en avant de Niederbronn (Bas-Rhin).

Cinq corps d'armée français se massaient sur les frontières, sans compter le corps de réserve et la garde impériale.

Le 1er corps, qui avait son état-major à Strasbourg, était commandé par le maréchal Mac-Mahon, et composé de quatre divisions d'infanterie et d'une de cavalerie.

Le 2e corps, aux ordres du général de division Frossard, gouverneur du Prince impérial, avait son état-major à Saint-Avold : il se composait de l'ex-camp de Châlons, trois divisions d'infanterie et une de cavalerie.

Le 3e corps, qui tenait le centre de la position — état-major à Metz, — était confié au maréchal Bazaine, avec quatre divisions d'infanterie et une de cavalerie, armée de Paris et troupes d'Afrique.

Le 4e corps, général de division Ladmirault : trois divisions d'infanterie et une de cavalerie. — État-major à Thionville.

Le 5e corps, général de division de Failly : quatre divisions d'infanterie et une de cavalerie. — État-major à Bitche.

Le corps de réserve, trois divisions d'infanterie et une de cavalerie, se constituait à Châlons, sous les ordres du maréchal Canrobert.

Enfin, la garde avait pour rendez-vous Nancy et Belfort. — L'état-major général était fixé à Nancy provisoirement, avec le général Bourbaki. — A Belfort, se réunissaient la cavalerie et la division du général de Douay.

C'étaient donc vingt-trois divisions d'infanterie et sept de cavalerie qui entraient en campagne pourvues d'une artillerie admirable et nombreuse, appuyées par le sentiment national et couvertes par des réserves au moins aussi nombreuses, puisqu'il restait en arrière, — sans compter les cadres de dépôt et la garde nationale mobile, — cent quatre-vingt-quatre bataillons d'infanterie et trente-deux régiments de cavalerie.

La garde impériale commença à quitter Paris pendant la nuit du 20 au 21 juillet. Dans la soirée, on voyait s'achever les préparatifs de départ à la caserne de la Pépinière, occupée par les grenadiers de la garde. La foule s'était massée le long de la rue Lafayette, que devaient parcourir nos soldats pour se rendre à la gare de l'Est. Au carrefour du faubourg Montmartre, le nombre des curieux était immense.

L'attente fut longue, car ce fut vers deux heures du matin seulement que les grenadiers commencèrent à paraître. Leur marche, dans tout le parcours de la rue Lafayette ne fut qu'une brillante ovation. Au milieu du silence de la nuit, la musique de la garde jouant la Marseillaise réveilla les habitants, et alors on put, à la lueur des torches, voir s'acheminer, le sac au dos, en tenue de campagne, ces braves soldats accompagnés par la foule qui répétait le refrain de l'hymne national.

A diverses reprises dans la nuit, d'autres troupes défilèrent; le matin, ce furent les zouaves, les lanciers de la garde, puis encore des grenadiers, jusqu'à ce que, dans la journée du 21, le dernier d'entre eux eût rejoint ses compagnons d'armes.

On remarqua que, conformément à l'ordre donné par le ministre de la guerre, les officiers avaient déposé leurs épaulettes; des galons aux manches indiquent le grade de chacun.

Partout, sur leur passage, les soldats furent accueillis par d'unanimes applaudissements.

Dans le Journal officiel du 22 juillet furent promulguées :

1° La loi qui porte à 140,000 hommes le contingent à appeler sur la classe de 1870; la loi qui permet aux députés d'être officiers dans la garde nationale mobile; la loi qui donne au gouvernement l'autorisation d'interdire, s'il le juge à propos, le compte rendu des mouvements de troupes et des opérations militaires;

2° Un décret en date du 18 juillet, aux termes duquel les bataillons mobilisés de la garde nationale mobile peuvent être, par décret impérial, commandés par des lieutenants-colonels, et formés en régiments qui pourront être réunis en brigade et en divisions;

3° Deux rapports approuvés du maréchal ministre de la guerre, sur les ordres duquel il est décidé :

Qu'il sera payé une demi-gratification d'entrée en campagne aux officiers de la garde mobile des trois premiers corps d'armée, mobilisés dès le 17 juillet;

Que les connaissances et aptitudes que peuvent posséder les gardes nationaux mobiles appelés à l'activité seront, autant que possible, utilisées, qu'ils soient médecins, étudiants, internes, commis, ouvriers de diverses professions. Leur solde variera suivant leurs fonctions.

La guerre seule avait la parole. Le Corps législatif termina ses séances le 22 juillet, et la session des deux chambres fut déclarée close par décret du 23.

Les députés, la veille au soir, furent reçus aux Tuileries par l'Empereur, auquel M. Schneider adressa cette harangue :

« Sire,

« Le Corps législatif vient de terminer ses travaux.

« Il a unanimement voté tous les subsides et toutes les lois qu'exigeait la défense du pays, donnant ainsi un témoignage éclatant de son patriotisme.

« S'il est vrai que le véritable auteur de la guerre ne soit pas celui qui la déclare, mais celui qui l'a rendue nécessaire, il n'y aura qu'une voix parmi les peuples des deux mondes pour en faire retomber la responsabilité sur la Prusse, qui, enivrée par des succès inespérés, encouragée par notre patience et notre désir de conserver à l'Europe les bienfaits de la paix, a cru pouvoir conspirer contre notre sécurité et porter atteinte à notre honneur.

« Dans ces cas, la France sait remplir son devoir.

« Sire, les vœux les plus ardents vous suivront à l'armée, dont vous allez prendre le commandement, accompagné de votre fils, qui, devançant les devoirs de son âge, apprendra à vos côtés comment on sert son pays.

« Derrière vous, derrière notre armée, habituée à

porter le drapeau de la France, et toujours prête à la recruter, se tient debout la nation tout entière.

« Remettez sans inquiétude la régence entre les mains de notre auguste souveraine.

« A l'autorité que lui assurent les grandes qualités qu'elle a déjà déployées, l'Impératrice ajoutera la force que donnent aujourd'hui les institutions libérales, si glorieusement inaugurées par Votre Majesté. »

« Sire, le cœur de la nation est avec vous et avec notre vaillante armée. »

L'Empereur répondit :

« Messieurs les Députés,

« J'éprouve une grande satisfaction, à la veille de mon départ pour l'armée, de pouvoir vous remercier du concours patriotique que vous avez donné à mon gouvernement.

« Une guerre est légitime lorsqu'elle se fait avec l'assentiment du pays et l'approbation de ses représentants. Vous avez bien raison de rappeler les paroles de Montesquieu :

« Le véritable auteur de la guerre n'est pas celui qui la déclare, mais celui qui la rend nécessaire.

« Nous avons fait tout ce qui dépendait de nous pour l'éviter, et je puis dire que c'est la nation tout entière qui, dans son irrésistible élan, a dicté nos conclusions.

« Je vous confie, en partant, l'Impératrice, qui vous appellera autour d'elle si les circonstances l'exigent. Elle saura remplir courageusement le devoir que la position lui impose.

« J'emmène mon fils avec moi. Il apprendra, au milieu de l'armée, à servir son pays !

« Résolu à poursuivre avec énergie la grande mission qui m'est confiée, j'ai foi dans le succès de nos armes, car je sais que la France est debout derrière moi et que Dieu me protége. »

CHAPITRE XI

Clôture du Reichstag de l'Allemagne du Nord. — Adresse à Guillaume Iᵉʳ. — Dépêche du ministre des affaires étrangères.

Les discussions parlementaires cessèrent également à Berlin.

Le Reichstag de la Confédération de l'Allemagne du Nord fut prorogé, après avoir voté des subsides et remis au roi Guillaume une adresse insultante pour la France :

« SIRE,

« Les paroles élevées prononcées par Votre Majesté trouvent dans le peuple allemand un puissant écho. Une pensée anime les cœurs allemands et les remplit d'un orgueil mêlé de joie, c'est celle du sentiment de dignité nationale avec lequel Votre Majesté a repoussé une suggestion inouïe.

« Le peuple allemand veut vivre en relations de paix et d'amitié avec les peuples qui respectent son indépendance.

« Comme au temps des guerres d'indépendance un Napoléon nous contraint à la sainte lutte ; comme autrefois, les calculs basés sur la méchanceté et la déloyauté viendront échouer contre la force et le droit du peuple allemand.

« Le peuple français, égaré par la vanité, reconnaîtra trop tard le caractère funeste de la semence qu'il a jetée en terre.

« La partie sage du peuple français n'a pas réussi à éviter un crime. Une lutte ardue et grandiose est imminente.

« Nous avons confiance dans la vaillance de nos frères armés, qui ne souffriront pas qu'un conquérant étranger courbe l'Allemagne sous le joug. »

Il fallait une réponse catégorique au roi Guillaume et au Reichstag. Ce fut la circulaire suivante envoyée le 21 juillet aux agents diplomatiques par le ministre des affaires étrangères.

DÉPÊCHE

du ministre des affaires étrangères aux agents diplomatiques de l'Empereur :

« Paris, le 21 juillet 1870.

« Monsieur... vous connaissez déjà l'enchaînement des faits qui nous ont conduits à une rupture avec la Prusse. La communication que le Gouvernement de l'Empereur a portée, le 15 de ce mois, à la tribune des grands Corps de l'État, et dont je vous ai envoyé le texte, a exposé à la France et à l'Europe les rapides péripéties d'une négociation dans laquelle, à mesure que nous redoublions nos efforts pour conserver la paix, se dévoilaient les secrets desseins d'un adversaire résolu à la rendre impossible. Soit que le cabinet de Berlin ait jugé la guerre nécessaire pour l'accomplissement des projets qu'il préparait de longue date contre l'autonomie des États allemands, soit que, peu satisfait d'avoir établi au centre de l'Europe une puissance militaire devenue redoutable à tous ses voisins, il ait voulu mettre à profit la force acquise pour déplacer définitivement à son avantage l'équilibre international, l'intention préméditée de nous refuser les garanties les plus indispensables à notre sécurité, aussi bien qu'à notre honneur, se montre avec la dernière évidence dans toute sa conduite.

« Voici, à n'en pas douter, quel a été le plan combiné contre nous. Une entente préparée mystérieusement par des intermédiaires inavoués devait, si la lumière n'eût été faite avant-l'heure, mener les choses jusqu'au point où la candidature d'un prince prussien à la cou-

Maréchal comte de Mac-Mahon.

ronne d'Espagne aurait été soudainement révélée aux cortès assemblées. Un vote enlevé par surprise, avant que le peuple espagnol eût eu le temps de la réflexion, proclamait, on l'a espéré du moins, le prince Léopold de Hohenzollern héritier du sceptre de Charles-Quint. Ainsi, l'Europe se serait trouvée en présence d'un fait accompli ; et, spéculant sur notre déférence pour le grand principe de la souveraineté populaire, on comptait que la France, malgré un déplaisir passager, s'arrêterait devant la volonté ostensiblement exprimée d'une nation pour laquelle on savait toutes nos sympathies.

« Dès qu'il a été instruit du péril, le Gouvernement de l'Empereur n'a pas hésité à le dénoncer aux représentants du pays comme à tous les cabinets étrangers ; contre cette manœuvre, le jugement public de l'opinion devenait son plus légitime auxiliaire. Les esprits impartiaux ne se sont trompés nulle part sur la véritable situation des choses ; ils ont vite compris que si nous

étions péniblement affectés de voir tracer à l'Espagne, dans l'intérêt exclusif d'une dynastie ambitieuse, un rôle si peu fait pour la loyauté de ce peuple chevaleresque, si peu conforme aux instincts et aux traditions d'amitié qui l'unissent à nous, nous ne pouvions avoir la pensée de démentir notre constant respect pour l'indépendance de ses résolutions nationales.

« On a senti que la politique peu scrupuleuse du gouvernement prussien était ici seule en jeu. C'est ce gouvernement, en effet, qui, ne se croyant pas lié par le droit commun et méprisant les règles auxquelles les plus grandes puissances ont eu la sagesse de se soumettre, a tenté d'imposer à l'Europe abusée une extension si dangereuse de son influence.

« La France a pris en main la cause de l'équilibre, c'est-à-dire la cause de tous les peuples menacés comme elle par l'agrandissement disproportionné d'une maison royale. En agissant ainsi, se plaçait-elle,

3

comme on a voulu le faire croire, en contradiction avec ses propres maximes? Assurément non.   •

« Toute nation, nous aimons à le proclamer, est maîtresse de ses destinées. Ce principe, hautement affirmé par la France, est devenu l'une des lois fondamentales de la politique moderne. Mais le droit de chaque peuple, comme de chaque individu, est limité par le droit d'autrui, et il est interdit à une nation, sous prétexte d'exercer sa souveraineté propre, de menacer l'existence ou la sécurité d'un peuple voisin. C'est dans ce sens qu'un de nos grands orateurs, M. de Lamartine, disait en 1847 que, lorsqu'il s'agit du choix d'un souverain, un gouvernement n'a jamais le droit de prétendre et a toujours le droit d'exclure. Cette doctrine a été admise par tous les cabinets dans les circonstances analogues à celles où nous a placés la candidature du prince de Hohenzollern, notamment en 1841 dans la question belge, en 1830 et en 1862 dans la question hellénique.

« Dans les affaires belges, c'est la voix de l'Europe elle-même qui s'est fait entendre, car ce sont les cinq grandes puissances qui ont décidé.

« Les trois cours qui avaient pris en main la cause du peuple hellène, s'inspirant d'une pensée d'intérêt général, étaient convenues déjà entre elles de ne point accepter le trône de Grèce pour un prince de leur famille.

« Les cabinets de Paris, de Londres, de Vienne, de Berlin et de Saint-Pétersbourg, représentés dans la conférence de Londres, s'approprièrent cet exemple; ils en firent une règle de conduite pour tous dans une négociation où était engagée la paix du monde, et rendirent ainsi un solennel hommage à cette grande loi de la pondération des forces qui est la base du système politique européen.

« Vainement le congrès national de Belgique persista, malgré cette résolution, à élire le duc de Nemours. La France se soumit à l'engagement qu'elle avait pris et refusa la couronne apportée à Paris par les députés belges. Mais elle imposa à son tour la nécessité qu'elle subissait, en frappant d'exclusion la candidature du duc de Leuchtenberg que l'on avait opposée à celle du prince français.

« En Grèce, lors de la dernière vacance du trône, le Gouvernement de l'Empereur combattait à la fois la candidature du prince Alfred d'Angleterre et celle d'un autre duc de Leuchtenberg.

« L'Angleterre, reconnaissant l'autorité des considérations invoquées par nous, déclara à Athènes que la reine n'autoriserait pas son fils à accepter la couronne de Grèce. La Russie fit une déclaration semblable pour le duc de Leuchtenberg, bien qu'à raison de sa naissance ce prince ne fût pas considéré absolument par elle comme membre de la famille impériale.

« Enfin, l'Empereur Napoléon a spontanément appliqué les mêmes principes dans une note insérée au *Moniteur* du 1er septembre 1860, pour désavouer la candidature du prince Murat au trône de Naples.

« La Prusse, à qui nous n'avons pas manqué de rappeler ces précédents, a paru un moment céder à nos justes réclamations. Le prince Léopold s'est désisté de sa candidature; on a pu se flatter que la paix ne serait pas troublée. Mais cet espoir a bientôt fait place à des appréhensions nouvelles, puis à la certitude que la Prusse, sans retirer sérieusement aucune de ses prétentions, cherchait seulement à gagner du temps. Le langage d'abord hésitant, puis décidé et hautain, du chef de la maison de Hohenzollern, son refus de s'engager à maintenir le lendemain la renonciation de la veille, le traitement infligé à notre ambassadeur, auquel un message verbal a interdit toute communication nouvelle pour l'objet de sa mission de conciliation, enfin la publicité donnée à ce procédé insolite par les journaux prussiens et par la notification qui en a été faite aux cabinets, tous ces symptômes successifs d'intentions agressives ont fait cesser le doute dans les esprits les plus prévenus. L'illusion est-elle permise quand un souverain qui commande à un million de soldats, déclare, la main sur la garde de son épée, qu'il se réserve de prendre conseil de lui seul et des circonstances? Nous étions amenés à cette limite extrême où une nation qui sent ce qu'elle se doit ne transige plus avec les exigences de son honneur.

« Si les derniers incidents de ce pénible débat ne jetaient pas une assez vive lumière sur les projets nourris par le cabinet de Berlin, il est une circonstance, moins connue jusqu'à ce jour, qui donne à sa conduite une signification décisive.

« L'idée d'élever au trône d'Espagne un prince de Hohenzollern n'était pas nouvelle. Déjà, au mois de mars 1868, elle avait été signalée par notre ambassadeur à Berlin, qui était aussitôt invité à faire savoir au comte de Bismark comment le Gouvernement de l'Empereur envisagerait une éventualité semblable. M. le comte Benedetti, dans plusieurs entretiens qu'il avait eus à ce sujet, soit avec le chancelier de la Confédération de l'Allemagne du Nord, soit avec le sous-secrétaire d'État chargé de la direction des Affaires étrangères, n'avait pas laissé ignorer que nous ne pourrions admettre qu'un prince prussien vînt à régner au delà des Pyrénées.

« Le comte de Bismark, de son côté, avait déclaré que nous ne devions nullement nous préoccuper d'une combinaison que lui-même jugeait irréalisable, et en l'absence du chancelier fédéral, dans un moment où M. Benedetti avait cru devoir se montrer incrédule et pressant, M. de Thile avait engagé sa parole d'honneur que le prince de Hohenzollern n'était pas et ne pouvait pas devenir un candidat sérieux à la couronne d'Espagne.

Si l'on devait suspecter la sincérité d'assurances officielles aussi positives, les communications diplomatiques cesseraient d'être un gage de la paix européenne, elles ne seraient plus qu'un piége ou un danger. Aussi, bien que notre ambassadeur transmit ces déclarations sous toutes réserves, le Gouvernement de l'Empereur avait il jugé convenable de les accueillir favorablement. Il s'était refusé à en révoquer en doute la bonne foi jusqu'au jour où s'est révélée tout d'un coup la combinaison qui en était la négation éclatante. En revenant inopinément sur la parole qu'elle nous avait donnée, sans même tenter aucune démarche pour se dégager envers nous, la Prusse nous adressait un véritable défi. Éclairés, dès lors, sur la valeur que pouvaient avoir les protestations les plus formelles des hommes d'État prussiens, nous avions le devoir impérieux de préserver, dans l'avenir, notre loyauté contre de nouveaux mécomptes par une garantie explicite. Nous devions donc insister, comme nous l'avons fait, pour obtenir la certitude qu'une renonciation qui ne se présentait qu'entourée de distinctions subtiles était, cette fois, définitive et sérieuse.

« Il est juste que la cour de Berlin ait devant l'histoire la responsabilité de cette guerre, qu'elle avait les moyens d'éviter et qu'elle a voulue. Et dans quelles circonstances a-t-elle recherché la lutte? C'est lorsque, depuis quatre ans, la France lui donnant le témoignage d'une modération constante, s'est abstenue, avec un scrupule peut-être exagéré, d'invoquer contre elle des traités conclus sous la médiation même de l'Empereur, mais dont l'oubli volontaire ressort de tous les actes d'un gouvernement qui songeait déjà à s'en affranchir au moment où il y souscrivait.

« L'Europe a été témoin de notre conduite, et elle a pu la comparer à celle de la Prusse pendant le cours de cette période. Qu'elle prononce aujourd'hui sur la justice de notre cause. Quel que doive être le sort des batailles, nous attendons sans inquiétude le jugement de nos contemporains comme celui de la postérité.

« Agréez, etc.

Signé: GRAMONT. »

CHAPITRE XII

Proclamation de l'Empereur au peuple français. — Voyage de l'Impératrice à Cherbourg.

Les notes diplomatiques dont communication était donnée au public, les réponses de l'Empereur aux harangues du Sénat et du Corps législatif, étaient le prélude de la proclamation qui fut affichée le 23 juillet :

PROCLAMATION DE L'EMPEREUR

AU PEUPLE FRANÇAIS

« FRANÇAIS,

« Il y a dans la vie des peuples des moments solennels où l'honneur national, violemment excité, s'impose comme une force irrésistible, domine tous les intérêts et prend seul en mains la direction des destinées de la patrie. Une de ces heures décisives vient de sonner pour la France.

« La Prusse, à qui nous avons témoigné pendant et depuis la guerre de 1866 les dispositions les plus conciliantes, n'a tenu aucun compte de notre bon vouloir et de notre longanimité. Lancée dans une voie d'envahissement, elle a éveillé toutes les défiances, nécessité partout des armements exagérés, et fait de l'Europe un camp où règnent l'incertitude et la crainte du lendemain.

« Un dernier incident est venu révéler l'instabilité des rapports internationaux et montrer toute la gravité de la situation. En présence des nouvelles prétentions de la Prusse, nos réclamations se sont fait entendre. Elles ont été éludées et suivies de procédés dédaigneux. Notre pays en a ressenti une profonde irritation, et aussitôt un cri de guerre a retenti d'un bout de la France à l'autre. Il ne nous reste plus qu'à confier nos destinées au sort des armes.

« Nous ne faisons pas la guerre à l'Allemagne, dont nous respectons l'indépendance. Nous faisons des vœux pour que les peuples qui composent la grande nationalité germanique disposent librement de leurs destinées.

« Quant à nous, nous réclamons l'établissement d'un état de choses qui garantisse notre sécurité et assure l'avenir. Nous voulons conquérir une paix durable, basée sur les vrais intérêts des peuples, et faire cesser cet état précaire, où toutes les nations emploient leurs ressources à s'armer les unes contre les autres.

« Le glorieux drapeau que nous déployons encore une fois devant ceux qui nous provoquent, est le même qui porta à travers l'Europe les idées civilisatrices de notre grande Révolution. Il représente les mêmes principes; il inspirera les mêmes dévouements.

« FRANÇAIS,

« Je vais me mettre à la tête de cette vaillante armée qu'anime l'amour du devoir et de la patrie. Elle sait ce qu'elle vaut, car elle a vu dans les quatre parties du monde la victoire s'attacher à ses pas.

« J'emmène mon fils avec moi, malgré son jeune âge. Il sait quels sont les devoirs que son nom lui impose, et il est fier de prendre sa part dans les dangers de ceux qui combattent pour la patrie.

« Dieu bénisse nos efforts. Un grand peuple qui défend une cause juste est invincible !

« NAPOLÉON. »

Une proclamation en date du même jour fut portée aux marins de la flotte par l'Impératrice, qui partit pour Cherbourg, le samedi 23, à neuf heures du soir, ~~~ un train spécial. Elle y arriva le lendemain matin à sept heures et demie.

Sept frégates cuirassées mouillaient dans la vaste rade de Cherbourg. C'étaient la *Surveillante*, portant le pavillon de M. le vice-amiral Bouët-Willaumez, sénateur, commandant en chef, ayant pour capitaine de pavillon M. Grivel, capitaine de vaisseau.

La *Gauloise*, portant le pavillon de M. le contre-amiral Dieudonné, commandant Fauque de Jonquière, capitaine de vaisseau.

La *Savoie*, portant pavillon de M. le contre-amiral Penhat, commandant Périgot, capitaine de vaisseau.

La *Flandre*, commandant Duval, capitaine de vaisseau.

La *Guyenne*, commandant du Quillio, capitaine de vaisseau.

L'*Océan*, commandant Martineau-des-Chesnez, capitaine de vaisseau.

L'*Invincible*, commandant Vrignaud, capitaine de vaisseau.

Il y avait en outre en rade :

1 garde-côtes cuirassé, *Rochambeau*, commandant Bonie, capitaine de vaisseau ;

2 corvettes cuirassées :

La *Thétis*, commandant Serres, capitaine de vaisseau ;

La *Jeanne-d'Arc*, commandant Ribourg, capitaine de vaisseau;

4 avisos à hélice : Le *Cassard*, commandant de Pina, capitaine de frégate ;

Le *Bougainville*, commandant Galache, capitaine de frégate;

L'*Ariel*, commandant Rougevin, capitaine de frégate.

L'*Kaon*, commandant Reveillière, lieutenant de vaisseau.

1 aviso à aubes, le *Phoque*, commandant Rouquette, lieutenant de vaisseau.

Les transports armés ou en voie d'armement étaient au nombre de quatre, *Garonne*, *Calvados*, *Danaé* et *Marne*.

Le vice-amiral Bouët-Willaumez avait été prévenu pendant la nuit par dépêche télégraphique de la visite qu'il allait recevoir. L'Impératrice se rendit de la gare à l'arsenal, où une embarcation l'attendait pour la conduire à bord de la *Savoie* où elle devait loger avec les personnes de sa suite. Le général Mollard, MM. Conneau et de Guzman, aides de camp; Mmes de Lhermina et de Saulcy, et les filles de la duchesse d'Albe, les duchesses de Galistera et de Montero.

Dans la matinée, l'impératrice se transporta à bord de la *Sémillante*, au bruit des détonations de l'artillerie. Les états-majors de l'escadre lui furent présentés par le vice-amiral Bouët-Willaumez, qui la complimenta en ces termes :

« Madame,

« Au moment où nous allons lever l'ancre, Votre Majesté veut bien nous faire un dernier adieu, sur le pont même de nos vaisseaux.

« Merci!

« Nous sommes habitués à voir notre Impératrice apparaître partout où il y a un danger à braver, et nous n'avons qu'à nous inspirer de son noble exemple dans la lutte qui se prépare.

« Notre rôle s'annonce comme devant être plus modeste que celui de nos frères de l'armée, mais quoi qu'il arrive, nous n'oublierons pas que nous avons la dignité offensée de la France à venger en nous groupant autour de la famille impériale. »

Ces mots furent accueillis par des vivats; puis l'Impératrice, d'une voix émue, lut la proclamation que l'empereur l'avait chargée d'apporter à l'escadre :

« Officiers et marins,

« Quoique je ne sois pas au milieu de vous, ma pensée vous suivra sur ces mers où votre valeur va se déployer.

« La marine française a de glorieux souvenirs, elle se montrera digne de son passé.

« Lorsque, loin du sol de la patrie, vous vous trouverez en face de l'ennemi, songez que la France est avec vous, que son cœur bat avec le vôtre, et qu'elle appelle sur vos armes la protection du ciel.

« Pendant que vous combattrez sur mer, vos frères de l'armée de terre lutteront avec la même ardeur pour la même cause que vous. Secondez réciproquement vos efforts, que couronnera le même succès.

« Allez, montrez avec orgueil nos couleurs nationales. En voyant le drapeau tricolore flotter sur nos vaisseaux, l'ennemi saura que partout il porte dans ses plis l'honneur et le génie de la France.

« NAPOLÉON.

« Palais de Saint-Cloud, 23 juillet 1870. »

L'Impératrice quitta le soir même Cherbourg, où sa présence imprévue avait produit un grand effet. Tous les vaisseaux étaient pavoisés comme aux plus beaux jours de fête. L'immense ciel bleu, les pavillons flottant dans les airs; les nombreux matelots disséminés au milieu des cordages et sur les vergues, sur les haubans, agitant leurs chapeaux et poussant des hourras; quinze mille coups de canon tirés à la fois, et sur le même signal, par tous les vaisseaux, et que tous les échos des environs multipliaient en les répétant : quel tableau plus saisissant pour toutes les imaginations !

CHAPITRE XIII

Discussions diplomatiques. — Nouvelle circulaire
de M. de Gramont.

Aucun fait de guerre sérieux n'ayant répondu jusqu'alors à l'impatience publique, l'attention se portait sur les discussions qui se poursuivaient au sein du monde diplomatique.

Après avoir pris connaissance de la dépêche française du 21, le chancelier fédéral de la Confération du Nord et le secrétaire d'État, M. de Thile, contestèrent l'exactitude des assertions qu'elle contenait; ils déclarèrent officiellement et personnellement que, depuis le jour où ils avaient entendu parler de la demande adressée au prince de Hohenzollern, la question de la candidature espagnole du prince n'avait jamais été, entre eux et M. Benedetti, l'objet du moindre entretien, soit officiel, soit particulier.

Le ministre des affaires étrangères français répliqua par la dépêche suivante :

Paris, 20 juillet 1870.

« Monsieur.., le cabinet de Berlin a fait publier, au sujet des négociations d'Ems, divers documents au nombre desquels se trouve une dépêche de M. le baron de Werther, rendant compte d'une conversation que nous avons eue ensemble durant son dernier séjour à Paris. Ces pièces ne représentent pas, sous son véritable aspect, la marche suivie par le gouvernement de l'Empereur dans ces circonstances, et le rapport de M. de Werther m'attribue notamment des paroles que je crois de mon devoir de rectifier sur plusieurs points.

« M. l'ambassadeur de Prusse, dans notre entretien, s'est particulièrement étendu avec moi sur cette consideration que le Roi, en autorisant la candidature du prince Hohenzollern, n'avait jamais eu l'intention de blesser l'Empereur et n'avait jamais supposé que cette combinaison pût porter ombrage à la France. J'ai fait observer à mon interlocuteur que, s'il en était ainsi, une pareille assurance donnée serait de nature à faciliter l'accord que nous recherchions. Mais je n'ai point demandé que le Roi écrivît une lettre d'excuse, comme l'ont prétendu les journaux de Berlin dans leurs commentaires officieux.

« Je ne saurais non plus souscrire aux appréciations que M. le baron de Werther me prête au sujet de la déclaration du 6 juillet. Je n'ai point admis que cette manifestation aurait été déterminée par des nécessités parlementaires. J'ai expliqué notre langage par la vivacité de la blessure que nous avions reçue, et je n'ai

nullement fait valoir la position personnelle des ministres comme motif déterminant de leur conduite. Ce que j'ai dit, c'est qu'aucun ministère ne pouvait conserver en France la confiance des Chambres et de l'opinion en consentant à un arrangement qui ne contint pas une garantie sérieuse pour l'avenir. Je dois ajouter, contrairement au récit de M. de Werther, que je n'ai point séparé l'Empereur de la France. Rien dans mes paroles n'a pu autoriser le représentant de la Prusse à supposer qu'une étroite solidarité d'impression ne régnât pas entre le souverain et la nation tout entière.

« Ces réserves faites, j'arrive au reproche principal qu'élève contre nous le cabinet de Berlin. Nous aurions volontairement, a-t-on dit, porté la discussion auprès du roi de Prusse, au lieu de l'engager avec son gouvernement. Mais lorsque, le 4 juillet, suivant mes instructions, notre chargé d'affaires s'est présenté chez M. de Thile pour l'entretenir des nouvelles qui nous étaient parvenues d'Espagne, quel a été le langage de M. le secrétaire d'État? Selon ses expressions mêmes, « le gouvernement prussien ignorait complétement « cette affaire, et elle n'existait pas pour lui ». En présence de l'attitude du cabinet qui affectait de se désintéresser de l'incident pour le considérer comme regardant uniquement la famille royale de Prusse, que pouvions-nous faire, sinon nous adresser au Roi lui-même.

« C'est ainsi que, contre notre volonté, nous avons dû inviter notre ambassadeur à se mettre en communication avec le souverain, au lieu de traiter avec son ministre.

« J'ai assez longtemps résidé dans les cours européennes pour savoir combien ce mode de négociation est désavantageux, et tous les cabinets ajouteront foi à mes paroles, quand j'affirmerai que nous avons suivi cette voie uniquement parce que toutes les autres nous étaient fermées. Nous regrettons que M. le comte de Bismark, aussitôt qu'il a connu la gravité du débat, ne se soit pas rendu à Ems pour reprendre son rôle naturel d'intermédiaire entre le roi et notre ambassadeur ; mais l'isolement dans lequel Sa Majesté a sans doute voulu rester, et que le chancelier a vraisemblablement trouvé bon pour ses desseins, est-ce nous qui en sommes responsables? Et si, comme le fait remarquer le cabinet de Berlin, la déclaration de guerre qui lui a été remise par notre chargé d'affaires constitue notre première communication écrite et officielle, à qui donc en est la faute? Adresse-t-on des notes aux souverains? Notre ambassadeur pouvait-il se permettre une telle dérogation aux usages, quand il traitait avec le roi, et l'absence de tout document échangé entre les deux gouvernements, ayant la déclaration de guerre, n'est-elle pas la conséquence nécessaire de l'obligation où l'on nous a mis de suivre la discussion à Ems au lieu de la laisser à Berlin, où nous l'avions d'abord portée ?

« Avant de clore ces rectifications, je relèverai une dernière observation du cabinet prussien. D'après un télégramme de Berlin, publié par les journaux du 23, MM. de Bismark et de Thile, contestant un passage de ma dépêche-circulaire du 21 juillet, déclareraient que « depuis le jour où ils ont entendu parler de la de-« mande adressée au prince de Hohenzollern, la ques-« tion de la candidature du prince au trône d'Espagne « n'a jamais été entre eux et M. Benedetti l'objet du « moindre entretien, soit officiel, soit particulier. » Dans la forme où elle se produit, cette affirmation est ambiguë : elle semble se référer uniquement aux rap-ports de notre ambassadeur avec le ministère prussien postérieurs à l'acceptation du prince Léopold. En ce sens, elle ne serait pas contraire à ce que nous avons dit nous-mêmes ; mais si l'on prétend l'étendre aux communications antérieures, elle cesse d'être vraie, et pour l'établir je ne puis mieux faire que de citer ici une dépêche, en date du 31 mars 1869, adressée par notre ambassadeur, M. le comte Benedetti, à M. le marquis de la Valette, alors ministre des affaires étrangères.

Elle est ainsi conçue :

« Berlin, 31 mars 1869.

« Monsieur le marquis,

« Votre Excellence m'a invité hier, par le télégraphe à m'assurer si la candidature du prince de Hohenzol-lern au trône d'Espagne avait un caractère sérieux. J'ai eu ce matin l'occasion de voir M. de Thile, et j'ai cru pouvoir lui demander si je devais attacher quelque importance aux bruits qui avaient circulé à ce sujet.

« Je ne lui ai pas caché que je tenais à être exacte-ment informé, en lui faisant remarquer qu'une pareille éventualité intéressait trop directement le gouvernement de l'Empereur pour qu'il ne fût pas de mon devoir d'en signaler les dangers dans le cas où il existerait des raisons de croire qu'elle peut se réaliser. J'ai dit à mon interlocuteur que mon intention était de vous faire part de notre entretien.

« M. de Thile m'a donné l'assurance la plus formelle qu'il n'a, à aucun moment, eu connaissance d'une indi-cation quelconque pouvant autoriser une semblable conjecture, et que le ministre d'Espagne à Vienne, pendant le séjour qu'il a fait à Berlin, n'y aurait pas même fait allusion. Le sous-secrétaire d'État en s'ex-primant ainsi, et sans que rien dans ce que je lui disais fût de nature à provoquer une pareille manifestation, a cru devoir engager sa parole d'honneur.

« Suivant lui, M. Rancès se serait borné à entretenir le comte de Bismark, qui tenait peut-être à profiter du passage de ce diplomate pour se renseigner sur l'état des choses en Espagne, de la manière dont elles s'en-gageaient en ce qui concerne le choix du futur souve-rain.

« Voilà, en substance, ce que M. de Thile m'a appris,

en revenant à plusieurs reprises sur sa première décla-ration, qu'il n'avait été et qu'il ne saurait être question du prince de Hohenzollern pour la couronne d'Espagne.

« Veuillez agréer, etc.

« Signé : BENEDETTI. »

« Après cette citation, je crois superflu d'entrer dans plus de développements sur un point que nous devons considérer comme définitivement acquis.

« Agréez, etc.

« Signé : GRAMONT. »

Indépendamment de la circulaire du 24 juillet, le Journal officiel du 26 contenait plusieurs documents d'une extrême importance.

Il publiait la loi par laquelle il était ouvert aux mi-nistres de la guerre et de la marine un crédit de 4 mil-lions de francs destiné à créer un fonds de secours pour venir en aide aux femmes, aux enfants, aux ascen-dants âgés et infirmes des militaires, marins et gardes mobiles appelés sous les drapeaux, pendant la durée de la guerre.

Ensuite il venait une circulaire par laquelle M. le garde des sceaux expliquait l'attitude qu'il entendait prendre à l'égard des journaux ; puis une loi votée par le Corps législatif, deux jours avant la clôture de la session, qui permettait au gouvernement d'interdire, s'il le jugeait à propos, le compte rendu des mouve-ments et opérations militaires.

Art. 1er. Il pourra être interdit de rendre compte, par un moyen de publication quelconque, des mouve-ments de troupe et des opérations militaires sur terre et sur mer.

Cette interdiction résultera d'un arrêté ministériel inséré au Journal officiel.

Art. 2. Toute infraction à l'article 1er constituera une contravention et sera punie d'une amende de 5,000 fr. à 10,000 fr.

En cas de récidive, le journal pourra être suspendu pendant un délai qui n'excédera pas six mois.

Art. 3. La présente loi cessera d'avoir effet si elle n'est pas renouvelée dans la prochaine session ordi-naire.

M. Émile Ollivier avait fait immédiatement usage de cette arme, et rendu l'arrêté suivant :

« Nous, garde des sceaux, ministre de la justice et des cultes :

« Vu l'article 1er de la loi du 21 juillet 1870, sur l'in-terdiction de rendre compte des mouvements et opéra-tions militaires,

« Avons arrêté et arrêtons ce qui suit :

Article unique.

« A partir de ce jour, il est interdit de rendre compte, par un moyen de publication quelconque, des mouvements de troupes et des opérations militaires sur terre et sur mer. »

La presse ne s'étant qu'incomplétement soumise à cette prohibition, le ministère avait lancé le 24 juillet cette note comminatoire :

« Malgré l'interdiction prononcée par le gouvernement, certains journaux continuent à donner des nouvelles des mouvements militaires, au grand détriment de la cause nationale

« Le gouvernement avait espéré que l'appel fait à leur patriotisme serait entendu. C'est à regret qu'il se verrait forcé d'avoir recours à la loi. »

Dans la circulaire précitée et qui était adressée aux procureurs généraux, M. le garde des sceaux atténuait la portée de la mesure qu'il avait prise antérieurement.

« Le secret des opérations militaires, surtout dans l'époque préparatoire, est la condition même du succès de toute armée. Aussi avions-nous espéré que le sentiment patriotique suffirait pour interdire aux journaux sur les mouvements de nos troupes, des indiscrétions dont l'ennemi profite.

« Lorsque tant de braves soldats se préparent à répandre leur sang sur les champs de bataille pour le salut commun, il nous semblait que les journaux ne sauraient considérer comme une atteinte à leurs droits, une restriction momentanée de la liberté illimitée d'information et de discussion dont ils jouissent.

« Ces espérances ne se sont pas réalisées ; et tandis qu'un grand nombre de journaux aident la cause par leur réserve, après l'avoir aidée par leur parole, il en est d'autres qui remplissent leurs colonnes de renseignements qui, malheureusement, ne sont pas toujours faux. De telle sorte que les feuilles publiques allemandes, muettes sur ce qui se passe en Allemagne, sont pleines de détails sur les opérations militaires qui s'accomplissent chez nous.

« J'ai donc été obligé de mettre en vigueur, par un arrêté, la loi sur les mouvements de troupe.

« Appliquez cet arrêté avec mesure et bienveillance. Avant de poursuivre, appelez les journalistes, tâchez d'obtenir de leur libre assentiment ce que j'appelle le silence du salut public. Mais si vos exhortations restent sans effet, poursuivez avec fermeté. Il faut que nous aussi, dans la limite de nos attributions, nous travaillions au triomphe de la patrie ! »

Le 25 juillet 1870.

ÉMILE OLLIVIER.

Nous trouvons encore dans le *Journal officiel* du 26, une circulaire du ministre de l'intérieur, relative à l'organisation des hôpitaux et d'ambulances dans les établissements publics, et même dans les maisons particulières.

« Monsieur le préfet, la pensée de venir au secours de nos soldats blessés et malades a été accueillie avec enthousiasme dans toute la France. Des souscriptions se sont organisées des offrandes, affluent, et bientôt nous aurons à songer aux moyens de les appliquer avec efficacité.

« Mais il faut, dès à présent, que la prévoyance publique s'étende plus loin. Les grandes agglomérations de malades, quand elles sont faites rapidement, entraînent souvent avec elles des inconvénients et des dangers dont les hommes spéciaux ont reconnu toute la gravité. On crée, au contraire, les conditions les plus favorables en disséminant les blessés et les malades et en les répartissant sur un espace étendu. C'est le résultat qu'il est nécessaire d'atteindre et pour lequel, monsieur le préfet, je réclame votre concours.

« Il me semble utile que vous provoquiez immédiatement, dans les localités rapprochées de la frontière ou qui s'y rattachent par des voies ferrées, la formation de dépôts provisoires sur lesquels seraient évacués les malades et les blessés. On établirait ces petits hôpitaux dans les bâtiments de la commune, ou bien encore, ce qui serait préférable, dans les maisons particulières qui, j'en ai la confiance, s'ouvriront en grand nombre à nos blessés.

« Vous pourrez utiliser les écoles municipales que l'approche des vacances va rendre libres. Ces hôpitaux seront entretenus par le patriotisme et la sympathie de tous. Les soins seront donnés par les religieuses, les instituteurs, les dames de charité, les hommes de bonne volonté, sous la direction des hommes de l'art, et je ne doute pas que nous ne puissions ainsi sauver beaucoup de nos vaillants soldats.

« Dès la réception de la présente circulaire, vous aurez à pourvoir, monsieur le préfet, à cette organisation. Les maires grouperont autour d'eux toutes les personnes dont le concours serait acquis à cette œuvre patriotique. De concert avec elles, ils désigneront les locaux qui pourraient être affectés à ce service. Que les lits soient installés, que les médicaments, le linge et tous les objets nécessaires soient préparés et réunis, qu'à chaque ambulance soient immédiatement attachés un médecin, des sœurs de charité, des infirmiers ou des infirmières pris dans le sein de la population et prêts à se rendre à leur poste au premier signal.

« Vous adresserez au major général de l'armée l'état complet de ces petits hôpitaux avec l'indication du nombre des lits attribués à chacun d'eux. A mesure qu'un lit deviendra vacant, vous lui en donnerez l'avis immédiat afin que l'intendance militaire puisse savoir jour par jour, le nombre des places mises à sa disposition et que les transports successifs s'effectuent pendant toute la durée de la guerre, avec ordre, précision et célérité.

« Je vous prie de me rendre compte le plus promptement possible, de tous les détails de cette organisation.

« En ce qui touche le service du transport des malades et des blessés, le gouvernement sait qu'il peut compter sur le dévouement et le concours absolu de MM. les médecins des compagnies des chemins de fer.

« Recevez, etc.

« CHEVANDIER DE VALDRÔME. »

CHAPITRE XIV

Explications données par le *Journal officiel*.

Ces documents étaient suivis d'une sorte de memorandum, qui déterminait de la manière la plus nette la situation respective des cabinets de Paris et de Berlin : il élucidait l'histoire politique des derniers événements. Ce récit, d'un puissant intérêt, exposait les causes de la crise actuelle, et faisait le parallèle entre la politique française et la politique prussienne, depuis que Guillaume Iᵉʳ et M. de Bismark avaient entrepris l'absorption de tous leurs voisins.

DÉCLARATIONS OFFICIELLES.

« Deux politiques se trouvent actuellement en présence : la politique française et la politique prussienne. L'une et l'autre se jugent par leurs actes. Fidèle au droit moderne et au principe de la souveraineté nationale, qui, au dehors comme à l'intérieur, est la base du système inauguré par l'empereur Napoléon III, la politique du second empire n'a jamais séparé l'intérêt particulier de la France et les intérêts généraux. Substituer aux tendances d'égoïsme et d'exclusion des anciens âges des idées de progrès et de solidarité, tel a toujours été le programme de notre diplomatie. Mais, pour réaliser cette grande pensée, il eût été indispensable que la Prusse ne prît pas à tâche de troubler le concert européen. Si, en effet, pendant que les autres puissances s'occupaient de réformes philosophiques et humanitaires en rapport avec le programme de l'avenir, une autre nation, représentant la force matérielle et les traditions du passé, avait impunément poursuivi des visées ambitieuses et des rêves de conquêtes, l'équilibre n'aurait pas tardé à être complétement rompu. L'honneur de la France est de s'opposer énergiquement à cette politique d'absorption qui, suivant les termes de la proclamation impériale, a éveillé toutes les défiances, nécessité partout des armements exagérés, et fait de l'Europe un camp où règnent l'incertitude et la crainte du lendemain.

« Depuis le moment où l'Empereur est à la tête de la France, il a fait de la modération et du droit sa règle de conduite invariable. Posant en principe que c'est toujours à l'opinion publique qu'appartient la dernière victoire, il a toujours agi avec un noble désintéressement ; si l'on avait écouté l'appel qu'il a fait à la conscience des peuples pour entrer dans une ère nouvelle d'apaisement, l'Europe ne serait pas travaillée, comme elle l'est aujourd'hui, par des éléments de division et de malaise. N'est-ce pas l'Empereur qui, s'adressant à la raison des hommes d'État de tous les pays, leur disait, il y a quelques années : « Les préjugés et les rancunes n'ont-ils pas déjà trop duré ? La rivalité jalouse des grandes puissances empêchera-t-elle sans cesse les progrès de la civilisation ? Entretiendrons-nous de mutuelles défiances par des armements exagérés ? »

N'est-ce pas l'Empereur qui, à la même époque, écrivait à tous les souverains ces lignes mémorables : « Appelé au trône par la Providence et par la volonté du peuple français, mais élevé à l'école de l'adversité, il m'est peut-être moins permis qu'à un autre d'ignorer les droits des souverains et légitimes aspirations des peuples. Aussi je suis prêt, sans système préconçu, à porter dans un conseil international l'esprit de modération et de justice, partage ordinaire de ceux qui ont subi tant d'épreuves diverses. J'ai à cœur de prouver que mon unique but est d'arriver sans secousse, à la pacification de l'Europe. » L'Empereur ne tient pas aujourd'hui un langage moins élevé, quand il s'écrie dans la proclamation qui a produit partout une impression si vive et si profonde : « Nous réclamons l'établissement d'un état de choses qui garantisse notre sécurité et assure l'avenir. Nous voulons conquérir une paix durable, basée sur les vrais intérêts des peuples et faire cesser cet état précaire où toutes les nations emploient leurs ressources à s'armer les unes contre les autres. »

« C'est une grande douleur pour Sa Majesté que la Prusse, par sa conduite ambitieuse et violente, l'ait mise dans l'impossibilité de poursuivre la grande œuvre de pacification qui était le but de nos efforts. Aucune puissance n'avait reçu plus de gages de notre bon vouloir que cette Prusse qui nous a audacieusement bravés. Nous n'avions cessé de lui témoigner des sympathies et des égards. En 1856, nous insistions pour qu'elle figurât au congrès de Paris. En 1857, nous étions heureux de lui épargner, par une médiation amicale et désintéressée, un conflit avec la Suisse. En 1860, l'Empereur se rendait lui-même à Bade pour y prononcer des paroles de paix et d'amitié. En 1861, il chargeait le maréchal de Mac-Mahon de le représenter au couronnement du roi Guillaume. La même année, il faisait ouvrir à Berlin les négociations qui amenèrent le traité de commerce entre le Zollverein et la France. Avant, pendant et après les événements de 1866, nous n'avons montré à l'égard de la Prusse que les dispositions les plus conciliantes. Elle en était tellement assu-

Uhlans prussiens.

rée, que, pendant la guerre avec l'Autriche, elle dégarnissait complétement ses frontières du Rhin. Loin de vouloir profiter des discordes de l'Allemagne, nous respections cette grande race germanique pour laquelle nous avons eu toujours une haute estime et une sympathie réelle.

« Après Sadowa, la France borna son rôle à une médiation dont les belligérants reconnurent de part et d'autre le noble caractère. Mais nous espérions que le traité de Prague, conclu en partie grâce à nos bons offices, ne serait pas une lettre morte. Nous ne pouvions pas croire un instant que la Prusse s'était jouée de nous, que l'existence internationale indépendante, stipulée en faveur des États d'Allemagne du Sud, ne serait qu'une mystification, et que le Danemark, malgré les clauses de l'article 5 du traité de Prague, ne recouvrerait pas les districts du nord du Schleswig. Nous pouvions penser que, contrairement à toutes les règles du droit moderne, la Prusse ne demanderait pas au vote populaire de ratifier les annexions du royaume de Hanovre, de l'électorat de Hesse, du duché de Nassau, de la ville libre de Francfort. Nous avions

compté sans l'égoïsme d'une puissance dont les succès reposent sur la force brutale, et qui, en 1866, s'est jetée sur les États de souverains dont le seul crime avait été de demeurer fidèles à leurs devoirs fédéraux.

« Nous avions compté sans les traités d'alliance, ou plutôt de sujétion qui ont enchaîné la liberté du Sud, sans la politique de défi qui a refusé au Danemark la satisfaction la plus minime, sans la passion de dominer qui a voulu ressusciter en plein dix-neuvième siècle la monarchie de Charles-Quint. Ce n'était pas assez pour la Prusse d'avoir réduit les princes de la Confédération du Nord au rôle de préfets couronnés et d'avoir détruit l'équilibre scandinave par la conquête du Schleswig, elle voulait encore placer un prince prussien à Madrid; alors même que le bon sens public proteste en Europe contre une si étrange prétention, le roi Guillaume déclarait que si la candidature Hohenzollern venait à se produire, il ne consulterait que les circonstances. L'agrandissement disproportionné d'une maison royale qui voudrait dominer directement ou indirectement depuis la Baltique jusqu'au détroit de Gibraltar et du Rhin aux bouches du Danube, est un sujet d'inquiétude pour la plupart des puissances de l'Europe. N'avons-nous pas vu en 1867 le gouvernement hollandais s'adresser à nous pour signaler à notre plus sérieuse attention des visées qui ne tendaient à rien moins qu'à convoiter dans un avenir plus ou moins prochain les Pays-Bas et leurs magnifiques colonies?

« Ce n'est pas seulement la Hollande que menace la Prusse, c'est le peuple danois qu'elle voudrait, selon les expressions d'un chant célèbre, poursuivre dans ses îles et précipiter dans la mer; c'est le peuple de Norwége, qui sympathise avec les souffrances du Danemark, et qui est atteint dans ses intérêts essentiels par des envahissements devenus chaque jour plus dangereux; c'est le territoire des provinces baltiques de la Russie, où les envahissements prussiens se font déjà sentir, ce qui irrite à juste titre le patriotisme des Russes. Que dire des grands-duchés de Bade et de Hesse, des royaumes de Bavière et de Wurtemberg dont l'indépendance et l'autonomie sont foulées aux pieds, et dont les souverains ont perdu toutes leurs prérogatives? Comment supposer que la Prusse, qui ne respecte pas plus les souvenirs de l'histoire que les aspirations des peuples, reculerait, si elle était victorieuse, devant les provinces allemandes de l'Autriche? Qui ne sait que le démembrement de la monarchie de Habsbourg, exclue insolemment de l'Allemagne par les vainqueurs de Sadowa, est le rêve de l'héritier des margraves de Brandebourg? Si elle n'avait pas été arrêtée à temps dans son système d'empiétements excessifs, la Prusse eût inquiété l'Italie elle-même, et le jour serait venu où ses regards avides se seraient arrêtés sur Venise comme sur Amsterdam. Qui ne se rappelle en Italie les paroles dédaigneuses des généraux et de l'état-major prussiens contre l'armée du roi Victor-Emmanuel?

« Ce que l'Europe tout entière finira, nous l'espérons, par déclarer hautement, c'est que la France est aussi modérée que la Prusse est violente, et que la responsabilité de la guerre repose sur l'ambition du roi Guillaume et de son ministre; tel est le fait incontestable qui s'impose avec le caractère de l'évidence, et domine l'ensemble du débat. Forcé de tirer l'épée, l'Empereur mettra la force au service du droit. Ainsi que Sa Majesté le dit dans sa proclamation : « Nous ne faisons pas la « guerre à l'Allemagne, dont nous respectons l'indépen- « dance. Nous faisons des vœux pour que les peuples « qui composent la grande nationalité germanique dis- « posent librement de leurs destinées... Le glorieux « drapeau que nous déployons encore une fois devant « ceux qui nous provoquent est le même qui porta à tra- « vers l'Europe les idées civilisatrices de notre grande « Révolution. Il représente les mêmes principes; il « inspirera les mêmes dévouements. » La patrie, frémissante de patriotisme et de fierté, attend l'avenir avec confiance; elle sait que Dieu protège les grandes causes, et que la victoire de l'Empereur sera celle du droit et du progrès. »

CHAPITRE XV

Affaire de Niederbronn. — Lettres de Spicheren.

L'inépuisable *Journal officiel* du 26 juillet, nous fournit encore la première nouvelle officielle d'un succès, il mentionne le télégramme par lequel le maréchal major général annonce à l'Empereur que le général de Bernis vient de battre une reconnaissance ennemie en avant de Niederbronn. Un officier a été pris, et deux faits prisonniers. Les détails les plus complets que nous ayons sur ce fait d'armes, nous sont donnés par une correspondance adressée de Wissembourg au *Courrier du Bas-Rhin* :

Wissembourg, 26 juillet.

Les Badois viennent de faire une escapade qui leur a coûté cher. Une patrouille d'environ seize dragons s'est promenée dans nos contrées, pour se faire écharper en définitive par nos chasseurs à cheval. Ces dragons sont entrés dimanche par Lauterbourg, ont traversé cette ville pendant que la population était à l'église, ont déchiré les fils télégraphiques, et sont partis ensuite par les champs et les bois vers Hundspach.

En route, ils rencontrèrent un gendarme et un lancier français, qui aussitôt se précipitèrent sur eux ; un combat s'engagea ; le lancier tua le cheval d'un officier, mais il fut lui-même terrassé et laissé pour mort. Le gendarme fut fait prisonnier, mais il échappa peu d'instants après aux dragons et courut donner l'éveil. Les dragons, à travers un grand nombre de pérégrinations, ayant visité la gare de Hundspach entre autres, allèrent prendre gîte près de Frœschwiller, comme si de rien n'était.

Le lendemain matin pourtant, cette aventure devait prendre une autre tournure. Ces dragons étaient en train de déjeuner, quand un coup de feu retentit. C'étaient des chasseurs à cheval français qui arrivaient et qui avaient tiré sur la sentinelle, postée par les Badois devant la porte de leur auberge. Les chasseurs, armés du nouveau fusil de cavalerie, firent une décharge sur les fenêtres, où venaient d'apparaître les autres Badois. Ceux-ci ripostèrent. Les chasseurs pourtant se précipitèrent sur les escaliers, montent à l'assaut du premier étage, pénètrent dans la pièce où se tient l'ennemi et le somment de se rendre. Une véritable bataille s'engage.

Les chassepots « font merveille ». Au bout de peu d'instants, l'ennemi est hors du combat. Cinq Badois sont tués, six blessés, les autres sont faits prisonniers. Parmi les blessés se trouvait un Anglais qui servait comme officier dans l'armée badoise. Ce malheureux avait une balle dans le bas-ventre : il demanda un pasteur et fit son testament. Sa blessure est mortelle.

Nous avons perdu de notre côté un maréchal-des-logis. Les prisonniers furent emmenés à Niederbronn, où ils firent leur entrée au milieu des cris de : *Vive la France!* de toute la population. On a beaucoup remarqué que, dans cette troupe de seize hommes, il n'y avait pas moins de cinq officiers, tous revêtus d'uniformes de simples soldats.

De petits engagements analogues avaient lieu chaque jour; nous en trouvons une foule de preuves dans les journaux des départements des frontières. Ainsi, on écrit à l'*Indépendant de la Moselle.*

Spicheren, 25 juillet 1870.

Il faut, pour arriver au village qui porte ce nom barbare, monter pendant une grande heure. Mais on est bien récompensé de la fatigue qu'on a prise, d'abord par les sites majestueux que l'on découvre à travers des éclaircies et des précipices, ensuite par le coup d'œil saisissant que l'on a du haut du plateau. Spicheren est une espèce de fort naturel, contre lequel vient finir la Prusse; on domine de là une plaine immense sur la droite; en face, le champ de manœuvres de Sarrebrück, à deux portées de canon, et sur la gauche, une gorge où passent le chemin de fer et la route de Forbach à Sarrebrück.

Quelques vedettes avancées échangent de part et d'autre des coups de feu dont on voit la fumée. Mais nos soldats rient de l'impuissance des armes prussiennes : les balles s'enterrent à 7 ou 800 mètres, et le tir n'a plus de précision à 600 mètres, distance à laquelle nos chassepots commencent seulement à bien donner. Un caporal du 8e de ligne a descendu un hulan à 1,000 mètres. Devant mon compagnon Léon Cahun, du *centre gauche*, et moi, un fantassin prussien est sorti d'un bois et a tiré deux coups de fusil sur trois chasseurs à cheval en vedette. Il les a manqués, et a fui avec la vitesse d'un cerf devant une charge à fond de train que lui ont poussée les cavaliers; il a dû son salut au voisinage de la forêt. De notre hauteur, nous assistions à une véritable chasse à l'homme; c'est plus intéressant que la chasse au lièvre, et je comprends l'enthousiasme de nos soldats qu'animent les sentiments patriotiques.

Rentré à quatre heures, je n'ai que le temps de vous envoyer ces quelques lignes, qui pourront, je l'espère, partir à quatre heures et demie.

Mardi.

J'ai fait hier, un instant après vous avoir écrit, une rencontre désagréable. J'étais sur une hauteur, à l'angle d'un bois d'où l'on découvre une vue magnifique, lorsque j'aperçus avec ma longuette un soldat prussien, à l'affût dans un trou, à 600 ou 700 mètres en dessous de moi. S'il me causa un vif sentiment d'étonnement, je crois que je lui ai bien rendu la pareille; car, me prenant de loin pour le propriétaire d'un chassepot, il laissa tout doucement son casque comme point de mire sur le rebord du trou, et se retira en rampant à quelques mètres. Je n'attendis pas, comme vous pouvez le penser, qu'il eût pris ses aises pour m'ajuster, et je rentrai dans le bois.

Une irruption a été faite, il y a quelques jours déjà, sur l'extrême frontière du canton de Bouzonville, par un détachement de hulans sortis de Sarrelouis, où règne la disette la plus affreuse.

A minuit, après avoir fait razzia de ce qu'ils ont pu trouver de fourrages et de vivres, les Prussiens sont entrés à Trois-Maisons, près Villing; ils ont surpris le receveur des douanes, ont pillé la caisse (qui ne contenait, dit-on, qu'une centaine de francs), puis ils sont partis emmenant prisonniers le receveur et le lieutenant des douanes; nos douaniers ont tiré sur ces pillards et en ont blessé quelques-uns ainsi que leur officier, pour lequel ils ont dû réquisitionner une voiture non loin de là. On a reçu à Metz des nouvelles du receveur. Il est à Coblentz, fort bien traité.

CHAPITRE XVI

Mouvements de troupes. — Décret confiant la régence à l'Impératrice. — Appel de 90,000 hommes. — Organisation des francs-tireurs. — Armement des fortifications de Paris. — La garde nationale. — Lettre de l'Empereur au commandant en chef.

De plus sérieuses rencontres étaient imminentes. Des deux côtés du Rhin, les troupes se massaient le long des frontières. L'Empereur se disposait à partir pour le quartier général. Par lettres patentes du 23, rendues publiques le 27, il conféra la régence à l'Impératrice :

« NAPOLÉON, etc.,

« Voulant donner à notre bien-aimée épouse l'Impératrice des marques de la confiance que nous avons en elle;

« Et attendu que nous sommes dans l'intention de nous mettre à la tête de l'armée;

« Nous avons résolu de conférer, comme nous conférons par ces présentes, à notre bien-aimée épouse l'Impératrice, le titre de régente, pour en exercer les fonctions dès que nous aurons quitté notre capitale, en conformité de nos instructions et de nos ordres, tels que nous les aurons fait connaître dans l'ordre général du service que nous aurons établi et qui sera transcrit sur le livre d'État.

« Entendons qu'il soit donné connaissance à nos ministres desdits ordres et instructions, et qu'en aucun cas l'Impératrice ne puisse s'écarter de leur teneur dans l'exercice des fonctions de régente.

« Voulons que l'Impératrice préside en notre nom le conseil des ministres. Toutefois, notre intention n'est point que l'Impératrice régente puisse autoriser par sa signature la promulgation d'aucune loi autre que celles qui sont actuellement pendantes devant le Sénat, le Corps législatif et le Conseil d'État, nous référant à cet égard au contenu des ordres et instructions mentionnés ci-dessus.

« Mandons à notre garde des sceaux, ministre de la justice et des cultes, de donner communication des présentes lettres patentes au Sénat, qui les fera transcrire sur ses registres, et de les faire publier au Bulletin des Lois.

« Donné au palais des Tuileries, le 23 juillet 1870.

« NAPOLÉON. »

Les quatre-vingt-dix mille hommes formant le contingent de la classe de 1869 furent appelés le même jour à l'activité, aux termes de la loi du 21 avril 1870. Les départements de la Moselle, du Haut-Rhin et du Bas-Rhin furent déclarés en état de siége, et en état de guerre, dans la cinquième division militaire, les places de Metz, Thionville, Longwy, Bitche, Marsal, Phalsbourg, Montmédy, Verdun et Toul ; dans la sixième division militaire, les places de Strasbourg, Schlestadt, Neufbrisach, Belfort, Lichtemberg et la Petite-Pierre.

Sur un rapport approuvé du ministre de l'intérieur, furent organisées les gardes nationales sédentaires dans les villes fortes de nos frontières du Nord Est et de l'Est. Sans être astreintes à un service quotidien, elles devaient fournir des compagnies de francs-tireurs volontaires, dont le service sera limité à la durée de la guerre actuelle, et qui seraient spécialement chargés de la défense de leurs foyers.

Par une circulaire aux préfets, le même ministre les invite à lui soumettre des propositions en vue de former dans toutes les communes, de même que dans celles du Nord et de l'Est, des corps de francs-tireurs établis sur les mêmes bases. Pour les uns comme pour les autres, la décision impériale du 18 mars 1868 sera modifiée en ce sens que les citoyens qui feront partie de ces corps spéciaux ne seront plus astreints à contracter des engagements d'un an, et ne pourront pas

être appelés, en cas de mise en activité de la garde mobile, à faire, comme celle-ci, le service des frontières.

RAPPORT A L'EMPEREUR

SUR LES FRANCS-TIREURS

SIRE,

Des instructions récemment concertées entre les deux départements de l'intérieur et de la guerre ont autorisé l'organisation de gardes nationales sédentaires dans les villes fortes de nos frontières du Nord-Est et de l'Est.

En prenant cette décision, le gouvernement a répondu à un sentiment de patriotisme, dont les rapports des préfets constataient tous l'énergique expression, et qu'il a considéré comme un devoir d'encourager.

Mais si certaines villes, et particulièrement les villes fortifiées, présentent les éléments nécessaires pour constituer promptement et dans des conditions satisfaisantes des corps de garde nationale et surtout des compagnies d'artilleurs, les mêmes ressources n'existent à un degré égal ni dans les campagnes, ni dans la plupart des villes ouvertes.

Les habitudes des populations, le caractère spécial de leurs occupations et de leurs travaux permettraient plus difficilement aux habitants de ces localités de s'astreindre à un service régulier et quotidien. Le réclamer d'eux, ce serait tenir plus de compte de leur patriotisme que des conditions dans lesquelles ils vivent, et leur imposer, dès à présent, un effort et des sacrifices supérieurs à ceux qu'exigent les circonstances.

Il nous a donc paru nécessaire de renoncer à l'idée d'une organisation générale des gardes nationales sédentaires. Mais nous pensons que des compagnies de francs-tireurs volontaires, établies plus largement qu'elles ne le sont aujourd'hui, et affranchies de certaines obligations que font peser sur elles les règlements actuels, constitueraient une ressource précieuse pour la protection du territoire national.

Les hommes qui composent ces corps spéciaux sont tenus aujourd'hui de contracter un engagement d'une année, et quoique employés de préférence à la défense de leurs foyers, ils pourraient être appelés, en cas de mise en activité de la garde mobile, à faire, comme celle-ci, le service des frontières. Ces dispositions ont tenu éloignés des compagnies de francs-tireurs des citoyens disposés à en faire partie, et dont le pays aurait tout intérêt à utiliser le patriotique concours.

Pénétrés de cette considération, les deux départements de l'intérieur et de la guerre proposent à Votre Majesté de modifier la décision impériale du 28 mars 1860, en ce sens que les engagements contractés par les francs-tireurs, par application de l'article 4 de la loi du 1er février 1868, seraient limités à la durée de la guerre actuelle, et que les volontaires admis dans ces corps seraient spécialement chargés de la défense de leurs foyers.

Si Votre Majesté daignait approuver ces dispositions, nous aurions l'honneur de la prier d'apposer sa signature en marge du présent rapport.

Nous sommes, avec le plus profond respect,

SIRE,

De Votre Majesté,

Les très-humbles, très-obéissants et très-fidèles serviteurs.

Le ministre de l'intérieur,　　*Le ministre de la guerre par intérim,*

CHEVANDIER DE VALDRÔME,　　Gal Vte DEJEAN.

Approuvé :

NAPOLÉON.

CIRCULAIRE

Du ministre de l'intérieur aux préfets des départements du Nord-Est sur les francs-tireurs.

Monsieur le préfet, de nombreuses demandes ont été adressées au Gouvernement pour l'organisation et l'armement, dans nos départements frontières, de gardes nationales et de corps de volontaires destinés à contribuer à la défense du pays.

Par une circulaire en date du 25 juillet, le Gouvernement a déjà autorisé l'organisation de la garde nationale sédentaire dans un certain nombre de nos places fortes les plus rapprochées du théâtre de la guerre.

Si vous aviez quelques propositions à me soumettre en vue d'étendre cette organisation à d'autres communes, vous pourriez me les adresser ; mais je crois devoir appeler spécialement votre attention sur un mode d'organisation qui me paraît répondre aux nécessités du moment et se prêter plus facilement à la diversité des situations locales. Ce système consisterait à créer, partout où les circonstances le rendraient nécessaire, des compagnies de volontaires francs-tireurs.

Le rapport du ministre de la guerre à l'Empereur, en date du 28 mars 1868, a déterminé les règles d'après lesquelles les corps de francs-tireurs peuvent se constituer comme auxiliaires de la garde mobile ; mais il contient deux prescriptions qui ont ralenti le recrutement de ces compagnies, et qui peuvent présenter des inconvénients au point de vue du but que nous devons aujourd'hui poursuivre.

Ce règlement oblige les francs-tireurs à contracter un engagement d'un an, et rattache leur organisation à celle de la garde mobile, tout en établissant qu'ils

seront, en cas d'appel à l'activité, chargés *de préférence* d'assurer la sécurité de leurs foyers.

M. le ministre de la guerre a proposé à l'Empereur d'accord avec moi, de réduire la durée de l'engagement à contracter à celle de la guerre actuelle, et de charger *spécialement* les compagnies de francs-tireurs de la défense de leurs foyers.

Les corps ainsi formés seront donc une véritable garde nationale sédentaire, mais uniquement composée de volontaires choisis avec soin, habitués au maniement des armes, plus libres de leurs temps et de leur personne et présentant dès lors, sinon plus de dévouement, du moins plus de garanties pour un service d'activité.

M. le ministre de la guerre prépare, de son côté, des instructions qui vous seront communiquées et pour l'exécution desquelles vous aurez à vous concerter avec les autorités militaires. Ces instructions auront pour but d'accélérer et de simplifier la formation des corps.

Le Gouvernement mettra des armes à la disposition des compagnies de francs-tireurs ainsi organisées.

Recevez, etc.

CHEVANDIER DE VALDRÔME.

Le ministre de la guerre prescrivit de commencer la mise en état de défense et l'armement de l'enceinte fortifiée de Paris et des forts extérieurs. Le service de la garde nationale de Paris redevint plus actif ; elle fut chargée de fournir les postes ci-après, occupés jusqu'ici par les régiments de la garnison :

Elysée.

Hôtel de la princesse Mathilde.

Hôtel du prince Napoléon.

Ministère de l'intérieur.

— de la guerre.

— de l'instruction publique.

— des travaux publics.

— du commerce.

— des finances.

— de la marine.

— des affaires étrangères.

L'installation des premiers détachements eut lieu le 24 à deux heures de l'après-midi.

Ces dispositions furent prises sur l'ordre spécial de l'Empereur qui écrivit au général commandant supérieur de la garde nationale de la Seine la lettre suivante :

Palais de Saint-Cloud, le 26 juillet 1870.

« Mon cher général, je vous prie d'exprimer de ma part à la garde nationale de Paris combien je compte sur son patriotisme et son dévouement.

« Au moment de partir pour l'armée, je tiens à lui témoigner la confiance que j'ai en elle pour maintenir l'ordre dans Paris et pour veiller à la sûreté de l'Impératrice.

« Il faut aujourd'hui que chacun, dans la mesure de ses forces, veille au salut de la patrie.

« Croyez, mon cher général, à mes sentiments d'amitié.

« NAPOLÉON. »

CHAPITRE XVII

Départ de L'Empereur pour l'armée.

L'Empereur partit dans la matinée du 28 pour Metz, quartier général de l'armée du Rhin. Le train qui devait l'emmener était conduit par M. Ribail, ingénieur de la traction, accompagné du chef d'exploitation. Dans le train étaient MM. Piérard, directeur, Alfred Le Roux, président du conseil d'administration de la compagnie des chemins de fer de l'ouest, Coindant, secrétaire général.

A neuf heures cinquante-cinq minutes, le train parti de Paris arrivait au parc de Saint-Cloud. Napoléon III, l'Impératrice et le Prince impérial, montaient en wagon, accompagnés d'officiers de la maison. De chaque côté de la grille étaient rangés les dames et les fonctionnaires du château.

Le préfet de la Seine et le préfet de police se tenaient, avec le grand chambellan et le premier écuyer, de chaque côté de la portière du wagon. L'Empereur serra la main de M. Alfred Le Roux, des deux préfets et de quelques autres personnages. Une vive émotion se peignait sur tous les visages.

L'Impératrice était silencieuse; son fils regardait avec un air de surprise ceux qui entouraient le wagon; il portait l'uniforme de petite tenue de sous-lieutenant des grenadiers de la garde, et l'Empereur était en képi et petite tenue de général en chef.

A dix heures quinze minutes, le train impérial était sur le chemin de fer de Ceinture, traversant les fortifications. A dix heures trente minutes, il est arrivé à la gare de la Villette pour prendre la grande ligne de l'est qui était encore fort encombrée de matériel et de troupes devant suivre le train impérial.

M. Dariste, président du conseil des administrateurs, et le directeur de la compagnie de l'Est, reçut la famille impériale au milieu des acclamations du nombreux personnel de la gare.

A Château-Thierry, l'Impératrice se sépara de son époux et de son fils. Ils continuèrent leur route, salués à toutes les gares par des vivats enthousiastes, et arrivèrent à Metz, le 28, à sept heures du soir. La proclamation suivante fut aussitôt portée à la connaissance des troupes :

PROCLAMATION DE L'EMPEREUR

A L'ARMÉE

« Soldats,

« Je viens me mettre à votre tête pour défendre l'honneur et le sol de la patrie.

« Vous allez combattre une des meilleures armées de l'Europe; mais d'autres, qui valaient autant qu'elle, n'ont pu résister à votre bravoure. Il en sera de même aujourd'hui.

« La guerre qui commence sera longue et pénible, car elle aura pour théâtre des lieux hérissés d'obstacles et de forteresses; mais rien n'est au-dessus des efforts persévérants des soldats d'Afrique, de Crimée, de Chine, d'Italie et du Mexique. Vous prouverez une fois de plus ce que peut une armée française animée du sentiment du devoir, maintenue par la discipline, enflammée par l'amour de la patrie.

« Quel que soit le chemin que nous prenions hors de nos frontières, nous y trouverons les traces glorieuses de nos pères. Nous nous montrerons dignes d'eux.

« La France entière vous suit de ses vœux ardents, et l'univers a les yeux sur vous. De nos succès dépend le sort de la liberté et de la civilisation.

« Soldats, que chacun fasse son devoir, et le Dieu des armées sera avec nous!

« NAPOLÉON. »

Au quartier impérial de Metz, le 28 juillet 1870.

CHAPITRE XVIII

Départ des gardes mobiles de Paris.

Le soir même commença le départ de la garde nationale mobile de Paris pour le camp de Châlons. La plupart se séparaient pour la première fois de leurs familles; aussi les bataillons qui se formèrent dans la caserne de l'Ourcine, d'où ils se dirigèrent à cinq heures vers la gare de la Villette, présentaient le plus singulier aspect. C'est à peine si la moitié des mobiles marchaient en rang, derrière le tambour et le commandant à cheval, tenant sous le bras leurs amis en blouse ou en redingote, et chantant la *Marseillaise* à tue-tête. Tous les autres suivaient dans une interminable file de voitures, assis entre leurs mères et leurs sœurs, ou consolant à voix basse leur jeune femme en pleurs.

Dans les premiers rangs, tout était bruit, enthousiasme, gaieté. On chantait, on criait. Certains même, apprentis loustics, s'étaient affublés de grotesques costumes. L'un avait orné son képi d'une carotte en guise de plumet. Un autre avait planté une ombrelle dans son sac, auquel était attaché, en guise de gamelle, un vase d'un usage tout différend, et tenait à la main un éventail. Rien enfin n'indiquait chez les partants ni tristesse, ni regrets.

Mais dans les voitures qui suivaient, dans les rangs des piétons accompagnés de leur mère en bonnet, ce n'étaient que larmes et adieux répétés d'une voix émue.

Est-il besoin d'ajouter qu'une foule immense, peut-être cent mille personnes, escortait le cortège?

Trois bataillons partirent successivement : le 1er, le 2e et le 3e bataillon.

Ils n'étaient armés que du sabre, leurs fusils devant leur être distribués à Châlons.

Notre confrère et ami Loudt a peint ainsi ce départ dans le *Siècle* :

« Aujourd'hui sont partis de Paris, pour le camp de Châlons, le 1er bataillon, le 2e et le 3e de la garde nationale mobile.

« Le premier, parti dans la matinée par la gare de Strasbourg, était précédé d'un général accompagné de ses ordonnances.

Le 2e et le 3e sont partis de la caserne de l'Ourcine, l'un à six heures et l'autre à sept heures du soir.

Rien de curieux, de pittoresque et de touchant à la fois comme le départ de ces divers corps.

« En tête, l'avant-garde réglementaire, que commande un sous-lieutenant.

« A cent pas en arrière, un tambour ou un clairon, puis le commandant à cheval, et puis défilé indescriptible, où gardes, amis, parents, femmes, voire même de petits-enfants, hélas ! s'avancent pêle-mêle à pied ou en voitures; chants guerriers, enthousiasme incroyable, et qui nous aurait gagné nous-même, sans la vue de ces femmes, mères, épouses ou fiancées, dont les yeux ruisselaient de larmes.

« En somme, si le roi de Prusse eût pu voir cette armée de recrues, ces pelotons improvisés, il n'eût certes pas manqué de faire de bien tristes réflexions. Et que serait-ce donc si la patrie était réellement en danger ? »

Le lendemain, ce fut le tour des 4e, 5e, et 6e bataillons.

Dans la troupe comme dans la mobile, les douleurs étaient vite oubliées. Ces jeunes gens étaient animés d'un irrésistible entrain, que M. Jules Claretie a décrit admirablement dans cette lettre adressée de Papleville au journal *le Rappel* :

27 juillet.

« ..... Nous buvons gaiement avec des officiers le coup de l'étrier. Ne vous imaginez pas un repas de princes. On mange ce qu'on a trouvé, on boit ce qu'on vous apporte, mais on le boit en trinquant :

« — A la France !

« — A votre régiment !

« — Ah ! notre pauvre régiment ! Comment reviendra-t-il? Nos cavaliers serviront de flanqueurs et d'éclaireurs à l'infanterie. Toujours en avant. Toujours au feu. On sera décimé. Mais quoi! autant vaut moi qu'un autre. A votre santé !

« — Ils sont superbes et attendrissants dans leur résolution sans phrases. Tous un la même expression, même mot :

« — Il n'est plus temps de discuter. Agissons.

« — Après tout, me disait l'un d'eux, je n'ai à m'inquiéter que de moi. Point de femme, point d'enfants. Je sais, il y a la mère. Je l'ai embrassée comme pain tendre en partant. Quant à la petite maîtresse, gentille et bonne fille, avec une bague au doigt on s'en débarrasse. Et en route! Il faut se consoler. Je mange des écrevisses de la Moselle, moi! A Auch, où nous étions en garnison, nous avions des amandes fraîches. Des amandes là-bas, des écrevisses ici. On n'est déjà pas si malheureux !

« Et de rire, d'un rire qui attendrit et serre le cœur.

« D'autres chantent. Des Basques passaient tout à l'heure, des chasseurs de Vincennes, envoyant au vent un refrain ému de leur pays :

Aquiros mountagnes
Que ta hautou soun
M'empêchen dé beire
Mous amours où soun !

« C'était charmant et touchant.

« Et d'autres, des soldats d'Afrique, sur l'air de *Tiens, voilà ma pipe!* cette chanson de gardes françaises, entonnaient ce couplet que j'ai retenu et qui dit allegrement les misères de la vie de campagne :

Partant en colonne on est trop chargé;
On n'a rien dans le ventre, il faut tout d'même marcher!
Le vin est trop *chère*,
La bière est trop *amère*,
Et les pommes de terre
Ne sentent que l'eau!
Trabaja, la mouchère,
La mouchère bono ! .
Sacro, Blidah! Boufarik et Mascara !
Basta !

« Ce *basta* à la fin du couplet retentit comme un héroïque : — Bah ! qu'importe ! Allons-y tout de même.

« Ces soldats de France ont toujours chanté. Le refrain d'un poëte de hasard, improvisant une chanson dans un désert d'Afrique, ou dans une marche en campagne, ce refrain naïf et grossier comme une statuette sculptée à coups de serpe par un sculpteur de la forêt Noire, produit autant d'effet sur le soldat que la fameuse *Chanson de Roland* sur les combattants du moyen âge. Un Vallet de Viriville de l'avenir recueillera aussi ces chants militaires, qui scandent les étapes et soulignent la marche en avant. »

CHAPITRE XIX

Escarmouches.

Un bureau de renseignements, destiné à fournir à la presse des nouvelles du théâtre de la guerre, avait été établi à partir de demain au ministère de l'intérieur. Les divers journaux de Paris, pour profiter de ces communications, avaient accrédité auprès du ministère un de leurs rédacteurs. Ce bureau de publicité, ouvert de huit heures du matin à minuit, donnait communication de toutes les nouvelles officielles, au fur et à mesure qu'elles arrivaient.

Voici les premières nouvelles qu'on donna en aliment à la curiosité publique :

Vendredi matin, 29 juillet 1870.

Une reconnaissance de troupes ennemies s'est présentée devant Petite-Rosselle; un détachement a pénétré dans le village, a demandé des renseignements sur l'état de nos troupes à Forbach, et a disparu précipitamment en entendant le clairon dans le lointain.

On signale un mouvement considérable de troupes dans la direction d'Anvers. La mise en état de défense des forts continue. Les avant-postes belges et néerlandais se touchent.

Les dernières troupes arrivées du camp de Beverloo ont été dirigées : 3 bataillons dans chacun des forts 1, 7 et 8; le 4e bataillon du 12e grenadier à la caserne de Falcon; le 3e bataillon du... de ligne, chez les habitants, etc.

27 juillet, 1870.

Après deux jours d'une chaleur accablante, pluie bienfaisante.

Dans un intérêt stratégique, certains points ont dû être abandonnés, d'où pour l'ennemi l'avantage facile d'attaquer quelques brigades de douaniers.

Les nôtres ont riposté heureusement.

On a cru un instant que les Bado-Prussiens, qui avaient réuni un grand nombre de bateaux en face de Benheim, allaient tenter de passer le Rhin; ce projet paraît abandonné.

Des mesures ont été prises pour l'exécution de la convention de Genève sur la neutralisation des ambulances. Chaque corps sera muni de pavillons aux croix rouges au fond blanc, qui seront arborés aux ambulances à côté du drapeau national.

D'autre part, on apprend que les chevaliers hospitaliers de Saint-Jean, portant le vêtement bleu et vert, avec croix noire, sont arrivés dans la Bavière rhénane pour se consacrer au service des hôpitaux.

On mande de la vallée de la Sarre que les Prussiens y exercent des réquisitions écrasantes. Les chevaux des cultivateurs ont été emmenés, les moissons coupées et beaucoup d'arbres abattus.

Pendant l'orage d'hier, regrettable accident à l'état-major de la division Lorencez. La foudre est tombée sur le quartier général et a blessé trois officiers : les capitaines Acariès, Duquesnay et Beillet.

Metz, 28 juillet, 1870.

Pas d'engagement depuis hier soir sur le front de l'armée.

On a vu sur la Sarre des détachements des 8e et 11e corps prussiens; mais l'ennemi ne s'est montré en force sur aucun point.

On a constaté un grand incendie dans la forêt de Merten, sur notre frontière, en avant de Boulay.

Depuis hier et jusqu'au moment où les troupes toucheront les vivres de campagne, il leur sera accordé une indemnité représentative de vin de dix centimes par homme et par jour.

Les prisonniers badois ont été dirigés sur Orléans, où ils seront internés.

L'officier d'origine anglaise tué dans l'escarmouche de Niederbronn est né en Allemagne, d'un père Anglais et d'une mère Allemande.

Il servait dans l'armée badoise.

Les dames de Verdun viennent de s'organiser, sous la présidence de la femme du sous-préfet, pour soigner les blessés.

Le 26, un détachement de vingt-cinq Bavarois se présente à Wissembourg par la porte de Landau.

Le commissaire de police, arrivé le premier, les somma de s'arrêter. On veut qu'il serve de guide pour conduire le détachement en ville. Refus énergique, hésitation de l'ennemi, cris aux armes poussés par la foule. La porte est fermée, coup de pistolet tiré par un bourgeois; riposte des Bavarois, qui se retirent à Schwagen.

Certains journaux allemands prétendent qu'un certain nombre de soldats français ont pénétré sur le territoire luxembourgeois : le fait est faux.

Dimanche, 30 juillet, 1870.

La dépêche de Trèves annonçant faussement la violation du territoire luxembourgeois par les soldats français a été transmise à tous les journaux italiens par les soins du gouvernement prussien.

Metz, 31 juillet, 10 h. 30.

Les deux officiers badois faits prisonniers dans l'engagement de Niederbronn, MM. de Wechmar, lieutenant-colonel, et Villiers, lieutenant en second, sont arrivés le 29 à Orléans, où ils avaient reçu l'ordre de

Guillaume.

se rendre, après avoir pris l'engagement d'honneur de ne pas s'éloigner de la ville sans autorisation. Ils sont descendus à l'hôtel d'Orléans.

Nancy, 10 h. 30.

Le préfet de la Meurthe a annoncé au ministre de l'intérieur que, dès à présent, il est en mesure d'offrir quinze cents lits pour officiers et dix mille pour les soldats.

Nous apprenons que la ville de Metz s'est chargée de tenir prochainement deux mille quatre cents lits à la disposition de l'armée.

Les deux officiers badois faits prisonniers à Niederbronn sont arrivés à Orléans, où ils séjourneront comme prisonniers sur parole.

La circulaire du ministre de l'intérieur, au sujet des ambulances provisoires, a reçu le meilleur accueil de toutes les autorités du département de la Meurthe.

Dès à présent, on est en mesure d'offrir 1,500 lits pour officiers et 10,000 pour soldats.

De son côté, la ville de Metz s'est chargée d'en organiser 2,400.

Des Français, expulsés du duché de Bade, ont eu à subir les traitements les plus indignes ; ils ont été conduits enchaînés jusqu'à la frontière suisse.

Plusieurs ont été dépouillés de leurs effets et obligés de payer vingt-quatre kreutzers pour la location du cachot où ils étaient abrités contre les violences de la population.

Un certain nombre de déserteurs prussiens viennent d'être dirigés sur Tours, où ils seront internés.

Metz, 1er août.

L'Empereur fait remercier la compagnie de l'Est pour l'activité qu'elle a déployée dans le transport des troupes.

4

Deux agents de cette compagnie, MM. Laborie et Maupetit, ont été décorés.

Les approvisionnements affluent. Le débarquement et l'emmagasinement des denrées et munitions se font rapidement. Le pays fournit de très-grandes ressources en viandes et en légumes frais ; mais l'administration militaire s'applique à les ménager, et on évite ainsi le renchérissement exorbitant qui précède presque toutes les guerres. Ces précautions sont d'autant plus nécessaires, que nous avons en face de nous un pays déjà frappé de réquisitions énormes. — Dans le grand-duché de Bade, comme dans la vallée de la Sarre, les soldats prussiens sont logés chez les habitants, qui ne touchent que très-inégalement une indemnité insignifiante. Un grand nombre d'usines sont fermées, soit par suite du départ des ouvriers appelés au service de la landwehr, soit à cause de l'expulsion des Français qui en avaient la direction.

D'après les dires des déserteurs, les troupes prussiennes souffriraient beaucoup du manque de couvertures et de tentes-abri. Sous ce rapport, les différents corps d'armée de la frontière sont largement pourvus.

La suppression du shako est due à l'initiative de l'Empereur. Cette mesure, très-bien accueillie par l'armée, sera mise entièrement à exécution d'ici à quelques jours.

Au fur et à mesure de leur arrivée sur les points de concentration, les troupes de l'armée du Rhin reçoivent l'indemnité extraordinaire de rassemblement, en attendant qu'elles touchent les vivres de campagne.

L'ordre qui place les douaniers de notre frontière du Nord-Est sous le commandement de l'autorité militaire s'exécute très-facilement. Leur corps constitue désormais une des forces régulières de l'armée.

Hier, l'Empereur a visité les abords de Metz, avec le général Coffinière, commandant en chef le génie.

On ne signale que des faits sans intérêt aux avant-postes de l'armée. Cependant, au dire des déserteurs, on s'étonnerait, dans les rangs ennemis, de la portée de nos armes. Elle dépasse tout ce que nous pouvions en attendre.

La garde mobile, dont l'organisation se poursuit, est appelée à rendre de très-réels services à l'armée active. — Un ordre de l'Empereur a prescrit de faire conduire les voitures réglementaires et les équipages du train auxiliaire par des gardes mobiles que leur profession rendait aptes à ce genre de services, et c'est en partie dans les bataillons de Paris et des départements de l'Est que beaucoup d'officiers ont choisi leurs hommes d'ordonnance. C'est encore la garde mobile qui a fourni les éléments d'une création des plus utiles, celle d'un détachement d'ouvriers de chemin de fer dont l'effectif pourra s'élever à 600 hommes sous le commandement du colonel d'Aigremont et qui s'occupera de réparer rapidement les voies ferrées détruites par l'ennemi. — Enfin les secrétaires des états-majors généraux, qui

étaient autrefois des sous-officiers, ont été pris dans les rangs de la garde mobile parisienne parmi les jeunes gens qui appartiennent aux carrières administratives.

L'intendant général chargé du service des blessés, M. Robert, vient d'imaginer une disposition très-ingénieuse. Il a fait adapter à tous les wagons des poignées mobiles auxquelles on pourra suspendre des hamacs. On gagnera ainsi beaucoup de temps pour la formation des ambulances. Il y aura toujours 400 ou 500 wagons prêts aux extrémités de ligne.

Les avant-postes bavarois se sont repliés sur la Lauter.

Citons encore cette lettre écrite des environs de Metz, par le baron Schop, au directeur du *National :*

« De la frontière, 3 juillet.

« Monsieur,

« Il faut bien vous dire, mon cher ami, pourquoi, depuis deux jours, vous n'avez reçu aucune lettre de moi. J'avais trouvé une occasion pour aller visiter la frontière de Strasbourg à Thionville. Une petite voiture attelée de deux petits chevaux, et en route ! Un voyage charmant au milieu des caissons, des canons et de tous les engins de l'extermination. J'ai vu de près et dans tous les détails cette muraille de soldats qui s'étend sur toute la partie où notre frontière est ouverte. Une trentaine de lieues de tentes, de bivouacs, d'hommes, de chevaux ; pour tout dire, trois cent quarante mille combattants prêts à entrer en danse au premier signal. Ce sera joli. L'animation est extrême. A l'heure qu'il est, la tâche la plus importante de l'officier consiste à calmer le soldat qui souffre avec impatience de rester en place.

« Cette impatience se traduit dès les premiers mots quand on cause avec un troupier.

« A Saint-Avold, où nous étions arrêtés, nous offrons des cigares à un groupe de chasseurs à pied.

« Que diable doit-on penser de nous à Paris? nous dit l'un d'eux. Bien sûr on va croire que nous sommes fondus en route.

« Comme les Parisiens, les soldats avaient cru qu'aussitôt arrivés ils travailleraient le Prussien. Il faut attendre l'ordre du chef, et ça les chiffonne un peu, parce que la main leur démange.

« En attendant, on s'anime, on s'exalte, on chante ; pas de régiment qui n'ait son poète ; j'ai entendu un chant patriotique dont j'ai retenu le premier couplet. L'auteur est un jeune caporal.

> Fils des géants, l'heure est venue
> D'emboîter le pas des aïeux ;
> En avant, la route est connue,
> C'est celle des champs glorieux.
> A chaque étape sa victoire,
> Soyons aïeux à notre tour ;
> Ajoutons un feuillet par jour
> Au beau livre de notre histoire.

Au Rhin, c'est là qu'est la revanche !
Au Rhin, bataillons, escadrons,
Canon, Chassepot, arme blanche ;
Leur vin blanc est tiré... c'est nous qui le boirons.

« Ce refrain était répété en chœur avec un entrain et une crânerie qui ne laissaient aucun doute sur l'issue de la lutte.

« Je ne sais quel est le musicien qui a rhythmé ces paroles, mais l'air a des moustaches, comme l'air de la *Marseillaise*.

« En rentrant à Strasbourg, une aventure. J'étais à peine réintégré dans ma chambre, qu'un monsieur fort poli vint me prier de le suivre à l'état-major. Je ne sourcille pas, et me voilà dans la rue. Je n'avais pas fait dix pas que je m'aperçus que j'étais suivi par une masse de gens :

« C'est un espion, disait-on dans les groupes.

« On va le fusiller : nous allons rire.

« Ah ! mais non, on ne me fusillera pas comme ça. J'arrive dans une salle, où je reste seul pendant une demi-heure. Puis on vient me dire que c'est au commissariat général de police que je dois me rendre. Je repars à travers la ville, toujours accompagné du monsieur poli et suivi de la foule qui voulait se payer un spectacle gratis en assistant à mon exécution. J'arrive enfin devant un magistrat auquel je décline mon nom et mes qualités.

« Avez-vous des papiers constatant votre identité ?

« J'avais sur moi des lettres, un passe-port, toutes les herbes de la Saint-Jean.

« Désolé, monsieur, de vous avoir dérangé.

« Il n'y a pas de quoi, monsieur. Puis-je retourner à mon hôtel ?

« Comment donc !

« Et après une salutation échangée de part et d'autre, je reparais seul et libre sur la place, au grand désappointement des gens qui me suivaient depuis une heure, et qui voyaient avec peine le spectacle leur échapper.

« C'était pas un espion, quelle déveine !

« Ces mots se lisaient en toutes lettres sur la physionomie désappointée de mes aimables spectateurs.

« Vous voyez, mon cher ami, que dans le métier de correspondant, tout n'est pas couleur de rose. On dort où l'on peut, on mange quand il y a de quoi manger, et l'on est arrêté et interrogé de temps en temps. Tout cela ne m'empêchera pas d'aller de l'avant et de répéter, en marchant avec notre armée, le refrain du chant patriotique :

« Au Rhin ! c'est là qu'est la revanche. »

Le *Gaulois* donne les détails suivants sur l'envoi de quelques bombes françaises à Sarrebruck, dans le but de savoir ce que cachaient certains travaux de terrassement exécutés ces jours derniers par les Prussiens :

« A une heure (le 30), quatre canons étaient en batterie sur un mamelon.

« Quelques officiers d'état-major et de la ligne étaient placés à environ cinquante pas sur la gauche de la batterie, examinant la position ennemie avec attention.

« Une quinzaine de tirailleurs volontaires de la ligne, commandés par un lieutenant, descendirent la colline et allèrent prendre position dans les champs sur le territoire prussien.

« A une distance de deux cents mètres, un soldat prussien accroupi dans un champ de pommes de terre fit feu sur eux, puis se coucha à plat ventre.

« Nos tirailleurs lui envoyèrent une trentaine de balles, mais sans l'atteindre.

« Au même moment, une formidable détonation ébranla les échos de la forêt et une bombe alla tomber à deux ou trois mètres de la maison rouge. Au second coup de canon la bombe pénétra dans la maison, qui fut inondée de projectiles et de fumée.

« On tira encore quatorze coups, dont une bombe éclata dans la maison, et les autres dans Sarrebruck.

« A distance, en voyant éclater les bombes, ce qui produit d'abord un éclair lumineux comme celui d'un canon et une forte détonation, je crus que les Prussiens répondaient.

« Il n'en était rien cependant ; les quatre fantassins et cavaliers qu'on avait aperçus sous les arbres du champ de manœuvre s'étaient retirés et avaient eu soin de ne plus se mettre en évidence.

« D'après les observations qui ont été faites jusqu'à présent, il y a lieu de supposer que Sarrebruck n'est occupé que par une très-faible garnison, qui se repliera dès que notre armée se mettra en marche dans cette direction.

« Un seul fait indiquerait au besoin la faiblesse de la garnison, c'est l'éternelle présence, sur la frontière, du légendaire hulan au cheval blanc dont les journaux ont déjà parlé.

« Après le septième coup de canon, l'artillerie se retira à son campement. »

L'Empereur a visité hier matin les fortifications de Metz. Après avoir parcouru les forts Saint-Quentin, Queuleu et Saint-Julien, il s'est rendu à Saint-Avold, où il a été reçu par le général Frossard.

Les hostilités, comme on le voit, se réduisaient à un échange de quelques coups de feu.

La situation des Français et des Prussiens le long des frontières est on ne peut mieux définie dans cette lettre de M. Louis Jesierski à l'*Opinion nationale*.

Spikerin, 30 juillet.

« Spikerin est un charmant petit village, sur le bord même de la frontière, à six kilomètres environ en avant de Forbach.

« On prend la grande route qui conduit à Sarrebruck et de là à Mayence. On laisse sur sa droite les charbonnages de Styren, avant de déboucher sur la vallée de la Sarre; on prend un chemin qui monte à travers bois sur le plateau qui domine la place de Sarrebruck. Cette petite ville de la frontière prussienne se dérobe derrière un dernier pli de terrain, à environ cinq ou six kilomètres. On aperçoit distinctement les premières maisons à l'œil nu. Le champ de manœuvres de la place apparaît à peine, dissimulé par une rangée de peupliers.

« La limite des deux pays traverse obliquement ce vallon. Aux pieds des buttes françaises, vous voyez la maison de la douane prussienne; un peu plus en arrière, c'est la gare du chemin de fer de Forbach à Sarrebruck, aujourd'hui coupée. Sur la pente opposée s'étendent de grands bois verts. Là sont embusquées les sentinelles prussiennes, qui surveillent la plaine; elles se faufilent le long des haies, sur les divers chemins qui s'entre-croisent à travers les champs. Les hulans, par groupes de trois ou quatre cavaliers, passent au trot, pour reconnaître le pays. A chaque moment, j'aperçois l'un d'eux, monté sur un cheval blanc : il est déjà légendaire pour nos soldats des avant-postes; car il a essuyé tous leurs feux sans broncher.

« De notre côté, la position est excellente : nos postes avancés gardent toutes les routes qui débouchent sur la plaine prussienne; ils se rattachent au camp de Spikeren; ils sont échelonnés, de distance en distance, dans les bois; ils campent là, à la légère, changeant de place presque chaque jour. Les sacs sont disposés autour d'un arbre; les hommes en capote retroussée sur les côtés restent silencieusement couchés le long des talus : il faut tomber sur eux pour les voir; on leur apporte la soupe du camp. Le métier est dur : il faut toujours être sur le qui vive. En avant et sur les côtés, les sentinelles se tapissent dans les champs de blé, derrière les arbres; les épis leur montent jusqu'à la poitrine; elles tiennent le fusil en garde, et explorent les alentours, prêtes à faire feu sur tout objet se mouvant à l'horizon.

« Dans le milieu de la plaine, des patrouilles de chasseurs à cheval vont et viennent au petit trot; je vois un cavalier qui n'est pas à 30 mètres de la lisière du bois prussien. Souvent un coup de feu part. Le cavalier riposte et se replie. Dans un champ de blé, nouvellement coupé, où les gerbes sont encore accumulées en meules, une quinzaine de nos francs-tireurs entretiennent le feu à volonté sur les vedettes ennemies. A chaque instant, une détonation frappe l'air d'un bruit sec, une fumée blanchâtre s'envole au ciel; tout retombe dans ce silence si calme, qui plane sur la campagne pendant les heures brûlantes du jour. Seul, le chant d'une fauvette, aux notes stridentes, retentit dans l'air, pareil à un hymne de paix et de joie; le contraste est saisissant.

« Puis la fusillade recommence avec des recrudescences subites et des arrêts prolongés. Les deux collines adverses semblent s'observer mutuellement sur les pentes : chaque pli de terrain, chaque bouquet d'arbre sont autant de petites forteresses improvisées, d'où tout à coup un canon de fusil brille au soleil; la balle siffle, et, suivant l'adresse du tireur, voici un cavalier dans la plaine de démonté.

« Chaque journée, sans donner lieu à une rencontre, amène un épisode. Tout récemment un de nos officiers prend un fusil, et, visant à plus de 1,000 mètres un officier ennemi, l'abat du coup. Cette façon d'exercice, avant que l'on soit blasé sur les accidents de la guerre, ne laisse pas de vous produire une certaine impression. Une autre fois, des hulans piquent sur un de nos avant-postes; ils arrivent à 60 mètres; là ils déchargent leurs carabines. Un coup répond qui abat le cheval de l'un d'eux : l'homme roule à terre; déjà un fusil s'abaissait; le cavalier allait subir le même sort que le cheval. Le général était présent : d'un signe il arrête le coup et les deux hulans regagnent précipitamment le bois.

« Avant-hier, notre artillerie s'est installée sur le plateau qui domine la frontière. Elle a dirigé ses feux sur les premières maisons, en avant de Sarrebruck. L'ennemi n'a pas répondu; pourtant nos canons ont dû porter jusque dans la place.

« Chaque soir, on s'attend à quelque événement; de part et d'autre, on pousse des reconnaissances, et il se peut fort bien qu'il en résulte une rencontre. »

Mardi 2 août, matin.

Toute la Confédération du Nord, à l'exception de la Silésie et de la Saxe, se trouvant en état de siège, M. de Bismark procède avec la dernière rigueur contre tous ceux qui lui sont signalés par leurs sentiments antiprussiens.

C'est ainsi qu'il a fait opérer un grand nombre d'arrestations de membres de l'aristocratie hanovrienne, dévoués à la cause de l'ex-roi.

Tous les journaux particularistes ont été supprimés : le *Rheinische-Courier*, le *Francfurter-Beobachter*, le *Schlesische-Zeitung*, la *Tribune de Berlin*, deux journaux du Hanovre.

Les feuilles modérées ont été menacées de suppression pour le cas où, au lieu de se jeter dans le mouvement national, elles chercheraient à l'entraver.

Metz, 1er août.

Aucun changement n'est à signaler dans notre situation militaire.

On annonce que le corps du général de Zastrow s'avancerait sur Trèves, par les routes de l'Eizel.

Au camp du ban Saint-Martin, on a aperçu un promeneur portant à sa boutonnière une rosette d'ordres étrangers. Invité à faire connaître son identité, le promeneur s'est dit officier belge. C'était un capitaine prussien.

L'abbé Métairie, premier aumônier de l'armée, a été chargé de centraliser le service religieux.

Les frères Rédemptoristes de Teterchen, village occupé par une de nos divisions, ont mis leur couvent à la disposition de l'intendance pour y établir un hôpital.

Le prince impérial est sorti ce matin, et il est allé visiter le quartier Chambérie.

Les communes du département de la Moselle continuent à souscrire pour les blessés. Les dons en nature abondent et ce ne sont pas les moins utiles.

L'Empereur a appelé hier un des grenadiers du poste pour examiner le contenu et le poids du sac militaire, en campagne.

CHAPITRE XX

Projet de traité attribué à la France. — Grandes discussions dans le Parlement britannique. — Explications diplomatiques.

Pendant cette période de préparation, deux affaires eurent un immense retentissement : la découverte d'un prétendu traité attribué par le *Times* à la France, et la publication d'un *Blue-Book*, c'est-à-dire un recueil de dépêches échangées entre le cabinet de Saint-James et celui des Tuileries, à l'occasion du conflit franco-prussien. Le projet de traité était ainsi conçu :

« Sa Majesté le Roi de Prusse et Sa Majesté l'Empereur des Français, jugeant utile de resserrer les liens d'amitié qui les unissent et de consolider les rapports de bon voisinage, heureusement existants entre les deux pays; convaincues, d'autre part, que, pour atteindre ce résultat, propre d'ailleurs à assurer le maintien de la paix générale, il leur importe de s'entendre sur des questions qui intéressent leurs relations futures, ont résolu de conclure un traité à cet effet et nommé en conséquence, pour leurs plénipotentiaires, savoir :

« S. M., etc.

« S. M., etc.

« Art. 1er. — Sa Majesté l'Empereur des Français admet et reconnaît les acquisitions que la Prusse a faites à la suite de la dernière guerre qu'elle a soutenue contre l'Autriche et contre ses alliés.

« Art. 2. — Sa Majesté le Roi de Prusse promet de faciliter à la France l'acquisition du Luxembourg; à cet effet, ladite Majesté entrera en négociations avec Sa Majesté le roi des Pays-Bas pour le déterminer à faire à l'Empereur des Français la cession de ses droits souverains sur ce duché, moyennant telle compensation qui sera jugée suffisante ou autrement. De son côté, l'Empereur des Français s'engage à assumer les charges pécuniaires que cette transaction peut comporter.

« Art. 3. — Sa Majesté l'Empereur des Français ne s'opposera pas à une union fédérale de la Confédération du Nord avec les États du midi de l'Allemagne, à l'exception de l'Autriche, laquelle union pourra être basée sur un Parlement commun, tout en respectant, dans une juste mesure, la souveraineté desdits États.

« Art. 4. — De son côté, Sa Majesté le Roi de Prusse, au cas où Sa Majesté l'Empereur des Français serait amené par les circonstances à faire entrer ses troupes en Belgique ou à la conquérir, accordera le secours de ses armes à la France, et il la soutiendra avec toutes ses forces de terre et de mer, envers et contre toute puissance qui, dans cette éventualité, lui déclarerait la guerre.

« Art. 5. — Pour assurer l'entière exécution des dispositions qui précèdent, Sa Majesté le Roi de Prusse et Sa Majesté l'Empereur des Français contractent, par le présent traité, une alliance offensive et défensive qu'ils s'engagent solennellement à maintenir.

« Leurs Majestés s'obligent, en outre et notamment, à l'observer dans tous les cas où leurs États respectifs, dont elles se garantissent mutuellement l'intégrité, seraient menacés d'une agression, se tenant pour liées, en pareille conjoncture, de prendre sans retard et de ne décliner sous aucun prétexte les arrangements militaires qui seraient commandés par leur intérêt commun, conformément aux clauses et prévisions ci-dessus énoncées. »

La publication subite de ce document, faite évidemment de connivence avec la Prusse, avait pour but de susciter des ennemis à la France et d'inspirer des inquiétudes à la Belgique; il fut, dès le 25 juillet, à la Chambre des communes d'Angleterre, l'objet d'une interpellation, de la part de M. Disraeli.

« Ce projet, dit-il, implique des modifications considérables dans l'organisation de l'Europe, et, entre autres prévisions, il vise à l'occupation militaire et à l'englobement définitif de la Belgique par la France. Je considère l'extinction de la Belgique comme une offense et un préjudice à l'égard de l'Angleterre, et j'espère que cette tentative n'aura point lieu; mais je ne saurais oublier que, si elle venait à se réaliser, les engagements pris par le gouvernement anglais, par rapport à ce royaume, demanderaient alors la plus sérieuse considération.

« Je voudrais savoir si le gouvernement de Sa Majesté pourrait jeter quelque lumière sur ce projet de traité, et si les ministres ont en mains quelque renseignement qui leur permette de dire au Parlement si cette pièce indique des intentions politiques qui puissent encore, à leur avis, avoir de l'influence sur les belligérants; je désire savoir, de plus, s'ils voudraient bien donner à la Chambre les renseignements qui sont en leur pouvoir par rapport à ce sujet qui a jeté, j'ose le dire, la plus grande inquiétude dans l'esprit du public. (Attention ! attention !) »

M. Gladstone répondit :

« Je parlerai d'abord de ce qui a été dit par le très-honorable orateur touchant l'anxiété de la Chambre, anxiété toute naturelle, consistant à être en possession des papiers qui peuvent plus ou moins expliquer l'origine de la présente malheureuse guerre.

« Je n'ai pas besoin de rappeler à la Chambre que le simple fait de l'explosion d'une grande guerre en Europe n'implique pas qu'il serait au pouvoir du gouvernement ou d'obtenir pour lui-même ou de mettre sous les yeux de la Chambre des communes des renseignements complets. Nos moyens de nous renseigner dépendent entièrement du degré dans lequel nous aurons participé à toute affaire se rattachant à l'explosion de la guerre. En tant que nous y avons participé, nous avons les moyens ainsi que la facilité de donner des renseignements.

« Je partage le regret exprimé par le très-honorable gentleman, que les papiers n'aient pas été entre les mains des membres de la Chambre. La vérité (du moins je le pense) est que, lorsque ces papiers seront entre les mains de la Chambre, ils y trouveront des renseignements jusqu'à l'époque, peut-être jusqu'au jour, ou la veille du jour, où le dépôt aura été fait sur le bureau de la Chambre.

« Le très-honorable gentleman pense peut-être que les premières communications qui ont précédé la rupture définitive auraient pu être séparées de celles ayant trait aux derniers jours. Mais j'ai dit précédemment que le gouvernement de la reine avait fait tous ses efforts pour présenter tous ces papiers. Mais la rapidité de l'affaire a été si grande qu'il a été absolument nécessaire, conformément à l'usage et aux mobiles naturels de la politique, que nous donnassions l'occasion de communiquer avec quelques-uns de nos premiers représentants au dehors; c'est là un procédé qui nécessairement occupe quelque temps. Voilà tout ce que je puis dire. Toutefois j'exprime l'espoir que lorsque les papiers seront déposés sur le bureau de la Chambre, le très-honorable gentleman verra qu'ils tendent à confirmer mon assertion qu'il n'y a pas eu de retard volontaire ni inutile.

« Maintenant, quant à ce qui est du document auquel le très-honorable gentleman a fait allusion et sur lequel porte la dernière partie de ses observations, je regrette de dire qu'il n'est point en mon pouvoir de donner des renseignements à la Chambre en réponse à l'interpellation très-détaillée du très-honorable gentleman. Mais je lui donnerai la réponse qui, de l'avis du gouvernement de Sa Majesté, peut être faite dans les circonstances actuelles. Nous avons lu, comme tout le monde, le document auquel fait allusion le très-honorable gentleman, et du contenu duquel il n'a pas le moins du monde exa-

géré la gravité dans les observations qu'il a présentées à la Chambre.

« Ce document est de nature à provoquer l'attention et même l'étonnement, et je ne puis donner aucun renseignement ni au très-honorable gentleman ni à la Chambre elle-même par rapport à la manière dont il a été livré à la publicité par le *Times*. Quelque incroyable que puisse sembler la chose, elle paraît néanmoins avoir fait certains pas pour prendre corps. Quant au contenu actuel du document, il n'est point dans les limites de mon devoir d'énoncer un avis à cet égard; mais j'oserai dire à la Chambre que nous considérons la publication de ce soi-disant projet de traité entre la France et la Prusse comme devant, en raison des questions qui y sont soulevées, appeler immédiatement, de l'action spontanée des deux gouvernements intéressés, toutes les déclarations qui peuvent être nécessaires pour la pleine élucidation de l'affaire.

« Nous ne sommes point en possession de ces déclarations, mais nous ne doutons nullement qu'elles ne soient livrées à la publicité au premier jour.

« C'est là une affaire grave, et, par conséquent, bien que je ne sois pas libre de la traiter et que personne ne puisse la discuter d'une manière profitable dans la phase actuelle, je pense que nous devons toucher au moment où la surprise que d'honorables gentleman peuvent avoir éprouvée ce matin sera dissipée et dissipée d'une manière effective par les renseignements complets. Dès lors qu'il en est ainsi, je pense que ce qu'il y a de plus conforme à mon devoir, c'est de me renfermer pour le présent dans ces courtes observations, en admettant pleinement que du jour où les explications dont j'attends l'énonciation auront été données, le très-honorable gentleman ou les autres membres de cette Chambre seront parfaitement en droit d'adresser à cet égard au gouvernement de Sa Majesté toutes les questions qu'ils pourront trouver convenables. (Applaudissements.) »

A la Chambre des lords, le 20, répondant à une interpellation sur le projet de traité publié par le *Times*, lord Granville dit :

« Je viens de voir M. de La Valette. Dans la conversation que nous avons eue, il m'a déclaré que la France est désireuse de maintenir d'amicales relations avec l'Angleterre; que le projet de traité publié par le *Times* doit son existence à M. de Bismark; qu'il a fait l'objet de conversations entre M. de Bismark et M. Benedetti, mais qu'il n'eut jamais de base sérieuse, et qu'il fut rejeté par les deux puissances.

« M. de La Valette a ajouté que la France a respecté la neutralité de la Belgique lors même qu'elle avait à se plaindre de l'attitude du gouvernement belge. L'Empereur a encore déclaré récemment qu'il la respecterait si elle n'était pas violée par la Prusse. Cette déclaration a été communiquée par l'Empereur à lord Lyons. »

Le *Journal officiel* français, dans son numéro du 27, prit la parole au sujet de ce fameux projet de traité :

« Le *Times*, dit-il, a publié un prétendu traité entre la France et la Prusse, ayant pour objet de faciliter à la France l'acquisition du Luxembourg et de la Belgique, à la condition que la France ne s'opposerait pas à l'union des États du Sud de l'Allemagne avec la Confédération du Nord.

« Après le traité de Prague, plusieurs pourparlers ont eu lieu, en effet, à Berlin, entre M. de Bismark et l'ambassade de France, au sujet d'un projet d'alliance. Quelques-unes des idées contenues dans le document inséré par le *Times* ont été soulevées, mais le gouvernement français n'a jamais eu connaissance d'un projet formulé par écrit, et quant aux propositions dont on avait pu parler dans ces entretiens, l'Empereur Napoléon les a rejetées.

« Il n'échappera à personne dans quel intérêt et dans quel but on cherche aujourd'hui à tromper l'opinion publique en Angleterre. »

Avec l'autorisation du ministre des affaires étrangères, son chef de cabinet, le comte de Faverney, donna des explications dans une lettre adressée au journal anglais le *Daily-Telegraph*, qui lui avait demandé des éclaircissements :

« Monsieur,

« Je reçois votre lettre ; vous trouverez ma réponse dans le *Journal officiel* de ce matin, qui relève les erreurs contenues dans le *Times*.

« Des propositions ont pu être faites, mais elles l'ont été par la Prusse, désireuse de se faire pardonner sa politique de conquête, en nous associant d'une façon compromettante à des actes dont le gouvernement de l'Empereur n'a jamais voulu devenir complice.

« Le seul examen de la pièce dont il s'agit porterait au surplus dans l'esprit de tout lecteur impartial, connaissant les formes diplomatiques, la conviction que ce document émane de la chancellerie de Berlin.

« Dans tout traité, en effet, la puissance qui détermine les propositions acceptées par l'autre est mentionnée la première par le protocole de l'en-tête. C'est le cas aujourd'hui.

« D'autre part, le reste du document trahit à plusieurs reprises les inhabiletés d'une plume peu faite aux formes traditionnelles de notre langue dans les actes de cette nature et de cette importance ; l'emploi des mots inusités en pareil cas, tels que celui de *conquête*, la construction des phrases, tout enfin révèle de la façon la plus évidente l'œuvre d'un rédacteur qui n'est pas Français.

« Si donc la pièce n'est pas apocryphe, elle établit la culpabilité de la Prusse : l'alternative est forcée ; je vous en soumets les termes, ne doutant pas que, dans l'inté-

rêt de la vérité, vous voudrez bien, monsieur, les faire ressortir aux yeux de vos lecteurs.

« Agréez, etc.

« Signé : De Faverney. »

Nous ferons remarquer à nos lecteurs que tous les points, justement signalés par M. de Faverney, avaient déjà été relevés hier dans les colonnes de plusieurs journaux, tant la culpabilité de la Prusse apparaissait clairement à tout esprit impartial et au courant des choses de la politique.

M. Benedetti compléta les éclaircissements en rendant publique cette lettre adressée au ministre des affaires étrangères :

Paris, le 29 juillet 1870.

« Monsieur le duc, si injustes qu'elles fussent, je n'ai pas cru convenable de relever les appréciations dont j'ai été personnellement l'objet quand on a appris en France que le prince de Hohenzollern avait accepté la couronne d'Espagne. Ainsi que mon devoir me le commandait, j'ai laissé au Gouvernement de l'Empereur le soin de les redresser. Je ne puis garder le même silence devant l'usage que M. le comte de Bismark a fait d'un document auquel il cherche à donner une valeur qu'il n'a jamais eue, et je demande à Votre Excellence de rétablir les faits dans toute leur exactitude.

« Il est de notoriété publique que M. le comte de Bismark nous a offert, avant et pendant la dernière guerre, de contribuer à réunir la Belgique à la France en compensation des agrandissements qu'il ambitionnait et qu'il a obtenus pour la Prusse. Je pourrais à cet égard invoquer le témoignage de toute la diplomatie européenne, qui n'a rien ignoré. Le Gouvernement de l'Empereur a constamment décliné ces ouvertures, et l'un de vos prédécesseurs, M. Drouyn de Lhuys, est en mesure de donner à cet égard des explications qui ne laisseraient subsister aucun doute.

« Au moment de la conclusion de la paix de Prague, et en présence de l'émotion que soulevait en France l'annexion du Hanovre, de la Hesse électorale et de la ville de Francfort à la Prusse, M. de Bismark témoigna de nouveau le plus vif désir de rétablir l'équilibre rompu par ces acquisitions. Diverses combinaisons, respectant l'intégrité des États voisins de la France et de l'Allemagne, furent mises en avant ; elles devinrent l'objet de plusieurs entretiens, pendant lesquels M. de Bismark inclinait toujours à faire prévaloir ses idées personnelles.

« Dans une de ces conversations, et afin de me rendre un compte exact de ces combinaisons j'ai consenti à les transcrire en quelque sorte sous sa dictée. La forme, non moins que le fond, démontre clairement que je me suis borné à reproduire un projet conçu et développé par lui. M. de Bismark garda cette rédaction voulant la soumettre au roi. De mon côté, je rendis compte, en substance, au Gouvernement impérial des communications qui m'avaient été faites.

« L'Empereur les repoussa dès qu'elles parvinrent à sa connaissance.

« Je dois dire que le roi de Prusse lui-même ne parut pas vouloir en agréer la base, et depuis cette époque, c'est-à-dire pendant les quatre dernières années, je ne suis plus entré dans aucun nouvel échange d'idées à ce sujet avec M. de Bismark. Si l'initiative d'un pareil traité eût été prise par le Gouvernement de l'Empereur, le projet aurait été libellé par le ministre, et je n'aurais pas eu à en produire une copie écrite de ma main ; il eût été d'ailleurs autrement rédigé, et il aurait donné lieu à des négociations qui eussent été simultanément poursuivies à Paris et à Berlin. Dans ce cas, M. de Bismark ne se serait pas contenté d'en livrer indirectement le texte à la publicité, au moment surtout où Votre Excellence rectifiait, dans des dépêches qui étaient insérées au *Journal officiel*, d'autres erreurs qu'on cherchait également à propager. Mais, pour atteindre le but qu'il s'est proposé, celui d'égarer l'opinion et de prévenir les indiscrétions que nous aurions pu nous permettre nous mêmes, il a usé de cet expédient qui le dispensait de préciser à quel moment, dans quelles circonstances et de quelle manière ce document avait été transcrit. Il s'est évidemment flatté de suggérer, grâce à ces omissions, des conjectures qui, en dégageant sa responsabilité personnelle, devaient compromettre celle du Gouvernement de l'Empereur. De pareils procédés n'ont pas besoin d'être qualifiés : il suffit de les signaler, en les soumettant à l'appréciation du public européen.

« Veuillez agréer, etc,

« V. BENEDETTI. »

CHAPITRE XXI

Note nouvelle de M. de Bismark. — Importante explication de lord Granville. — Nouvel exposé de M. de Bismark.

M. de Bismark, de son côté, ne perdait pas de temps, et plaidait activement sa cause. Le 28, il adressa au comte Bernstorff, ambassadeur de l'Allemagne du Nord à Londres, un télégramme que lord Granville lut à la Chambre des lords, dans la séance du 29 juillet. Le comte de Malmesbury lui demandait si les ministres étaient en mesure de donner à la Chambre des explications sur le projet de traité franco-prussien, lord Granville y répondit en donnant lecture de la note du chancelier fédéral au comte Bernstorff :

« Au comte Bernstorff,

« Votre Excellence aura la bonté de faire à lord Granville la communication suivante :

« Le document publié par le *Times* contient une des propositions qui nous ont été faites depuis la guerre contre le Danemark par des agents français officiels et officieux, dans le but d'établir une alliance entre la Prusse et la France pour leur agrandissement mutuel. J'enverrai le texte d'une proposition faite en 1866, suivant laquelle la France a proposé d'aider la Prusse avec 300,000 hommes contre l'Autriche, etc.; de permettre à la Prusse de s'accroître de six ou huit millions de sujets, en retour de la cession à la France du territoire entre le Rhin et la Moselle. L'impossibilité d'agréer cette démarche a été évidente pour tous, excepté pour les diplomates français. Après le rejet de cette proposition, le gouvernement français a commencé à faire ses calculs en cas de défaite de la Prusse.

« La France n'a pas cessé de nous tenter par des offres qui devaient se réaliser aux dépens de l'Allemagne et de la Belgique. Dans l'intérêt de la paix, je les ai tenues secrètes. Après l'affaire du Luxembourg, les propositions concernant la Belgique et l'Allemagne du Sud ont été renouvelées. Le projet de M. Benedetti appartient à cette période. Il n'est pas supposable que M. Benedetti ait agi sans l'agrément de l'Empereur. Finalement, la conviction acquise qu'il n'était possible d'obtenir aucune extension de territoire avec nous doit avoir provoqué la résolution de l'obtenir par les armes. J'ai même lieu de croire que si ce projet n'avait pas été livré à la publicité, après que nos armements de chaque côté étaient complets, la France nous aurait proposé d'exécuter de concert avec l'Europe désarmée le programme de M. Benedetti et de conclure la paix aux dépens de la Belgique. Si maintenant le cabinet français répudie ses tentatives pour notre participation qu'il a poursuivie sans interruption depuis 1865, soit par des demandes, soit par des promesses, on peut aisément se l'expliquer par la situation politique actuelle. »

Après cette lecture, lord Granville ajouta que l'ambassadeur de France, le marquis de Lavallette, lui avait fourni la veille, sur le prétendu traité secret, des explications qu'il avait immédiatement transmises à lord Lyons. M. de La Valette avait déclaré, contrairement à l'assertion de M. de Bismark, que la Prusse et non pas la France avait traité la question d'agrandissement territorial en faveur de cette dernière puissance, depuis 1865 ; que M. de Bismark avait, à plusieurs reprises, ramené l'attention du représentant de la France sur ce sujet. Le cabinet des Tuileries ne répondit que par un refus à ces avances persistantes. Après la bataille de Sadowa, la Prusse revint à sa première proposition. Annexer la Belgique, tout en réservant son autonomie, c'était pour la France s'assurer un boulevard contre

Maréchal Bazaine.

tout essai d'invasion étrangère. Malgré le nouveau refus de l'Empereur, M. de Bismark, à l'époque de l'affaire du Luxembourg, essaya encore, mais en vain, de faire accepter son plan.

« Le marquis de La Valette, dit encore lord Granville, a donné au gouvernement de Sa Majesté l'assurance la plus positive que l'initiative d'un projet d'extension des frontières de la France est tout entière le fait de la Prusse.

« Quant au document publié à Londres et à Berlin, il est écrit, il est vrai, de la main de M. Benedetti, mais sous la dictée de M. de Bismark, qui, sous le prétexte qu'il sentait le besoin de fixer et de coordonner ses idées, obtint ainsi un projet sans valeur, un simulacre de projet que le ministre de Prusse a conservé, et qu'il vient de livrer à la publicité comme pièce valable et authentique.

« Ces explications ayant satisfait la chambre, celle-ci entre en comité pour reprendre la discussion du bill de l'enseignement élémentaire. »

Les paroles de lord Granville ayant satisfait la chambre, elle passe à l'ordre du jour.

En écrivant à l'ambassadeur de l'Allemagne du Nord à Londres, M. de Bismark lui avait promis un exposé plus complet. Il le donna sous forme de circulaire aux agents diplomatiques.

Berlin, 29 juillet 1870.

« En répondant à l'attente exprimée dans le parlement anglais par lord Grandville et M. de Gladstone, que des communications ultérieures seraient faites par les deux puissances intéressées relativement au projet de traité, j'ai préalablement répondu par une communication en date du 27, adressée par le télégraphe au comte de Bernstorff.

« La forme télégraphique ne me permettait qu'un

court exposé que je complète maintenant par la voie écrite.

« Le document publié par le *Times* n'est pas la seule proposition qui nous ait été faite dans le même sens par la France.

« Déjà, avant la guerre du Danemark, des agents français, officieux et non officieux, avaient fait des tentatives auprès de moi pour amener une alliance entre la France et la Prusse dans un but d'agrandissements réciproques. Je n'ai pas besoin de vous faire observer que la croyance du gouvernement français à la possibilité d'une pareille transaction avec un ministère allemand ne peut s'expliquer que par le fait que les hommes d'État de la France ne connaissent pas les conditions fondamentales de l'existence des autres peuples.

« Si les agents du cabinet français avaient été capables d'observer les relations allemandes, on ne se serait jamais livré à Paris à l'illusion que la Prusse accepterait de régler ses affaires allemandes avec l'aide de la France. Votre Excellence est aussi au courant que moi de l'ignorance où sont les Français au sujet de l'Allemagne.

« Les efforts du gouvernement français pour réaliser ses projets avides sur la Belgique et les frontières rhénanes avec l'assistance de la Prusse étaient déjà venus à ma connaissance avant 1862, par conséquent avant mon entrée aux affaires étrangères; mais je ne puis me considérer comme ayant mission de faire entrer dans le domaine des négociations internationales ces communications qui étaient d'une nature purement personnelle, et je crois devoir retenir les documents intéressants et résultant d'entretiens et de lettres privées que je pourrais fournir pour éclairer cette affaire.

« Les tendances ci-dessus mentionnées du gouvernement français se manifestent d'abord par l'attitude qu'il observa en notre faveur lors du conflit prusso-danois.

« L'irritation que la France ressentit ensuite contre nous, à l'occasion du traité de Gastein, provenait de la crainte que la consolidation durable de l'alliance prusso-autrichienne ne fit perdre au cabinet de Paris les fruits de cette attitude.

« Déjà, avant 1865, la France avait compté sur une guerre entre nous et l'Autriche, et elle se rapprocha volontiers de la Prusse dès que nos rapports avec Vienne commencèrent à s'altérer. Avant que la guerre de 1866 éclatât, des propositions m'ont été faites en partie par des parents de S. M. l'empereur des Français, en partie par des agents confidentiels.

« Ces propositions avaient toujours en vue des transactions tendant à amener des agrandissements réciproques. Tantôt il s'agissait du Luxembourg ou de la frontière de 1814 avec Landau et Sarrelouis, tantôt d'un but plus étendu, d'où la Suisse française et la question de savoir où il fallait tracer en Piémont la frontière par rapport à la langue, n'étaient pas exclues.

« En mai 1866, ces insinuations prirent la forme d'une

alliance offensive et défensive, dont l'extrait suivant est resté entre mes mains.

« 1° En cas de congrès, poursuivre d'accord la cession de la Vénétie à l'Italie et l'annexion des duchés à la Prusse.

« 2° Si le congrès n'aboutit pas, alliance offensive et défensive.

« 3° Le roi de Prusse commencera les hostilités dans les dix jours qui suivront la séparation du congrès.

« 4° Si le congrès ne se réunit pas, la Prusse attaquera trente jours après la signature du présent traité.

« 5° L'empereur des Français déclarera la guerre à l'Autriche dès que les hostilités seront commencées entre l'Autriche et la Prusse (en trente jours, 400,000 hommes).

« 6° On ne fera pas de paix séparée avec l'Autriche.

« 7° La paix se fera dans les conditions suivantes :

« La Vénétie à l'Italie et les territoires allemands ci-dessous à la Prusse (sept à huit' millions d'âmes au choix); plus la forme fédérale dans le sens prussien.

« Pour la France, le territoire entre la Moselle et le Rhin, sans Coblentz et Mayence.

« 8° Convention militaire et maritime entre la France et la Prusse aussitôt qu'on aurait l'adhésion du roi d'Italie.

« La force de l'armée par laquelle l'Empereur devait nous aider, en vertu de l'article 5, était fixée à 300,000 hommes.

« Le chiffre de la population dont la France voulait s'agrandir s'élevait, suivant le calcul des Français (qui n'est pas d'accord avec le chiffre réel), à 1,800,000 âmes.

« Toute personne bien au courant de l'histoire diplomatique et militaire de 1866 apercevra à travers ces clauses la politique que la France poursuivait à la fois vis-à-vis de l'Italie, avec laquelle elle négociait également en secret, et plus tard vis-à-vis de la Prusse et de l'Italie.

« Après que nous eûmes rejeté en juin 1866 le projet d'alliance susmentionné, nonobstant les avertissements réitérés et presque menaçants, le gouvernement français, qui ne comptait que sur le triomphe de l'Autriche, espérait pouvoir nous exploiter en échange du secours de la France, après notre défaite éventuelle, défaite que la politique française commençait à préparer diplomatiquement de tous ses efforts.

« Votre Excellence sait que ce congrès dont il est question dans le projet d'alliance, et qui a été proposé encore plus tard, aurait eu pour résultat de mettre fin à notre alliance avec l'Italie, conclue pour trois mois, sans que cette alliance eût pu nous être utile.

« Votre Excellence sait aussi comment la France s'est efforcée, par les conventions ultérieures relativement à Custozza, de préjudicier à notre situation et d'amener notre défaite si c'était possible.

« Les *angoisses patriotiques* de M. Rouher sont un commentaire de la politique ultérieure de la France.

Depuis lors, la France n'a pas cessé de nous tenter par des offres aux dépens de l'Allemagne et de la Belgique.

« Je n'ai jamais pensé qu'il fût possible d'accepter des offres de cette nature. Je croyais bien qu'il était utile, dans l'intérêt de la paix, de laisser aux diplomates français les illusions qui leur sont particulières, aussi longtemps que cela serait possible, sans faire même de promesses verbales.

« Je présumais que l'anéantissement des espérances françaises compromettrait la paix qu'il était dans l'intérêt de l'Allemagne et de l'Europe de maintenir. Je n'étais pas de l'avis de ces hommes politiques qui conseillaient de ne pas empêcher la guerre par tous les efforts, parce qu'elle était en tous cas inévitable.

« Personne ne peut pénétrer les desseins de la Providence, et je considérais une guerre même heureuse comme un malheur que la politique devait s'efforcer d'épargner aux peuples. Je ne pouvais pas compter sans la possibilité de modifications éventuelles dans la constitution et dans la politique de la France qui feraient disparaître la nécessité d'une guerre entre les deux peuples.

« Par ces motifs, je me taisais sur les demandes qui m'avaient été faites, et je négociais dilatoirement sans jamais faire de promesse.

« Lorsque les négociations avec le roi des Pays-Bas pour l'acquisition du Luxembourg eurent échoué, la France me renouvela ses propositions précédentes concernant la Belgique et l'Allemagne du Sud.

« C'est alors qu'eut lieu la communication du manuscrit de M. Benedetti. Supposer que l'ambassadeur de France ait formulé ces propositions de sa propre main, me les ait remises et les ait débattues à plusieurs reprises, en modifiant des textes que je faisais changer, tout cela sans l'autorisation de son souverain, est complétement invraisemblable, et il ne l'est pas moins que l'empereur Napoléon n'ait pas adhéré à la demande de la cession de Mayence, demande qui me fut faite officiellement par l'ambassadeur impérial dans le courant de 1866 avec menace de guerre en cas de refus.

« Les diverses phases de mauvaise humeur et d'envie de faire la guerre de la France que nous avons traversées de 1866 à 1869 coïncident assez bien avec la bonne et la mauvaise disposition aux négociations que les agents français croyaient trouver chez moi.

« De même que j'avais été avisé dans le temps, par un personnage haut placé qui n'a pas été étranger à ces négociations, que, dans le cas d'une occupation de la Belgique, nous trouverions bien notre Belgique ailleurs, de même on m'a donné à entendre dans une occasion antérieure que, à la solution de la question d'Orient, la France ne chercherait pas sa part en Orient, mais bien sur ses frontières immédiates. Je pense que la conviction qu'on ne saurait arriver par nous à une augmentation du territoire français a seule décidé l'Empereur à l'obtenir par une guerre contre nous.

« J'ai même lieu de croire que, si la publication du pro- jet de traité n'avait pas eu lieu, la France nous aurait fait, après l'achèvement de nos armements mutuels, l'offre de mettre à exécution les propositions qu'on nous avait faites antérieurement, lorsque nous serions trouvés ensemble à la tête d'un million de soldats bien armés en face de l'Europe non armée, c'est-à-dire de faire la paix avant ou après la première bataille, sur la base des propositions de M. Benedetti, aux dépens de la Belgique.

« Relativement au texte de ces propositions, je fais observer que le projet de traité est entièrement écrit de la main de M. Benedetti et sur du papier de l'ambassade de France, et que les ambassadeurs et ministres d'Autriche, d'Angleterre, de Russie, de Bade, de Bavière, de Belgique, de Hesse, d'Italie, de Saxe, de Turquie et de Wurtemberg, qui ont vu l'original, ont reconnu l'écriture de M. Benedetti.

« A l'art. 1er, M. Benedetti renonça, dès la première lecture, à la clause finale (et il la mit entre parenthèse), après que je lui eus fait observer qu'elle faisait supposer une immixtion de la France dans les affaires intérieures de l'Allemagne.

« M. Benedetti fit spontanément, en ma présence, une correction moins importante à l'article 2.

« Le 21, j'informai verbalement lord Loftus de l'existence du document en question et, devant le doute qu'il émit, je l'invitai à en prendre connaissance, ce qu'il fit le 27, et il se convainquit alors que le manuscrit était de son ancien collègue français.

« Si aujourd'hui le cabinet impérial nie les efforts par lesquels il s'est évertué à nous gagner depuis 1864 par des promesses ou des menaces, et cela sans interruption, la chose s'explique facilement par la situation politique actuelle. »

CHAPITRE XXII

Réponse de M. de Gramont aux accusations du chancelier fédéral.

Le ministre des affaires étrangères français ne pouvait rester sous le coup de ces accusations.

La réponse de M. de Gramont ne se fit pas attendre. Elle est du 3 août.

Paris, le 3 août 1870.

« Monsieur..., nous connaissons aujourd'hui le développement du télégramme adressé par M. le comte de Bismark à l'ambassadeur de Prusse à Londres pour annoncer à l'Angleterre les prétendus secrets dont le chancelier fédéral se disait le dépositaire. Sa dépêche n'ajoute aucun fait essentiel à ceux qu'il avait avancés. Nous y trouvons seulement quelques invraisemblances de plus. Nous ne les relèverons pas. L'opinion publique a déjà fait justice d'affirmations qui n'empruntent aucune autorité à l'audace avec laquelle on les répète, et nous considérons comme définitivement acquis, en dépit de toute dénégation, que jamais l'empereur Napoléon n'a proposé à la Prusse un traité pour prendre possession de la Belgique. Cette idée appartient à M. de Bismark; c'était un des expédients de cette politique sans scrupules qui, nous l'espérons, touche à son terme.

« Je m'abstiendrais donc de revenir sur des assertions dont la fausseté est aujourd'hui manifeste, si l'auteur de la dépêche prussienne, avec une absence de tact que je constate pour la première fois à ce degré dans un document diplomatique, n'avait cité des parents de l'Empereur comme porteurs de messages et de confidences compromettantes. Quelle que soit la répugnance avec laquelle je me vois contraint, pour suivre le chancelier prussien, de m'engager dans une voie si contraire à mes habitudes, je surmonte ce sentiment parce qu'il est de mon devoir de repousser les perfides insinuations qui, dirigées contre les membres de la famille impériale, cherchent évidemment à atteindre l'Empereur lui-même.

« C'est à Berlin que M. de Bismark, prenant l'initiative des idées dont il veut aujourd'hui pous attribuer la première conception, sollicitait en ces termes le prince français qu'il fait, au mépris de toutes les convenances, intervenir aujourd'hui dans sa polémique :

« Vous cherchez, lui disait-il, une chose impossible, « vous voulez prendre les provinces du Rhin, qui sont « allemandes. Pourquoi ne pas vous adjoindre la Bel« gique, où existe un peuple qui a la même origine, la « même religion et qui parle la même langue ? J'ai « déjà fait dire cela à l'Empereur ; s'il entrait dans « mes vues, nous l'aiderions à prendre la Belgique. « Quant à moi, si j'étais le maître et que je ne fusse « pas gêné par l'entêtement du Roi, cela serait déjà « fait. »

« Ces paroles du chancelier prussien ont été pour ainsi dire littéralement répétées à la cour de France par le comte de Goltz. Cet ambassadeur s'en cachait si peu, que le nombre est considérable des témoins qui l'ont entendu. J'ajouterai qu'à l'époque de l'Exposition universelle les ouvertures de la Prusse furent connues de plus d'un haut personnage, qui en prit bonne note et s'en souvient encore.

« Ce n'était pas d'ailleurs chez le comte de Bismark une idée passagère, mais bien un projet concerté, auquel se rattachaient ses plans ambitieux, et il en poursuivait l'exécution avec une persévérance que prouvent assez ses nombreuses excursions en France, soit à Biarritz, soit ailleurs. Il échoua devant la volonté iné-

branlable de l'Empereur, qui refusa toujours de s'associer à une politique indigne de sa loyauté.

« Je quitte maintenant ce sujet que j'ai abordé pour la dernière fois, avec la ferme intention de n'y plus revenir ; et j'arrive au point véritablement nouveau de la dépêche de M. de Bismark :

« J'ai lieu de croire, dit-il, que si la publication du « projet de traité n'avait pas eu lieu, la France nous « aurait fait, après l'achèvement de nos armements « mutuels, l'offre de mettre à exécution les proposi« tions qu'elle nous avait faites antérieurement, dès « que nous nous serions trouvés ensemble à la tête « d'un million de soldats bien armés, en face de l'Eu« rope non armée, c'est-à-dire de faire la paix, avant « ou après la première bataille, sur la base des pro« positions de M. Benedetti, aux dépens de la Bel« gique. »

« Il ne saurait convenir au gouvernement de l'Empereur de tolérer une pareille assertion. A la face de l'Europe, les ministres de Sa Majesté mettent M. de Bismark au défi d'alléguer un fait quelconque pouvant faire supposer qu'ils aient manifesté directement ou indirectement, par la voie officielle ou par le canal d'agents secrets, l'intention de s'unir à la Prusse pour accomplir avec elle sur la Belgique l'attentat consommé sur le Hanovre.

« Nous n'avons ouvert aucune négociation avec M. de Bismark ni sur la Belgique, ni sur tout autre sujet. Bien loin de chercher la guerre, comme on nous en accuse, nous avons prié lord Clarendon d'intervenir auprès du ministre prussien pour provoquer un désarmement réciproque, mission importante dont lord Clarendon, par amitié pour la France et par dévouement aux idées de paix, consentit à se charger confidentiellement. Voici en quels termes M. le comte Daru, dans une lettre du 1er février, expliquait les intentions du gouvernement à M. le marquis de La Valette, notre ambassadeur à Londres :

« Il est certain que je ne me mêlerais point de cette « affaire et que je ne demanderais pas à l'Angleterre « de s'en mêler, s'il s'agissait purement et simplement « d'une démarche banale et de pure forme, faite uni« quement pour fournir à M. de Bismark l'occasion « d'exprimer une fois de plus son refus. C'est une dé« marche ferme, sérieuse, positive, qu'il s'agit de « faire.

« Le principal secrétaire d'État semble prévoir que « M. de Bismark éprouvera un premier mouvement de « mécontentement et d'humeur. Cela est possible, mais « non certain. Dans cette prévision, il est peut-être bon « de préparer le terrain, de manière à éviter une ré« ponse négative dès le début.

« Je suis convaincu que la réflexion et le temps amè« neront le chancelier à prendre en sérieuse considé« ration la démarche de l'Angleterre ; si, dès le pre-

« mier jour, il n'a pas repoussé toute ouverture, l'in-
« térêt de la Prusse et de l'Allemagne entière parlera
« bien vite assez haut pour adoucir ses résistances. Il
« ne voudra pas soulever contre lui l'opinion de son
« pays tout entier. Quelle serait sa position, en effet,
« si nous lui ôtions le seul prétexte derrière lequel il
« puisse se réfugier, à savoir, l'armement de la
« France? »

« Le comte de Bismark répondit d'abord qu'il ne
pouvait prendre sur lui de faire part au Roi des sug-
gestions du gouvernement britannique, et qu'il était
assez au courant de la manière de voir de son souverain pour pressentir ses impressions. Le roi Guillaume
verrait certainement, disait-il, dans la démarche du
cabinet de Londres, la preuve d'un changement dans
les dispositions de l'Angleterre à l'égard de la Prusse.
En résumé, le chancelier fédéral déclarait « qu'il était
« impossible à la Prusse de modifier un système mili-
« taire entré si profondément dans les traditions du
« pays, qui formait une des bases de sa constitution et
« n'avait rien que de normal. »

« M. le comte Daru ne s'arrêta point devant cette
première réponse. Le 13 février, il écrivait à M. de La
Valette :

« J'espère que lord Clarendon ne se tiendra pas pour
« battu et ne se découragera pas. Nous lui donnerons
« prochainement l'occasion de revenir à la charge, si
« cela lui convient, et de reprendre la conversation
« interrompue avec le chancelier fédéral. Notre inten-
« tion est, en effet, de diminuer notre contingent ;
« nous l'aurions diminué beaucoup, si nous avions ob-
« tenu une réponse favorable du chancelier de la Con-
« fédération du Nord ; nous le diminuerons moins,
« puisque la réponse est négative, mais nous le dimi-
« nuerons. La réduction sera, j'espère, de dix mille
« hommes ; c'est le chiffre que je proposerai.

« Nous affirmerons de la sorte, par les actes qui
« valent toujours mieux que les paroles, nos intentions,
« notre politique. Neuf contingents, réduits de 10,000
« hommes chacun, font une diminution totale de 90,000
« hommes. C'est déjà quelque chose, c'est un dixième
« de l'armée existante ; je regrette de ne pouvoir faire
« plus. La loi du contingent sera déposée prochaine-
« ment. Lord Clarendon jugera alors s'il est à propos
« de représenter à M. de Bismark que le gouvernement
« prussien, seul en Europe, ne fait point de concession
« à l'esprit de paix, et qu'il se place ainsi dans une si-
« tuation grave au milieu des sociétés européennes,
« parce qu'il donne des armes contre lui à tout le
« monde, y compris les populations accablées sous le
« poids des charges militaires qu'il leur impose. »

« Le comte de Bismark, vivement pressé, crut nécessaire d'entrer dans quelques explications nouvelles avec
lord Clarendon.

« Ces explications, telles que nous les connaissons

par une lettre de M. de La Valette, en date du 23 février, étaient pleines de réticences. Le chancelier de la
Confédération prussienne, revenant sur sa première
résolution, avait entretenu le roi Guillaume de la proposition recommandée par l'Angleterre ; mais Sa Majesté l'avait déclinée. A l'appui de ce refus, le chancelier alléguait la crainte d'une alliance éventuelle de
l'Autriche avec les États du Sud de l'Allemagne et les
velléités d'agrandissement que pourrait avoir la France.
Mais il mettait en avant surtout les préoccupations que
lui inspirait, disait-il, la politique de la Russie, et s'engageait à ce propos dans des considérations particulières sur la cour de Pétersbourg que je préfère passer
sous silence, ne pouvant me résoudre à reproduire des
insinuations blessantes.

« Telles sont les fins de non-recevoir que le comte de
Bismark opposait aux loyales et consciencieuses instances renouvelées itérativement par lord Clarendon,
à la demande du gouvernement de l'Empereur.

« Si donc l'Europe est restée en armes, si un million
d'hommes sont à la veille de se heurter sur les champs
de bataille, il n'est plus permis de le contester, la responsabilité d'un tel état de choses appartient à la
Prusse, car c'est elle qui a repoussé toute idée de dés-
armer lorsque nous lui en faisions parvenir la proposition et que nous commencions par en donner
l'exemple.

« Cette conduite ne s'explique-t-elle pas, d'ailleurs,
par le fait qu'à l'heure même où la France, confiante,
diminuait son contingent, le cabinet de Berlin organisait dans l'ombre la candidature provocatrice d'un
prince prussien ?

« Quelles que soient les calomnies inventées par le
chancelier fédéral, nous sommes sans crainte ; il a
perdu le droit d'être cru. La conscience de l'Europe et
l'histoire diront que la Prusse a cherché la guerre actuelle, en infligeant à la France, préoccupée du développement de ses institutions politiques, un outrage
qu'aucune nation fière et courageuse n'aurait pu accepter sans mériter le mépris des peuples.

« Agréez, etc.

« Signé : GRAMONT. »

« Le comte de Bernstorff a dit qu'il ignorait à quelle
époque une demande d'explications avait été faite par
le gouvernement français, et si une réponse lui avait
été adressée.

« Son Excellence a ajouté que le gouvernement de
l'Allemagne du Nord n'avait aucune envie de se mêler
de cette affaire, mais qu'il laissait les Français maîtres
de prendre le parti qu'ils voudraient, et que le représentant de la Prusse à Paris avait ordre de s'abstenir.

« Le gouvernement de l'Allemagne du Nord, a-t-il
ajouté, n'a aucune envie de faire une guerre de succession ; mais si la France veut toujours faire la guerre
à l'occasion du choix d'un roi par l'Espagne, un tel

procédé de sa part sera la preuve qu'elle est disposée à chercher dispute sans cause légitime.

« Le comte Bernstorff a dit encore que le langage qu'il me disait tenu par le gouvernement de l'Allemagne du Nord l'était aussi par le roi de Prusse; que Sa Majesté était étrangère aux négociations avec le prince Léopold, mais qu'elle n'empêcherait pas le prince d'accepter le trône d'Espagne.

« Le comte Bernstorff a insisté beaucoup sur le langage violent de la France.

« J'ai répété à Son Excellence les principaux arguments de la dépêche que j'avais adressée à lord Auguste Loftus. Je lui disais qu'il était de l'intérêt du monde que le gouvernement de Sa Majesté fît comprendre au gouvernement de l'Allemagne du Nord l'importance d'une solution amiable; j'ai ajouté que la position de l'Allemagne du Nord était telle que, sans avoir besoin de céder à la menace, elle ne devait pas se laisser entraîner dans un sens contraire par des paroles précipitées, prononcées dans un moment d'irritation.

« GRANVILLE. »

Dans une dépêche du même jour, arrivée à Londres le 9 juillet, lord Lyons rend compte à lord Granville d'une conversation qu'il a eue avec le duc de Gramont. Celui-ci lui a dit qu'il n'avait encore reçu aucune réponse de la Prusse; qu'en présence de ce silence, il était impossible de différer les préparatifs militaires. Il ajoute :

« On ne peut dire que c'est la France qui cherche querelle. Au contraire, depuis la bataille de Sadowa jusqu'à cet incident, la France a montré une patience, une modération, un esprit conciliant qui, d'après l'opinion d'un grand nombre de Français, ont été portés beaucoup trop loin. Maintenant, au moment où tout était tranquille, où l'irritation causée par l'agrandissement de la Prusse commençait à s'apaiser, les Prussiens, bravant les sentiments et les intérêts de la France, essayent d'établir un de leurs princes au delà des Pyrénées. C'était une agression que la France ne pouvait tolérer, et il y avait tout lieu d'espérer que le roi effacerait l'impression qu'il avait produite en défendant au prince d'aller en Espagne.

« Il y avait à la question une autre solution, sur laquelle le duc de Gramont me pria d'appeler l'attention particulière du gouvernement de Sa Majesté; le prince de Hohenzollern pouvait, de son plein gré, abandonner ses prétentions au trône d'Espagne; certes, il devait l'avoir accepté dans l'espoir de faire du bien à son pays d'adoption. En voyant que son avènement entraînerait sur ce pays même la guerre au dedans et au dehors, que cette guerre s'étendrait de son pays natal à l'Europe entière, il hésiterait assurément à se rendre responsable de pareilles calamités; si cette manière d'envisager les choses lui était présentée, il comprendrait que l'honneur et le devoir exigeaient de lui qu'il

sacrifiât la vaine ambition de prendre possession d'un trône sur lequel il était évident qu'il ne serait jamais solidement assis.

« Une renonciation volontaire de la part du prince eût été, M. de Gramont le croyait, une très-heureuse solution des questions difficiles et compliquées, et il demandait au gouvernement de Sa Majesté d'user de toute son influence pour l'amener à bien.

« J'ai l'honneur, etc.

« LYONS. »

Le 9, lord Granville donne des instructions à l'ambassadeur d'Angleterre à Paris pour recommander la modération. Le lendemain, lord Lyons s'acquitte de sa mission conciliatrice, et M. de Gramont lui répond (dépêche n° 20) :

« En cette affaire, les ministres français suivent et ne mènent pas la nation. L'opinion publique ne souffrirait pas qu'ils fissent moins que ce qu'ils ont fait.

« En ce qui concerne les préparatifs militaires, la prudence la plus vulgaire exige qu'ils ne restent pas en arrière. Au milieu d'un calme profond, quand le cabinet français et la Chambre travaillaient à réduire le budget militaire, la Prusse faisait éclater sur eux cette mine qu'elle avait préparée en secret. Il était nécessaire que la France fût au moins au niveau de la Prusse dans les préparatifs militaires.

« M. de Gramont ajouta qu'il me dirait exactement à quel point en était la question. Le roi de Prusse avait dit la veille au soir, à M. Benedetti, qu'il avait, en fait, consenti à ce que le prince de Hohenzollern acceptât la couronne d'Espagne, et qu'ayant donné son consentement, il lui serait difficile toujours de le retirer à présent. Sa Majesté avait néanmoins ajouté qu'elle en conférerait avec le prince et qu'ensuite elle donnerait une réponse définitive à la France.

« Ainsi, fit remarquer M. de Gramont, deux choses sont clairement établies :

« La première, c'est que le roi de Prusse consentait à l'acceptation de la couronne par le prince : la seconde, c'est que la décision du prince, pour persister dans son acceptation ou pour la retirer, serait prise de concert avec Sa Majesté.

« Ainsi, dit M. de Gramont, indépendamment de toute controverse, l'affaire est maintenant entre la France et le roi.

« Le gouvernement français ne pouvait différer que pour un bref délai, vingt-quatre heures, par exemple, ces grands préparatifs de guerre, tels que l'appel de la réserve, qui enflammeraient l'opinion publique en France. Tous les préparatifs essentiels devaient toutefois être continués sans relâche. Il ne serait pas sage, de la part des ministres français, de courir le risque de permettre aux Prussiens de gagner du temps par des prétextes dilatoires.

« Finalement M. de Gramont me dit que je pouvais

reporter à Votre Seigneurie, que si le prince de Hohenzollern voulait maintenant, sur le conseil du roi de Prusse, retirer son acceptation, l'affaire serait terminée.

« M. de Gramont ne me cache pas cependant que si, d'un autre côté, le prince, après en avoir conféré avec le roi, persistait dans sa candidature, la France déclarerait la guerre à la Prusse.

« J'ai l'honneur, etc.

« LYONS. »

Dans une dépêche du 12 juillet, lord Lyons rend compte d'une entrevue qu'il vient d'avoir avec le duc de Gramont :

« Le duc a dit que le roi de Prusse n'était ni courtois ni conciliant. Sa Majesté déclinait toute participation à l'offre de la couronne d'Espagne au prince Léopold, et refusait de lui conseiller de retirer son acceptation. D'autre part, le père du prince avait formellement annoncé au nom de son fils que l'acceptation était retirée.

« En fait, le prince Léopold avait envoyé copie d'un télégramme qu'il avait adressé au maréchal Prim, en lui déclarant qu'il ne serait plus question de la candidature de son fils.

« M. de Gramont dit que cet état de choses était très-embarrassant pour le gouvernement français : d'un côté, l'opinion publique était tellement excitée en France, qu'il était douteux que le ministère ne fût pas renversé, s'il allait dire à la Chambre qu'il regardait l'affaire comme terminée, sans avoir obtenu de la Prusse une satisfaction plus complète ; de l'autre, la renonciation du prince mettait fin à la cause originelle du conflit. Le côté le plus satisfaisant de l'affaire, c'était, selon M. de Gramont, qu'en tout cas l'Espagne n'entrait pour rien dans le débat. La querelle, si querelle il y avait, était circonscrite entre la France et la Prusse. »

Lord Lyons répond qu'il aurait cru l'affaire terminée par la renonciation ; qu'en faisant la guerre, la France pourrait encourir les reproches de fierté, de ressentiment, de jalousie, et que la Prusse, en ce moment isolée, pourrait se rallier l'Allemagne en lui attribuant un désir passionné d'humilier le prince. M. de Gramont dit que la décision définitive doit être arrêtée en conseil le lendemain et il ajourne ses explications, qui sont consignées dans la dépêche n° 44 :

« L'ambassadeur espagnol, dit M. de Gramont, m'a formellement annoncé que la candidature du prince Léopold a été retirée. Cela met fin à la question en ce qui concerne l'Espagne. Mais, de la Prusse, la France n'a rien obtenu, littéralement rien.

« Voici un télégramme du général Fleury qui prouve que l'empereur Alexandre a écrit au roi de Prusse pour le prier d'ordonner au prince de Hohenzollern de retirer son acceptation ; qu'il s'est exprimé en termes très-amicaux pour la France, et qu'il a manifesté le plus ardent désir d'éviter la guerre.

« Le roi de Prusse a refusé d'accéder à cette requête de son impérial neveu, et le roi n'a pas donné à la France un mot d'explication.

« Sa Majesté, je le répète, n'a rien fait, absolument rien ; la France ne s'en formalisera pas ; elle n'exige de Sa Majesté aucune excuse ; tout ce qu'elle demande, c'est qu'après avoir autorisé le prince à accepter la couronne, Sa Majesté lui défende de revenir un jour ou l'autre sur le retrait de son acceptation, et, certes, il n'est que raisonnable que la France prenne des précautions contre la répétition de ce qui s'est passé quand le frère du prince Léopold est allé à Bucharest. On ne peut supposer que la France s'exposât à ce que le prince se présentât soudain en Espagne, et fît appel à l'esprit chevaleresque de la nation. La France, toutefois, n'invite pas la Prusse à empêcher le prince d'aller en Espagne ; tout ce qu'elle désire, c'est que le roi lui défende de revenir sur sa résolution. Si Sa Majesté y consent, l'affaire sera entièrement terminée. »

Lord Lyons demande au ministre s'il l'autorise catégoriquement à dire au gouvernement de Sa Majesté britannique, au nom du gouvernement de l'Empereur, que dans ce cas, toute l'affaire sera complètement finie ?

— Indubitablement, dit le duc de Gramont.

Et c'est alors que, prenant une feuille de papier, il y écrit, pour la remettre à l'ambassadeur anglais, la note suivante, que nous avons déjà citée :

« Nous demandons au roi de Prusse de défendre au prince de Hohenzollern de revenir sur sa résolution. S'il le fait, l'incident est terminé.

« Après avoir reproduit le texte même de cette note, l'ambassadeur d'Angleterre à Paris termine ainsi :

« Je fis remarquer à M. de Gramont qu'il m'était difficile de comprendre que le gouvernement français eût pu réellement craindre, après tout ce qui lui était arrivé, que le prince Léopold s'offrît de nouveau comme candidat, ou fût encore accepté par le gouvernement espagnol, s'il se représentait.

Cette longue suite de documents peut fatiguer le lecteur ; mais il était indispensable de les recueillir. Ce sont des pièces que doit tenir à conserver quiconque veut étudier sérieusement l'histoire contemporaine.

Elles sont, pour ainsi dire, la préface de la grande et terrible guerre qui allait se déchaîner.

CHAPITRE XXIII

Le *Blue-Book*.

Les documents diplomatiques pleuvaient à la fin de juillet. Le gouvernement anglais publia le *Blue-Book*, volume de 177 pages contenant les cent vingt pièces diplomatiques relatives aux derniers événements.

La première, écrite le 5 juillet par M. Layard, ministre d'Angleterre à Madrid, prévient le gouvernement que la candidature du prince Léopold au trône d'Espagne a été posée.

Dans deux notes en date du même jour, lord Lyons mentionne la déclaration faite par le duc de Gramont au Corps législatif, en ajoutant que le ministre 'des affaires étrangères français réclame les bons offices du gouvernement anglais.

Le 6, l'ambassadeur français prie lord Granville de s'employer pour décider le malencontreux candidat (*obnoxious candidate*) à se retirer.

Lord Granville écrit aussitôt à lord Auguste Loftus, à Berlin, et lui exprime qu'il est convaincu du danger et de l'imprudence de la nomination du prince Léopold.

Le 7 juillet, lord Lyons rend compte d'une **conversa**tion qu'il a eue avec le chargé d'affaires prussien, qui considère la déclaration du duc de Gramont comme ayant été faite trop précipitamment, et disant qu'il croit que ni le roi ni le comte de Bismark ne savaient que la couronne avait été offerte au prince Léopold, et qu'il ne voyait guère quelle autorité le roi de Prusse avait pour l'y faire renoncer.

En date du 8 juillet, lord Granville écrit à l'ambassadeur d'Angleterre à Paris :

« Milord, le comte Bernstorff est venu me voir aujourd'hui pour me dire qu'il avait reçu du roi de Prusse, du comte de Bismark et de Berlin 'des lettres, de l'ensemble desquelles il résulte que la réponse du gouvernement de l'Allemagne du Nord à la requête de la France, qui demandait des explications sur l'offre faite de la couronne d'Espagne au prince Léopold de Hohenzollern, avait été que cette affaire ne regardait pas le gouvernement prussien ; qu'il ne prétendait pas empiéter sur l'indépendance de la nation espagnole ; qu'il laisse aux Espagnols le soin de régler leurs propres affaires, et qu'il est hors d'état (*unable*) de donner des renseignements sur les négociations qui ont été échangées entre le gouvernement provisoire de Madrid et le prince de Hohenzollern.

« M. de Gramont me dit qu'il était obligé de prendre des précautions contre une telle éventualité, et que si le roi refusait de faire la simple défense qui lui était demandée, la France ne pourrait que supposer qu'on entretient contre elle des desseins hostiles et qu'elle devrait prendre ses mesures en conséquence.

« Finalement M. de Gramont me demanda si la France pouvait compter sur les bons offices de l'Angleterre pour aider à obtenir du roi la défense réclamée.

« Je dis que rien ne pourrait dépasser le désir du gouvernement de Sa Majesté d'opérer une réconciliation entre la France et la Prusse, mais que, naturellement, je ne pouvais pas prendre sur moi de répondre d'emblée sur une demande spéciale de cette nature avant d'en avoir référé au gouvernement de Sa Majesté. »

Le 14, le gouvernement anglais recommandait au roi de Prusse de faire savoir à la France qu'il consentait à la renonciation du prince Léopold.

Ce conseil fut repoussé.

Le 13 juillet, l'ambassadeur d'Angleterre à Vienne, lord Loftus, a une entrevue avec le comte de Bismark, qu'il félicite de la solution que paraît avoir reçue la crise imminente au moyen de la renonciation du prince Léopold. M. de Bismark a semblé douter quelque peu que cette solution puisse amener un arrangement du différend avec la France ; il se plaint du ton menaçant du gouvernement français ; il ajoute que la population prussienne en est indignée. Parlant de la déclaration faite par le duc de Gramont au Corps législatif, portant que les puissances de l'Europe ont reconnu la justice de la demande adressée par la France au gouvernement prussien, il exprime le désir :

« Que quelque témoignage public, de la part des puissances qui avaient usé de leurs bons offices pour obtenir du gouvernement prussien la renonciation du prince Léopold, vînt également exprimer combien elles appréciaient l'esprit pacifique et conciliant manifesté par le roi de Prusse. »

La dépêche de lord Loftus, parvenue à Londres le 15 juillet, se termine en ces termes, qui prouvent que la guerre était inévitable :

« Le comte de Bismark me dit que, à moins que quelque assurance, quelque déclaration ne fût fournie par la France aux puissances européennes, sous une forme officielle, que la solution actuelle de la question espagnole était une satisfaction finale donnée aux demandes de la France, et qu'elle n'avait plus d'autres prétentions à élever ; et que, à moins et en sus d'un désaveu ou d'une explication du langage menaçant du duc de Gramont, le gouvernement prussien serait obligé de demander raison à la France.

« Il était impossible, ajouta Son Excellence, que la Prusse restât calme et inerte sous le coup de l'affront fait au roi et à la nation par le langage menaçant du

Premier essai des mitrailleuses à Sarrebruck.

gouvernement français. Je ne puis, me dit-elle, avoir aucune relation avec l'ambassadeur français après les paroles prononcées à l'adresse de la Prusse par le ministre français des affaires étrangères à la face de l'Europe.

« D'après ces observations du comte de Bismark, Votre Seigneurie doit voir que, à moins que quelque conseil venant d'une voix amie n'intervienne à propos pour apaiser l'irritation des deux gouvernements, la brèche, au lieu de se fermer par la solution de la difficulté espagnole, ne fera probablement que s'agrandir.

« Il est évident pour moi que le comte de Bismark et le ministère prussien regrettent l'attitude et les dispositions que le roi a manifestées en face de M. Benedetti. Envisageant l'opinion publique en Allemagne, ils sentent la nécessité de quelques mesures décisives pour sauvegarder l'honneur de la nation.

« Le seul moyen d'apaiser l'orgueil blessé de la nation allemande et de rendre la confiance dans le maintien de la paix serait une déclaration du gouvernement français portant que l'incident espagnol a été clos d'une façon satisfaisante, rendant justice aux sentiments modérés et pacifiques du roi de Prusse et de ce gouvernement, et ajoutant que les bons rapports entre les deux États ne devaient pas être exposés désormais aux influences capables de les troubler. Je crains fortement que si ces influences médiatrices ne réussissent pas à agir avec succès sur le gouvernement français, pour apaiser son irritation contre la Prusse et lui conseiller la modération, la guerre ne devienne inévitable. »

Par un télégramme en date du 14 juillet, remis par le comte Bernstorff à lord Granville le jour même, M. de Bismark repoussait la proposition de l'Angleterre, qui avait recommandé au roi de Prusse de faire savoir à la France qu'il consentait à la renonciation du prince Léopold :

« L'opinion publique en Allemagne prouve que, sous l'influence des menaces de la France, toute l'Allemagne était arrivée à la conclusion que la guerre, même dans les circonstances les plus difficiles, serait préférable à la soumission du roi à l'injustifiable demande de la France.

« Le gouvernement de Prusse, en tant que gouvernement, n'a rien à faire quant à l'acceptation de la candidature du prince Léopold Hohenzollern, et n'en avait pas même eu connaissance. Il ne peut donc pas mettre en balance son adhésion à une telle acceptation avec son adhésion à l'acte de la retirer.

« Une demande d'intervention de la part d'un souverain dans une affaire d'un caractère purement privé ne peut pas, dans l'opinion de Son Excellence être l'objet d'une communication publique entre gouvernements, et comme le prétexte primitif à une telle demande doit être trouvé dans la candidature elle-même, elle ne peut plus être nécessaire maintenant que la candidature a été retirée. »

Le même jour, 14 juillet, lord Lyons annonçait au comte Granville la nouvelle du refus qu'avait fait le roi de Prusse de recevoir M. Benedetti. L'ambassadeur d'Angleterre a adressé au duc de Gramont un message pressant, lui demandant, au nom du gouvernement de la reine, de ne pas se précipiter dans des mesures extrêmes, et, à tout événement, de ne pas engager le gouvernement par une déclaration prématurée aux Chambres.

Mais, ajouta lord Lyons :

« L'excitation publique est si forte, il y a une telle irritation dans l'armée, qu'il devient douteux que le gouvernement soit en état d'arrêter le cri de guerre. Aussi pense t-on généralement que le gouvernement sera obligé d'apaiser l'impatience publique en déclarant officiellement son intention de tirer vengeance de la conduite de la Prusse.

« Les séances du Corps législatif et du Sénat ont eu lieu néanmoins sans qu'aucune communication ait été faite. Ainsi le gouvernement n'a encore pris aucune décision irréparable.

« Pourtant, je ne puis prendre sur moi de donner à Votre Seigneurie aucun espoir que la guerre puisse être évitée. Je continuerai de faire tout mon possible, au nom du gouvernement de la reine, pour écarter cette grande calamité. Mais je dois dire qu'il y a les plus sérieux motifs de craindre qu'une déclaration équivalente à une déclaration de guerre ne soit faite aux Chambres demain.

« J'ai l'honneur, etc.

                                                    « LYONS. »

La dépêche n° 63, de lord Lyons à lord Granville, reçue à Londres le 16, rend compte d'une conversation qu'il a eue avec notre ministre des affaires étrangères :

« Il m'a chargé d'exprimer au gouvernement de la reine les remerciements de l'Empereur pour les efforts bienveillants qu'il a faits en vue d'amener une solution satisfaisante de la question prussienne. Les bons offices du gouvernement de la reine sont restés sans effet, par suite des premiers actes du gouvernement prussien. Ce gouvernement a, de propos délibéré, insulté la France en déclarant publiquement que le roi avait fait affront à l'ambassadeur français.

« Le gouvernement prussien avait évidemment l'intention de se faire honneur, vis-à-vis du peuple allemand, d'avoir eu des procédés hautains et discourtois, en fait, d'avoir humilié la France. Non-seulement cette déclaration si offensante pour la France avait été publiée par le gouvernement dans un journal, mais elle avait été communiquée officiellement par télégraphe aux agents prussiens dans toute l'Europe.

« Jusque-là la négociation avait eu lieu en particulier. En raison des circonstances spéciales de l'incident, elle avait eu lieu directement avec le roi de Prusse. Le ministre prussien des affaires étrangères, le comte de Bismark, était resté à la campagne. Il était impossible de l'approcher. Le ministre effectif, M. de Thile, protestait qu'il ne connaissait rien de l'affaire, qu'il la considérait comme ne concernant pas le gouvernement prussien, mais bien le roi personnellement.

« Bien que cette distinction ne fût pas admissible en principe, elle n'en obligeait pas moins la France à traiter directement avec le roi, et l'ambassadeur de France avait été envoyé vers Sa Majesté à Ems. La négociation n'avait pas marché de façon satisfaisante; mais aussi longtemps qu'elle conservait son caractère privé, il y avait espoir de la mener à bonne fin. La vérité est que le roi n'avait pas traité M. Benedetti avec la rudesse dont s'est vanté le gouvernement prussien.

« Mais le gouvernement avait jugé à propos de déclarer à l'Allemagne et à l'Europe que la France avait été affrontée dans la personne de son ambassadeur. Cela constituait une insulte qu'aucune nation un peu fière ne pouvait supporter, et rendait impossible, au grand regret du gouvernement français, de prendre en considération le moyen recommandé par le gouvernement de la reine pour régler la cause originelle du conflit. »

Le ministre des affaires étrangères conclut en disant qu'il comptait bien que la France ne perdrait pas les sympathies de l'Angleterre, et l'ambassadeur lui répondit que certainement tout cela ne pouvait en rien diminuer le sentiment d'amitié résultant de l'entente cordiale qui existe depuis tant d'années entre les deux gouvernements et les deux nations.

Par une dépêche du 15 juillet, avant d'avoir reçu la précédente, lord Granville regrettait que la guerre fût imminente. Il déplorait la possibilité de cette grande calamité, non-seulement à cause des deux puissances, mais aussi à cause de l'Europe entière. Il rappelait le protocole des conférences de Paris, portant que les États entre lesquels s'élève un dissentiment sérieux, avant d'en appeler aux armes, auraient recours, en tant que les circonstances l'admettraient, aux bons offices d'une puissance amie.

La dépêche finissait par ces mots :

« Le gouvernement de Sa Majesté, en conséquence, conseille à la France et à la Prusse, en termes identiques, qu'avant d'en venir aux extrémités, elles devraient recourir aux bons offices d'une ou de plusieurs des puissances amies acceptées par les parties. Dans ce cas, le gouvernement de la reine, Votre Excellence le déclarera, est tout prêt à agir comme on le pourra désirer dans cette affaire.

« Je suis, etc.   « GRANVILLE. »

Les autres dépêches du *blue book* sont relatives aux démarches faites par les ministres anglais à Saint-Pétersbourg et à Vienne. M. Wertmann écrit que le gouvernement russe a donné de sérieux avis au gouvernement prussien :

« On lui conseille d'agir avec prudence et modération, de ne pas se laisser influencer par un sentiment d'irritation, par suite du langage du gouvernement ou de la presse de France. Il espère que si le roi de Prusse déclarait solennellement qu'il n'a pris aucune part au choix du prince Léopold ou à son acceptation de l'ouverture qui lui a été faite, le gouvernement français reconnaîtrait qu'il n'a aucun motif pour faire la guerre à la Prusse. Mais si la France était déterminée à prendre une revanche par une guerre contre la Prusse à cause de l'accession d'un prince de Hohenzollern à la couronne d'Espagne, elle pourrait malheureusement trouver un prétexte en mettant le gouvernement prussien en demeure de remplir les conditions du traité de Prague en ce qui concerne le Schleswig. »

Lord Bloomfield mande de Vienne que le chargé d'affaires d'Autriche à Berlin a mission de faire tout pour amener une solution amiable; que l'impression du comte de Beust était que rien ne pouvait arrêter le cours des événements.

Les dernières dépêches concernent les mesures prises pour garantir les droits des neutres. La France et la Prusse donnent des assurances réitérées à l'égard de la Belgique, de la Hollande, de la Suisse, et pour la protection de la propriété et des navires neutres.

Les négociations dont le *blue book* est l'histoire s'arrêtent au 17 juillet; elles finissent par l'annonce de la déclaration de guerre et du rejet formel de toute médiation ultérieure par la Prusse, aussi bien que par la France. Le duc de Gramont, suivant la dernière dépêche de lord Lyons, reconnaît courtoisement les bons offices du gouvernement britannique, et il a confiance que l'opinion publique en Angleterre reconnaîtra que, vu les circonstances actuelles, le gouvernement de l'Empereur ne pouvait être plus longtemps maître de choisir ses décisions.

Pour compléter cette série de documents, il importe d'y joindre le texte de la dépêche adressée par lord Granville à lord Lyons, pour lui faire part des explications fournies par M. de la Valette, en réponse aux dernières allégations de M. de Bismark :

Foreign-Office, le 29 juillet 1870.

« MILORD,

« M. de la Valette m'a communiqué, le 28 juillet, une dépêche de M. de Gramont reçue par lui, et relative au projet de traité publié par le *Times*. Dans cette dépêche, que M. de la Valette a bien voulu me lire, M. de Gramont fait observer que la forme du projet et les termes employés indiquent clairement l'origine de ce document.

« M. de Bismark s'est efforcé constamment de réaliser ses plans en suggérant à la France des pensées d'agrandissement. A cette époque, il a déclaré à M. Lefebvre de Behaine que la Prusse reconnaîtrait le droit de la France d'étendre ses frontières de façon à s'annexer tous les pays de langue française, indiquant ainsi la Belgique et certains cantons suisses.

« Le gouvernement français refusa de prêter l'oreille à ces ouvertures. A Brunn, après Sadowa, M. de Bismark a dit à M. Lefebvre de Behaine que la conduite du gouvernement français était toute tracée. Il devait s'adresser au roi des Belges, et lui expliquer que l'augmentation du territoire prussien était de nature à exercer une influence inquiétante : que le meilleur moyen d'éviter cette influence était d'unir les destinées de la Belgique à celles de la France, de façon si étroite que la monarchie belge, « dont l'autonomie serait d'ailleurs respectée, » serait dans le Nord un boulevard d'une importance réelle pour la sûreté de la France.

« En 1866, M. de Bismark renouvela ses propositions, mais l'empereur refusa encore de les accepter, si bien que, plus tard, quand on parla d'une rectification des frontières de la France, l'empereur ne voulut même pas que le nom de la Belgique fût prononcé.

« Le duc de Gramont objecte d'ailleurs que si son gouvernement avait eu de tels desseins contre la Belgique, il lui eût été facile de les mettre à exécution avec l'assistance de la Prusse, qui ne songe qu'à assurer les résultats de ses victoires. Après l'affaire du Luxembourg, ces propositions furent reprises par la Prusse. Elles furent reçues avec froideur et catégoriquement rejetées par l'empereur.

« Enfin le gouvernement français a chargé M. de la Valette de donner à l'Angleterre l'assurance que l'initiative de toutes ces propositions était entièrement due à la Prusse.

« M. de la Valette m'a déclaré ensuite qu'il avait

reçu par le télégraphe des instructions lui prescrivant de me dire que le document publié par le *Times* avait été écrit par M. Benedetti, mais sous la dictée de M. de Bismark (rires), qui voulait entraîner la France dans une conspiration contre les libertés de la Belgique, et que ce projet a toujours été repoussé.

« Je suis, etc.

» GRANVILLE. »

Le gouvernement français pensa que l'ensemble de ces documents lui était favorable, et il en recommanda la lecture par un article inséré dans le *Journal officiel* du 31 juillet et intitulé :

LES DOCUMENTS ANGLAIS.

Les documents publiés par le gouvernement anglais, au sujet des négociations qui ont précédé la guerre, prouvent d'une manière précise et authentique l'exactitude de tous les faits allégués par le gouvernement de l'empereur. Ce *blue book* éclaircira tous les doutes, dans le cas où il en existerait encore.

On avait reproché à la France d'avoir porté la négociation à Ems au lieu de la poursuivre à Berlin, par les voies ordinaires. C'est le représentant de l'Angleterre en Prusse, lord Loftus, qui se charge lui-même de répondre à cette critique. Il déclare, en effet, par une dépêche en date du 6 juillet, que le cabinet de Berlin, se désintéressant de la question pour la considérer comme regardant uniquement la famille royale de Prusse, déclinait toute solidarité dans la candidature du prince de Hohenzollern.

C'était là, suivant les expressions de M. de Thile, « une affaire qui n'existait pas pour le gouvernement prussien. »

Ne pouvant agir à Berlin, nous étions donc dans la nécessité de porter la négociation à Ems, auprès du roi lui-même.

On soutenait que la France, dans le cours du débat, avait modifié et augmenté ses prétentions.

Les documents anglais établissent au contraire que, depuis la première phase des négociations jusqu'à la dernière, notre diplomatie s'est toujours placée sur le même terrain. La première dépêche adressée par le duc de Gramont au comte Benedetti, arrivé à Ems, se termine par cette phrase : « Pour que la renonciation produise son effet, il est nécessaire que le roi s'y associe, et vous donne l'assurance qu'il n'autorisera pas de nouveau la candidature. »

Or, les dépêches anglaises prouvent que telle a été depuis le commencement jusqu'à la fin notre seule réclamation. Nous ne demandions qu'une chose : une renonciation sérieuse, définitive, et le gouvernement britannique comprenait parfaitement que nous étions en droit de poser ainsi la question.

On a prétendu que la France, en demandant au roi de Prusse de s'associer à la renonciation de son parent, avait formulé une demande exagérée, contraire à la dignité du monarque. La meilleure preuve qu'il n'en était pas ainsi, c'est que lord Granville nous prêta son concours auprès du roi, en vue d'obtenir, sur ce point, ce que nous réclamions. Il est vrai que M. de Bismark s'en est indigné, et a vu avec un extrême déplaisir l'attitude du cabinet de Londres.

Aux journaux prussiens qui soutiennent que la France voulait la guerre à tout prix, nous répondons par la dépêche de lord Lyons en date du 13 juillet. L'ambassadeur d'Angleterre écrit à lord Granville que la France n'exprime qu'un désir, c'est que le roi de Prusse prenne l'engagement d'empêcher le prince de Hohenzollern d'accepter de nouveau la candidature. Lord Lyons ajoute dans la même dépêche qu'il demanda au duc de Gramont de l'autoriser à transmettre cette déclaration au gouvernement de la reine.

Le ministre des affaires étrangères prit alors une feuille de papier qu'il plaça dans les mains de l'ambassadeur, après y avoir écrit ces mots : « Nous demandons au roi de Prusse de défendre au prince de Hohenzollern de revenir sur sa résolution. S'il le fait, *tout l'incident est terminé.* »

Si la France avait eu des arrière-pensées, aurait-elle fait au gouvernement de la reine une déclaration qui avait le caractère d'une promesse formelle, et qui nous imposait l'obligation de nous tenir pour satisfaits, dans le cas où le roi de Prusse aurait déféré à notre unique demande.

Nous avons dit que l'insulte faite à notre dignité a été la publicité intentionnelle donnée en dernier lieu au refus de recevoir notre ambassadeur, que c'est là, pour ainsi dire, la dernière goutte qui a fait déborder le vase. Une dépêche de lord Lyons, en date du 15 juillet, est la confirmation de cette vérité.

Signalons dans les documents anglais d'autres points qui ne sont pas dignes d'une moindre attention. Une des dépêches les plus curieuses est celle que l'ambassadeur d'Angleterre à Berlin adresse à lord Granville le 13 juillet.

Lord Loftus dit que le comte de Bismark et le ministère prussien trouvent l'attitude du roi à Ems trop modérée, et craignent que la négociation ne prenne une tournure trop conciliante. D'après M. de Bismark, la réception courtoise faite par le souverain à M. Benedetti excite dans toute la Prusse « une indignation générale. » Ne reconnaissons-nous pas dans cet inqualifiable langage les procédés de l'homme d'État combattant toujours les scrupules honorables de son maître et le poussant à commettre des actes qui répugnaient à sa conscience royale? C'est M. de Bismark qui a voulu la guerre : que la responsabilité en retombe sur lui !

Quant à la France, elle n'a rien à se reprocher. Dans ses rapports avec le roi, M. Benedetti n'a pas été seulement modéré, il a été respectueux. La prétendue lettre d'excuses qui aurait été demandée au souv eraînde la Prusse n'est qu'une ridicule invention. Il n'y a pas dans le *blue book* anglais une seule allusion à cette soi-disant exigence. Si jamais elle se fût produite, lord Lyons, qui était tenu jour par jour, ou pour mieux dire heure par heure, au courant de la négociation, n'en aurait-il pas été informé?

La lumière se fait donc sur tous les points. C'est l'Angleterre elle-même qui réfute loyalement, par une simple exposition des faits, les attaques et les calomnies dirigées contre nous.

Au début du conflit, c'est elle qui, reconnaissant la légitimité de notre grief, fait ressortir avec la plus grande énergie, en Espagne comme en Prusse, tous les inconvénients, tous les dangers de la candidature Hohenzollern. A l'issue du débat, c'est elle qui demande au roi Guillaume de s'associer à la renonciation du prince. Si nous avions voulu la guerre, aurions-nous sollicité avec tant d'insistance les bons offices du cabinet de Londres pour obtenir la paix? Si nous avions formulé des demandes exorbitantes, serions-nous parvenus à les faire appuyer par un gouvernement aussi impartial que le gouvernement anglais? Le ton des dépêches si remarquables de lord Lyons et de lord Granville ne prouve-t-il pas que nos relations avec l'Angleterre n'ont jamais eu un caractère plus amical. A ceux qui révoqueraient encore en doute telle ou telle des allégations mises en avant, soit à la tribune, soit dans la correspondance diplomatique par les ministres de l'Empereur, nous ne ferons qu'une seule réponse : « Lisez les documents anglais. »

CHAPITRE XXIV

Derniers éclaircissements du gouvernement français. — Ce n'est pas à l'Allemagne qu'il fait la guerre. — Les griefs contre la Prusse.

On se perdait dans ce dédale d'explications. Le gouvernement français publia, le 3 août, l'exposé suivant qui élucidait la situation, et indiquait à quel point de vue il l'envisageait :

« Ce n'est pas à l'Allemagne que nous faisons la guerre, c'est à la Prusse ou, pour mieux dire, c'est à la politique du comte de Bismark. Ménageant les sentiments patriotiques et respectant les principes de nationalité, l'Empereur et son gouvernement n'avaient jamais eu pour la grande masse allemande qu'une attitude franchement amicale.

« En arrêtant à Villafranca la marche victorieuse de nos troupes, Sa Majesté avait voulu surtout s'épargner le regret d'être forcé de combattre l'Allemagne pour affranchir la Péninsule. Lorsque, en juin 1860, l'Empereur se rendit à Bade, il y trouva le roi Guillaume, alors prince régent de Prusse, les rois de Bavière, de Wurtemberg, de Saxe et de Hanovre, les grands-ducs de Hesse-Darmstadt, de Bade, de Saxe-Weimar, les ducs de Cobourg et de Nassau, et en leur donnant les assurances les plus sympathiques, il offrit loyalement à ces princes son amitié et celle de la France. Lorsque le roi Guillaume, en octobre 1861, se rendit à Compiègne, il reçut un accueil courtois et empressé.

« Avant Sadowa, l'Empereur écrivait à M. Drouyn de Lhuys, alors son ministre des affaires étrangères, une lettre qui formulait le programme le plus favorable à la prospérité de la Confédération germanique, aux aspirations et aux droits de la nation allemande. Accorder à la Prusse toutes les satisfactions compatibles avec la liberté, l'indépendance et l'équilibre de l'Allemagne ; maintenir à l'Autriche sa grande position parmi les populations germaniques ; assurer aux États secondaires une union plus intime, une organisation plus puissante, un rôle plus important : tel était le plan proposé par Sa Majesté. La réalisation de ces idées si conformes aux vœux et aux intérêts de toutes les populations allemandes eût été le triomphe du droit et de la justice ; elle aurait épargné à l'Allemagne tous les malheurs du despotisme et de la guerre.

« Comparons au programme, qui était celui de l'Empereur, les théories que le comte de Bismark est parvenu à mettre en pratique. Depuis de longues années une paix profonde existait entre tous les Allemands ; à cette paix le ministre prussien a substitué une guerre qui a détruit la Confédération germanique, et creusé un abîme entre l'Autriche et la Prusse. En excluant de l'Allemagne une monarchie qui en était une des principales forces, M. de Bismark a trahi la patrie commune. Pour augmenter la Prusse, il a sensiblement amoindri l'Allemagne, et le jour n'est pas loin, où, de l'autre côté du Rhin, tous les vrais patriotes lui en feront un reproche amer.

« Non content de déchirer tous les liens qui unissaient la Prusse à la Confédération germanique, il n'a pas craint de dépouiller brutalement des princes, dont le seul crime avait été la fidélité aux devoirs fédéraux. Que les pays annexés à la Prusse comparent leur sort actuel à leur situation avant 1866. Tranquilles, riches, honorés, payant très-peu d'impôts, ils présentaient l'image de la prospérité morale et matérielle. Des dynasties populaires établissaient un accord intime entre les populations et le gouvernement. Aujourd'hui ces pays regrettent profondément leurs princes. Écrasés sous le poids de taxes excessives, ruinés dans leur vie commerciale et industrielle, obligés de confier aux femmes les travaux agricoles, ils vont être forcés de prodiguer leur or et leur sang pour une politique dont ils détestent les violences. Hanovriens, Hessois, habitants de Nassau et de Francfort, ce n'était pas assez pour vous d'être les victimes de l'ambition de M. de Bismark ; le ministre prussien veut que vous deveniez ses complices : vous étiez dignes d'une meilleure cause.

« C'est une réflexion douloureuse de constater jusqu'où peut se laisser entraîner un souverain qui, au lieu d'obéir aux inspirations de son esprit et de son cœur, se place sous la domination d'un ministre sans scrupules. Où est le temps où le roi Guillaume disait en acceptant la régence : « La Prusse ne doit faire en « Allemagne que des conquêtes morales ? » Si l'on avait dit alors à ce prince, dont les intentions étaient loyales et qui avait le respect du droit, qu'un jour viendrait où il déposséderait violemment, sans cause et sans prétexte, les princes les plus respectables de l'Allemagne, où il arracherait non-seulement la couronne, mais aussi la fortune privée à un souverain aussi irréprochable que le roi de Hanovre, où il souffletterait sur les joues de l'antique ville libre de Francfort les gloires séculaires de l'Allemagne, jamais il n'eût voulu croire à une telle prédiction. Ne se defiera-t-il donc jamais d'un ministre qui osait lui reprocher, hier encore, d'avoir fait un accueil courtois au représentant de la France, et qui soutenait à l'ambassadeur d'Angleterre, à Berlin, que cette conduite excitait en Prusse une indignation générale ?

« Si nous avons vu avec regret les excès commis contre les princes de l'Allemagne du Nord, nous n'avons pas été moins affligés des traitements que l'on a fait supporter aux princes du Sud. Les populations de l'Allemagne méridionale seraient-elles en droit d'avoir du ressentiment contre la France ? La Bavière, le lendemain de Sadowa, ne s'adressait-elle pas à nous pour sauver l'intégrité de son territoire, et ne nous empressions-nous pas de répondre à ce vœu ? Qui a demandé pour les États du Sud une existence internationale indépendante ? Qui désirait que les souverains de ces pays, au lieu d'être transformés en préfets couronnés, conservassent toutes les prérogatives d'une souveraineté réelle qui eût été la garantie de l'indépendance et de la liberté de leurs États ?

« Pleins de respect pour les qualités de ces populations braves, honnêtes et laborieuses, nous savons qu'autant elles feraient volontiers une guerre véritablement nationale, autant elles sont attristées de faire une guerre purement prussienne. Nos sympathies traditionnelles pour les États du Sud survivent à la guerre même, et nous espérons que l'heure arrivera où ces peuples s'apercevront que nous étions leurs vrais amis.

« L'empereur l'a dit dans sa proclamation : il veut que les pays qui composent la grande race germanique disposent librement de leurs destinées. Délivrer l'Allemagne de l'oppression prussienne, concilier avec les droits des souverains les légitimes aspirations des peuples, arrêter des empiétements excessifs qui sont une menace pour l'Europe, préserve la nationalité danoise d'une ruine complète, conquérir une paix équitable et durable, fondée sur la modération, sur la justice et sur le droit, telle est la pensée générale qui préside à la loi actuelle.

« La guerre qui commence n'est point de notre part une guerre d'ambition, c'est une guerre d'équilibre. C'est la défense du faible contre le fort, la réparation de grandes iniquités, le châtiment d'actes injustifiables. Loin d'obéir à des idées de rancune ou de haine, nous avons le calme que donne l'accomplissement d'un devoir, nous en appelons en toute confiance à l'opinion publique, arbitre des peuples et des rois. Nous désirons que l'Allemagne, au lieu de mettre ses forces au service de l'ambition et de l'égoïsme prussiens, rentrent dans les voies de la sagesse et de la prospérité. L'avenir prouvera l'élévation des vues de la politique impériale, et les Allemands eux-mêmes finiront par rendre justice à la loyauté de la France et de son souverain. »

CHAPITRE XXV

Commencement des hostilités. — Combat de Sarrebruck.

Le mouvement offensif en avant avait commencé le 29 juillet. Napoléon III avait pris le commandement de l'armée du Rhin, et un détachement d'artillerie française, franchissant la frontière, était allé s'établir sur la hauteur de Spickeren qui dominait Sarrebruck, en allemand Saarbrük (pont sur la Saar) chef-lieu du kreis (cercle) du même nom, à 82 kil. S.-S.-E de Trèves.

Sarrebruck est une ville de douze mille habitants, station des chemins de fer de Mayence, Trèves et Creutznack. Elle est située sur la rive gauche de la Sarre (le *Saravus* des Romains), qui prend sa source dans les Vosges (France), a environ 220 kil. de cours avant de se jeter dans la Moselle, n'est navigable qu'à partir de son entrée en Prusse, et transporte surtout du bois à la descente. En France, la Sarre meut une quarantaine de moulins.

On passe la Sarre à Sarrebruck sur un beau pont de pierre qui la relie au faubourg Saint Johann.

Depuis Sarreguemines, la Sarre coule entre deux chaînes de collines peu élevées et couvertes de bois, au bas desquelles sont de vertes prairies.

Sarrebruck est situé au point de rencontre des deux vallées de la Sarre et de Sulzbach; celle-ci s'enfonce dans le Palatinat.

Comme bassin houiller, Sarrebruck est d'une importance capitale. La moitié du combustible minéral qui en est extrait est exportée en France, pour les chemins de fer de l'Est et les départements de l'Alsace et de la Lorraine principalement.

Toutes les houillères composant ce bassin, sauf une seule, appartiennent à l'Etat prussien. La houille qu'on en extrait est dure, schisteuse, fumeuse et sulfureuse. On importe aussi en France de grandes quantités de coke de Sarrebruck.

Le produit du combustible de ce bassin est annuellement de plus de 50 millions de quintaux, d'une valeur de 7 millions de thalers environ.

Le 1er août, la 2e division du 2e corps d'armée, sous les ordres du général Bataille, s'avance de Forbach sur Sarrebruck.

Le 2 août, à la première heure, l'empereur, le prince impérial et le général Frossard quittent Metz et viennent diriger les mouvements de la division Bataille.

Abordé à une heure, l'ennemi avait perdu à une heure toutes ses positions, et fuyant devant l'élan irrésistible de notre infanterie, effrayé du ravage que l'artillerie causait dans la ville, il ne nous faisait subir que des pertes légères : un officier et dix soldats tués.

La dépêche suivante annonce aux Parisiens ces succès.

Metz, 2 août, 4 heures 30.
(Arrivée à 5 h. 10.)

Le Secrétaire particulier de l'Empereur à S. Exc. le Ministre de l'intérieur.

Paris.

Par ordre de l'Empereur, faites insérer la note suivante au *Journal officiel* dans la partie non officielle, et donnez-en copie *à tous les journaux de Paris* :

« Aujourd'hui, 2 août, à 11 heures du matin, les troupes françaises ont eu un engagement sérieux avec les troupes prussiennes.

« Notre armée a pris l'offensive, franchi la frontière et envahi le territoire de la Prusse.

« Malgré la force de la position ennemie, quelques-uns de nos bataillons ont suffi pour enlever les hauteurs qui dominent Sarrebruck, et notre artillerie n'a pas tardé à chasser l'ennemi de la ville.

« L'élan de nos troupes a été si grand, que nos pertes ont été légères.

« L'engagement, commencé à onze heures, était terminé à une heure.

« L'Empereur assistait aux opérations et le prince impérial qui l'accompagnait partout a reçu, sur le premier champ de bataille de la campagne, le baptême du feu.

« Sa présence d'esprit, son sang-froid dans le danger ont été dignes du nom qu'il porte.

« L'Empereur est rentré à Metz à quatre heures. »

Le ministre de l'intérieur communique en même temps aux journaux ce rapport officiel :

Metz, 3 août, 12 h. 13 du soir.

Le Secrétaire particulier de l'Empereur au Ministre de l'intérieur.

« Hier, lorsqu'on a occupé les hauteurs de Sarrebruck, une batterie de mitrailleuses a été mise en position en présence de l'Empereur et du prince impérial.

« L'Empereur avait ordonné que l'on ne tirât que si cela devenait nécessaire.

« Les Prussiens, en effet, étant cachés dans des ravins ou dans les maisons, ou bien disséminés en tirailleurs, on ne pouvait se servir utilement de notre nouvelle artillerie ; mais bientôt on aperçut un peloton ennemi qui défilait sur le chemin de fer de la rive droite, à une distance de 1,600 mètres.

« On dirigea sur lui les mitrailleuses, et en un clin d'œil le groupe fut dispersé, laissant la moitié de ses hommes par terre.

« Un second peloton se hasarda de nouveau sur la même ligne, et subit le même sort.

« Dès lors, personne n'osa plus passer sur le chemin de fer.

« Les officiers d'artillerie français sont enthousiasmés des effets des mitrailleuses.

« Parmi les prisonniers prussiens se trouvent plusieurs volontaires d'un an.

« On sait qu'en Prusse ces militaires appartiennent à des familles aisées et s'engagent au service pour une année.

« Ils ont été très-discrets au sujet des questions qu'on leur a adressées, mais ils ont convenu de la supériorité du fusil français sur le fusil prussien.

« D'un autre côté, le maréchal Bazaine a eu un engagement avec les tirailleurs ennemis. Plusieurs Prussiens ont été tués, aucun des nôtres n'a été blessé.

Napoléon III adresse directement à l'Impératrice un télégramme ainsi conçu :

« Louis vient de recevoir le baptême du feu : il a été admirable du sang-froid et n'a nullement été impressionné.

« Une division du général Frossard a pris les hauteurs qui dominent la rive gauche de Sarrebruck.

« Les Prussiens ont fait une courte résistance.

« Nous étions en première ligne, mais les balles et les boulets tombaient à nos pieds.

« Louis a conservé une balle qui est tombée tout près de lui.

« Il y a des soldats qui pleuraient en le voyant si calme.

« Nous n'avons eu qu'un officier et dix hommes tués.

« NAPOLÉON. »

Le premier récit détaillé de cette affaire fut celui de M. Léon Cahun, correspondant du *Moniteur universel* ;

nous le reproduirons comme étant sans contredit le plus vivant, le plus pittoresque et le plus émouvant de tous.

De la plaine entre Spickeren et Sarrebruck.

2 août.

« A 10 heures vingt, ce matin, du haut du plateau de Spickeren, nous pouvions voir se masser la 2ᵉ division du 2ᵉ corps; à notre droite, la 3ᵉ division s'apprêtait à filer par Arnewald sur les hauteurs dominant Sarrebruck à droite.

« A notre gauche, une partie de la 2ᵉ et une autre masse, faisant partie aussi du 2ᵉ corps, filait par la route qui conduit de Forbach à l'auberge de la Brême, & de là sur les mamelons qui couronnent la Sarre et Sarrebruck.

« A 10 heures 20, nous accompagnons une batterie de 12 du 5ᵉ d'artillerie, qui doit combattre les batteries fixes que les Prussiens ont dressées à notre gauche, à côté d'une petite maison, sur la lisière des bois.

« A 10 heures 40, nos deux premiers régiments 67ᵉ et 66ᵉ (brigade Bastoul, officier d'ordonnance lieutenant Le Flô, le fils du général, et mon brave ami et capitaine Voyer, un' artiste doublé d'un vaillant) se déploient en tirailleurs dans la plaine au-dessous de nous. Les Prussiens les attendent, couchés dans un fossé. Derrière nous, de longues files d'infanterie s'allongent sur le plateau; un demi-escadron de chasseurs à cheval les précède, un autre les suit.

10 h. 30.

Le feu commence à 400 mètres. Les balles prussiennes nous sifflent vigoureusement aux oreilles.

« Notre premier tirailleur tombe, il a été tué raide; un médecin-major arrive sur lui au galop et le relève au milieu des balles; mais l'homme est bien mort, le major le laisse retomber.

« Nos tirailleurs avancent vivement; ceux de l'ennemi se replient.

« A onze heures dix, les nôtres couronnent les hauteurs au fond desquelles passe la Sare; nos batteries s'ébranlent et descendent le ravin pour aller s'établir dans la plaine.

La 8ᵉ du 5ᵉ (capitaine Benoît), batterie de 4, monte sur les crêtes que viennent de couronner nos fantassins, et s'installe droit en face de l'ennemi; une batterie de 12 tourne à gauche et s'établit en face du bois de Ludwigswald, où sont les batteries fixes de l'ennemi appuyées par des batteries volantes qui circulent à couvert. A droite, une batterie prussienne ouvre son feu dans les bois au-delà d'Arnewald.

« Un premier obus prussien s'abat à 200 mètres de nous, tous près des mulets du train qui va ramasser les blessés.

« La canonnade commence, vigoureuse et nourrie;

nos fantassins, précédés des chasseurs à cheval, se massent à gauche, sur le côté du bois où est la batterie fixe des Prussiens.

« Les régiments arrivent derrière nous; ils sont splendides d'entrain et de sang-froid.

« Au moment où le 40ᵉ défile, de grands cris roulent d'un bout à l'autre des collines qui, de notre côté, dominent la Sarre à pic; les cris se prolongent et se répètent.

« Il est midi un quart; le bois de Ludwigswald brûle.

« Une batterie prussienne se démasque à gauche du bois. Ses projectiles arrivent trop court.

« Le feu des Prussiens cesse à notre droite, du côté des bois qui environnent Arnewald, mais nous entendons le canon dans la direction de Grossbliederstroff et Sarreguemines. Les Prussiens tenteraient-ils de couper notre droite?

« Non; les nôtres, massés à deux kilomètres du ravin qui les sépare du bois de la batterie fixe, commencent à avancer. Deux colonnes de fumée jaunâtre s'élèvent en avant de notre centre; c'est Sarrebrück et Saint-Jean qui brûlent. Nous entendons, à ce moment, rouler d'une façon sinistre la première décharge de nos mitrailleuses.

« Il est midi trois quarts. Nos réserves se portent en avant à gauche; à notre droite, elles descendent derrière nous et se déploient. C'est le 2ᵉ de ligne, mais il ne donnera pas. Devant nous, le général Bataille nage dans le feu comme une vraie salamandre.

« A midi 55, le feu prend à la maison prussienne qui est à côté de la batterie fixe, en avant de Duttwiller et des forges de Burbach. Nous avançons.

« Deux formidables détonations accompagnées d'un panache de fumée, nous annoncent que les ponts de la Sarre viennent de sauter. Les nôtres sont à Sarrebruck, victoire!

« 1 heure. — Nos premiers blessés arrivent, le feu de l'ennemi cesse dans les batteries couvertes par les bois à droite. L'affaire est enlevée.

« A 1 heure cinq minutes, les nôtres sont sur le champ de manœuvres prussien. Sept coups de nos mitrailleuses se succèdent; rien ne leur répond.

« L'ennemi s'est replié. Il a été surpris, n'étant d'ailleurs pas en force (6 à 7,000 hommes au plus), mais à couvert dans les bois et derrière des batteries fixes. C'est un magnifique succès moral pour nous.

« Je suis rompu. A demain les détails. »

Le rapport circonstancié du général Frossard, publié le 5 août, acheva d'édifier l'opinion sur l'affaire de Sarrebruck.

SIRE,

« J'ai l'honneur de rendre compte à Votre Majesté des mouvements exécutés aujourd'hui par le 2ᵉ corps d'armée, conformément à ses ordres, pour s'emparer

Charge des turcos à Wissembourg.

des positions qui, sur la rive gauche de la Sarre, dominent les hauteurs de Sarrebruck.

« La division Bataille, sa droite appuyée par la division Laveaucoupet et une des batteries de 12 de la réserve, sa gauche soutenue par la première brigade de la division Vergé et par la seconde batterie de 12, formait la première ligne.

« Le général Bastoul, campé à Spickeren et chargé de diriger le mouvement de la droite, avait reçu l'ordre d'envoyer deux bataillons pour s'emparer du village de Saint-Arnual et ensuite des hauteurs qui le dominent, tandis que le reste de sa brigade descendant dans le ravin situé en avant de Spickeren devait attaquer de front les positions qui se trouvent à droite de la route de Forbach à Sarrebruck.

« L'autre brigade de la division Bataille avait pour objectif la position dite du champ de bataille ; elle était éclairée par trois escadrons du 5ᵉ chasseurs.

« Enfin, le colonel du Ferron, du 4ᵉ chasseurs, avec un escadron de son régiment et deux bataillons de la 1ʳᵉ brigade de la division Vergé, devait pousser une reconnaissance jusqu'à Gersweiler, pour relier les mouvements du 2ᵉ corps à ceux du maréchal Bazaine.

« Les troupes ont quitté leurs bivacs entre neuf et dix heures. Le lieutenant colonel Thibaudin, du 67ᵉ, chargé avec deux bataillons de son régiment du mouvement offensif sur Saint-Arnual, trouva ce village fortement occupé et défendu par des batteries de position placées sur la rive droite de la Sarre.

« Pour combattre cette artillerie, le général Michels, dont la brigade était venue appuyer le mouvement du général Bastoul, fit avancer une batterie du 15ᵉ régiment qui ouvrit efficacement son feu sur l'artillerie prussienne.

« Soutenu par un bataillon du 40ᵉ de ligne et par la compagnie du génie de la 3ᵉ division, aidé par le mouvement tournant du colonel Mangin qui, avec le reste du 67e et avec le 66e, descendait sur sa gauche, le lieutenant-colonel Thibaudin put enlever le village de Saint-Arnual et le faire occuper par le bataillon du 40e et par la compagnie du génie ; puis les bataillons du 67e abordèrent avec un grand élan les pentes du mamelon de Saint-Arnual et vinrent s'établir sur le couronnement en face de Sarrebruck.

« Le 66e, avec non moins de résolution, s'emparait des hauteurs jusqu'au champ de manœuvres, chassant successivement l'ennemi de toutes ses positions.

« Au même moment, le général Bataille portait rapidement sa première brigade sur les pentes à gauche de la route de Sarrebruck, reliant le mouvement de sa 2e brigade par un bataillon du 23e.

« Marchant par bataillons déployés, couverts par de nombreux tirailleurs, les bataillons du 23e et du 8e de ligne ont résolûment enlevé les différents ravins qui coupent ce pays très-difficile et très-boisé. Un bataillon du 8e de ligne, se faufilant à travers les bois, a suivi la voie ferrée jusqu'à la hauteur du village de Trotrany, où il a rallié les bataillons du régiment, et ils ont abordé ensemble le champ de manœuvres par sa droite.

« En arrivant sur les hauteurs, le général Bataille fit établir une de ses batteries en avant des lignes du 66e et une autre sur le champ de manœuvres pour battre la gare et éteindre le feu de l'artillerie ennemie, qui avait pris possession sur la gauche de Sarrebruck. Celle-ci ne put soutenir notre feu, et elle dut se reporter plus en arrière.

« La batterie de 12 de la réserve vint, par mon ordre, appuyer le feu de la batterie du champ de manœuvres, et, en dernier lieu, la batterie de mitrailleuses de la 2e division vint jeter un désordre complet au milieu des colonnes d'infanterie qui évacuaient la ville.

« Pendant ce combat d'artillerie, les troupes purent acclamer S. M. l'Empereur et le Prince impérial sur le terrain même d'où elles venaient de déloger l'ennemi.

« Les mouvements de l'infanterie ont été parfaitement secondés par le 5e régiment de chasseurs, sous les ordres du colonel de Sereville. Les escadrons, appuyés par les tirailleurs d'infanterie, fouillaient tous les plis de terrain et couronnaient rapidement les crêtes, d'où ils pouvaient signaler l'ennemi.

« Le 12e bataillon de chasseurs et la compagnie du génie de la 2e division formaient la réserve du général Bataille; ils ont rallié les troupes de la 1re brigade sur le champ de manœuvres.

« La 1re brigade de la division Vergé, formant seconde ligne, s'est constamment maintenue à 4 ou 500 mètres de la 1re ligne, profitant pour se couvrir des mouvements du terrain.

« Les rapports qui me sont parvenus jusqu'à présent constatent les pertes suivantes :

« Le 66e a un officier tué, M. de Bar, lieutenant des francs-tireurs; M. le capitaine adjudant-major Privat,

blessé très-grièvement d'un coup de feu ; M. le lieutenant Laramey, l'épaule traversée ; 15 ou 16 blessés ou tués.

« Le 67e n'a pas d'officier atteint ; deux sous-officiers ont été enlevés par des boulets ; 20 hommes tués ou blessés.

« Le 8e de ligne, deux hommes blessés.

« La 3e division signale un sergent des éclaireurs tué et un soldat blessé.

« Je n'ai pas encore reçu le rapport du colonel du Ferron. On me rend compte qu'il aurait eu un engagement qui lui aurait coûté une dizaine de blessés.

« Je n'ai pas non plus le rapport du commandant du 10e bataillon de chasseurs à pied (3e division), envoyé vers la droite sur la route de Sarreguemines à Sarrebruck.

« Les troupes campent sur les positions dont elles se sont emparées.

« J'ai fait établir quelques postes retranchés en avant de la position que les troupes occupent et sur leur flanc. On a élevé aussi quelques épaulements pour protéger les pièces et les canonniers de nos batteries.

« J'ai été très-satisfait de l'entrain et de la résolution des troupes sous mes ordres. Dans cette première journée, nos soldats ont fait preuve d'énergie pour supporter les fatigues d'une longue marche ascendante et pour combattre. Les chefs de corps se plaisent à constater le calme de leurs hommes, leur intrépidité et la confiance de plus en plus grande qu'ils ont dans leurs armes.

« Je me réserve de faire connaître à Votre Majesté les noms des militaires de tous grades qui méritent de lui être signalés particulièrement.

« Le chiffre de nos pertes, que je reçois à l'instant, s'élève à 6 tués et 67 blessés.

« Veuillez agréer,

« SIRE,

« L'hommage de mon profond respect.

« Le général de division, gouverneur du Prince impérial, commandant en chef le 2e corps.

« Signé : FROSSARD. »

Ajoutons à ce récit, pour démentir une croyance presque générale, que Sarrebruck ne fut pas occupé. Dès que la ville eût été évacuée, la défense fut donnée de dépasser une tranchée creusée sur le plateau qui la dominait.

Citons impartialement la dépêche officielle prussienne :

« Berlin, 4 août.

« Voici les détails que nous recevons de l'armée sur l'engagement qui a eu lieu mardi dernier à Saarbruck. Malgré un redoutable feu d'artillerie, nos avant-postes sont restés dans leurs positions jusqu'à ce que le mouvement de l'ennemi se fût complètement développé.

Après s'être formées en trois divisions, les troupes françaises se mirent en marche, et la faible garde prussienne
avancée évacua la ville et prit en bon ordre un autre
poste d'observation. La perte de notre côté, dans cette
escarmouche d'avant-poste, n'a été que de deux officiers
et soixante-dix hommes malgré les chassepots, les mitrailleuses et de nombreuses pièces d'artillerie; l'ennemi
paraît avoir considérablement souffert. Le même jour,
2 août, l'ennemi s'avança jusqu'à Reinheim, à l'est de
Sarreguemines, traversant en force la frontière, et deux
compagnies de tirailleurs ouvrirent le feu sur nos patrouilles; il n'y eut qu'un cheval blessé, l'ennemi se retira avant la chute du jour. Dans tous ces petits engagements nos troupes se sont admirablement compor-
tées »

Telle est la version prussienne; mais elle fut démen-
tie par une dépêche d'une feuille anglaise, bien connue
cependant pour être peu favorable à la France, le *Times*.
Il publia dans le numéro même où il reproduisait la
traduction du télégramme de Berlin, 4 août, une dépêche du Luxembourg, 4 août, 5 h. 40 m. du soir : on y
dit bien que les Français étaient en nombre supérieur,
trente mille contre six mille, mais ce n'est plus là une
sorte d'escarmouche, comme l'affirme la relation officielle prussienne.

Terminons cette relation du combat de Sarrebruck
par quelques détails anecdotiques.

Le maréchal Le Bœuf, en arrivant aux ambulances,
s'approche d'un blessé qui remplit l'air de ses cris. On
croit qu'il se plaint de ses blessures; ah bien, oui! il a
le délire, et crie sans discontinuer : « Mon général, des
cartouches, des cartouches! »

Un autre est blessé aux jambes; on l'entend dire :
« Ce n'est qu'une bagatelle, heureusement. Dans quinze
jours je reprendrai rang au feu, et gare à ceux que je
pourrai pincer; je viserai juste. »

Au moment où les Prussiens battaient en retraite,
des journalistes causent tranquillement avec des officiers du 23e sur le champ de manœuvres. Tout à coup
on entend crier :

« Couchez-vous à terre! »

Et chacun de s'agenouiller. C'étaient des fusées que
l'ennemi envoyait. On riposta par de vigoureuses mi-
traillades.

En somme, l'affaire de Sarrebruck ne fut pas une
bataille; les Prussiens ne nous ont pas attendus. Ils
étaient inférieurs en nombre, mais ils avaient l'avantage du terrain, de batteries fixes qui les couvraient, de
bois qui les abritaient.

L'effet moral fut grand dans les deux armées, car
notre première étape en pays ennemi était une victoire.
C'était d'un heureux augure, comme le disait notre
ami le baron Schop, dans le *National* :

« Ce petit combat enlevé haut la main, n'a pas une
grande signification au point de vue purement militaire; mais il aura un résultat moral excellent, et, sous

ce rapport, il a toute l'importance d'une bataille. Ce
que nous avons fait sur une petite échelle, nous le ferons
demain sur la grande échelle du champ de bataille,
si messieurs les Prussiens veulent bien nous faire
l'honneur de se mesurer avec nous. »

CHAPITRE XXVI

*Bataille de Wissembourg. — Le général Douay. — Proclama-
tions de Wilhem. — Surprise. — Courage des turcos. —
Mort du général Douay. — Le col du Pigeonnier. — Sanglante victoire. — Détails émouvants donnés par le Courrier
du Bas-Rhin.*

Hélas ! cette espérance fut déçue.

Trois régiments de la division du général Douay et
une brigade de cavalerie légère occupaient la petite
ville de Wissembourg.

Chef-lieu de l'arrondissement de Wissembourg (Bas-
Rhin) et place de guerre de 3e classe, cette ville — le
Sebusium des Romains — est située au pied des Vosges,
sur la rive droite de la Lauter.

Cette rivière franco-allemande prend sa source près
de Waldfischbach, dans la partie occidentale du canton
des Deux-Ponts (Bavière rhénane), et coulant au S.-E.,
vers la France, passe à Wissembourg pour aller se
jeter dans le Rhin, un peu au-dessous de Neubourg,
après un parcours de 65 kilomètres environ.

Wissembourg est à 58 kil. N. E. de Strasbourg,
67 kil. par le chemin de fer, et à 483 kil. E. de Paris,
sur la ligne du chemin de fer de Strasbourg à Mayence,
par 164 m. d'altitude.

C'est une sous-préfecture. Elle compte environ 5,300
habitants, et son principal commerce se fait en tabac,
eau-de-vie et graisse d'asphalte.

Wissembourg a été quelque temps considéré comme
une place forte. Ses fortifications actuelles datent de
1746 et ne sont pas bien importantes. Elle a trois portes : celles de Landau, de Haguenau et de Bitche. Non
loin de cette dernière porte, on remarque, à gauche, le
Pigeonnier (*Scherrhohl*), une des plus hautes montagnes de la chaîne des Vosges; elle est élevée de 504
mètres au-dessus du niveau de la mer. C'est à partir de
cette montagne que commencent les redoutes connues sous le nom de *lignes de Wissembourg*; elles se
prolongent jusqu'à Lauterbourg et furent exécutées, en
1704, d'après les ordres du maréchal de Villars.

Il y avait là en tout sept ou huit mille hommes,
guidés par des chefs expérimentés.

Le général Peltier de Montarie avait sous ses ordres

le 16e bataillon de chasseurs à pieds, le 50e et le 78e régiment d'infanterie de ligne; le général Pellé un régiment de zouaves et un régiment de tirailleurs algériens; la brigade de cavalerie légère était sous les ordres du général de Septeuil et se composait du 3e régiment de hussards, colonel Tillard, et du 11e régiment de chasseurs à cheval, colonel Dastugue.

Le général Douay (Charles-Abel) avait fait ses preuves. Né en mars 1809, il était chef de bataillon au 9e de ligne en 1844; en 1848, commandant du brave 8e bataillon de chasseurs à pied, illustré par l'héroïque dévouement de Sidi-Brahim; lieutenant-colonel du 43e de ligne, puis colonel du 63e, du 6 janvier 1852 à 1855. A la formation de la garde impériale, le colonel Douay avait reçu le commandement du 2e régiment de voltigeurs, à la tête duquel il se trouvait depuis les affaires de juin 1855 jusqu'à celle définitive de l'attaque de Malakoff le 8 septembre.

Promu général de brigade en décembre 1855, au retour de la garde à Paris, à la suite de la guerre d'Orient, Charles-Abel Douay eut d'abord le commandement d'une brigade active à l'armée de Lyon.

En 1859, il fut placé à la tête de la 2e brigade de la 1re division (de Luzy-Pelissac) du 4e corps.

Le matin de la bataille de Solferino, dans la plaine de Médole, le général Douay, chargé d'opérer sur la gauche et d'enlever le village, passa énergiquement à travers tous les obstacles, s'emparant une à une des maisons, des fermes qui défendaient les abords de la position, puis s'élança sur les talons de l'ennemi, vers Rebecco, village situé sur la route de Guidizzolo.

Le général se montra très-brillant dans cette glorieuse journée. A la suite de la campagne, il eut le commandement d'une brigade de l'armée de Paris, puis celui très-important de Lyon et de la subdivision du Rhône jusqu'en 1866, époque de sa promotion au grade de général de division, 12 août. Depuis lors, le général Douay avait commandé la 7e division territoriale à Besançon. Il avait inspecté en 1869, l'école de Saint-Cyr.

A Wissembourg, il était à la tête de la 2e division du 1er corps d'armée, commandé par le maréchal Mac-Mahon.

Ni le général ni les soldats ne se doutaient de l'approche de l'ennemi, et cependant, à la faveur des bois qui bordent la Lauter, s'avançait une masse compacte de plus de 70,000 hommes.

C'étaient les 5e et 11e corps de l'armée prussienne et le 2e corps bavarois.

Chaque corps prussien est formé de deux divisions, chacune de deux brigades d'infanterie et d'une brigade de cavalerie. Voici l'énumération des régiments prussiens formant ces deux corps:

5e corps, infanterie: les 58e, 59e; grenadiers du roi n° 7, le 47e; grenadiers de la Prusse occidentale n° 6; le 46e; régiment de fusiliers n° 37; le 30e, le 1er bataillon des chasseurs de Silésie n° 5.

Cavalerie: 5e cuirassiers, 4e et 14e dragons, 1er et 10e uhlans, 2e des hussards de la garde.

Artillerie: 5e, pionniers, etc.

2e corps, infanterie: fusiliers de la Poméranie n° 34; fusiliers de la Hesse n° 80; le 82e, le 88e, le 32e, le 95e, le 83e, le 94e et le 11e bataillon de chasseurs (Hesse).

Cavalerie: 5e dragons, 6e uhlans, 1er et 2e hussards.

Artillerie: 11e.

En tout, sans l'artillerie, 16 régiments d'infanterie, 2 bataillons de chasseurs à pied, 10 régiments de cavalerie, sans compter le 2e corps bavarois, dont nous ne connaissons pas exactement la composition, mais qui présentait dans tous les cas un effectif très-considérable; ce corps forme, en effet, à lui seul, la moitié de toute l'armée bavaroise.

Dans la matinée du 4 août, cette formidable armée descend des collines boisées. Elle a été surexcitée par des proclamations du roi Guillaume 1er, répandues à profusion.

En quittant Berlin, il avait lancé ce manifeste à son peuple:

« Je me rends aujourd'hui à l'armée, je vais partager ses combats pour l'honneur de l'Allemagne, pour la conservation de nos biens les plus précieux; à ce moment, et en considération de l'élan unanime de mon peuple, je veux accorder une amnistie pour les crimes et délits politiques. J'ai donné l'ordre au ministère d'État de me soumettre une ordonnance conçue en ce sens.

« Mon peuple sait comme moi que la rupture de la paix et l'hostilité ne sont véritablement pas de notre côté.

« Mais provoqués, nous sommes résolus, comme nos pères, et dans une ferme confiance en Dieu, à soutenir le combat pour le salut de la patrie.

« Berlin, le 31 juillet 1870.

       « WILHELM. »

Arrivé le 2 août à Mayence, et descendu au palais Grand-Ducal, il avait pris immédiatement le commandement en chef des troupes prussiennes, bavaroises, badoises, etc.; il avait annoncé par ces mots son arrivée aux troupes déjà réunies autour du quartier général et dans les positions qu'elles devaient occuper:

« Soldats,

« Toute l'Allemagne, animée par le même sentiment, se trouve sous les armes contre un État voisin qui nous a déclaré la guerre sans motif et par surprise. Il s'agit de la défense de notre patrie et de nos foyers menacés.

« Je prends le commandement des armées réunies et je vais marcher à un adversaire qu'un jour nos pères ont combattu glorieusement dans la même situation.

« L'attention pleine de confiance de toute la patrie, la mienne est fixée sur vous.

« Dieu sera avec notre juste cause. »

Ainsi fanatisée, l'armée que commande ou plutôt qu'accompagne le prince Fritz, l'héritier du trône, surprend nos régiments tranquillement occupés à faire la soupe. Ils se lèvent; ils ont bientôt défait les faisceaux, et ils engagent résolûment la bataille à l'endroit même où on livra bataille aux Autrichiens en 1793.

On fait d'abord feu à 200 mètres; plus tard à cinquante pas.

Le front ennemi se développait sur une étendue de 3 kilomètres; quant à la profondeur, elle était énorme.

A trois reprises différentes, nos vaillantes troupes entendent sonner le rappel; mais leur élan est tel qu'il est impossible de les ramener.

Deux fois, nos braves turcos s'emparent de huit pièces de canon, et deux fois elles sont reprises par les Prussiens.

Mais il faut céder au nombre!

Le général Douay est tué.

Un canon, dont les chevaux avaient été tués et l'affût brisé, tombe au pouvoir de l'ennemi, et les Français, en abandonnant cinq cents prisonniers, se replient sur le col du Pigeonnier (le *Scherrhohl*), point où commençait la série de redoutes, actuellement détruites, appelées lignes de Wissembourg.

Les Prussiens avaient remporté la victoire; mais ils l'avaient chèrement achetée. La dépêche prussienne, datée du village de Niederrothenbach, 4 août, 5 heures 55 minutes du soir, la qualifie de *victoire brillante mais sanglante*, et avoue que les grenadiers du roi et le 59e régiment ont beaucoup souffert.

Le récit le plus complet, le plus exact et le plus saisissant de ce combat est celui de M. Gustave Fischbach fils, du *Courrier du Bas-Rhin*. Dès les premières nouvelles qui parurent à Strasbourg, il se hâta de quitter la ville et de se rendre à Haguenau, d'où il écrivait, le 5 août, à 2 heures du matin :

« Des bruits qui ont couru hier dans la journée à Strasbourg n'étaient malheureusement que trop fondés. Nos soldats, disons-le tout de suite, ont été écrasés par le nombre. Huit ou dix mille hommes de notre armée ont lutté pendant six heures contre 80,000 ennemis.

« Le 74e et le 50e de ligne, le 16e bataillon de chasseurs à pied, un régiment de turcos, un régiment de chasseurs à cheval campaient la nuit dernière dans les environs de Wissembourg. Des éclaireurs, des patrouilles, envoyés en reconnaissance sur la frontière, n'avaient signalé la présence d'aucun ennemi et l'on ne s'attendait pas à une prochaine affaire. Ce matin, à l'aube, une vigoureuse canonnade se fit entendre, et l'armée allemande, immense, artillerie, cavalerie, infanterie, se montra sur les hauteurs de Schweigen, le premier village bavarois de la frontière, et de tous côtés alentour. Les premières bombes tombèrent sur Wissembourg, dont elles allumèrent bientôt la caserne et ensuite d'autres bâtiments.

« Le 50e de ligne était en train de faire la soupe du matin lorsque les balles vinrent l'assaillir dans son camp. Le général Douay, qui commandait la division, ordonna alors un mouvement en avant; les soldats laissèrent là tout l'équipement, jetèrent les sacs qu'ils avaient commencé à boucler et s'élancèrent au feu. Les troupes françaises n'avaient que trois pièces de canon, l'ennemi avait une artillerie formidable qui lançait des bombes et des obus au milieu de nos rangs. Nos soldats s'abritèrent derrière des fermes près de Wissembourg, mais bientôt le canon les délogea de cette position; ils étaient écrasés par le nombre des Allemands, qui augmentait à chaque instant et atteignait, comme je l'ai dit, le nombre de 80 ou 100,000 hommes.

« Les turcos se sont battus comme des lions; ils ont chargé l'ennemi à la baïonnette, mais ils ont été mitraillés.

« Les deux régiments de ligne ont fait des prodiges aussi; officiers et soldats ont éprouvé des pertes cruelles.

« Une nouvelle terrible vint aussi troubler nos soldats : le général Douay venait d'être tué par un obus, et le général de Montmarie était blessé. Les Allemands tiraient toujours avec leurs nombreuses bouches à feu sur nos troupes, sur les maisons et les fermes, incendiant tout ce qui se trouvait à leur portée.

« Au milieu de la bataille arrive en chemin de fer un détachement de ligne, ignorant ce qui se passait et qui allait rejoindre son régiment. On arrête le train à Hanspach; nos soldats sautent de wagon, arment leurs fusils et se jettent dans la mêlée. Elle a duré jusqu'à deux heures, cette lutte de un contre dix. Les Français se retirèrent par les bois et les vignes, poursuivis une dernière fois par la mitraille ennemie.

« Les turcos s'étaient emparés déjà de huit canons, qui leur furent repris après un combat acharné, très-meurtrier pour eux, mais dans lequel ils ont à moitié détruit un régiment de hussards prussiens. On n'a pas eu le temps de ramasser les armes, les tentes; les blessés sont restés en partie sur le champ de bataille.

« Je suis arrivé à Haguenau à huit heures du soir. Dans les rues, des groupes nombreux parlent avec animation des événements du jour. Puis, un triste spectacle : de longues files de voitures, attelées de bœufs ou de chevaux, couvertes de quelques meubles et de literie, et portant des hommes, des femmes, de petits enfants en pleurs. Ce sont les habitants de Riedseltz, de Schœnenbourg, des villages voisins, qui fuient devant les bandes ennemies. Ils s'installent dans la rue, sous les arbres, et la foule les entoure.

« Ils pleurent et s'imaginent que leurs villages sont en feu.

« Ensuite entrent par la porte de Wissembourg les soldats de nos régiments engagés dans cette lutte inégale de la journée. Ils arrivent fatigués, brisés, n'ayant pas mangé depuis vingt-quatre heures, pleurant un chef, un camarade. J'en interroge quarante, cinquante,

et ils disent tous que s'ils avaient été 20,000 seulement, ils auraient repoussé l'ennemi, car leurs petites
colonnes l'ont tenu plusieurs fois en échec.

« Un sergent-major de ligne me raconte la bataille
comme je l'ai racontée plus haut. Quelques blessés arrivent, s'appuyant sur leurs fusils. Un turco nous montre
son bras traversé par une baïonnette; un autre turco
apporte le sabre de son capitaine tué à côté de lui; il
embrasse l'arme de son malheureux chef.

« Tout cela était triste et produisait, dans le silence
de la nuit, un effet extraordinaire.

« A onze heures arrivent deux voitures de blessés,
qu'on transporte dans les ambulances; à minuit, je
vois encore les sœurs de charité courir par les rues,
cherchant des remèdes, des aides, se dévouant d'une
façon remarquable.

« A une heure du matin, le tambour bat dans les
rues de Haguenau; on réunit les pompiers et on les
expédie sur la route; ils doivent recueillir les blessés et
aider à enterrer les morts.

« Un fait encore à l'honneur de nos braves régiments. Ils n'ont perdu ni un drapeau ni un canon.

« J'écris sous l'impression fort vive produite par les
événements que l'on me raconte et ceux auxquels j'assiste. Le récit de l'engagement est celui que m'ont fait
vingt soldats d'une façon à peu près identique.

« Leurs narrations, comme on le pense, se ressen-
taient de l'émotion que leur fait éprouver une lutte aussi
chaude, et si j'avais commis quelques inexactitudes ou
quelques omissions, qu'on veuille l'attribuer à la disposition d'esprit de ceux qui m'instruisaient et à la fièvre
toute naturelle qui agite celui qui écrit sur des sujets
aussi palpitants. »

CHAPITRE XXVII

Agitation de Paris. — Soirée du 5 août. — Troubles de la
rue Richelieu et de la rue Vivienne. — Journée du 6. —
Grande victoire annoncée. — Désillusion. — Visite au garde
des sceaux. — Discours de M. Émile Ollivier. — Proclamation des ministres. — Conclusion.

Un revers plus terrible encore nous attendait le lendemain.

L'impression qu'il produisit fut d'autant plus grande
que les dépêches communiquées par le ministère de l'intérieur permettaient d'espérer un succès.

Paris était inquiet, agité, tumultueux. Dans l'après-
midi du 5 août, au moment où les journaux du soir
étaient mis en vente et où la nouvelle de l'affaire de
Wissembourg se répandait, une troupe de jeunes gens
qui chantaient la Marseillaise passait devant la maison

de change Léon et Droher, située à l'angle du boulevard Montmartre et de la rue Richelieu.

Un employé, Prussien d'origine, se mit à crier du
seuil de la porte :

— Nous avons la revanche de Sarrebruck. Vous en
verrez bien d'autres ! Vive la Prusse !

L'ahurissement des auditeurs de cette apostrophe est
aisé à concevoir. Dans tout autre pays que la France,
l'auteur d'une phrase de ce genre dans une situation
analogue eût été écharpé sur-le-champ.

Les passants s'arrêtèrent, des groupes se formèrent
et, l'employé répétant son : « Vive la Prusse ! » l'indignation devint unanime. D'un coup de poing bien appliqué, un autre commis de la même maison, mais
Français, celui-ci, envoya rouler l'impudent bravache
dans le fond du magasin.

Presque aussitôt des sergents de ville accoururent du
poste de la mairie Drouot, et peu après un commissaire de police. La boutique de change fut fermée, et
quelques pavés furent lancés contre les volets et les
carreaux donnant du jour dans l'intérieur.

Sur les volets furent écrits ces mots à la craie :

Fermé pour cause d'insulte à la France.

Fermé jusqu'à la prise de Berlin.

Ordre du peuple.

Ces diverses inscriptions furent acclamées par la
foule toujours grossissante.

Un écusson aux armes de Russie surmontait ce magasin; elle le prit pour les armes de Prusse et lui lança
des pierres. Alors un garde national accrocha aux volets un écriteau portant cette inscription :

Respect aux armes de la Russie.

A cette vue, des bravos répétés et des cris : « Vive la
Russie ! » se firent entendre.

Une inscription ainsi conçue a été placée sur la devanture :

« Nous faisons appel à la patience du peuple, et nous
lui promettons qu'une prompte satisfaction sera donnée
à son patriotisme. »

Des troubles analogues avaient lieu simultanément,
dont une partie se détacha peu après pour se porter
devant la maison d'affinage de métaux d'or et d'argent
de M. Hirsch, située au n° 99 de la rue Richelieu.

La boutique était fermée déjà, et les agents de la
force publique, accompagnés d'un officier de paix, purent sans peine empêcher qu'on n'arrachât les grilles
qui en garnissent la devanture.

Quelqu'un écrivit, à la craie, sur les volets :

Mort aux Prussiens !

et de chaque côté :

Article 77 !

Cet article 77 du Code pénal avait été rappelé dans
une note officielle du 27 juillet; en voici les termes :

« Sera puni de mort quiconque aura pratiqué des manœuvres ou entretenu des intelligences avec les ennemis de l'État, à l'effet de faciliter leur entrée sur le territoire et dépendances de l'Empire, ou de leur livrer des villes, forteresses, places, postes, ports, magasins, arsenaux, vaisseaux ou bâtiments appartenant à la France, ou de fournir aux ennemis des secours en soldats, hommes, *argent*, vivres, armes ou munitions, ou de seconder les progrès de leurs armes sur les possessions ou contre les forces françaises de terre ou de mer, soit en ébranlant la fidélité des officiers, soldats, matelots ou autres envers l'Empereur et l'État, soit de toute autre manière. »

Comme les assaillants de la maison Hirsch manquaient de pierres, ils lancèrent des gros sous contre les volets et les vitres laissés à découvert de la boutique, dont on ne pouvait que difficilement approcher.

La consonnance germanique du nom de M. Hirsch avait induit en erreur les émeutiers, qui se calmèrent vite quand plusieurs personnes leur expliquèrent que l'honorable changeur était un Belge naturalisé Français.

Les rassemblements qui se formaient toujours devant la maison Léon et Dreher ne s'apaisèrent que lorsque cette lettre eût été publiée par les journaux :

« Paris, 5 août 1870.

« Monsieur le rédacteur,

« Un fait des plus regrettables s'est passé devant notre bureau aujourd'hui vers cinq heures. Un mot mal entendu, dans une conversation qui avait lieu à notre porte, a produit cet incident fâcheux et le rassemblement qui en a été la suite.

« Nous sommes *Français*, nés *Français*, et tout dévoués à la cause française, pour laquelle nous sommes prêts à faire tous les sacrifices que tout bon patriote doit s'imposer dans les circonstances actuelles.

« Pour le prouver, nous envoyons à M. le maire de notre arrondissement une somme de *mille* francs pour les blessés de notre brave armée.

« Nous comptons, monsieur le rédacteur, sur votre obligeance pour vouloir bien insérer notre lettre dans votre plus prochain numéro, afin de faire cesser un état de choses qui nous porte atteinte comme bons citoyens et comme bons Français.

« Veuillez agréer d'avance nos remerciments et nos salutations empressées.

« Léon et Dreher,
« Changeurs de l'ambassade impériale de Russie. »

Sur les autres points de la capitale, surtout aux environs des kiosques, se formèrent dans la même soirée des groupes compactes. On y pérorait; on se communiquait les rares nouvelles reçues, on les commentait. Celui-ci parlait de la capture du prince Frédéric-Charles, celui-là de Sarrelouis; un autre exaltait la valeur et les

moyens de Mac-Mahon, de Bourbaki, etc. On s'attendait généralement à voir paraître une édition spéciale du *Journal officiel*, fournissant des détails dont chacun était avide.

Aussi, le lendemain, accueillait-on avec crédulité la nouvelle d'une grande victoire.

Il était une heure et demie; soudain, le bruit se répand aux alentours de la Bourse qu'une dépêche particulière, communiquée à un agent de change, annonce la capture de vingt-cinq mille prisonniers et la mort du prince Frédéric Charles. Bientôt on dit qu'elle est affichée. La Bourse se remplit de curieux; des hourras retentissent; le 3 p. 100 touche 69 fr.; les maisons se pavoisent, et des milliers de messagers volontaires courent, en poussant des acclamations et en agitant leurs chapeaux, annoncer au peuple la bonne nouvelle.

Capoul, qui se trouvait sur les marches de la Bourse, entonne la *Marseillaise*, que tous les assistants répètent en chœur, et plusieurs d'entre eux prétendent qu'à leurs chants se mêle, comme un accompagnement lointain, le canon des Invalides.

A deux heures vingt minutes, tout ce feu s'évanouissait en fumée.

La campagne de 1870 avait eu son Tartare, comme celle de 1853.

La dépêche affichée à la Bourse était celle-ci :

« Metz, 6 août, 6 h. 20.

« Le maréchal Mac-Mahon n'a pas eu le temps d'envoyer un rapport au quartier général; il a écrit simplement qu'il était toujours dans une bonne position, où il était rejoint par un autre corps d'armée. »

Alors l'enthousiasme se change en fureur. « Démolissons la Bourse! à bas les boursiers! » crie la multitude autour du monument, que les gardes de Paris font évacuer, ainsi que son périmètre. Un attroupement se porte place Vendôme et s'arrête devant l'hôtel du ministère de la justice; des cris confus qu'ils poussent, celui qui domine c'est : « Des nouvelles! des nouvelles! Fermez la Bourse! »

Une députation de trois personnes, parmi lesquelles se trouve un capitaine de la garde nationale, vient exposer à M. Émile Ollivier les vœux du peuple assemblé sur la place.

Le ministre paraît à son balcon et adresse à la foule l'allocution que voici :

« A l'heure qu'il est, nous n'avons du théâtre de la guerre aucune autre nouvelle que celles qui ont été communiquées aux journaux.

« Le bruit qui s'est produit aujourd'hui à la Bourse est une manœuvre indigne et scandaleuse.

« Nous vous donnerons toutes les nouvelles certaines aussitôt que nous les aurons reçues. Elles seront affichées; nous vous donnerons les bonnes nouvelles aussi bien que les mauvaises; les bonnes avec joie, les mauvaises avec confiance : je dis avec confiance, parce que nous croyons au patriotisme de la population parisienne que vous représentez.

« Nous savons que devant l'ennemi qui nous menace vous n'avez tous qu'un cœur et qu'une pensée.

« Songez à ces soldats héroïques, qui soutenaient, à Wissembourg, le choc de forces écrasantes. Il a fallu trois corps d'armée prussiens pour faire reculer une division française.

« Pendant que, sur la frontière du Rhin, nos frères versent leur sang pour la cause nationale, ayez aussi votre courage. Ils sont héroïques, soyez patients.

« Répandez-vous dans Paris : dites à vos concitoyens que la nouvelle qui leur a été donnée est un mensonge. —Dites-leur que nous prenons l'engagement d'honneur de publier toutes les nouvelles aussitôt qu'elles seront certaines. Nous vous demandons en retour de n'ajouter foi qu'aux renseignements officiels. »

Ici le ministre est interrompu par les cris : « Fermez la Bourse! Nous ne voulons plus de Bourse! »

M. Émile Ollivier répond :

« Vous me demandez de fermer la Bourse? Fermer la Bourse est une mesure très-grave qui ne peut être prise que par le gouvernement tout entier. Je ne veux promettre que ce que je suis certain de tenir. Mais ce que je puis affirmer, c'est que dès à présent des précautions sont prises pour empêcher que le scandale d'aujourd'hui se renouvelle.

Ayez confiance en nous, comme nous avons confiance en vous; allez répéter ce que vous venez d'entendre et séparons-nous en criant : « Vive la Patrie! »

La foule se sépare; mais elle revient le soir, plus courroucée que jamais. A cinq heures, plus de trois mille personnes stationnent devant le ministère de la justice. On demande que M. Émile Ollivier se montre et donne des explications au peuple.

Le garde des sceaux refusant de se montrer une seconde fois, les vociférations augmentent. Parmi les cris hostiles poussés par la foule contre le ministre, on distingue particulièrement ceux qui demandent le nom de l'auteur de la fausse nouvelle et réclament la liberté de la presse.

Vers cinq heures et demie, M. Émile Ollivier se décide à faire une seconde apparition au balcon du ministère et à prononcer un second discours dont voici la substance :

« Toutes les nouvelles qui m'arriveront seront immédiatement portées à la connaissance du public. Cependant il y a certaines nouvelles que nous ne vous dirons pas, parce qu'elles indiqueraient des mouvements de troupes qui, aussitôt connus à Paris, seraient immédiatement télégraphiés chez nos voisins et qui tourneraient au détriment de nos armes. Quant à l'auteur de la fausse nouvelle, il est arrêté. Je ne sais pas son nom. Mais quand même je le saurais, je ne vous le dirais pas avant que sa culpabilité soit prouvée.

« Si une pareille agitation se répétait souvent, ce serait donner une grande victoire à la Prusse et une triste idée de votre patriotisme. Dispersez-vous. »

Le rassemblement n'obéit que lentement à cette injonction. Les cris de Vive la liberté de la presse! à bas la Bourse! se prolongent, mêlés aux chants patriotiques, aux clameurs contre le ministère.

Dans la soirée est affichée cette proclamation :

LE CONSEIL DES MINISTRES
A la population de Paris.

Vous avez été justement émus par une odieuse manœuvre.

Le coupable a été saisi et la justice informe. Le gouvernement prend les mesures les plus énergiques pour qu'une telle infamie ne puisse plus se renouveler.

Au nom de la patrie, au nom de notre armée héroïque, nous vous demandons d'être calmes, patients et de maintenir l'ordre.

Le désordre à Paris, ce serait une victoire pour les Prussiens.

Aussitôt qu'une nouvelle certaine arrivera, de quelque nature qu'elle soit, bonne ou mauvaise, elle vous sera immédiatement communiquée.

Soyons unis et n'ayons en ce moment qu'une pensée, qu'un vœu, qu'un sentiment : le triomphe de nos armes.

Le 6 août 1870, à six heures.

Émile Ollivier, duc de Gramont, Chevandier de Valdrôme, Segris, général Dejean, Louvet, amiral Rigault de Genouilly, Plichon, Maurice Richard, de Parieu.

Malgré ces exhortations, ce n'est qu'à une heure très-avancée de la nuit que Paris retrouve le silence et la tranquillité.

Ses vagues pressentiments ne le trompaient pas.

La victoire désertait nos drapeaux, alors qu'il supposait qu'elle les avait servis.

Dans la suite de ce travail, nous raconterons les événements douloureux qui s'étaient accomplis, ceux qui en furent les conséquences, nos revers, nos revanches; l'investissement et la résistance de Paris; toutes les péripéties de la lutte sanglante, héroïque et grandiose de la France contre l'Allemagne, que le roi de Prusse et M. de Bismark avaient eu l'art de fanatiser. Nous dirons aussi nos négociations; nos révolutions intestines; nos discordes civiles; l'avénement de la République; le règne de la Commune; la constitution d'une Assemblée nationale; la nomination de M. Thiers comme chef du pouvoir exécutif; la conclusion de la paix; enfin, ces événements qui auraient pu remplir un siècle, et qui se sont accumulés, pour ainsi dire, en quelques jours.

FIN

ÉMILE
DE LA BÉDOLLIÈRE

H. ATTOUARD

HISTOIRE
DE LA GUERRE
1870-71

DEUXIÈME SÉRIE

CHAPITRE PREMIER

Premiers échecs. — **Batailles de Freschwiller,
ou Reischoffen.**

La première série de notre histoire de la guerre se
termine au 6 août, la veille du jour où Paris apprit
que la fortune trahissait la France !

Triste contraste ! hier une joie trompeuse, aujour-
d'hui une douleur trop justifiée !

Aux portes des mairies de Paris était affichée la proclamation que voici :

FRANÇAIS,

Jusqu'à cette heure, nous avons toujours donné, sans
réserve, toutes les nouvelles certaines que nous avons
reçues.

Nous continuons à le faire.

Cette nuit, nous avons reçu les dépêches suivantes :

« Metz, minuit et demi.

« Le maréchal Mac-Mahon a perdu une bataille; sur la Sarre, le général Frossard a été obligé de se retirer; cette retraite s'opère en bon ordre; tout peut se rétablir.

« NAPOLÉON. »

« Metz, 7 août, 3 h. 30 du matin.

« Mes communications étant interrompues avec le maréchal de Mac-Mahon, je n'ai pas eu de nouvelles de lui jusqu'à hier. C'est le général de Laigle qui m'a annoncé que le maréchal de Mac-Mahon avait perdu une bataille contre des forces considérables, et qu'il se retirait en bon ordre.

« D'un autre côté, sur la Sarre, un engagement a commencé vers une heure. Il ne paraissait pas très-sérieux, lorsque petit à petit les masses ennemies se sont accrues considérablement, cependant sans obliger le 2e corps à reculer. Ce n'est qu'entre six et sept heures du soir que les masses ennemies devenant toujours plus compactes, le 2e corps et les régiments qui le soutiennent se sont retirés sur les hauteurs. La nuit a été calme. Je vais me placer au centre de la position.

« NAPOLÉON. »

Mardi, 7 août, 4 h. 30 du matin.

« Le major général au ministre de l'intérieur.

« Après une série d'engagements dans lesquels l'ennemi a déployé des forces considérables, le maréchal Mac-Mahon s'est replié en arrière de sa première ligne.

« Le corps de Frossard a eu à lutter hier depuis deux heures contre une armée ennemie tout entière. Après avoir tenu dans ses positions jusqu'à six heures, il a opéré sa retraite en bon ordre.

« Les détails sur nos pertes manquent. Nos troupes sont pleines d'élan. La situation n'est pas compromise; mais l'ennemi est sur notre territoire, et un sérieux effort est nécessaire. Une bataille paraît imminente. »

En présence de ces graves nouvelles, notre devoir est tracé. Nous faisons appel au patriotisme et à l'énergie de tous.

Les Chambres sont convoquées.

Nous mettons d'urgence Paris en état de défense; pour faciliter l'exécution des préparatifs militaires, nous déclarons l'état de siège.

Pas de défaillances! Pas de divisions! Nos ressources sont immenses. Luttons avec fermeté, et la patrie sera sauvée!

Paris, le 7 août 1870, 6 h. du matin.

Par l'Impératrice régente :

Le garde des sceaux, ministre de la justice et des cultes,
ÉMILE OLLIVIER.

Le ministre des affaires étrangères,
DUC DE GRAMONT.

Le ministre de l'intérieur,   Le ministre des finances,
CHEVANDIER DE VALDROME.   SEGRIS.

Le ministre de la guerre par intérim,
GÉNÉRAL VICOMTE DEJEAN.

Le ministre de l'agriculture et du commerce,
LOUVET.

Le ministre de la marine et des colonies,
AMIRAL RIGAULT DE GENOUILLY.

Le ministre des travaux publics,
PLICHON.

Le ministre de l'instruction publique,
MÉGE.

Le ministre des lettres, sciences et beaux-arts,
MAURICE RICHARD.

Le ministre présidant le conseil d'État,
E. DE PARIEU.

Dans le courant de la journée parut cette courte proclamation de l'Impératrice régente, avec le contre-seing de tous les ministres :

« FRANÇAIS,

« Le début de la guerre ne nous est pas favorable nos armes ont subi un échec. Soyons fermes dans ce revers et hâtons-nous de le réparer. Qu'il n'y ait parmi nous qu'un seul parti, celui de la France; qu'un seul drapeau, celui de l'honneur national.

« Je viens au milieu de vous. Fidèle à ma mission et à mon devoir, vous me verrez la première au danger pour défendre le drapeau de la France.

« J'adjure tous les bons citoyens de maintenir l'ordre. Le troubler serait conspirer avec nos ennemis.

« L'impératrice régente,

« EUGÉNIE. »

Paris était déclaré en état de siège, et le maréchal Baraguey-d'Hilliers, appelé au commandement de la place, interdisait tout attroupement, en annonçant que, pour maintenir l'ordre, il comptait sur le patriotisme de la population et de la garde nationale de Paris.

Deux échecs avaient motivé ces graves mesures.

Le 6, à une heure, des masses prussiennes considérables avaient attaqué le 3e corps, commandé par le général Frossard, que soutenaient deux divisions des autres corps.

Les ennemis paraissaient peu nombreux, parce qu'ils étaient embusqués dans les bois.

A cinq heures, ils semblaient être repoussés et renoncer à l'attaque; mais un nouveau corps arrivant de Werden, sur la Sarre, obligea le général Frossard à se retirer, après avoir tenu dans ses positions jusqu'à six heures.

Le gouvernement impérial, qui, dès ses premières défaites, adopta un système de mutisme et de dissimulation, n'a point de récit officiel de cette affaire. Le meilleur que nous puissions offrir à nos lecteurs, c'est celui de notre ami Chanloup, qui s'est si vaillamment jeté dans la mêlée qu'on l'a cru mort plusieurs jours après.

Ce récit, adressé au directeur du *National*, fait connaître très-exactement la tactique prussienne, qui consiste à s'avancer à la faveur des bois, à envoyer en avant-garde quelques hommes seulement, suivis à distance d'un détachement plus fort, qui précède lui-même d'autres corps échelonnés ; les détails soumis par Chanloup confirment ce que dit la dépêche impériale du 7 août, de *masses ennemies devenant toujours plus compactes.*

« Styren-Vendel, samedi 6 août, midi.

« MON CHER DIRECTEUR,

« Au moment où j'écris ces lignes, le canon gronde à un kilomètre de moi. Depuis une heure, une batterie prussienne d'artillerie est en train de bombarder les hauteurs occupées par l'artillerie française.

« Les nôtres ne répondent pas. Je présume que le feu de l'ennemi ne les atteint pas.

« Je suis arrivé hier au soir à dix heures à Forbach par une pluie battante. J'ai trouvé ce village encombré par des troupes de toutes armes, qui, à mesure qu'elles arrivaient, campaient dans les terrains environnants.

« Je me suis couché presque aussitôt, et ce matin j'étais sur pied à cinq heures. Je me proposais d'aller visiter les hauteurs dominant Sarrebruck, hauteurs que nos troupes occupaient depuis le 2 août. Un négociant de Lyon, logé dans la même chambre que moi, et depuis plusieurs jours à Forbach, m'accompagnait.

« Forbach, vous le savez, est à 9 kilomètres de Sarrebruck. La route est fort belle et bordée de peupliers. Le dernier village que l'on trouve avant d'arriver à la frontière se nomme Styren-Vendel. Ce village est dans un bas-fond. Au-dessus, du côté de la Prusse, sont les hauteurs qui dominent Sarrebruck, et dont les soldats s'étaient emparés dans la journée du 2 août.

« Quelle n'a pas été notre stupéfaction, lorsque nous nous sommes aperçus que ces hauteurs étaient évacuées! Soudain un régiment d'infanterie débouche du bois qui se trouve à la gauche de la route et qui borde des champs de pommes de terre. Nous reconnaissons l'uniforme français. C'est le 77e de ligne. Ce régiment se répand dans la plaine, et les grand'gardes vont prendre position à quelques centaines de mètres en avant.

« Deux pelotons, l'un du 7e, l'autre du 12e dragons, arrivent de Forbach au galop et viennent se grouper sur le flanc droit du 77e.

« Nous voulons avancer et aller jusqu'à la frontière, qui n'est plus qu'à 200 mètres à peine de nous. Un capitaine d'infanterie qui garde la route avec sa compagnie nous défend d'aller plus loin.

« Je cause avec ce capitaine, et voici ce que j'apprends de lui :

« Depuis le 2 août, nos troupes, maîtresses des positions qu'elles ont enlevées aux Prussiens, n'ont cessé de harceler ces derniers, afin de les forcer à en venir aux mains. Les Prussiens, abrités derrière Sarrebruck, ont refusé tout engagement.

« Hier au soir, un ordre du général Frossard, qui est allé à Metz, enjoignait aux divisions Vergé, Bataille et de Laveaucoupet de se retirer pendant la nuit derrière la frontière française.

« Cet ordre a été exécuté, et ce matin à la pointe du jour, il ne restait plus un seul soldat français sur cette partie du territoire prussien.

« L'artillerie est embusquée à la sortie d'un bois situé à 80 mètres au plus de la Prusse. La cavalerie est rentrée à Forbach. Le 76e, qui fait brigade avec le 77e, s'est replié encore plus en arrière. Le 3e chasseurs à pied campe devant Forbach. Seul le 77e reste dans la plaine, en vue de l'ennemi. C'est le régiment qui a évacué le dernier les hauteurs de Sarrebruck.

« — Le but de cette manœuvre, me dit le capitaine, est d'attirer les Prussiens en rase campagne. Ils vont croire que nous restons seuls et nous attaquer. Alors notre artillerie va les mitrailler, et les autres régiments vont les cerner.

« Nous continuons la conversation, lorsque soudain nous apercevons un régiment d'infanterie prussienne qu'on suppose être le 40e, le même qui a donné dans la journée du 2 août; il apparaît au haut de la colline, et reprend les positions qu'il a perdues dans le dernier combat. Quelques escadrons de cavalerie ne tardent pas à le suivre; mais ces troupes ne font pas mine de vouloir descendre la colline et venir à nous.

« Cependant trois cavaliers prussiens arrivent en éclaireurs. On les laisse approcher à une demi-portée de chassepots. Les grand'gardes tirent alors sur eux. Deux de ces cavaliers tournent bride et s'enfuient; ni eux, ni leur monture n'ont été atteints. Leur camarade, moins heureux, est tombé, et son cheval arrive au galop au milieu de nos rangs, où les dragons s'en emparent.

« Quelques minutes après, on ramasse le cavalier ennemi. Ce n'est plus qu'un cadavre; une balle lui a traversé la gorge. C'est un tout jeune homme à tête blonde, à mains aristocratiques; il vomit le sang par la bouche. Ce spectacle m'a navré.

« (Au moment où j'achève cette phrase, la canonnade retentit avec plus de force que jamais; je sors et je m'aperçois que l'action est engagée sur toute la ligne. Je reprends mon récit.)

« Les éclaireurs prussiens continuent à s'avancer de temps en temps. Nos artilleurs les accablent de coups de fusil.

« Des officiers d'état-major sillonnent la route en tous sens. Ils portent des ordres. Les généraux Jolivet et Vergé arrivent à dix heures, et donnent l'ordre aux dragons d'avancer. Ceux-ci vont prendre position à 500 mètres des Prussiens.

« La canonnade devient tellement forte, le brouhaha est tel devant l'auberge d'où je vous écris, que mes idées se confondent et que je vous prie d'excuser le décousu de cette correspondance.

« A dix heures et demie, arrivent deux autres escadrons de dragons; un peu plus tard, quatre pièces d'artillerie, puis le 3e chasseurs à pied en entier.

« Les fusillades isolées ne cessent pas. A onze heures les Prussiens commencent la canonnade. Il n'y a que quelques minutes que notre artillerie a commencé à riposter.

« Que va-t-il se passer? je l'ignore encore. Si nous avons le dessus, allons-nous avancer jusqu'à Sarrebruck? Voilà ce que tout le monde se demande.

« Je termine cette correspondance pour aller voir l'action de plus près.

« A ce soir donc! »

                              « Forbach, 3 heures et demie.

« Je rentre à Forbach, je suis resté sur le champ de bataille jusqu'à maintenant.

« Oh! que la guerre est affreuse! Que vous dirai-je? Les Français sont toujours des braves; mais quand on lutte à découvert contre un ennemi introuvable caché dans un bois épais, connu de lui seulement, comment peut-on avoir l'avantage?

« Nos soldats sont démoralisés: le 77e est écrasé, le 76e a moins souffert, le 3e chasseurs à pied est démembré; les soldats reculent, ceux du moins qui ne sont pas restés là-bas.

« Les Prussiens sont maîtres du village de Styren-Vendel. On vient d'établir des batteries de mitrailleuses à quelques distances pour les déloger.

« Des renforts arrivent de tous les côtés.

« Peut-être que la bataille n'est pas perdue.

« Les Prussiens suivent le bois; ils ne sont plus qu'à 1 kilomètre de Forbach. La panique est à son comble dans le bourg; toutes les maisons sont fermées.

« On peut évaluer le nombre des morts à 4 ou 500, presque tous du 77e de ligne et 3e chasseurs à pied. Autant de blessés, dont plusieurs officiers.

« A demain d'autres détails; je souffre trop pour en écrire davantage.

« Adieu!

                              « H. CHANLOUP.

« P. S. Au moment où je ferme ma lettre, j'apprends que la 2e division du 2e corps est aussi engagée à l'ouest de Forbach. J'ignore les résultats.   H. C. »

Quant à l'affaire qui a été appelée successivement la bataille de Freschwiller, de Reischoffen, ou de Wœrth, elle fut l'objet d'un rapport sommaire, mais très-net, du maréchal Mac-Mahon.

« J'ai l'honneur de rendre compte à Votre Majesté que, le 7 août, après avoir été obligé d'évacuer la ville de Wissembourg, le 1er corps, dans le but de couvrir le chemin de fer de Strasbourg à Bitche et les voies de communications principales qui relient le revers oriental des Vosges, occupait les positions suivantes :

« La 1re division était placée, la droite en avant de Freschwiller, appuyée à un bois qui couvre ce village. Elle détachait deux compagnies à Neuwiller et une à Jægersthal.

La 3e division occupait avec sa 1re brigade un contrefort qui se détache de Freschwiller et se termine en pointe vers Guersdorff; la 2e brigade appuyait sa gauche à Freschwiller et sa droite au village d'Elsashausen.

« La 4e division formait une ligne brisée à la droite de la 3e division, sa 1re brigade faisant face à Gunstadt et sa 2e vis-à-vis du village de Marsbronn qu'elle n'avait pu occuper faute de forces suffisantes. La division Dumesnil du 7e corps, qui m'avait rallié le 6 de grand matin, était placée en arrière de la 4e division.

« En réserve se trouvait la 2e division placée derrière la 2e brigade de la 3e division, et la 1re brigade de la 4e. Enfin, plus en arrière se trouvait la brigade de cavalerie légère sous les ordres du général de Septeuil, et la division de cuirassiers du général de Bonnemains; la brigade de cavalerie Michel, sous les ordres du général Duchesne, était établie en arrière de l'aile droite de la 4e division.

« A sept heures du matin, l'ennemi se présenta en avant des hauteurs de Guersdorff et engagea l'action par une canonnade bientôt suivie d'un feu de tirailleurs assez vif contre la 1re et la 3e division. Cette attaque fut assez prononcée pour obliger la 1re division à faire un changement de front en avant sur son aile droite afin d'empêcher l'ennemi de tourner la position générale. Un peu plus tard, l'ennemi augmenta considérablement le nombre de ses batteries et ouvrit le feu sur le centre des positions que nous occupions sur la rive droite de la Sauerbach. Bien que plus sérieuse et plus fortement accentuée que la première, qui se continuait d'ailleurs, cette seconde démonstration n'était qu'une fausse attaque qui fut vivement repoussée.

« Vers midi, l'ennemi prononça son attaque vers notre droite. Des nuées de tirailleurs, appuyées par des masses considérables d'infanterie et protégées par plus de 60 pièces de canon placées sur les hauteurs de Gunstadt, s'élancèrent sur la 4e division et sur la 2e brigade qui occupaient le village d'Elsashausen.

« Malgré de vigoureux retours offensifs plusieurs fois répétés, malgré les feux très-bien dirigés de l'artillerie et plusieurs charges brillantes des cuirassiers, notre droite fut débordée après plusieurs heures d'une résistance opiniâtre. Il était quatre heures. J'ordonnai la retraite. Elle fut protégée par les 1re et 3e divisions, qui firent bonne contenance et permirent aux troupes de se retirer sans être trop vivement inquiétées.

« La retraite s'effectua sur Saverne par Niederbronn, où la division Guyot de Lespart, du 5e corps, qui venait d'y arriver, prit position et ne se retira qu'après la nuit close.

« J'adresse sous ce pli à Votre Majesté le nom des officiers blessés, tués ou disparus. Cette liste est incomplète et je vous l'enverrai dès qu'elle m'aura été fournie en entier.

« Veuillez agréer, etc.

« *Signé* : Maréchal MAC-MAHON. »

D'après les renseignements fournis par des officiers et par des témoins oculaires, d'après le résumé si fidèle qu'en a fait M. Amédée Achard dans le *Constitutionnel*, le maréchal, dès le matin, occupait en personne, avec une partie de ses troupes, une ligne droite en avant de Reischoffen, faisant face à l'ennemi.

Reischoffen est une petite ville de l'arrondissement de Wissembourg (Bas-Rhin), à quarante-deux kilomètres de cette place. Station du chemin de fer allant de Niederbronn à Haguenau; elle a seulement 2,700 habitants.

Ville ouverte, divisée en partie haute et en partie basse; cette dernière partie a été autrefois fortifiée et on peut encore voir les traces des anciens murs.

Située dans une belle vallée qu'arrosent le Falkensteinbach et le Schwarzbach, et que traversent les routes de Strasbourg à Bitche et de Bouxwiller à Wissembourg, elle est le siège d'une brigade de gendarmerie à cheval et d'un bureau des douanes de 2e ligne.

Le territoire, calcaire, argileux, marneux, est en partie sablonneux et boisé.

Son établissement métallurgique est considérable. Il comprend une scierie hydraulique et un atelier de construction où l'on fabrique des machines à vapeur, des ponts en fonte suspendus, etc. Il y a aussi nombre de fabriques de cuir, de papier, de garance, d'huile, etc.

Après s'être placé en avant de cette ville, Mac-Mahon disposa le reste de ses divisions en deux corps d'égale force, établis en potence : l'un, celui de gauche, occupant Wœrth; l'autre, à la droite, le village d'Eberbach.

La ligne de bataille représentait donc un triangle dont la pointe était tournée vers la frontière.

Vers dix heures, un premier corps d'armée fort de 60,000 hommes se présente, menaçant la position du maréchal, et cherchant à passer entre Reischoffen et Wœrth. Il arrivait par la route de Niederbronn.

Dès les premiers engagements de tirailleurs, suivis promptement d'une vive attaque, le maréchal appelle le corps placé à Eberbach et le range en bataille en face de l'ennemi qu'il arrête et, bientôt après, force à un mouvement de recul.

Ce fut alors qu'un nouveau corps d'armée, fort également de 60,000 hommes se présente, menaçant la position du maréchal, et cherchant à passer entre Reischoffen et ment de 60,000 hommes, déboucha de Wœrth, qui en avait dissimulé la marche, et lança ses profondes colonnes sur les régiments placés en avant de Wœrth.

33,000 hommes se trouvaient en présence de 120,000 pourvus d'une énorme artillerie.

Mais ces deux armées qui unissaient leurs canons et leurs mitrailleuses se heurtent contre des hommes que la certitude d'une mort presque inévitable n'ébranle pas. Une pluie de fer et de plomb, les obus, les biscayens explosibles, les balles tombent sur nos fantassins dont les rangs se brisent, mais qui ne reculent pas. Le maréchal va partout, se multiplie, augmente par sa présence aux points les plus menacés et la précision de ces ordres l'élan sublime des braves gens qui lui obéissent, et il peut croire un instant qu'il sortira vainqueur de cette lutte effrayante.

Il y avait déjà plusieurs heures qu'elle durait sans que les positions occupées par le maréchal fussent entamées, lorsque dans l'après-midi, vers cinq heures, un troisième corps d'armée, fort cette fois de 74,000 hommes et conduit par le prince Frédéric-Charles, arrive et, passant en arrière d'Eberbach abandonné, cherche à déborder les divisions décimées du maréchal et à lui couper sa ligne de retraite sur Haguenau et Saverne.

Le 1er corps était pris entre trois feux.

Il fallait un effort héroïque pour sauver ce qui restait des régiments engagés depuis le matin. Le maréchal se décide à céder le champ de bataille couvert de morts et où le nombre a triomphé; mais pour qu'il puisse en ramener les débris de ses régiments moins nombreuses alors que des brigades, il lance contre l'avant-garde ennemie un régiment de cuirassiers qui doit en rompre la marche écrasante.

Ces hommes de fer savent qu'ils vont à la mort. C'était la première fois qu'ils donnaient. On n'avait point vu les cavaliers de leur arme sur aucun champ de bataille depuis Waterloo; mais ils se souviennent de ce qu'ont fait leurs pères, et du premier coup ils renouvellent les charges légendaires du chemin creux d'Honain.

Malgré les batteries, malgré les mitrailleuses, malgré le pêle-mêle des hommes et des chevaux qui tombent, les cuirassiers arrivent sur le front des régiments prussiens, les rompent, les écrasent, poussent toujours, et l'avant-garde, ébranlée dans son épaisseur, recule.

Mais d'autres bataillons plus nombreux apportent le secours de leur poids aux Prussiens qui ne marchent plus, et ce qui restait de nos cuirassiers disparaît dans un tourbillon d'ennemis.

Combien sont revenus de ces héroïques soldats? On n'ose pas le demander!

Le 1er corps avait eu sa route ouverte pendant une heure; il lui fallait une heure encore pour achever sa retraite. Le maréchal avait sous la main un régiment de chasseurs. Il s'agit du salut d'une armée; il fait un signe. Le régiment part, et les prouesses qu'avaient faites les cuirrassiers, les chasseurs les recommencent.

A leur tour, ils font une trouée effroyable, et quand l'armée prussienne reprend sa marche offensive, l'armée française est maîtresse du chemin au bout duquel est l'armée. Elle était sauvée!

Les chasseurs étaient morts.

Il a fallu que les aides de camp et les officiers d'ordonnance prissent le maréchal Mac-Mahon de force pour l'arracher au champ de bataille. Son armée à demi broyée à l'abri de la poursuite, il voulait, lui aussi, se faire tuer.

Un détail terrible: au plus fort de la bataille, le maréchal expédie une dépêche au général de Failly pour lui prescrire d'envoyer deux divisions à Lambach pour prendre l'armée prussienne à dos. C'était alors une victoire.

Le télégraphe écrit « Hanspach, » qui est dans une direction tout opposée, et les divisions du général de Failly ne trouvent personne sur le terrain où elles couraient pleines d'ardeur.

Le correspondant du *National*, qui se trouvait à Haguenau lorsque la bataille commença et qui n'est rentré que le soir à Strasbourg, lui écrit de cette ville :

« J'ai vu commencer l'affaire, et je l'ai presque vue finir.

« Dès six heures du matin, le canon tonnait devant le village de Freschwiller, non loin d'Haguenau. Mac-Mahon commande, il n'a pas plus de 30 ou 40,000 hommes pour résister à des forces quatre fois plus considérables et toujours renouvelées; tout va bien jusqu'à midi; le prince Frédéric-Charles perd du terrain, Freschwiller est repris; le 2e régiment de turcos charge à la baïonnette, il culbute tout ce qu'il rencontre. Mais à mesure que nos soldats font les prodiges de courage, l'ennemi débouche en masses compactes par la forêt; l'artillerie prussienne prend position sur la lisière du bois et nous canonne sans discontinuer; les fusées prussiennes mettent le feu au village.

« Vers deux heures, quelques régiments commencent à faiblir; le nombre des morts augmente de notre côté; cependant rien n'est désespéré. Mac-Mahon tient bon; mais voilà que le bruit se répand que notre artillerie manque de munitions, que nos soldats n'ont plus de cartouches. La cavalerie tente un dernier effort. Les cuirassiers chargent, bride abattue, du côté de la forêt. Mais chaque arbre cachait un Prussien qui tire à coup sûr. C'est alors que commence la débandade.

« La route d'Haguenau se couvre de fuyards, c'est un pêle-mêle affreux sous le feu de l'artillerie ennemie qui redouble. La nuit commence à venir, ajoutant son obscurité à ce désordre : cris, hurlements, jurons, galop infernal vers le chemin de fer et la station de Brumath! Voilà ce que j'ai vu, et, au milieu de quoi j'ai rebroussé chemin.

« J'espère que le désastre est moins grand que je ne l'imagine. Mais je vous dis ce que j'ai vu, et je traduis sincèrement mon impression.

« Les régiments qui ont le plus souffert sont le 47e de ligne, le 2e régiment de turcos, le 6e de ligne, colonel Krien, tué; le colonel marquis de Grammont, tué; le général Raoul, tué. Voilà ce que me disent les soldats des différents corps qui rentrent à Strasbourg. »

M. Gustave Fischbach, spectateur de la lutte du haut du clocher d'Haguenau, écrivait au *Courrier du Bas-Rhin :*

« Haguenau, samedi 6 août, 9 heures et demie du matin.

« La canonnade est terrible du côté de Wœrth; le vent nous apporte le bruit des décharges et quelquefois celui des sonneries de clairons. Les feux de pelotons se succèdent sans interruption, et dans le lointain, au-dessus des plantations de houblons, d'énormes nuages de fumée s'élèvent. Les routes de Reischoffen, Soultz et Souffhenheim sont gardées par des détachements du 21e de ligne, qui font gaiement la soupe au bord du chemin.

« *Dix heures et demie.* — A quelques centaines de mètres de Haguenau, hors de la porte de Wissembourg, où les routes sont interceptées, on aperçoit tout à coup, au bord du bois, quelques cavaliers ennemis perdus peut-être ou venus pour espionner la contrée. Les soldats du 21e, qui campent sur la route, se précipitent dans les champs et une bonne décharge met les cavaliers en fuite.

« Grand émoi à Haguenau à la suite de cet insignifiant incident.

« Les soldats quittent le chemin, mettent sac au dos et se cachent derrière et dans les houblonnières.

« *Onze heures.* — La canonnade cesse; on n'entend plus rien, et la bataille semble terminée. Sur la route de Wissembourg, dans les rues de Haguenau, foule considérable attendant les nouvelles.

« *Onze heures et demie.* — Les détonations recommencent avec une force extraordinaire. C'est un continuel roulement de coups de canon et de décharges d'infanterie. La bataille doit être au plus fort de son intensité.

« *Midi.* — Je monte sur la cathédrale, et je vois la bataille dans le lointain! Je vois des maisons en flammes, du haut des collines je vois l'artillerie vomir ses boulets; sur une étendue immense, ce sont d'énormes colonnes de fumée qu'à chaque instant un éclair, un coup de canon traverse; dans la plaine, les décharges sont épouvantables. La ligne de bataille, restreinte au début, s'étend maintenant du côté du Rhin; elle doit avoir quelques lieues de longueur. Seraient-ce les Prussiens qu'on accule au Rhin? Dieu le veuille!

« Avec une bonne longue-vue, nous apercevons quelquefois un drapeau français qui surgit au milieu de la fumée; nous apercevons des batteries françaises descendre les collines et lancer des torrents de feu!

« *Une heure.* — Les paysans des environs arrivent ici avec leurs voitures chargées de quelques meubles. A Reischoffen, les Prussiens, paraît-il, ont pris tous les bestiaux, enlevé les vivres, emmené les jeunes gens, dit-on, pour les employer à construire des ouvrages de guerre.

« On vient de dire que l'ennemi occupe Soultz avec le prince Charles. M. Schaaf fils, de Strasbourg, docteur en médecine, arrivé à Haguenau, me dit que les Prussiens à Soultz soignent leurs blessés et les nôtres; il a dû partir, après avoir donné ses soins aussi à tous ces malheureux.

« *Deux heures.* — Les hauteurs doivent être abandonnées et la bataille doit se livrer en rase campagne. Les deux armées doivent être en présence tout entières et faire manœuvrer toutes leurs bouches à feu. Ce n'est plus un roulement qui se fait entendre, c'est un coup de tonnerre qui dure quelquefois un quart d'heure. Le combat est des plus terribles depuis ce matin à trois heures!

« *Trois heures.* — Le canon gronde toujours. L'inquiétude, l'anxiété, l'impatience deviennent intolérables. L'ennemi est en nombre formidable, paraît-il, mais nous sommes en force aussi. »

Voici ce que disait, de son côté, le *Courrier de la Moselle*, sous le titre de : *Bulletin de la guerre :*

BULLETIN DE LA GUERRE.

« La situation est grave. Le maréchal Mac-Mahon, battu et refoulé dans les Vosges, l'armée de la Moselle, obligée de se replier sur Metz, l'ennemi envahissant notre territoire sur plusieurs points à la fois, par la Moselle et le Rhin, voilà ce qui, depuis hier, retentit douloureusement dans tous les cœurs français. »

CHAPITRE II

Vices de l'organisation militaire. — Comme elle influe sur le sort des 1er et 2e corps. — Détails sur la bataille de Forbach.

Les événements qui se sont succédé avec une rapidité si formidable ont fait presque entièrement perdre de vue les commencements de la guerre. Aussi jugeons-nous utile de les étudier avec soin, d'en recueillir les détails, afin de bien établir que l'insuffisance des études militaires, la folle présomption de Napoléon III, la façon dont il paralysa les hommes placés sous ses ordres, l'incurie de l'intendance et de l'administration de la guerre, qui laissaient les soldats manquer de munitions et de vivres; toutes ces causes réunies devaient infailliblement nous livrer à l'ennemi.

Une lettre adressée au journal *la Patrie* par un officier qui n'a pas quitté le premier corps pendant les combats et la retraite, prouve à quel point l'organisation militaire était défectueuse.

Le premier corps, on s'en souvient, placé sous les ordres du duc de Magenta, se composait de deux divisions.

1re division : général DUCROT.

Moreno : 13e bataillon de chasseurs; 18e et 96e de ligne.

De Portis de Houldec : 45e et 74e de ligne.

2e division : général DOUAY (Abel).

Peltier de Montmarie : 16e bataillon de chasseurs; 50e et 78e de ligne.

Pellé : 1er zouaves; 1er tirailleurs.

Chef d'état-major : Colson.

Lorsque le maréchal arriva à Strasbourg avec ses officiers et ceux de son état-major général, rien, affirme le correspondant de la *Patrie*, n'était encore prêt pour l'entrée en campagne.

« Pas de campement!

« Pas d'ambulance!

« Tous les services administratifs d'un incomplet des plus fâcheux!

« A qui la faute?

« Aux ministres, à l'intendance?

« Nous ne saurions le dire, nous ne le recherchons pas, nous constatons un fait déplorable, et voilà tout.

« Néanmoins, le maréchal, avec l'activité qu'il déploie toujours en pareille circonstance, s'efforçait d'organiser chacune de ses divisions, et au fur et à mesure qu'elle était à peu près *parée*, comme disent les marins, il la dirigeait au nord, du côté de Haguenau, vers la frontière.

« Le 3 août au soir, toutes les divisions du 1er corps avaient quitté Strasbourg. Elles s'étaient établies à Soultz, petite ville au sud et à 16 kilomètres de Wissembourg, en avant de la forêt de Haguenau; à Haguenau même, à Reischoffen, entre Niederbronn et Haguenau; enfin un peu en arrière de Wissembourg.

« Ainsi donc, le 1er corps commandait la vallée qui s'étend sur la rive gauche du Rhin, entre le pied des montagnes des Vosges, occupant par Soultz et Reischoffen les nœuds des routes qui de Wissembourg donnent accès sur Haguenau et Strasbourg au sud, sur les Vosges, Bitche et Saverne à l'ouest et au sud-ouest. Les divisions à Haguenau, à Soultz et à Reischoffen, éloignées entre elles de quatre à cinq lieues, et quatre ou cinq de la frontière, ayant leurs communications assurées, se trouvaient dans des positions normales et régulières; mais la malheureuse division Douay, jetée en avant à l'extrême frontière, trop éloignée des autres pour être soutenue à temps, en face d'un ennemi entreprenant, sur lequel on n'avait pas de notions exactes, se trouvait fort exposée et en l'air.

« Le 4 août, à une heure de l'après-midi, le duc de Magenta partit de Strasbourg avec son état-major, une forte escorte et les batteries de réserve de l'artillerie de son corps d'armée. Il vint coucher à Haguenau, qu'il devait quitter le 5 au matin pour occuper Reischoffen, point central, quartier général du 1er corps.

« Mais la première chose que le maréchal apprit en arrivant à Haguenau, le 4, à six heures du soir, c'est que la 2e division (Douay), laissée beaucoup trop en prise à l'ennemi, isolée et trop faible, avait été attaquée et écrasée par des masses débouchant sur Wissembourg, et que son brave général avait été tué.

« A cette nouvelle inattendue et foudroyante, le maréchal, sans coucher à Haguenau, donna deux heures à ses officiers pour faire reposer les chevaux, et se remit en route pour Reischoffen avec deux régiments de cavalerie alors dans la ville. Cette colonne arriva à une heure du matin.

« A trois heures, le duc de Magenta, infatigable et comprenant bien qu'il ne peut tarder à être attaqué, ne sachant pas encore positivement quelles forces il a devant lui, mais supposant qu'elles sont considérables, le maréchal, disons-nous, monte à cheval et se porte en avant, vers le nord-est, sur la route de Niederbronn, Reischoffen, Wœrth, Soultz et Wissembourg, afin de reconnaître une position défensive avantageuse d'où il pût s'opposer aux projets de l'ennemi et le contenir, soit que l'armée prussienne, après son succès de la veille, voulût descendre la vallée du Rhin sur Haguenau et Strasbourg, soit qu'elle voulût essayer de pénétrer dans les Vosges par les deux passages de Niederbronn et de Dossenheim.

« A quatre kilomètres de Reischoffen, au sud-est, le maréchal trouva en effet une belle position défensive qui lui convint. Elle était située près du village de Freschwiller, et formait un Z à angles très-ouverts, dont le front était protégé par les maisons de Freschwiller et d'Elsashausen.

« Pour que cette position fût irréprochable, il eût fallu pouvoir occuper aussi, à l'extrême droite, le bois de Niederwald et les hauteurs qui dominent le village de Eberbach, mais le maréchal n'avait pas assez de troupes pour cela. En avant de la position, à un kilomètre environ, coule le ruisseau de Sauerbach, sur lequel est situé le gros bourg de Wœrth. »

Le correspondant de la *Patrie* complète, par les détails ci-après, les renseignements que nous avons donnés sur les mouvements des 1er et 2e corps.

La reconnaissance terminée, et le choix de la position bien arrêté, le maréchal revint à son quartier général de Reischoffen et fit expédier les ordres de rassemblement.

Vers cinq heures du soir, on vint le prévenir que les Prussiens faisaient de leur côté, au nord de Wœrth, la reconnaissance de nos positions. Après avoir bien étudié le terrain sur lequel les Français se massaient, l'ennemi se retira. Le 6, au matin, il s'éloigna de huit kilomètres vers le nord pour dérober sans doute ses forces aux reconnaissances du 1er corps.

L'armée prussienne revint à huit heures, et son artillerie commença à couronner les hauteurs de Wœrth, au-dessus du ruisseau, face à notre centre, et à deux kilomètres de nous.

Elle attaqua alors par leur droite, en concentrant sur notre centre un feu d'artillerie des plus vifs. Son tir, très juste, ne tarda pas à causer des pertes sensibles. Pendant le feu de leurs nombreuses batteries, les Prussiens firent déboucher sur leur gauche des masses considérables, voyant que la partie faible de la position du maréchal était son aile droite, qu'il n'avait pu étendre suffisamment faute de troupes.

Ayant accumulé de ce côté des forces triples et quadruples des nôtres, l'ennemi parvint à déborder notre droite, qui fut forcée de reculer devant cette avalanche. Le maréchal se décida alors, dans l'espoir d'arrêter la marche de la gauche des Prussiens, à prononcer un retour offensif sur le centre de son adversaire. Peut-être ce mouvement eût réussi, mais nous n'avions pas de réserve pour le faire soutenir; tout était en ligne, afin de présenter le front le plus étendu possible.

Voyant enfin qu'il a affaire à une armée quadruple de son corps déjà diminué de la division Douay et de la brigade Septeuil, le maréchal, après une lutte inégale, disproportionnée, de six à sept heures, se décida à ordonner la retraite, qui commença à s'effectuer par Reischoffen et Niederbronn.

A la suite d'une marche de nuit, pendant laquelle les débris du 1er corps firent 48 kilomètres, on atteignit Saverne de grand matin. Les Prussiens avaient suivi par Reischoffen, mais devant Niederbronn ils avaient trouvé la division Guyot de Lespare, du 5e corps, descendue de Bitche par les voies ferrées, et qui les avait arrêtés en couvrant la retraite du 1er corps. Jusqu'à Niederbronn même, la poursuite avait été faible. Les pertes éprouvées par l'ennemi étaient si considérables qu'il s'était borné à faire suivre à distance, par des éclaireurs, les troupes du maréchal jusqu'à Saverne.

Le 1er corps, fort éprouvé par cette lutte qu'il eût mieux valu ne pas tenter puisqu'on ne pouvait pas le soutenir et qu'on n'était pas secouru, passa la journée du 7 à Saverne. Le soir, l'ordre arriva brusquement de se replier sur Sarrebourg, à six lieues plus à l'ouest, en passant par Phalsbourg, et longeant le pied des Vosges. Le 9 août, les troupes firent séjour à Sarrebourg pour se refaire et reconstituer leurs cadres. Le 10, la retraite continua sur Blamont, à vingt-quatre kilomètres au sud-ouest, route de Lunéville à Strasbourg. Le 10, le 1er corps atteignit Lunéville et y coucha.

Combat entre les hussards prussiens et l'artillerie de la garde à cheval.

Toutes les narrations que nous avons compulsées de la lutte engagée à Forbach par le 2ᵉ corps attestent également de nombreuses fautes commises : d'abord le général Frossard négligea de faire occuper les bois qui masquaient les mouvements des Prussiens; quand ils prirent l'offensive, ils n'eurent un instant devant eux que le 77ᵉ de ligne.

A trois heures, des renforts arrivèrent de Saint-Avold, et repoussèrent l'ennemi; mais des bois qui entourent Styren-Vendel sortirent des nuées de Prussiens. Que faire contre le nombre?

A cinq heures, le général Frossard, qui occupait Forbach, s'éloigna du côté de Sarreguemines, et l'on se battit sans lui jusqu'à huit heures du soir!

N'y a-t-il pas là de quoi justifier amplement l'indignation qui perce à chaque ligne de ce récit envoyé au journal le Français par un témoin oculaire :

« Pendant l'absence du général Frossard, qui donc a commandé les débris du 2ᵉ corps d'armée qu'on lui avait confié? Parmi ces soldats, qui sont allés mourir en héros, il n'y a eu qu'un cri de rage contre leur général en chef.

« Il n'est plus possible de tenir à Forbach. Une seule route n'est pas cernée. On veut battre en retraite par là; ce qui reste d'officiers fait opérer ce pénible mouvement dans un ordre parfait.

« Mais là encore apparaissent les Prussiens; on ne voit que des masses noires; on n'entend que bruits sinistres, précurseurs du combat. Le choc a lieu, terrible, épouvantable. On se fusille à 200 mètres. Un convoi passe, il est salué par les mitrailleuses ennemies, car eux aussi ont leurs mitrailleuses, seulement le tir en est très-imparfait. Ce n'est pas elles qui moissonnent nos bataillons luttant encore, ce sont les balles des fusils Dreyze et les boulets de l'artillerie. Au bout de trente-cinq minutes, il est impossible de lutter davantage. Nos officiers crient : « Cessez le feu ! » Le feu cesse. Mais que sont devenus nos braves soldats? Ont-ils pu fuir? On espère qu'ils se sont retirés sur les hauteurs.

« Oh! le cœur se brise, et c'est avec des larmes de sang qu'on écrit ce triste récit! »

Quel moment effrayant que celui où, les ombres du crépuscule commençant à envelopper nos bataillons décimés, nos héroïques et malheureux soldats tentèrent un dernier effort! Là encore nous retrouvons le 77e.

Les Prussiens, munis de mitrailleuses, postés dans les bois dont ils ne songeaient pas à sortir, sur les hauteurs d'où ils se gardaient de descendre, nous firent éprouver des pertes sensibles. Le soir, le 77e essaya de les déloger du bois : quatre fois il fut repoussé, accablé par le nombre. Il y a des compagnies de 120 hommes dont l'effectif est réduit à huit hommes.

Forbach est en feu; les boulets et les obus pleuvent dans ses rues. Les canons, la cavalerie, les équipages, l'infanterie roule en désordre. Les mitrailleuses sèment la mort de tous côtés. Tout à coup un obus, suivi bientôt de plusieurs autres, tombe sur les ambulances; les fourgons sont broyés, réduits en morceaux; les blessés, cette fois frappés à mort, roulent sous les pieds des chevaux. La nuit vient; la déroute commence, et le correspondant du *Français* trace ainsi l'affreux tableau de ce qui se passa à partir de huit heures et demie.

« Nos troupes s'étaient repliées, écrasées par le nombre — 70,000 hommes environ — et devaient s'appuyer sur Saint-Avold, laissant les Prussiens maîtres de toute la ligne de Forbach, Stiring et Saarbruck; leur feu fut dirigé avec une telle rapidité, que le clocher de Forbach reçut un boulet et que quelques balles tombèrent dans le village; la panique devint générale chez les habitants de ces petits pays, qui se sauvaient en poussant des cris affreux; j'ai vu une femme affolée de terreur laisser tomber son enfant, qu'un soldat du 66e a ramassé et mis sur une charrette, en disant : « Je ne peux pourtant pas faire téter ce môme-là! » et semblait le quitter à regret.

« C'était à ce moment que nos troupes faisaient un mouvement en arrière, tenant les Prussiens en respect. »

CHAPITRE III

Mouvements de l'armée française. — Proclamation du roi de Prusse et du prince royal. — Commencement des réquisitions prussiennes.

Après les revers du 6 août, la plus grande partie de l'armée se concentra en avant de Metz, et Napoléon III en abandonna la direction au maréchal Bazaine. Le maréchal Mac-Mahon se replia sur Nancy. Un décret, signé à Metz avant le 9 août, nomma le maréchal Bazaine commandant en chef des 2e, 3e et 4e corps de l'armée du Rhin, et le général Decaen commandant du 3e corps.

Les trois armées allemandes avançaient :

1° *L'armée du Nord*, estimée au début, avant toute perte, à 130,000 hommes, commandée nominalement par le général Hermann de Bittenfeld, était dirigée en réalité par le général Steinmetz.

Elle se composait du 7e corps d'armée (Westphalie), général Zastrow; du 8e corps d'armée (provinces rhénanes), général Goeben; 10e corps d'armée (Hanovre), général Voigt Reedtz; plus la moitié du 1er corps d'armée (Prusse orientale).

2° *L'armée du Centre*, estimée, toujours au début à 140,000 hommes, commandée par le prince Frédéric-Charles, comprenait le 3e corps d'armée (Brandebourg); le 4e (Saxe prussienne), général Alvensleben; et les 12e (royaume de Saxe) et 13e corps d'armée.

Le prince Frédéric-Charles commandait aussi en chef l'armée du Nord quand elle opérait avec celle du Centre.

3° *L'armée du Sud*, estimée avant ses pertes par les batailles et les maladies à 220,000 hommes, commandée par le prince royal Frédéric-Guillaume, se composait de la garde royale, des 5e, 6e et 11e corps d'armée prussiens, plus 2 corps d'armée bavarois et un corps wurtembergeois.

La seconde moitié du 1er corps d'armée (Prusse orientale) le 2e (Poméranie) et le 5e (Sleswig et Holstein), en tout une centaine de mille hommes, restait en Allemagne pour défendre les côtes de la Baltique et de la mer du Nord, sous le commandement des généraux Manstein et Vogel de Falkenstein.

Ces trois armées prussiennes continuèrent leur marche, en entrant en France comme un coin ; leur effectif, diminué par des pertes sérieuses, devait dépasser encore cinq cent mille hommes.

Dans leur parcours, les troupes ennemies se montrèrent incessamment animées d'une sorte de haine sauvage, et d'une sorte de monomanie déprédatrice. Une foule de faits ignobles, que nous aurons occasion de citer dans la suite de notre récit, donnent un éclatant démenti aux belles promesses que fit le roi Guillaume au moment où ses satellites envahissaient en masses le territoire français.

Le 8 août, de son quartier général de Hombourg, il disait dans sa proclamation à l'armée :

« Soldats,

« Déjà une grande partie de notre armée, occupée à poursuivre l'ennemi refoulé après des sanglants combats, a passé la frontière. Aujourd'hui et demain plusieurs corps d'armée vont entrer dans le territoire français. J'attends de vous que vous tiendrez à honneur de vous signaler en pays ennemi, surtout par l'excellente discipline dont jusqu'à ce jour vous avez donné le glorieux exemple. Nous ne faisons pas la guerre aux habitants paisibles de la France, et le premier devoir d'un soldat loyal est de protéger la propriété privée, de ne pas souffrir que la haute réputation de notre armée soit atteinte, ne fût-ce que par un fait isolé de manque de discipline.

« Je compte sur l'esprit élevé qui anime l'armée; je ne compte pas moins sur la sévérité et sur la circonspection de tous les chefs.

« GUILLAUME. »

Guillaume Ier faisait en même temps rédiger, pour être placardée sur les murs des villes et villages envahis, cette proclamation célèbre, aux engagements de laquelle il a été entièrement infidèle, et qui restera comme son éternelle condamnation :

« Nous, GUILLAUME, roi de Prusse, faisons savoir ce qui suit aux habitants des territoires français occupés par les armées allemandes.

« L'empereur Napoléon ayant attaqué par terre et par mer la nation allemande qui désirait et désire encore vivre en paix avec le peuple français, j'ai pris le commandement des armées allemandes pour repousser l'agression, et j'ai été amené par les événements militaires à passer les frontières de la France. Je fais la guerre aux soldats, et non aux citoyens français. Ceux-ci continueront, par conséquent, à jouir d'une entière sécurité pour leurs personnes et leurs biens, aussi longtemps qu'ils ne me priveront pas eux-mêmes, par des entreprises hostiles contre les troupes allemandes, du droit de leur accorder ma protection.

« Les généraux commandant les différents corps détermineront par des dispositions spéciales, qui seront portées à la connaissance du public, les mesures à prendre envers les communes ou les personnes qui se mettraient en contradiction avec les usages de la guerre. Ils régleront de la même manière tout ce qui se rapporte aux réquisitions qui seront jugées nécessaires pour les besoins des troupes, et ils fixeront la différence du cours entre les valeurs allemande et française, afin de faciliter les transactions individuelles entre les troupes et les habitants.

« GUILLAUME. »

Pour donner force de loi à ces dernières dispositions, le prince royal lança de son côté la proclamation que voici :

« Nous, général commandant la 3e armée allemande :

« Vu la proclamation de Sa Majesté le roi de Prusse, qui autorise les généraux commandant en chef les différents corps de l'armée allemande à établir des dispositions spéciales relativement aux mesures à prendre contre les communes et les personnes qui se mettraient en contradiction avec les usages de la guerre,

relativement aux réquisitions qui seront jugées nécessaires pour les besoins des troupes, et à fixer la différence du cours entre les valeurs allemande et française, avons arrêté et arrêtons les dispositions suivantes, que nous portons à la connaissance du public :

« 1. La juridiction militaire est établie par la présente. Elle sera appliquée dans toute l'étendue du territoire français occupé par les troupes allemandes à toute action tendant à compromettre la sécurité de ces troupes, à leur causer des dommages ou à prêter assistance à l'ennemi. La juridiction militaire sera réputée en vigueur et proclamée pour toute l'étendue d'un canton aussitôt qu'elle sera affichée dans une des localités qui en font partie.

« 2. Toutes les personnes qui ne font pas partie de l'armée française et n'établiront pas leur qualité de soldat par des signes extérieurs et qui

« a. Serviront l'ennemi en qualité d'espion;

« b. Égareront les troupes allemandes quand elles seront chargées de leur servir de guides;

« c. Tueront, blesseront ou pilleront des personnes appartenant aux troupes allemandes, ou faisant partie de leur suite;

« d. Détruiront des ponts ou des canaux, endommageront les lignes télégraphiques ou les chemins de fer, rendront les routes impraticables, incendieront des munitions, des provisions de guerre, ou les quartiers des troupes;

« e. Prendront les armes contre les troupes allemandes;

« Seront punis de la peine de mort.

« Dans chaque cas, l'officier ordonnant la procédure instituera un conseil de guerre chargé d'instruire l'affaire et de prononcer le jugement. Les conseils de guerre ne pourront condamner à une autre peine qu'à la peine de mort. Leurs jugements seront exécutés immédiatement.

« 3. Les communes auxquelles les coupables appartiendront, ainsi que celles dont le territoire aura servi à l'action incriminée, seront passibles dans chaque cas d'une amende égale au montant annuel de leur impôt foncier.

« 4. Les habitants auront à fournir ce qui est nécessaire pour l'entretien des troupes. Chaque soldat recevra par jour 750 grammes de pain, 500 grammes de viande, 250 grammes de lard, 30 grammes de café, 60 grammes de tabac ou 5 cigares, un demi-litre de vin, ou 1 litre de bière, ou 1-10 d'eau-de-vie.

« La ration à livrer par jour pour chaque cheval sera de 6 kilogrammes d'avoine, 2 kilogrammes de foin, un demi-kilogramme de paille.

« Pour les cas où les habitants préféreront une indemnité en argent à l'entretien en nature, l'indemnité est fixée à deux francs par jour pour chaque soldat.

« 5. Tous les commandants de corps détachés auront le droit d'ordonner la réquisition des fournitures nécessaires à l'entretien de leurs troupes. La réquisition d'autres fournitures jugées indispensables dans l'intérêt de l'armée ne pourra être ordonnée que par les généraux et les officiers faisant fonctions de généraux.

« Sous tous les rapports, il ne sera exigé des habitants que ce qui est nécessaire pour l'entretien des troupes, et il sera délivré des reçus officiels pour toutes les fournitures.

« Nous espérons, en conséquence, que les habitants ne feront aucune difficulté de satisfaire aux réquisitions qui seront jugées indispensables.

« 6. A l'égard des transactions individuelles entre les troupes et les habitants, nous arrêtons que 8 silbergros ou 28 kreutzer équivalent à un franc.

> « Le général commandant en chef de la
> 3ᵉ armée allemande,
>
> « FRÉDÉRIC GUILLAUME,
> « Prince royal de Prusse. »

Le pillage de la France commençait !

Les Prussiens inaugurairent leur système de carnage, de terreur et de déprédation !

CHAPITRE IV

Convocation du Sénat et du Corps législatif. — Ouverture des Chambres. — Premières mesures. — Orageuses discussions.

Ces désastres simultanés jetèrent le désarroi parmi les ministres français, qui, dans leur étrange infatuation, n'avaient su rien prévoir.

Un décret du 7 août convoqua, pour le mardi 9, le Sénat et le Corps législatif en session extraordinaire. Le 8, un autre décret incorpora tous les citoyens valides de trente à quarante ans dans la garde nationale sédentaire de Paris, dont la défense lui fut confiée. Un projet de loi fut préparé à la hâte pour incorporer dans la mobile les citoyens âgés de moins de trente ans.

Dans la soirée du 8, une agitation immense se manifesta dans Paris; des rassemblements compactes se formèrent et furent bientôt refoulés par des sergents de ville et des gardes municipaux. Effrayé de sa responsabilité, effaré de la terrible situation que son imprudence avait amenée, le ministère Ollivier cherchait encore à grouper autour de lui les forces de la France qu'il avait compromises. La proclamation qu'il fit afficher la veille de l'ouverture des Chambres dévoile ses angoisses et ses efforts désespérés.

« Français,

« Nous avons dit toute la vérité.

« Maintenant, à vous de remplir votre devoir !

« Qu'un même cri sorte de toutes les poitrines, d'un bout de la France à l'autre.

« Que le peuple entier se lève, frémissant, dévoué, pour soutenir le grand combat !

« Quelques-uns de nos régiments ont succombé sous le nombre : notre armée n'a pas été vaincue.

« Le même souffle intrépide l'anime toujours.

« Soutenons-la !

« A l'audace momentanément heureuse, opposons la ténacité qui dompte le destin !

« Replions-nous sur nous-mêmes, et que nos envahisseurs se heurtent contre un rempart invincible de poitrines humaines.

« Comme en 1792 et comme à Sébastopol, que nos revers ne soient que l'école de nos victoires !

« Ce serait un crime de douter un instant du salut de la patrie, et surtout de n'y pas contribuer.

« Debout donc, debout !

« Et vous, habitants du Centre, du Nord et du Midi, sur qui ne pèse pas le fardeau de la guerre, accourez d'un élan unanime au secours de vos frères de l'Est.

« Que la France, une dans le succès, se retrouve plus une dans les épreuves.

« Et que Dieu bénisse nos armes ! »

(Suivent les signatures de tous les ministres.)

L'ouverture des Chambres, qui avait lieu le 9 août, allait déterminer quel degré de confiance inspiraient les protestations des ministres.

Dès le matin, une multitude immense encombrait la place de la Concorde, les quais, la rue de Bourgogne; elle était contenue par deux régiments de la ligne en tenue de campagne, des sergents de ville, un régiment de cuirassiers, des gardes de Paris. Ce fut au milieu de masses humaines que les députés se rendirent à la séance d'ouverture.

Il fut aisé de voir, dès les premiers instants, par l'attitude de l'opposition et la vivacité de son langage, qu'elle considérait l'empire comme condamné et se chargeait de la succession.

Quand le président, M. Schneider, lut l'intitulé du décret : « Napoléon, par la grâce de Dieu et la volonté nationale, empereur des Français, etc., » des voix parties de la gauche dirent avec impatience : « Passez! passez ! »

Jules Favre interrompit les premières paroles de M. Ollivier en s'écriant : « L'armée a été compromise par l'impéritie de ses chefs! »

Emmanuel Arago demanda que, pour le salut public, les ministres disparussent.

« Vous avez perdu le pays, dit Eugène Pelletan, il ne se sauvera que malgré vous. »

Au milieu d'une bourrasque d'interpellations, Emile Ollivier demanda un vote de confiance et posa la question de cabinet :

« Les circonstances, dit-il aux interrupteurs qui ne furent pas pour cela convertis, sont telles que ce serait manquer à ce qu'on doit à la patrie que de mettre une minute la discussion sur les personnes.

(Exclamations ironiques à gauche.)

« Il est un temps de parler pour les hommes de cœur, et il est un temps de se taire. Pour nous, ministres, en ce qui nous concerne personnellement, c'est le temps de se taire.

« Qu'on nous accuse !... Nous ne sommes pas vaincus, grâce au ciel, mais nous paraissons l'être... Qu'on doute de notre capacité à soutenir le poids des événements...

« A gauche. — Oui ! nous en doutons !

« M. le garde des sceaux. — Qu'on accumule les reproches et les paroles cruelles; nous garderons le silence le plus complet. Nous ne répondrons que lorsqu'il s'agira de défendre les mesures que nous proposons, ou d'écarter celles que nous croyons nuisibles.

« Et si la Chambre ne se place pas derrière nous... (Exclamations et protestations à gauche). Je vais donner à ma pensée une forme plus nette.

« La Chambre manquerait au premier de ses devoirs, si elle restait derrière nous ayant dans l'esprit ou dans le cœur la moindre défiance. (Nouvelles exclamations à gauche.) Je lui demande donc — et c'est là la seule prière que je lui adresse, en montant peut-être pour la dernière fois à cette tribune...

« Un membre à gauche. — Nous l'espérons bien pour le salut de la patrie ! (Réclamations sur divers bancs.)

« M. le garde des sceaux. — Je crois que ce que je dis ne peut en quoi que ce soit nuire au salut de la patrie. (Parlez ! parlez !)

« J'adresse une dernière supplication à la Chambre : ne perdons pas notre temps en discussions. Agissons ! Si vous croyez — Dieu sait avec quelle ardeur nous soutiendrons les hommes que vous honorerez de votre confiance — si vous croyez que d'autres plus que nous peuvent offrir à vous, au pays, à l'armée, à la défense nationale les garanties dont elle a besoin, ne discutez pas, ne faites pas de discours; demandez les urnes du scrutin, et jetez des boules signifiant que nous n'avons pas votre confiance, qu'à la suite un nouveau ministère s'organise; qu'il n'y ait aucune suspension dans l'action publique.

« Croyez-moi, retenez ce qui n'est que retours en arrière et récriminations. Nous ne voulons pas nous soustraire à vos accusations, nous vous appartenons; vous nous reprendrez quand vous voudrez, nous serons toujours là pour subir et vos reproches et vos anathèmes. Mais, je vous en supplie, aujourd'hui, à l'heure actuelle, ne songez qu'au péril public, ne songez qu'à la patrie. Renvoyez-nous, si vous voulez, tout de suite et sans phrase, car ce qu'il faut, avant tout, ce n'est pas pérorer, ce n'est pas discuter, c'est agir ! »

M. Latour-Dumoulin vient ensuite soumettre à la ratification de la Chambre une proposition qui demande que le général Trochu soit nommé président du conseil et chargé de composer un ministère. Elle était signée de lui, du marquis d'Andelarre, et de MM. de la Monneraye, de Dalmas, marquis de Grammont, Carré-Kérisouët, Lefèvre-Pontalis, Gustave Fould, de Guiraud, Mangini, baron d'Yvoire, Keller, Malezieux et Tassin.

Au moment où cette motion venait d'être déposée, le général vicomte Dejean, ministre de la guerre par intérim, monta à la tribune. De nouveaux cris retentissent : « Non ! non ! Descendez, vous ! Vous n'avez plus notre confiance ! Vous n'êtes plus véritablement ministre ! » Il parvint toutefois à lire l'exposé des motifs suivant :

« Afin de mettre le gouvernement en mesure de parer aux éventualités qui peuvent se reproduire, il y a lieu de faire entrer dans l'organisation de nos forces militaires, pendant la durée de la guerre, toutes les ressources que, dans son patriotisme, le pays offre avec enthousiasme aux jours de danger.

« Le nombre de citoyens valides, âgés de moins de trente ans, qui ont satisfait à leurs obligations militaires et qui ne figurent pas sur les contrôles de la garde nationale mobile, constitue une force considérable, composée des meilleurs éléments pour le recrutement de l'armée. (Très-bien ! très-bien !)

« Parmi eux, en effet, se trouvent en grand nombre des hommes qui ont acquis leur complet développement et surtout d'anciens militaires rentrés depuis peu dans leurs foyers. Ces hommes, le gouvernement vous propose de les faire entrer dans la composition de la garde nationale mobile.

« Il demande en outre que, suivant les besoins du service, il puisse être prélevé sur l'effectif de cette garde des contingents destinés à être incorporés dans les corps de l'armée active.

« Ces ressources extraordinaires, qui ne seraient, au surplus, employées que pour la durée de la guerre actuelle, le gouvernement ne doute pas que vous les mettiez à sa disposition pour faire face au péril dont le pays est menacé.

« Mais elles ne suffiraient pas. Le gouvernement vous demande donc aussi que le contingent de 1870, fixé par la loi du 20 juillet, d'avance, à 140,000 hommes, comprenne tous les hommes valides de cette classe, et qu'au lieu d'être appelé au 1er janvier 1871, il soit incorporé le plus tôt possible après la réunion de conseils de révision sommaires.

« Les mesures indiquées dans le présent exposé seront certainement les plus efficaces qu'on pourra prendre pour le salut de la patrie, puisqu'elles procureront immédiatement environ 329,000 hommes à l'armée active, dont 140,000 anciens militaires. »

Le projet de loi par lequel l'urgence est votée est libellé en ces termes :

Art. 1er. Les citoyens âgés de moins de trente ans qui ont satisfait à la loi sur le recrutement, et qui ne figurent pas sur les contrôles de la garde nationale mobile, seront appelés à en faire partie.

Art. 2. Il pourra, suivant les besoins du service, être prélevé sur l'effectif de la garde nationale mobile des contingents destinés à être incorporés dans l'armée active.

Art. 3. Le restant de la garde nationale mobile sera régi par la loi du 1er février 1868. Elle pourra néanmoins être employée hors du territoire. Toutefois, les hommes mariés à la date de la présente loi resteront dans leurs foyers.

Art. 4. Les dispositions ci-dessous indiquées ne seront exécutoires que pour la durée de la guerre actuelle.

Art. 5. Le contingent de la classe de 1870 se compose de tous les jeunes gens inscrits sur les tableaux de recensement qui ne se trouveront dans aucun des cas d'exemption ou de dispense prévus par la loi modifiée du 21 mars 1832.

Art. 6. Le conseil de révision fonctionnera immédiatement pour la formation du contingent de la classe de 1870, sans qu'il soit besoin de procéder à un tirage au sort.

Il ne sera fait pour ladite classe qu'une seule publication des tableaux de recensement.

Art. 7. La durée du service des jeunes gens de la classe de 1870 prendra date du jour de la promulgation de la présente loi.

Deux autres résolutions furent proposées par MM. Jules Favre, Emmanuel Arago, Ordinaire, Picard, Cochery, Magnin, Pelletan, de Choiseul, Dorian, Guyot-Montpayroux, Steenackers, Malézieux, Grévy, de Kératry, Desseaux, Le Cesne, de Marmier, Rampont, Crémieux, Girault, Jules Simon, Esquiros, Wilson, Gagneur, Bethmont, Tachard, Larrieu, Glais-Bizoin, Ferry, Garnier-Pagès, Gambetta, Marion, Barthélemy Saint-Hilaire, Tassin.

Voici la première lue par Jules Favre adoptée d'urgence :

« Considérant que l'ennemi a envahi le sol de la France;

« Que si notre armée debout et toujours dévouée est prête à le repousser, il est du devoir de chaque citoyen de s'unir à ses efforts;

« Qu'il est en droit de réclamer une arme pour l'accomplissement de ce devoir;

« Considérant que, de l'aveu même du ministre de la guerre, l'étranger marche sur Paris;

« Qu'en présence d'un tel péril, ce serait un crime de refuser à chaque habitant de la capitale le fusil qui lui est nécessaire pour la défense de ses foyers;

« Que la population tout entière demande à être armée et organisée en garde nationale, élisant ses chefs,

« La Chambre arrête :

« Il sera immédiatement distribué aux mairies de chaque arrondissement de la ville de Paris des fusils à tous les citoyens valides inscrits sur les listes électorales.

« La garde nationale sera réorganisée en France dans les termes de la loi de 1831. »

La seconde proposition émanait de MM. Jules Favre, Tassin, Ordinaire, Gambetta, Crémieux, Garnier-Pagès, Larrieu, Arago, Ferry, Steenackers, de Kératry, Malézieux, Barthélemy Saint-Hilaire, Wilson, Glais-Bizoin, Pelletan, Bethmont, Dorian, Esquiros, Le Cesne, Rampont, Jules Simon, Marion, Tachard, Picard, de Marmier, Magnin, Girault, Desseaux, de Choiseul, Guyot-Montpayroux, Grévy, d'Hésecques.

Elle portait :

« Considérant que, malgré l'héroïsme de notre armée, le sol de la patrie est envahi; que le salut de la France, le devoir de la défendre jusqu'à la dernière extrémité commandent au Corps législatif de prendre la direction des affaires,

« La Chambre arrête qu'un comité exécutif de quinze membres, choisi dans son sein, sera investi des pleins pouvoirs de gouvernement pour repousser l'invasion étrangère. »

« Oui, messieurs, s'écrie Jules Favre, en soutenant ce projet, il n'y a que nous qui puissions nous sauver! Si nous laissons dix minutes de plus le pouvoir entre les mains ineptes qui le possèdent, alors nous sommes perdus. Si vous continuez une minute de plus le déplorable système qui a perdu la France, nous sommes exposés aux plus grands malheurs. »

« Les hommes qui sont sur les bancs des ministres ont perdu déjà deux provinces, et, grâce à leur ineptie, perdront le reste! »

Toute la séance fut à ce diapason : les plus acerbes récriminations furent échangées, les accusations tombèrent comme grêle sur le ministère; le baron Jérôme David lui-même avoua l'étourderie, l'imprudente témérité avec lesquelles le gouvernement impérial s'était précipité dans les hasards d'une lutte inégale : « Nous avions devant nous, dit-il, des armées organisées de longue main, qui ont pu se porter en masses et pénétrer comme des coins au milieu de nos héroïques phalanges trop disséminées; la Prusse était prête et nous ne l'étions pas. »

Des formules d'ordres du jour motivés furent proposées par MM. Jules Favre, Latour du Moulin, de Talhouet et Clément Duvernois.

Deux seulement furent mis aux voix, les autres ayant été retirés.

La Chambre n'adopta pas celui de M. Latour du Moulin : « Le Corps législatif déclarant que, dans la situation actuelle, le cabinet a cessé d'avoir sa confiance, passe à l'ordre du jour. »

Elle adopta celui de M. Clément Duvernois, que M. Emile Ollivier, au nom de ses collègues, dit formellement ne pas accepter :

« La Chambre, décidée à soutenir un cabinet capable de pourvoir à la défense du pays, passe à l'ordre du jour. »

La séance fut suspendue pendant quelque temps après ce vote, et lorsqu'elle reprit, à six heures cinq minutes, le garde des sceaux dit d'une voix grave :

« Après le vote de la Chambre, les ministres ont présenté leur démission à l'impératrice régente qui l'a acceptée, et je suis chargé par elle de vous déclarer qu'avec l'assentiment de l'empereur, elle a chargé le comte de Palikao de former un ministère. (Applaudissements à droite et au centre. — Bruit à gauche.)

« J'ajoute que pendant les quelques heures qui nous séparent de la formation du ministère, nous continuerons à remplir notre devoir et que le nouveau ministère, quel qu'il soit, peut compter de notre part sur l'appui le plus ardent, le plus fidèle et le plus dévoué. (Nouveaux applaudissements à droite et au centre.) »

Telle fut cette mémorable séance, où chacun des futurs membres du Gouvernement de la défense nationale avait pris position, et qui était évidemment le prologue d'une révolution imminente.

Pendant les débats du Corps législatif, la multitude n'avait cessé de gronder autour du Palais-Bourbon. A plusieurs reprises, les tambours avaient fait entendre les trois roulements. Des charges simultanées de cuirassiers et de gardes de Paris avaient été exécutées; mais, vers cinq heures, un vent impétueux soulève des nuages de poussière et une averse disperse tous les attroupements.

Les abords du palais du Luxembourg étaient restés plus calmes; la séance du Sénat fut ouverte à une heure et demie, et M. de Parieu, ministre présidant le conseil d'État, vint, au nom du gouvernement, donner lecture de cet exposé :

« Messieurs,

« L'empereur vous a promis que l'impératrice vous convoquerait si les circonstances devenaient difficiles.

« Nous n'avons pas voulu attendre, pour vous réunir, que la situation de la patrie fût compromise.

« Nous vous avons appelés aux premières difficultés.

« Quelques corps de notre armée ont éprouvé des échecs, mais la plus grande partie n'a été ni vaincue ni même engagée. Celle qui a été repoussée ne l'a été que par une force quatre à cinq fois plus considérable, et elle a déployé dans le combat un héroïsme sublime qui lui vaudra une gloire au moins égale à celle des triomphateurs.

« Tous nos soldats qui ont combattu, comme ceux qui attendent l'heure de la lutte, sont animés de la même ardeur, du même élan, du même patriotisme, de la même confiance dans une revanche prochaine.

« Aucune de nos défenses naturelles ou de nos forteresses n'est entre les mains de l'ennemi.

« Nos ressources immenses sont intactes. Au lieu de se laisser abattre par des revers, que cependant il n'attendait pas, le pays sent son courage grandir avec les épreuves.

« Nous vous demandons de nous aider à soutenir et à augmenter le mouvement national et à organiser la levée en masse de tout ce qui est valide dans la nation.

« Tout est préparé.

« Paris va être en état de défense et son approvisionnement est assuré au besoin pour un long siége.

« La garde nationale sédentaire s'organise partout.

« Les pompiers de Paris et les douaniers seront réunis à l'armée active.

« Tous les hommes de l'inscription maritime qui ont plus de six ans de service sont rappelés.

« Nous abrégeons les formalités auxquelles sont assujettis les engagements volontaires.

« Nous comblons avec nos forces disponibles les vides de notre armée, et pour le faire plus complétement et réunir une nouvelle armée de 450,000 hommes, nous vous proposons d'augmenter la garde nationale mobile en y appelant tous les hommes *non mariés* de 25 à 30 ans; de nous accorder, en outre, la possibilité d'incorporer la garde mobile dans l'armée active, et enfin d'appeler sous les drapeaux tous les hommes disponibles de la classe de 1870.

« Ne reculant devant aucun des devoirs que les événements nous imposent, nous avons mis en état de siége Paris et les départements que l'ennemi menace.

« Aux ressources dont ils disposent contre nous, les Prussiens espèrent ajouter celles qui naîtraient de nos discordes intestines, et ils considèrent le désordre à Paris comme pouvant leur valoir une armée.

« Cette espérance impie sera détrompée. L'immense majorité de la ville de Paris conservera son attitude patriotique, et si une minorité tentait de troubler par la force l'entente nationale, nous userions des pouvoirs que nous donne l'état de siége; nous ne ferions pas seulement appel à la garde nationale courageuse et dévouée à la capitale, nous appellerions à Paris la garde nationale de la France entière; et nous défendrions l'ordre avec d'autant plus de fermeté d'âme que, dans cette circonstance surtout, l'ordre c'est le salut. »

Le Sénat répondit à cette communication en votant, par acclamations, des remercîments à l'armée.

CHAPITRE V

Nouveau ministère. — Organisation de la défense.

Le lendemain, 10 août, parut le décret qui appelait le général de Montauban, comte de Palikao, au ministère de la guerre; M. Henri Chevreau, à l'intérieur; M. Magne, aux finances; M. Grandperret, à la justice; M. le prince de la Tour d'Auvergne, aux affaires étrangères; M. Rigault de Genouilly, à la marine; M. Jules Brame, à l'instruction publique; M. Jérôme David, aux travaux publics; M. Clément Duvernois, à l'agriculture.

Le général de division Cousin-Montauban (Charles-Guillaume-Marie-Apollinaire-Antoine), comte de Palikao, est né le 24 février 1796.

Sa mère était une Delaunay, nièce du dernier gouverneur de la Bastille.

Garde du corps en 1814 à la compagnie d'Artois; passé aux cuirassiers (régiment d'Angoulême, 1815); détaché à l'école de cavalerie de Saumur, 1816-18; élève à l'école d'état-major, 1820-22, sous-lieutenant détaché aux chasseurs à cheval (régiment des chasseurs de l'Orne), puis au 10e de ligne; enfin au 1er régiment d'artillerie à cheval, M. Cousin-Montauban, ce stage terminé, remplit les fonctions d'aide de camp du général Toussaint pendant la campagne d'Espagne, 1823. Employé comme lieutenant d'état-major à la 18e division (chef-lieu Dijon), il passa, lors de la suppression des lieutenants d'état-major, au 1er grenadiers à cheval de la garde royale, 1826.

Après le licenciement de la garde, M. Cousin-Montauban obtint du service dans l'armée d'Afrique.

Capitaine adjudant-major au 2e chasseurs d'Afrique, le 31 août 1832; chef d'escadrons aux spahis, et chargé d'organiser le corps dans la province d'Oran, le 4 septembre 1836; lieutenant-colonel au 1er chasseurs d'Afrique, le 7 mai 1843; colonel au 2e spahis, puis au 2e chasseurs d'Afrique, le 2 août 1845; général de brigade le 21 septembre 1851, M. Cousin-Montauban fut nommé général de division le 28 décembre 1855. Il a commandé la subdivision militaire de Tlemcen et les divisions de Constantine et de Limoges.

Ses campagnes en Algérie furent marquées par des actes de courage signalés à l'armée par les différents généraux en chef, Bugeaud, Lamoricière, Korte. Ce fut à la cavalerie qu'il commandait dans la colonne Lamoricière que fut principalement due la capture d'Abd-el-Kader, 23 décembre 1847.

Désigné (sur une liste où il figurait, lui, troisième, avec les généraux Trochu et de Wimpfen) pour le commandement en chef de l'expédition de Chine (13 novembre 1859), il sut la mener à bien avec une rapidité et une décision sans égales. Les dates suffisent: 20 août 1860, prise des forts de Takou; 21 septembre, bataille de Palli-Kao; 12 octobre, entrée dans Pékin.

Entre ces deux dernières dates se place la destruction du palais d'été, acte parfois très-sévèrement apprécié, et après les débats de l'affaire Négroni et la célèbre vente Du Pin, comment l'opinion de l'émotion se serait-elle calmée !

Le 4 mars 1864, quelque temps avant le retour de M. Cousin-Montauban en France, (ce retour eut lieu en juillet), il était nommé sénateur. Le 22 janvier 1862, un décret lui conférait le titre de comte de Palikao. Un projet fut présenté au Corps législatif pour accorder à M. Cousin-Montauban une dotation de 50,000 francs. Ce mode de rémunération pécuniaire souleva de vives répugnances dans le Corps législatif, peu coutumier pourtant à ces résistances.

Si l'on se reporte au compte rendu de la séance du 19 février 1862, « un bruit confus, une longue interruption » accueillirent la présentation du projet. M. Ollivier fit remarquer « l'impression de la chambre. » Elle est « générale, » ajoute le marquis de Gramont.

Pour prévenir un éclat, M. Cousin-Montauban demanda le retrait du projet, bien que, d'après lui, le projet répondit « aux intentions de la nation. »

Cela était censé, mais le pouvoir personnel en jugea autrement. L'empereur, dans une lettre choquante pour les représentants élus de la nation, déclara maintenir le projet. Car, d'après lui, «les nations dégénérées marchandent seules la reconnaissance publique. »

Cet axiome ne convainquit pas la chambre. Le baron de Jouvenel, rapporteur de la commission (présidée par le général Lebreton), cita ce mot de Montesquieu : « L'honneur est le principe du gouvernement monarchique, et le trésor de l'honneur doit y suppléer aux autres trésors... » et conclut au rejet.

Ce rejet était certain quand, le 5 mai, M. de Morny donna lecture d'une lettre de l'empereur retirant le projet afin de dissiper le « malentendu. »

« Souvenons-nous de nos pères qui accomplissaient les grands prodiges des grandes batailles de la république pour obtenir un sabre d'honneur. » Le sentiment qui dictait ces paroles à M. de Jouvenel était louable, mais il était impressionné par des données historiques inexactes; le caractère unique et touchant des premières armées de la république, ce fut le désintéressement, et non pas seulement ce désintéressement si aisé à conserver et à pratiquer, de l'argent ou du grade, mais celui bien plus rare de la gloire. L'idée de sauver la patrie et la liberté suffisait aux soldats comme aux officiers de ces armées citoyennes.

Quoi qu'il en soit, ce langage déplut et, comme on était à l'âge d'or des candidatures officielles, M. de Jouvenel paya son rapport par la perte de son siège à la

De Moltke,

chambre. L'administration réussit à empêcher, en 1863, sa réélection.

Il peut être intéressant de savoir comment était composée la commission : le général Lebreton, *président;* le comte Hallez Claparède, *secrétaire;* le baron de Jouvenel, *rapporteur.* MM. Cosserat, Lélut, le vicomte de Kervéguen, le marquis d'Andelarre, Larrabure, le marquis de Grammont.

Un décret du 16 mai 1863 a autorisé M. Cousin-Montauban à signer Cousin de Montauban.

Les armes concédées au comte de Palikao portent au quatrième de l'écu : *d'azur à la croix de calvaire d'argent, terrassée de sinople,* pour rappeler le rétablissement du culte catholique en Chine, établissement bien précaire, si l'on en juge par le massacre de Tien-Tsin! M. Cousin-Montauban était depuis le 22 juin 1865 chef du quatrième grand commandement militaire, dont le quartier général est à Lyon.

Les décrets du 12 août placèrent le général Vinoy à la tête du treizième corps, en voie de formation à Paris, et le général Trochu à la tête du douzième corps, en voie de formation à Châlons-sur-Marne; mais le général Trochu ne tarda pas à échanger sa position contre celle de gouverneur de Paris.

Le gouvernement, pendant la première moitié du mois d'août, s'occupa exclusivement de mesures défensives. Le ministre de l'intérieur écrivait aux préfets, le 11 août :

Faites appel au dévouement patriotique des populations et encouragez-les à former des compagnies de gardes nationaux volontaires ou de francs-tireurs pour marcher à l'ennemi.

Indiquez-moi le nombre des hommes; ils recevront incessamment des armes. En attendant, réunissez-les aux chefs-lieux de départements ou d'arrondissements, et exercez-les avec les fusils empruntés aux pompiers, à qui vous ferez facilement comprendre l'urgence de la mesure.

Les volontaires recevront la solde des troupes, soit un franc par jour tout compris. Les habitants tiendront à honneur de les loger.

Je me concerte avec le ministre des finances pour supprimer les formalités inutiles : des mandats vous seront délivrés sur les trésoriers généraux.

Désignez pour chef des anciens officiers ou sous-officiers.

Je compte sur votre énergique concours.

Avis vous sera donné du lieu où devront être dirigées les compagnies.

Agissez, agissez sans relâche. Que l'armement du pays soit votre constante occupation.

Le ministre de l'intérieur,
HENRI CHEVREAU.

Dans une autre circulaire, il disait :

AUX PARISIENS

« HABITANTS DE PARIS,

« Les nouvelles de l'armée vous imposent un grand devoir; le gouvernement vous convie à l'accomplir. C'est à vous de veiller à votre honneur, à vous de le garder intact et de rester dignes de votre passé et de vous-mêmes.

« Habitants de Paris, le péril n'est pas imminent; mais il importe que nos fortifications soient en bon état et que notre héroïque armée sache que nous sommes tous debout derrière elle.

« A partir de demain, des registres seront établis à l'Hôtel de Ville et dans les vingt arrondissements. Que tous ceux qui ne sont pas appelés par le nouveau décret à faire partie de la garde nationale et qui veulent concourir aux travaux de terrassement et de maçonnerie nécessaires à la défense commune viennent s'inscrire immédiatement.

« La vaillante population de Paris répondra, j'en suis sûr, à mon appel.

« *Le sénateur, préfet de la Seine,*
« HENRI CHEVREAU. »

CHAPITRE VI

Levée des hommes non mariés ou veufs de vingt-cinq à trente-cinq ans. — Fortifications de Paris.

Une loi tendant à augmenter la force de l'armée active par des dispositions à la fois promptes et efficaces avait été votée le 12 août.

Le rapporteur de la commission nommée d'urgence pour en examiner le projet, M. de Forcade de la Roquette, avait dit : « Ces dispositions auront pour résultat d'élever rapidement les ressources militaires de la France au niveau des grands intérêts engagés dans la lutte que nous soutenons pour la défense du territoire. Cette lutte a pris des proportions qui ne permettent plus ni une hésitation ni un retard. » Il avait été accueilli par d'unanimes bravos, par des cris de *Vive l'armée ! Vive la France !* lorsqu'il avait parlé au Corps législatif de l'unité du pays, du patriotisme, de la solidarité de ses enfants, et qu'il avait réclamé pour l'armée une déclaration solennelle qu'elle avait bien mérité de la patrie.

Un amendement de M. Girault, appuyé par M. Gambetta, mais qui n'avait pas été pris en considération, portait :

« Les séminaires et autres établissements religieux, sans exception, seront soumis aux lois militaires, comme les autres citoyens et dans la même proportion. »

A l'unanimité des 273 membres présents, le Corps législatif avait voté des remercîments à l'armée, et déclaré qu'elle avait bien mérité de la patrie.

Il avait décrété avec le même entrain que tous les citoyens non mariés ou veufs sans enfants, ayant vingt-cinq ans accomplis et moins de trente-cinq ans, bien qu'ayant satisfait à la loi du recrutement, seraient appelés sous les drapeaux, pendant la durée de la guerre avec la Prusse, s'ils ne figuraient pas sur les contrôles de la garde mobile.

Que le crédit accordé par la loi du 24 juillet 1870, aux familles des soldats de l'armée et de la garde mobile, était porté de quatre à cinq millions;

Que les engagements volontaires et les remplacements, dans les conditions de la loi du 1er février 1868, pourraient être admis pour les anciens militaires, pendant la durée de la guerre; jusqu'à l'âge de quarante-cinq ans;

En vertu des articles de 5 à 9, les personnes valides de tout âge étaient admises à contracter un engagement pour la durée de la guerre, dans l'armée active.

Le contingent de la classe de 1870 se composait de tous les jeunes gens inscrits sur les tableaux de recensement, qui ne se trouveraient dans aucun des cas d'exemption ou de dispense prévue par la loi modifiée du 21 mars 1832.

Des conseils de révision devraient être organisés dans chaque département, et convoqués pour le tirage au sort et la formation du contingent de la classe de 1870, après une seule et unique publication des tableaux de recensement.

La durée du service des jeunes gens de la classe de 1870

prenait date du jour de la promulgation de la loi, qui était exécutoire à partir du jour de sa promulgation.

On s'empressa de mettre à exécution cette loi, trop tard venue pour être efficace. Le ministre de l'intérieur en fit l'objet d'une nouvelle circulaire aux préfets, auxquels il donna en même temps des instructions pour l'équipement de la garde mobile.

Avec les crédits qui vous seront ouverts, vous pourvoirez, leur écrivit-il, à toutes les dépenses d'habillement et d'équipement de la garde nationale mobile, dans les conditions indiquées dans ma circulaire télégraphique du 12 août (11 h. 10 m. du matin), et en ayant soin que le prix de la blouse et du képi ne dépasse pas 8 à 10 fr., à moins d'autorisation contraire.

Vous aurez à pourvoir aussi aux frais de solde, provisoirement fixés à 1 fr. par jour pour les simples mobiles et caporaux, et à 1 fr. 25 pour les sous-officiers. Tous les trois jours, vous délivrerez les mandats nécessaires aux chefs de bataillons, qui vous en donneront reçu et qui répartiront les fonds entre les capitaines. Ceux-ci justifieront du payement de la solde à leurs commandants. Les gardes nationaux mobiles vivront à l'ordinaire.

Vous organiserez, pour ces diverses natures de dépenses, une comptabilité qui devra être tenue, jour par jour, avec l'ordre le plus sévère. Toutes les pièces devront être réunies et mises à l'appui de vos décisions, de manière que la vérification qui en sera faite plus tard puisse s'effectuer dans des conditions aussi sûres que rapides. Tous les huit jours, vous m'en adresserez un bordereau sommaire, sous le timbre : « Division d'administration générale et départementale. »

Les questions de comptabilité seront traitées par ce service. Les questions d'organisation et de formation des corps seront réservées à la direction générale du personnel. Vous aurez à observer soigneusement cette distinction dans vos envois.

Ces dispositions sont applicables non-seulement à la garde mobile, mais à tous les corps de volontaires ou de franc-tireurs marchant à l'ennemi, dont vous aurez autorisé l'organisation. La solde provisoire de 1 fr. et de 1 fr. 25 cessera du jour où les mobiles, volontaires ou francs-tireurs, seront mis à la disposition de l'autorité militaire. Ils recevront alors le prêt des hommes en campagne par les soins de l'intendance.

En ce qui concerne la garde nationale sédentaire, des instructions spéciales vous seront adressées.

Afin d'assurer la formation rapide, la concentration immédiate de cette armée de mobiles et de volontaires qui doivent si activement concourir au triomphe de nos armes, le département de la guerre, monsieur le préfet, vous a remis, sur ma demande, le soin de pourvoir vous-même à tous les détails, à toutes les nécessités d'organisation.

C'est une grande responsabilité, c'est un honneur plus grand encore. Montrez que l'administration française est à la hauteur de tous les devoirs, de toutes les difficultés, et que rien ne lui est impossible lorsqu'il s'agit de l'honneur et de la défense de la patrie.

Recevez, monsieur le préfet, l'assurance de ma considération très-distinguée.

Le ministre de l'intérieur,

HENRI CHEVREAU.

Paris se préparait sérieusement à soutenir un siége. A l'extérieur, dès le 12 août, les terre-pleins des portes étaient coupés, pour être remplacés par des ponts-levis. La pente des glacis était régularisée; la contrescarpe, les chemins couverts, étaient réparés.

A l'intérieur, certaines parties des terrassements étaient renflées; des canons, des affûts amenés; des talus de plongée mordus pour y construire des plates-formes; des talus de banquettes entassés pour construire des abris ou établir de nouvelles poudrières: dix poudrières en plus étaient construites sous les remparts de la rive droite.

Ces magasins étaient clos de murailles de un mètre quatre-vingts d'épaisseur et recouverts d'une double voûte.

Les affûts qu'on amenait sur les remparts étaient en fonte et à peu près semblables à ceux de la batterie des Invalides.

CHAPITRE VII

Commandement en chef du maréchal Bazaine. — Retraite de Mac-Mahon. — Un passage à Nancy. — Plus de Cuirassiers. — Occupation de Nancy.

Cependant la guerre, pour laquelle on déployait tant d'activité, semblait comme suspendue. Les nouvelles du camp ne consistaient qu'en quelques télégrammes succincts et peu explicites.

Rien, dans leurs termes, ne fait pressentir une série de catastrophes:

Qu'on en juge:

Metz, 9 août, 8 h. 55, matin.

L'armée est en grande partie concentrée en avant de Metz. Le maréchal Bazaine a la direction des opérations.

Le corps du général Frossard se dirige en bon ordre sur Metz. La nuit a été calme.

L'empereur vient de se rendre au quartier du maréchal Bazaine.

Metz, 9 août, 1 h. 52.

L'empereur s'est rendu ce matin au quartier général du maréchal Bazaine, qui prend le commandement des troupes réunies sous Metz.

Le général Decaen a été placé à la tête du 3e corps.

L'empereur a reçu un accueil chaleureux de la population et de l'armée, où éclatent les sentiments du plus énergique patriotisme.

Tout le monde aspire avec ardeur à reprendre la lutte.

Les dispositions sont excellentes.

Tous les corps sont en communication.

Le maréchal Mac-Mahon a rallié la plus grande partie de son armée et se replie en bon ordre sur Nancy.

Malheureusement il était inexact que les cinq divisions de Mac-Mahon se repliassent en bon ordre sur Nancy. Elles y arrivaient à la débandade, affamées, malades, blessées, n'ayant pas mangé depuis vingt-quatre heures. Le maréchal y entra le dimanche 7 août, et se rendit à pied de la gare au café Boillot, rendez-vous habituel des officiers; il était méconnaissable, couvert d'une boue épaisse des pieds à la tête. Ses mains étaient toutes noircies; un coup de feu lui avait enlevé l'une de ses épaulettes, les basques de sa tunique étaient criblées de trous provenant de coups de feu. Il ne lui restait plus que la moitié de sa longue vue; l'autre avait été emportée par une balle, qui l'avait légèrement blessé à la main; il portait des bottes molles avec d'énormes éperons. Chacun se découvrait sur son passage; sa physionomie exprimait la plus violente exaltation.

Arrivé au café Boillot, il se fit servir précipitamment de la viande froide, il était à jeun depuis vingt-huit heures; il écrivit en mangeant une lettre en quelques lignes; bientôt le général de Failly vint le retrouver. Tous deux s'enfermèrent dans une pièce voisine, et après une courte conférence, le maréchal reprit le chemin de la gare pour rejoindre son corps d'armée avec les vivres qu'il avait commandés pour ses soldats exténués.

Une personne de Nancy, qui le connaissait, lui avait demandé des nouvelles d'un régiment de cuirassiers :

« Des cuirassiers, répondit le maréchal, il n'y en a plus. »

Le sous-préfet de Schlestadt envoyait à Metz, au ministre de la guerre, une dépêche qui était datée de Metz à Paris, le 10 août, à 8 h. 30 s.

L'empereur est allé visiter les cantonnements de l'armée. Depuis quarante-huit heures, les approvisionnements affluent sur les points de concentration. Le matériel d'artillerie augmente chaque jour. Les soldats sont reposés et attendent le signal de l'action. Nous continuons à n'avoir aucun détail officiel sur les affaires du 6.

Ainsi le public qui eût désiré suivre les événements pas à pas n'était pas même officiellement édifié sur les affaires du 6 août. Une seconde dépêche de Metz, du 10, 4 h. 50 du soir, disait seulement : « Les détails manquent encore sur la bataille de Freschwiller. Le maréchal Mac-Mahon y a eu un cheval tué sous lui. Une brigade de cavalerie de réserve et une division du corps du général de Failly, arrivées sur le champ de bataille à la fin de la journée, ont couvert la retraite.

« La poursuite de l'ennemi, très-éprouvé également, n'a été vive qu'au début. Le maréchal, après être resté vingt-cinq heures à cheval, a passé la journée du dimanche 7 à Saverne, qui a été occupé le soir par les Prussiens. On signale de loin en loin la présence de quelques coureurs ennemis, mais la poursuite à l'arrière-garde du corps du maréchal Mac-Mahon ne paraît pas avoir été très-vive.

« Les chirurgiens qui donnent des secours à nos blessés portent tous le brassard blanc institué par la convention de Genève. Ils font preuve de la plus louable humanité. Jusqu'à aujourd'hui, une heure, point d'attaque à notre aile gauche. Nos forces arrivent, et les transports se font par les soins de la Compagnie de l'Est avec une grande régularité.

(Correspondance du quartier général.)

Pour copie conforme :

Le ministre de l'intérieur,

HENRI CHEVREAU.

Les dépêches relatives à Reims, Strasbourg, à Nancy, sont toutes laconiques :

Strasbourg, 10 août, 9 h. 25, matin.

La journée et la nuit ont été calmes à Strasbourg. Nous avons continué à prendre toutes les mesures défensives nécessaires.

(Dépêche du préfet du Bas-Rhin).

(Correspondance du quartier général.)

Colmar, 13 août, 3 h.

Le préfet du Haut-Rhin au ministre de l'intérieur.

Toujours même calme sur la rive droite du Rhin. L'investissement de Strasbourg paraît n'être qu'un simulacre d'attaque :

(Correspondance du quartier général.)

Un simulacre d'attaque !

Nous verrons trop tôt ce qu'il en était.

Nous verrons Strasbourg lutter héroïquement et succomber aux gloires après un bombardement de quarante jours, pendant lequel deux cent quarante et une pièces d'artillerie lancèrent sur les monuments et sur les maisons, de l'aveu même des journaux spéciaux de Prusse, 6,340 projectiles par jour, 269 par heure, 4 par minute.

L'armée qui faisait un simulacre d'attaque comptait 60,000 hommes, et une formidable artillerie, tandis que l'on pouvait qualifier de dérisoire le matériel d'artillerie dont la place était garnie, et que la garnison de Strasbourg, abstraction faite de la garde nationale et des pompiers, atteignait à peine le chiffre de 11,000 hommes, avec environ 2,000 chevaux.

Les dépêches relatives à Nancy, qui commencent par un démenti, finissent du moins par un aveu.

11 août, 10 h., soir.

Le bruit a couru aujourd'hui que les Prussiens avaient occupé Nancy. Cette nouvelle est absolument fausse.

Le ministre de l'intérieur,
H. CHEVREAU.

Paris, 16 août, 9 h. et demie, matin.

Les correspondances télégraphiques étaient interrompues hier entre Paris et Nancy. Dans la nuit, le bureau de Toul a fait savoir que Nancy devait être occupée par un détachement de cavalerie ennemie.

Ce matin, la Compagnie de l'Est a confirmé cette nouvelle.

Le ministre de l'intérieur,
H. CHEVREAU.

Or, voici ce qui s'était passé :

Le 12 août, à trois heures de l'après-midi, quatre uhlans prussiens avaient pris tranquillement possession de Nancy, ville ouverte et complétement dégarnie de troupes.

Une demi-heure après, un détachement de 26 Prussiens avait traversé la ville et la gare, dont le chef fut déclaré prisonnier sur parole.

Le maire fut requis de se présenter au chef de l'expédition campé entre Saint-Max et la route d'Essey. Pendant ce temps-là, un officier de uhlans, suivi de deux cavaliers, parcourait la ville au galop pour reconnaître les lieux.

Au retour de M. le maire, le conseil municipal eut à voter pour les vainqueurs une somme de 50,000 francs avec force rations d'avoine.

Ils n'avaient pas demandé moins de 300,000 fr. et trouvaient que 50,000 fr. pour une ville dotée de si beaux édifices n'étaient qu'une bagatelle.

Ils mirent, en outre, en réquisition des ouvriers pour abattre les poteaux télégraphiques, et détruire, jusqu'à Maxéville, les rails qui furent jetés dans le canal.

Le soir, 150 uhlans apparurent, et les hôtels de *la Chartreuse* et de *Saint-Georges* furent requis de servir, chacun pour 75 convives, un dîner composé de potage, bouilli, légumes, d'un litre de vin et de 6 cigares par homme.

Ils avaient commandé le café pour le lendemain, à quatre heures du matin, mais ils s'éloignèrent sans y toucher.

CHAPITRE VIII

Les mensonges officiels. — La réalité de la situation de Metz. — Bataille de Borny.

C'est dans les renseignements particuliers, dans les récits des témoins oculaires qu'il faut chercher la vérité. Elle est jusqu'à la chute de l'empire, à partir des premiers désastres, systématiquement mise sous le boisseau.

Le *Journal Officiel* du 14 août 1870 osait écrire :

« L'opinion publique en Europe rend justice au courage héroïque de nos soldats et à l'énergie avec laquelle la nation tout entière, qui se lève comme un seul homme, s'apprête à réparer un revers imprévu.

« Nos adversaires avaient compté sur des divisions de partis, qui auraient été une trahison à la cause nationale. Le patriotisme des Chambres et du pays a déjoué tous ces calculs. Au Corps législatif, la droite et la gauche ont rivalisé d'ardeur pour pousser jusqu'à leur dernière limite la vigueur et l'esprit de dévouement de la France.

« Le nouveau ministère a trouvé dans les représentants du pays le concours le plus actif et le plus loyal.

« La séance du 10 août marquera parmi les plus nobles journées de nos annales parlementaires. Jamais nation n'a obéi à des sentiments plus élevés. Cette attitude des Chambres a été pour nos troupes un encouragement et une récompense. Nos soldats sentent qu'ils ont derrière eux la nation tout entière, et que l'heure approche où l'ennemi sera chassé de nos foyers!

« Sous le rapport diplomatique, l'ensemble de la situation témoigne des efforts efficaces qui ont été faits pour mettre sur un bon pied nos relations avec les puissances en ce qui touche la crise actuelle.

« Au début de la lutte, le comte de Bismark poursuivait les combinaisons suivantes :

« 1° Eveiller contre nous les susceptibilités de l'Angleterre, sous prétexte des affaires de Belgique;

« 2° Cimenter une alliance entre la Prusse et la Russie;

« 3° Nous brouiller avec l'Espagne à propos de l'incident Hohenzollern;

« 4° Nous aliéner l'Italie au sujet de la question romaine.

« L'ensemble de ce plan a complétement échoué.

« L'Angleterre, pleinement rassurée par nos déclarations si nettes et si loyales, vient de signer avec nous un traité qui nous est aussi utile qu'à la Belgique elle-même, et qui assure notre frontière du Nord.

« La Russie, non-seulement n'a pas signé de traité avec la Prusse, ainsi que M. de Bismark l'espérait, mais l'opinion publique, dans toute l'étendue de l'empire du tzar, a montré une attitude de plus en plus défavorable à l'extension exagérée de la monarchie prussienne.

« Bien loin de nous être hostile, l'Espagne ne nous a témoigné que des dispositions empreintes de la cordialité la plus parfaite.

« Il en a été de même de l'Italie. D'accord avec le cabinet de Florence, nous nous sommes replacés sur le terrain de la convention du 15 septembre, et la solution intervenue s'est accomplie à la satisfaction commune sans soulever la moindre difficulté.

« Ainsi donc, ni à Londres, ni à Saint-Pétersbourg, ni à Madrid, ni à Florence, M. de Bismark n'a réussi dans le programme qu'il s'était tracé.

« Les sympathies du Danemark à notre égard continuent à être aussi vives qu'avant la guerre; notre escadre est devant le port de Kiel, et de grands événements auront lieu de ce côté.

« Les armements de l'Autriche et de l'Italie se complètent.

« Il ne saurait être question un instant de négociations pacifiques.

« Au moment où la guerre ne fait que commencer, où le sentiment national se prononce avec une énergie admirable, l'idée d'une défaillance ne peut venir à aucun Français.

« Nos relations avec l'étranger sont ce qu'elles doivent être, et le nouveau ministre des affaires étrangères trouvera le terrain bien préparé pour poursuivre l'œuvre commencée par son prédécesseur. »

En réalité, l'Europe entière regardait nos malheurs d'un œil impassible; les corps de Mac-Mahon et de Failly battaient en retraite dans de déplorables conditions, l'armée de Bazaine était paralysée; les communications de Metz avec les autres villes étaient coupées les unes après les autres.

Le correspondant du *Peuple Français* lui mandait le 12 :

« La ville de Metz, privée du télégraphe, n'a que les nouvelles qui reviennent de Paris. Les journaux n'arrivent plus et d'un moment à l'autre on s'attend à être bloqués. C'est afin d'éviter cet inconvénient — très-grand pour un journaliste parisien — que j'ai pris le parti de camper à la porte de la ville, de façon à filer soit avec l'armée, soit à Verdun. — Les bons gendarmes m'ont demandé *onze fois de suite* mes papiers. Heureusement pour moi, le général de Saint-Sauveur, sans me donner un sauf-conduit (on n'en donne à personne), m'a recommandé particulièrement à ses hommes. »

L'impatience et l'exaspération des troupes en était

arrivée à un tel point, que nous lisons dans ce même *Peuple Français*, journal éminemment dévoué à l'empire, sous la date du 15 août 1870, ces lignes extraites d'une lettre écrite par un maréchal des logis de chasseurs :

« ... Avant-hier, nous étions à Reischoffen, hier à Bitche, aujourd'hui à Lunéville. Jugez du chemin que nous avons fait : nous repartons cette nuit; nous devons nous concentrer pour agir. *Ici on rugit....* »

Dans la matinée du 14 août, fut tenu à Metz un conseil de guerre, où il fut décidé que la ligne de la Moselle serait passée, que le village de Borny, placé à l'embranchement des routes de Boulay, Saint-Avold et Forbach, serait choisi comme point de concentration, pour arrêter la marche des Prussiens; que l'empereur, avec le prince impérial, s'éloignerait dans la direction de Verdun et de Châlons; que l'armée de Bazaine essayerait de franchir les lignes ennemies et de se réunir à celle de Mac-Mahon.

En effet, après avoir entendu la messe, l'empereur prit officiellement congé du clergé messin.

Les équipages considérables du quartier impérial se massèrent sur la place de la préfecture. Vers deux heures et demie un énorme convoi se mit en marche. « Je l'ai rencontré à Moulin-lès-Metz, nous écrivait un témoin oculaire. A cinq ou six kilomètres en avant de Metz, se pressaient déjà cavalerie, infanterie, artillerie, transports, ambulances, chariots, vivres, munitions; puis les fourgons et les voitures, les hommes et les chevaux de la maison impériale, le prince Napoléon en costume de général, à cheval. Le quartier impérial se replie, dit-on, sur Etain, et sans doute ensuite sur Verdun et Châlons. Notre diligence ne peut entrer en ville à cause de l'encombrement. Je vais à pied jusqu'à la préfecture. Une foule considérable est réunie sur la place pour assister au départ de l'empereur, qui a lieu dans l'instant. »

En même temps l'armée commençait son mouvement, et, descendant des hauteurs de la rive droite, traversait la Moselle sur des ponts de bateaux. Du haut de l'esplanade, on voyait infanterie, cavalerie, artillerie, défiler dans la plaine de Saint-Symphorien, s'engager dans l'île du Saulcy; des nuages de poussière s'élevaient sur la route de Moulin qui conduit à Verdun; une partie de la population se groupait au coin des rues pour y lire la proclamation d'adieu que lui adressait Napoléon III :

« En vous quittant pour aller combattre l'invasion, je confie à votre patriotisme la défense de cette grande cité. Vous ne permettrez pas que l'étranger s'empare de ce boulevard de la France et vous rivaliserez de dévouement et de courage avec l'armée.

« Je conserverai le souvenir reconnaissant de l'accueil que j'ai trouvé dans vos murs, et j'espère que dans des temps plus heureux je pourrai venir vous remercier de votre noble conduite. »

Du quartier impérial de Metz, 14 août 1870.

Les troupes françaises commandées par les généraux Ladmirault et Decaen comprenaient les troisième et quatrième corps : le 11e chasseurs à pied ; les 44e, 60e, 80e, 69e et 90e de ligne ; le 13e chasseurs à pied ; les 33e, 54e et 65e de ligne ; les 8e, 9e et 10e batteries du 1er régiment d'artillerie.

Devant eux se trouvaient les 1er et 7e corps prussiens composés chacun de 25,000 hommes d'infanterie, 3,000 de cavalerie et 96 bouches à feu, sous la direction du prince Frédéric-Charles et du général Steinmetz. Ces forces occupaient le plateau situé au nord-est de Metz et sur lequel se trouvent situés la ferme et le château de Grimont, les communes de Vantoux, Méy, Colombey, Noisseville, Sainte-Barbe.

La canonnade commença dans l'après-midi et s'étendit bientôt de Vallière à Grigy, par Borny, sur une longueur de plus de deux lieues, et elle retentit presque seule entre quatre et cinq heures ; mais à six heures l'infanterie donna, soutenue par les mitrailleuses. Des remparts de la ville, gardés par la garde nationale, on pouvait suivre la marche générale de l'action. On voyait tout le pays, entre les forts de Saint-Julien et de Queuleu, sillonné d'éclairs, embrasé de feux. On suivait avec une anxiété facile à comprendre le mouvement en avant de notre armée, qui, visiblement, poussait l'ennemi de de Saint-Julien sur le fort de Queuleu.

Vers sept heures, le canon de ce dernier fort vint faire sa partie dans cet épouvantable concert. Les détonations se succédaient sans relâche.

A huit heures et demie tout était terminé, et le général Coffinières, commandant supérieur de la place de Metz, expédiait à Paris une dépêche portant que le feu était à peu près fini et que le terrain était gagné partout.

De son côté, Napoléon III écrivait de Longeville, petit village situé sur la route de Verdun, et où il logeait chez M. Hénocque, colonel retraité.

L'empereur à l'impératrice.

Longeville, 10 h. soir.

L'armée a commencé à passer sur la rive gauche de la Moselle, ce matin : nos reconnaissances n'avaient constaté la présence d'aucun corps ; mais lorsque la moitié de l'armée eut passé, les Prussiens ont attaqué avec grande force.

Après une lutte de quatre heures, ils ont été repoussés avec de grandes pertes.

La correspondance du quartier général, confirmait la nouvelle en ces termes :

Les corps des généraux Ladmirault et Decaen ont été engagés dans le combat d'hier.

Le maréchal Bazaine s'était porté de sa personne sur le lieu de la lutte.

L'ennemi a été repoussé après un combat de quatre heures.

L'entrain des troupes a été admirable.

Il était certain que l'armée française avait pu établir ses lignes de défense entre Gravelotte et Mars-la-Tour et qu'elle avait fait subir à l'ennemi des pertes cruelles. Les rapports officiels prussiens en conviennent et font l'éloge de la bravoure des troupes françaises, mais ils ne sont pas d'accord avec nous sur le résultat final. La relation publiée par le *Staatanzeiger,* journal officiel de Berlin, peut se résumer ainsi :

« L'armée française, dans la matinée du 14, était devant Metz, à l'est, près le pont où la route de Saint-Avold est rejointe par celle de Sarrelouis ; elle était formée en grands camps couvrant au moins 6 milles. L'armée semblait être au moment de battre en retraite sur Châlons. Le maréchal Bazaine paraît avoir rencontré des difficultés pour opérer ce mouvement, car il n'a pas bougé.

» Le général Steinmetz a attaqué les Français à deux heures de l'après-midi avec la 13e division appuyée par la 14e. Les troupes françaises étaient rangées sur plusieurs lignes défendues par des tranchées profondes ; voilà pourquoi elles ont tiré peut-être plus tranquillement que d'autres fois. Ces lignes étaient établies à Ars-la-Guenexy, Ogy, Borny et Colombes ; les bois les couvraient bien aussi. Les Prussiens ont enlevé successivement les tranchées bravement défendues ; ils ont éprouvé là de grandes pertes.

« Les pertes des Français ont été surtout en hommes tués, parce que, combattant dans des tranchées, ils étaient atteints à la tête qui était seule exposée. Derrière une seule tranchée, on a compté 781 Français morts. La bataille a fini aux glacis de Metz. Les Français se sont retirés en désordre, partie dans la forteresse et partie autour de la ville. »

Les Français perdirent, suivant un des rapports allemands, deux mille prisonniers, deux aigles et sept canons. On évalue à deux mille cinq cents le nombre des hommes tués ou blessés ; mais les Prussiens en eurent plus du double. « Les mitrailleuses surtout, dit le *Courrier de la Moselle,* firent un mal énorme à l'ennemi. Les bataillons prussiens, qui se succédaient sans relâche, étaient littéralement hachés par ces redoutables engins. A de certains endroits, les cadavres formaient de véritables remparts qui empêchaient l'artillerie d'avancer. Puisque nous parlons de l'artillerie française, empressons-nous de lui rendre l'hommage qu'il lui est dû. Tous les militaires qui ont pris part à l'action s'accordent à dire que nos canonniers ont été admirables de sang-froid et que, sous un feu terrible, leur tir était réglé comme au polygone. Quant à notre infanterie, tout le monde sait depuis longtemps ce qu'elle vaut. »

A la tombée de la nuit, les premiers blessés entrèrent en ville : la population, restée sur pied toute la nuit, se porta sur leur passage et les entoura de soins avec un admirable empressement. Les femmes surtout se distinguèrent ; partout, dans toutes les ambulances, elles se mirent à la disposition des médecins pour laver les blessures et opérer les premiers pansements.

Parmi les blessés étaient le général de division Decaen, commandant le 3ᵉ corps, et les généraux Castagny et Duplessis. Le général Decaen, blessé au genou devant le fort de Grimont, resta trois quarts d'heure à cheval malgré sa blessure. Son cheval ayant été ensuite tué sous lui, on fut obligé de l'emporter. Toutefois la blessure du général n'était pas grave, et le brave et habile commandant du 3ᵉ corps fût bientôt rendu à l'estime et à l'affection de ses soldats.

Auprès du général Decaen, deux officiers d'état-major furent blessés à la jambe. Le 44ᵉ de ligne perdit son brave et excellent colonel, M. Fournier, frappé d'une balle à la tête, après avoir eu deux chevaux tués sous lui. Le colonel du 3ᵉ chasseurs à cheval fut blessé légèrement.

» Le 15, deux parlementaires se présentèrent successivement à la place ; ils demandèrent, pour enterrer les morts, une suspension d'armes qui leur fut accordée.

CHAPITRE IX

Versions allemandes sur la bataille de Borny. — Guillaume à Augusta. — Sièges de Toul et de Phalzbourg. — Prise de Marsal. — Bataille de Gravelotte. — Correspondance impériale. — Arrivée de Napoléon III au camp de Châlons.

Ce fut un effort vaillant, mais stérile.

Le même jour, l'armée du prince royal passait, sans coup férir, la Moselle, entre Noviant et Nancy, à Pont-à-Mousson et à Frouard, pendant que, comme nous l'avons dit, l'armée française établissait ses lignes de défense entre Gravelotte et Mars-la-Tour, sur des hauteurs, en face de celles qu'occupait l'ennemi à Saint-Juste et Saint-Blaise, de l'autre côté de la Moselle.

Le but était de franchir les lignes prussiennes et d'atteindre Châlons, où le maréchal Mac-Mahon reformait ses cinq divisions, où le corps du général de Failly recevait des renforts ; le but n'avait pas été atteint, aussi les coalisés allemands embouchèrent-ils la trompette pour célébrer les résultats de la bataille de Borny.

Le quartier général prussien était au village d'Herny, station du chemin de fer, entre Paris, Metz et Forback, à 30 kilomètres de Metz ; de là fut expédié, le 15, ce télégramme :

« Hier, dans l'après-midi, les 1ᵉʳ et 2ᵉ corps d'armée ont attaqué les Français qui se trouvaient hors de Metz. Après un combat sanglant, les Français ont été refoulés dans la ville. Les pertes des Français sont évaluées à 4,000 hommes. Aujourd'hui, le roi a fait une reconnaissance. Sa Majesté s'est portée pendant plusieurs heures entre les deux lignes d'avant-postes sans que l'ennemi ait fait aucune démonstration. »

Le 15, à 7 h. 30 m. du soir, Guillaume Iᵉʳ télégraphiait à la reine Augusta :

« A trois heures je suis revenu du champ de bataille de Metz.

« L'avant-garde du 7ᵉ corps a attaqué hier soir, vers cinq heures, l'ennemi qui était en train de se retirer. Celui-ci a pris position et se renforçait continuellement de la ville.

« La 13ᵉ division et une partie de la 14ᵉ appuyaient l'avant-garde, ainsi qu'une partie du 1ᵉʳ corps d'armée. Un combat sanglant s'engagea sur toute la ligne. L'ennemi fut refoulé sur tous les points, et la poursuite continua jusque sur les glacis des fortifications extérieures.

« La proximité de la place a permis à l'ennemi de mettre à plusieurs reprises ses blessés en sûreté.

« Après que nos blessés eurent été en sûreté, les troupes se sont retirées dans leurs anciens bivouacs.

« Il paraît que les troupes se sont toutes battues avec une énergie et un entrain incroyables et admirables.

« La joie était saisissante.

« J'ai parlé aux généraux Steinmetz, Zastrow, Manteuffel et Gœben. »

Le 15 août, partit encore du quartier général de Herny ce nouveau rapport militaire officiel :

« Le 14, vers quatre heures de l'après-midi, notre avant-garde, qui se trouvait devant Metz, eut avis du départ des corps qui campaient encore sous la protection de la forteresse.

« Immédiatement la brigade Goltz attaqua l'arrière-garde du corps Decaen, précédemment Bazaine, et la débanda à tel point dans un combat acharné, que le corps ennemi ainsi que les divisions du corps Frossard durent faire front afin de venir à son aide.

« Le général Gluemer mit immédiatement en avant sa 2ᵉ brigade Est-Saxe. Très à propos, les divisions Kamcke et Wrangel attaquèrent d'une manière efficace l'aile droite et refoulèrent finalement l'ennemi jusque derrière les fortifications.

« Pendant ce temps, le corps Ladmirault avait essayé d'attaquer le flanc droit du 1ᵉʳ corps ; mais il fut attaqué par les réserves de Manteuffel, qui avançait tambour battant, et en prenant une rangée de sections ; l'ennemi fut, également sur cette aile, refoulé dans la forteresse.

« Nos troupes avancèrent jusqu'à Bellecroix et Borny, jusque sur les hauteurs des fortifications nouvellement construites.

Convois de blessés.

« Ce matin, le roi a fait une reconnaissance sur le champ de bataille et a inspecté nos avant-postes, qui y étaient restés, afin d'assurer le transport des blessés allemands et français.

« Sur les points les plus élevés on ne voyait plus rien de l'ennemi sur la rive droite de la Moselle.

« Des nuées de poussière, au delà du fleuve, laissaient conclure à un départ de l'armée principale ennemie. »

La journée du 16 août se passa sans engagements; mais les Prussiens avancèrent. Ils virent assiéger Toul, qui refusa de se rendre, et échouer devant Phalzbourg.

En revanche, le deuxième corps bavarois s'empara de Marsal, après un court bombardement.

Marsal est située sur le revers occidental des Vosges, entre Dieuze et Château-Salins. La Seille, qui se jette dans la Moselle sous les murs de Metz, sort d'un contre-fort de la vallée des Vosges, entre Sarreguemines et Sarrebourg; elle traverse un plateau où elle forme une suite de marais et de lacs.

C'est au milieu de cette région que s'élève la petite ville de Marsal, place militaire de troisième ordre. Très-ancienne, entourée de ruines gallo-romaines, Marsal ne compte qu'un millier d'habitants. Depuis longtemps le gouvernement avait l'intention de déclasser cette petite place, sans importance stratégique. Il est fâcheux que ce déclassement n'ait pas été accompli: les Prussiens n'auraient point trouvé à Marsal une pièce de canon.

Le 17 août, deux dépêches du maréchal Bazaine parvenaient à Paris. L'une, datée de 3 h. 15 m. du soir, portait : « Hier, 16, il y a eu une affaire très-sérieuse du côté de Gravelotte; nous avons eu l'avantage dans le combat, mais nos pertes sont grandes.»

« Hier, pendant toute la journée, disait la seconde dépêche, datée de quatre heures, j'ai livré bataille à l'armée prussienne entre Dancourt et Vionville.

« L'ennemi a été repoussé et nous avons passé la nuit sur les positions conquises. J'arrête quelques heures mon mouvement pour remettre nos munitions au grand complet.

« Nous avons eu en face le prince Frédérick-Charles et le général Steinmetz. »

De Verdun fut transmise dans la journée du 17 août, à huit heures cinq minutes du soir, au ministre de l'intérieur, une nouvelle note explicative sur les combats de la veille :

« Le matin, vers neuf heures, les corps d'armée commandés par le prince Frédéric-Charles ont dirigé une attaque très-vive sur la droite de notre position. La division de cavalerie du général Forton et le 2e corps d'armée, commandé par le général Frossard, ont fait bonne contenance. Les corps échelonnés à droite et à gauche de Rezonville sont venus successivement prendre part à l'action, qui a duré jusqu'à la nuit tombante.

« L'ennemi avait déployé des forces considérables, et a essayé, à plusieurs reprises, des retours offensifs qui ont été vigoureusement repoussés ; à la fin de la journée, un nouveau corps d'armée a cherché à déborder notre gauche. Nous avons partout maintenu nos positions et infligé à l'ennemi des pertes considérables. Les nôtres sont sérieuses.

« Le général Bataille a été blessé. Au plus fort de l'action, un régiment d'uhlans a chargé l'état-major du maréchal. Vingt hommes de l'escorte ont été mis hors de combat. Le capitaine qui la commandait a été tué.

« A huit heures du soir, l'ennemi était refoulé sur toute la ligne.

« On estime à 120,000 hommes le chiffre des troupes engagées. »

Une autre note, non moins importante, émanait du quartier général :

« Dans l'affaire du 16, le corps du général Ladmirault formait l'extrême droite de l'armée ; un bataillon du 73e de ligne a détruit un régiment de lanciers prussiens et lui a enlevé son étendard ; il y a eu plusieurs charges de cavalerie très-brillantes. Dans l'une d'elles le général Legrand a été tué en chargeant à la tête de sa division.

« Le général Montaigu est disparu. Les généraux prussiens Dœring et Wedel ont été tués ; les généraux Grueter et Von Rauch sont blessés. Le prince Albert de Prusse, commandant la cavalerie, aurait été tué. A la chute du jour nous étions maîtres des positions occupées précédemment par l'ennemi.

« Le lendemain 17, il y a eu près de Gravelotte quelques combats d'arrière-garde ; on peut évaluer à 150,000 hommes les forces que l'ennemi avait enga-

gées contre nous dans la journée du 16. Nous n'avons pas encore l'état de nos pertes d'une manière exacte. »

Comme précédemment, les deux partis s'attribuaient la victoire, et M. de Bismark télégraphiait à Berlin de Pont-à-Mousson, 18 août, 11 h. 10 m. du matin :

16 août.

« Un repos absolu a régné toute la journée d'hier.

« L'armée allemande occupe les positions qu'elle a gagnées par sa sanglante victoire du 16.

« Le but de la bataille a été complétement atteint.

« La cavalerie du 3e corps d'armée a attaqué l'ennemi le matin du 16, sans attendre d'être appuyée par l'infanterie, et a combattu subséquemment pendant six heures conjointement avec cette dernière, tenant engagés trois corps d'armée et une partie de la garde impériale jusqu'au soir, où le 10e corps d'armée allemand est venu à son aide. La cavalerie de ce dernier corps (le 10e) a attaqué avec une grande détermination. Il a percé les rangs des Français et repoussé l'ennemi sur Metz.

« Beaucoup de prisonniers ont été faits, y compris plusieurs officiers de la garde impériale.

« BISMARK. »

L'empereur, accompagné de son fils, ne prit point part aux affaires sous Metz. Il tenait à se rendre le plus tôt possible à Châlons. « Deux grands centres, Paris et Metz, avait-il écrit le 8 août à l'impératrice, telle est notre conclusion ! »

La pensée de retourner vers Paris était celle de l'entourage impérial, et dans une dépêche confidentielle en date de Metz, 8 août, 4 h. 30 m. du soir, le préfet de police Piétri disait à l'impératrice :

« N'écoutant que mon dévouement, j'ai demandé à l'empereur s'il se sentait assez de forces physiques pour les fatigues d'une campagne active, de passer les journées à cheval et les nuits au bivac. Il est convenu avec moi qu'il ne le pouvait pas. Je lui ai dit alors qu'il valait mieux aller à Paris réorganiser une autre armée et soutenir l'élan national, avec le maréchal Lebœuf comme ministre de la guerre, et laisser le commandement en chef de l'armée au maréchal Bazaine qui en a la confiance, et auquel on attribue le pouvoir de tout réparer. S'il y avait encore un insuccès, l'empereur n'en aurait pas la responsabilité entière. C'est aussi l'avis des vrais amis de l'empereur. »

Napoléon III passa la nuit du 14 au 15 à Gravelotte, chez M. Plaisant, cultivateur. Il partit le matin pour Conflans, escorté des grenadiers de la garde et de trois régiments de cavalerie : lanciers, dragons, chasseurs d'Afrique. Il déjeuna à Étain, à l'hôtel du Cygne, hôtel où des officiers allemands ne tardèrent pas à venir déjeuner peu de temps après qu'il en fût déguerpi.

Le convoi impérial ne fit que toucher à Verdun, et arriva le 17 au camp de Châlons pour y attendre le maréchal Bazaine.

Celui-ci essaya en vain de passer les lignes ennemies dans la mémorable journée du 18 août.

CHAPITRE X

Bataille de Mars-la-Tours. — Étrange mission du prince Jérôme Napoléon en Italie. — Curieuses dépêches du général Mac-Mahon et du maréchal du Failly.

La bataille commença à cinq heures du matin, et ne se termina que vers dix heures du soir.

Les lignes françaises s'étendaient le long des hauteurs qui couvrent la route de Metz à Verdun.

Leur flanc droit s'appuyait à une ferme nommée La Villette, ayant un jardin entouré de murs, formant une très-forte position. Une route parallèle conduit à Gravelotte. A la gauche de cette route, les Français s'étaient établis sur les crêtes d'une ligne de hauteurs, sur laquelle ils avaient construit douze ouvrages en terre. Les canons de ces défenses, appuyés de huit mitrailleuses, balayaient les talus des collines et la vallée de Gravelotte commandant toutes les approches. Derrière cette ligne se trouvent les forts de Saint-Quentin et de Carrières, protégeant complètement l'arrière des Français et assurant leur retraite.

Les Prussiens avaient d'abord pris position sur une ligne de hauteurs entre Rezonville et Gravelotte, s'étendant du nord-ouest au sud-est, et occupant les deux côtés de la route de Metz à Verdun. A midi, le feu de leur artillerie avait repoussé les canons des Français de leur première ligne, et les Prussiens se trouvèrent à même de faire avancer leurs pièces et d'établir leurs batteries en avant de leur première position. La nouvelle ligne s'étendait à une distance considérable de chaque côté de Gravelotte.

Vers deux heures, après un formidable feu d'artillerie, les batteries françaises furent réduites au silence, et les Prussiens, poussant en avant, occupèrent la ferme de la Malmaison. Vingt minutes plus tard, les canons prussiens étaient devant Gravelotte, et par la supériorité de leur calibre et la justesse de leur tir écrasaient le feu des Français, dont une batterie après l'autre était repoussée de sa position.

A trois heures vingt minutes, la cavalerie prussienne, comprenant des uhlans, des cuirassiers et des hussards, se porta en avant sous un feu violent des batteries françaises, qui maintenaient encore leur terrain. Elle les attaqua avec une grande énergie; mais, n'étant pas appuyée au début par l'infanterie, et n'étant que partiellement soutenue par son artillerie, elle fut obligée de reculer. Entre temps, les divisions d'infanterie prussienne s'étaient rapidement portées en avant, et à quatre heures quarante-cinq minutes le premier effort sérieux pour déloger les Français commença.

On comptait à Châlons sur l'heureuse issue de la lutte, qui ne servit encore qu'à mettre inutilement en relief l'héroïsme des soldats, et sur laquelle nous aurons à revenir pour mieux faire comprendre qu'elle était combinée avec les mouvements du camp de Châlons.

Napoléon III, se sentant aux abois, conçut l'espoir complétement chimérique de gagner à sa cause l'Italie, qu'il devait pourtant lui savoir hostile, puis qu'après avoir contribué à l'affranchir il s'était arrêté à Villafranca, et s'était opposé par les armes au renversement du pouvoir temporel du pape et à la proclamation de Rome capitale.

Dans la matinée du 19 août, l'empereur entra brusquement dans la baraque qu'occupait au camp de Châlons son cousin, le prince Jérôme Napoléon, attaché au quartier général impérial de l'armée du Rhin, à dater du 28 juillet 1870.

« Les affaires vont mal, lui dit-il : tu ne m'es d'aucune utilité auprès de moi; une seule chance peu probable, mais cependant possible, serait décisive, c'est que l'Italie se prononçant pour la France déclare la guerre et tâche d'entraîner l'Autriche. Personne n'est mieux indiqué que toi pour cette mission près de ton beau-père et de l'Italie. Il faut que tu partes de suite pour Florence. J'écris au Roi, voici ma lettre. »

Ces paroles sont textuellement rapportées dans une lettre du prince Jérôme Napoléon. Étonné de cette communication imprévue, il fit quelques objections auxquelles l'empereur répondit :

« Ton inutilité auprès de moi est devenue plus complète encore, depuis que je n'exerce plus le commandement en chef. Je fais un appel à ton dévouement; tu n'as ni le devoir vis-à-vis de toi-même, ni le droit vis-à-vis de moi et du pays, de refuser un service. Du reste, tu ne me quittes que pour quelques jours; si ta mission ne réussit pas, tu me rejoindras. Les projets de Mac-Mahon sont bien arrêtés; l'armée se retire sur Paris par les places du Nord. C'est sous Paris que nous livrerons probablement une bataille décisive, et, d'ici là, tu seras de retour. »

Le prince Jérôme fit observer que son chef militaire étant Mac-Mahon, il lui fallait un ordre du maréchal.

« Qu'à cela ne tienne, dit Napoléon III, tu vas l'avoir. »

Et quelques instants après, il recevait ces documents :

« S. A. I. le prince Napoléon est chargé par l'Empereur d'une mission spéciale.

« Toutes les autorités civiles et militaires sont invitées

à lui en faciliter l'accomplissement en mettant à sa disposition tous les moyens dont il pourrait avoir besoin.

« Au quartier général du camp de Châlons, le 19 août 1870.

       » *Le maréchal commandant en chef,*

          « DE MAC-MAHON. »

« S. A. I. le prince Napoléon, étant chargé par l'Empereur d'une mission en Italie, toutes les autorités sont requises de lui donner aide et assistance si besoin s'en faisait sentir.

« Donné au quartier impérial du camp de Châlons, le 19 août 1870. »

          « NAPOLÉON. »

Le prince Napoléon partit le jour même, tandis que le maréchal Mac-Mahon restait irrésolu, plongé dans l'incertitude. Il était sans nouvelles de Bazaine, et écrivait, comme à l'aventure, aux commandants supérieurs de Thionville et de Verdun.

Les dépêches du 19 août, envoyées dans toutes les directions, témoignent de l'anxiété du maréchal Mac-Mahon et de ses incertitudes sur la marche du corps de Bazaine.

    Le maréchal Mac-Mahon au commandant supérieur
             de Thionville.

    Camp de Châlons, 19 août, 4 h. 50 m.

« Envoyez en reconnaissance un officier intelligent, monté sur une machine à vapeur, qui ne s'arrêtera que lorsque la voie sera coupée ou qu'il aura été pris par l'ennemi. — Ce système nous a bien réussi. — Rendez-moi compte des renseignements de cet officier sur la marche du maréchal Bazaine.

       « Maréchal MAC-MAHON. »

Du même au général commandant Verdun et au sous-préfet de cette ville.

           6 h. 25 m.

« Nous sommes sans nouvelles directes du maréchal Bazaine, et je crains que nous n'en ayons pas de longtemps. Employez tous les moyens possibles pour vous en procurer en expédiant des courriers ou des gens du pays, et renseignez-moi. »

Le lendemain matin, 20, point de nouvelles encore. Le maréchal Mac-Mahon télégraphie au préfet des Vosges :

« Faites votre possible pour avoir des nouvelles du maréchal Bazaine et savoir s'il se retire vers le midi, à travers le pays situé sur la rive droite de la Moselle. »

A six heures du soir, le général de Failly télégraphiait à Paris :

    Général de Failly au ministre de la guerre.

    Camp de Châlons, 20 août, 6 h. 30 m., soir.

« Nous marchons sur Reims. Je prie Votre Excel-

lence de faire diriger sur cette ville ma réserve d'artillerie, qui est partie de Chaumont par le chemin de fer de Troyes avec ordre de se rendre au camp de Châlons. — DE FAILLY. »

C'était la route de Sedan.

CHAPITRE XI

Les illusions. — Le *Figaro.* — L'*Avenir de la Guadeloupe.* Bataille de Saint-Privat. — Tentative sur Verdun. — Prise de Vitry-le-Français. — Bombardement de Strasbourg.

Aux yeux de la majorité des Français, chacun des mouvements divers des armées passait pour le prélude d'une victoire. Le *Figaro* écrivait le 19 août : « De l'ensemble de toutes les informations on peut tirer cette conclusion capitale : la jonction est faite entre l'armée du maréchal Bazaine et les corps de Mac-Mahon et Trochu. »

Des bulletins magnifiques des batailles gagnés étaient colportés, non-seulement en France, en Algérie, mais encore dans les colonies françaises d'Amérique. Nous en avons pour preuve un supplément au numéro 66-67 du journal l'*Avenir*, de la Pointe-à-Pitre (Guadeloupe).

On voit, par ce document curieux, combien il est facile d'égarer des gens qui ne demandent qu'à être trompés.

Le voici textuellement : .

    Supplément au Journal L'AVENIR.

       GRANDE VICTOIRE

Si les nouvelles reçues par le packet du 23 ont imprimé la tristesse et la consternation dans le cœur vraiment patriotique de notre population tout entière, celle que nous recevions hier au soir par le *Talisman*, venu de St-Thomas, et qui a touché à la Basse-Terre, en revanche, a produit une joie, une allégresse, un enthousiasme vraiment difficile à décrire. Elle s'est répandue dans toute la ville, comme par une commotion électrique ; toutes les rues étaient parcourues aux cris un million de fois répétés de : *Vive la France, vive l'armée, vive l'Empereur, à bas les Prussiens !* La ville a été instantanément illuminée jusque dans ses faubourgs les plus reculés. Des hymnes patriotiques étaient chantés par mille voix à la fois. Le noble drapeau national était promené et suivi par une foule ivre de joie et de bonheur délirant. La fête s'est prolongée presque toute la nuit.

C'est que les enfants de la Guadeloupe n'ont pas oublié son glorieux passé et qu'ils n'ont pas dégénéré de leurs pères ; ils ont comme eux l'horreur de tout ennemi qui tenterait de souiller le sol qui est le sol de la France, ils sont animés de ce feu sacré de l'amour de la Patrie, et partagent ses douleurs comme ses joies.

Nous sommes heureux d'avoir annoncé dans notre journal, deux heures avant l'arrivée de cette bonne nouvelle, le triomphe infaillible de nos armes!

Télégrammes.

GRANDE VICTOIRE!!

70,000 Prisonniers.
40,000 hommes tués.

On nous communique la lettre suivante:

Le Talisman part à midi et nous vous donnons les grandes nouvelles arrivées par le steamer français de la Havane, qui vous consoleront de l'échec du corps du maréchal Mac-Mahon que vous a dû apprendre le steamer du 8.

Cet illustre militaire a lutté pendant trois jours, défendant le terrain pied à pied, contre 140,000 Allemands du Sud, commandés par le prince royal, avec son corps de 32,000 hommes seulement, et a pu faire sa réunion avec le gros de l'armée à Metz, n'ayant eu que 5,000 morts et 6,000 absents ou prisonniers.

Le 14, les 1er et 2e corps prussiens commandés par le prince Frédéric-Charles, pendant que les corps du Sud s'emparaient de Nancy, Marsalle, et mettaient le siège devant Strasbourg, sont venus attaquer dans sa position l'armée française à Metz.

La bataille a duré deux jours, 14 et 15 août. Résultat: 40,000 prussiens tués, 70,000 prisonniers; les corps du prince Charles désorganisés et demandant un armistice, refusé par l'Empereur, pour enterrer les morts. Enthousiasme impossible à décrire à Paris; chute du ministère et son remplacement par le ministère suivant:

Ministre de la guerre,
COMTE DE PALIKAO.
Ministre des affaires étrangères,
DE LA TOUR D'AUVERGNE.
Ministre de l'Intérieur,
CHEVREAU.
Ministre de la marine,
RIGAULT DE GENOUILLY.

Aux autres postes:

CLÉMENT DUVERNOIS,   JULES BRAME,
JÉRÔME DAVID,   GRANDPERRET.

Le Corps législatif partage le pouvoir avec la régente.

Un télégramme privé, adressé par ses fils à M. Ch. Le Dentu, confirme les nouvelles qui précèdent.

Ainsi nul doute ne peut exister sur le succès de nos armées, et le châtiment des insolents envahisseurs de notre territoire ne s'est pas fait attendre; nous espérons bien que pas un d'eux ne repassera le Rhin.

Et pendant que ces bourdes se débitaient, Napoléon III, comme poussé par la fatalité, marchait au-devant de sa perte.

Prévenu du mouvement qu'opérait Mac-Mahon, Bazaine tenta, le 18, un nouvel effort. Il attaqua avec vigueur l'armée du général Von Steinmetz, et enleva les hauteurs de Saint-Privat-la-Montagne, petit village situé à 435 mètres d'altitude (arrondissement de Briey), à 15 kilomètres de Metz. De là, il avait l'espoir de se diriger sans encombre sur Verdun par Mars-la-Tour et Fresne; mais, comprenant combien il importait de l'arrêter, les Prussiens engagèrent une lutte acharnée tant autour de Saint-Privat qu'à Borneville et à Gravelotte. Un grand mouvement tournant qu'ils firent contre les fortes positions d'Amanvilliers et de Châtel-Saint-Germain jusqu'à la chaussée de Metz démontra au maréchal l'impossibilité de percer leurs masses, et il se résigna à revenir sous les remparts de Metz. Il était huit heures et demie du soir quand le feu cessa des deux côtés.

Guillaume Ier, dans une lettre à la reine datée de Bezonville, 19 août, a rendu hommage à la valeur déployée par les Français dans cette circonstance. Il reconnaît que le terrain a été vivement disputé, et que les moindres avantages coûtèrent à ses soldats de grandes pertes. Ils eurent à subir un feu si énorme partant de retranchements en étages, appuyés par de l'artillerie, que le deuxième corps prussien dut attaquer à la baïonnette. « Mes troupes, dit Guillaume Ier, ont fait des prodiges de valeur contre un ennemi qui se défendait pied à pied, et faisait souvent des mouvements offensifs. »

Le maréchal Bazaine en était donc réduit à attendre le succès des opérations de Mac-Mahon, qui, après avoir levé le camp de Châlons, se dirigeait par Reims à la tête des 1er, 5e, 7e, 12e corps, et la cavalerie du sixième. Le 21, il établit son quartier général au village de Courcelles à 4 kilomètres de Reims. Il y logea chez M. Marquier, tandis que Napoléon III s'installait chez Mme Sénart. Les troupes qui les environnaient commençaient à se remettre de leurs rudes épreuves et à recouvrer un peu d'entrain. « J'ai vu, dit une lettre écrite de Courcelles-lès-Reims, le 21, à six heures et demie du soir, des soldats arriver en chantant. Les réserves accourent de partout. On a ramassé les débris des régiments les plus éprouvés par le feu de l'ennemi pour en faire ce qu'on appelle des régiments de marche. La population est excellente pour les troupes. Elle leur donne à boire et à manger. Les habitants qui ont des voitures les remplissent de soldats qu'ils conduisent jusqu'aux lieux de campement. Les enfants, les jeunes gens prennent les fusils et les sacs des soldats et les portent en les accompagnant pour soulager leurs frères de l'armée.

Un soldat qui se repose dans un pré est entouré d'une foule attentive à qui il fait la description et expose la théorie du chassepot. Plus loin, un turco, avec la pantomime familière à la race arabe, se déclare prêt à manger du Prussien comme du pain. De temps en temps, un ou deux soldats poussent devant eux des bœufs qui mugissent et semblent comprendre le sort qui leur est réservé. Sur la promenade, en face de la gare, campent des guides et des hussards. Plusieurs installent leur cuisine au milieu d'un cercle de promeneurs ébahis.

L'armée du prince Frédéric-Charles (2ᵉ, 3ᵉ, 9ᵉ et 10ᵉ corps) avait mission de surveiller celle de Mac-Mahon et de coopérer avec celle de Steinmetz, d'un coté, et celle du prince royal. Vers Paris s'avançaient les troupes commandées par le prince royal de Prusse (5ᵉ, 6ᵉ et 11ᵉ corps prussiens), plus deux divisions de Bavarois. Elles étaient soutenues par la quatrième armée, commandée par le prince royal de Saxe et composée de la garde royale de Prusse, et la garde saxonne du 4ᵉ et 12ᵉ corps pressait leur marche.

Le reste des troupes germaniques s'avança vers Paris par une marche assez rapide pour que, le 25 août, le quartier général de Guillaume passât de Pont-à-Mousson à Bar-le-Duc : disséminés entre les Vosges et Châlons-sur-Marne, les Allemands achevèrent d'investir Metz, assiégèrent Phalsbourg, dont la garnison se défendit héroïquement, et firent une tentative sur Verdun. Le jeudi, 25 août, un corps d'armée de 10,000 hommes, sous les ordres du prince royal de Saxe, attaqua vigoureusement la ville forte de Verdun. Les Prussiens bombardèrent la ville avec fureur, et, sous le couvert de leur artillerie, ils marchèrent à l'assaut des fortifications avec des forces écrasantes. Leur feu était très-nourri. Plus de trois cents bombes et obus furent lancés contre la ville, ainsi qu'un très-grand nombre de boulets.

Après un engagement de trois heures, l'ennemi, ne réussissant pas à faire un logement dans aucune partie de nos ouvrages, fut repoussé sur tous les points avec des pertes désastreuses, et battit précipitamment en retraite, sous le feu incessant de l'artillerie et de l'infanterie françaises.

Le prince royal de Saxe cessa complétement l'attaque pour se retirer en toute hâte du champ de bataille, en laissant derrière lui un grand nombre de tués et des blessés.

Le vendredi, 26 août, la petite ville de Vitry-le-Français, fortifiée mais imparfaitement armée, se rendit au prince-royal de Prusse, qui ne trouva sur les remparts que seize canons.

Deux bataillons de garde mobile qui formaient la garnison s'étaient échappés avant la reddition de la place. Des ordres furent donnés immédiatement par le commandant prussien pour que les fugitifs fussent poursuivis, et la cavalerie se lança sur leurs traces.

Les gardes mobiles, ayant perdu leur chemin, furent surpris, au milieu de leur marche, par les cavaliers prussiens qui les dispersèrent en s'emparant de 17 officiers et de 850 hommes.

Quant à la ville de Strasbourg, elle était assiégée par un corps de Wurtembergeois et de Badois, sous les ordres du général Werder, et ravagée par un bombardement qui avait commencé le 19 août, de sept heures du matin à midi ; bombardement impitoyable, qui, dans une des dernières séances du Sénat, celle du jeudi 1ᵉʳ septembre, inspira à M. Leverrier les meilleures paroles qu'il ait jamais prononcées : « S'attaquer seulement aux citadelles, ménager les êtres inoffensifs, les travaux d'art, les monuments, cela est bon pour les nations chevaleresques et n'est point à l'usage de la Prusse ; mais tenir une population de femmes et d'enfants enfermée dans des murs, les y écraser de bombes et de mitrailles, voilà le procédé à l'usage des Prussiens, et dont on ne trouverait peut-être pas un autre exemple dans l'histoire. »

Avec cette barbarie systématique qui caractérise sa manière de faire la guerre, l'ennemi dirigeait principalement ses coups sur les plus beaux édifices et les plus beaux quartiers. On est saisi d'horreur et d'indignation quand on lit dans le *Courrier du Bas-Rhin* les détails donnés par M. Georges Fischenbach fils. La nuit du 24 août fut particulièrement affreuse, et le bombardement recommença à huit heures du soir, et anéantit en quelques heures des merveilles de l'art, d'inappréciables trésors.

« Que de ruines et de deuil, écrivait le lendemain M. Fischenbach : où tourner ses regards dans ces monceaux de décombres fumants, et quelle perte faut-il citer la première ?

« La bibliothèque de la ville, l'église du Temple-Neuf, le musée de peinture, les plus belles maisons du plus beau quartier ne sont plus qu'un amas de pierres noircies !

« La bibliothèque de Strasbourg, célèbre dans l'Europe ! des manuscrits et des livres uniques dans le monde, des siècles de travail, de patience, d'études ! des millions et des millions ! Plus rien, pas une feuille de papier, pas un parchemin, pas un document ! Le sol encombré de débris, et dans un coin une ou deux reliures carbonisées : voilà ce qui reste.

« L'église du Temple-Neuf, la plus vaste des églises protestantes de Strasbourg avec son orgue splendide, ses peintures murales si renommées, quatre murs en subsistent !

« Le musée d'art, installé à l'Aubette, détruit complétement avec le bâtiment qui le renfermait.

« La cathédrale, à son tour, n'échappe pour ainsi dire que par miracle à quelque grand désastre dont elle est menacée chaque nuit. Le matin encore, des fragments de sculpture et des éclats de pierre de taille épars sur le sol indiquaient que quelque boulet avait touché notre monument magnifique, une des gloires du monde.

« La maison de l'œuvre Notre-Dame, une des plus vieilles et monumentales constructions du moyen âge, a reçu plusieurs projectiles les nuits précédentes déjà et cette nuit encore.

« L'hôtel de ville, nouvellement restauré, est criblé sur la face qui regarde le théâtre surtout, et la salle des séances du conseil municipal a été dévastée.

« Diverses constructions, particulièrement la maison Scheydecker, au Broglie, les maisons de la rue du Temple-Neuf, depuis la Bibliothèque jusqu'à la rue du Dôme, les trois plus belles maisons de la rue du Dôme, la maison Hichtenfelder, au faubourg des Pierres, sont devenues la proie des flammes. La maison Kampmann, rue du Coucher, a été en partie incendiée.

« Les obus tombaient par dizaines, par centaines dans une seule rue, et dès qu'un incendie était allumé, les projectiles étaient lancés en masse sur le brasier, pour empêcher sans doute les travailleurs d'éteindre le feu.

« Toute la ville est jonchée de débris ; les toits, les cheminées, les façades, sont abimés de tous côtés.

« Nous devons renoncer pour le moment à entrer dans les détails sur les événements de cette nuit désastreuse. On nous permettra d'attendre des moments plus calmes ; espérons-les proches, pour faire l'histoire de ces longues heures d'angoisse. »

Un correspondant qui suivit l'état-major de l'armée assiégeante écrivait le même jour au *Daily Telegraph* :

Niederhausbergen, le 25 août.

« Des hauteurs dominant ce village, et d'où l'on a un magnifique panorama de Strasbourg et de ses environs au nord-ouest, j'ai pu pendant quelques heures suivre le progrès d'un duel d'artillerie sur une grande échelle, conduit avec une grande obstination par les deux combattants. La hauteur sur laquelle était la troupe à laquelle je me trouve temporairement attaché est d'une élévation d'environ 30 mètres. Ses côtes sont couvertes de vignes, et au sommet se trouve une tonnelle appartenant au propriétaire du terrain et qui a été, il n'y a que quelques jours, dépouillée des arbres qui ombrageaient ses siéges rustiques et sa table des rayons du soleil.

« Cette tonnelle est naturellement un poste favori d'observation. Avec une bonne lunette d'approche on peut parfaitement compter, à l'abri des boulets perdus de la citadelle, les canons de plusieurs des ouvrages extérieurs qui défendent le côté nord de la ville et embrassent plus de la moitié de l'attaque prusso-badoise. Les opérations de siége dont j'ai été le témoin aujourd'hui étaient intéressantes au plus haut point. Un grand nombre de canons et de mortiers avaient été mis en

position la nuit dernière, à l'abri de la forte canonnade dont je vous ai parlé dans ma dernière lettre, et le feu ouvert ce matin sur les défenses de la ville était très-bien servi et s'est maintenu toute la journée avec la même vigueur.

« Les batteries allemandes, dont quelques-unes étaient fort avancées, formaient une longue courbe s'étendant de l'extrême gauche prussienne, près de Reichstett, à la droite badoise, non loin de Lingolsheim. Plusieurs d'entre elles avaient été poussées jusqu'à 1,500 mètres des murs, et elles fonctionnaient avec une activité toute particulière. Le tir des Français était excellent : il se bornait cependant principalement au bombardement des villages immédiatement dans le voisinage de la ville, et il ne paraissait se diriger sur les parallèles prussiennes que de temps en temps, lorsqu'un projectile bien dirigé venait de ce côté tomber dans un bastion français ou dans une rue de Strasbourg. Une petite batterie placée sur un point avantageux, et que nous avons baptisée d'un commun accord *Toby* dès que nous eûmes vu ouvrir son feu, paraissait ennuyer les Français plus que toutes les autres ensemble.

« Elle se composait de quatre mortiers qui toutes les sept ou huit minutes envoyaient quatre bombes sur les travaux entre la porte de Saverne et celle de Stein, avec une précision et une régularité remarquables. Après chacune de ces quadruples décharges, les Français répondaient par autant de canons de 24 dirigés sur *Toby*, mais dont les obus faisaient explosion un peu en avant ou en arrière, sans atteindre directement la batterie elle-même. Pendant que nous regardions, la ville de Strasbourg a été en feu au moins quinze fois. Sur un point situé à environ deux cents mètres au sud de la cathédrale, l'incendie a duré plus de deux heures, en dépit de tous les efforts pour l'éteindre. À un certain moment, la ville était en feu sur quatre points, et à peine l'un d'eux était-il éteint qu'un obus adroitement lancé venait en allumer un autre tout à côté.

« Quel jour pour cette ville populeuse. Pour donner une idée des terreurs dont les citoyens étaient assaillis, je dois mentionner qu'en dépit d'une brise assez forte et de la pureté de l'atmosphère, pendant plusieurs heures il nous a été impossible de voir les montagnes de Bade, situées de l'autre côté du Rhin, précisément en face de nous. Elles nous étaient cachées par un rideau de fumée provenant des villages et des maisons en feu par suite du bombardement de la journée et qui couvrait toute la ville et ses faubourgs, y compris Ruprechtsau (Robertsau).

« Terrible, en réalité, doit être la situation des habitants civils de Strasbourg, dont les souffrances n'excitent nulle part plus de compassion que dans les rangs des armées obligées de les leur causer.

« Une douzaine de fois, aujourd'hui, les officiers et des soldats m'ont exprimé toutes leurs sympathies pour ces pauvres gens, qui, en dehors des périls auxquels ils sont personnellement exposés, sont obligés de supporter un surcroît de population de 10,000 personnes, hommes, femmes et enfants, qui se sont enfuis devant les brutalités imaginaires des Prussiens, et se sont mis dans une position mille fois plus dangereuse et plus déplorable que s'ils avaient cherché un refuge derrière les lignes allemandes.

« Par des habitants de la ville, qui ont réussi à gagner notre armée pendant la nuit, nous apprenons que ces fugitifs endurent des souffrances atroces. Songez à soixante ou quatre-ving mille paisibles gens, innocents, haïssant la guerre et aimant les affaires, une population essentiellement commerciale et paisible, enfermés dans une ville qui brûle sur leur tête de jour en jour. Songez à ces paysans réfugiés, sans maison et sans abri, dormant dans les rues sous une pluie de feu, en sachant que leurs granges, leurs fermes et leurs étables brûlent à quelques centaines de mètres des murs dans lesquels ils sont emprisonnés. »

25 août, minuit et demi.

« Le ciel tout entier est rouge de la lumière des feux allumés dans Strasbourg et aux environs. D'après ce que je puis juger, Ruprechtsau et la partie septentrionale de la cité doivent être en feu, aussi bien que les ruines de Schiltigheim et de Koniginshoff, Bischeim au nord et une partie de Wolfisheim à l'ouest. Le bruit des canons se succède avec la rapidité des éclairs d'un orage d'été. Il se mêle à la pluie qui fait que la nuit est affreuse dans les tranchées. On me dit qu'un des grands foyers d'incendie est la station extérieure du chemin de fer, que l'on avait déjà tenté, sans succès, de brûler à diverses reprises. Un autre, à en croire sa direction et son intensité, doit provenir de la Maison-Rouge, du toit de laquelle j'ai pu embrasser la semaine dernière, d'une façon complète, toutes les fortifications du côté de l'ouest.

« A peine un feu est-il éteint où même réduit d'intensité qu'un autre se déclare, et comme le vent est très-violent depuis trois heures, partout où un incendie se déclare, tout brûle comme du bois sec. Chacun de ces brillants fanaux, ainsi qu'ils paraissent être de loin, indique la ruine d'intérêts particuliers, la misère des familles, la destruction des dieux lares. Chacune de ces lumières annonce le meurtre ou la perte de créatures comme nous, dont l'existence est précieuse pour leur pays, pour leurs parents et pour leurs amis.

« Je me suis arraché pendant dix minutes à ce tableau si horrible et si plein d'enseignements, pour vous tracer à la hâte ces quelques lignes. — Je n'ai jamais senti d'une manière plus frappante l'horreur et la haine que m'a toujours inspirées la guerre.»

Impitoyables partout, les Prussiens semaient la dévastation sur leur passage, et quand ils n'incendiaient pas les maisons, ils rançonnaient odieusement les habi-

tants. Edmond About a raconté comment ils avaient exigé de Saverne, ville de 5,331 âmes.

10,000 pains de 3 kilog.
60 bœufs de 250 kilog. tués.
8,000 kilog. de riz.
1,250 kilos de café grillé.
750 kilos de sel.
500 kilos de tabacs ou 1800,000 cigares pour les soldats.
75,000 cigares fins pour les officiers.
15,000 litres de vin, savoir :
10,000 litres pour les soldats.
3,000 litres de vin supérieur rouge pour les officiers.
2,000 de bourgogne.
260 bouteilles de champagne.
100 kilos de sucre pour les ambulances.
25 kilos de tablettes de bouillon ou d'extrait de viande.
60,000 kilos d'avoine.
25,000 kilos de foin.
25,000 kilos de paille.

L'ordre de l'intendance militaire du 11e corps de l'armée prussienne, ordre qu'Edmond About a copié de sa main sur les murs de Saverne, portait encore :

« La commune doit mettre à la disposition de l'armée un magasin dans lequel les articles précédents seront mis.

« La livraison commencera de suite, de sorte que la première moitié de la quantité prescrite sera livrée jusqu'à 4 heures de l'après-midi ; la deuxième jusqu'à demain matin à 6 heures au plus tard.

« Aussi des hommes nécessaires pour la distribution (20 à peu près), et 4 bascules avec leurs poids doivent être sur place.

« En même temps la commune soignera pour que 100 voitures seront mises à la disposition des troupes pour emporter les articles de nourriture et de fourage.

« Dans le cas que la réquisition demandée ci-dessus ne serait pas exécutée, la valeur avec 25 0/0 en plus sera imposée à payer au lieu des rations indiquées.

« Au besoin la force militaire saura faire exécuter la commande. »

C'étaient partout les mêmes exigences ; le Journal de Nancy écrivait le 27 août.

« Ce qui nous afflige le plus, c'est la situation de nos campagnes. Nos larmes coulent à la vue de longues files de charrettes remplies d'avoine, de foin, de provisions de toute espèce enlevées par l'armée prussienne. Les beaux chevaux qui devaient préparer la terre pour les futures semailles sont maintenant attelés aux canons prussiens. La ruine est complète, on ne saurait en faire le tableau. Il faudra de longues années pour réparer les pertes causées par ces quelques jours d'invasion. »

« Les Prussiens ont occupé jusqu'à présent des par-

Rencontre d'une reconnaissance française et de hulans, sous Metz

ties plus ou moins grandes de huit départements, qui sont le Haut et le Bas-Rhin, la Moselle, la Meurthe, la Meuse, les Vosges, la Marne et la Haute Marne. La population de ces départements est de 3,361,000 habitants ; il y règne une grande misère par suite des réquisitions sans cesse répétées de l'ennemi.

Des dépêches du 28 août portaient :

« Le roi et le prince royal sont en marche sur Paris par les vallées de l'Aube et de la Marne. Leurs troupes se livrent au pillage et commettent des atrocités sans nom à mesure qu'elles avancent. Les Hessois se font remarquer par leur brutalité traditionnelle et leurs habitudes de pillage.

« La ville de Saint-Avold n'ayant pu, par suite de l'épuisement total de ses ressources, fournir les rations, les fourrages et l'argent demandés par les Prussiens, elle a été livrée au pillage pendant une heure. Les habitants ont subi des traitements horribles. »

L'imminence du siége de Paris frappait tous les esprits. Chaque jour fonctionnait le comité de défense des fortifications, proposé dès le 14 août par Jules Favre, et institué par décret du 21, sous la présidence du général Trochu qu'un décret fait à Châlons, le 17 août, nommait gouverneur de Paris et commandant en chef de toutes les forces chargées de pourvoir à la défense de la capitale.

Voici les deux proclamations qu'il avait fait afficher :

« HABITANTS DE PARIS,

« Dans le péril où est le pays, je suis nommé gouverneur de Paris et commandant en chef des forces chargées de défendre la capitale en état de siége. Paris se saisit du rôle qui lui appartient, et il veut être le centre des grands efforts, des grands sacrifices et des grands exemples. Je viens m'y associer avec tout mon cœur; ce sera l'honneur de ma vie et l'éclatant couronnement d'une carrière restée jusqu'à ce jour inconnue de la plupart d'entre vous.

« J'ai la foi la plus entière dans le succès de notre glorieuse entreprise, mais c'est à une condition dont le caractère est impérieux, absolu, et sans laquelle nos communs efforts seraient frappés d'impuissance. Je veux parler du bon ordre, et j'entends par là non-seulement le calme de la rue, mais le calme de vos foyers, le calme de vos esprits, la déférence pour les ordres de l'autorité responsable, la résignation devant les épreuves inséparables de la situation; et enfin la sérénité grave et recueillie d'une grande nation militaire qui prend en main avec une ferme résolution, dans des circonstances solennelles, la conduite de ses destinées.

« Et je ne m'en référerai pas, pour assurer à la situation cet équilibre si désirable, aux pouvoirs que je tiens de l'état de siége et de la loi. Je le demanderai à votre patriotisme, je l'obtiendrai de votre confiance, en montrant moi-même à la population de Paris une confiance sans limites. Je fais appel à tous les hommes de tous les partis, n'appartenant moi-même, on le sait dans l'armée, à aucun autre parti qu'à celui du pays. Je fais appel à leur dévouement. Je leur demande de contenir par l'autorité morale les ardents qui ne sauraient pas se contenir eux-mêmes, et de faire justice par leurs propres mains de ces hommes qui ne sont d'aucun parti et qui n'aperçoivent dans les malheurs publics que l'occasion de satisfaire des appétits détestables.

« Et pour accomplir mon œuvre, après laquelle, je l'affirme, je rentrerai dans l'obscurité d'où je sors, j'adopte l'une des vieilles devises de la province de Bretagne, où je suis né :

« Avec l'aide de Dieu pour la Patrie. »

« A Paris, le 18 août 1870.

« Général TROCHU. »

« A la garde nationale de Paris,
« A la garde nationale mobile,
« Aux troupes de terre et de mer de l'armée de Paris,
« A tous les défenseurs de la capitale en état de siége,

« Au milieu d'événements de la plus haute gravité, j'ai été nommé gouverneur de Paris et commandant en chef des forces réunies pour sa défense.

« L'honneur est grand, le péril pour moi l'est aussi; mais je me fie à vous du soin de relever par d'énergiques efforts de patriotisme la fortune de nos armées, si Paris venait à subir les épreuves d'un siége.

« Jamais plus magnifique occasion ne s'offrit à vous de montrer au monde qu'une longue suite de prospérité et de jouissance n'a pu amollir les mœurs publiques et la virilité du pays.

« Vous avez sous les yeux le glorieux exemple de l'armée du Rhin. Ils ont combattu un contre trois dans des luttes héroïques, qui font l'admiration du pays et le pénètrent de gratitude.

« Elle porte devant vous le deuil de ceux qui sont morts. »

« Soldats de l'armée de Paris,

« Ma vie entière s'est écoulée au milieu de vous dans une étroite solidarité, où je puise aujourd'hui mon espoir et ma force. Je n'en appelle pas à votre courage et à votre constance, qui me sont bien connus. Mais montrez, par l'obéissance, par une vigoureuse discipline, par la dignité de votre conduite et de votre attitude devant la population, que vous avez le sentiment profond des responsabilités qui pèsent sur vous.

« Soyez l'exemple et soyez l'encouragement de tous.

« La présente proclamation sera mise à l'ordre du jour par les chefs de corps. Cet ordre sera lu, à deux appels consécutifs, à la troupe assemblée sous les armes.

« Au quartier général, à Paris, le 19 août 1870.

« Le gouverneur de Paris,

« Général TROCHU. »

Les collaborateurs du général Trochu, dans le comité de défense, étaient le maréchal Vaillant;

L'amiral Rigault de Genouilly;

Le baron Jérôme David, ministre des travaux publics;

Le général de division baron de Chabaud La Tour;

Le général de division Guiod;

Le général de division d'Autemarre d'Ervillé;

Le général de division Soumain.

Le comité de défense était investi, sous l'autorité du ministre de la guerre, des pouvoirs nécessaires pour l'exécution des décisions qu'il prendrait.

Pour l'exécution de ces décisions, le ministre de la guerre avait attaché au comité de défense les généraux, intendants militaires et officiers de tout grade, qui seraient nécessaires; le comité devait se réunir, chaque jour, au ministère de la guerre, se faire rendre compte quotidiennement de l'état des travaux, de celui des armements, de l'état des munitions et de celui des approvisionnements en vivres, et rendre, chaque jour, compte de ses opérations au ministre de la guerre, qui en ferait son rapport au conseil des ministres.

Dans la séance du Corps législatif du 26, M. Chevreau, ministre de l'intérieur, annonça aux députés que l'armée du prince royal de Prusse, qui semblait avoir interrompu sa marche, avait de nouveau repris son mouvement vers l'Ouest. Le devoir du gouvernement était d'en prévenir les Chambres, la France et le peuple de Paris.

Une déclaration identique fut faite au Sénat par M. Busson-Billault, ministre présidant le conseil d'État.

« Messieurs les sénateurs, le gouvernement n'a point à vous faire connaître de dépêches officielles du théâtre de la guerre; mais il tient avant tout à être avec vous en communication permanente, comme il y a entre nous communauté de sentiments, de patriotisme et d'efforts pour défendre le pays. (Très-bien! très-bien!)

« Je parle devant une assemblée qui compte dans son sein trop d'illustrations militaires pour que j'aie besoin de lui rappeler qu'en ce qui concerne les opérations de la guerre la première condition du succès, c'est le secret. (C'est vrai! Très-bien.) Ce qui se dit à la tribune (nous en avons l'expérience dans le passé) n'est que trop rapidement porté à la connaissance des armées qui opèrent contre les nôtres.

« En ce qui concerne l'armée française, je puis dire que son organisation est excellente, que nos soldats sont pleins d'entrain et de patriotisme, qu'ils ne demandent qu'à joindre l'ennemi, et qu'ils ont autant de confiance dans le succès de leurs armes que dans la justice de la cause qu'ils défendent. (Nouvelle approbation.)

« Il est un point particulier que je dois exposer devant vous, car il s'impose à l'attention de tous, et les dépêches données par le gouvernement le font d'ailleurs déjà connaître suffisamment. Tout le monde sait qu'une des armées prussiennes a Paris pour objectif; que sa marche, qui paraissait s'être ralentie, poursuit aujourd'hui son cours.

« Elle ne trouvera personne pris au dépourvu. (Très-bien! très-bien!) Depuis que le nouveau cabinet est aux affaires, il s'est occupé sans relâche, avec une activité indomptable, de mettre la capitale en état complet de défense. C'est une des préoccupations constantes du ministre de la guerre. M. le gouverneur de Paris y applique également toute son énergie et son dévouement; vous avez vu les mesures qu'il a déjà prises et qui ont pour but non-seulement d'assurer la population contre toute espèce de danger, mais de l'avertir, de l'inviter, en ce qui la concerne personnellement, à concourir à la défense du pays. Je dois dire que tous les travaux se poursuivent activement, et qu'à quelque jour que l'ennemi se présente, il trouvera Paris matériellement en état de défense.

« Les approvisionnements s'accumulent avec promptitude et en grande quantité; les munitions ne nous manquent pas, et nous sommes sûrs de trouver dans cette population, dont on ne saurait dire assez les sentiments patriotiques, ce qui assure la défense d'un pays : le courage pour défendre la capitale de la France et le pays tout entier avec elle.» (Marques unanimes d'approbation.)

Le Corps législatif s'assembla, dans la soirée, en séance secrète, pour entendre les explications du gouvernement relatives à l'état des défenses de Paris. Le général Trochu n'assistait pas à la réunion, mais le ministre de la guerre y était. Les députés de la gauche eurent ensuite une entrevue avec M. de Palikao.

Les journaux, à l'envi, s'efforçaient d'enflammer les âmes. « Préparons-nous, s'écriait le Constitutionnel du 27 août, préparons-nous comme si nous attendions l'ennemi à nos portes demain. Soyons calmes et résolus en face du danger. Quand des places comme Toul, Phalsbourg, Strasbourg et Metz résistent si bravement, est-ce que Paris, si fort, si difficile à environner, ne repoussera pas l'ennemi? Nous sommes plus de trois cent mille hommes en état de porter les armes. Paris doit être le rempart de la civilisation. »

Le Journal des Débats, du 27 août, publiait sur la situation, un article dont nous extrayons ce passage :

« Nous sommes convaincus que tout le monde fera son devoir à l'heure du danger. L'attitude du Sénat et du Corps législatif prouve que, devant l'ennemi, les partis n'existent plus. M. de Kératry lui-même a proposé un armistice politique, et l'opinion publique jugera tous ceux qui essayeront de le rompre. Il ne doit plus y avoir qu'une pensée, un but : — repousser l'ennemi. »

De son côté, le Siècle demandait qu'en prévision d'un bombardement on déménageât la Bibliothèque et le Musée; il ajoutait :

« Il est de notre devoir de mettre le public en garde contre l'émotion que la présence de l'ennemi devant les murs de Paris pourra produire. Tout le monde doit comprendre qu'il entre peut-être dans les plans stratégiques de nos généraux de laisser Paris se défendre tout seul momentanément. Qu'il n'y ait ici qu'un sentiment — celui de la défense nationale. Que tous les Français fassent leur devoir, comme nous ferons le nôtre, et le pays sortira glorieusement de ce conflit et chassera l'ennemi de son sol. »

Le Moniteur universel disait à son tour :

« Les Prussiens veulent investir Paris, mais la France l'investira avant eux. Chaque département, sans perdre une minute, et avec cet élan qui promet de grands résultats, organise des corps de volontaires. En 1848 un important mouvement eut lieu, et l'ordre qui nous sauva alors nous sauve aujourd'hui. C'est le salut de notre patrie qui nous anime tous. Le pays sera dégénéré, si en moins de quarante-huit heures les départements n'ont pas envoyé à Paris cinquante mille défenseurs. Nos intérêts, aussi bien que l'amour de la patrie, nous invitent à tous les sacrifices pour repousser l'ennemi.... Ce n'est pas cinquante mille hommes qu'enverra la province, c'est un flot irrésistible qui nous aidera à chasser le torrent prussien. »

L'approvisionnement de Paris se complétait :

Outre les quinze jours de subsistance que devaient avoir tous les boulangers, le ministre du commerce avait fait venir :

350,000 quintaux de farine;

150,000 quintaux de riz.

Un immense approvisionnement de pommes de terre et de légumes frais de tout genre.

100,000 bœufs et 500,000 moutons, avec les grains et fourrages nécessaires à leur alimentation, étaient répartis sur un grand nombre de parcs, improvisés tant dans l'intérieur de Paris qu'au bois de

Boulogne, sous le canon des fortifications.

Les approvisionnements en sel, épices, café, sucres et autres denrées étaient également emmagasinés en quantité suffisante pour suffire à l'alimentation de Paris pendant trois mois.

Plus de 60 millions de rations en viande de bœuf et mouton conservée, ainsi qu'en porc et poisson salés, se trouvaient dans les entrepôts.

On s'occupait de rentrer les pailles, foins et avoines nécessaires tant à la nourriture des chevaux de l'armée qu'à celle des chevaux à l'usage de la population parisienne.

Quant aux vins et spiritueux, on sait que Paris, en temps ordinaire, en est toujours approvisionné pour six mois.

CHAPITRE XII

Les préliminaires de Sedan — Dépêches de Mac-Mahon et du ministre de la guerre — Combats sous Metz.

La fin de la crise approchait. Le maréchal Mac-Mahon était arrivé, le 27 août, au Chesne, d'où il télégraphiait au commandant supérieur de Sedan, à 3 heures 25 minutes du soir, d'employer tous les moyens possibles pour faire parvenir au maréchal Bazaine une dépêche ainsi conçue :

« Maréchal de Mac-Mahon prévient maréchal Bazaine que l'arrivée du prince royal à Châlons le force à opérer le 29 sa retraite sur Mézières et de là à l'Ouest, s'il n'apprend pas que le mouvement de retraite du maréchal Bazaine soit commencé. »

Dans la soirée, il fit savoir au ministre de la guerre que les première et troisième armées allemandes, ayant un effectif de plus de deux cent mille hommes, bloquaient Metz, principalement sur la rive gauche, et qu'il était probable qu'une force semblable à cinquante mille hommes s'était établie sur la rive droite de la Meuse pour gêner les troupes françaises dans leur marche :
Le maréchal ajoutait :

« Des renseignements annoncent que l'armée du prince royal de Prusse se dirige aujourd'hui sur les Ardennes avec 50,000 hommes ; elle serait déjà à Ardeuil. Je suis au Chesne avec un peu plus de 100,000 hommes. Depuis le 19, je n'ai aucune nouvelle de Bazaine ; si je me porte à sa rencontre, je serai attaqué de front par une partie des 1re et 2e armées qui, à la faveur des bois, peuvent me dérober une force supérieure à la mienne ; je serai attaqué en même temps

par l'armée du prince royal de Prusse, me coupant toute ligne de retraite. Je me rapproche demain de Mézières, d'où je continuerai ma retraite, selon les événements, vers l'Ouest. »

Le ministre de la guerre répondit immédiatement :

Paris, 27 août.

« Si vous abandonnez Bazaine, la révolution est dans Paris, et vous serez attaqué vous-même par toutes les forces de l'ennemi ; contre le dehors, Paris se gardera. Les fortifications sont terminées ; il me paraît urgent que vous puissiez parvenir rapidement jusqu'à Bazaine. Ce n'est pas le prince royal de Prusse qui est à Châlons, mais un des princes frères du roi avec une avant-garde et des forces considérables de cavalerie.

« Je vous ai télégraphié ce matin deux renseignements qui indiquent que le prince royal, sentant le danger auquel votre marche tournante expose et son armée et celle qui bloque Bazaine, aurait changé de direction et marcherait vers le Nord. Vous avez au moins trente-six heures d'avance sur lui, peut-être quarante-huit. Vous n'avez devant vous qu'une partie des forces qui bloquent Metz, et qui, vous voyant vous retirer de Châlons à Reims, s'étaient étendues vers l'Argonne. Votre mouvement sur Reims les avait trompées. Comme le prince royal de Prusse, ici tout le monde a senti la nécessité de dégager Bazaine, et l'anxiété avec laquelle on vous suit ici est extrême. »

Dans une dépêche reçue au Chesne dans la matinée du 28, le ministre disait au maréchal :

« Au nom du conseil des ministres et du conseil privé je vous demande de porter secours à Bazaine, profitant des trente heures d'avance que vous avez sur le prince royal. Je fais partir le corps Vinoy (le 13e) sur Reims. »

Le 31 août, l'armée de Bazaine tenta un mouvement. Les trois corps d'armée campés sur la rive gauche de la Moselle durent à nouveau se porter sur la rive droite. Le même jour, le premier, Frédérick Charles, commandant la deuxième armée, échelonnait les troupes qu'il avait sous ses ordres : les 2e, 3e, 4e, 9e et 10e corps ; le corps de la garde, la division de cavalerie ; le 12e corps saxon. Il avait porté le gros de ses forces sur l'Orne, affluent de la Moselle, par la rive gauche, afin de s'interposer entre l'armée du Rhin et celle du maréchal Mac-Mahon. Les positions de l'investissement n'étaient donc tenues que par les troupes de Steinmetz, dont il n'est pas possible d'évaluer le chiffre à plus de 140,000 hommes, soit 70,000 pour la rive droite et autant pour la rive gauche.

A trois heures de l'après-midi, toute l'armée française, retardée dans sa marche par l'insuffisance des moyens de passage, achevait son mouvement de concentration ; les corps venus de la rive gauche de la Moselle entraient en ligne à la gauche et derrière ceux campés en permanence sur la rive droite, et qui étaient déjà établis, depuis huit heures du matin, sur leurs emplacements de combat.

Le 1er septembre, au point du jour, le feu recommença avec vivacité. Mais les troupes françaises, manquant d'ordres, ne sachant de quel côté se diriger, ne voyant prendre aucune disposition soit pour les relever, soit pour les appuyer, se bornèrent à se maintenir dans leurs positions de la nuit; elles demeurèrent pendant plusieurs heures sous un feu d'artillerie des plus violents, que leur immobilité contribuait à rendre très-meurtrier; puis, vers dix heures, on les vit se retirer dans le meilleur ordre et toujours en combattant. En arrière d'elles surgirent presque instantanément huit ou dix lignes de bataille se repliant, elles aussi, avec un ensemble parfait, occupant militairement et successivement toutes les positions intermédiaires; les obus éclataient par centaines au milieu d'elles, sans y occasionner le moindre trouble.

Que signifiait ce mouvement de retraite?... D'après un récit fait par le général Deligny, il paraît que personne n'ordonna la retraite. « Elle eut lieu, parce que les troupes comprirent qu'on ne faisait ou qu'on ne voulait rien faire de bon, et qu'on ne s'occupait pas d'elles; elles se retirèrent tranquillement, comme d'un commun accord. Tous les officiers de troupe, tous les généraux interrogés, répondirent invariablement : « Nous nous sommes retirés, parce que nous avons vu tout le monde se retirer! »

Et tandis que le cercle de fer se resserrait autour de Metz, la bataille de Sedan était perdue!

CHAPITRE XIII

Bataille de Sedan.

Ce qu'il y a de plus exact sur la bataille de Sedan, c'est la narration publiée à Bruxelles et que le *National* a reproduite avec tant de succès. Cette narration, attribuée à un officier de l'état-major du général de Wimpffen, indique pour ainsi dire, minute par minute, toutes les péripéties du désastre racontées avec une remarque précision; et l'on y voit comment le courage des soldats français s'est brisé contre la supériorité du nombre, de la discipline et des moyens d'action.

C'est la relation la plus complète de toutes.

Elle commence par faire connaître les branches diverses de la forêt des Ardennes.

A l'extrémité septentrionale du département des Ardennes, sur les confins de la Belgique, s'étend, du sud-est au nord-ouest, une enclave de l'arrondissement de Sedan, renfermée entre la frontière et la Meuse. Cette bande de terre, étroite et longue, est hérissée de hauteurs, qui s'inclinent en pente, tantôt douces, tantôt rapides, viennent baigner leurs pieds dans les eaux de la Meuse et du Chiers, son affluent, en amont et en aval de Sedan.

Les plateaux, les versants sont garnis de futaies et de taillis qu'on appelle les bois de Pource, de Francheval, de la Garenne, de Floing, la futaie du Dos-le-Loup. Ces bois sont sillonnés de ruisseaux : le Pource, la Rolle, le Francheval, le Givonne, le Floing, qui tombent en sautillant dans le Chiers ou dans la Meuse, en passant au pied des maisons de nombreux villages, Pource-aux-Bois, Pource-Saint-Rémy, Francheval, etc.

A l'extrémité du plateau de Floing, en remontant le cours du ruisseau, on rencontre sur la droite le village d'Illy, bâti sur son versant septentrional; puis, en s'élevant vers le Nord, on trouve au fond d'un vallon le hameau de Fleigneux, et enfin, au Sud de celui-ci, le village de Saint-Menges, bâti sur le penchant d'une colline circulaire qui s'abaisse brusquement sur les bords de la Meuse.

Au fond de la vallée bordée par les divers mamelons où s'échelonnent ces bourgades, sur les bords du Chiers et de la Meuse, s'élèvent des villages d'une grande importance par la population et par l'industrie.

A sept kilomètres à l'est de Sedan, au confluent du ruisseau de Francheval et du Chiers, on voit le vieux bourg de Douzy, bâti à la bifurcation des deux routes de Montmédy et de Stenay, avec un beau pont en pierre donnant passage sur le Chiers à cette dernière voie; plus loin, en suivant le cours de la Meuse, un peu au-dessous du confluent du Chiers, on rencontre Bazeilles, bourg considérable et très-industriel, que les Bavarois ont entièrement livré aux flammes et dont il ne reste plus que des ruines noircies par l'incendie; près de Sedan, touchant presque aux murs de la place, on trouve Balan, faubourg oriental de la ville, comme Caral, petit village assis au bord de la Meuse, paraît en former, du côté opposé, le faubourg occidental.

Enfin, en face de Sedan, séparée par la Meuse, qui fait un long retour sur elle-même, s'élève sur la même rive du fleuve, à l'entrée d'une belle plaine, la petite ville de Donchery avec son pont en pierre.

Après des combats d'avant-postes, le maréchal Mac-Mahon entama l'action.

Il rapprocha de Sedan le 7e corps d'armée, qui, la veille même, s'appuyait au village de Floing et s'étendait jusqu'au plateau d'Illy. Le 12e corps allemand, formant la droite de l'armée des coalisés, s'appuyait au village de Bazeilles, non loin de la Meuse, et couvrait tout le terrain compris entre ce village et la Petite-Moncelle; le 1er corps s'étendait à sa gauche entre la Petite-Moncelle et Givonne, appuyant son centre à Daigny; le 5e corps occupait le plateau qui se dresse brusquement au-dessus du ravin dit Fond-de-Givonne, à l'est de Sedan, et avait détaché une partie de ses troupes aux abords de la ville; le 7e corps d'armée, tenu en réserve jusqu'à onze heures du matin, était placé vers le nord de la place, le long d'un profond vallon descendant vers la Meuse, à gauche et en avant du bois de la Garenne, et appuyait sa gauche à la route de Sedan à Vrigne-aux-Bois.

La cavalerie était placée partie dans le ravin du fond de Givonne, partie dans le ravin du bois de la Garenne, en arrière du 7e corps.

La garnison de Sedan se composait du 83e de ligne et de la garde nationale.

Dans la nuit du 31 août, les corps de l'armée allemande s'étaient concentrés à l'Est, et, au lever du jour, ils avaient déjà pris leurs positions ou étaient en marche pour se porter sur le champ de bataille. Le corps bavarois du général Von der Tann, formant l'aile gauche, était placé entre Douzy et Bazeilles, et appuyait sa gauche d'abord au Chiers, puis à la Meuse; à leur droite, le 12e corps de l'armée saxonne s'avançait, sous le commandement du prince royal de Saxe, et venait occuper les hauteurs qui dominent Douzy et Bazeilles, puis s'étendait de la Moncelle à la lisière du bois de Daigny; le 1er corps de la garde royale prussienne, qui se portait également en avant, était en marche sur Givonne et Illy, et venait prendre possession de l'extrême droite, un peu en avant des Saxons.

Le second corps de l'armée bavaroise était placé en face de Sedan, sur les hauteurs de la rive gauche de la Meuse, où il se tint toute la journée, à l'exception de la division Schœler (d'Erfuth), qui fut envoyée comme renfort aux troupes bavaroises engagées devant Bazeilles.

Ce fut sur ces mêmes hauteurs que le roi de Prusse, arrivant vers huit heures sur le champ de bataille, établit son poste d'observation.

Les Wurtembergeois, établis à Donchery, couvraient l'armée allemande sur la route de Mézière, au cas où le corps d'armée du général Vinoy serait venu déboucher sur ses derrières pendant la bataille.

Le comte de Stolberg avait échelonné sa division de cavalerie dans la plaine de Donchery.

Vers sept heures, au moment où le feu éclatait dans toute sa fureur, les 5e et 11e corps de l'armée prussienne, sous le commandement du prince royal de Prusse, vinrent prendre position sur la crête d'une colline, entre Saint-Menges et Fleigneux, masqués en partie par le bois du Grand-Canton.

Le sixième corps d'armée, venant de Vouziers, arriva le soir après la bataille, et s'établit sur la rive gauche de la Meuse, augmentant ainsi de son effectif le nombre des troupes d'investissement.

Ces dispositions, bien combinées, indiquent clairement le plan de bataille des généraux ennemis; il s'agissait d'envelopper l'armée française dans un cercle

de fer qu'ils rétrécissaient sans cesse et de l'obliger à déposer les armes, soit en l'acculant à la Meuse, où ils la livraient à la mitraille des Bavarois établis sur la rive gauche, soit en l'enfermant dans la place de Sedan, qui, dépourvue de vivres et de munitions, ne pouvait lui offrir les moyens de résister longtemps à l'effet meurtrier de leur puissante artillerie.

Le jour, caché sous un épais brouillard, paraissait à peine, que le feu s'ouvrait déjà par une vive canonnade dirigée par les Bavarois sur Bazeilles, et à laquelle notre artillerie répondait avec vigueur. Bien qu'ils eussent reçu l'ordre de n'engager la lutte qu'au moment où les corps de la garde et des Saxons entreraient en ligne, sans doute la crainte d'une surprise de notre aile droite pour gagner à la faveur du brouillard la route de Montmédy fit prendre au général von der Tann la résolution de commencer l'attaque avant que le signal n'en fût donné. Durant quelques heures, un formidable combat d'artillerie s'engagea sur ce point. Pendant ce temps les Saxons, massés sur les collines de Francheval et renforcés durant la nuit de bataillons qui n'avaient pas encore combattu, s'étaient portés en avant et s'étaient déployés devant notre centre et notre gauche sur des hauteurs dominantes qui leur donnaient sur nous un avantage incontestable; toutefois, malgré le feu terrible qui les décimait, nos bataillons opposèrent longtemps une énergique fermeté.

Ce fut dès le début que le maréchal de Mac-Mahon, blessé par un éclat d'obus à la cuisse, un quart d'heure à peine après s'être établi à son poste d'observation, fut contraint de quitter le champ de bataille et de remettre le commandement en chef au général Ducrot, en qualité de plus ancien, lequel dut à son tour le céder au général de Wimpffen, qu'une lettre revêtue du sceau ministériel désignait comme successeur du maréchal.

Ce fut à ce moment aussi que l'empereur, rencontrant sur son passage le maréchal blessé, apparaissait en avant du village de Balan, près de Bazeilles, où combattait énergiquement l'infanterie de marine.

Après avoir parcouru la ligne de bataille jusqu'à la Moselle, et avoir assisté quelques heures au combat, il rentrait par le Fond-de-Givonne dans la place de Sedan, où il restait enfermé.

Il semble que la blessure de Mac-Mahon fut aussitôt connue des Bavarois, car dès ce moment leur attaque devint plus impétueuse. Se portant en avant, ils se rendaient maîtres des premières maisons de Bazeilles; mais la résistance qu'ils éprouvèrent dans les divers assauts qu'ils livraient pour le conquérir obligea la division Schœler, du corps de réserve, de se porter à leur secours, en franchissant le Chiers sur le pont de Douzy, que par une coupable négligence nous avions laissé debout.

Tandis que nos deux corps d'armée tenaient tête aux Bavarois et aux Saxons, la garde royale, qui se portait en avant, enlevant tout le village qu'elle trouvait de-

vant elle, avait avancé son aile gauche au nord de
Givonne. Celle du 1er corps lutta longtemps contre elle;
mais toujours débordée par les nouveaux bataillons qui
entraient successivement en ligne et prise d'enfilade
par le feu terrible de plusieurs batteries mises en position sur son flanc, elle est saisie de terreur et abandonne ses positions, fuyant à travers les bois. Il n'était
que dix heures, et déjà l'aile gauche du 1er corps était
en déroute, poursuivie par la cavalerie prussienne, déployée dans les fourrées et lancée à travers les chemins,
en sabrant les fuyards, tiraillant sur eux, ramenant un
grand nombre de prisonniers.

Dans cette fuite, trois mille de nos soldats purent
échapper à la poursuite en jetant bas leurs armes et bagages et gagner la Belgique, où ils furent internés. Le
village de la Chapelle, qui n'était défendu que par un
bataillon de francs-tireurs, ne put arrêter la marche
des bataillons de l'aile droite de la garde, qui, se portant toujours en avant, enveloppait de plus en plus le
centre de notre armée.

A notre droite, le combat se poursuivait avec fureur; les Bavarois tenaient toujours avec fermeté dans
Bazeilles, malgré les prodiges de l'infanterie de marine,
qui fit sur eux plusieurs retours offensif.

C'est alors que le général de Wimpffen prit le parti
de placer des troupes d'infanterie dans les maisons et
de faire établir plusieurs pièces d'artillerie sur divers
points du village, dont les habitants prenaient part à
la défense. Une fusillade et une canonnade furieuses,
criblant le malheureux village, écrasèrent les Bavarois;
l'infanterie de marine, profitant de leur trouble, s'é-
lance en avant. Sa résolution, sa ferme attitude, la
justesse de son tir, jettent l'épouvante parmi les troupes
ennemies, dont l'artillerie, postée sur les hauteurs, ne
pouvait agir avec efficacité sur les pièces du village,
qu'ils abandonnent, battant en retraite sur Douzy.

Au même instant, le centre de notre ligne tentait
un effort désespéré pour déloger les Saxons des hauteurs dominantes qu'ils occupaient, et d'où, sur la gauche, la nombreuse artillerie de la garde prussienne
foudroyait nos bataillons de ses feux d'enfilade; nos
soldats, emportés par un élan sublime, escaladent les
pentes escarpées et couvertes des bois qui abritaient
nos ennemis; ils s'avancent résolument à travers la
grêle de balles et de mitraille qui les enveloppe; il
semble à cet instant que la victoire revient sous nos
drapeaux, et l'espérance renaît dans tous les cœurs. Ce
n'était, hélas! qu'une cruelle ironie du sort de la bataille qui nous préparait en ce moment même l'effroyable catastrophe.

Après avoir repoussé les Bavarois du village de Bazeilles, le général de Wimpffen, croyant pouvoir détacher de son aile droite une partie des troupes qui les
avaient combattus depuis le matin, voulut tenter, de
concert avec quelques troupes tirées de la réserve du
5e corps d'armée, un effort suprême vers Givonne pour

dégager le centre de son armée; mais cette manœuvre
resta encore sans effet et n'eut d'autre résultat que
celui de dégager les Bavarois, dont les troupes se portèrent de nouveau en avant et reprirent possession non
plus du village, mais des ruines de Bazeilles, chassant
nos bataillons jusqu'au faubourg de Balan, qui devint
dès lors le théâtre du combat.

Repoussées dans le faubourg, nos troupes y combattirent longtemps encore avec acharnement; mais,
écrasées par les feux croisés des batteries de la rive
gauche et de celles qui dominaient la route sur la rive
droite, décimées, d'autre part, par une fusillade meurtrière, elles ne purent tenir sur ce terrain labouré par
des projectiles de toute nature, et elles durent enfin se
replier sous les murs de Sedan, où le feu des Bavarois
les poursuivit encore.

Le centre de notre ligne, privé d'appui sur sa droite
et sur sa gauche, était enveloppé de toutes parts; les
batteries prussiennes, placées d'enfilade sur le haut de
collines qui dominent la vallée de Givonne, empor-
taient des rangs entiers et faisaient dans le flanc de
nos bataillons de larges trouées sanglantes. Une panique générale s'empara du corps tout entier, qui fut
rompu, dispersé, mis en déroute, et dont les soldats,
frappés de vertige, allèrent chercher un refuge dans
les murs de Sedan.

Vers onze heures, le prince royal de Prusse, à la
tête des 5e et 11e corps d'armée, apparaissait sur le
champ de bataille. Dissimulant habilement ses mouvements aux regards de nos généraux sous le voile
épais des brouillards, couvert, suivant une parole du
chef de l'état, par le rideau impénétrable de la cavalerie du comte de Stolberg, il avait franchi la Meuse,
dès le matin sur le pont de Donchéry, et s'avançait par
la route circulaire de Vrigne-aux-Bois, en tournant le
fleuve sur les plateaux qui dominent sa rive droite au
nord-ouest de Sedan, et déployait ses colonnes entre
Saint-Menges et Fleigneux.

En face de lui s'élevait la colline de Floing, petit
plateau d'une étendue de deux kilomètres, formé par
un mamelon dont le versant occidental se reflète dans
les eaux de la Meuse, et dont le versant oriental descend dans la vallée de Givonne. Ce plateau, situé à un
kilomètre au nord du petit vil-
lage de Floing, caché dans une dépression des pentes
qui descendent vers la Meuse et composé d'une vingtaine d'habitations.

La route de Vrigne-aux-Bois, creusée dans le flanc
des collines et défilés de la place de Sedan, conduit au
versant du plateau, et c'est en suivant cette voie que le
prince royal y porta la droite de son armée, en l'appuyant au village et en déployant devant ses lignes une
nuée de tirailleurs.

A l'apparition des troupes prussiennes sur ce point,
l'infanterie du 7e corps d'armée, tenue en réserve dans
le vallon de la Garenne, en arrière de Floing, se ran-

gea en bataille sur la crête méridionale à la langue de terre que la colline jette vers la Meuse; l'artillerie établit ses batteries à l'angle des bosquets qui en couronnent le sommet, et quelques-unes d'entre elles élevèrent des épaulements pour se protéger plus efficacement contre les projectiles. Des escadrons de cuirassiers prirent position dans la partie la plus profonde du vallon, sur le bord de la route.

La lutte s'engagea entre les batteries françaises et prussiennes par une violente canonnade, et l'on peut dire que toute l'action se passa en combat d'artillerie. Pendant près de cinq heures durant, nos canonniers, admirables de sang-froid et de constance, firent des efforts héroïques pour démonter les pièces de l'ennemi; mais celui-ci, mettant à profit l'avantage du nombre, de la portée et du calibre de ses canons, se tenait invariablement à une distance qu'ils atteignaient à peine, tandis que la grêle de ses projectiles tombait au milieu de nos batteries avec une précision remarquable, brisant nos affûts, emportant nos caissons dans les airs, sans qu'il fut possible d'arrêter ces ravages.

Aussi, vers la fin de journée, quelle profonde amertume se reflétait sur les traits de nos officiers d'artillerie!

Durant le combat, les lignes d'infanterie étaient stationnaires. Les tirailleurs ennemis seuls envoyaient leurs projectiles sur les nôtres ou sur nos bataillons qui, couchés à terre, attendaient l'attaque de l'infanterie prussienne. Cependant ils commençaient à s'avancer, suivis de leurs bataillons, et engageaient vers notre gauche un feu des plus vifs, auquel nous répondions par une fusillade non moins meurtrière, quand nos généraux prirent une résolution suprême.

Depuis quelques heures, le combat d'artillerie se poursuivait de part et d'autre avec un égal acharnement, et malgré l'héroïsme de nos canonniers, nous n'avions encore obtenu aucun résultat décisif. Bien plus, l'impuissance reconnue de notre artillerie et l'effroyable explosion des innombrables projectiles que l'ennemi faisait pleuvoir au milieu de nous n'avaient semé dans l'esprit de nos soldats inactifs que la terreur et la démoralisation.

Menacés d'être enveloppés par une ligne continue de troupes ennemies, il importait cependant de se frayer un passage sur la droite de l'armée du prince royal, pour gagner la route de de Mézières, si nous ne voulions être obligés de déposer les armes.

A cet effet, nos escadrons de cuirassiers, sortant du vallon où ils étaient massés, se mirent en mouvement, et, avec un ensemble admirable, franchirent au galop de leurs chevaux le revers du plateau occupé par les tirailleurs prussiens qui, frappés de stupeur par cette charge subite, fuient en un instant, dispersés ou rejetés dans le village de Floing.

La crête de la colline sur laquelle les bataillons commençaient à s'avancer fut entièrement balayée, et

si, en ce moment, nos généraux avaient fait suivre les cuirassiers de colonnes d'infanterie, peut-être fussions-nous restés maîtres de la crête opposée du plateau et du village de Floing; mais il est probable que là seulement se serait borné notre succès, car eussions-nous refoulé les bataillons de la ligne ennemie et dégagé la route de Mézières, que nous ne pouvions échapper à l'étreinte des Wurtembergeois et de la cavalerie de Donchéry, soutenus par le corps de réserve des Bavarois. Il faut reconnaître, toutefois, qu'un tel avantage pouvait changer les conditions de notre désastre.

Nos intrépides cuirassiers, encouragés par ce succès, eurent la témérité de poursuivre les fuyards jusque dans les jardins de Floing, où les fantassins ennemis, abrités derrière les haies et les murs qu'ils ne pouvaient franchir, les accueillirent par une grêle de balles qui les obligea bientôt à prendre la fuite. Mais leurs chevaux, harassés par la charge qu'ils venaient de fournir, ne purent remonter assez rapidement les hauteurs pour dérober leurs cavaliers au feu meurtrier des soldats prussiens, qui les poursuivirent à leur tour et prirent possession de la crête du plateau.

Le feu de nos bataillons soutint les cuirassiers dans leur retraite et arrêta le déploiement des tirailleurs intimidés; puis, suspendant leur tir, ils laissèrent le champ libre aux escadrons pour recommencer une seconde charge non moins brillante que la première. Cette fois, les tirailleurs, tenus en garde, tentèrent de se former en carré pour soutenir le choc de la cavalerie, mais celle-ci, sans leur donner le temps de se rallier, se ruait encore sur eux, les sabrait et les dispersait.

Tandis que les tirailleurs essayaient d'arrêter dans leur élan les charges de nos cuirassiers, les bataillons prussiens, rangés en bataille, s'avançaient en bon ordre. Au moment où les escadrons refoulaient ou écrasaient les tirailleurs et que, emportés par l'impétuosité de la charge, ils couraient sur les bataillons, ceux-ci, interrompant leur marche, les accueillaient, à 200 mètres de leur front, par une décharge effroyable qui jonchait le terrain de cadavres d'hommes et de chevaux, et obligeait les survivants à chercher leur salut dans une fuite précipitée.

Cependant, là ne se bornèrent pas nos efforts : de même qu'à la bataille de Wœrth, une longue colonne de chasseurs d'Afrique et de hussards succéda aux cuirassiers. Ces cavaliers, sortant du même vallon, chargèrent résolûment l'infanterie prussienne; seulement, de même qu'à Wœrth, bien avant d'atteindre ces bataillons, ils tombaient foudroyés sous les décharges répétées de sa fusillade meurtrière.

Cependant la plupart, entraînés par leurs officiers qui allaient affronter la mort sur le fer même des baïonnettes, se jetèrent sur le flanc de la ligne ennemie, où ils tombèrent anéantis par le feu bien nourri de quelques bataillons. Les Prussiens se portèrent alors en avant, foulant aux pieds un monceau de cadavres

L'armée française se réfugiant dans Sedan sous le feu des Prussiens.

d'hommes et de chevaux sanglants, et marchèrent résolûment sur notre infanterie, qui, à l'abri d'un petit retranchement, les accueillit par un vigoureux feu de mousqueterie.

Il y eut alors un temps d'arrêt dans la marche des bataillons prussiens, interdits par notre résistance; mais leur artillerie vint bientôt ranimer leur confiance, en mettant en batterie plusieurs pièces de canon qui tonnèrent avec vigueur sur notre gauche et dissipèrent le courage déjà trop ébranlé de nos soldats, qu'aucune pièce d'artillerie ne soutenait et qui commencèrent à plier. Toutefois, la retraite s'opéra d'abord en bon ordre, et même, lorsque les bataillons ennemis, marchant toujours en avant, furent en vue du bois de la Garenne, ils furent accueillis par un violent feu de mousqueterie dirigé par des troupes rangées à la lisière du bois.

Mais déjà l'armée du prince royal avait commencé sa jonction, vers Illy, avec le corps de la garde et les Saxons, et nos bataillons, enveloppés de toutes parts, sentant d'instinct l'inutilité de leur résistance, exténués d'ailleurs, sans munitions d'artillerie, prirent la fuite à travers les bois, les chemins, les montagnes pour aller s'abriter derrière les murs de Sedan, seul rempart de notre armée.

La déroute était donc partout générale : les bataillons de l'aile droite et du centre, chassés de Balan, de Daigny, de Givonne par les Bavarois et les Saxons, et écrasés par la mitraille des batteries de la garde royale, avaient fui ou fuyaient encore en désordre sous les murs de Sedan, et, de tous côtés, on se précipitait avec furie sur les issues de la ville dont la plupart étaient encore fermées.

Des régiments débandés, dans une mêlée indescriptible, encombraient les glacis, les fossés; des soldats de toutes armes, fantassins, cavaliers, artilleurs se pressaient aux portes, aux poternes, se renversant, se foulant mutuellement; quelques-uns, ne pouvant pénétrer assez vite à leur gré dans les murs de la place, tentaient d'escalader les remparts; des centaines de cavaliers, glissant sur les talus, longeaient les fossés à travers une agglomération d'hommes culbutés, écrasés sous le pied des chevaux; des caissons, des pièces d'artillerie, lancés au trot de leurs chevaux, refoulaient brusquement sur leur passage la foule effarée, et, pour comble d'horreur, le feu des batteries ennemies, redoublant de violence et foudroyant impitoyablement cette multitude agitée, augmentait le désordre par ses affreux ravages, et mêlait les cris des victimes aux imprécations des fantassins maltraités.

Tout à coup le clairon sonne, et la charge qu'on n'avait encore entendu dans aucun de nos combats, retentit autour de Sedan. Une rumeur confuse d'abord, et grossissant toujours, traverse la foule des soldats, ranimant la confiance et faisant déborder la joie de tous les cœurs. Bazaine est là, sur les derrières de l'armée ennemie, et la met en fuite! Quelques officiers rassemblent leurs troupes, et, sans direction, se portent en avant aux cris répété de : Vive la France! Mais, hélas! Bazaine n'avait pu rompre le cercle de fer qui l'étreignait dans Metz, et ce n'était qu'un honorable subterfuge imaginé par le général de Wimpffen voulant rallier autour de lui nos soldats démoralisés, afin de tenter un effort suprême pour nous ouvrir un passage à travers les lignes ennemies, avant de subir l'ignominie d'une capitulation.

Parmi ces soldats terrifiés, chez qui le sentiment de conservation parlait plus haut que l'honneur et le patriotisme, il parvint à trouver quelques milliers d'hommes résolus et décidés à combattre. Une colonne d'attaque, composée des débris de tous les corps, commandée par des officiers de toutes armes, sortit de la ville, refoulant le flot des fuyards qui encombraient les abords de la porte de Balan. Le faubourg tout entier était occupé par les Bavarois, retranchés dans les maisons, et qui, à notre approche, firent pleuvoir par les ouvertures une grêle de balles sur nos soldats. Ceux-ci, néanmoins, s'avancèrent résolûment, ils furent bientôt arrêtés par le feu meurtrier qui partait de l'église.

Les batteries prussiennes, placées sur les hauteurs du fond de Givonne, prenaient d'écharpe nos troupes engagées et les broyaient sous une pluie d'obus et de boulets. Mais ces dangers n'affaiblirent en rien la résolution du général de Wimpffen, qui fit avancer deux pièces d'artillerie pour enfoncer les portes de l'église qu'une décharge fit voler en éclats, ce qui contribua puissamment à nous rendre maîtres de l'édifice, où deux cents prisonniers tombèrent en notre pouvoir.

La lutte se poursuivait avec opiniâtreté, quand on vit tout à coup flotter sur le rempart de la citadelle le drapeau des suspensions d'armes, qui vint mettre un terme à la fureur des combattants.

L'empereur demandait à parlementer et remettre son épée aux mains du roi de Prusse qui, de son côté, envoyait un parlementaire pour sommer la place de se rendre. Le soir même, un conseil de guerre assemblé dans Sedan reconnaissait l'urgence d'une capitulation, à l'unanimité des généraux moins deux.

La reddition était en effet nécessaire; il n'était plus temps maintenant de s'y soustraire, même au prix du sang répandu à flots, et tenter de souvrir un passage avec les éléments décomposés de notre armée n'était autre chose qu'une glorieuse folie. Il fallait que les hommes qui dirigeaient nos destinées prévissent plus tôt ce désastre, s'ils ne voulaient pas en accepter l'opprobre.

Mais ce n'était plus quand nous étions cernés de toutes parts, sur la rive droite comme sur la rive gauche de la Meuse, par une armée de deux cent trente mille hommes encore intacte, soutenue par une artillerie formidable, que l'on devait songer à reprendre un avantage qui ne nous sauvait même pas en gagnant la route de Montmédy.

D'autre part, Sedan, place de guerre de dernier ordre, incomplétement armée, dépourvue de vivres et de munitions, ouverte sur la Meuse, dominé par des collines, dans l'impuissance enfin de résister à la nouvelle artillerie ne pouvait, comme Metz, offrir un asile sûr à une armée découragée, indisciplinée, dont les sentiments se refusaient à combattre.

La résistance ne pouvait amener qu'une effusion de sang inutile et d'autant plus horrible, que cent mille hommes, pressés dans une petite ville de vingt mille habitants, remplissaient les voies, les places, les carrefours, au milieu de blessés, de voitures roulantes ou brisées et de cadavres de chevaux putrides, gisant sur le pavé des rues, formant des cloaques ensanglantées.

La capitulation fut donc signée en ces termes au village de Frénois :

« Entre les soussignés, le chef d'état-major du roi Guillaume, commandant en chef des armées d'Allemagne, et le général commandant de l'armée française, tous deux munis de pleins pouvoirs de Leurs Majestés le roi Guillaume et l'empereur Napoléon, la convention suivante a été conclue :

« Art. 1er. L'armée française, placée sous les ordres du général de Wimpffen, se trouvant actuellement cernée par des troupes supérieures autour de Sedan, est prisonnière de guerre.

« Art. 2. Vu la défense valeureuse de cette armée française, exemption pour tous les généraux et officiers, ainsi que pour les employés supérieurs ayant rang d'officiers, qui engagent leur parole, par écrit, de ne pas porter les armes contre l'Allemagne et de n'agir d'aucune manière contre ses intérêts jusqu'à la fin de la guerre actuelle; les officiers et employés qui acceptent ces conditions conserveront leurs armes et les effets qui leur appartiennent personnellement.

« Art. 3. Toutes les armes, ainsi que le matériel de l'armée, consistant en drapeaux, aigles, canons, munitions, etc., seront livrés, à Sedan, à une commission militaire et instituée par le général en chef, pour être remis immédiatement aux commissaires allemands.

« Art. 4. La place de Sedan sera livrée dans son état actuel, et au plus tard dans la soirée du 2, à la disposition de Sa Majesté le roi Guillaume.

« Art. 5. Les officiers qui n'auront pas pris l'engagement mentionné par l'art. 2, ainsi que les troupes désarmées, seront conduits, rangés d'après leur régiment ou corps, en ordre militaire.

« Cette mesure commencera le 2 septembre et sera terminée le 3. Ces détachements seront conduits sur le terrain bordé par la Meuse, près Iges, pour être remis aux commissaires allemands par leurs officiers, qui céderont alors leurs commandements à leurs sous-officiers. Les médecins majors, sans exception, resteront en arrière pour soigner les blessés.

« A Frénois, le 2 septembre 1870.

« Signé :

« DE MOLTKE,   WIMPFFEN. »

La capitulation faisait tomber au pouvoir de l'ennemi cent huit mille prisonniers, dont un maréchal, quatre mille officiers, de tous rangs, soixante dix-neuf mille soldats enfermés dans Sedan, onze mille pris en combattant et quatorze mille blessés; elle lui donnait dix mille chevaux, tout le matériel de guerre d'une armée, quatre cents pièces de canon de campagne, soixante-dix mitrailleuses, cent cinquante canons de rempart avec armes et bagages; elle ouvrait enfin la route de Paris aux armées allemandes et leur livrait, en quelque sorte, le territoire français tout entier.

A ces détails, le *Journal officiel de Paris* ajoute ceux-ci :

Le 29 août, le quartier général était à Raucourt. Le 30, à huit heures du matin, il quittait cette petite ville et s'établissait à dix heures, dans la ferme de Bailly-Belle, sur une éminence. Une partie des troupes qui avaient marché en avant occupaient les hauteurs de Mouzon. La canonnade commença du côté de Beaumont et des bornes de Mouzon. A midi, l'empereur prit la route de Beaumont pour se rendre compte du résultat de la bataille engagée. A quatre heures, il était de retour : le corps du général du Failly pliait sur toute la ligne. Le quartier général se porta vers Carignan, où l'on arriva deux heures après. L'empereur passa deux heures dans un hôtel de la ville et prit à huit heures le train qui devait le mener à Sedan. Il y était à neuf heures et demie. Déjà l'armée prussienne commençait le mouvement qui devait envelopper l'armée française.

Le lendemain, 31, le combat s'engageait à midi à la porte Balan, une des portes de Sedan, et au village de Bazeilles. Il dura jusqu'au soir avec un acharnement extrême dans les prairies qui bordent la Meuse. Les pertes de l'ennemi furent grandes. Napoléon III passa la nuit à la sous-préfecture.

Le 1er septembre, la bataille interrompue par la nuit recommença à quatre heures du matin. L'armée prussienne occupait les hauteurs de la rive droite et de la rive gauche, Bellevue et Givonne. L'empereur monta à cheval à six heures et demie et se porta vers la porte de Balan, où il resta une heure et demie. Voyant les troupes reculer, il rentra vers neuf heures en faisant le tour de la citadelle et en passant sur le pont qui conduit à la porte de Paris. A midi, l'ennemi avait fait sa jonction; nos troupes battaient en retraite sur la ville, où elles rentraient épuisées de fatigue ou privées de munitions. Le maréchal Mac-Mahon avait été blessé à sept heures du matin.

A quatre heures la résistance était devenue impossible. Le feu s'était ralenti vers six heures; il ne s'éteignit complètement qu'à huit heures. Des soldats groupés sur les remparts avaient continué à tirer jusque-là, ne pouvant se résoudre à obéir aux ordres contraires. Les généraux Douay, Castelnau, Reille, Vaubert de Genlis étaient partis pour le quartier général prussien, chargés par l'empereur de parlementer. Le général Wimpffen ne pouvait se résoudre à signer une capitulation; il espérait se faire jour à la tête d'un petit corps de huit mille hommes, il le tenta vainement et revint découragé.

Le 2, à six heures et demie du matin, l'empereur monta en voiture et se rendit accompagné des généraux Douay, Lebrun, Reille et Wimpffen, à la porte de Bellevue, où l'attendaient les officiers prussiens chargés de le conduire au quartier général de l'armée prussienne, à 3 kilomètres de là, et où il arriva à sept heures. Deux officiers généraux le reçurent dans un pavillon vitré. L'entretien s'ouvrit sur les conditions de la capitulation. Napoléon III ne s'y mêla guère. Il allait et venait dans le salon fumant des cigarettes et laissant, avec une insouciance bien étrange en un pareil moment, ses généraux et les généraux prussiens discuter. A onze heures, le roi Guillaume et le comte de Bismark arrivèrent suivis d'un état-major très-nombreux. L'entrevue de l'empereur et du roi de Prusse ne dura pas plus d'un quart d'heure. Le général Reille et M. de Bismark y assistaient. Guillaume Ier et son ministre montèrent ensuite à cheval et passèrent une revue des troupes prussiennes qui ne se termina pas avant quatre heures. Napoléon III étant resté seul avec les officiers prussiens, les conditions du départ furent réglées.

Le 3, l'empereur quitta le château de Bellevue à sept heures du matin. Sa suite était de cinquante-deux personnes. On prit le chemin de la Belgique. Bouillon est à cinq lieues seulement de Bellevue; on n'arriva cependant à Bouillon qu'à cinq heures du soir. C'est que, au lieu de prendre la route directe, on avait contourné la ville de Sedan et traversé successivement

tous les points du champ de bataille où l'action avait
été le plus vive. Déjà l'armée prussienne quittait ses
positions et se mettait en marche vers Paris.

A la Chapelle, entre Sedan et Bouillon, on était entré
en territoire belge. Là, un détachement de chasseurs
belges, commandé par le général Chazal, avait remplacé
l'escorte prussienne. A Bouillon, Napoléon III coucha
dans un petit hôtel de la ville.

Il en repartit le dimanche 4, à sept heures précises
du matin, arriva à Libremont à onze heures. déjeuna
à l'hôtel de la Poste, et après une heure d'attente dans
la gare, prit le train qui devait le mener à Verviers.
De là, l'ex-empereur fut dirigé sur Cassel, capitale
de l'ancienne Hesse électorale. Une correspondance publiée par le journal le Soir, et qui est faite pour remplir tous les cœurs français d'indignation, donne les
détails les plus circonstanciés et les plus tristes sur son
entrevue avec Guillaume Ier, auquel il avait écrit !

« Guillaume répondit : « Qu'il vienne lui-même, ou
bien il sera traité en simple soldat, quoiqu'il ne le mérite guère. » Napoléon se rendit alors, de la manière
que l'on sait, dans la ferme où le roi avait établi son
grand quartier général.

« La calèche étant arrivée à la porte de la maisonnette,
Napoléon mit pied à terre, éteignit sa cigarette et entra
seul dans la chambre basse où le roi, en uniforme de
général, casque en tête, se promenait fiévreusement,
ayant les mains croisées derrière son dos. Le prince et
les grands officiers étaient réunis en groupe dans un
des angles de la pièce.

« Il faisait sombre; l'ex-empereur mit le chapeau à la
main et salua le roi en se servant de la langue allemande. Guillaume ne répondit ni par un geste ni par
un mot; il fit encore quelques pas, puis il vint se placer
debout, droit, terrible, devant l'ex-empereur, qui se
tenait incliné, la tête découverte.

« Sire, dit celui-ci toujours en allemand, je viens répéter de vive voix à Votre Majesté ce que j'ai eu l'honneur de lui faire transmettre par écrit hier au soir.

« — C'est bien, monsieur, répondit le roi, dont le vi-
sage était fortement coloré et dont la parole sifflait tant
il faisait d'efforts pour se contraindre, j'ai décidé que
Spandau vous serait assigné pour prison... pour résidence, veux-je dire, reprit Guillaume; vous attendrez là
mes ordres ultérieurs.

« — Sire...

« — C'est dit, monsieur, exclama le roi en frappant
du sabre sur le plancher poudreux de la salle.

« — Au revoir donc, monsieur mon frère, dit l'ex-empereur en bon français, cette fois. Il salua de la façon
la plus courtoise les différents personnages, et sortit de
la salle aussi calme que s'il venait de présider à l'ouverture des chambres.

« Arrivé dehors, il tira une cigarette qu'il alluma au
cigare d'un cuirassier blanc, et s'apprêtait à remonter
en voiture, quand un officier général vint, de la part

du roi, le prier de passer dans une cour avoisinante, où
le roi, qui, paraît-il, désirait lui parler longuement,
l'enverrait chercher.

« L'ex-empereur ne dit pas un mot. Escorté par deux
cuirassiers blancs, il passa dans une cour où, près d'une
mare, se trouvait un petit banc de bois. Il alla tranquillement s'asseoir sur ce banc, continuant de fumer
et ne s'interrompant que pour regarder l'eau de la mare
et l'officier d'état-major, qui, debout, suivait du regard
chacun de ses mouvements.

« Après un quart d'heure d'attente, l'ex-empereur
pria en français l'officier de lui faire donner un verre
d'eau. Un des cuirassiers le lui apporta. Il y trempa ses
lèvres; puis, regardant le contenu du verre, il sourit
silencieusement et, se tournant vers l'officier, il lui dit :
« Néron vaincu passa sa dernière heure auprès d'une
mare dans laquelle il but; je suis plus heureux que lui.»
Il but toute l'eau, et rendant le verre : « Il est vrai,
ajouta-t-il, que mon règne n'a jamais ressemblé au
sien. » Et il se remit à fumer.

« Après une grande demi-heure, un officier général
vint de la part du roi le prier d'entrer dans la salle où
Guillaume se trouvait absolument seul.

« Ils restèrent là près d'une heure et demie, seuls,
parlant à voix basse. Que se dirent-ils? Au sortir de cet
entretien, l'ex-empereur monta dans une chaise de
poste aux armes du roi de Prusse, et, par la route de
Luxembourg, fut dirigé sur Cassel, d'où il se rendra à
Spandau.

« Spandau est la forteresse qui protège Berlin du
côté du nord-ouest; elle renferme la prison d'État,
prison peu gaie, je vous l'assure.

« Les gens de l'entourage du roi Guillaume prétendent que l'intention de ce souverain est d'y laisser l'ex-
empereur jusqu'à la fin de ses jours. — Il aurait dit
qu'une prison perpétuelle ne serait que le juste châtiment d'un aussi grand coupable.

« La personne, un officier d'état-major prussien, qui
d'ici se rend à Namur et à Bruxelles, en mission spéciale, assure que, sans l'intervention du prince royal
et celle du comte de Bismark, le roi était résolu à faire
fusiller l'ex-empereur, tant était grande son exaspération contre l'homme qui seul avait causé la mort de
tant de braves gens, disait-il. Les équipages, les car-
rosses, le train impérial enfin et les gens en grande livrée ont été arrêtés à Arlon par les autorités belges.
Les gens de maison ont été laissés libres sur parole;
mais par mesure de prudence on les a invités à quitter
la livrée, ce qu'ils se sont hâtés de faire, du reste. Vous
n'avez pas une idée à Paris de l'exaspération qui règne
contre l'ex-empereur et contre tout ce qui a rapport de
près ou de loin à sa personne parmi les Français qui
affluent ici du champ de bataille. »

CHAPITRE XIV

Lettre de Guillaume Ier à la reine Augusta.

A tous les détails que nous avons publiés sur la bataille de Sedan, il est essentiel de joindre ceux que Guillaume Ier, le futur empereur d'Allemagne, transmit à la future impératrice Augusta.

Ils sont authentiques et consignés dans une lettre qu'a insérée la *Correspondance de Berlin*, journal officiel :

A la reine Augusta, à Berlin.

Vendresse, au sud de Sedan, 3 septembre 1870.

Tu connais maintenant par mes trois télégrammes toute l'étendue des grands événements historiques qui se sont accomplis. C'est comme un rêve, lors même qu'on les a vus se dérouler heure par heure!

Quand je pense qu'après une grande guerre heureuse je ne pouvais rien attendre de plus glorieux pendant mon règne, et qu'aujourd'hui pourtant je vois s'accomplir de tels faits historiques, je m'incline devant Dieu, qui seul nous a élus, moi, mon armée et mes alliés, pour exécuter ce qui vient d'être fait, et nous a choisis comme instrument de sa volonté.

Ce n'est qu'ainsi que je puis comprendre cette œuvre, pour rendre graces humblement à Dieu, qui nous conduit, et à sa bonté.

Voici maintenant un tableau sommaire de la bataille et de ses résultats.

L'armée, le 31 au soir et le 1er au matin, avait pris les positions qui lui étaient prescrites autour de Sedan. Des Bavarois formaient l'aile droite à Bazeilles, sur la Meuse; près d'eux, les Saxons étaient du côté de Moncelle et Daigny; la garde, encore en marche, s'avançait sur Givonne : les 5e et 11e corps se tenaient vers Saint-Menges et Fleigneux.

Comme la Meuse fait en cet endroit une forte courbure, aucun corps n'avait été placé entre Saint-Menges et Donchery, mais le lieu était occupé par les Wurtembergeois, qui couvraient en même temps nos derrières contre les attaques du côté de Mézières.

La division de cavalerie du comte de Stolberg formait l'aile droite dans la plaine de Donchery. Sur le front, vers Sedan, était le reste des Bavarois.

Le combat commença de bonne heure à Bazeilles, malgré un épais brouillard, et peu à peu la lutte devint très-vive; il fallut prendre chaque maison l'une après l'autre. Ce combat dura presque toute la journée,

et la division Schœler, d'Erfurth (de la réserve, 4e corps) dut y prendre part.

Lorsque, vers huit heures, j'arrivai sur le front vers Sedan, la grande batterie venait de commencer son feu contre les ouvrages de la place. Sur tous les points, alors, se développa un violent combat d'artillerie, prolongé pendant plusieurs heures, et durant lequel nos troupes gagnaient pied à pied du terrain. Les bourgs nommés plus haut furent pris.

De profondes coupures de terrain garnies de bois rendaient la marche de notre infanterie difficile et favorisaient la défense. Les bourgs d'Illy et de Floing furent pris; le cercle de feu se resserra de plus en plus autour de Sedan. Le spectacle était grandiose, vu de notre position sur une hauteur dominante, derrière la grande batterie, à droite et en avant du bourg Frénois, au-dessus de Saint-Forcy. La vive résistance de l'ennemi commençait peu à peu à mollir, ce que nous pouvions reconnaître en voyant des bataillons débandés se replier précipitamment hors des bois et des villages. La cavalerie française essaya une attaque contre quelques bataillons de notre 5e corps, qui conservèrent une attitude excellente; cette cavalerie passa au galop dans les intervalles de nos bataillons et revint par le même chemin, charge qui fut renouvelée trois fois par différents régiments. Aussi le champ de bataille était-il semé de cadavres d'hommes et de chevaux, comme nous pouvions, de notre point de vue, l'apercevoir distinctement. Je n'ai pu encore savoir le numéro du brave régiment auquel appartiennent ces bataillons.

Sur plusieurs points la retraite de l'ennemi était devenue une déroute : infanterie, cavalerie, artillerie, tout se pressait pêle-mêle dans la ville et ses plus proches environs; mais aucun signe encore ne paraissait indiquer que l'ennemi songeât à sortir par une capitulation de cette situation désespérée. Il ne restait donc qu'à faire bombarder la ville par la grande batterie. Au bout de vingt minutes environ, le feu avait déjà pris en beaucoup d'endroits, ce qui, avec plusieurs villages qui étaient en flammes sur toute l'étendue du champ de bataille, produisait une terrible impression.

Je fis alors cesser la canonnade et j'envoyai en parlementaire avec le drapeau blanc le lieutenant-colonel de Bronsart, de l'état-major général, proposer la capitulation à l'armée et à la place; chemin faisant, il rencontra un officier bavarois, qui venait m'annoncer qu'un parlementaire français avec le drapeau blanc s'était montré à la porte de la ville. Le lieutenant-colonel de Bronsart fut introduit dans la place, et, comme il demandait le général *en chef*, on le conduisit, à sa grande surprise, devant l'empereur, qui voulut lui remettre immédiatement une lettre pour moi. L'empereur demanda au lieutenant-colonel de quelle mission il était chargé; sur la réponse qui lui fut faite : « sommer la place et l'armée de se rendre, » il dit à notre parlementaire qu'il devait s'adresser pour cela au général Wimpffen, lequel venait de prendre le commandement à la place de Mac-Mahon blessé, — et que lui-même il allait envoyer vers moi avec sa lettre son adjudant général Reille.

Il était sept heures lorsque Reille et Bronsart arrivèrent près de moi ; ce dernier précédait un peu l'envoyé français, et c'est seulement par lui que j'appris avec certitude que l'empereur était dans la place.

Tu peux juger de l'impression que cela produisit sur moi avant tout et par-dessus tout !

Reille sauta à bas de son cheval et me remit la lettre de son empereur, ajoutant qu'il n'avait pas d'autre mission.

Avant d'ouvrir la lettre, je lui dis :

« Mais je demande comme première condition que l'armée mette bas les armes.»

La lettre commençait ainsi :

« N'ayant pu mourir à la tête de mes troupes, je dépose mon épée à Votre Majesté, » s'en remettant pour tout le reste à ma disposition.

Ma réponse fut qu'une rencontre de cette sorte entre nous m'était pénible, et que je désirais l'envoi d'un plénipotentiaire avec lequel la capitulation serait conclue. Après que j'eus remis la lettre au général Reille, je lui adressai quelques paroles comme à une ancienne connaissance, et ainsi se termina cet épisode. Je fondai de pouvoir Moltke comme négociateur de la capitulation, et je prescrivis à Bismark d'être là, pour le cas où des questions politiques seraient à traiter ; ensuite je gagnai à cheval ma voiture et me fis conduire ici, salué sur toute la route d'un ouragan de hourras par le train qui s'avançait : l'hymne national se faisait entendre de toutes parts. C'était saisissant ! Partout on avait allumé les lumières, en sorte que, par instants, je traversais une illumination improvisée. A onze heures, j'arrivai ici, et, avec mon entourage, je portai la santé de l'armée qui venait d'obtenir en combattant un tel succès.

Le matin du 2, n'ayant encore reçu aucun avis de Moltke au sujet des négociations qui devaient avoir lieu à Donchery pour la capitulation, je me rendis, comme il était convenu, sur le champ de bataille vers huit heures, et rencontrai Moltke qui venait au-devant de moi pour avoir mon consentement à la capitulation proposée ; en même temps, il m'annonça que l'empereur avait quitté Sedan le matin à cinq heures, et s'était rendu aussi, lui, à Donchery.

Comme Napoléon désirait me parler et qu'un petit château avec parc se trouvait à proximité, je choisis ce lieu pour nous y rencontrer. A dix heures, j'allai sur la hauteur devant Sedan ; à midi, Moltke et Bismark arrivèrent avec la capitulation signée ; à une heure, je m'acheminai avec Fritz, accompagné de l'escorte de cavalerie de l'état-major, et je descendis au château, où l'empereur vint à ma rencontre.

La visite dura un quart d'heure ; nous étions tous les deux très-émus de nous revoir ainsi. Tout ce que j'éprouvais en ce moment, après avoir vu, il y a trois ans, Napoléon au faîte de sa puissance, ne peut s'exprimer.

Après cette entrevue de deux heures et demie à sept heures et demie, je parcourus à cheval le campement de toute l'armée devant Sedan.

L'accueil des troupes, mon impression en revoyant le corps de la garde décimé, tout cela je ne puis te le décrire ; j'ai été profondément touché par tant de témoignages d'amour et de dévouement.

Maintenant, je te dis adieu, le cœur ému, en finissant une telle lettre.

GUILLAUME.

Le corollaire du récit fait par le roi à la reine Augusta est le rapport que M. de Bismark lui adressa, le 2 septembre, du petit village de Donchery.

Rapport de M. de Bismark sur la bataille de Sedan.

M'étant rendu, hier soir, 1er septembre, à Donchery, par ordre de Votre Majesté, pour prendre part aux négociations de la capitulation, elles furent suspendues jusqu'à environ une heure du matin, par suite d'un sursis accordé à la demande du général de Wimpffen. Déjà le général de Moltke avait déclaré de la manière la plus catégorique qu'on n'admettrait aucune autre condition que celle de mettre bas les armes, et que le bombardement serait repris à neuf heures du matin, si, à cette heure, la capitulation n'était pas conclue.

Ce matin, à six heures, on m'annonça le général Reille, qui m'informa que l'empereur désirait me voir et se trouvait déjà en route pour venir de Sedan ici. Le général retourna immédiatement pour annoncer à l'empereur que je le suivais. Peu après, à mi-chemin de Sedan, près de Frénois, Napoléon était en voiture ouverte avec trois officiers supérieurs ; trois autres officiers à cheval se tenaient aux portières. Je ne connaissais personnellement que les généraux Castelnau, Reille et Moskowa, qui paraissait être blessé au pied, ainsi que M. Vaubert.

Arrivé à la voiture, je descendis de cheval et, monté sur le marche-pied, à côté de l'empereur, je lui demandai ses ordres. L'empereur m'exprima d'abord le désir de voir Votre Majesté, croyant qu'elle se trouvait aussi à Donchery. Sur ma réponse que le quartier général de Votre Majesté était en ce moment à une distance de deux heures, à Vendresse, l'empereur s'informa si Votre Majesté avait désigné un lieu où il devait se rendre, et éventuellement quelle serait mon opinion à cet égard. Je lui répondis que j'avais fait la route jusqu'ici en pleine nuit, et que le pays m'était inconnu. Je mis à sa disposition la maison que j'habitais moi-même à Donchery, et que j'allais immédiatement évacuer.

L'empereur accepta, et la voiture marcha au pas vers

Donchery; mais à quelques cents pas du pont qui traverse la Meuse à l'entrée de la ville, elle s'arrêta devant une maison isolée d'ouvrier et il me demanda s'il ne pouvait pas y descendre. Je fis visiter la maison par le conseiller de légation, comte de Bismark-Bohlen, qui était venu me rejoindre entre temps, et bien qu'il eût annoncé que l'intérieur était très-pauvre et exigu, l'empereur descendit et m'invita à le suivre. Dans une petite chambre qui ne contenait qu'une table et deux chaises, j'eus avec l'empereur un entretien qui dura près d'une heure.

Sa Majesté insista particulièrement pour obtenir des conditions favorables pour la capitulation de l'armée. Je déclinai dès l'abord de m'entretenir sur ce sujet avec Sa Majesté, cette question exclusivement militaire devant être traitée entre le général de Moltke et le général de Wimpffen. Par contre, je demandai à l'empereur s'il était disposé à ouvrir des négociations de paix. L'empereur répliqua que, comme prisonnier, il n'était pas maintenant en situation d'agir. Sur ma nouvelle question qui, dans son opinion, représentait actuellement le pouvoir en France, Sa Majesté me renvoya au gouvernement existant à Paris.

Après avoir éclairci ce point que la lettre d'hier de l'empereur ne permettait pas d'apprécier avec certitude, je reconnus et ne le cachai pas à l'empereur, qu'aujourd'hui encore, comme hier, la situation n'offrait pas d'autre élément pratique que l'élément militaire, et j'accentuai la nécessité qui en ressortait pour nous d'obtenir avant toutes choses, par la capitulation de Sedan, un gage matériel pour assurer les résultats militaires que nous venions de remporter.

J'avais déjà discuté hier soir avec le général de Moltke et examiné sous toutes ses faces la question de savoir s'il était possible, sans nuire aux intérêts allemands, d'accorder à l'honneur militaire d'une armée qui s'était bravement battue des conditions plus favorables que celles qui avaient été arrêtées. Après un examen consciencieux, nous avions dû persister tous les deux dans la négative. Si donc le général de Moltke, qui était venu sur les entrefaites de la ville auprès de nous, se rendit auprès de Votre Majesté pour lui transmettre les vœux de l'empereur, ce ne fut pas, Votre Majesté le sait, avec l'intention d'en recommander l'adoption.

L'empereur sortit ensuite de la maison et m'invita à m'asseoir à côté de lui, en plein air, à la porte de la maison. Sa Majesté me fit la question s'il n'était pas possible de faire passer à l'armée française la frontière de Belgique pour déposer les armes et y être internée.

Cette éventualité aussi, je l'avais déjà posée dans ma conférence avec le général de Moltke d'hier soir; en exposant les motifs que je venais d'indiquer, je refusai de discuter cette façon de procéder. Quant à la situation politique, je ne pris point d'initiative de mon côté, l'empereur seulement n'en parla que pour déplorer les malheurs de la guerre; il déclara que lui n'avait pas voulu la guerre, mais que l'opinion publique de la France l'y avait forcé.

Entre temps, à la suite d'informations prises dans la ville et particulièrement au moyen de reconnaissances faites par des officiers de l'état-major, on avait pu décider que le château de Bellevue, près de Fresnois, qui ne contenait pas encore de blessés, était convenable pour recevoir l'empereur. Je le lui annonçai en désignant Frénois comme lieu que je désignerais à Votre Majesté pour l'entrevue, et je lui demandai s'il ne préférerait pas s'y rendre sur-le-champ, vu que la petite maison d'ouvrier n'était pas un séjour convenable et que Sa Majesté avait peut-être besoin de prendre quelque repos.

Sa Majesté y consentit avec empressement et je conduisis l'empereur, précédé d'une escorte de cuirassiers des gardes du corps de Votre Majesté, au château de Bellevue, où étaient déjà arrivés la suite et les équipages de l'empereur, venant directement de Sedan. J'y trouvai aussi le général Wimpffen avec lequel, en attendant le retour du général de Moltke, la négociation sur les conditions de la capitulation, qui avait été interrompue hier, fut reprise par le général de Odbielshi, en présence du lieutenant-colonel de Verdy et du chef d'état-major du général de Wimpffen, ces deux derniers rédigeant le procès-verbal.

Je n'y ai pris part qu'au début par l'exposé de la situation politique et légale, en conformité des renseignements que je tenais de l'empereur lui-même. Je reçus au même instant, par le chef d'escadron comte de Nostitz, l'avis du général de Moltke que Votre Majesté ne voulait voir l'empereur qu'après la signature de la capitulation; cet avis confirmait qu'il fallait renoncer à l'espoir d'obtenir d'autres conditions que celles qui venaient d'être stipulées.

Je me rendis ensuite à Chéhéry, afin de faire connaître l'état des choses à Votre Majesté, et en route je rencontrai le général de Moltke avec le texte de la capitulation approuvée par Votre Majesté, et acceptée et signée désormais sans discussion dès que nous fûmes réunis avec elle à Frénois.

La conduite du général de Wimpffen, de même que celle des généraux français dans la nuit précédente, fut très-digne. Le brave officier cependant ne put s'empêcher de m'exprimer sa profonde douleur d'être obligé, quarante-huit heures après son arrivée d'Afrique, et six heures après sa reprise de commandement en chef, de mettre sa signature au bas d'une capitulation si cruelle pour les armes françaises. Mais le manque de vivres et de munitions et l'impossibilité absolue de toute défense ultérieure lui imposait l'obligation, comme général, de faire taire ses sentiments personnels, attendu que toute effusion de sang ultérieure ne changerait plus rien à sa situation.

L'autorisation accordée aux officiers de se retirer avec leurs armes, sur leur parole d'honneur de ne plus servir pendant la guerre, fut acceptée avec de vifs remerciments, comme l'expression des intentions de Votre Majesté de ne pas blesser les sentiments de troupes qui s'étaient bravement battues, et dépassant plus qu'il n'était nécessaire les exigences de nos intérêts politiques et militaires. Ces remerciments, le général Wimpffen les a exprimés encore ultérieurement dans une lettre au général de Moltke, lettre par laquelle il lui exprime sa gratitude pour les égards et les formes courtoises qui, de sa part, ont présidé à la conduite des négociations.

Signé : BISMARK.

CHAPITRE XV

Détails donnés par le correspondant du *Times.* — Réception de la lettre de Napoléon III. — Un enfer déchaîné. — Entrevue de l'empereur et du comte de Bismark. — Journal d'un voyageur.

Pour compléter les détails sur la capitulation de Sédan, il convient de produire la solution que le correspondant du *Times* a donnée de ce mémorable événement.

« L'officier qui se présenta pour parlementer avec le général de Moltke était, dit-il, le général Reille, attaché naguère à la personne du roi, lors de la visite de ce prince à Compiègne. Il portait une lettre autographe de l'empereur adressée à Sa Majesté et écrite d'une main assurée. Vous en connaissez déjà les termes : « Monsieur mon frère, n'ayant pu mourir à la tête de mon armée, je dépose mon épée aux pieds de Votre Majesté. »

« Cette lettre fut immédiatement portée au roi, qui, avec le général Moltke, le comte de Bismark et son état-major, considérait d'une hauteur qui domine Wadelincourt la ruine d'un empire. La réponse de Guillaume Ier fut courtoise et ferme; on informa le général Wimpffen que les conditions offertes étaient la reddition de l'armée tout entière, canons, chevaux et matériel. Je ne sais pas si dès ce moment les officiers furent exemptés de cette reddition générale; mais le général français déclara qu'il périrait plutôt sur le champ de bataille que de signer une capitulation si pénible. Cependant le soleil descendait au couchant, éclairant le passage du roi vers Vendresse, au milieu de l'ovation enthousiaste de ses soldats rangés le long de la route qui s'étend au sud de la Meuse.

« L'ordre fut donné aux différents corps de se rapprocher de Sedan, et quand les feux de garde furent allumés, la ville ressemblait à un point noir au milieu d'une vaste ceinture de feu qui éclairait au loin l'horizon.

« Ce que cette nuit a dû être pour les blessés, on ne saurait l'imaginer si l'on n'a pas vu combien sont grandes ces souffrances que la nature apaise cependant à mesure que le temps se consume et que la vie décline.

« A dix heures, on devait bombarder la ville et canonner l'armée française rangée sous ses murs, si la capitulation n'était pas signée.

« Il est certain que la scène au dedans et en dehors des murs fut, pour employer une expression énergique, « *un enfer déchaîné.* »

« Quand l'empereur, qui passa là des heures affreuses, se mit à regarder le lendemain matin, il put apercevoir une forêt d'acier et de fer dans la vallée et sur les hauteurs, des batteries placées sur chaque éminence, et de la cavalerie dans toutes les plaines, aussi loin que son regard pouvait pénétrer cette masse profonde de bataillons allemands.

« Enfin sa décision fut prise. Il voulut voir le roi et essayer d'obtenir de lui quelque adoucissement aux termes de la capitulation.

« Accompagné d'un petit nombre d'officiers de son état-major à cheval, il prit, dans un coupé, la route qui s'éloigne de Sedan.

« Le comte de Bismark était au lit, dans ses quartiers de Donchery, quand un officier se précipita dans sa chambre pour lui annoncer que l'empereur venait le voir, lui et le roi. Il se leva, s'habilla à la hâte, afin d'aller à la rencontre de l'empereur. Il arriva juste à temps pour arrêter le cortége en dehors de la ville. J'étais à l'écart dans la campagne, et je ne puis, en conséquence, certifier par ma connaissance personnelle ce qui se passa. Au moment où l'empereur descendit de voiture, le comte de Bismark, ainsi qu'on me l'a raconté, se découvrit. L'empereur lui ayant fait signe et l'ayant prié de se couvrir, le comte lui répondit :

« Sire, je reçois Votre Majesté comme je recevrais le roi mon maître. »

« Près de l'endroit où eut lieu l'entrevue, à quelques centaines de mètres de la petite ville de Donchery, se trouvait la modeste cabane d'un humble tisserand, comme il y en a beaucoup aux environs de Sedan.

« Le comte de Bismark, prenant les devants, y entra. La maison n'avait rien d'engageant. Le comte en franchit les marches, et, voyant que l'appartement était rempli par le métier de l'artisan et son attirail de travail, il redescendit, et trouva l'empereur assis sur une pierre en dehors de la cabane. On prit deux chaises qui furent mises devant la porte, et l'empereur s'étant assis sur l'une d'elles, le comte de Bismark vint s'asseoir à sa gauche. Les officiers qui avaient accompagné leur maître déchu, s'étaient assis à quelque distance sur un

Sedan

amas de gazon devant la cabane. Ce fut une étrange conversation. Comme le comte de Bismark l'a librement racontée, au moins dans ses principaux détails, je ne doute pas qu'elle ne soit bientôt connue et qu'elle ne soit acquise pour toujours à l'histoire. Le grand point était d'obtenir la paix, mais en ce qui concerne l'empereur, le comte de Bismark ne put obtenir aucune assurance sur ce point.

« L'empereur déclara qu'il n'avait aucun pouvoir, qu'il ne pouvait pas négocier la paix, qu'il ne pouvait donner d'ordres ni à son armée ni au maréchal Bazaine ; que l'impératrice était régente de France et que c'étaient elle seule et ses ministres qui avaient qualité pour négocier. Le comte de Bismark répondit que dans ce cas i' n'y avait aucune utilité à continuer une conversation politique avec l'empereur et qu'il ne servirait de rien de voir le roi. L'empereur exprima alors le désir de le voir en personne. Mais le comte de Bismark

répliqua qu'il n'était pas possible d'accéder au vœu de Sa Majesté avant que la capitulation fût signée. Et alors, raconte M. de Bismark, comme la conversation devenait difficile des deux côtés, nous y mîmes fin. Ainsi se termina cette première entrevue.

« Le comte de Bismark se rendit ensuite auprès du roi, tandis que l'empereur se retirait pour consulter ses officiers. Ce fut un terrible moment. La garnison de Sedan était furieuse à l'idée de capituler, mais sur une ligne noire effrayante, à chaque sommet, chaque éminence au-dessus des deux rives de la Meuse, on apercevait les batteries rangées et prêtes à vomir un feu meurtrier sur la malheureuse ville. Il y avait là 600 canons formant une ceinture de fer. Avec un petit nombre de canons sur ses murs, avec l'artillerie de campagne presque anéantie, la ville, complétement dominée de trois côtés, ne pouvait opposer aucune résistance. Les troupes placées en dehors auraient été écrasées, et n'auraient plus offert que des monceaux d'os et de chairs, comme l'histoire n'en a jamais vu dans ses pages les plus sanglantes.

« On rédigea donc les termes de la capitulation, et enfin les modifications sur lesquelles les Français insistaient relativement aux armes et à la parole des officiers furent acceptées. A onze heures et demie, la capitulation était signée telle qu'elle avait été décidée par le général Wimpffen et le général de Moltke. Je crois que le comte de Bismark y prit part. »

Quand tout cela eut été réglé, le roi reçut la visite de l'empereur comme son prisonnier sur une petite colline boisée qui descend vers la Meuse. A peu de distance de Sedan, et séparée de la ville par la rivière, se trouve une petite maison de campagne bâtie sur le modèle des anciens châteaux, mais entièrement neuve et ornée à ses quatre angles de serres chaudes.

Elle domine une admirable vue sur la vallée et sur la ville, et est entourée par des parterres et de petites plantations qui la séparent de la route. Vers deux heures, le roi, avec ses gardes du corps et une escorte de cuirassiers, accompagné du prince royal et de plusieurs officiers d'état-major, s'avança vers le château, fort agréablement meublé, et y reçut l'empereur, qui s'y rendit avec son état-major et une escorte qui alla se ranger de l'autre côté de l'avenue, faisant face aux cuirassiers royaux. Le roi et son prisonnier se retirèrent dans une des serres où le cortége qui les avait respectivement accompagnés put les voir causer avec une grande animation.

CHAPITRE XVI

Explications du général de Wimpffen. — Son billet à Napoléon III.

Quelques documents, ultérieurement découverts, achèvent d'éclaircir à la fois les faits et les causes qui les produisirent. Ainsi l'on a le texte du billet que le général de Wimpffen, enfermé dans Sedan, fit parvenir à l'empereur.

Le général Ducrot avait pris le commandement immédiatement après la blessure de Mac-Mahon; mais il n'avait reçu aucune instruction du maréchal, dont il ignorait absolument les intentions. Il s'était donc décidé à ordonner la retaite, quand, vers dix heures, le général de Wimpffen tirant de sa poche la commission du ministre Palikao qui l'instituait généralissime « pour le cas où il arriverait malheur au maréchal Mac-Mahon, » déclara qu'il prenait le commandement en chef,

contremanda la retraite ordonnée par le général Ducrot et fit reprendre les positions qu'on était en train d'abandonner. Il explique sa conduite de la manière suivante dans la brochure qu'il a publiée sur ces tristes journées :

« Coupé de Mézières et bientôt de la Belgique, ne valait-il pas mieux, après avoir cherché à gagner une bataille défensive, tenter une surprise par un retour offensif et général sur les corps bavarois, les plus maltraités de l'armée allemande, et les forcer à nous laisser reprendre la route de Carignau, que les mouvements opérés contre nous avaient dégarnie de troupes ennemies? Telle a été ma pensée, et je suis convaincu que j'étais dans le vrai en manœuvrant pour atteindre ce but. »

Mais au moment où le général de Wimpffen conçut le projet de recommencer la bataille, il était déjà trop tard. Le cercle de feu se rétrécissait; nos troupes, malgré de prodigieux efforts, perdaient du terrain. A une heure, voyant la situation désespérée, le général de Wimpffen prit la résolution héroïque de s'ouvrir un passage sur Carignan en bousculant les deux corps bavarois qu'il avait devant lui et qui étaient harassés par onze heures de combat.

Ce fut alors qu'il écrivit et transmit à l'empereur, enfermé dans Sedan, ce billet à jamais mémorable :

« Sire,

« Je me décide à forcer la ligne qui se trouve devant le général Lebrun et le général Ducrot plutôt que d'être prisonnier dans la place de Sedan.

« Que Votre Majesté vienne se mettre au milieu de ses troupes, elles tiendront à honneur de lui ouvrir un passage.

« 1 heure un quart, 1er septembre.

« DE WIMPFFEN. »

« En écrivant ce billet, dit le général de Wimpffen, il ne me vint pas un seul instant à l'idée que Sa Majesté refuserait de répondre à l'appel d'un général préférant les chances d'une lutte suprême à une capitulation. Je ne doutais pas que le souverain ne comprît le beau rôle qui lui était réservé. » Et plus loin : « En supposant qu'elle ne dût pas être couronnée de succès, cette entreprise, notre dernière ressource, devait être tentée par l'empereur pour l'honneur de son nom. Napoléon III, après la bataille perdue, marchant à la tête des débris de l'armée plutôt que d'implorer l'ennemi, pris après avoir vu succomber autour de lui soldats, généraux et officiers de sa cour, mort peut-être en combattant, léguait une page glorieuse à son fils, un exemple à la France, et Bazaine à Metz trouvait une autre solution que celle de capituler »

On connaît la réponse qu'obtint cette invitation à l'héroïsme. L'empereur donna ordre immédiatement de hisser le drapeau parlementaire; et cet ordre, émané d'un homme qui, n'ayant ni grade dans l'armée ni fonctions dans la place, était sans qualité pour engager la situation, trouva des exécuteurs!

La capitulation devenait inévitable, et elle fut résolue dans un conseil de guerre dont voici le procès-verbal :

« Au quartier général, à Sedan, le 2 septembre 1870.

« Aujourd'hui 2 septembre, à six heures du matin, sur la convocation du général en chef, un conseil de guerre, auquel ont été appelés les généraux commandant les divisions et les généraux commandant en chef l'artillerie et le génie de l'armée, a été réuni.

« Le général commandant a exposé ce qui suit :

« D'après les ordres de l'empereur, et, comme con-
« séquence de l'armistice intervenu entre les deux ar-
« mées, j'ai dû me rendre auprès de M. le général comte
« de Moltke, chargé des pleins pouvoirs du roi de
« Prusse, dans le but d'obtenir les meilleures conditions
« possibles pour l'armée refoulée dans la place après
« une bataille malheureuse.

« Dès les premiers mots de notre entretien, je re-
« connus que le comte de Moltke avait malheureuse-
« ment une connaissance parfaite de notre situation,
« et qu'il savait très-bien que l'armée manquait abso-
« lument de vivres et de munitions. M. de Moltke m'a
« fait connaître dans la journée d'hier que nous avions
« combattu une armée de 220,000 hommes qui nous
« entourait de toutes parts. « Général, m'a-t-il dit, nous
« sommes disposés à faire à votre armée, qui s'est si
« vaillamment battue aujourd'hui, les conditions les
« plus honorables. Toutefois, il faut que ces conditions
« soient compatibles avec les exigences de notre poli-
« tique. Nous demandons que l'armée française capi-
« tule. Elle sera prisonnière de guerre; les officiers
« conserveront leurs épées et leurs propriétés person-
« nelles. Les armes de la troupe seront déposées dans
« un magasin de la ville pour nous être livrées. »

« Le général a demandé aux officiers généraux qui faisaient partie du conseil de guerre si, dans leur pensée, la lutte était encore possible. La grande majorité a répondu par la négative. Deux généraux seuls ont exprimé l'opinion qu'on devait se défendre dans la place, ou chercher à sortir de vive force. Il leur a fait observer que la défense de la place était impossible, parce que vivres et munitions manquaient absolument; que l'entassement des hommes et des voitures dans les rues rendait toute circulation impossible; que, dans ces conditions, les feux de l'artillerie ennemie, déjà en position sur toutes les hauteurs environnantes, produiraient un affreux carnage, sans aucun résultat utile; que le débouché était impossible, puisque l'ennemi occupait déjà les barrières de la place, et que ses canons étaient braqués sur les avenues étroites qui y conduisent. Ces officiers se sont rendus à l'avis de la majorité.

« En conséquence, le conseil a déclaré au général en chef que, en présence de l'impuissance matérielle de prolonger la lutte, nous étions forcés d'accepter les conditions qui nous étaient imposées, tout sursis pouvant nous exposer à subir des conséquences plus douloureuses encore.

« *Signé :* WIMPFFEN, DUCROT, FORGEOT, LEBRUN, DOUAY, DEJEAN. »

Napoléon a depuis, dans une lettre au feld-maréchal sir John Burgoygne, fait de naïfs aveux qui prouvent toute son impéritie :

« Mon cher sir John, écrit-il de Wilhelmshohe, le 29 octobre 1870, je viens de recevoir votre lettre, qui m'a fait le plus grand plaisir, d'abord parce qu'elle est une preuve touchante de votre sympathie pour moi, et ensuite parce que votre nom me rappelle les temps heureux et glorieux où nos deux armées combattaient ensemble pour la même cause. Vous qui êtes le Moltke de l'Angleterre, vous avez compris que tous nos désastres viennent de cette circonstance que les Prussiens ont été plus tôt prêts que nous, et que, pour ainsi dire, ils nous ont surpris en flagrant délit de formation. L'offensive m'étant devenue impossible, je me suis résolu à la défensive; mais empêché par des considérations politiques, la marche en arrière a été retardée, puis devenue impossible. Revenu à Châlons, j'ai voulu conduire la dernière armée qui nous restait à Paris; mais là encore des considérations politiques nous ont forcés à faire la marche la plus imprudente et la moins stratégique qui a fini par le désastre de Sedan. Voici en peu de mots ce qu'a été la malheureuse campagne de 1870. Je tenais à vous donner ces explications, parce que je tiens à votre estime.

« En vous remerciant de votre bon souvenir, je vous renouvelle l'assurance de mes sentiments affectueux.

« NAPOLÉON. »

Ainsi le tout puissant monarque dont les ministres avaient tant et si fièrement répété à la tribune : « Nous sommes prêts! » confesse que les Prussiens l'étaient avant nous, et qu'obéissant à des considérations politiques, c'est-à-dire au désir de sauver sa couronne et de maintenir sa dynastie, il a sacrifié les soldats de la France et entrepris la marche la plus imprudente et la moins stratégique!

CHAPITRE XVII

Le journal d'un voyageur belge.

Nous pourrions encore glaner des renseignements dans une foule de correspondances; mais ce serait nous exposer à d'inutiles redites ; nous nous bornerons à citer quelques notes d'un voyageur belge, qui se trouvait alors à Sedan. Elles commencent le jeudi 1er septembre, à neuf heures et demie du matin, et vont jusqu'aux premières heures du 5 septembre.

Sedan, jeudi, 1er septembre 1870, 9 h. 1/2, matin.

Ce matin, nous avons été réveillés par le canon qui tonne sur les remparts. L'ennemi est sous les murs de Sedan. On vient de nous dire à voix basse et comme en confidence que Mac-Mahon est blessé. Le bruit de la canonnade et le grincement effroyable des mitrailleuses redoublent d'intensité.

11 *heures, matin.* — Ma lettre a été brusquement interrompue par l'arrivée d'un obus qui est tombé sur la place Turenne et a éclaté à quelques mètres du kiosque vitré où je me trouvais occupé à écrire.

Nous nous sommes sauvés dans la cuisine de l'établissement qui est plus à l'abri. Le bombardement continue, les obus pleuvent, sifflent et craquent. La place répond avec vigueur. L'hôtel de la Croix-d'Or vient de recevoir un obus qui a pénétré dans la salle à manger et a causé de grands dégâts. Je ne sais s'il y a quelqu'un de tué ou de blessé. Sur la place Turenne il y a plusieurs chevaux tués, et quelques personnes ont été blessées. Le maître du café nous propose de descendre dans sa cave, dont la voûte est, dit-il, solide.

Cinq heures et demie du soir. — Le feu a cessé il y a environ trois quarts d'heure. Le drapeau blanc flotte sur la citadelle.

A peine étions-nous descendus dans la cave du café de la Comédie, qu'un obus a fracassé la devanture de la boutique, brisé de ses éclats les tables de marbre, les banquettes, les glaces, crevé le plafond et blessé plusieurs personnes.

Comme la maison où nous étions est riveraine de la Meuse, la cave était pleine d'eau, et nous devions nous tenir comme suspendus sur des poutres boueuses et glissantes ; nous ne tardâmes pas à remonter dans la cuisine du café.

La défaite nous apparaît bientôt dans son horrible certitude. Les troupes françaises reculaient dans le plus grand désordre. Le café fut en peu d'instants envahi, on y apporta des blessés. Le général Gérard, frappé d'apoplexie, vint y expirer. C'était parmi les officiers et les soldats un concert de malédictions contre l'impéritie des chefs, l'absence de commandement, le manque de vivres et de munitions, l'incurie de l'intendance, la nullité de l'état-major, contre la situation lamentable de la France, fruit des dix-huit ans de despotisme du régime impérial.

La bataille avait été surtout et presque exclusivement un combat d'artillerie où le nombre des pièces et la précision du tir avaient écrasé nos batteries. Les deux armées ne se voyaient pour ainsi dire pas, les obus pleu-

vaient. Notre artillerie a fait son devoir ; mais, en bien des endroits, elle était contrainte de ménager ses munitions. Les officiers subalternes se sont bien comportés. Il n'en a pas été de même de quelques généraux. Des bataillons, des régiments entiers ont été placés dans des positions tellement désavantageuses qu'on ne pouvait y tenir, et qu'on n'avait pas le temps de riposter aux décharges de l'ennemi.

D'autres ont été rendus absolument inutiles et n'ont pas eu l'occasion de brûler une cartouche. Le soldat a fait ce qu'il a pu, ce qu'il a dû. Il en est cependant qui ont lâché pied, probablement à cause de l'état d'épuisement où les mettait le manque de nourriture depuis plusieurs jours.

Enfin, la déroute a été complète, le désastre entier. La confusion, le tumulte, les clameurs augmentaient de minute en minute, dans le café et sur la place, comme dans toute la ville. Voyant que le feu avait cessé et qu'il n'arrivait plus d'obus, nous sommes retournés dans la maison de nos hôtes de la nuit, dont l'asile est plus paisible que le café rempli d'une foule bruyante et désordonnée.

Il circule, naturellement, les bruits les plus contradictoires, les plus incertains, les plus divers. On parle d'un armistice de douze heures, de vingt-quatre ou de quarante-huit. Tout le monde est unanime à dire que la ville est hors d'état de résister, que l'ennemi est maître des hauteurs qui la dominent, qu'il n'y a ni vivres ni munitions, que la défendre serait déployer un héroïsme stérile et causer un massacre affreux.

Vendredi, 2 septembre, 11 h. matin.

Toute la nuit, les troupes françaises ont reflué vers la ville. La retraite a été désastreuse. Il y a toutefois beaucoup plus de blessés que de morts, mais les blessures sont graves.

On commence à connaître les conditions de la capitulation. Elles sont dures. Toute l'armée est prisonnière de guerre. Quant à nous, simples et humbles journalistes, nous ne savons ni quand ni comment nous pourrons sortir.

Depuis trois jours, les courriers ne partent ni n'arrivent plus. On ne sait rien de Paris. Nul [ne doute ici qu'au premier bruit semé de l'immense malheur, l'empire, source unique de tous nos maux, n'ait été balayé.

Je vous ai écrit le 30 et le 31 août, mais les lettres n'ont pas été expédiées. Je vous y disais mon arrivée de Charleville ici, la concentration de tout le mouvement sur Sedan, la déroute du corps de Failly à Beaumont, Raucourt et Mouzon, la retraite de toute l'armée jusque dans la ville, l'arrivée de Mac-Mahon et l'établissement du quartier général ici. J'ai assisté mardi soir à la débâcle navrante des régiments français se rabattant en désordre sur Sedan, des canonniers revenant sans leurs pièces, des chevaux accourant sans leurs cavaliers, des cavaliers rentrant sans leurs chevaux.

Une autre partie des troupes revenait sans avoir donné et avait été enveloppée dans la panique générale. Dans la journée, nous les avions vues sortir de la ville pleines de vigueur et d'entrain ; nous avions fait avec les habitants la haie sur leur passage, en leur distribuant du pain, du vin, de la bière, des cigares, des saucissons, du chocolat, des gâteaux ; l'espérance depuis longtemps bannie était rentrée dans un petit coin de notre cœur. Et si peu d'heures après, nous avions sous les yeux un spectacle si différent et si lamentable !

Des soldats affamés dépècent sur les places et dans les rues des cadavres de chevaux tués par les obus.

Il n'y a qu'un cri : ce n'est pas la bravoure qui a vaincu l'armée française ; c'est la science, l'ordre, le sang-froid, la prévoyance.

5 h. du soir.

A grand'-peine je suis allé jusqu'à la porte de Mézières et à la porte de Paris : tout est fermé ; personne ne peut sortir de la ville.

La pénurie de pain et de tout comestible va croissant. J'ai trouvé des biscuits et du chocolat. On vit avec cela.

On vient d'afficher l'emplacement où doit se rendre chacun des corps d'armée pour opérer l'évacuation de la ville. La capitulation doit être effectuée le 3 au soir. Je pense qu'alors on pourra sortir.

Samedi, 3 septembre, 6 h. du soir.

J'ai, comme tout le monde, le cœur et les yeux pleins de larmes. J'ai assisté au défilé lamentable des troupes françaises allant rendre leurs armes et évacuant la ville. Je n'oublierai jamais de ma vie ce spectacle, ces troupeaux d'hommes se poussant le long de l'interminable pont qui joint Sedan au faubourg de Torcy. Ceux qui avaient encore leurs armes les lançaient au passage dans la Meuse ; d'autres les brisaient avec rage et désespoir ou les jetaient devant les sentinelles allemandes à la porte de Paris.

La pluie qui tombe par torrents, le tonnerre qui gronde, le sol qui se couvre d'une boue puante, formée de détritus de toute espèce, ajoutent au deuil et à l'horreur de la situation.

Impossible de sortir de la ville : les voituriers ne veulent hasarder ni chevaux ni voitures.

J'avais essayé de franchir la porte de Givonne, qui était ouverte, et j'y avais réussi ; mais à l'entrée du village appelé Fond-de-Givonne, à 2 kilomètres de Sedan, un poste prussien m'a fait rétrograder. Il faut un sauf-conduit. Je vais trouver le commandant de place, un général prussien dont je n'ai point retenu le nom ; il me renvoie au général de Wimpffen, qui doit constater

mon identité. Je m'inscris sur un registre ; il faut attendre à demain matin.

La ville se déblaye peu à peu ; l'évacuation est presque terminée. Toutefois, il y a des traînards en grand nombre dans les rues et les cabarets. Le commandant prussien de la place s'en est vivement plaint au maire de Sedan, M. Philippoteau, et lui a dit que s'il ne réussissait pas à achever l'exécution de la capitulation, il serait forcé d'employer la baïonnette.

Des patrouilles allemandes commencent à faire la police dans la ville.

Les hôtels n'ont ni un morceau de pain, ni un verre de vin, ni un matelas à donner.

Bouillon, dimanche 4 septembre, 10 h. du soir.

A cinq heures, j'ai pu quitter Sedan à pied, et à neuf heures j'avais fait, à travers un magnifique pays et par un temps splendide, les 18 kilomètres qui séparent Bouillon de Sedan.

Bouillon, lundi 5 septembre, 5 h. du matin.

En sortant hier de Sedan, j'ai traversé une petite partie du champ de bataille du 1er septembre.

Quel spectacle ! Les champs et les chemins remplis de débris informes, de toute sorte d'armes et de vêtements, souillés, brisés, en lambeaux, de membres humains isolés, de cadavres d'hommes et de chevaux en putréfaction.

Fond-de-Givonne, Givonne et La Chapelle sont ruinés, abandonnés ; on rencontre par-ci par-là un paysan qui erre, pleurant ses champs dévastés, ses bestiaux tués ou enlevés. Jusqu'à La Chapelle j'ai trouvé le pays occupé par l'ennemi.

J'ai fait une partie de la route avec un soldat saxon. Il allait, disait-il, avec la permission de son chef, acheter de la nourriture en Belgique. Toutefois, il n'a point de sa personne passé la frontière. Il s'est arrêté en nous disant qu'il attendait les voitures. Les voitures ont, en effet, poursuivi leur chemin, conduites par des charretiers français qu'on requiert sans doute par la force de faire cette besogne.

Bouillon est encombré. La population de cette petite ville est quintuplée par l'affluence du monde qui vient de la frontière. A quelque distance de la ville, les grand'-gardes belges nous ont crié : *Qui vive ?* Nous avons répondu : *Français !* Et nous avons passé.

L'accueil des Belges pour tous ceux qui arrivent est excellent. Ils font ce qu'ils peuvent pour nourrir et loger cette multitude. Ce n'est point sans peine qu'ils y parviennent.

Il y a ici beaucoup de blessés français et de blessés prussiens.

Nous ne connaissons pas de documents officiels qui offrent, des suites de Sedan, un tableau plus véridique et plus saisissant que ces simples notes d'un voyageur impartial.

CHAPITRE XVIII

Communications officielles sur la bataille de Sedan et sur la marche des Prussiens. — Bombardement de Strasbourg. Occupation d'Epernay et de plusieurs autres villes. — Sommation faite à Montmédy. — Réponse énergique du commandant de la place.

Le gouvernement essaya d'abord de cacher à la nation l'immensité du désastre.

Le *Journal officiel* du 2 septembre publiait la loi qui autorisait le gouvernement à s'approprier, pendant la durée de la guerre, en les payant au prix stipulé par les contrats, les armes et munitions de guerre fabriquées en France pour l'étranger ou en cours de fabrication. Il donnait, en outre, deux décrets arrêtés la veille en conseil des ministres, signés Eugénie et contresignés par le ministre de la guerre, comte de Palikao. Le premier créait un deuxième régiment étranger ; le second un trente-neuvième régiment provisoire d'infanterie de la garde nationale mobile, formé des trois bataillons du département de l'Eure. En ce qui concernait les faits militaires, l'*Officiel* se bornait à la note que voici :

En dehors de renseignements officiels qui nous font encore absolument défaut, différentes dépêches télégraphiques datées de Belgique le 31 août, jusqu'à 4 heures 10 m. du soir, et qui ont un grand caractère de probabilité, annoncent que le 30 une série d'engagements entre le corps du maréchal de Mac-Mahon et l'ennemi a eu lieu de 8 heures du matin à 8 heures du soir.

Nos troupes, qui avaient quitté les hauteurs boisées de Stonne, où elles avaient été remplacées par les Prussiens, ont été attaquées. D'abord forcées à un mouvement de retraite, elles reprirent vigoureusement l'offensive de deux heures à six heures, et, la nuit venue, elles repassèrent la Meuse pour aller se reformer vers Donchery, sur la route de Mézières.

Les alternatives de cette première journée nous ont malheureusement coûté des pertes sensibles. Les Prussiens ont, en outre, brûlé Mouzon et tué une partie de ses habitants. De leur côté, nos troupes ont fait un mal considérable à l'ennemi. L'infanterie de marine s'est signalée par des prodiges de valeur et d'adresse.

Le lendemain 31, les Prussiens ont repris l'offensive à sept heures du matin, sur la rive gauche de la Meuse, et la lutte s'est engagée entre Donzy et Donchery.

Attirés par le maréchal de Mac-Mahon dans un angle formé par les remparts de Sedan et les hauteurs de la rive gauche du fleuve, ils ont subi des pertes très-sérieuses et se retiraient, à midi, vers Villemontry, après plusieurs tentatives inutiles pour repasser la Meuse.

Le 31, au matin, le maréchal de Mac-Mahon passait la Meuse à Mouzon. Ce fait est en contradiction flagrante avec la dépêche du roi qui annonce avoir refoulé les troupes du maréchal jusqu'au delà de la Meuse.

Tout fait supposer que de nouveaux engagements ont dû avoir lieu aujourd'hui.

Le préfet du Bas-Rhin annonce que, le 31 août, des francs-tireurs et des douaniers ont enlevé cinq grands bateaux et un petit, amarrés sur le territoire badois.

Le général Uhrich, commandant à Strasbourg, fait connaître aujourd'hui même que, malgré le bombardement qui continue nuit et jour, la ville tiendra contre toute attaque.

(Communiqué sous toutes réserves.)

Le ministre de l'intérieur,
HENRI CHEVREAU.

Ce *sous toutes réserves* du ministre devait indiquer assez, hélas ! que ces nouvelles obscures et alambiquées étaient fausses.

Le *Public* du 26 août disait que le gouvernement avait reçu des renseignements sur la position, le nombre et les mouvements de l'ennemi. Le corps du prince royal et une partie de l'armée du roi étaient en marche sur Paris, tandis que l'armée du général Steinmetz observait Bazaine. L'ennemi serait peut-être à Paris dans six jours, s'il ne modifiait pas ses plans.

Le *Journal officiel* disait de son côté :

Bien qu'il ne soit pas prudent de faire connaître les plans du gouvernement, nous pouvons annoncer que la marche des Prussiens sur Paris sera retardée par tous les moyens possibles.

La marche menaçante de l'ennemi a fait activer les derniers préparatifs de défense. Les autorités veulent que chaque citoyen y participe activement. Ceux des deux mille vagabonds arrêtés vendredi, qui n'ont pas été expulsés de la ville, sont contraints de travailler aux fortifications. Les vivres ne manquent pas, il y a maintenant dans Paris d'énormes quantités de blé et de farine, 150,000 moutons, 40,000 porcs et 25,000 bœufs. Les autorités se proposent de fixer elles-mêmes le prix des denrées alimentaires, en cas de siége.

Tout d'abord il devenait évident, après les nouvelles données par M. Keller, qu'il était impossible à la ville de Strasbourg de tenir contre toute attaque.

L'honorable député alsacien, dans la séance du 31 août, était venu lire à la Chambre une lettre qu'il avait reçue le matin même, et où on lisait :

« Nous ne serons bientôt plus qu'un monceau de ruines. Depuis huit jours, nous sommes bombardés quotidiennement pendant huit ou neuf heures de suite. Le quart de la ville est déjà brûlé ; le point de mire a été la cathédrale ; elle aussi est brûlée ; toute la toiture est détruite, la plate-forme n'a plus de balustrade et la flèche est fortement avariée.

« Le Temple-Neuf et la bibliothèque ne sont plus qu'un monceau de cendres. L'hôpital n'a pas été respecté, et une partie en est brûlée; les faubourgs sont à peu près détruits; la population en est réduite à se réfugier dans les égouts de la ville. Tout ce que je vous écris là est la vérité entière sans aucune exagération.

« L'évêque a tenté une démarche pour obtenir la cessation du bombardement. Il s'est rendu seul au quartier général prussien; il lui a été répondu qu'on n'avait pas le temps de faire le siége de la ville, et qu'on obtiendrait la reddition par la terreur. Alors il a demandé l'autorisation de faire sortir les femmes et les enfants. Cela aussi a été refusé parce que, a-t-il été dit, Strasbourg n'a pas de casemates pour sa population; il faudra bien se rendre pour éviter de faire périr tous les habitants. »

M. Keller dénonçait ces faits à l'indignation de l'Europe civilisée, et ajoutait :

« Un fait plus monstrueux encore! Pour construire des batteries contre Strasbourg, on force nos paysans à ce travail; on les expose ainsi aux balles françaises. Je dénonce également ce fait à l'indignation de l'Europe civilisée.

« Sait-on quelle a été, après la démarche de l'évêque, la réponse de la population de Strasbourg? Elle a déclaré tout entière qu'elle ne voulait pas se rendre, et qu'elle aimait mieux s'ensevelir sous les ruines de la ville.

« Je demande une première chose, c'est que la Chambre déclare, par un vote immédiat et unanime, que l'héroïque population de Strasbourg a bien mérité de la patrie, et que jamais la ville de Strasbourg ne cessera d'être française. »

Le Corps législatif entier se leva avec enthousiasme. Une voix, celle du comte de La Tour, s'écria :

« Quand nous devrions mourir jusqu'au dernier homme, Strasbourg restera à la France. » On lui répondit par des : Oui! oui! chaleureux, et le président Schneider n'eut qu'à constater un vote par acclamations unanimes.

Malgré ce vote, l'héroïque forteresse était destinée à succomber. Il eût été bien impossible, même aux patriotes les plus dévoués, d'aller mourir pour elle.

Dès le 27, le quartier général prussien était à Saint-Dizier, on signalait la présence des colonnes ennemies à Epernay, Arcis-sur-Aube, Châlons, Varennes et Reims.

Le 1er septembre, un lieutenant de dragons de la garde du prince Frédéric-Charles était venu en parlementaire trouver le commandant de la place de Montmédy, en proposant une capitulation sur ces bases :
« La garnison sera désarmée, les officiers pourront sortir avec leurs armes, les habitants seront sauvegardés. »

Le parlementaire avait ajouté que la division de Failly avait été détruite, que le corps Mac-Mahon était battu, et celui de Bazaine bloqué dans Metz. « Quoi qu'il en soit, répondit le commandant, Montmédy se défendra jusqu'à la dernière extrémité. »

CHAPITRE XIX

Déclaration du comte Palikao. — Séance du Corps législatif, le 3 septembre 1870. — Séance du sénat. — Agitation dans Paris, le 3 septembre au soir. — La nuit du 3 au 4 septembre, au Corps législatif. — Discours prononcé par le président Schneider. — Proposition de déchéance. — Clôture de la séance à une heure cinq minutes. — Proclamation du conseil des ministres.

Il devenait impossible de taire plus longtemps la défaite décisive, et, dans la séance du Corps législatif du samedi, 3 septembre, le gouvernement voulut bien donner à la France quelques éclaircissements, vagues et incomplets encore, sur la situation.

Le comte de Palikao monta à la tribune, et dit d'un ton solennel :

« Messieurs les députés,

« J'ai eu l'honneur de vous déclarer qu'en toute circonstance, je vous dirais la vérité, quelque dure qu'elle pût être.

« Des événements graves viennent de se passer. Nous les connaissons par des nouvelles qui ne sont pas officielles, à la vérité — (à la vérité!) — mais dont quelques-unes, d'après mes appréciations, doivent être vraies.

« Je vais vous les donner.

« La première et la plus importante résulte des documents qui font connaître que le maréchal Bazaine, après une sortie très-vigoureuse, a eu un engagement de huit à neuf heures, et qu'après cet engagement, dans lequel le roi de Prusse lui-même reconnaît que les Français ont déployé un grand courage, il a été obligé de se retirer sous Metz; ce qui a empêché une jonction qui nous donnait les plus grandes espérances pour la suite de la campagne.

« Voilà la première nouvelle, elle n'est pas bonne.

« Néanmoins, bien que le maréchal Bazaine ait été obligé de se replier sous Metz, il n'est pas dit qu'il ne pourra pas tenter une nouvelle sortie. Mais le mouvement projeté a échoué.

« D'autre part, nous avons reçu des renseignements sur les combats, ou plutôt sur la bataille qui vient d'avoir lieu entre Mézières et Sedan. Cette bataille a donné lieu à des succès et à des revers. Nous avons d'abord culbuté une partie de l'armée prussienne, qui a été jetée dans la Meuse; mais ensuite, accablés sans doute par le nombre, nous avons dû nous retirer soit sous Mézières, soit sous Sedan, soit même, mais en petit nombre, sur le territoire belge. Il en résulte que la situation actuelle ne permet pas d'espérer, d'ici à quelque temps, une jonction des forces du maréchal Mac-Mahon et du maréchal Bazaine.

« Il y a peut-être encore d'autres nouvelles et d'une nature plus grave, comme celle d'une blessure du maréchal Mac-Mahon, et d'autres circonstances; mais je déclare que nous n'avons reçu aucune nouvelle officielle de ce genre. Le gouvernement ne peut donc vous les donner. Si elles n'étaient pas vraies, on accuserait le gouvernement d'effrayer inutilement la nation.

« La situation est grave; il ne faut pas se le dissimuler. Aussi, nous sommes décidés à faire appel à toutes les forces vives de la nation.

« Ce n'est pas d'aujourd'hui que nous voulons faire cet appel. Mais avant les événements qui viennent de se produire, et que notre prévoyance même hésitait à admettre, notre premier soin devait être d'organiser les forces vives que nous avions déjà à notre disposition, c'est-à-dire la garde nationale mobile et les anciens militaires qui, malheureusement, ne sont pas en assez grand nombre.

« La garde mobile déjà constituée forme actuellement 200 et quelques mille hommes. Une partie sera appelée à Paris pour former une armée qui, avec d'autres forces qui y seront réunies, permettra d'assurer la sécurité de la capitale.

« Nous appelons donc toutes les forces vives de la nation à défendre le territoire. Nous y mettrons toute l'énergie possible, et nous ne cesserons nos efforts que quand nous aurons expulsé les Prussiens. »

Après cette communication qu'accueillent des incompréhensibles très-bien! très-bien! M. Haentjens demande le comité secret. La gauche réclame : « Pas de comité secret! s'écrie Étienne Arago; la nation doit tout savoir. »

Le ministre de la guerre lui-même, quoiqu'il en eût imposé à la Chambre, se prononce contre le comité secret. La motion de M. Haentjens est retirée, et M. Jules Favre prend la parole :

« La déclaration du ministre de la guerre est de celles qui ne doivent provoquer de la part de tous les membres de la Chambre d'autre réflexion que la résolution d'une étroite union dans le sentiment d'une défense jusqu'à la mort.

« Sur ce point, nous sommes tous unanimes; tous aussi nous avons à cœur, pour notre pays, pour nous-mêmes, pour notre responsabilité, de prendre les mesures les plus efficaces pour arriver au succès auquel nous nous dévouons.

« Jusqu'ici avons-nous suffisamment fait ce que les événements nous imposaient comme une obligation sacrée? Il y a, à cet égard, des dissidences que je ne veux pas rappeler. La position est suprême, et nous

serions coupables non-seulement de ne pas dire la vérité tout entière à la nation, mais encore de ne pas lui faire apercevoir les causes de nos désastres et leurs conséquences, (Mouvements.)

« Soyez tranquilles, je ne viens pas ici animé d'un esprit de récrimination quelconque; mais je veux que le temps des complaisances cesse, et que les uns et les autres nous envisagions froidement, mais nettement, la vérité qui nous accable.

« Or, cette vérité, la voici : l'armée française a été héroïque dans toutes les circonstances où elle s'est rencontrée en face de l'ennemi. Vous connaissez les prodiges de valeur accomplis par le maréchal Bazaine essayant de forcer le cercle de forces quadruples qui l'entouraient.

« Sans calculer le nombre, à travers tous les obstacles, il a compris que la France avait besoin de son épée, il a essayé de se faire jour.

« D'un autre côté, un officier général, non moins brave, se présentait pour l'aider dans cette entreprise. Il a échoué. Ce n'est pas la valeur qui lui a manqué. C'est la liberté du commandement. Il n'est douteux pour personne qu'on lui a demandé des forces pour protéger l'empereur.

« Il les a refusées, et alors le conseil des ministres les a prises sur celles qui étaient destinées à la défense de Paris. Voilà ce qui se sait, et il ne faut pas qu'un tel état de choses continue. Il faut savoir où nous en sommes du gouvernement. L'empereur communique-t-il avec ses ministres? leur donne-t-il des ordres? »

Le ministre de la guerre répond : non! « S'il en est ainsi, reprend Jules Favre, le gouvernement de fait a cessé d'exister! » et il demande que le pays souverain, affranchi, se charge désormais de son salut; que devant un militaire d'un nom connu (il désignait ainsi le général Trochu), s'effacent tous fantômes de gouvernement.

Avec l'appui de la droite, le ministre de la guerre proteste et l'assemblée se disperse sans rien conclure.

Au Sénat, Jérôme David répétait à peu près ce qu'avait dit Palikao, et les sénateurs, toujours pleins de confiance, terminaient la séance et applaudissaient aux paroles de M. Larabit : « Il faut que la défense devienne nationale, et seconde vigoureusement nos armées. »

La soirée du 3 est marquée par une recrudescence d'agitation. Aux groupes qui entourent le Louvre le gouverneur de Paris n'hésite pas à faire connaître ce qu'il a appris de la bouche des ministres. Convoqué d'urgence par le président Schneider, le Corps législatif se réunit à une heure du matin, le 4, et le ministre de la guerre complète en ces termes les aveux qu'il a faits dans la journée :

« Messieurs les députés,

« J'ai la douloureuse mission de vous annoncer ce que mes paroles de ce matin avaient pu vous faire pressentir, ce que j'espérais encore n'être qu'une nou-

Le général Trochu.

velle officieuse, et qui, malheureusement, est devenue une nouvelle officielle.

« L'armée, après d'héroïques efforts, a été refoulée dans Sedan; elle a été environnée par une force tellement supérieure, qu'une résistance était impossible. L'armée a capitulé et l'empereur a été fait prisonnier.

« Voilà la triste nouvelle que j'avais à vous donner.

« En présence de ces événements si graves et si importants, il nous serait impossible, à nous ministres, d'entamer ici une discussion relative aux conséquences sérieuses qu'ils doivent entraîner.

« Par conséquent, nous demandons que la discussion soit remise à demain. Vous comprendrez que nous n'avons pas pu nous entendre entre nous, car on est venu m'arracher de mon lit pour m'annoncer qu'il y avait une séance de nuit. »

A cette demande, Jules Favre répond par le dépôt d'une proposition qu'il a signée, d'accord avec ses collègues Crémieux, Barthélemy-Saint-Hilaire, Desseaux, Garnier-Pagès, Larrieu, Gagneur, Steenackers, Magnin, Dorian, Ordinaire, Emmanuel Arago, Jules Simon, Eugène Pelletan, Wilson, Ernest Picard, Gambetta, le comte de Kératry, Guyot-Montpayroux, Tachard, Le Cesne, Rampont, Girault, Marion, Léopold Javal Jules Ferry, Paul Bethmont :

1° Louis-Napoléon Bonaparte et sa dynastie sont déclarés déchus des pouvoirs que la Constitution leur avait confiés.

2° Il sera nommé par le Corps législatif une commission investie des pouvoirs et composée de...; vous fixerez vous-mêmes le nombre des membres qui composeront cette commission, qui aura pour premier devoir de repousser l'invasion et de chasser l'ennemi du territoire.

3° M. Trochu sera maintenu dans ses fonctions de gouverneur général de la ville de Paris.

« Je n'ajoute pas un mot, dit Jules Favre après avoir lu le texte précité, je livre cette proposition à vos sages méditations, et demain, ou plutôt aujourd'hui dimanche, à midi, nous aurons l'honneur de dire les raisons impérieuses qui nous paraissent commander à tout patriote son adoption. »

Le Corps législatif renvoie au lendemain la délibération. Il est une heure vingt minutes. Les députés, en rentrant chez eux, peuvent lire sur les murs cette proclamation qu'affichaient des employés de la police, et que le *Journal officiel*, muet la veille, publiera le 4 septembre en tête de ses colonnes :

PROCLAMATION DU CONSEIL DES MINISTRES AU PEUPLE
FRANÇAIS.

« Un grand malheur frappe la patrie.

« Après trois jours de luttes héroïques, soutenues par l'armée du maréchal Mac-Mahon contre 300,000 ennemis, 40,000 hommes ont été faits prisonniers.

« Le général Winpffem, qui avait pris le commandement de l'armée en remplacement du maréchal Mac-Mahon, grièvement blessé, a signé une capitulation.

« Ce cruel revers n'ébranle pas notre courage. Paris est aujourd'hui en état de défense. Les forces militaires du pays s'organisent.

« Avant peu de jours, une armée nouvelle sera sous les murs de Paris; une autre armée se forme sur les rives de la Loire.

« Votre patriotisme, votre union, votre énergie sauveront la France.

« L'Empereur a été fait prisonnier dans la lutte.

« Le gouvernement, d'accord avec les pouvoirs publics, prend toutes les mesures que comporte la gravité des événements. »

CHAPITRE XX

Le 4 septembre. — Projet de constituer un conseil de gouvernement et de défense nationale. — Proposition de M. Thiers. — Suspension de la séance. — Invasion du Corps législatif. — Séance du 4 septembre. — Retraite du président Schneider.

Le 4 septembre, à l'ouverture de la séance du Corps législatif, le comte de Palikao vient déposer un projet de loi qui apporte aux conditions du gouvernement certaines modifications exigées par les circonstances :

Art. 1er. Un conseil de gouvernement et de défense nationale est institué. Ce conseil est composé de cinq membres. Chaque membre de ce conseil est nommé à la majorité absolue par le Corps législatif.

Art. 2. Les ministres sont nommés sous le contreseing des membres de ce conseil.

Art. 3. Le général comte de Palikao est nommé lieutenant général du conseil.

L'urgence est demandée par le ministre. M. Jules Favre la réclame avec priorité pour le projet qu'il a déposé dans la séance de nuit. M. Thiers lit à son tour une proposition signée de lui et de MM. de Guiraud, Lefèvre-Pontalis, marquis d'Andelarre, Gévelot, Millet, Josseau, baron de Benoist, Martel, Mangini, Bournat, Baboin, duc de Marmier, Johnston, Le Joindre, vicomte Monnier de la Sizeranne, Chadenet, Goerg, Quesné, Houssard, comte de Durfort de Civrac, de la Monneraye, Mathieu (Corrèze), Chagot, baron Alquier, baron d'Yvoire, Terme, Boduin, Dessaignes, Paulmier, baron Lesperut, Carré-Kérisouët, Montjaret de Kerjégu, Rolle, Roy de Loulay, Vieillard-Migeon, Germain, Le Clerc d'Osmonville, Pinart (du Pas-de-Calais), Perrier, Guillaumin, Calmètes, Planat, Buisson, baron Eschasseriaux, Durand, baron de Barante, Descours :

« Vu les circonstances, la Chambre nomme une commission de gouvernement et de défense nationale.

« Une Constituante sera convoquée dès que les circonstances le permettront.

Le ministre de la guerre déclare que le gouvernement admet parfaitement que le pays sera consulté lorsque nous serons sortis des embarras pour lesquels nous devons réunir tous nos efforts. Le président veut mettre successivement aux voix l'urgence des trois propositions, mais Gambetta demande et obtient la parole sur la position de la question.

« Il est certain, dit-il, que la proposition que nous avons eu l'honneur de déposer hier sur le bureau de la Chambre, la proposition de déchéance pure et simple, ne saurait, sans un véritable déni de justice, sans une surprise parlementaire, manquer d'être admise, au même titre que les autres propositions, à la déclaration d'urgence. Par conséquent, ce que je demande à la Chambre, c'est de prononcer l'urgence en bloc sur les trois propositions.

— Oui! oui! » disent des voix nombreuses, et la Chambre consultée prononce l'urgence, et le renvoi collectif des trois projets à une même commission.

La séance est suspendue; les députés se réunissent immédiatement dans les bureaux pour nommer une commission de neuf membres. Pendant la suspension, la foule immense qui stationne sur le pont de la Concorde et devant le palais commence à assiéger la cour, les couloirs et les escaliers de la Chambre, et se précipite à l'assaut des tribunes publiques en poussant le cri : « La déchéance! » mêlé aux cris : « Vive la France! Vive la République! »

Tandis que les députés sont assemblés dans leurs bureaux pour délibérer sur les trois propositions de constitution provisoire du gouvernement : celle de M. Jules Favre, celle de M. Thiers et celle du ministère, le bruit se répand dans l'intérieur du palais législatif que la foule, massée depuis midi sur le quai d'Orsay et sur le pont de la Concorde, grossit incessamment, et que les idées de déchéance et de changement de gouvernement s'y manifestent avec une énergie croissante.

L'escadron de gendarmerie, qui garde les abords du Palais-Bourbon du côté du quai, et barre l'entrée du pont de la Concorde, cède la place à la garde nationale qui arrive.

Une députation de gardes nationaux se présente à la grille et parlemente avec les gardes du palais pour que les portes lui en soient ouvertes. Ceux-ci s'y refusent énergiquement. Un député de la gauche, M. Steenackers, intervient. Sur sa demande, plusieurs personnes sont introduites, et la grille se referme; mais peu d'instants après, elle cède sous la pression de la masse populaire. La cour du palais, du côté du quai d'Orsay, est envahie.

Cependant quelques députés luttent éperdument pour obtenir des envahisseurs qui ont pénétré dans la salle des Pas-Perdus qu'ils veuillent bien se retirer. Des gardes nationaux se placent devant la porte qui conduit à la salle des séances et en défendent l'entrée. M. le comte de Palikao se hisse derrière eux sur un tabouret et harangue la foule. Il réussit momentanément à la contenir. Mais, pendant ce temps, d'autres groupes restés dans la cour forcent l'entrée des couloirs, s'élancent dans les escaliers, arrivent aux tribunes publiques, et s'y établissent à côté des spectateurs admis sur billets, qui, après avoir assisté à l'ouverture de la séance, en attendent la reprise.

Dans la salle des séances, tous les bancs sont inoccupés. Seuls sont assis à leurs tables de travail les sténographes du Corps législatif et les secrétaires du compte rendu analytique. Des gardes nationaux défendent les entrées de la salle. Dans la foule même, des citoyens s'associent à leurs efforts pour empêcher qu'on y pénètre, et pour qu'elle soit laissée libre aux délibérations de l'Assemblée. La plupart des députés de la gauche viennent s'asseoir à leurs bancs. Il est deux heures et quelques minutes. C'est alors que M. Gambetta, à la prière de plusieurs de ses collègues, monte à la tribune et se dispose à haranguer le public des galeries.

Un député de la gauche. — Écoutez! Laissez parler Gambetta.

M. GAMBETTA. — Messieurs, vous pouvez tous comprendre que la première condition de l'émancipation populaire, c'est la règle, et je sais que vous êtes résolus à la respecter.

Vous avez voulu manifester énergiquement votre opinion; vous avez voulu ce qui est dans le fond du cœur de tous les Français, ce qui est sur les lèvres de vos représentants, et sur quoi ils délibèrent, la déchéance.

Cris nombreux dans les tribunes publiques. — Oui! oui!

Plusieurs voix. — La déchéance et la République!

D'autres voix. — Silence! silence! Écoutez!

M. GAMBETTA. — Ce que je réclame de vous, c'est que vous sentiez comme moi toute la gravité suprême de la situation, et que vous ne la troubliez ni par des cris, ni même par des applaudissements. (Très-bien! — Parlez! parlez!)

Mais à l'instant même vous violez la loi que je vous demande d'observer. (On rit.)

Un citoyen dans les tribunes. — Pas de phrases! des faits! Nous demandons la République.

Cris prolongés. — Oui! oui! vive la République!

M. GAMBETTA. — Messieurs, un peu de calme! il faut de la régularité.

Nous sommes les représentants de la souveraineté nationale. Je vous prie de respecter cette investiture que nous tenons du peuple.

Voix dans les tribunes. — La gauche seule, pas la droite! (Bruit.)

M. GAMBETTA. — Écoutez, Messieurs, je ne puis pas entrer en dialogue avec chacun de vous. Laissez-moi exprimer librement ma pensée.

Ma pensée, la voici : c'est qu'il incombe aux hommes qui siègent sur ces bancs de reconnaître que le pouvoir qui a attiré sur le pays tous les maux que nous déplorons est déchu. (Oui! oui! Bravo! bravo!) Mais il vous incombe également à vous de faire que cette déclaration qui va être rendue n'ait pas l'apparence d'une déclaration dont la violence aura altéré le caractère. (Très-bien! très-bien!)

Par conséquent, il y a deux choses à faire : la première, c'est que les représentants reviennent prendre leur place sur ces bancs; la seconde, c'est que la séance ait lieu dans les conditions ordinaires (très-bien! très-bien!), afin que, grâce à la liberté de discussion, la décision qui va être rendue soit absolument de nature à satisfaire la conscience française. (Très-bien! très-bien! — Bravo! bravo!)

Une voix. — Pas de discussions! Nous voulons la déchéance!

Une autre voix. — La déchéance! on ne la discute pas! nous la voulons! (Bruit.)

M. GAMBETTA. — Si vous m'avez bien compris, et je n'en doute pas... (oui! oui!) vous devez sentir que nous nous devons tous et tout entiers à la cause du peuple, et que le peuple nous doit aussi l'assistance régulière de son calme, sans quoi il n'y a point de liberté. (Interruption.)

Écoutez! Nous avons deux choses à faire : d'abord reprendre la séance et agir selon les formes régulières; ensuite donner au pays le spectacle d'une véritable union.

Songez que l'étranger est sur notre sol. C'est au nom de la patrie comme au nom de la liberté politique, — deux choses que je ne séparerai jamais, — c'est au nom de ces deux grands intérêts, et comme représentant de la nation française qui sait se faire respecter au dedans et au dehors, que je vous adjure d'assister dans le calme à la rentrée de vos représentants sur leurs siéges. (Oui! oui! — Bravo! bravo!)

M. Gambetta descend de la tribune. Le calme, qui s'était un instant établi à la suite de son allocution, fait bientôt place à une nouvelle agitation dans les deux rangées de tribunes circulaires. (Recrudescence des cris : la déchéance! la république!

M. JULES SIMON, *de son banc.* — Un peu de patience, messieurs!

Un citoyen dans une des tribunes hautes. — Nous voulons la république démocratique. Voilà vingt ans que nous attendons! Dépêchez-vous!

Quelques instants s'écoulent pendant lesquels M. Gambetta va s'entretenir dans les salles contiguës avec des groupes nombreux de députés qui sortent des bureaux.

La commission nommée pour l'examen des trois propositions est en délibération dans le local du 5e bureau. Les membres sont MM. le comte Le Hon, Gaudin, Genton, Dupuy de Lôme, Buffet, Josseau, Jules Simon, Martel et le comte Daru.

Le bruit se répand que M. Martel est nommé rapporteur, qu'il travaille à la rédaction immédiate de son rapport, et que ce rapport va être sans retard apporté à la tribune.

A deux heures et demie, M. le président Schneider entre dans la salle et monte au fauteuil.

M. Magnin, l'un des députés secrétaires, l'accompagne, et prend place à sa gauche au bureau.

M. le comte de Palikao, ministre de la guerre, s'assied au banc du gouvernement.

Quelques députés de la majorité, parmi lesquels MM. de Plancy (de l'Oise), Stéphen Liégeard, Cosserat, Léopold Le Hon, Jubinal, Dugué de la Fauconnerie, etc., viennent également prendre séance.

Le tumulte et le bruit règnent dans les galeries envahies et de plus en plus encombrées par la foule.

De plus, on entend, dans l'intérieur de la salle, les coups de crosses de fusil assénés sur la seconde porte d'entrée de la salle des Pas-Perdus, le bruit des panneaux qui s'effondrent et le fracas des glaces qui se brisent. On raconte que de l'intérieur, M. Cochery, par l'ouverture béante, harangue et cherche à contenir la foule agglomérée dans la salle des Pas-Perdus.

M. CRÉMIEUX paraît à la tribune.

Les huissiers réclament vainement le silence.

M. LE PRÉSIDENT SCHNEIDER se tient longtemps debout, et les bras croisés, au fauteuil, attendant que le calme se rétablisse.

M. CRÉMIEUX, *s'adressant au public des tribunes.* — Mes chers et bons amis, j'espère que vous me connaissez tous, ou qu'au moins il y en a parmi vous qui peuvent dire aux autres que c'est le citoyen Crémieux qui est devant vous.

Eh bien! nous nous sommes engagés tous les députés de la gauche... (Bruit.) Nous nous sommes engagés, les membres de la gauche et moi...

Une voix dans les tribunes. — Et la majorité?

M. LE MARQUIS DE GRAMMONT. — La majorité, elle est aveugle!

M. GAMBETTA, qui est rentré dans la salle presque en même temps que M. le président, se présente à la tribune à côté de M. Crémieux, dont la voix ne parvient pas à dominer le bruit qui se fait dans les galeries.

Cris redoublés. — La déchéance! Vive la République!

M. GAMBETTA. — Citoyens... (Silence! silence!) dans le cours de l'allocution que je vous ai adressée tout à l'heure, nous sommes tombés d'accord qu'une des conditions premières de l'émancipation d'un peuple, c'est l'ordre et la régularité. Voulez-vous tenir ce contrat? (Oui! oui!) Voulez-vous que nous fassions des choses régulières? (Oui! oui!)

Puisque ce sont là les choses que vous voulez; puisque ce sont les choses qu'il faut que la France veuille avec nous (oui! oui!), il y a un engagement solennel qu'il vous faut prendre envers nous et qu'il vous faut prendre avec la résolution de ne pas le violer à l'instant même. Cet engagement, c'est de laisser la délibération qui va avoir lieu se poursuivre en pleine liberté. (Oui! oui! — Rumeurs.)

Une voix dans la tribune. — Pas de rhétorique!

Une autre voix. — Pas de trahison! à bas la majorité!

De nouveaux groupes pénètrent dans la tribune du premier rang, et notamment dans celle des sénateurs. Un drapeau tricolore portant l'inscription « 73e bataillon, 6e compagnie, 12e arrondissement, » est arboré et agité par un des nouveaux venus.

M. GAMBETTA. — Citoyens, un peu de calme! Dans les circonstances actuelles...

Quelques voix. — La République! la République!

M. GAMBETTA. — Dans les circonstances actuelles, il faut que ce soit chacun de vous qui fasse l'ordre, il faut que dans chaque tribune chaque citoyen surveille son voisin. (Bruit.) Vous pouvez donner un grand spectacle et une grande leçon : le voulez-vous? Voulez-vous que l'on puisse attester que vous êtes à la fois le peuple le plus pénétrant et le plus libre? (Oui! oui!) — Vive la République!) Eh bien! si vous le voulez, je vous adjure d'accueillir ma recommandation. Que dans chaque tribune il y ait un groupe qui assure l'ordre pendant nos délibérations. (Bravos et applaudissements dans presque toutes les tribunes.)

Le travail de la commission s'apprête, et la Chambre va en délibérer dans quelques instants.

Un citoyen à la tribune. — Le président est à son poste, il est étrange que les députés ne soient pas au leur. (Bruit. — Ecoutons! écoutons!)

M. LE PRÉSIDENT SCHNEIDER. — Messieurs, M. Gambetta, qui ne peut être suspect à aucun de vous, et que je tiens, quant à moi, pour un des hommes les plus patriotes de notre pays, vient de vous adresser des exhortations au nom des intérêts sacrés du pays. Permettezmoi de vous faire, en termes moins éloquents, les mêmes adjurations. Croyez-moi, en ce moment, la Chambre est appelée à délibérer sur la situation la plus grave; elle ne peut que délibérer dans un esprit conforme aux nécessités du moment et de la situation, et, s'il en était autrement, M. Gambetta ne serait pas venu vous demander de lui prêter l'appui de votre attitude. (Approbation mêlée de rumeurs dans les tribunes.)

M. GAMBETTA. — Et j'y compte, citoyens!

M. LE PRÉSIDENT SCHNEIDER. — Si je n'ai pas, quant à moi, la même notoriété de libéralisme que M. Gambetta, je crois cependant pouvoir dire que j'ai donné à la liberté assez de gages pour qu'il me soit permis de vous adresser du haut de ce fauteuil les mêmes recommandations que M. Gambetta. Comme lui, je ne saurais trop vous dire qu'il n'y a de liberté vraie que celle qui est accompagnée de l'ordre... (Très-bien! — Rumeurs nouvelles dans les tribunes.) Je n'ai pas la prétention de prononcer ici des paroles qui conviennent à tout le monde.

Une voix dans les tribunes. — On vous connaît...

M. LE PRÉSIDENT SCHNEIDER. — Mais j'accomplis un devoir de citoyen... (Interruption) en vous conjurant de respecter l'ordre, dans l'intérêt même de la liberté qui doit présider à nos discussions... (Assentiment dans plusieurs tribunes. — Exclamations et bruits dans d'autres.)

Un député. — Si vous ne pouvez obtenir le silence des tribunes, suspendez la séance, Monsieur le président.

(En ce moment, le comte de Palikao, ministre de la guerre, se lève et quitte la salle, après avoir fait au président un geste explicatif de sa détermination.)

Plusieurs des députés qui étaient rentrés en séance imitent son exemple et sortent par le couloir de droite.

M. le président Schneider se couvre et descend du fauteuil.

M. GLAIS-BIZOIN, se tournant vers la tribune. — Messieurs, on va prononcer la déchéance. Prenez patience! Attendez! (Agitation en sens divers.)

M. LE PRÉSIDENT SCHNEIDER, sur les instances de plusieurs députés, reprend place au fauteuil et se découvre.

M. GIRAULT. — Je demande à dire deux mots... (Tumulte dans les tribunes.)

Un député de la gauche monte les degrés de la tribune et s'efforce de déterminer M. Girault à renoncer à la parole, en disant : « Ils ne vous connaissent pas! vous ne serez pas écouté! »

M. GIRAULT, s'adressant toujours au public des tribunes. — Vous ne me connaissez pas? Je m'appelle Girault (du Cher); personne n'a le droit de me tenir en suspicion.

Je demande qu'il n'y ait aucune tyrannie. Le pays a sa volonté, il l'a manifestée. Les représentants viennent

de l'entendre, ils sont d'accord avec le pays. Laissez-les délibérer, vous verrez que le pays sera content. Ce sera la nation tout entière se donnant la main... Le voulezvous? Je vais les aller chercher. Ils vont venir, et le pays tout entier ne fera qu'un.

Il ne faut plus de partis politiques devant l'ennemi qui s'approche; il faut qu'il n'y ait aujourd'hui qu'une politique, qu'une France qui repousse l'invasion et qui garde sa souveraineté, voilà ce que je demande.

M. Girault descend de la tribune, qui reste inoccupée durant quelques minutes. — L'agitation et le tumulte vont croissant dans les galeries.

MM. Steenakers et Horace de Choiseul montent auprès du président et s'entretiennent avec lui.

MM. Gambetta et de Kératry paraissent un instant à la tribune.

Le bruit se répand qu'un gouvernement provisoire vient d'être proclamé au dehors.

Plusieurs députés, MM. Glais-Bizoin, Planat, le comte d'Hésecques, Marion, le duc de Marmier, le comte Le Hon, Wilson, etc., quittent leurs places, et, du pourtour, s'adressent aux citoyens qui sont dans les galeries.

Quelques voix des tribunes. — Écoutons Gambetta.

M. GAMBETTA. — Citoyens (bruit), il est nécessaire que tous les députés présents dans les couloirs ou réunis dans les bureaux, où ils ont délibéré sur la mesure de la déchéance, aient repris place à leurs bancs et soient à leur poste pour pouvoir la prononcer.

Il faut aussi que vous, citoyens, vous attendiez, dans la modération et dans la dignité du calme, la venue de vos représentants à leurs places. On est allé les chercher, je vous prie de garder un silence solennel jusqu'à ce qu'ils rentrent. (Oui! oui!) Ce ne sera pas long. (Applaudissements prolongés. — Pause de quelques instants.)

Citoyens, vous avez compris que l'ordre est la plus grande des forces. Je vous prie de continuer à rester silencieux. Il y va de la bonne réputation de la cité de Paris. On délibère et on va vous apporter le résultat de la délibération préparatoire.

Il va sans dire que nous ne sortirons pas d'ici sans avoir obtenu un résultat définitif. (Bravos et acclamations.)

En ce moment, — il est trois heures, — un certain nombre de personnes pénètrent dans la salle par la porte du fond qui fait face au bureau. Des députés essayent en vain de les faire refouler. La salle est envahie. On crie : Vive la République! Le tumulte est à son comble.

M. LE COMTE DE PALIKAO, qui était revenu dans la salle et qui avait repris sa place au banc des ministres, sort de nouveau.

M. LE PRÉSIDENT SCHNEIDER.—Toute délibération dans ces conditions étant impossible, je déclare la séance levée.

Un grand nombre de gardes nationaux avec ou sans uniforme entrent dans la salle par les couloirs de droite et de gauche et par les portes du pourtour. Une foule bruyante et agitée s'y précipite en même temps, occupe tous les bancs, remplit tous les couloirs des travées de l'amphithéâtre, et descend dans l'hémicycle en masse compacte, entourant la table des secrétaires rédacteurs ainsi que les pupitres des sténographes, en criant : « La déchéance ! la déchéance ! Vive la République ! »

M. le président Schneider quitte le fauteuil et se retire.

CHAPITRE XXI

L'agonie du Corps législatif. — A l'Hôtel-de-Ville !... — Constitution du gouvernement provisoire. — La séance du soir dans la salle du palais Bourbon.

A peine a-t-il descendu les dernières marches de l'escalier de droite du bureau, que deux jeunes gens, se dégageant de la foule répandue dans l'hémicycle, s'élancent sur l'escalier de la tribune et de là sautent, en se cramponnant au rebord de marbre blanc du bureau, sur les pupitres des secrétaires députés (côté droit — places ordinairement occupées par M. Bournat et par M. Terme), et arrivent presque simultanément au fauteuil de la présidence, où ils s'assoient tous deux en même temps. L'un d'eux, après avoir posé la main comme par hasard sur le levier de la sonnette présidentielle, l'agite vivement et longuement.

Presque au même instant, les gardes nationaux entrés par les portes latérales de droite et de gauche prennent possession du double escalier de la tribune et du double escalier du bureau, se placent derrière le chef du service sténographique et derrière les siéges des secrétaires députés, et jusque sur l'estrade où sont, en arrière du fauteuil et du bureau présidentiel, les tables du secrétaire général du Corps législatif et du chef de bureau du secrétariat.

M. Jules Ferry passe alors à travers les rangées de gardes nationaux installés sur les degrés de l'escalier de gauche du bureau, et, avec l'aide de quelques-uns d'entre eux, fait sortir du fauteuil présidentiel les deux jeunes gens qui y sont assis, et interrompt le bruit de la sonnette, toujours agitée par celui qui s'en est emparée.

On peut remarquer que la plupart des gardes nationaux qui portent des shakos en ont arraché les aigles en cuivre fixés au-dessus de la visière.

M. GAMBETTA, qui, après avoir conféré avec quelques-uns de ses collègues de la gauche, est revenu à la tribune et s'y rencontre d'abord avec M. Steenackers, puis avec M. de Kératry, s'efforce d'en dégager les abords en conjurant les citoyens non gardes nationaux de s'en écarter.

Voyons, citoyens, dit-il, il ne faut pas violer l'enceinte. Soyez calmes ! Avant un quart d'heure la déchéance sera votée et proclamée. Voyons, reculez ! Est-ce que vous n'avez pas confiance en vos représentants ? (Si ! si ! nous avons confiance en vous !)

Eh bien ! reculez quand je vous le demande, et soyez sûrs que nous allons prononcer la déchéance.

Un citoyen. — Et la République ?

(Scène de confusion et d'agitation devant laquelle M. Gambetta descend encore de la tribune, cause avec un de ses collègues des premiers bancs de la gauche, et y remonte de nouveau, accompagné de M. de Kératry, qui se tient à côté de lui.)

Il se fait un instant de silence.

M. GAMBETTA. — Citoyens... (Chut ! Chut ! — Ecoutez !) Attendu que la patrie est en danger;

Attendu que tout le temps nécessaire a été donné à la représentation nationale pour prononcer la déchéance;

Attendu que nous sommes et que nous constituons le pouvoir régulier issu du suffrage universel libre :

Nous déclarons que Louis-Napoléon Bonaparte et sa dynastie ont à jamais cessé de régner sur la France. (Explosion de bravos et salve d'applaudissements. — Bruyante et longue acclamation.)

Un citoyen agitant le bras. — Et la République ?

Un autre citoyen, debout sur un banc de la salle, à droite. — Nous voulons deux choses : la déchéance d'abord, la République ensuite.

Une voix. — Et surtout plus d'Empire.

Un jeune homme, qui paraît être un étudiant. — Il est tombé, tombé pour toujours (oui ! oui ! — Vive la République !), tombé avec son chef, qui n'a pas même su mourir !

Le tumulte, tant dans l'intérieur de la salle que dans les tribunes publiques, est général et indescriptible.

Des groupes se forment, les uns très-agités, les autres très-calmes, et dans les conversations plus ou moins bruyantes que quelques-uns des envahisseurs engagent, soit entre eux, soit avec les sténographes et les secrétaires rédacteurs, on peut saisir des exclamations et des anathèmes tels que ceux-ci : « Un Napoléon ! allons donc ! dites un pseudo-Napoléon, un Smerdis, un Dimitri ! »

En ce moment, M. Jules Favre, entré par la porte du côté de la salle des Conférences, parvient dans l'enceinte. M. Gambetta va au-devant de lui, et tous deux, pendant que la foule des gardes nationaux et du peuple s'efface pour les laisser passer, montent à la tribune au milieu des cris : Vive Jules Favre ! vive Gambetta !

Un garde national. — Tambours, battez aux champs!

M. JULES FERRY. — Laissez parler Jules Favre.

Pendant quelques instants, aux adjurations de MM. Gambetta et Jules Favre s'adressant à la foule pour obtenir le silence, la foule répond par les cris répétés de vive Jules Favre! vive Gambetta!

Le tambour bat à la porte du couloir de droite.

Une intermittence de silence se fait.

M. JULES FAVRE. — Voulez-vous ou ne voulez-vous pas la guerre civile?

Voix nombreuses. — Non, non, pas de guerre civile! Guerre aux Prussiens seulement!

M. JULES FAVRE. — Il faut que nous constituions un gouvernement provisoire.

Quelques voix. — A l'Hôtel de Ville, alors.

M. JULES FAVRE. — Ce gouvernement prendra en main les destinées de la France, il combattra résolûment l'étranger, il sera avec vous, et d'avance chacun de ses membres jure de se faire tuer jusqu'au dernier.

Cris nombreux. — Nous aussi! nous aussi! — Nous le jurons! Vive la République!

Un citoyen. — Oui, vive la République! mais vive la France d'abord.

M. JULES FAVRE. — Je vous en conjure, pas de journée sanglante. (Non! non!) Ne forcez pas de braves soldats français, qui pourraient être égarés par leurs chefs, à tourner leurs armes contre vous. Ils ne sont armés que contre l'étranger. Soyons tous unis dans une même pensée, dans une pensée de patriotisme et de démocratie. (Vive la République! La République), ce n'est pas ici que nous devons la proclamer.

— Si! si! Vive la République!

Un citoyen. — (M. Libman). — Et les Prussiens, qu'en faites-vous?

Un jeune homme s'élance à la tribune en criant : La République! la République ici!

Quelques gardes nationaux veulent le faire descendre. Il se débat, en criant toujours : La République, la République ici, tout de suite!

Cris nombreux. — Vive la République!

M. GAMBETTA. — Oui, vive la République! Citoyens, allons la proclamer à l'Hôtel de Ville!

MM. JULES FAVRE et GAMBETTA descendent de la tribune en répétant : A l'Hôtel de Ville! (Un certain nombre de personnes les suivent, et une partie de la multitude s'écoule par le couloir de gauche.)

Un citoyen. — A l'Hôtel de Ville! Et nos députés à notre tête! (Oui! oui!)

Un autre citoyen (M. Peyrouton).—Non, c'est ici qu'il faut proclamer la République. Nous la proclamons.

« La République est proclamée! »

Un garde national. — Non! non! Il faut dire : « La République est rétablie!

Cris confus.—A l'Hôtel de Ville! A bas l'Empire! Vive la République! Vive la France! Vive la garde nationale! Vive la ligne!

Le cri : A l'Hôtel de Ville! qui a déterminé la sortie d'une partie de la foule à la suite de MM. Jules Favre et Gambetta, n'étant pas entendu ou suffisamment compris de tous, des citoyens étaient en l'air, en élevant les bras, de grandes feuilles de papier qu'ils ont prises sur le bureau ou dans les pupitres des députés, et sur lesquelles ils ont écrit à la main en gros caractères :

A L'HOTEL DE VILLE!

Un citoyen (M. Margueritte, placé au troisième banc de la gauche). — Il est nécessaire qu'un certain nombre de gardes nationaux restent dans la salle, afin qu'elle ne puisse pas être réoccupée par les députés de la majorité. (Oui! oui! Très-bien!)

Une voix. — La majorité n'existe plus!

M. MARGUERITTE. — La majorité peut, en sortant de ses bureaux, rentrer ici. J'engage les gardes nationaux à rester pour qu'elle ne puisse y reprendre ses séances. (Oui! oui! — A l'Hôtel de Ville!)

Un homme de la foule. — Laissons les gardes nationaux garder la salle.

(Sortie de plusieurs personnes de la salle. Aucun mouvement de retraite dans les tribunes publiques.)

M. LE MARQUIS DE PIRÉ, député d'Ille-et-Vilaine, entré dans la salle par une des portes du pourtour, vient s'asseoir à son banc, — septième travée du centre gauche, — et s'y tient en observateur silencieux, les deux mains appuyées sur sa canne.

Dans le même moment, plusieurs des députés de la gauche et du centre paraissent s'apprêter à sortir.

M. PEYROUTON. — Quant à moi, je ne sortirai pas d'ici que la République soit proclamée.

Un citoyen. — Dites « rétablie. »

M. MARGUERITTE. — Un instant!

On me fait observer qu'il vaut mieux que les gens décidés à aller à l'Hôtel de Ville s'y rendent. (Oui! oui!)

Les gardes nationaux proposent aux députés de la gauche, les seuls qui en ce moment représentent la nation...

M. LE MARQUIS DE PIRÉ. — Comment? J'ai la prétention de représenter ici la nation tout autant et tout aussi bien que MM. les députés de la gauche. (Mouvement de surprise.)

Une voix, dans le fond. — Qui êtes-vous?

M. LE MARQUIS DE PIRÉ.—Je suis de Piré, député d'Ille-et-Vilaine. Je proteste! (Oh! oh! Allons donc!)

M. MARGUERITTE. — Je disais que les gardes nationaux s'offraient vis-à-vis des députés de la gauche à rester ici... (oui! oui! — Bruit) jusqu'à ce que le gouvernement provisoire fût officiellement proclamé. (Oui! oui! — Applaudissements.)

M. LE MARQUIS DE PIRÉ. — Je proteste! (Nouveau mouvement dans la foule. — Bruyantes exclamations!) Et d'abord il n'y a que les députés qui aient le droit de parler ici. (Allons donc! allons donc!) Laissez-leur remplir leur mission ! Je proteste contre l'envahissement de l'enceinte législative. (A la porte ! à la porte le récalcitrant !)

Un garde national. — Et nous, nous protestons contre l'envahissement de la France par les Prussiens.

Les cris de : « Vive la République! » sont poussés avec une intensité nouvelle. — Beaucoup de citoyens assis dans la salle se lèvent en criant de nouveau : « A l'Hôtel de Ville ! » et sortent en invitant ceux qui sont dans les tribunes publiques à venir les rejoindre au dehors. — Des vides sensibles se font dans la foule qui a envahi l'enceinte; mais ceux qui ont envahi les tribunes publiques y restent avec une persistance visible, assis ou debout.

Déjà, sur la place de l'Hôtel-de-Ville, la République est proclamée et les acclamations populaires saluent les noms des onze membres du Gouvernement de la défense nationale : MM. Emmanuel Arago, Crémieux, Jules Favre, Gambetta, Garnier-Pagès, Glais-Bizoin, Pelletan, Picard, Rochefort, Jules Simon.

A ces noms vient se joindre celui du général Trochu, gouverneur de Paris, auquel ses collègues décernent la présidence du Gouvernement, avec M. Jules Favre comme vice-président et M. Ferry comme secrétaire.

Le ministère se compose de MM. Jules Favre, aux affaires étrangères; Gambetta, à l'intérieur; le général Le Flô, à la guerre; l'amiral Fourichon, à la marine; Ernest Picard, aux finances; Magnin, au commerce; Dorian, aux travaux publics; Jules Simon, à l'instruction publique; Crémieux, à la justice.

Quoique le bruit de cette révolution parvienne au Corps législatif, une foule de citoyens persiste à stationner dans les tribunes.

Un citoyen placé dans la tribune des sénateurs. — Nous ne voulons pas sortir. Nous attendons la rentrée des députés.

Un ouvrier. — Où sont-ils, les députés? et quand reviendront-ils?

Un citoyen, dans la salle. — Ils ne reviendront plus. Nous pouvons aller à l'Hôtel de Ville.

L'évacuation de la salle s'effectue et se continue lentement et successivement. Les gardes nationaux qui occupent les escaliers de la tribune et du bureau en descendent et vont, sur l'ordre de leurs chefs, se placer dans le couloir formant pourtour et sur les bancs les plus élevés de l'amphithéâtre, en engageant les envahisseurs de l'enceinte à se retirer et en prenant successivement leurs places à mesure qu'ils les quittent.

Vers quatre heures, le bruit se répand que MM. les députés ont été invités par le président du Corps législatif à se réunir à l'hôtel de la présidence.

Les quelques députés restés jusqu'à ce moment dans la salle se retirent isolément ou par groupes de deux ou trois.

Les tribunes publiques ne se dégarnissent pas, aucun de ceux qui les occupent ne veut quitter sa place.

Des interpellations s'échangent de temps en temps entre les citoyens des tribunes et ceux qui sont encore dans la salle.

Au tumulte et au tapage qui règnent dans cette double foule, succèdent, par intermittences, des accalmies et des silences subits.

Un moment arrive où il n'y a plus guère dans la salle que des gardes nationaux, quelques-uns des sténographes du Corps législatif, des huissiers et des hommes de service.

On est debout ou l'on se promène dans les couloirs et le pourtour; on est assis et l'on cause sur les bancs de l'amphithéâtre parlementaire.

Le public des tribunes reste toujours en place, plus ou moins bruyant et tapageur. Au moment où le jour baisse et où l'obscurité crépusculaire commence à envahir la Chambre, quelques gardes nationaux, malgré les réclamations des hommes de service, allument des cigares, se mettent à fumer. Les hommes des tribunes les imitent, et la fumée des pipes s'ajoute bientôt à celle des cigares pour épaissir et assombrir l'atmosphère de la salle.

Cette situation se prolonge jusqu'à sept heures.

A sept heures le chef des hommes de service, M. Bercheville, prie M. Glais-Bizoin, député de l'Hôtel de Ville, de vouloir bien intervenir auprès du public des galeries pour le déterminer à la retraite.

M. GLAIS-BIZOIN monte à la tribune.

L'obscurité est devenue telle que le chef des garçons de salle est obligé de faire allumer deux lampes et de les faire placer l'une à droite, l'autre à gauche de la tribune pour que M. Glais-Bizoin puisse être vu de son auditoire.

M. GLAIS-BIZOIN, après avoir annoncé qu'un gouvernement provisoire vient d'être constitué à l'Hôtel de Ville, dont le premier acte a été de prononcer la dissolution du Corps législatif, invite la foule à se retirer, en lui donnant l'assurance que les députés ne doivent plus rentrer en séance et qu'on attend l'évacuation de la salle et des tribunes publiques pour fermer les portes du palais.

Les gardes nationaux reprennent leurs armes, se forment en rangs à l'ordre de leurs officiers, et quittent la salle des séances, et les hommes du peuple, jusques là imperturbablement restés dans les tribunes publiques, se décident à se lever et à descendre des galeries.

La foule sort par la cour et par la porte grillée du pont de la Concorde.

La garde nationale se met en possession des postes du palais, fait fermer toutes les portes donnant accès à la salle des séances, et éconduit des salles d'attente les curieux qui s'y promènent encore.

A sept heures et un quart, il n'y a plus personne, les gardes nationaux et les hommes de service exceptés, ni dans la Chambre, ni dans les tribunes, ni dans les salles adjacentes.

Le général Uhrich.

CHAPITRE XXII

Fuite de l'Impératrice.

Où étaient les anciens ministres, ils avaient disparu, et l'impératrice avait quitté les Tuileries. Elle s'était revêtue d'habits de deuil, et sans vouloir appeler aucun des officiers du château, s'était confiée au chancelier Nigra, ministre plénipotentiaire italien, et à M. de Metternich, que leur caractère diplomatique mettait à l'abri des insultes;

elle suivit avec eux les galeries du bord de l'eau, traversa le Louvre, et descendit sur la place Saint-Germain-l'Auxerrois par un des escaliers de la colonnade. M. de Metternich alla chercher une voiture de place, où elle monta avec madame Lebreton, et elle prit obscurément le chemin de l'exil.

Nous empruntons le récit de ce dernier épisode du règne impérial à une narration dont l'auteur est, nous assure-t-on, un chapelain des Tuileries, et dont nous citerons la fin textuellement :

« Pendant que M. de Metternich allait à la recherche d'un fiacre, M. Nigra était resté avec Sa Majesté et madame Lebreton. Ses vêtements de veuve ne déguisaient pas assez bien l'impératrice pour qu'un gamin ne pût la reconnaître et crier à tue-tête :

« — Voilà l'Impératrice!

« La place était couverte d'une partie des envahisseurs du Corps législatif qui se rendaient à l'Hôtel de

2ᵉ s. — 5.

Ville, après avoir traversé les Tuileries et le Louvre. Le diplomate italien ne perdit pas sa présence d'esprit en une situation aussi critique. Il envoya une vigoureuse taloche au jeune indiscret : il le prit ensuite par l'oreille en ayant soin d'appuyer fortement, afin de ne laisser au petit bonhomme que la faculté de se débattre et de se plaindre :

« — Ah! polisson, disait de son côté l'impitoyable chevalier, tu cries : « Vive la Prusse! » Je t'apprendrai à être meilleur patriote!

« Et il l'entraînait, sans désemparer, du côté opposé à l'endroit où se trouvait la voiture dans laquelle l'impératrice venait de prendre place avec madame Lebreton. M. Nigra ne lâcha l'enfant et ne cessa ses imprécations que lorsque le cocher eut enlevé ses chevaux. L'Italien avait si bien ménagé son jeu, que M. de Metternich et lui étaient déjà loin lorsque les spectateurs se rendirent compte de ce qu'ils venaient de voir. »

Le correspondant du *Daily Télégraph* ajoute sur cette évasion ces détails intéressants :

« Les relations qui ont été publiées dans ce pays sur la fuite de l'Impératrice dans la journée de dimanche, pendant que la capitale était en révolution, sont, pour autant que je puis le voir, imparfaites et inexactes. Je viens de revenir de Paris, où je me suis trouvé dans une position toute spéciale pour observer les événements de cette journée tumultueuse, et je vous adresse ce que je crois être la véritable histoire de la fuite de l'Impératrice.

« La déchéance de la dynastie napoléonienne fut votée au Corps législatif dimanche, vers une heure de l'après-midi.

« A deux heures, M. Piétri, — alors préfet de police, — se précipite tout essoufflé dans l'appartement de l'Impératrice, aux Tuileries, apportant cette nouvelle et cet avertissement effroyable : « La déchéance est prononcée. Je n'ai pas un moment à perdre. Sauvez votre vie, Madame, comme je me hâte de sauver la mienne! »

« Il disparaît alors, et non sans raison, car le gouvernement révolutionnaire eût donné gros pour pouvoir mettre la main sur lui.

« L'Impératrice se trouvait seule avec sa vieille et fidèle secrétaire et amie Madame Le Breton et M. Ferdinand de Lesseps, qui tous deux insistèrent vivement pour qu'elle partît sur-le-champ. Mais ce conseil répugnait fortement à son âme élevée. C'était une « lâcheté » de déserter le palais. Elle préférait être traitée comme Marie-Antoinette l'avait été par la populace que de chercher le salut dans une fuite indigne.

« Pendant quelque temps, les tentatives faites pour la persuader furent sans effet; mais enfin le ton se calma, et elle reconnut qu'il était désormais inutile de rester.

« L'Impératrice, accompagnée des deux seules personnes qui viennent d'être nommées, s'enfuit par la grande galerie du Louvre; mais tout à coup sa marche fut arrêtée court par une porte fermée. Elle et sa petite compagnie pouvaient entendre distinctement les cris de la foule qui envahissait les jardins privés des Tuileries. M. de Lesseps, pour gagner du temps, s'offrit à aller par la terrasse trouver les soldats de garde et leur faire arrêter le peuple pendant quelques minutes, tandis que lui, de son côté, s'adressant à elle. Il ne fut pas nécessaire de recourir à cet expédient. Madame Le Breton trouva la clef, ouvrit la porte qui avait arrêté leur marche, la fit franchir à l'Impératrice qui, accompagnée seulement de son amie éprouvée, sortit par la rue au fond du Louvre. Là, elles entrèrent précipitamment dans un fiacre ordinaire, non sans risque d'être découvertes; sur le lieu même, car un tout petit gamin de Paris, âgé de douze ans au plus, se mit à crier : « Voilà l'Impératrice! » Heureusement, personne n'entendit ce cri ou n'y prit garde, et la voiture s'éloigna sans accident.

« Les deux dames furent conduites à l'hôtel de M. de Lesseps, boulevard Malesherbes. Là, l'Impératrice fut rejointe par M. de Metternich, qui fit ce qu'il put pour faciliter son départ par un endroit sûr. Dans la soirée, l'Impératrice, toujours accompagnée de Madame Le Breton, se rendit à la gare du Nord, et, grâce au voile épais qu'elle portait, évitant d'être reconnue, elle roulait à sept heures en sûreté vers la frontière belge. »

Un peu plus tard, une partie du Corps législatif se réunit sous la présidence de M. Alfred Leroux dans les salles à manger de la présidence, pour entendre le rapport de la commission nommée à l'effet d'examiner les diverses propositions faites dans la journée.

M. Garnier-Pagès se présente et engage la Chambre à se rallier au gouvernement provisoire.

M. Buffet proteste contre les violences dont la Chambre a été l'objet.

La commission se compose de MM. Daru, Buffet, Gaudin, Martel, Jules Simon, Josserau, Le Hon, Dupuis de Lôme.

Le rapporteur, M. Martel, est invité à faire connaître ses conclusions, et s'exprime en ces termes :

Messieurs, votre commission a examiné les trois propositions qui vous ont été soumises. Après délibération, ces trois propositions ont été successivement mises aux voix, et c'est celle de M. Thiers qui a obtenu le plus grand nombre de suffrages.

Toutefois, votre commission a ajouté à cette proposition deux paragraphes : l'un de ces paragraphes fixe le nombre des membres qui devront composer la commission de gouvernement et de défense nationale; l'autre déclare que cette commission nommera des ministres. En conséquence, voici le texte qui vous est proposé :

« Vu la vacance du pouvoir, la Chambre nomme une commission de gouvernement et de défense nationale. Cette commission est composée de cinq membres choisis par le Corps législatif. Elle nommera les ministres.

« Dès que les circonstances le permettront, la nation sera appelée par une Assemblée constituante à se prononcer sur la forme de son gouvernement. »

Une discussion s'engage sur cette rédaction qui est définitivement adoptée après que l'on a entendu MM. Thiers, Grévy et Dréolle.

On propose d'envoyer des délégués pour s'entendre avec les membres de la Chambre qui siégent à l'Hôtel de Ville.

Sont désignés à cet effet MM. Garnier-Pagès, Lefevre-Pontalis, Martel, Grévy, de Guiraud, Cochery, Johnson, Barthélemy-Saint-Hilaire.

Pour faciliter la conciliation, la Chambre déclare à ses délégués qu'ils peuvent considérer comme nombre provisoire le nombre de cinq membres devant composer la commission de gouvernement et de défense nationale.

Le soir a lieu, une seconde réunion dont voici le compte rendu :

4 septembre 1870, 8 heures du soir.

En l'absence du président et des vice-présidents, M. Thiers est prié de présider la réunion.

Il s'assied ayant à ses côtés les secrétaires du Corps législatif : MM. Martel, Peyrusse, Josseau.

M. THIERS. — Messieurs, j'ai une présidence d'un moment.

On m'annonce l'arrivée de MM. Jules Favre et Jules Simon qui viennent nous apporter la réponse aux paroles de conciliation qui leur ont été portées par vos délégués. Nous allons entendre ces messieurs.

MM. Jules Favre et Jules Simon sont introduits.

Ils prennent place vis-à-vis de M. Thiers.

M. JULES FAVRE. — Nous venons vous remercier de la démarche que vos délégués ont faite auprès de nous. Nous en avons été vivement touchés. Nous avons compris qu'elle était inspirée par un sentiment patriotique. Si dans l'Assemblée nous différons sur la politique, nous sommes certainement tous d'accord lorsqu'il s'agit de la défense du sol et de la liberté menacée.

En ce moment, il y a des faits accomplis : un gouvernement issu de circonstances que nous n'avons pas pu prévenir, gouvernement dont nous sommes devenus les serviteurs. Nous y avons été enchaînés par un mouvement supérieur qui a, je l'avoue, répondu au sentiment intime de notre âme. Je n'ai pas aujourd'hui à m'expliquer sur les fautes de l'Empire. Notre devoir est de défendre Paris et la France.

Lorsqu'il s'agit d'un but aussi cher à atteindre, il n'est certes pas indifférent de se rencontrer dans les mêmes sentiments avec le Corps législatif; du reste, nous ne saurions rien changer à ce qui vient d'être fait si vous voulez bien y donner votre ratification, nous vous en serons reconnaissants.

Si, au contraire, vous la refusez, nous respecterons les décisions de votre conscience, mais nous garderons la liberté entière de la nôtre.

Voilà ce que je suis chargé de vous dire par le gouvernement provisoire de la République, dont la présidence a été offerte au général Trochu, qui l'a acceptée.

Vous connaissez sans doute les autres noms.

Notre illustre collègue qui nous préside n'en fait pas partie, parce qu'il n'a pas cru pouvoir accepter cette offre. Quant à nous, hommes d'ordre et de liberté, nous avons cru, en acceptant, accomplir une mission patriotique.

M. THIERS. — Le passé ne peut être équitablement apprécié par chacun de nous, à l'heure qu'il est.

C'est l'histoire seule qui pourra le faire.

Quant au présent, je ne peux vous en parler que pour moi. Mes collègues ici présents ne m'ont pas donné la mission de vous dire s'ils accordent ou s'ils refusent leur ratification aux événements de la journée.

Vous vous êtes chargés d'une immense responsabilité.

Notre devoir à tous est de faire des vœux ardents pour que vos efforts réussissent dans la défense de Paris, des vœux ardents pour que nous n'ayons pas longtemps sous les yeux le spectacle navrant de la présence de l'ennemi.

Ces vœux, nous les faisons tous par amour pour notre pays, parce que votre succès serait celui de notre patrie.

Une voix. — Quels sont les noms des personnes qui composent le nouveau gouvernement?

M. JULES SIMON. — Les membres choisis l'ont été pour composer une commission chargée de la défense de la capitale, c'est vous dire que ce sont tous les députés de Paris, excepté le plus illustre d'entre eux, parce qu'il n'a pas accepté les offres qui lui ont été faites; mais il vient de vous dire la grandeur de la responsabilité dont nous nous sommes chargés, et il fait des vœux pour notre succès.

Dans ce choix il n'y a pas eu de préoccupations individuelles : il y a eu l'application d'un principe. S'il en était autrement, on verrait figurer dans cette commission les noms d'autres personnes que ceux des députés de Paris. Nous n'avons qu'une pensée, c'est celle de faire face à l'ennemi.

M. PEYRUSSE. — Paris fait encore une fois la loi à la France !

MM. JULES FAVRE et JULES SIMON ensemble. — Nous protestons contre cette assertion.

M. JULES FAVRE. — Le gouvernement provisoire se compose donc de MM. Arago, Crémieux, Jules Favre, Jules Ferry, Gambetta, Garnier-Pagès, Glais-Bizoin, Pelletan, Rochefort. Ce dernier ne sera pas le moins sage : en tout cas, nous avons préféré l'avoir dedans que dehors. Je remercie M. le président de ce qu'il a bien voulu nous dire, en exprimant des vœux devant vous pour le succès de notre entreprise. Ces paroles patriotiques nous relient à vos départements, dont le concours nous est nécessaire pour l'œuvre de la défense nationale.

M. LE COMTE LE HON. — Quelle est la situation du Corps législatif vis-à-vis du gouvernement provisoire?

M. JULES FAVRE. — Nous n'en avons pas délibéré.

M. THIERS. — Je n'ai pas adressé de questions à nos collègues sur le sort du Corps législatif, parce que si nous avons quelque chose à nous communiquer sur cette situation, il me paraît que nous devons attendre que ces messieurs se soient retirés.

MM. Jules Favre et Jules Simon se retirent.

M. THIERS. — Messieurs, nous n'avons plus que quelques instants à passer ensemble. Mon motif, pour ne pas adresser de questions à MM. Jules Favre et Simon, a été que si je le faisais, c'était reconnaître le gouvernement qui vient de naître des circonstances. Avant de le reconnaître, il faudrait résoudre des questions de fait et de principes qu'il ne nous convient pas de traiter actuellement.

Le combattre aujourd'hui serait une œuvre anti-patriotique. Ces hommes doivent avoir le concours de tous les citoyens contre l'ennemi.

Nous faisons des vœux pour eux, et nous ne pouvons actuellement les entraver par une lutte intestine. Dieu veuille les assister! Ne nous jugeons pas les uns les autres. Le présent est rempli de trop amères douleurs.

M. ROULLEAUX-DUGAGE — Quel rôle devons-nous jouer dans nos départements?

M. THIERS. — Dans nos départements, nous devons vivre en bons citoyens, dévoués à la patrie. Aussi longtemps qu'on ne nous demandera rien de contraire à notre conscience et aux vrais principes sociaux, notre conduite sera facile. Nous ne dissolvons pas; mais en présence de la grandeur de nos malheurs, nous rentrons dignement chez nous, car il ne nous convient ni de reconnaître ni de combattre ceux qui vont lutter ici contre l'ennemi.

UNE VOIX. — Mais comment saura-t-on ce qui s'est dit ici?

M. THIERS. — Veuillez vous en rapporter à moi, vous qui m'avez fait l'honneur de me donner une présidence de quelques minutes dans ces douloureuses circonstances. Je m'entendrai avec M. Martel et vos secrétaires pour la rédaction d'un procès-verbal.

M. BUFFET. — Ne devons-nous pas rédiger une protestation?

M. THIERS. — De grâce, n'entrons pas dans cette voie. Nous sommes devant l'ennemi, et, pour cela, nous faisons tous un sacrifice aux dangers que court la France : ils sont immenses. Il faut nous taire, faire des vœux et laisser à l'histoire le soin de juger.

M. PINARD (du Nord). — Nous ne pouvons pas garder le silence devant la violence faite à la Chambre; il faut la constater!

M. THIERS. — Ne sentez-vous pas que si vous opposez ce souvenir comme une protestation, il rappellera aussitôt celui de la violation d'une autre Assemblée? Tous les faits de la journée ont-ils besoin d'une constatation?

M. LE COMTE DARU. — Les scellés ont été mis sur la porte de la chambre.

M. THIERS. — Y a-t-il quelque chose de plus grave que les scellés sur les personnes? N'ai-je pas été à Mazas? Vous ne m'entendez pas m'en plaindre.

M. GRÉVY. — Le gouvernement provisoire, auprès duquel vous m'aviez fait l'honneur de me déléguer avec la mission de lui parler comme à des collègues, n'avait pu nous donner sa réponse définitive.

Il nous avait promis de délibérer de manière à nous la transmettre à neuf heures du soir. Je ne comptais pas que cette heure aurait été devancée; c'est pourquoi je ne suis pas venu ici plus tôt.

Nous sommes arrivés trop tard à l'Hôtel de Ville. Il y avait déjà un gouvernement provisoire qui s'y était installé. Nous y avons lu l'épreuve qu'on nous a montrée d'une proclamation qui nous a convaincus que notre mission était devenue sans objet.

M. ALFRED LE ROUX. — Je n'ai pu aussi venir ici plus tôt, parce que, ayant été chargé par vous de voir M. le général Trochu, j'ai dû me rendre auprès de lui. Je m'y suis rendu avec M. Estancelin. Là aussi nous avons reconnu qu'il était trop tard.

Mon devoir est maintenant de vous dire que j'ai été en cette circonstance, autant qu'il était en moi, votre fidèle interprète!

M. LE DUC DE MARMIER. — Vous me permettrez à moi, dont le père a longtemps commandé la garde nationale de Paris, de vous exprimer une pensée consolante, c'est celle que nos envahisseurs n'appartenaient pas à cette garde nationale, mais à celle de la banlieue.

M. BUQUET. — Je proteste contre les actes qui viennent de s'accomplir, particulièrement contre toute idée de séparation. Je suis d'accord complètement avec les paroles de protestation que M. Buffet a fait entendre tout à l'heure dans notre séance de quatre heures contre la violence dont la représentation nationale a été l'objet. (Mouvement et agitation).

MM. BUQUET, PINARD, DE SAINT-GERMAIN et quelques autres déclarent qu'ils protestent.

M. THIERS. — De grâce, ne rentrons pas dans la voie des récriminations; cela nous mènerait trop loin, et vous devriez bien ne pas oublier que vous parlez devant un prisonnier de Mazas. (Mouvement.)

J'espérais que nous nous séparerions profondément affligés, mais unis. Je vous en supplie, ne nous laissons pas aller à des paroles irritantes! suivez mon exemple. Je réprouve l'acte qui s'est accompli aujourd'hui; je ne peux approuver aucune violence, mais je songe que nous sommes en présence de l'ennemi, qui est près de Paris.

M. GIRAULT. — Je partage l'opinion de M. Buffet quand il a protesté dans la séance de quatre heures. Nous ne devons pas faire de politique ni nous diviser. Amenons le gouvernement à s'entendre avec la Chambre. De cette façon, nous serons d'accord avec les départements. Soutenons-nous et soutenons la France. Je vais aller à l'Hôtel de Ville. Si on ne veut pas m'écouter, je protesterai.

M. THIERS. — Voulez-vous renouveler toutes les discussions des dernières années ! Je ne crois pas que ce soit convenable.

Je proteste contre la violence que nous avons subie aujourd'hui, mais ce n'est pas le moment de donner cours aux ressentiments. Est-il possible de nous mettre en hostilité avec le gouvernement provisoire en ce moment suprême?

En présence de l'ennemi, qui sera bientôt sous Paris, je crois que nous n'avons qu'une chose à faire : nous retirer avec dignité.

(L'émotion profonde de M. Thiers se communique à toute l'Assemblée.)

CHAPITRE XXIII

Premiers actes du gouvernement de la défense nationale.

Pendant ce temps, le gouvernement de la défense nationale s'affirmait par des proclamations :

Français !

Le peuple a devancé la Chambre, qui hésitait. Pour sauver la Patrie en danger, il a demandé la République.

Il a mis ses représentants non au pouvoir, mais au péril.

La République a sauvé l'invasion en 1792, la République est proclamée.

La Révolution est faite au nom du droit, du salut public.

Citoyens, veillez sur la Cité qui vous est confiée ; demain vous serez, avec l'armée, les vengeurs de la patrie !

EMMANUEL ARAGO, CRÉMIEUX, DORIAN, JULES FAVRE, JULES FERRY, GUYOT-MONTPAYROUX, LÉON GAMBETTA, GARNIER-PAGÈS, MAGNIN, ORDINAIRE, A. TACHARD, E. PELLETAN, ERNEST PICARD, JULES SIMON.

Citoyens de Paris,

La République est proclamée.

Un gouvernement a été nommé d'acclamation.

Il se compose des citoyens Emmanuel Arago, etc., etc., représentants de Paris.

Le général Trochu est chargé des pleins pouvoirs militaires pour la défense nationale.

Il est appelé à la présidence du gouvernement.

Le gouvernement invite les citoyens au calme ; le peuple n'oubliera pas qu'il est en face de l'ennemi.

Le gouvernement est, avant tout, un gouvernement de défense nationale.

Gardes nationaux,

Ceux auxquels votre patriotisme vient d'imposer la mission redoutable de défendre le pays vous remercient du fond du cœur de votre courageux dévouement.

C'est à votre résolution qu'est due la victoire civique rendant la liberté à la France. Grâce à vous, cette victoire n'a pas coûté une goutte de sang ; le pouvoir personnel n'est plus. La nation tout entière reprend ses droits et ses armes. Elle se lève, prête à mourir pour la défense du sol. Vous lui avez rendu son âme, que le despotisme étouffait.

Vous maintiendrez avec fermeté l'exécution des lois, et, rivalisant avec notre noble armée, vous nous montrerez ensemble le chemin de la victoire.

Le gouvernement de la défense nationale.

A MM. les préfets, sous-préfets, généraux, gouverneur général de l'Algérie, et à toutes les stations télégraphiques de France.

La déchéance a été prononcée au Corps législatif.

La République a été proclamée à l'Hôtel de Ville.

Un gouvernement de défense nationale, composé de onze membres, tous députés de Paris, a été constitué et ratifié par l'acclamation populaire.

Les noms sont : (*Suivent les noms des Membres du nouveau gouvernement*).

Le général Trochu, investi des pleins pouvoirs militaires pour la défense nationale, a été appelé à la présidence du gouvernement.

Veuillez faire afficher et au besoin proclamer par le crieur public la présente déclaration.

Pour le gouvernement de la défense nationale.

Le ministre de l'intérieur,
LÉON GAMBETTA.

Les premières mesures du gouvernement de la défense nationale furent la dissolution du Corps législatif ;

L'abolition du Sénat ;

L'armement de tous les citoyens ;

L'amnistie à tous les condamnés politiques depuis le 2 décembre 1851, l'application du régime de la liberté à la fabrication, au commerce des armes ;

L'abolition de l'impôt du timbre sur les journaux et publications ;

L'abolition du serment politique ;

L'élévation à 1 fr. 50 c. par jour, de la solde de la garde nationale mobilisée ;

La proclamation de la liberté des professions d'imprimeur et de libraire ;

La convocation des électeurs au 16 octobre, pour nommer leurs représentants à une constituante, qui devait être composée de sept cent cinquante membres. Convocation que le *Journal officiel* annonçait en ces termes :

LE GOUVERNEMENT DE LA DÉFENSE NATIONALE AU PEUPLE FRANÇAIS.

Français,

En proclamant, il y a quatre jours, le gouvernement de la défense nationale, nous avons nous-mêmes défini notre mission.

Le pouvoir gisait à terre ; ce qui avait commencé par un attentat finissait par une désertion. Nous n'avons fait que ressaisir le gouvernail échappé à des mains impuissantes.

Mais l'Europe a besoin qu'on l'éclaire. Il faut qu'elle connaisse par d'irrécusables témoignages que le pays tout entier est avec nous. Il faut que l'envahisseur rencontre sur sa route, non-seulement l'obstacle d'une ville immense résolue à périr plutôt que de se rendre, mais un peuple entier, debout, organisé, représenté, une assemblée enfin qui puisse porter en tous lieux, et en dépit de tous les désastres, l'âme vivante de la patrie.

En conséquence :

Le gouvernement de la défense nationale décrète :

Art. 1er. Les collèges électoraux sont convoqués pour le dimanche 16 octobre, à l'effet d'élire une Assemblée nationale constituante.

Art. 2. Les élections auront lieu au scrutin de liste, conformément à la loi du 15 mars 1849.

Art. 3. Le nombre des membres de l'Assemblée constituante sera de sept cent cinquante.

Pour l'ordre de nos travaux intérieurs, le gouvernement s'organise de la manière suivante : Le général Trochu, président ; Jules Favre, vice-président ; Jules Ferry, secrétaire. Il choisit à titre de secrétaires adjoints, pour l'ordre dans les travaux, MM. André Lavertujon et F. Hérold. Il nomme maire de Paris un doyen de la démocratie, Étienne Arago, qui l'annonça par cette proclamation :

HOTEL DE VILLE DE PARIS.

Citoyens,

Je viens d'être appelé par le peuple et par le gouvernement de la défense nationale à la mairie de Paris.

En attendant que vous soyez convoqués pour élire votre municipalité, je prends, au nom de la République, possession de cet Hôtel de Ville, d'où sont toujours partis les grands signaux patriotiques, en 1792, en 1830, en 1848.

Comme nos pères ont crié en 1792, je vous crie : Citoyens, LA PATRIE EST EN DANGER ! Serrez-vous autour de cette municipalité parisienne, où siége aujourd'hui un vieux soldat de la République.

VIVE LA RÉPUBLIQUE !

Le maire de Paris,
ÉTIENNE ARAGO.

M. de Kératry, nommé préfet de police, tint un langage non moins digne et non moins patriotique :

PRÉFECTURE DE POLICE.

Aux habitants de Paris,

Après dix-huit ans d'attente, sous le coup de cruelles nécessités, les traditions interrompues au 18 Brumaire et au 2 Décembre sont enfin reprises. Les députés de la gauche, après la disparition de leurs collègues de la majorité, ont proclamé la déchéance. Quelques instants après, la République était acclamée à l'Hôtel de Ville.

La révolution qui vient de s'accomplir est restée toute pacifique ; elle a compris que le sang français ne devait couler que sur le champ de bataille. Elle a pour but, comme en 1792, l'expulsion de l'étranger.

Il importe donc que la population de Paris, par son calme, par la virilité de son attitude, continue de se montrer à la hauteur de la tâche qui lui incombe, à elle et à la France.

C'est pour cette raison qu'investi par le gouvernement de pouvoirs dont on a tant abusé sous les régimes antérieurs, j'invite la population parisienne à exercer les droits politiques qu'elle vient de reconquérir dans toute leur plénitude avec une sagesse et une modération qui soient de nature à montrer à la France et au monde qu'elle est vraiment digne de la liberté.

Notre devoir à tous, dans les circonstances où nous sommes, est surtout de nous rappeler que la Patrie est en danger.

Au moment où, sous l'égide des libertés républicaines, la France se dispose à vaincre ou à mourir, j'ai la certitude que mes pouvoirs ne me serviront que pour nous défendre contre les menées de ceux qui trahiraient la Patrie.

Paris, le 4 septembre 1870.

Le préfet de police,
DE KÉRATRY.

Par le préfet de police :
Le secrétaire général,
ANTONIN DUBOST.

M. de Kératry débuta par licencier le corps des sergents de ville ; il fut remplacé par celui des gardiens de la paix publique, recrutés parmi les anciens militaires, chargé exclusivement de veiller au maintien du bon ordre et de la sécurité des personnes et des propriétés. Ils n'étaient pas armés, mais ils devaient l'être si les circonstances exigeaient qu'ils prissent part à la défense nationale.

Le 16 septembre, les membres du gouvernement adressaient à l'armée cette proclamation énergique :

A L'ARMÉE !

« Quand un général a compromis son commandement, on le lui enlève.

« Quand un gouvernement a mis en péril, par ses fautes, le salut de la patrie, on le destitue.

« C'est ce que la France vient de faire.

« En abolissant la dynastie qui est responsable de nos malheurs, elle a accompli d'abord à la face du monde un grand acte de justice.

« Elle a exécuté l'arrêt que toutes vos consciences avaient rendu. Elle a fait en même temps un acte de salut.

« Pour se sauver, la nation a besoin de ne plus relever que d'elle-même et de ne compter désormais que sur deux choses : sa résolution, qui est invincible ; votre héroïsme, qui n'a pas d'égal, et qui, au milieu de revers immérités, fait l'étonnement du monde.

« Soldats, en acceptant le pouvoir dans la crise formidable que nous traversons, nous n'avons pas fait œuvre de parti.

« Nous ne sommes pas au pouvoir, mais au combat.

« Nous ne sommes pas le gouvernement d'un parti, nous sommes le gouvernement de la défense nationale.

« Nous n'avons qu'un but, qu'une volonté : le salut de la Patrie, par l'armée et par la nation, groupées autour du glorieux symbole qui fit reculer l'Europe il y a quatre-vingts ans.

« Aujourd'hui comme alors, le nom de République veut dire :

« Union intime de l'armée et du peuple pour la défense de la patrie ! »

CHAPITRE XXIV

Relations diplomatiques.

Il était nécessaire d'éclairer les gouvernements étrangers sur la réalité de la position, le ministre Jules Favre envoya, le 6 septembre, une circulaire aux agents diplomatiques de la France. Elle était destinée à faire connaître à l'Europe la pensée du gouvernement. Après avoir constaté que l'opposition avait toujours défendu la politique de la paix, et qu'arrivée au pouvoir elle entendait persister dans cette voie, il ajoutait, en parlant des intentions du roi de Prusse :

« Si c'est un défi, nous l'acceptons.

« Nous ne céderons ni un pouce de notre territoire, ni une pierre de nos forteresses.

« Une paix honteuse serait une guerre d'extermination à courte échéance.

« Nous ne traiterons que pour une paix durable. »

Voici le texte de ce célèbre document historique :

« MONSIEUR,

« Les événements qui viennent de s'accomplir à Paris s'expliquent si bien par la logique inexorable des faits, qu'il est inutile d'insister longuement sur leur sens et leur portée.

« En cédant à un élan irrésistible, trop longtemps contenu, la population de Paris a obéi à une nécessité supérieure, celle de son propre salut. Elle n'a pas voulu périr avec le pouvoir criminel qui conduisait la France à sa perte. Elle n'a pas prononcé la déchéance de Napoléon III et de sa dynastie : elle l'a enregistrée au nom du droit, de la justice et du salut public. Et cette sentence était si bien ratifiée à l'avance par la conscience de tous, que nul, parmi les défenseurs les plus bruyants du pouvoir qui tombait, ne s'est levé pour le soutenir.

« Il s'est effondré de lui-même sous le poids de ses fautes, aux acclamations d'un peuple immense, sans qu'une goutte de sang ait été versée, sans qu'une personne ait été privée de sa liberté. Et l'on a pu voir, chose inouïe dans l'histoire, les citoyens, auxquels le cri du peuple conférait le mandat périlleux de combattre et de vaincre, ne pas songer un instant aux adversaires qui la veille les menaçaient d'exécutions militaires. C'est en leur refusant l'honneur d'une répression quelconque qu'ils ont constaté leur aveuglement et leur impuissance.

« L'ordre n'a pas été troublé un seul moment ; notre confiance dans la sagesse et le patriotisme de la garde nationale et de la population tout entière nous permet d'affirmer qu'il ne le sera pas. Délivré de la honte et du péril d'un gouvernement traître à tous ses devoirs, chacun comprend que le premier acte de cette souveraineté nationale, enfin reconquise, est de se commander à soi-même et de chercher sa force dans le respect du droit. D'ailleurs, le temps presse : l'ennemi est à nos portes ; nous n'avons qu'une pensée : le repousser hors de notre territoire.

« Mais cette obligation que nous acceptons résolûment, ce n'est pas nous qui l'avons imposée à la France ; elle ne la subirait pas, si notre voix avait été écoutée.

« Nous avons défendu énergiquement, au prix même de notre popularité, la politique de la paix. Nous y persévérons avec une conviction de plus en plus profonde.

« Notre cœur se brise au spectacle de ces massacres humains dans lesquels disparaît la fleur des deux nations, qu'avec un peu de bon sens et beaucoup de liberté on aurait préservées de ces effroyables catastrophes.

« Nous n'avons pas d'expression qui puisse peindre

notre admiration pour notre héroïque armée, sacrifiée par l'impéritie du commandement suprême, et cependant plus grande par ses défaites que par les plus brillantes victoires.

« Car, malgré la connaissance de fautes qui la compromettaient, elle s'est immolée, sublime, devant une mort certaine, et rachetant l'honneur de la France des souillures de son gouvernement.

« Honneur à elle! La Nation lui ouvre ses bras! Le pouvoir impérial a voulu les diviser, les malheurs et le devoir les confondent dans une solennelle étreinte. Scellée par le patriotisme et la liberté, cette alliance nous fait invincibles.

« Prêts à tout, nous envisageons avec calme la situation qui nous est faite.

« Cette situation, je la précise en quelques mots; je la soumets au jugement de mon pays et de l'Europe.

« Nous avons hautement condamné la guerre, et, protestant de notre respect pour le droit des peuples, nous avons demandé qu'on laissât l'Allemagne maîtresse de ses destinées.

« Nous voulions que la liberté fût à la fois notre lien commun et notre commun bouclier; nous étions convaincus que ces forces morales assuraient à jamais le maintien de la paix. Mais, comme sanction, nous réclamions une arme pour chaque citoyen, une organisation civique, des chefs élus; alors nous demeurions inexpugnables sur notre sol.

« Le gouvernement impérial, qui avait depuis longtemps séparé ses intérêts de ceux du pays, a repoussé cette politique. Nous la reprenons, avec l'espoir qu'instruite par l'expérience, la France aura la sagesse de la pratiquer.

« De son côté, le roi de Prusse a déclaré qu'il faisait la guerre, non à la France, mais à la dynastie impériale.

« La dynastie est à terre. La France libre se lève.

« Le roi de Prusse veut-il continuer une lutte impie qui lui sera au moins aussi fatale qu'à nous?

« Veut-il donner au monde du xixe siècle ce cruel spectacle de deux nations qui s'entre-détruisent, et qui, oublieuses de l'humanité, de la raison, de la science, accumulent les ruines et les cadavres?

« Libre à lui; qu'il assume cette responsabilité devant le monde et devant l'histoire!

« Si c'est un défi, nous l'acceptons.

« Nous ne céderons ni un pouce de notre territoire, ni une pierre de nos forteresses.

« Une paix honteuse serait une guerre d'extermination à courte échéance.

« Nous ne traiterons que pour une paix durable.

« Ici, notre intérêt est celui de l'Europe entière, et nous avons lieu d'espérer que, dégagée de toute préoccupation dynastique, la question se posera ainsi dans les chancelleries.

« Mais, fussions-nous seuls, nous ne faiblirons pas.

« Nous avons une armée résolue, des forts bien pour-

vus, une enceinte bien établie, mais surtout les poitrines de trois cent mille combattants décidés à tenir jusqu'au dernier.

« Quand ils vont pieusement déposer des couronnes aux pieds de la statue de Strasbourg, ils n'obéissent pas seulement à un sentiment d'admiration enthousiaste, ils prennent leur héroïque mot d'ordre, ils jurent d'être dignes de leurs frères d'Alsace et de mourir comme eux.

« Après les forts, les remparts; après les remparts, les barricades. Paris peut tenir trois mois et vaincre; s'il succombait, la France, debout à son appel, le vengerait; elle continuerait la lutte, et l'agresseur y périrait.

« Voilà, monsieur, ce que l'Europe doit savoir. Nous n'avons pas accepté le pouvoir dans un autre but. Nous ne le conserverions pas une minute si nous ne trouvions pas la population de Paris et la France entière décidées à partager nos résolutions.

« Je le résume d'un mot devant Dieu qui nous entend, devant la postérité qui nous jugera : nous ne voulons que la paix. Mais si l'on continue contre nous une guerre funeste que nous avons condamnée, nous ferons notre devoir jusqu'au bout, et j'ai la ferme confiance que notre cause, qui est celle du droit et de la justice, finira par triompher.

« C'est en ce sens que je vous invite à expliquer la situation à M. le ministre de la cour près de laquelle vous êtes accrédité, entre les mains duquel vous laisserez copie de ce document.

« Agréez, Monsieur, l'expression de ma haute considération.

« *Le ministre des affaires étrangères,*

« Jules FAVRE. »

Cette circulaire fut favorablement accueillie. Les représentants des États-Unis, de la Suisse et de l'Espagne manifestèrent les premiers leurs sympathies pour la France; de fréquentes visites furent échangées entre le ministre des affaires étrangères et ceux d'Autriche, d'Italie, de la porte Ottomane, et même d'Espagne et de Russie.

CHAPITRE XXV

Administration intérieure. — Nouveaux préfets. —
Circulaire de Gambetta.

En songeant à la défense et aux relations diplomatiques, on ne pouvait négliger non plus le remaniement des préfectures et sous-préfectures. On y appela, à titre de préfets, ou comme administrateurs provisoires, des

Prise d'une batterie prussienne sous Metz.

hommes qui avaient fait preuve de dévouement à la démocratie : tels que, dans Saône-et-Loire, M. Frédéric Mérain, professeur démissionnaire pour refus de serment, en 1850, rédacteur de l'*Avenir national* et du *Rappel*; dans l'Oise, M. Georges Jeannerot, rédacteur du *Temps*; dans les Basses-Pyrénées, M. Eugène Ténot, rédacteur du *Siècle*; à Castres, M. Frédéric Thomas.

Dans Maine-et-Loire, Allais-Targé (de l'*Avenir national*);

Dans la Manche, l'avocat Lenoël (du *Siècle*);

Dans l'Hérault, l'avocat Lisbonne, qui avait si habilement, en compagnie de M⁰ Thorrel, défendu le *Siècle* et l'*Opinion nationale* contre la Société de Saint-Vincent de Paul de Montpellier;

Dans la Charente, Rambaud-Larihière, connu par ses *Lettres charentaises*;

A Saint-Quentin, Anatole de la Forge (du *Siècle*);

A Montargis, Joseph Charbonnier (du *National*);

A Dreux, Alfred Sirvon, etc., etc.

Pour guider ces administrateurs pleins de bonne volonté, mais en général dénués d'expérience, le membre du gouvernement de la défense nationale, délégué au département de l'intérieur, lança successivement deux circulaires empreintes d'un grand bon sens :

LE MINISTRE DE L'INTÉRIEUR AUX PRÉFETS.

Monsieur le préfet, en acceptant le pouvoir dans un tel danger de la Patrie, nous avons accepté de grands périls et de grands devoirs. Le peuple de Paris qui, le 4 septembre, se retrouvait, après une si longue absence, ne l'a pas entendu autrement, et ses acclamations veulent dire clairement qu'il attend de nous le salut de la Patrie.

Notre nouvelle République n'est pas un gouvernement qui comporte les dissensions politiques, les vaines querelles. C'est, comme nous l'avons dit, un gouvernement de défense nationale, une République de combat à outrance contre l'envahisseur.

Entourez-vous donc des citoyens animés, comme nous-mêmes, du désir immense de sauver la Patrie et prêts à ne reculer devant aucun sacrifice.

Au milieu de ces collaborateurs improvisés, apportez le sang-froid et la vigueur qui doivent appartenir au représentant d'un pouvoir décidé à tout pour vaincre l'ennemi.

Soutenez tout le monde par votre activité sans limites, dans toutes les questions où il s'agira de l'armement, de l'équipement des citoyens et de leur instruction militaire.

Toutes les lois prohibitives, toutes les restrictions si funestement apportées à la fabrication et à la vente des armes ont disparu.

Que chaque Français reçoive ou prenne un fusil et qu'il se mette à la disposition de l'autorité : *la Patrie est en danger!*

Il vous sera donné jour par jour des avis concernant les détails du service. Mais faites beaucoup par vous-même, et appliquez-vous surtout à gagner le concours de toutes les volontés, afin que, dans un immense et unanime effort, la France doive son salut au patriotisme de tous ses enfants.

Recevez, etc.

                  LÉON GAMBETTA.

La seconde circulaire disait :

Monsieur le préfet, fonctionnaire institué dans un jour d'extrême péril par un gouvernement qui s'est donné le nom de gouvernement de la défense nationale, votre caractère et votre conduite se trouvent par là même aussi nettement définis que le comportent les pressantes nécessités du salut public.

La défense du pays avant tout ! Assurons-la, non-seulement en préparant la mise à exécution sans retards ni difficultés de toutes les mesures votées sous le régime antérieur, mais en suscitant autour de vous les énergies locales, en disciplinant par avance tous les dévouements, afin que le gouvernement puisse les mettre à profit suivant les besoins du pays. Toute votre administration se réduit pour le moment à déterminer le grand effort qui doit être tenté par tous les citoyens en vue de sauver la France.

A cet égard, vous avez le droit de compter sur la ratification de toutes les mesures que vous aurez prises dans ce suprême intérêt. Si, comme je n'en doute point, vous concentrez rapidement et tournez toutes les forces vives de la nation vers ce grand but, vous écarterez du même coup toutes les divisions, tous les conflits entre les diverses administrations, ce qui est d'une importance capitale dans une crise comme celle où nous sommes.

Pour ce qui est de vos relations avec l'ancien personnel du gouvernement déchu, maires, adjoints, conseillers municipaux et fonctionnaires, relevant exclusivement de l'ordre administratif, votre conduite est toute tracée dans les idées que je viens d'exposer. Ce qu'il faut à notre pays endormi et énervé depuis dix-huit ans, ce qui lui est nécessaire au jour de ce terrible réveil, c'est l'activité sans confusion, la vie, une vie régulière et organisée. Partout donc où se manifesteront des tendances à la propre initiative des citoyens assemblés dans leurs communes, encouragez-les en les réglant, si elles s'inspirent de l'esprit de patriotisme et de dévouement qui anime les représentants des pouvoirs publics.

Le gouvernement de la défense nationale a été composé, par le peuple, de ses propres élus : il représente en France le grand principe du suffrage universel. Ce gouvernement manquerait à son devoir comme à son origine s'il ne tournait pas dès l'abord ses regards sur les municipalités issues comme ses membres des urnes populaires. Partout où sont installés des conseils municipaux élus sous l'influence du courant libéral et démocratique, que les membres de ces conseils deviennent vos principaux auxiliaires. Partout, au contraire, où, sous la pression fatale du régime antérieur, les aspirations du citoyen ont été refoulées et où les conseils élus et les officiers municipaux ne représentent que des tendances rétrogrades, entourez-vous de municipalités provisoires et placez à leur tête les chefs qu'elles auront choisis elles-mêmes dans leur sein, si, dans leur choix, elles ont su obéir aux nécessités patriotiques qui pèsent sur la France.

En résumé, ne pensez qu'à la guerre et aux mesures qu'elle doit engendrer; donnez le calme et la sécurité pour obtenir en retour l'union et la confiance ; ajournez d'autorité tout ce qui n'a pas trait à la défense nationale ou pourrait l'entraver; rendez-moi compte de toutes vos opérations et comptez sur moi pour vous soutenir dans la grande œuvre à laquelle vous êtes associé et qui doit nous enflammer tous du zèle le plus ardent, puisqu'il y a du salut de la patrie.

Recevez, etc.

            Le ministre de l'intérieur,

                 GAMBETTA.

Dès le 5 septembre, Léon Gambetta, membre du gouvernement de la défense nationale, délégué au ministère de l'intérieur, convoqua, pour le lendemain, midi, les gardes nationaux de Paris, c'est-à-dire tous les citoyens inscrits sur les listes électorales, à l'effet de procéder, dans les mairies de leur arrondissement respectif, à la nomination de leurs officiers et sous-officiers.

« La République est proclamée, disait cette circulaire, la patrie est en danger, le nouveau gouvernement est, avant tout, un gouvernement de défense nationale. »

Le 6, Gambetta prescrivait la formation de 60 bataillons nouveaux de la garde nationale dans le département de la Seine.

L'effectif maximum de chaque bataillon était fixé à 1,500 hommes.

Des instructions étaient données pour que l'armement eût lieu dans les 48 heures. Afin d'éviter tout retard, les commissions d'arrondissement chargées d'établir les contrôles avaient à désigner provisoirement un délégué qui, porteur d'une lettre du maire, recevrait de l'état-major général de la garde nationale un bon de distribution d'armes.

Le 7, les maires des vingt arrondissements de Paris et les sous-préfets de Saint-Denis et de Sceaux étaient convoqués pour le soir même, à 9 heures, à l'Hôtel de Ville, sous la présidence du maire de Paris et en présence du chef d'état-major général des gardes nationales, pour y recevoir les instructions nécessaires et procéder immédiatement à leur exécution.

Les gardes mobiles de la Seine furent appelés à un poste d'honneur, celui de la défense des forts.

Le gouverneur de Paris, par un ordre du 8 septembre, enjoignit aux retardataires d'avoir à se rendre à leur poste. Ceux qui n'auraient pas déféré à cet ordre dans le délai de 48 heures seraient poursuivis, conformément à la loi militaire, pour abandon de leur poste devant l'ennemi, et leurs noms seraient livrés à la publicité.

CHAPITRE XXVI

Progrès de l'invasion. — Affaire de Laon.

Quelques jours plus tard, et cet ordre n'aurait pu être exécuté. Le cercle se resserrait, du 5 au 12 septembre les Prussiens se montraient en nombre plus ou moins considérable, à Neufchâteau, à Serrisi, Sézanne, Provins, Rebais, Bouchy-le-Repos (Marne), Coulommiers, Melun, Lagny, Meaux, Château-Thierry, Crécy, Nogent-sur-Seine.

Le préfet de l'Aisne annonçait de Laon, 7 septembre, qu'un parlementaire précédant trois corps d'armée, partis de Rethel, de Château-Porcien et Reims, avait fait à Laon une première sommation de capituler. Le lendemain, à sept heures du soir, le corps d'armée commandé par le prince de Mecklembourg-Schwerin entrait à Laon et sommait la place de se rendre, en déclarant qu'elle aurait le sort de Strasbourg si la citadelle n'était pas livrée le lendemain avant dix heures. Nous avons la bonne fortune de posséder sur ce qui se passa alors, la relation d'un témoin oculaire, un écrivain loyal, consciencieux, M. Edouard Fleury. Voici les notes qu'il a publiées dans ses *Éphémérides de la guerre de 1870-71, dans le département de l'Aisne.*

8 septembre 1870.

Dépêche du ministre de la guerre au général Thérémin, lui donnant l'ordre, en cas d'approche de l'ennemi en force supérieure, de se retirer sur Soissons avec les mobiles. Le préfet la lit au maire en présence de plusieurs conseillers municipaux.

La population, qui vit en permanence sur la place publique, discute vivement les moyens à prendre pour assurer la sécurité de la ville vis-à-vis de la citadelle.

A cinq heures du soir, un parlementaire prussien se présente. Il est congédié, parce qu'il n'a pas le grade nécessaire pour traiter avec le général commandant de la place.

Après son départ, M. Ferrand, qui vient donner des explications à la foule réunie sur la place, l'exhorte au calme et à la confiance. Le préfet, par une dépêche du 7, annonce au ministre que le parlementaire a sommé la place au nom du roi de Prusse qui a quitté Rethel aujourd'hui même au matin. L'avant-garde d'une armée qui se dirige sur Laon est aux environs de Sissonne. C'est à cette avant-garde qu'appartenaient les cavaliers repoussés hier.

500 hussards prussiens logent à Berry-au-Bac.

La réponse du ministre à la dépêche du préfet du 6 n'est pas arrivée. La population de Laon l'attend avec anxiété. Le conseil municipal, suivi d'un certain nombre de citoyens, se rend à la préfecture pour savoir si l'on y a reçu cette réponse et quel parti sera pris définitivement.

On croit voir des préparatifs de départ. Une voiture est attelée; on dit qu'une autre est commandée chez un loueur. Dans la foule, on commente ardemment ces apprêts de départ et on crie qu'il faut empêcher le préfet de quitter la ville après l'avoir mise dans l'embarras. Plusieurs citoyens pénètrent dans le cabinet du préfet avec la municipalité. Scène très-vive. On reproche au préfet de vouloir s'en aller, mais on l'en empêchera. M. Ferrand proteste avec force contre cette accusation, contre cette calomnie; il s'est engagé à rester, il restera. Un peu plus tard, il fait annoncer, au son du tambour et par toute la ville, que, loin de vouloir quitter Laon, il y restera avec madame Ferrand jusqu'au dernier moment.

Après le départ des citoyens, explications de la plus extrême vivacité entre les conseillers municipaux et le préfet, auquel un d'eux reproche d'avoir toujours induit en erreur le gouvernement sur la possibilité de défendre la ville, quand il savait aussi bien que tout le monde qu'elle n'était nullement en état de résister, et quand on s'exposait à la compromettre aussi publiquement aux yeux du pays.

Plus tard, dans le sein du conseil municipal, cette discussion se renouvelle avec la même violence, quand le préfet se rend à l'Hôtel de Ville, où l'on prend la résolution d'envoyer une commission auprès du gouvernement pour lui fournir des renseignements sur la vraie situation de la ville.

A cinq heures du soir, arrivée du colonel comte von Alvensleben comme parlementaire. Il entre en ville les yeux bandés et est conduit à la citadelle où il somme le général Théremin de rendre la place, lui annonçant qu'en cas de refus la ville de Laon sera bombardée. Il lui annonce aussi l'arrivée d'une armée entière qui marche sur la ville. En quittant la citadelle, le parlementaire est mandé à l'Hôtel de Ville où il fait les mêmes déclarations.

Envoi par le maire au ministère de la guerre d'une dépêche ainsi conçue : « L'armée du grand-duc de « Mecklembourg entoure Laon et somme la place de se « rendre. Si la reddition n'est pas effectuée demain « avant dix heures du matin, Laon subira le sort de « Strasbourg. »

Le soir, la foule s'amasse sur la place. Elle se porte à l'hôtel du *Chevreuil* où dîne le général Théremin. Quelques citoyens pénètrent jusqu'à lui et lui demandent ce qu'il a décidément résolu de faire. En bon militaire, le général répond qu'il n'a qu'à exécuter les ordres du ministre de la guerre. La foule s'irrite et déclare qu'elle ne laissera pas le général sortir; mais elle se calme sous la parole conciliante de M. Vinchon, maire, qui lit la dépêche envoyée par lui tout à l'heure au général Leflô pour lui faire connaître l'ultimatum prussien et l'impossibilité de la résistance. Ramenés au sentiment de la raison, les citoyens se retirent, et fort avant dans la nuit, arrive cette dépêche du ministre de la guerre « au commandant de Laon et aux conseillers « municipaux : Agissez devant la sommation selon les « nécessités de la situation. Pour copie conforme, le « chef de station, T. Chalenton. »

Le général et le préfet rédigent de concert un projet de capitulation, que le maire de Laon a vu entre les mains du préfet, mais dont personne jusqu'ici ne connaît encore les termes.

A Soissons, on reçoit des renseignements précis sur le corps d'armée qui menace cette ville. C'est celui du prince héritier, que précèdent deux divisions de la landwehr, en tout 45,000 à 50,000 hommes qui, réunis à Soissons, doivent poursuivre leur route par Villers-Cotterets et Crépy-en-Valois.

Dix uhlans paraissent à Château-Thierry qu'ils traversent au pas et où ils font quelques réquisitions; puis ils repartent pour Montmirail, en annonçant l'approche de toute l'armée.

Chéry-lès-Rozoy a un camp prussien, d'où les réquisitions s'exercent en grand et avec exigence à Montcornet, Dizy-le-Gros, Vigneux, Harcigny, Braye, etc. Vervins n'a encore vu aucun ennemi.

9 septembre 1870.

De grand matin, les habitants apprennent les derniers événements de la nuit, c'est-à-dire la réponse du gouvernement et la décision du général Théremin. La garde nationale rapporte ses armes à l'Hôtel de Ville.

A neuf heures, M. de Chézelles, chef du bataillon de mobiles de Laon, part pour Eppes, chargé par le général Théremin de régler avec le duc de Mecklembourg les conditions de la capitulation de Laon.

A onze heures, retour du commandant de Chézelles annonçant que tout est réglé et que l'armée prussienne est en marche pour Laon.

A midi, par une pluie battante, arrivée des premières troupes ennemies. Le duc de Mecklembourg et son état-major pénètrent en ville au son de la musique, et se rendent à la citadelle où ils font leur entrée.

Aux termes de la capitulation, les mobiles, laissés libres sur parole de ne pas servir contre l'Allemagne pendant la durée de la guerre, après avoir déposé leurs armes, défilaient et sortaient de la citadelle.

Le duc et le général causaient auprès de la table où ils allaient signer la capitulation.

Une effroyable détonation se fait entendre. C'est la poudrière qui saute. L'explosion renverse tout, anéantissant le magasin à poudre, éventrant la caserne, ruinant tout un quartier de la ville et une partie du faubourg de Vaux, portant la mort et les blessures au milieu des Français et des Prussiens.

Le duc de Mecklembourg reçoit des contusions à la jambe, le général Théremin deux graves blessures à la tête. Dix officiers de mobiles sont tués sur place, et neuf blessés plus ou moins sérieusement, l'un deux mortellement. Plus de deux cents mobiles sont écrasés sous les décombres où ils périssent; cent cinquante de leurs camarades sont atteints par les pierres. Dans la rue du Cloître, plusieurs personnes sont frappées et blessées dans leurs maisons, et une femme est écrasée à Vaux.

Du côté des Prussiens, un capitaine d'artillerie et trente-deux sous-officiers et soldats périrent là, tandis que huit officiers et soixante-trois sous-officiers et soldats étaient blessés.

En résumé, on évalue à quatre cent soixante environ le nombre des victimes, trois cent soixante parmi les Français et quatre-vingt-dix à cent parmi les ennemis.

Quand on revient de la stupéfaction première, on assiste à une scène terrible. Les Prussiens fusillent les mobiles qui fuient, et ils les poursuivent par les rues et jusque dans les maisons. Sur la place, un poste qui stationne auprès de l'Hôtel de Ville arrête les citoyens qui regagnent à la hâte leurs demeures, et croisent la baïonnette, en criant à la trahison.

Le conseil municipal siégeait à l'Hôtel de Ville en ce moment. Le maire, les conseillers sont entourés, menacés par des soldats furieux qui veulent les tuer à coups de baïonnette. Bientôt arrive le duc de Mecklembourg, couvert de poussière ou plutôt de boue liquide, car il pleuvait toujours. Il est furieux. Il menace et parle d'une vengeance dont on se souviendra dans mille ans. M. Vinchon, maire, est assez heureux pour faire accepter ses explications et prouver toute la loyauté de la conduite de la ville.

C'était un ancien militaire décoré à la bataille de l'Alma, le garde d'artillerie Henriot, qui, dans un accès de désespoir, avait mis le feu aux poudres de la citadelle. Depuis nos revers, il vivait dans un état d'exaltation patriotique de nature à étonner ceux qui connaissaient son caractère froid et résolu.

Il avait pris une étrange habitude de marmoter sans cesse entre ses dents des mots inintelligibles; d'autres fois son cœur débordait :

— Je ferai tout sauter ici, disait-il.

Comme l'ennemi approchait de Laon, il fit même la confidence de ses héroïques projets à un rédacteur du *Journal de l'Aisne*, aujourd'hui engagé volontaire dans un régiment de ligne.

Henriot, en vertu même de ses fonctions, avait seul la clef des poudres, et il en profita.

Le corps d'Henriot, brisé en morceaux par l'explosion, ne fut pas retrouvé.

Le général Théremin d'Hame, retiré de dessous les décombres, fut transporté à l'Hôtel-Dieu, consigné comme prisonnier, interrogé, traduit devant un conseil de guerre allemand et acquitté à la faible majorité de trois voix contre deux. Il succomba à ses blessures, le mercredi 21, et fut inhumé à Bruyères, sans que les funérailles fussent suivies par des détachements de l'armée prussienne, dont les chefs avaient toutefois demandé avec insistance à lui faire rendre les honneurs militaires.

Les parents du général repoussèrent cette requête, toute honorable qu'elle fût pour lui.

Le préfet, M. Ferrand, fut arrêté, soumis à un premier interrogatoire et dirigé sur Reims.

Dans l'après-midi du 10 septembre, l'autorité prussienne publia un ordre de désarmement, et les citoyens déposèrent leurs armes à l'hôtel de ville. On commença les travaux de déblaiement de la citadelle. On emporta les cadavres à l'Hôtel-Dieu, où ils furent enterrés. Un premier corps d'au moins vingt mille hommes de cavalerie, hussards, dragons, lanciers, que le matin on avait aperçus massés en avant d'Eppes, arriva sous les murs de Laon. Une partie occupa la ville; le reste campa dans les faubourgs, sur les routes et le long de la voie ferrée.

Les Prussiens se répartirent dans les maisons de Laon, sans rencontrer de résistance.

Grâce aux persévérantes démarches du colonel Alvensleben, qui plaida chaleureusement la cause de la ville et apporta à son secours son témoignage personnel, le duc de Mecklembourg renonça à ses projets de vengeance, et Laon échappa ainsi aux représailles que pouvait lui attirer l'acte de désespoir du garde d'artillerie Henriot.

Cet acte, considéré généralement comme héroïque, fit pousser aux Allemands des cris de fureur. Le journal officiel de Berlin, le *Staatsanzeiger*, disait :

« Le peuple français n'a récemment donné que trop de preuves de la plus basse détérioration morale. Les assassinats et les crimes des régiments d'Afrique ont été depuis longtemps surpassés par les folies qui se produisent sur le sol français, par l'acte honteux perpétré à Laon, et qui a uni une déshonorante violation de la foi jurée à l'accomplissement d'un meurtre horrible. Cette nouvelle manière de faire la guerre a atteint son apogée.

« Il s'agit de savoir comment il nous sera possible de poursuivre jusqu'au bout notre manière de faire la guerre, en harmonie avec la civilisation allemande, si les classes élevées de la France, jusqu'à ce jour rendues muettes par le terrorisme, si les avertissements de toutes les nations civilisées ne protestent pas contre la barbarie croissante de la France. »

CHAPITRE XXVII

Préparatifs de défense. — Approvisionnements. — Délégation de Tours.

Les progrès de la marche de l'ennemi nécessitaient de nouvelles dispositions.

Le Gouvernement de la défense nationale :

Vu le décret du 11 décembre 1852, portant que le corps de gendarmerie chargé de la surveillance de la capitale prendra la dénomination de garde de Paris;

Considérant que cette dénomination, qui restreint les attributions du corps à un service d'ordre intérieur, ne répond pas aux nécessités imposées par la défense de Paris, et n'est pas non plus en harmonie avec la forme actuelle du gouvernement.

Décréta, le 10 septembre :

Art. 1er. La garde de Paris reprendra le titre de *garde républicaine* qu'elle a déjà porté.

Art. 2. Le ministre de la guerre, le maire de Paris et le préfet de police sont chargés, chacun en ce qui le concerne, de l'exécution du présent décret.

Le même jour, le ministre de l'intérieur et le commandant supérieur de la garde nationale, M. Tamisier, écrivirent aux maires :

A Messieurs les maires provisoires.

Sur les réclamations qui se sont produites et auxquelles il y a lieu de donner satisfaction, le ministre de l'intérieur invite MM. les maires à prévenir les gardes nationaux que l'exercice est désormais obligatoire. Les municipalités sont autorisées, par voie de réquisition, à reprendre les armes des absents ou de ceux qui, sans excuse valable, auraient manqué trois fois de suite les réunions ou les exercices réglementaires.

Paris, le 10 septembre 1870.

Le commandant supérieur   *Le ministre de l'intérieur,*
de la garde nationale   LÉON GAMBETTA.
A. TAMISIER.

Le gouverneur de Paris fit publier cette note :

L'ennemi est en marche sur Paris.

La défense de la capitale est assurée.

Le moment est venu d'organiser celle des départements qui l'environnent.

Des ordres sont expédiés aux préfets de la Seine, de Seine-et-Oise et de Seine-et-Marne, pour réunir tous les défenseurs du pays.

Ils seront appuyés par les compagnies franches de Paris et par les nombreuses troupes de cavalerie, réunies aux environs.

Les commandants des corps francs se rendront immédiatement chez le président du Gouvernement, gouverneur de Paris, pour y recevoir des instructions.

Chaque citoyen s'inspirera des grands devoirs que la Patrie lui impose.

Le Gouvernement de la défense nationale compte sur le courage et le patriotisme de tous.

Une commission, composée de MM. Jules Lecesne, ancien député du Havre, président; Gévelot, ancien député; colonel Réné, inspecteur à la manufacture d'armes; Ferdinand Claudin, fabricant d'armes; Barignan, mécanicien, fut instituée pour centraliser toutes les offres d'armes et munitions de guerre faites au Gouvernement et aux administrations publiques.

Les membres du Gouvernement de la défense nationale décidèrent que le Gouvernement serait représenté, pendant la durée du siége, dans une ville de l'intérieur de la France.

Les services des ministères étaient donc toujours assurés, et la défense nationale avait, en dehors de Paris, un centre d'action et de résistance.

Des dispostions énergiques furent prises pour faire entrer dans Paris des approvisionnements considérables en farine, viande et vin. Les populations de la petite et grande banlieue furent invitées à faire rentrer toutes les provisions à leur disposition, et à détruire ce qu'elles seraient forcées d'abandonner, afin de faire le vide autour de l'ennemi.

Afin d'assurer les approvisionnements et pour parer à des spéculations nuisibles aux intérêts des consommateurs, le Gouvernement, qui avait acquis pour son compte la majeure partie des animaux rentrés dans Paris, prit la résolution de rétablir momentanément la taxe de la viande. Des bons de vivres furent mis à la disposition des gardes sédentaires qui en feraient la demande. Plus tard, ces bons de vivres furent échangés contre une solde de 1 fr. 50 c., ne devant être attribuée qu'aux hommes nécessiteux.

Dans une déclaration officielle, les approvisionnements de Paris en *pain, viande, liquides et objets alimentaires de toute espéce*, sont largement suffisants pour assurer l'alimentation d'une population de deux millions d'âmes pendant deux mois.

On mit des lieux de dépôts à la disposition des cultivateurs qui rentraient leurs récoltes dans Paris. Une commission fut instituée à l'Hôtel de Ville pour étudier toutes les questions relatives à la situation des communes de la Seine, et tint des séances quotidiennes.

Un arrêté du maire de Paris, en date du 10 septembre :

Considérant que, dans les circonstances présentes, il importe de ne négliger aucune ressource d'eau,

Arrête :

Art. 1er. Il est enjoint aux propriétaires et principaux locataires à Paris, de, — *dans le délai de trois jours,* — mettre en état de service : les puits, pompes, réservoirs, poulies, cordes, seaux et autres appareils hydrauliques existant dans leurs maisons, de manière à assurer le puisage de l'eau, notamment pour le cas d'incendie.

Art. 2. L'accès libre de l'intérieur des propriétés devra être donné aux agents du service municipal chargé d'assurer l'exécution du présent arrêté.

Le général Trochu, gouverneur de Paris, considérant que les forêts, bois et portions de bois qui environnent Paris sur toute l'étendue de son périmètre offrent à l'ennemi des couverts dont il se servira infailliblement pour masquer les mouvements de ses armées, pour arriver à l'abri jusqu'à la portée des fortifications, pour préparer des ateliers de fascinage et de gabionnage en vue du siége de la capitale; convaincu que la nation ne reculera devant aucun effort pour faire son devoir, et que Paris voudra donner au pays tout entier l'exemple des grands sacrifices, prit un arrêté ainsi conçu :

Seront incendiés, à l'approche de l'ennemi, les forêts, bois et portions de bois qui peuvent compromettre la défense.

Les ministres des finances et des travaux publics se concerteront pour que les travaux préparatoires soient immédiatement exécutés sous la direction du service des forêts, des ingénieurs des ponts et chaussées, des ingénieurs civils de la capitale, par des escouades d'ouvriers requis.

Toutes dispositions seront prises pour que les villes, villages, hameaux et habitations soient isolés et mis à l'abri des ravages de l'incendie, et pour que les matières inflammables soient recueillies, transportées et employées sur les lieux, avec les précautions nécessaires.

Par les soins du même personnel d'ingénieurs, le fond des fossés de la fortification sera garni de fagots et branchages qui recevront des matières liquides incendiaires et seront livrés aux flammes quand il y aura lieu.

Habitants de Paris,

Votre patience, votre résolution opposeront à l'ennemi des obstacles dont il ne soupçonne pas la puissance. Donnez-lui la formidable surprise d'une immense capitale qu'il croit énervée par les jouissances de la paix, et qui, devant les malheurs de la patrie, se redresse tout entière pour le combat.

Général TROCHU:

Les dévastations ordonnées et accomplies furent en pure perte.

A une heure du matin, des uhlans s'approchaient jusque sous le feu du fort de Noisy-le-Sec, et le chef de gare informait l'officier de grand'garde au pont du chemin de fer de Noisy que la voie du chemin de fer et le fil télégraphique venaient d'être coupés tout près de Noisy dont la gare commençait à déménager.

Dans la matinée du 12, les Prussiens entraient à Nogent-sur-Seine.

Les dépêches devenaient de plus en plus alarmantes. L'ennemi avait assez de forces pour sommer, investir, assiéger ou bombarder Metz, Strasbourg, Verdun, Toul, Bitche, Montmédy, Phalsbourg, Thionville, Soissons; et en même temps, ses détachements, comme les tentacules d'une formidable pieuvre, s'allongeaient jusqu'aux portes de Paris : ils apparaissent aux environs en colonnes toujours grossissantes; aussi, dès le 12, le gouvernement de la défense nationale décida-t-il que les portes de la capitale seraient fermées depuis huit heures du soir jusqu'au lever du soleil, sans que les communications fussent interrompues durant le jour, ni pour les piétons, ni pour les voitures, et sans qu'il fût exigé aucune sorte de permis.

Tous les citoyens âgés de vingt-cinq à trente-cinq ans, appelés sous les drapeaux par la loi du 10 août 1870, et pouvant être astreints au service dans l'armée active, furent avertis qu'ils n'étaient nullement dispensés de se faire inscrire sur les contrôles de la garde nationale sédentaire.

En dehors des troupes régulières se formaient de nombreux corps francs : volontaires de la Seine (3e et 4e bataillon); escadron de cavalerie volontaire de la Seine; éclaireurs à cheval de la Seine; légion des volontaires de la France (infanterie et cavalerie); francs-tireurs de la presse, sous les ordres de M. Amédée Roland; francs-tireurs des Ternes, de la ville de Paris, de l'Aisne, des Lilas; sédentaires de la Gironde; tirailleurs parisiens; tirailleurs de la Seine; tirailleurs-éclaireurs parisiens; légion des amis de la France; corps civique des carabiniers parisiens; chasseurs de Neuilly; bataillon d'éclaireurs de la garde nationale; cavaliers de la République; volontaires de la défense nationale; guérillas de l'Ile-de-France; éclaireurs de la garde nationale de la Seine (deuxième arrondissement).

Venaient ensuite les corps français qui ne passèrent que plus tard la revue d'effectif; tirailleurs de Saint-Hubert, commandant Thomas.

Corps du génie militaire, commandant Flachat.

Corps des agents et gardes forestiers, commandant Carraud.

Corps franc de la compagnie de l'Est (pompiers armés), commandant de Sappel.

Bataillon de mineurs auxiliaires du génie, commandant Jacquot.

Légion bretonne, commandant Domalain.

Francs-tireurs alsaciens, commandant Braun.

Francs-tireurs de Saint-Germain, commandant de Richemont de Richardson.

Corps franc de Rouen, commandant Desseaux (Gaston).

Corps franc de Seine-et-Marne, commandant Liénard.

Corps franc de Saint-Denis et Neuilly, commandants Blanchard et Sageret.

Corps franc du Haut-Rhin, commandant Dolfus.

Corps franc des Vosges, commandant Dumont.

Compagnie des guides forestiers de la Couronne, commandant de la Panouse.

Les corps francs d'artillerie comprenaient : le corps franc d'artillerie placé, pour le service des mitrailleuses, sous les ordres d'un chef d'escadron d'artillerie; les canonniers volontaires auxiliaires; les canonniers volontaires (gardiens de la paix); les canonniers de l'Ecole polytechnique.

Dans les circonstances graves qui se préparaient, le gouvernement de la défense nationale jugea opportun de rappeler les dispositions de l'article 5 de la convention signée à Genève le 22 août 1864, et ratifiée diplomatiquement par toutes les puissances européennes :

« Les habitants du pays qui porteront secours aux blessés seront respectés et demeureront libres. Les généraux des puissances belligérantes auront pour mission de prévenir les habitants de l'appel fait à leur humanité et de la neutralité qui en sera la conséquence.

« Tout blessé recueilli et soigné dans une maison y servira de sauvegarde. L'habitant qui aura recueilli chez lui des blessés sera dispensé du logement des troupes, ainsi que d'une partie des contributions de guerre qui seraient imposées. »

Ordre fut donné à toute personne ayant en dépôt des huiles de pétrole d'en faire la déclaration dans les vingt-quatre heures à l'Hôtel de Ville.

Par décret du 12 septembre, les viandes de bœuf, vache, taureau, mouton, furent soumises à la taxe; et, quand on songe à la rareté graduelle des denrées, à l'augmentation des prix, à la disette finale, c'est un point de départ intéressant que l'arrêté suivant, pris par le ministre de l'agriculture et du commerce :

Art. 1er. A dater de vendredi, 16 septembre, jusqu'au jeudi 22 septembre inclusivement, la viande de bœuf et la viande de mouton seront payées, dans la ville de Paris, aux prix suivants :

Viande de bœuf.

1re catégorie.	Tende de tranche. . . . . . . Culotte. . . . . Gîte à la noix. . . . . Tranche grasse. . . . . Aloyau.	2 fr. 10 le kil.
2e catégorie.	Paleron . . . . Côtes. . . . . Talon de collier. . . . . Bavette d'aloyau. . . . . Rognons de graisse.	1 fr. 70 le kil.
3e catégorie.	Collier. . . . . Pis. . . . . Gîtes. . . . . Plats de côtes. . . . . Surlonges. . . . . Joues.	1 fr. 30 le kil.

Le filet et le faux-filet détachés, ainsi que le rognon de chair, ne sont pas soumis à la taxe.

Viande de mouton.

1re catégorie.	Gigots. . . . . Carrés.	1 fr. 80 le kil.
2e catégorie.	Épaules.	1 fr. 30 le kil.
3e catégorie.	Poitrine. . . . . Collet. . . . . Débris de côtelettes.	1 fr. 10 le kil.

Les côtelettes *parées* ne sont pas soumises à la taxe.

Art. 2. Les différentes espèces et catégories de viandes exposées en vente seront indiquées par des écriteaux.

Art. 3. Il est défendu aux bouchers d'introduire dans les pesées de viande des os décharnés et ce qu'on appelle vulgairement de la *réjouissance*.

Art. 4. Les bouchers ne peuvent obliger l'acheteur à prendre, avec le morceau de son choix, de la viande d'une autre espèce ou d'une autre catégorie, non plus que des morceaux différents de la même catégorie.

Art. 5. Le présent arrêté devra être placardé dans l'endroit le plus apparent de la boutique de chaque boucher.

Le danger était tel que le gouvernement décida que, sans quitter la capitale, le garde des sceaux, ministre de la justice, M. Crémieux, auquel fut adjoint depuis M. Glais-Bizoin, se rendraient à Tours, à titre de délégué du gouvernement, chaque département ministériel devant être représenté auprès de lui. Un seul ministre, l'amiral Fourichon, l'accompagnait ; il emportait des instructions du ministre de la guerre, afin d'organiser la défense.

M. Crémieux arriva le mardi, 13 septembre, à Tours, d'où il lança cette proclamation à la France :

Français,

L'ennemi marche sur Paris. Le gouvernement de la défense nationale, livré dans ce moment suprême aux travaux et aux préoccupations que lui impose la capitale à sauver, n'a pas voulu, dans l'isolement où il va se trouver momentanément, que sa légitime influence manquât à nos patriotiques populations des départements. Pendant qu'il dirige sa grande œuvre, il a remis tous ses pouvoirs au garde des sceaux, ministre de la justice, le chargeant de veiller au gouvernement du pays que l'ennemi n'a pas foulé. Entouré des délégations de tous les ministères, c'est aux sentiments de notre peuple de France que j'adresse ces premières paroles.

Chacun de vous tient dans ses mains les destinées de la patrie. L'union, la concorde entre tous les citoyens, voilà le premier point d'appui contre l'ennemi commun, contre l'étranger. Que la Prusse comprenne que si, devant les remparts de notre grande capitale, elle trouve la plus énergique, la plus unanime résistance, sur tous les points de notre territoire elle trouvera ce rempart inexpugnable qu'élève contre l'invasion étrangère l'amour sacré de la patrie.

Placé dans un département qui m'a témoigné, dans les plus graves circonstances, les plus vives sympathies, je sais que la Touraine est pleine de courage et de dévouement à la République. J'appelle tous les départements libres à nous soutenir de leur patriotique appui. Souvenons-nous que nous étions, il y a deux mois à peine, le premier peuple du monde : si le plus odieux et le plus inepte des gouvernements a fourni à l'ennemi les moyens d'envahir notre territoire, malgré les prodiges d'héroïsme de nos armées qu'il était impuissant à conduire, souvenons-nous de 92, et, dignes fils des soldats de la Révolution, renouvelons, avec leur courage qu'ils nous ont transmis, leurs magnifiques victoires ; comme eux refoulons l'ennemi et chassons-le du sol de notre République.

Le garde des sceaux, ministre de la justice et représentant du gouvernement de la défense nationale.

Ad. Crémieux.

La proclamation de Crémieux marque la fin d'une phase de la guerre, et le commencement d'une autre. Si le ministre est venu à Tours, c'est, comme il le déclare, que le gouvernement de la Défense nationale *va se trouver dans l'isolement*, c'est que les *patriotiques populations des départements* vont être séparées de celle de Paris. Les Allemands ne sont pas seulement devant les remparts de la grande capitale ; ils la cernent ; ils la bloquent ; ils la tiennent prisonnière, et s'ils ne parviennent pas à la réduire par la famine, ils l'anéantiront par le feu.

L'investissement de Paris est complet.

Le siége de Paris commence.

FIN DE LA DEUXIÈME SÉRIE.

ÉMILE
DE LA BÉDOLLIÈRE

HISTOIRE
DE LA GUERRE
1870-71

TROISIÈME SÉRIE

LE SIÉGE DE PARIS

CHAPITRE PREMIER

INTRODUCTION

Les lecteurs qui ont bien voulu méditer les documents accumulés dans les deux premières séries de notre tra-vail, ont été nécessairement frappés de la rapidité prodigieuse avec laquelle s'est consommée la ruine de la France.

Avons-nous dégénéré? Le courage proverbial des Français n'est-il plus le même?

Non ! mais nous nous sommes endormis dans une trompeuse sécurité, nous avons cru à la pérennité des douceurs de la paix; et cette situation des esprits en France date du jour où M. Dupin a dit :

« Chacun pour soi, chacun chez soi. » Du jour où M. Guizot, au banquet de Lisieux, a indiqué, comme base de la moralité contemporaine, cet axiome : « Enrichissez-vous ! »

Qu'ont fait, au contraire, les Prussiens ?

Ils n'ont cessé de se fortifier, d'étudier l'art militaire depuis leurs désastres de 1806.

Le 14, dans les batailles jumelles d'Auerstadt et d'Iéna, la Prusse perdait dix mille hommes, trente ou quarante mille prisonniers, soixante drapeaux, trois cents pièces de canon.

Dix jours après, l'armée française entrait à Berlin, et Napoléon s'installait dans le palais de Frédéric le Grand.

Le traité de Tilsitt (6 juillet 1807) réduisit la Prusse à quatre millions huit cent mille habitants, et lui imposa l'obligation de n'avoir jamais sur pied plus de 42,000 hommes. Aux termes du traité complémentaire du 3 décembre 1808, elle dut payer une contribution militaire de 120 millions de francs, entretenir une armée d'occupation de 150,000 hommes, et recevoir des garnisons françaises dans les forteresses de Stettin, Curtein et Glogau.

Voilà, certes, une effrayante série de désastres et d'humiliations ! Il semble qu'une nation aussi abattue, aussi garrottée, soit mise dans l'impossibilité de se relever jamais. Comment la Prusse arriva-t-elle pourtant, en peu d'années, à une complète résurrection ?

D'abord, en réagissant contre les mœurs frivoles et dissolues que lui avait léguées le dix-huitième siècle, en rompant avec elles. Moins de luxe, de galas, de raffinements dans les plaisirs, de recherches dans les toilettes, de brouhaha dans les brasseries tapageuses. Là, on ne s'entretenait plus qu'à voix basse, d'un air mystérieux, et les buveurs étaient tellement absorbés par les sujets qu'ils traitaient, passé et avenir, qu'ils laissaient leur canette à demi-pleine, et que le kanaster s'éteignait parfois dans leurs longues pipes à tête de porcelaine blanche historiée.

Les littérateurs renonçaient aux badinages, aux mièvreries de la vieille école, pour revenir aux travaux sérieux et aux conceptions cornéliennes. Guidés par des professeurs qui considéraient leurs fonctions comme un apostolat, les élèves des universités se proposaient pour but de l'emporter en savoir sur les vainqueurs, et ce fut, après Iéna, que la géographie, la topographie, l'art de lever les plans, prirent une place si importante dans les études en Prusse.

Dans une série de discours qu'il prononça à Berlin, en 1807, le célèbre professeur Fichte, s'attacha à prouver que l'application des doctrines pédagogiques de Pestalozzi, combinée avec le principe de l'enseignement obligatoire, pouvait devenir l'élément principal de la régénération du pays.

« Quel est aujourd'hui, disait-il, l'État qui doute de son droit à forcer les citoyens au service militaire et à enlever pour ce service les enfants à leurs parents, que les uns et les autres le veuillent ou non? Et cependant ce n'est pas peu de chose que d'obliger un jeune homme à adopter, pour plusieurs années, un genre de vie qui lui est antipathique et qui, souvent, a pour la moralité, la santé et la vie même, les conséquences les plus funestes. Qu'est-ce, à côté de cela, qu'une contrainte salutaire qui, l'éducation une fois achevée, rend à chacun son entière liberté et ne peut avoir que les plus bienfaisantes conséquences ?

« Il fut un temps où le service militaire était purement volontaire, mais, dès qu'il a été démontré qu'un tel recrutement était insuffisant pour le but poursuivi, on n'a pas hésité à user de contrainte ; la nécessité commandait, et le service est devenu obligatoire. Si nos yeux s'ouvraient sur les nécessités pressantes de la situation actuelle, si l'affaire de l'éducation publique s'imposait à nous comme non moins urgente que l'organisation militaire, nos scrupules tomberaient d'eux-mêmes. D'ailleurs, la première génération sera la seule envers laquelle il faudra agir de contrainte ; dès qu'elle aura reçu l'éducation désirable, elle enverra, d'elle-même, ses enfants à l'école. »

Fichte fut compris ; l'élan fut donné et ne s'arrêta plus.

Le roi Frédéric-Guillaume III n'était guère capable de seconder le mouvement national ; mais il eut le bonheur de trouver des ministres intelligents qui entreprirent l'œuvre réformatrice pendant qu'il se lamentait dans la solitude de Memel. Par une loi du 9 octobre 1807, le premier ministre, Charles de Stein, acheva l'émancipation des paysans et détruisit les derniers vestiges de la féodalité. Une autre loi (stadt-ordnung) dota toutes les villes d'institutions municipales.

De nouvelles améliorations dans un sens libéral s'accomplirent sous l'administration du baron, et plus tard prince, de Hardenberg, nommé grand chancelier d'État le 6 juin 1810, diplomate éminent comme le prouvent les Mémoires qu'il a laissés, et qui ne forment pas moins de 13 volumes in-8°.

A quoi tendirent toutes les institutions prussiennes de 1807 à 1814 ? A rendre toutes les classes solidaires, à effacer les préventions et les méfiances respectives qui les divisaient, à souder ensemble riches et pauvres, noble et roturiers, travailleurs des villes et des campagnes, afin d'établir dans la nation la cohésion, l'homogénéité qui lui avaient si malheureusement fait défaut.

Aussi, pendant cette mémorable période, les publicistes des divers partis, bien peu semblables aux nôtres, hélas! eurent-ils soin de mettre une sourdine à leurs récriminations accoutumées, et d'assoupir le cliquetis intempestif des discussions politiques et sociales.

L'implacable conquérant n'avait laissé à la Prusse

qu'un fantôme d'armée; elle se mit en mesure d'en faire surgir une de terre, le jour où elle se trouverait à même de s'affranchir du traité du 3 décembre 1808. Une commission, formée sous la présidence du général Gérard-David Scharnhost, le 25 juillet 1807, régla les conditions du recrutement et forma des cadres. Elle donna à chaque compagnie deux fois plus d'officiers qu'il n'en fallait; elle décida que les jeunes gens appelés au service seraient renvoyés dans leurs foyers aussitôt qu'ils auraient reçu une instruction militaire suffisante, et remplacés par d'autres qui ne resteraient pas plus longtemps sous les drapeaux.

Les congédiés étaient astreints à des exercices et des manœuvres périodiques.

« Scharnhost, a dit le prince de Hardenberg, dans les *Mémoires d'un homme d'État* (t. IX, p. 466), bonifia toutes les parties de l'administration militaire. L'organisation parfaite des troupes françaises, comparée à l'organisation défectueuse de l'armée prussienne, fut un trait de lumière qui n'échappa point à sa sagacité. Il rendit l'armée entièrement nationale, et y fit renaître l'émulation. Comme la Prusse s'était engagée à n'entretenir que 42,000 hommes, il sut se soustraire à cette ruineuse stipulation en ne conservant jamais sous les armes que ce nombre de troupes; mais dès que les recrues étaient suffisamment exercées, on les remplaçait par des recrues nouvelles. C'est ainsi que deux systèmes coordonnés entre eux, pour la guerre et l'administration, préparèrent la restauration future de la monarchie prussienne. »

Hardenberg ajoute :

« Cette restauration était vivement désirée par toutes les classes sociales.

« Les militaires souffraient de leur profonde humiliation; les bourgeois, des vexations qu'ils éprouvaient; les négociants, des entraves mises au commerce; les propriétaires, des charges sans nombre d'une guerre, qui, en moins de neuf années, avait enlevé à l'Allemagne septentrionale plus de sept cents millions. L'espérance fit place à la crainte, le courage à l'abattement, le patriotisme à une complète indifférence. »

De la nouvelle organisation militaire naquit la landwehr, dont l'organisation a été perfectionnée depuis. Comme l'a fait remarquer l'auteur anonyme d'un excellent travail publié par le *Journal des Débats*, tandis que nos régiments se recrutent sur toute l'étendue du territoire, en Allemagne, chaque régiment d'infanterie possède un territoire qui lui est spécial et dont il tire ses recrues. La population de chacun des deux districts dont se compose ce territoire est en moyenne de 150,000 âmes.

Chaque régiment tient ordinairement garnison d'une manière permanente dans un des centres de population qui alimentent son recrutement. Le jeune soldat, en arrivant au corps, ne se sent donc pas dépaysé; ses compagnons d'armes sont ses camarades de la veille, et c'est à peine s'il perd de vue le clocher du village natal. Ce n'est pas là une des moindres raisons pour lesquelles le service obligatoire est si facilement accepté en Allemagne. Il est aisé, en outre, de comprendre quelles commodités considérables donne ce système au point de vue de l'administration et de la mobilisation des hommes de la réserve qui n'ont que quelques pas à faire pour rejoindre leur ancien régiment, soit en cas d'appel à l'activité, soit pour les réunions d'instruction auxquelles ils restent assujettis.

Les subdivisions ou districts de recrutement ont été récemment mis en harmonie avec les divisions administratives, et chacune de ces subdivisions correspond à un bataillon de landwehr. Les régiments de landwehr sont à deux bataillons, et il y a, comme on sait, autant de régiments de landwehr qu'il y a dans l'armée de régiments d'infanterie de ligne. Or, chaque régiment de l'armée se recrute uniquement dans les deux districts des deux bataillons du régiment de landwehr correspondant. Un corps d'armée renfermant huit régiments d'infanterie, le territoire spécial à chaque corps d'armée comprend donc seize districts de recrutement. En réalité, il en comprend dix-sept, parce que l'on a créé un district de réserve supplémentaire, destiné à jouer un rôle pondérateur et à compenser les inégalités que peut présenter la population des autres districts. La cavalerie de chaque corps d'armée est organisée en temps de paix en deux brigades, dont chacune est attachée à l'une des deux divisions du corps d'armée; chaque brigade se recrute sur l'ensemble des huit districts de la division dont elle fait partie. Les armes spéciales et le train s'alimentent sur l'ensemble du territoire du corps d'armée.

Ce sont là des faits d'ensemble; mais ce qu'il importe principalement de faire ressortir, c'est que la guerre spéciale, la guerre avec la France, avait été préméditée depuis longtemps.

Il résulte du texte même des préliminaires de paix, signés à Versailles au commencement de 1861, que, dès le mois de septembre, l'état-major prussien avait délimité sur la carte la part de notre sol que les vainqueurs comptaient s'adjuger en cas de victoire. C'était l'Alsace et la Lorraine.

« La frontière, telle qu'elle vient d'être décrite, disent ces préliminaires, se trouve marquée en vert sur deux exemplaires conformes de *la carte du territoire formant le gouvernement général de l'Alsace, publiée à Berlin en septembre 1870 par la division géographique et statistique de l'état-major général.* »

Il résulte du livre publié à Berlin en 1867, sous le titre de *Considérations sur les défenses naturelles et artificielles de la France, en cas d'une invasion allemande*, par M. X..., lieutenant-colonel de l'état-major général, que les moindres détails du siège de Paris étaient prévus trois ans à l'avance.

Ce curieux ouvrage a été traduit en français par M. A. Bacharach, capitaine au 2e régiment du génie.

C'est le *Vade mecum* qu'ont étudié tous les officiers prussiens.

Toute la campagne de 1870 y est en germe.

L'auteur, qui puisait ses inspirations auprès du prince Frédéric-Charles, commence par établir que si l'Allemagne entière venait à faire la guerre à la France, elle devra constituer plusieurs armées se dirigeant toutes sur Paris, mais ayant des bases d'opérations différentes.

M. X... entre ensuite dans des détails topographiques. Il tient compte des cours d'eau, des chemins de fer, des montagnes, des bois. Le passage relatif à l'entrée d'une armée d'invasion par les Vosges est remarquable, en ce sens que c'est comme une histoire anticipée des événements de 1870.

Une armée d'invasion peut passer les Vosges en pays allemand, soit en se servant du chemin de fer de Neustadt à Sarrebruck, soit en suivant la vallée d'Anweiler, etc. Elle s'engagera sur la route qui passe à Deux-Ponts, Neu-Hornbach (à l'ouest de Bitche), Rorbach, Ottwiller, Siewiller, prendra ensuite le chemin de grande communication de Lixheim (à l'ouest de Phalsbourg) et se dirigera sur Sarrebourg, où elle rejoindra la grande route de Paris. Cela suppose, bien entendu, qu'on ne lui a pas opposé des forces supérieures.

Cette armée tourne ainsi Bitche, la Petite-Pierre, Phalsbourg, les lignes de Wissembourg et les défilés qui traversent les Vosges françaises.

Un corps spécial, suffisamment fort, devra en même temps se diriger sur Strasbourg en partant de la vallée du Rhin, afin d'opérer l'investissement de cette place.

Des écrivains militaires français ont proposé d'établir un camp retranché autour de cette place et autour des places de Belfort et de Langres, qui se trouvent sur la ligne d'opération d'une armée qui part de la vallée du Haut-Rhin pour marcher sur Paris.

Mais le cas est prévu dans le travail préparatoire de 1867.

L'armée d'investissement de Strasbourg couvrira l'aile gauche de l'armée qui dirige ses opérations vers la Sarre, car elle empêchera de petits corps français de se maintenir dans les défilés des Vosges qui se trouvent au nord de Strasbourg.

Tous les points que l'ennemi a successivement occupés sont successivement indiqués dans le travail de l'état-major général prussien, avec la mention des obstacles qu'on pourra rencontrer aux environs.

Arrivé devant Paris, l'auteur en décrit minutieusement l'enceinte continue et les forts. Ceux qui sont situés sur le plateau de l'Est de Paris lui paraissent former une ligne de défense considérable, dont l'attaque présentera les plus grandes difficultés :

« Pour réussir dans cette entreprise, il faudra non-seulement employer des moyens énergiques, mais assiéger simultanément plusieurs forts, afin de les empêcher de concentrer leurs feux sur un même point. »

L'auteur allemand fait remarquer que les forts de Montrouge, de Vanves et d'Ivry sont plus ou moins dominés ; mais cette circonstance ne lui semble pas défavorable aux défenseurs, qui voient mieux les points d'attaque.

Voici la conclusion de M. X... :

« En résumé, la fortification de Paris se compose d'une enceinte continue de sept lieues d'étendue (renfermant quatre-vingt-treize bastions) et de vingt-deux ouvrages extérieurs, comprenant des forts de quatre et de cinq côtés plus ou moins importants, des redoutes et des flèches.

« Paris forme donc un vaste camp retranché, qui peut contenir une armée considérable. Cette armée n'est pas obligée de s'y laisser enfermer, car le chemin de fer de ceinture, sur lequel aboutissent toutes les lignes qui partent de Paris, permettra de transporter des troupes ou des renforts sur un point quelconque de l'enceinte fortifiée.

« Un siége en règle de Paris donnerait lieu à des travaux d'approche par trop considérables, sans qu'on ait l'avantage de pouvoir envelopper les ouvrages. L'étendue de cette place ne permettra même pas son investissement complet ; aussi se trouvera-t-on ici dans des conditions analogues à celles que présentait le siége de Sébastopol. Une défaite de l'assiégeant pourrait avoir les conséquences les plus désastreuses si la population prend une part active à la guerre et se joint aux garnisons des places frontières pour couper les convois de l'ennemi, etc., etc. »

Paris forme donc un camp retranché dont l'attaque est ainsi réglée par l'interprète des idées du prince Frédéric-Charles, après qu'il a considéré les trois armées d'invasion qui viennent des frontières du nord-est et de l'est, et marchent sur Paris, comme arrivées à proximité de cette ville, et occupant les deux rives de la Marne.

« On a admis que la première, ou armée de la Moselle, était de 200,000 hommes ; la deuxième, ou armée de la Sarre, de 90,000 hommes ; et la troisième, ou armée du Haut-Rhin, de 150,000 hommes ; en tout, 440,000 hommes, abstraction faite des corps de blocus. Mais si ces armées ont trouvé des camps retranchés, la première à Soissons, la deuxième à Strasbourg et à Marsal, et la troisième à Belfort et à Langres, et ont eu à livrer des combats sérieux, leurs pertes s'élèveront au moins à 100,000 hommes, et elles arriveront à Paris peut-être seulement avec 300,000 hommes.

« Investir complètement avec cette armée une place comme Paris, dont l'enceinte extérieure a douze lieues d'étendue, et même est de seize à dix-huit si l'on s'éloigne jusqu'à la limite de la sphère d'action des forts, et l'investir comme toute forteresse doit l'être d'après les règles de l'attaque, de manière à empêcher tous secours et ravitaillements extérieurs, est une pure impossibilité, si, en dehors de la garnison, il existe encore, pour la soutenir, une armée, même faible, commandée par un général entreprenant.

« L'armée de siége ne pourra donc attaquer qu'un côté de Paris, devra y concentrer ses forces le plus possible, et se faire couvrir par une armée d'observation; elle se trouvera ainsi dans les conditions du siége de Sébastopol, conditions qui se présenteront devant toute place qui est plutôt un camp retranché qu'une forteresse d'un développement normal.

« Pour une armée de siége allemande, les points d'attaque de la fortification de Paris sont naturellement les côtés nord et nord-est. D'abord ils sont les plus faibles. Les fronts est sont en partie couverts par la Marne : les fronts sud et ouest sont les plus forts, et leur attaque peut compromettre la ligne de retraite de l'assiégeant, sur laquelle l'armée de secours ne manquerait pas d'agir.

« Afin de ne pas s'exposer à la voir coupée, l'assiégeant devra donc choisir pour point d'attaque le côté nord, car son armée d'observation couvre les lignes de retraite qui longent la Marne et la Seine, et pourra réorganiser les chemins de fer de Paris à Strasbourg et à Mulhouse, qui suivent ces vallées. Ces voies ferrées serviraient aussi au transport du matériel de siége venant des forteresses allemandes du Rhin, si les places françaises tombées en notre pouvoir ne l'ont pas déjà fourni; en tout cas ce matériel doit être du plus fort calibre.

« En admettant que l'armée d'observation allemande soit plus forte que l'armée de secours française et que celle-ci, tenue éloignée de Paris, ne puisse troubler le siége, Saint-Denis pourrait être le premier point à attaquer. Sa prise permettrait, en effet, de s'avancer vers Montmartre sur l'enceinte continue de Paris, sans être exposé aux feux de flanc et de revers des forts extérieurs; il n'y aurait à craindre que ceux qui partiraient de la Seine. »

On assiégera simultanément, d'après le plan conçu, les trois forts de Saint-Denis et celui d'Aubervilliers, et l'on attaquera moins sérieusement les autres forts du front est. Le siége prendra ainsi le caractère de celui de Sébastopol, et ses travaux d'attaque devront être entrepris en même temps contre une ligne de fortifications longue de plusieurs lieues.

Saint-Denis se trouve sur la rive droite de la Seine, qui se recourbe ici sur elle-même et forme une langue de terre, de laquelle les travaux d'attaque pourraient être pris en flanc et à dos; son occupation par l'assiégeant devient donc nécessaire : elle est difficile mais non impossible, si l'on passe la Seine dans les environs d'Argenteuil. L'assiégeant pourra alors observer la citadelle du Mont-Valérien, située sur la même langue de terre, détruire la communication des chemins de

fer de la rive gauche de la Seine avec Paris, et couvrir l'attaque sur Saint-Denis.

Un pont à jeter sur la Seine le mettrait en communication avec les troupes qui opèrent sur la rive droite.

Pour faire le siége de Paris, les troupes pourraient, par exemple, être réparties de la manière suivante :

Cinquante mille hommes pour le siége des trois forts de Saint-Denis et pour l'occupation de la langue de terre dont il vient d'être question; vingt mille hommes placés au nord de Saint-Denis, tant pour couvrir le siége de ce côté que pour renforcer les corps d'armée isolés sur les deux rives de la Seine; soixante-dix mille hommes seraient donc réunis devant Saint-Denis, et trouveraient leur matériel de confection au nord de cette ville ou dans la forêt de Bondy.

On pourrait concentrer 30,000 hommes dans cette forêt, 20,000 hommes au Bourget, derrière la Molette, et 30,000 hommes à Neuilly-sur-Marne, pour occuper les routes de Metz et de Coulommiers, et soutenir l'armée de siége de Saint-Denis, et former, avec les troupes postées de ce côté, une masse de 90,000 hommes. Réunis aux 30,000 hommes établis dans la forêt de Bondy à une lieue du Bourget, ces 120,000 hommes pourront opposer dans cette forêt une résistance énergique, s'ils étaient obligés de battre en retraite, ou s'ils voulaient agir contre les grandes sorties auxquelles on est exposé.

Les 30,000 hommes placés à Neuilly, sur la rive droite de la Marne, pourront occuper la montagne qui se trouve à l'est du fort de Rosny, et entreprendre des attaques peu sérieuses contre les forts du front est. Ces 30,000 hommes, réunis à ceux qui sont postés dans la forêt de Bondy, constituent une armée déjà forte de 60,000 hommes qui peut assurer la route de retraite.

Trente mille hommes seront nécessaires pour observer l'angle formé par la Seine et la Marne jusqu'à leur confluent à Charenton. Le terrain y est très-boisé, mais plat, et les forêts sont découpées dans toutes les directions; il sera donc possible à la cavalerie de battre toute la rive droite de la Seine jusqu'à Melun, et peut-être même de passer sur la rive gauche pour détruire les chemins de fer du sud.

Ces trente mille hommes seraient postés entre Neuilly-sur-Marne à Sucy, afin de pouvoir observer les routes qui se dirigent du confluent vers l'est. Des ponts établis sur la Marne les mettraient en communication avec les troupes établies sur la rive droite à Neuilly.

Les événements que nous allons raconter ne sont que la mise à exécution des plans préparés par la Prusse, et il faut ajouter que tous les officiers ennemis les connaissaient, et que tous avaient en poche une réduction photographiée avec soin d'une carte très-exacte des environs de Paris.

CHAPITRE II

Revue de la garde nationale. — Ordre du jour du gouverneur de Paris. — Guillaume Ier à Rheims. — Convocation
d'une Assemblée nationale. — Mission diplomatique de
M. Thiers. — Circulaire du 14 septembre.

En effet, à partir de l'époque où commence cette troisième série, nous n'avons guère qu'à enregistrer les
progrès continus de l'investissement, à peine entravés
par une résistance sans cohésion et combinée de la plus
déplorable façon. L'attaque était, au contraire, menée
avec résolution et avec une régularité mathématique.
Tous les corps de l'armée allemande agissaient de concert, et manœuvraient de manière à établir entre eux
des correspondances qu'il devint impossible aux assiégés
d'interrompre.

Une grande revue de la garde nationale fut passée,
le 9 septembre, par le général Trochu, au milieu d'une
émotion indicible.

Trois cent mille gardes nationaux de Paris, cent
mille mobiles formaient une file immense, depuis la
Madeleine jusqu'à la Bastille, et depuis la Bastille
jusqu'au pont de Neuilly.

Les troupes étaient rangées dans l'ordre suivant, de
la Bastille à la Madeleine :

La 1re section, commandée par M. le général Faron,
et composée des bataillons nos 14, 48, 49, 50, 51, 52,
53, 56, 73, 93, 94, 95, 96, 121, 122 et 126, était massée
sur la place de la Bastille.

Les sections suivantes étaient disposées le long des
boulevards intérieurs, sur deux lignes se faisant face,
tournant le dos aux maisons.

La 2e section, commandée par M. le général Callier,
et composée des bataillons nos 27, 30, 31, 54, 57, 58,
63, 65, 66, 67, 68, 73, 75, 76, 80, 83, 86, 88, 89, 123 et
130, occupait l'espace compris entre la place de la
Bastille et la place du Château-d'Eau.

La 3e section, commandée par M. le général Montfort,
et composée des bataillons nos 9, 10, 23, 24, 25, 26,
28, 29, 62, 107, 108, 109, 114 et 128, était massée
sur la place du Château-d'Eau.

La 4e section, commandée par M. l'amiral Cosnier,
et composée des bataillons nos 6, 7, 11, 32, 34, 36,
61, 64, 77, 78, 79, 116, 117, 123, 125 et 129, occupait
l'espace compris entre la place du Château-d'Eau et la
rue Saint-Denis.

La 5e section, commandée par M. le général Ambert,
et composée des bataillons nos 2, 6, 8, 13, 35, 37, 90,
91, 92, 100, 111, 112, 113 et 132, occupait l'espace
compris entre la rue Saint-Denis et la rue Montmartre.

La 6e section, commandée par M. l'amiral Fleuriot de
Langle, et composée des bataillons nos 1, 3, 5, 12, 13,

38, 39, 69, 71 et 72, occupait l'espace compris entre la
rue Montmartre et la rue de la Chaussée-d'Antin.

La 7e section, commandée par M. l'amiral de Montagnac, et composée des bataillons nos 15, 17, 31, 45,
47, 81, 82, 105, 106, 127 et 131, occupait l'espace compris entre la rue de la Chaussée-d'Antin et la place de
la Madeleine.

La 8e section, commandée par M. l'amiral Méquet, et
composée des bataillons nos 16, 18, 19, 20, 40, 43, 46,
83, 84, 85, 103, 104, 115 et 130, occupait la place de la
Madeleine, la rue Royale et une partie de la place de la
Concorde.

La 9e section, commandée par M. l'amiral Challier, et
composée des bataillons nos 21, 22, 42, 44, 59, 60, 101,
102, 118, 119, 120, 133, 134 et 135, était massée sur la
place de la Concorde.

Les bataillons commandés pour un service de place
ou de rempart avaient seuls été dispensés d'assister à
la revue.

Ce n'était pas une revue ordinaire; elle avait quelque
chose de grave et de solennel, dont tous les assistants
étaient pénétrés.

Au bruit des tambours battant aux champs, au son des
musiques jouant la *Marseillaise* ou le *Chant du Départ*,
chacun se sentait rempli d'enthousiasme; il semblait
que ce fût le prélude au pas de charge et aux fanfares
qui allaient conduire les soldats-citoyens à la rencontre
de l'armée prussienne.

Le passage du général Trochu devant les rangs fut
une longue acclamation à la patrie, à la nation, à la
République! entremêlée de vivats adressés au général
lui-même, dont on ne savait pas encore les véritables
idées, qui ne furent exposées au grand jour que dans
son fameux discours du 5 juin 1871.

Les képis étaient agités en l'air, un grand nombre
de fusils étaient ornés de fleurs et de rubans, et la foule
qui garnissait les trottoirs et les fenêtres faisait flotter
ses mouchoirs en mêlant ses cris à ceux de la garde
nationale.

L'ordre du jour du général Trochu ne rend que faiblement l'impression produite par la journée du 9 septembre :

ORDRE DU JOUR DU GOUVERNEUR DE PARIS.

*Aux gardes nationaux et aux gardes mobiles de la Seine;
aux gardes mobiles des départements.*

« Jamais aucun général d'armée n'a eu sous les yeux
le grand spectacle que vous venez de me donner : trois
cents bataillons de citoyens organisés, armés, encadrés
par la population tout entière, acclamant dans un
concert immense la défense de Paris et la liberté Que
les nations étrangères qui ont douté de vous, que les
armées qui marchent sur vous ne l'ont-elles entendu !
Elles auraient eu le sentiment que le malheur a plus fait
en quelques semaines, pour élever l'âme de la nation,

que de longues années de jouissance pour l'abaisser. L'esprit de dévouement et de sacrifice vous a pénétrés, et déjà vous lui devez le bienfait de l'union des cœurs, qui va vous sauver.

« Avec notre formidable effectif, le service journalier de garde dans Paris ne sera pas moins de 70,000 hommes en permanence. Si l'ennemi, par une attaque de vive force, ou par surprise, ou par la brèche ouverte, perçait l'enceinte, il rencontrerait les barricades dont la construction se prépare, et ses têtes de colonnes seraient renversées par l'attaque successive de dix réserves échelonnées.

« Ayez donc confiance entière, et sachez que l'enceinte de Paris, défendue par l'effort persévérant de l'esprit public et par trois cent mille fusils, est inabordable.

« Gardes nationaux de la Seine et gardes mobiles,

« Au nom du Gouvernement de la défense nationale, dont je ne suis que le représentant, je vous remercie de votre patriotique sollicitude pour les chers intérêts dont vous avez la garde.

« A présent, à l'œuvre dans les neuf sections de la défense! De l'ordre partout, du calme partout, du dévouement partout! Et rappelez-vous que vous demeurez chargés, je vous l'ai déjà dit, de la police de Paris pendant ces jours de crise.

« Préparez-vous à souffrir avec constance. A cette condition vous vaincrez. »

Espérances toujours illusoires !

Le 13, à cinq heures du soir, vingt uhlans entraient à Nangis, après avoir échangé quelques coups de fusil avec une compagnie de francs-tireurs. Le même jour, quatre mille Allemands établissaient un camp au bois Thibout, à six kilomètres au-dessus de Mormont (Seine-et-Marne). L'officier qui les commandait demanda au maire la dernière gazette et annonça le passage d'un gros de troupes faisant partie du corps d'armée du prince royal.

Le jour suivant, les Prussiens parurent en force sur plusieurs points des environs de Paris. Ils se portèrent à Écouen et à Villiers-Bel, et poussèrent leurs reconnaissances du côté de Saint-Denis, jusqu'à trois kilomètres des avant-postes du général Bellemare.

Ils envahirent la vallée de la Marne, et s'avancèrent par la route de Champigny jusqu'à cinq cents mètres du pont de Joinville, sans rencontrer devant eux d'autres troupes que quelques francs-tireurs avec lesquels ils échangèrent des coups de feu. Ils n'essayèrent pas de franchir la rivière, que protégeait la redoute de Gravelle, mais ils occupèrent Champigny et Chenevières, d'où leurs regards pouvaient embrasser la presqu'île de Saint-Maur, le bois de Vincennes, et Paris, dont l'extrême limite est marquée au couchant par l'arc-de-triomphe de l'Étoile.

Instruit des avantages remportés par ceux qui combattaient pour le compte de son ambition, Guillaume Ier se rapprocha de Paris, et vint établir son quartier

général au château de Ferrières, appartenant à M. de Rothschild. Ses exigences grandissaient avec le succès. Il disait hautement qu'il voulait, outre l'Alsace et la Lorraine, une partie de la Franche-Comté, et une indemnité de trente millions par jour. Avant de quitter Reims, il adressa aux feuilles locales ce communiqué pour ainsi dire typique et où se peint toute son arrogance :

« Les journaux qui paraissent à Reims ont reproduit la proclamation de la République et les décrets qui émanent du nouveau pouvoir institué à Paris. La ville étant occupée par les troupes allemandes, l'attitude des feuilles publiques pourrait faire penser qu'elles expriment une opinion inspirée ou autorisée par les gouvernements allemands.

« Cela n'est nullement le cas. En leur accordant l'autorisation de publier leurs opinions, les gouvernements allemands ne font que respecter la liberté de la presse comme ils la respectent chez eux. Mais ils n'ont pas reconnu jusqu'à présent d'autre gouvernement en France que celui de l'empereur Napoléon, et à leurs yeux le gouvernement impérial est le seul, jusqu'à nouvel ordre, qui soit autorisé à entrer dans des négociations d'un caractère national.

« Il convient d'ajouter qu'à Paris on fait courir le bruit d'une médiation entreprise par presque chacune des puissances étrangères. Ce bruit n'est pas fondé. Aucune puissance n'a essayé d'intervenir jusqu'à présent, et il est peu probable qu'une médiation soit tentée, car elle n'aurait aucune chance d'aboutir, aussi longtemps que les bases d'un arrangement n'auront pas été discutées avec l'Allemagne et qu'il n'y aura pas en France un gouvernement reconnu par le pays et qui pût être considéré comme agissant en son nom.

« Les gouvernements allemands, dont le but n'est pas la guerre, ne repousseraient pas un désir sérieux du pays de conclure la paix. Il s'agit seulement, dans ce cas, de savoir avec qui elle pourrait être conclue. Les gouvernements allemands pouvaient entrer en négociation avec l'empereur Napoléon, dont le gouvernement est le seul reconnu jusqu'à présent, ou avec la régence instituée par lui. Ils pourraient entrer en communication avec le maréchal Bazaine, qui tient son commandement de l'empereur.

« Mais il est impossible de comprendre à quel titre les gouvernements allemands pourraient traiter avec un pouvoir qui jusqu'à présent ne représente qu'une partie de la gauche de l'ancien Corps législatif à Paris. »

Ainsi, nul espoir d'arrangement; il n'était point douteux que le monarque prussien consentît à traiter même avec l'Assemblée nationale qui était convoquée, et devait se composer de 764 députés, dont 11 pour les colonies, sur la base d'un représentant par cinquante mille âmes, plus un représentant par fraction excédant le chiffre de trente mille habitants.

Le gouvernement de la Défense nationale pensa à solliciter l'intervention de l'Angleterre, de la Russie et de l'Autriche, et M. Thiers accepta la difficile mission d'obtenir une audience diplomatique commune en faveur de la France :

« Dans les circonstances présentes, disait une note officielle du 11 septembre, M. Thiers n'avait pas voulu refuser ses services au gouvernement. » Mais peu de gens se faisaient illusion sur l'issue de ses démarches. L'essentiel pour la France était évidemment de *far dà se*, d'unir toutes ses parties en un seul faisceau, de procéder avec une activité malheureusement tardive à l'organisation et à la mobilisation des forces vives du pays. Tous les décrets, tous les actes tendaient à ce but. Le ministre de l'intérieur écrivit aux préfets, le 14 septembre :

« Monsieur le préfet,

« Le gouvernement, fidèle à sa mission, n'a jamais perdu de vue un seul instant le grand intérêt de la défense nationale sur tout le territoire. Il est heureux de voir relater les sentiments de patriotisme qui sont le gage de la résolution énergique de la France, et comptent au premier rang de ses ressources en face des éventualités de l'avenir. Mais c'est surtout dans des circonstances aussi périlleuses que celles où nous sommes qu'il est juste de dire qu'il n'y a rien de fait tant qu'il reste quelque chose à faire ; et il importe au plus haut degré de procéder sans retard à l'organisation et à la mobilisation des forces vives du pays ; je veux parler de la garde nationale sédentaire dans toutes les communes.

« Je vous prie donc, en conséquence, de vouloir bien ordonner à tous les maires de votre département d'inscrire sur des contrôles préparés à cet effet tous les citoyens de vingt et un à soixante ans susceptibles de faire partie de la garde nationale. Cette première opération terminée, vous appellerez tous les gardes nationaux inscrits à élire leurs officiers, sous-officiers et caporaux, de manière à constituer les cadres de la garde nationale de chaque commune dans le plus bref délai. Enfin, les cadres constitués, vous aurez, de concert avec les officiers élus, à préparer aussitôt les éléments de compagnies détachées qui pourront être appelées, aux termes de la loi des 8 août, 28 mai et 13 juin 1851, à faire un service hors du territoire de la commune ou même un service de corps mobilisés pour seconder l'armée de ligne dans les limites fixées par la loi.

« Ces compagnies détachées, formées par les maires assistés des officiers de la garde nationale, seront de la sorte toutes prêtes, suivant les éventualités de la guerre et les besoins de la défense nationale, à être mises à la disposition de M. le ministre de la guerre, à qui revient la tâche de les utiliser, et qui aura sur elles

toute l'autorité que confèrent les lois et règlements militaires.

« J'attends de vous l'exécution aussi prompte que possible des ordres ci-dessus consignés, avec un rapport complet sur les mesures de détail auxquelles l'exécution de ces ordres aura donné lieu.

« Recevez, monsieur le préfet, l'expression de mes sentiments les plus distingués.

« *Le membre du gouvernement de la Défense nationale délégué au département de l'intérieur,*

« LÉON GAMBETTA. »

Un certain nombre de bataillons de la garde mobile avaient été envoyés à Paris, et la situation particulière de la capitale ne leur permettait pas de s'alimenter. En conséquence, le gouvernement éleva la solde de chaque garde de 1 fr. à 1 fr. 50 par jour.

Un décret ordonna qu'il fût procédé dans toutes les communes de France à une nouvelle élection des conseils municipaux, afin, disait une circulaire de Gambetta, de témoigner tout à la fois des sentiments de résistance indomptable qui animait tous les Français contre l'ennemi, et de leur résolution énergique de fonder un gouvernement libre tout en défendant la Patrie.

CHAPITRE III

Proclamation de la délégation de Tours. — Combats aux environs de Paris. — Prise de Versailles.

La délégation de Tours s'efforçait, de son côté, d'échauffer l'enthousiasme, et lançait dans les villes et les campagnes cette proclamation :

« Français !

« L'ennemi marche sur Paris. Le gouvernement de la défense nationale, livré dans ce moment suprême aux travaux et aux préoccupations que lui impose la capitale à sauver, n'a pas voulu, dans l'isolement où il va se trouver momentanément, que sa légitime influence manquât à nos patriotiques populations des départements. Pendant qu'il dirige sa grande œuvre, il a remis tous ses pouvoirs au garde des sceaux, ministre de la justice, le chargeant de veiller au gouvernement du pays que l'ennemi n'a pas foulé. Entouré des délégations de tous les ministères, c'est aux sentiments de notre peuple de France que s'adresse ces premières paroles.

« Chacun de vous tient dans ses mains les destinées de la patrie. L'union, la concorde entre tous les ci-

Officier supérieur prussien surpris et tué par une vedette française (artilleur de la garde à cheval).

toyens, voilà le premier point d'appui contre l'ennemi commun, contre l'étranger.

« Que la Prusse comprenne que si, devant les remparts de notre grande capitale, elle trouve la plus énergique, la plus unanime résistance sur tous les points de notre territoire, elle trouvera ce rempart inexpugnable qu'élève contre l'invasion étrangère l'amour sacré de la patrie.

« Placé dans un département qui m'a témoigné, dans les plus graves circonstances, les plus vives sympathies, je sais que la Touraine est pleine de courage et de dévouement à la République. J'appelle tous les départements libres à nous soutenir de leur patriotique appui. Souvenons-nous que nous étions, il y a deux mois à peine, le premier peuple du monde : si le plus odieux et le plus inepte des gouvernements a fourni à l'ennemi les moyens d'envahir notre territoire, malgré les prodiges d'héroïsme de nos armées, qu'il était im-

puissant à conduire, souvenons-nous de 92, et, dignes fils des soldats de la Révolution, renouvelons, avec leur courage qu'ils nous ont transmis, leurs magnifiques victoires; comme eux, refoulons l'ennemi et chassons-le du sol de notre République.

« AD. CRÉMIEUX. »

Personne n'eût demandé mieux que de suivre le conseil qu'Adolphe Crémieux donnait dans sa péroraison ; mais comment? Point de chefs, point d'instruction militaire; aucune force sérieusement disciplinée à opposer à l'ennemi qui s'avançait toujours.

Pendant toute la journée du 17 septembre, on se battit en avant du fort de Charenton, dans toute la contrée, à Maisons, Créteil, Bonneuil, Sacy, Valentin Boissy-Saint-Léger, Linas, Choisy-le-Roi et Villeneuve-Saint-Georges. Les troupes, commandées par le généra. de Falkenstein, voyant que les ponts sur la Seine avaient été sacrifiés, par malheur inutilement, jetèrent des ponts sur la Seine qu'ils traversèrent sans coup férir, entre Villeneuve-Saint-Georges et Choisy-le-Roi.

En avant de la Seine, les Prussiens occupèrent Triel, Andrésy, Conflans, Carrières, où ils firent des réquisitions et désarmèrent la garde nationale; leur artillerie prit position sur les hauteurs de Chanteloup.

Ils avaient fixé Versailles comme point central de leurs opérations. Une avant-garde de *cinq uhlans* y parut dans la matinée du 17 : comme on refusa de parlementer avec eux, ils se retirèrent en annonçant qu'ils reviendraient avec des renforts; et en effet, dans l'après-midi, quatre cents uhlans reparurent aux portes de la ville de Louis XIV, dont ils prirent possession sans résistance. Elle était hors d'état de se défendre, car voici les seules instructions qui avaient été données à ses gardes nationaux :

« Les barrières de Versailles doivent être fermées à la tombée de la nuit. A six heures du matin, on ouvrira seulement les petites portes latérales : les postes des gardes nationaux sont chargés de veiller à l'exécution de cette mesure. Si une troupe ennemie se présente et demande à entrer en ville, le chef de poste doit refuser l'entrée des grilles; mais il a l'ordre d'introduire un parlementaire, si la troupe est commandée par un officier.

« Deux compagnies de gardes nationaux volontaires sont parties pour Paris les 14 et 15 septembre; une troisième compagnie est en voie de formation par les soins de l'administration de la ville. »

CHAPITRE IV

Protestation des cinq académies composant l'Institut de France.

L'imminence d'un investissement complet et d'un siége en règle frappait les moins clairvoyants. On redoutait pour Paris les horreurs d'un siége conduit avec l'inflexible barbarie dont les Allemands avaient fait preuve à Strasbourg. Aussi les cinq classes de l'Institut élaborèrent-elles en commun la déclaration suivante :

« Lorsqu'une armée française, en 1849, mit le siège devant Rome, elle prit soin d'épargner les édifices et ouvrages d'art qui décorent cette ville. Pour prévenir tout risque de les atteindre par ses projectiles, elle se plaça même dans des conditions d'attaque défavorables.

« Dans notre temps, c'est ainsi que l'on comprend la guerre. On n'admet plus pour légitime d'étendre la destruction au delà des nécessités de l'attaque et de la défense; de soumettre, par exemple, aux effets de la bombe et de l'obus, des bâtiments qui ne servent en rien de lieu fort.

« Moins encore admet-on qu'il soit permis de comprendre dans l'œuvre de ruine ces monuments empreints du génie même de l'humanité, qui appartiennent à l'humanité tout entière, qui forment, pour ainsi dire, le patrimoine commun des nations civilisées, et l'héritage sacré qu'aucune ne peut anéantir ou entamer sans impiété envers les autres et envers elle-même.

« Une armée allemande, en faisant le siège de Strasbourg, en soumettant la ville à un bombardement cruel, vient d'endommager gravement son admirable cathédrale, de brûler sa précieuse bibliothèque.

« Un tel fait, qui a soulevé l'indignation universelle, a-t-il été l'œuvre d'un chef secondaire, désavoué depuis par son souverain et son pays? Nous voulons le croire. Nous répugnons à penser qu'un peuple chez lequel les sciences, les lettres et les arts sont en honneur, et qui contribue à leur éclat, se refuse à porter dans la guerre ce respect des trésors de science, d'art et de littérature auquel se reconnaît aujourd'hui la civilisation.

« Et pourtant on a lieu de craindre que des armées qui entourent en ce moment la capitale de la France ne se préparent à soumettre à toutes les chances d'un bombardement destructeur les monuments dont elle est remplie, les raretés de premier ordre, les chefs-d'œuvre de tout genre, produits des plus grands esprits de tous les temps et de toutes les contrées, l'Allemagne y comprise, que renferme dans ses musées, ses bibliothèques, ses palais, ses églises, cette antique et splendide métropole.

« Nous répugnons, encore une fois, à imputer aux armées de l'Allemagne, aux généraux qui les conduisent, au prince qui marche à leur tête une semblable pensée.

« Si néanmoins, et contre notre attente, cette pensée a été conçue, si elle doit se réaliser, nous, membres de l'Institut de France, au nom des lettres, des sciences, des arts, dont nous avons le devoir de défendre la cause, nous dénonçons un tel dessein au monde civilisé comme un attentat envers la civilisation même; nous le signalons à la justice de l'histoire; nous le livrons par avance à la réprobation vengeresse de la postérité.

« Réunis en assemblée générale, comprenant les cinq académies dont l'Institut de France se compose : Académie française, Académie des inscriptions et belles-lettres, Académie des sciences, Académie des beaux-arts, Académie des sciences morales et politiques, nous avons voté la protestation qui précède à l'unanimité.

« Nous l'adressons à ceux de nos confrères qui n'assistaient pas à cette assemblée, soit qu'ils appartiennent à la France, soit qu'ils appartiennent à des nations étrangères, ainsi qu'à nos correspondants français ou étrangers; nous la leur adressons avec la confiance qu'ils y adhéreront et qu'ils y apposeront comme nous leur signature. Nous l'adressons, en outre, à toutes les académies : elle restera dans leurs archives. Nous la portons enfin, par la publicité, à la connaissance du monde civilisé tout entier. »

Cette déclaration fut signée, en assemblée générale, par MM. Baltard, président de l'Académie des beaux-arts, présidant l'Institut en 1870 ; E. Renan, président de l'Académie des inscriptions et belles-lettres ; Husson, président de l'Académie des sciences morales et politiques; Élie de Beaumont et Dumas, secrétaires perpétuels de l'Académie des sciences ; Pont, Pellat, Egger, Dulaurier, E. Miller, J. Desnoyers, B. Hauréau, A. Couder, de Ségur, Faustin-Hélie, Lemaire, de Longpérier, A. Maury, Huillard-Bréholles, Taylor, Auber, d'Haussonville, E. Legouvé, J.-P. Rossignol, Ch. Sainte-Claire Deville, Ch. Giraud, A. Valette, L. Matthieu, A. Caussin de Perceval, C. Jourdain, Yvon Villarceau, E. Levasseur, général Morin, Payen, de Slane, A. Cochin, H. Sainte-Claire Deville, Emile Augier, de Lafosse, de Quatrefages, E. Bersot, Roulin, Ed. Leblant, J. Dufaure, I. Pelletier, Blanchard, Chevreul, J. Sandeau, Ambroise Thomas, H. Bouley, Mignet, Guigniaut, Chasles, J. Decaisne, A. Dumont, Martinet, Vitet, Caro, Félicien David, H. Lefuel, L. Vaudoyer, H. Delaborde, Reybaud, Eug. Guillaume, Lenoir, Bussy, Liouville, Delisle, Patin, Cahours, Labrouste, Cavalier, Stanislas Laugier, de Sacy, de Cailleux, Cuvillier-Fleury, Henriquel, de Wailly, Cauchy, Milne-Edwards, Baudrillart, Laugier, Barbier, B. Saint-Hilaire, Bonnassieux, Wallon, Balard, Vacherot, Duc, Bienaymé, Pils, Ch. Blanc, Félix Ravaisson, E. Renier, Brongniard, J. Simon, Wolowski, L. Cogniet, Bertrand, Wurtz, Brunet de Presle.

CHAPITRE V

Combat de Châtillon. — Les fuyards. — Explications ultérieures du général Trochu sur la possibilité de la défense de Paris.

Dans la journée du 17, le général Vinoy, commandant le 13e corps, sortit avec la division d'Exéa des lignes en avant de Vincennes, et constata que les assiégeants se dirigeaient de Choisy-le-Roi sur Versailles, en contournant les positions de Châtillon et de Clamart. Il eut avec l'arrière-garde, formant trois ou quatre mille hommes, un engagement à distance où il perdit six hommes tués et trente-sept blessés; dans son rapport il évalue la perte de l'ennemi à 400 hommes, dont 58 tués. L'ennemi n'en continua pas moins sa marche, comme put le constater une reconnaissance de cavalerie ordonnée par le général Ducrot.

Cet officier général avait sous ses ordres quatre divisions, en tout quarante-cinq mille hommes, échelonnés des hauteurs de Villejuif à celles de Meudon. Il devait s'appuyer sur les forts de Montrouge, de Vanves et d'Issy, de même que sur la redoute en terre élevée au centre du plateau de Châtillon.

Le 18, une colonne prussienne tourna les bois de Verrières et marcha sur Versailles par Bièvre. Afin de couvrir ce mouvement, elle détacha de la cavalerie et de l'infanterie qui remontèrent de Bièvre sur Petit-Bicêtre, la pointe de Verrières et la capsulerie de Meudon. En même temps, quelques escarmouches s'engagèrent en avant de la redoute de Châtillon, entre Plessis-Piquet et la ferme de Trévoux, dont les zouaves s'emparèrent après que l'ennemi en eût été délogé par le canon du fort de Vanves.

Le 19, dès le point du jour, le général Ducrot fit une reconnaissance offensive en avant de ses positions. Il rencontra des masses importantes dissimulées dans les bois et dans les villages, avec un très-grand déploiement d'artillerie.

L'apparition subite de ces masses, là où l'on s'attendait à ne rencontrer que de faibles détachements, jeta le désordre dans nos rangs : une partie de la droite se débanda, et ce qu'il y eut de remarquable, c'est que la garde nationale mobile montra de la fermeté, tandis qu'un régiment de zouaves et un régiment de marche s'enfuyaient, jetaient leurs armes et rentraient tumultueusement à Paris où ils semaient la panique.

Quant au reste de la droite, il se concentra en bon ordre autour de la redoute de Châtillon. La gauche, faiblement attaquée, put tenir sur les hauteurs de Villejuif.

Jusqu'à quatre heures du soir, nos batteries, qui tirèrent plus de vingt-cinq mille coups de canon, soutinrent le feu de l'ennemi; mais jugeant la lutte inégale, le général Ducrot dut prendre la résolution de porter ses troupes en arrière, sur les points où elle devait rencontrer la protection des forts. Après avoir assuré la marche vers Paris des attelages et avant-trains des huit pièces en position dans la redoute de Châtillon, il fit enclouer ces pièces sous ses yeux et se retira au fort de Vanves.

La redoute de Clamart, qu'occupait une compagnie de la garde nationale mobile d'Ille-et-Vilaine, fut abandonnée une des dernières. Il fallut que le général Ducrot vînt dire à ces jeunes Bretons : « Messieurs, je vous ordonne de vous retirer. Ici il n'y a plus rien à faire, et vos bras pourront encore être utiles plus tard. »

Les Prussiens restèrent maître du terrain; pendant la même journée, ils avaient marché sur Avron, occupé le village de Bondy et les bouquets de bois qui limitent la plaine. Vers six heures, des uhlans, suivis de pelotons d'infanterie, s'étant avancés jusqu'à mille mètres du fort de Noisy, le commandant, contre-amiral Saisset, ouvrit sur eux, de six à huit heures, le feu des pièces de marine de 16, et leur lança quelques bombes qui les éloignèrent; mais, à la faveur de l'obscurité, ils revinrent installer leur observatoire dans une maison jaune isolée, à deux mille mètres du fort, et établirent des batteries sur le bord du plateau de l'ancien parc du Raincy.

A la suite de l'échec de Châtillon, on fit sauter les ponts de Saint-Cloud, Sèvres et Billancourt, et des ordres furent donnés pour concentrer définitivement toutes les troupes dans Paris.

Les fuyards qui avaient jeté le désordre dans les rangs des combattants et l'alarme parmi la population furent flétris en ces termes par le ministre de l'intérieur :

« Citoyens,

« Le canon tonne! le moment suprême est arrivé. Depuis le jour de la Révolution, Paris est debout et en haleine.

« Tous, sans distinction de classes ni de partis, vous avez saisi vos armes pour sauver à la fois la ville, la France et la République. Vous avez donné, dans ces deux jours, la preuve manifeste de vos mâles résolutions.

« Vous ne vous êtes laissé troubler ni par les lâches ni par les tièdes; vous ne vous êtes laissés aller ni aux excitations, ni à l'abattement; vous avez envisagé avec sang-froid la multitude des assaillants.

« Les premières atteintes de la guerre vous trouveront également calmes et intrépides, et si les fuyards venaient, comme aujourd'hui, porter dans la cité le désordre, la panique et le mensonge, vous resteriez inébranlables, assurés que la *cour martiale, qui vient d'être instituée par le gouvernement pour juger les lâches et les déserteurs*, saura efficacement veiller au salut public et protéger l'honneur national.

« Restons donc unis, serrés les uns contre les autres, prêts à marcher au feu.

« Montrons-nous les dignes fils de ceux qui, au milieu des plus effroyables périls, n'ont jamais désespéré de la patrie.

« Paris, le 19 septembre 1870.

« *Le ministre de l'intérieur,*

« GAMBETTA. »

Cette proclamation était la préface de celle que le général Trochu adressa le lendemain à la garde nationale, à la garde mobile, aux troupes en garnison à Paris :

« Dans le combat d'hier, qui a duré presque toute la journée et où notre artillerie, dont la solidité ne peut être trop louée, a infligé à l'ennemi des pertes énormes,

des incidents se sont produits que vous devez connaître dans l'intérêt de la grande cause que nous défendons en commun.

« Une injustifiable panique, que n'ont pu arrêter les efforts d'un excellent chef de corps et de ses officiers, s'est emparée du régiment provisoire des zouaves qui tenait notre droite. Dès le commencement de l'action, la plupart des soldats se sont repliés en désordre dans la ville et s'y sont répandus en semant l'alarme. Pour excuser leur conduite, ces fuyards ont déclaré qu'on les avait menés à une perte certaine, alors que leur effectif était intact et qu'ils étaient sans blessures; qu'ils avaient manqué de cartouches, alors qu'ils n'avaient pas fait usage, je l'ai constaté moi-même, de celles dont ils étaient encore pourvus; qu'ils avaient été trahis par leurs chefs, etc. La vérité, c'est que ces indignes ont compromis, dès son début, une affaire de guerre dont, malgré eux, les résultats sont considérables. D'autres soldats d'infanterie de divers régiments se sont joints à eux.

« Déjà les malheurs que nous avons éprouvés dans le commencement de cette guerre avaient fait refluer sur Paris des soldats indisciplinés et démoralisés qui y portent l'inquiétude et le trouble et échappent, par le fait des circonstances, à l'autorité de leurs chefs et à toute répression.

« Je suis fermement résolu à mettre fin à de si graves désordres. J'ordonne à tous les défenseurs de Paris de saisir les hommes isolés, soldats de toutes armes ou gardes mobiles, qui errent dans la ville en état d'ivresse, répandent des propos scandaleux et déshonorent, par leur attitude, l'uniforme qu'ils portent.

« Les soldats et gardes mobiles arrêtés seront conduits à l'état-major de la place, 7, place Vendôme; les habitants arrêtés dans le même cas, à la préfecture de police.

« Ils seront traduits devant les conseils de guerre qui jugent en permanence et subiront la rigoureuse application des dispositions ci-après édictées par la loi militaire :

« Art. 213. Est puni de mort tout militaire qui aban-
« donne son poste en présence de l'ennemi ou de re-
« belles armés.

« Art. 218. Est puni de mort, avec dégradation mili-
« taire, tout militaire qui refuse d'obéir lorsqu'il est
« commandé pour marcher à l'ennemi.

« Art. 250. Est puni de mort, avec dégradation mili-
« taire, tout pillage ou dégât de denrées, marchandises
« ou effets, commis par des militaires en bandes, soit
« avec armes ou à force ouverte, soit avec violence
« envers les personnes.

« Art. 253. Est puni de mort, avec dégradation mili-
« taire, tout militaire qui détruit des moyens de dé-
« fense, approvisionnement ou armes, vivres, muni-
« tions, etc. »

« C'est un égal devoir pour le gouverneur de défendre Paris, qui va subir directement les épreuves d'un siége, et d'y maintenir l'ordre. Par les présentes dispositions, il associe à son effort tous les hommes de cœur et de bon vouloir dont le nombre est grand dans la cité.

« *Le président du gouvernement,*
gouverneur de Paris,

« Général TROCHU. »

Plus tard, à la séance de l'Assemblée nationale du 23 juin 1871, le général Trochu donna sur la bataille de Châtillon des explications qui méritent d'être relevées :

« Le 17 septembre, dit-il, les colonnes prussiennes, par un mouvement combiné, comme elles savent en faire, — ces cinq mots étaient un aveu d'infériorité, — arrivaient toutes ensemble sur Paris.

« Imaginez, messieurs, comme à ce moment l'armée de Bazaine et celle de Mac-Mahon se portant sur les têtes de colonnes prussiennes ou coupant sur leur direction les colonnes qui s'avançaient sur Paris, eussent agi victorieusement tous les quatre ou cinq jours! C'étaient là, messieurs, des opérations militaires du plus haut intérêt, et je le répète, car je l'ai déjà dit, je crois que le problème de la défense nationale eût été résolu.

« Le gros des colonnes prussiennes vint passer la Seine au sud de Paris et se dirigea sur Versailles, objectif naturellement désigné à l'ennemi à cause de l'importance de cette grande ville ouverte, si rapprochée de la capitale, désigné à l'ennemi à cause du fouillis inextricable de hauteurs, de vallées profondes, de bois, de villages, d'habitations isolées, de murs de clôture qui forment sa défense du côté de Paris.

« Cette colonne, qui s'avançait de Paris sur Versailles, longeait le plateau de Châtillon. Je n'avais que 85,000 hommes disponibles pour essayer de combattre; car il m'en fallait 100,000 pour la garde journalière des forts et des remparts de Paris; cependant, je sentais qu'il fallait agir, et, de concert avec mon énergique et habile collaborateur le général Ducrot, nous résolûmes de disputer le passage de Châtillon à la colonne qui s'acheminait vers Versailles.

Telle est, messieurs, l'origine du combat de Châtillon, où plus de la moitié de nos jeunes troupes ne purent soutenir le feu de l'artillerie prussienne, et lâchèrent pied, malgré les efforts énergiques du général en chef, de l'état-major, et de plusieurs corps qui persistèrent à combattre jusqu'à la nuit.

« La perte de Châtillon nous enfermait définitivement dans nos lignes et dans la défensive.

« Et maintenant vous allez être juges d'une des plus grandes vicissitudes du siége de Paris, et que personne n'a aperçue, je crois, jusqu'à présent. »

Le général Trochu ajoute :

« Nous étions enfermés dans la ville; nous avions à bénéficier de cette situation de défensive forcée pour instruire les 100,000 mobiles et les jeter dans les rangs. Cet effort dura six semaines; pour porter de 60 à 260 les bataillons de la garde nationale, les habiller, les équiper, les armer, l'effort dura trois mois.

« Eh bien, messieurs, pendant cet effort de six semaines destiné à former l'armée de Paris qui n'existait pas encore, destiné à compléter notre appareil défensif, pendant ces six semaines l'ennemi, avec 26,000 bras de soldats ou travailleurs requis, construisit ses lignes d'investissement que, plus tard, quand nous avons pu sortir de Paris, nous avons été impuissants à percer. Et l'ennemi, à son tour, par suite des travaux que, pendant le même espace de temps, nous avions multipliés dans Paris et autour de Paris, devint impuissant à entrer dans Paris, soit de vive force, soit par un siége régulier; de sorte que ces six semaines ont eu un double effet réciproque, qui a été, je le répète, de rendre Paris inabordable pour l'ennemi, et, de l'autre, les lignes de l'ennemi inabordables pour nous. »

Mais, dans le même discours du 23 juin 1871, le général Trochu avouait carrément que ce double effet réciproque de rendre Paris inabordable pour l'ennemi et, de l'autre, les lignes de l'ennemi inabordables pour nous, devait aboutir infailliblement à notre défaite :

« Messieurs, à la fin de septembre, alors que l'investissement était défini, mes collègues, qui n'étaient pas habitués à être investis, me mirent, comme on dit vulgairement, au pied du mur. Ils me sommèrent de dire ce que je pensais de l'entreprise. Ceux de mes collègues qui me tenaient ce langage étaient MM. Jules Favre et Ernest Picard. Je leur répondis — ils sont là pour m'entendre — ceci textuellement : « C'est, non pas une vérité, non pas un principe, mais un axiome militaire absolu qu'une ville de guerre, quelle qu'elle soit, qui n'est pas soutenue opportunément par une armée préexistante, tombe entre les mains de l'ennemi. Paris, avec ses deux millions d'habitants, ses besoins, ses intérêts, ses passions, Paris est une application bien plus saisissante que toute autre place de guerre de cet axiome; et comme il n'existe plus une seule armée française tenant la campagne, nous sommes réunis ici pour commettre ensemble une héroïque folie; mais, cette héroïque folie est absolument nécessaire pour sauver l'honneur de la France; elle est absolument nécessaire pour donner au monde, frappé de stupeur, le temps de se recueillir; car, je le dis ici, je l'ai dit alors, j'avais au fond de l'âme la pensée que l'Amérique se souviendrait des compagnons de Lafayette, que l'Angleterre se souviendrait d'Inkermann, que l'Italie se souviendrait de Solférino.

« On dira que c'est une naïveté. Je reconnais que

c'était une naïveté militaire, et cette naïveté militaire n'atteignait pas les peuples que j'ai cités, elle atteignait seulement leurs gouvernements.

« Eh bien ! cette naïveté militaire était peut-être plus respectable, et l'avenir montrera qu'elle était plus politique que l'indifférence où les gouvernements se sont renfermés dans nos malheurs. »

CHAPITRE VI

Voyage de Jules Favre à Ferrières. — Son rapport.

Le gouvernement de la défense nationale ne comptait donc nullement sur *l'héroïque folie de l'entreprise*; mais il avait foi dans les négociations diplomatiques; et nous pensons que Jules Favre dut le consulter avant d'écrire à M. de Bismark sa lettre du 18 septembre et de faire au château de Ferrières le fameux voyage dont il a pris soin de nous communiquer tous les détails.

Voici sa relation :

RAPPORT

DU MINISTRE DES AFFAIRES ÉTRANGÈRES AU GOUVERNEMENT DE LA DÉFENSE NATIONALE.

A MM. les membres du Gouvernemeut de la défense nationale.

Mes chers collègues,

L'union étroite de tous les citoyens, et particulièrement celle des membres du gouvernement, est plus que jamais une nécessité de salut public. Chacun de nos actes doit la cimenter. Celui que je viens d'accomplir de mon chef m'était inspiré par ce sentiment; il aura ce résultat. J'ai eu l'honneur de vous l'expliquer en détails. Cela ne suffit point. Nous sommes un gouvernement de publicité. Si, à l'heure de l'exécution, le secret est indispensable, le fait, une fois consommé, doit être entouré de la plus grande lumière. Nous ne sommes quelque chose que par l'opinion de nos concitoyens, il faut qu'elle nous juge à chaque heure, et pour nous juger elle a le droit de tout connaître.

J'ai cru qu'il était de mon devoir d'aller au quartier général des armées ennemies; j'y suis allé. Je vous ai rendu compte de la mission que je m'étais imposée à moi-même; je viens dire à mon pays les raisons qui m'ont déterminé, le but que je me proposais, celui que je crois avoir atteint.

Je n'ai pas besoin de rappeler la politique inaugurée par nous et que le ministre des affaires étrangères était plus particulièrement chargé de formuler. Nous sommes avant tout des hommes de paix et de liberté. Jusqu'au dernier moment nous nous sommes opposés à la guerre que le gouvernement impérial entreprenait dans un intérêt exclusivement dynastique, et quand ce gouvernement est tombé, nous avons déclaré persévérer plus énergiquement que jamais dans la politique de la paix.

Cette déclaration, nous la faisions quand, par la criminelle folie d'un homme et de ses conseillers, nos armées étaient détruites; notre glorieux Bazaine et ses vaillants soldats bloqués devant Metz; Strasbourg, Toul, Phalsbourg écrasés par les bombes; l'ennemi victorieux en marche sur notre capitale. Jamais situation ne fut plus cruelle; elle n'inspira cependant au pays aucune pensée de défaillance, et nous crûmes être son interprète fidèle en posant nettement cette condition : Pas un pouce de notre territoire, pas une pierre de nos forteresses.

Si donc, à ce moment où venait de s'accomplir un fait aussi considérable que celui du renversement du promoteur de la guerre, la Prusse avait voulu traiter sur les bases d'une indemnité à déterminer, la paix était faite. Elle eût été accueillie comme un immense bienfait; elle fût devenue un gage certain de réconciliation entre deux nations qu'une politique odieuse seule a fatalement divisées.

Nous espérions que l'humanité et l'intérêt bien entendus remporteraient cette victoire, belle entre toutes; car elle aurait ouvert une ère nouvelle, et les hommes d'Etat qui y auraient attaché leur nom auraient eu comme guides : la philosophie, la raison, la justice; comme récompense les bénédictions et la prospérité des peuples.

C'est avec ces idées que j'ai entrepris la tâche périlleuse que vous m'aviez confiée. Je devais tout d'abord me rendre compte des dispositions des cabinets européens et chercher à me concilier leur appui. Le gouvernement impérial l'avait complétement négligé, ou y avait échoué. Il s'est engagé dans la guerre sans une alliance, sans une négociation sérieuse; tout autour de lui était hostilité ou indifférence. Il recueillait ainsi le fruit amer d'une politique blessante pour chaque Etat voisin, par ses menaces ou ses prétentions.

A peine étions-nous à l'Hôtel de Ville qu'un diplomate, dont il n'est point encore opportun de révéler le nom, nous demandait à entrer en relations avec nous. Dès le lendemain, votre ministre recevait les représentants de toutes les puissances. La République des Etats-Unis, la République helvétique, l'Italie, l'Espagne, le Portugal reconnaissaient officiellement la République française. Les autres gouvernements autorisaient leurs agents à entretenir avec nous des rapports officieux qui nous permettaient d'entrer de suite en pourparlers utiles.

Je donnerais à cet exposé, déjà trop étendu, un développement qu'il ne comporte pas, si je racontais avec détail la courte, mais instructive histoire des négociations qui ont suivi. Je crois pouvoir affirmer qu'elle ne sera pas tout à fait sans valeur pour notre crédit moral.

Je me borne à dire que nous avons trouvé partout d'honorables sympathies. Mon but était de les grouper, et de déterminer les puissances signataires de la ligue des neutres à intervenir directement près de la Prusse en prenant pour base les conditions que j'avais posées. Quatre de ces puissances me l'ont offert; je leur en ai, au nom de mon pays, témoigné ma gratitude, mais je voulais le concours des deux autres. L'une m'a promis une action individuelle dont elle s'est réservé la liberté, l'autre m'a proposé d'être mon intermédiaire vis-à-vis de la Prusse. Elle a même fait un pas de plus : sur les instances de l'envoyé extraordinaire de la France, elle a bien voulu recommander directement mes démarches. J'ai demandé beaucoup plus, mais je n'ai refusé aucun concours, estimant que l'intérêt qu'on nous montrait était une force à ne pas négliger.

Cependant le temps marchait, chaque heure rapprochait l'ennemi. En proie à de poignantes émotions, je m'étais promis à moi-même de ne pas laisser commencer le siège de Paris sans essayer une démarche suprême, fussé-je seul à la faire. L'intérêt n'a pas besoin d'en être démontré.

La Prusse gardait le silence et nul ne consentait à l'interroger. Cette situation était intenable; elle permettait à notre ennemi de faire peser sur nous la responsabilité de la continuation de la lutte; elle nous condamnait à nous taire sur ses intentions. Il fallait en sortir. Malgré ma répugnance, je me déterminai à user des bons offices qui m'étaient offerts, et, le 10 septembre, un télégramme parvenait à M. de Bismark, lui demandant s'il voulait entrer en conversation sur des conditions de transaction. Une première réponse était une fin de non-recevoir tirée de l'irrégularité de notre gouvernement.

Toutefois, le chancelier de la Confédération du Nord n'insista pas, et me fit demander quelles garanties nous présentions pour l'exécution d'un traité. Cette seconde difficulté levée par moi, il fallait aller plus loin. On me proposa d'envoyer un courrier, ce que j'acceptai. En même temps, on télégraphiait directement à M. de Bismark, et le premier ministre de la puissance qui nous servait d'intermédiaire disait à notre envoyé extraordinaire que la France seule pouvait agir; il ajoutait qu'il serait à désirer que je ne reculasse pas devant une démarche au quartier général.

Notre envoyé, qui connaissait le fond de mon cœur, répondit que j'étais prêt à tous les sacrifices pour faire mon devoir, qu'il y en avait peu d'aussi pénibles que d'aller au travers des lignes ennemies chercher notre vainqueur, mais qu'il supposait que je m'y résignerais. Deux jours après, le courrier revenait. — Après mille obstacles, il avait vu le chancelier, qui lui avait dit être disposé volontiers à causer avec moi.

J'aurais voulu une réponse directe au télégramme de notre intermédiaire, elle se faisait attendre. L'investissement de Paris s'achevait. Il n'y avait plus à hésiter, je me résolus à partir.

Seulement il m'importait que pendant qu'elle s'accomplissait, cette démarche fût ignorée; je recommandai le secret et j'ai été douloureusement surpris en rentrant hier soir d'apprendre qu'il n'a pas été gardé. Une indiscrétion coupable a été commise. Un journal, l'*Électeur libre*, déjà désavoué par le gouvernement, en a profité; une enquête est ouverte, et j'espère pouvoir réprimer ce double abus.

J'avais poussé si loin le scrupule de la discrétion, que je l'ai observé même vis-à-vis de vous, mes chers collègues. Je ne m'y suis pas résolu sans un vif déplaisir. Mais je connaissais votre patriotisme et votre affection; j'étais sûr d'être absous. Je croyais obéir à une nécessité impérieuse. Une première fois je vous avais entretenus des agitations de ma conscience et je vous avais dit qu'elle ne serait en repos que lorsque j'aurais fait tout ce qui était humainement possible pour arrêter honorablement cette abominable guerre. Me rappelant la conversation provoquée par cette ouverture, je redoutais des objections, et j'étais décidé; d'ailleurs, je voulais en abordant M. de Bismark, être libre de tout engagement, afin d'avoir le droit de n'en prendre aucun. Je vous fais ces aveux sincères, je les fais au pays pour écarter de vous une responsabilité que j'assume seul. Si ma démarche est une faute, seul j'en dois porter la peine.

J'avais cependant averti M. le ministre de la guerre, qui avait bien voulu me donner un officier pour me conduire aux avant-postes. Nous ignorions la situation du quartier général. On le supposait à Gros-Bois. Nous nous acheminâmes vers l'ennemi par la porte de Charenton.

Je supprime tous les détails de ce douloureux voyage, pleins d'intérêt cependant, mais qui ne seraient point ici à leur place. Conduit à Villeneuve-Saint-Georges, où se trouvait le général en chef commandant le 6ᵉ corps, j'appris assez tard dans l'après-midi que le quartier général était à Meaux. Le général, des procédés duquel je n'ai qu'à me louer, me proposa d'y envoyer un officier porteur de la lettre suivante, que j'avais préparée pour M. de Bismark :

« Monsieur le Comte,

« J'ai toujours cru qu'avant d'engager sérieusement les hostilités sous les murs de Paris, il était impossible qu'une transaction honorable ne fût pas essayée. La personne qui a eu l'honneur de voir Votre Excellence, il y a deux jours, m'a dit avoir recueilli de sa bouche, l'expression d'un désir analogue. Je suis venu aux avant-postes me mettre à la disposition de Votre Excellence. J'attends qu'elle veuille bien me faire savoir comment et où je pourrai avoir l'honneur de conférer quelques instants avec elle.

« J'ai l'honneur d'être avec une haute considération,

« De Votre Excellence,

« Le très-humble et très-obéissant serviteur,

« JULES FAVRE.

« 18 septembre 1870. »

Nous étions séparés par une distance de 48 kilomètres. Le lendemain matin, à six heures, je recevais la réponse que je transcris :

« Je viens de recevoir la lettre que Votre Excellence a eu l'obligeance de m'écrire, et ce me sera extrêmement agréable si vous voulez bien me faire l'honneur de venir me voir, demain, ici, à Meaux.

« Le porteur de la présente, le prince Biron, veillera à ce que Votre Excellence soit guidée à travers nos lignes.

« J'ai l'honneur d'être, avec la plus haute considération, de Votre Excellence, le très-obéissant serviteur,

« DE BISMARK. »

A neuf heures, l'escorte était prête, et je partais avec elle. Arrivé près de Meaux vers trois heures de l'après-midi, j'étais arrêté par un aide de camp venant m'annoncer que le comte avait quitté Meaux avec le roi pour aller coucher à Ferrières. Nous nous étions croisés ; en revenant l'un et l'autre sur nos pas, nous devions nous rencontrer.

Je rebroussai chemin, et descendis dans la cour d'une ferme entièrement saccagée comme presque toutes les maisons que j'ai vues sur ma route. Au bout d'une heure, M. de Bismark m'y rejoignait. Il nous était difficile de causer dans un tel lieu. Une habitation, le château de la Haute-Maison, appartenant à M. le comte de Rillac, était à notre proximité ; nous nous y rendîmes. Et la conversation s'engagea dans un salon où gisaient des débris de toute nature.

Cette conversation, je voudrais vous la rapporter tout entière, telle que le lendemain je l'ai dictée à un secrétaire. Chaque détail y a son importance. Je ne puis ici que l'analyser.

J'ai tout d'abord précisé le but de ma démarche. Ayant fait connaître par ma circulaire les intentions du gouvernement français, je voulais savoir celles du premier ministre prussien. Il me semblait inadmissible que deux nations continuassent, sans s'expliquer préalablement, une guerre terrible qui, malgré ses avantages, infligeait au vainqueur des souffrances profondes. Née du pouvoir d'un seul, cette guerre n'avait plus de raison d'être, quand la France redevenait maîtresse d'elle-même ; je me portais garant de son amour pour la paix, en même temps que de sa résolution inébranlable de n'accepter aucune condition qui ferait de cette paix une courte et menaçante trêve.

M. de Bismark m'a répondu que, s'il avait la conviction qu'une pareille paix fût possible, il la signerait de suite. Il a reconnu que l'opposition avait toujours condamné la guerre. Mais le pouvoir que représente aujourd'hui l'opposition est plus que précaire. Si, dans quelques jours, Paris n'est pas pris, il sera renversé par la populace.

Je l'ai interrompu vivement pour lui dire que nous n'avions pas de populace à Paris, mais une population intelligente, dévouée, qui connaissait nos intentions et qui ne se ferait pas complice de l'ennemi en entravant notre mission de défense. Quant à notre pouvoir, nous étions prêts à le déposer entre les mains de l'assemblée déjà convoquée par nous.

« Cette assemblée, a repris le comte, aura les desseins que rien ne peut nous faire pressentir. Mais si elle obéit au sentiment français, elle voudra la guerre. Vous n'oublierez pas plus la capitulation de Sedan que Waterloo, que Sadowa qui ne vous regardait pas. » Puis il a insisté longuement sur la volonté bien arrêtée de la nation française d'attaquer l'Allemagne et de lui enlever une partie de son territoire. Depuis Louis XIV jusqu'à Napoléon III, ses tendances n'ont pas changé, et quand la guerre a été commencée, le Corps législatif a couvert les paroles du ministre d'acclamations.

Je lui ai fait observer que la majorité du Corps législatif avait, quelques semaines avant, acclamé la paix ; que cette majorité, choisie par le prince, s'était malheureusement crue obligée de lui céder aveuglément, mais que, consultée deux fois, aux élections de 1869 et au vote du plébiscite, la nation avait énergiquement adhéré à une politique de paix et de liberté.

La conversation s'est prolongée sur ce sujet, le comte maintenant son opinion, alors que je défendais la mienne ; et comme je le pressais vivement sur ses conditions, il m'a répondu nettement que la sécurité de son pays lui commandait de garder le territoire qui la garantissait. Il m'a répété plusieurs fois :

—Strasbourg est la clef de ma maison, je dois l'avoir. Je l'ai invité à être plus explicite encore.

— C'est inutile, objectait-il, puisque nous ne pouvons nous entendre, c'est une affaire à régler plus tard.

Je l'ai prié de le faire de suite ; il m'a dit alors que les deux départements du Bas et du Haut-Rhin, une partie de celui de la Moselle, avec Metz, Château-Salins et Soissons, lui étaient indispensables, et qu'il ne pouvait y renoncer.

Je lui ai fait observer que l'assentiment des peuples dont il disposait ainsi était plus que douteux, et que le droit public européen ne lui permettait pas de s'en passer. « Si fait, m'a-t-il répondu. Je sais fort bien qu'ils ne veulent pas de nous. Ils nous imposeront une rude corvée ; mais nous ne pouvons pas ne pas les prendre. Je suis sûr que dans un temps prochain nous aurons une nouvelle guerre avec ces mêmes avantages. Nous voulons la faire avec tous nos avantages. »

Je me suis récrié, comme je le devais, contre de telles

Affaire de Châtillon.

solutions. J'ai dit qu'on me paraissait oublier deux éléments importants de discussion : l'Europe, d'abord, qui pourrait bien trouver ces prétentions exorbitantes, et y mettre obstacle; le droit nouveau ensuite, le progrès des mœurs, entièrement antipathique à de telles exigences. J'ai ajouté que, quant à nous, nous ne les accepterions jamais. Nous pouvions périr comme nation, mais non nous déshonorer; d'ailleurs, le pays seul était compétent pour se prononcer sur une cession territoriale. Nous ne doutons pas de son sentiment, mais nous voulons le consulter. C'est donc vis-à-vis de lui que se trouve la Prusse. Et, pour être net, il est clair qu'entraînée par l'enivrement de la victoire, elle veut la destruction de la France.

Le comte a protesté, se retranchant toujours derrière des nécessités absolues de garantie nationale. J'ai poursuivi : « Si ce n'est pas de votre part un abus de la force, cachant de secrets desseins, laissez-nous réunir l'as-

semblée; nous lui remettrons nos pouvoirs, elle nommera un gouvernement définitif qui appréciera vos conditions.

— Pour l'exécution de ce plan, m'a répondu le comte, il faudrait un armistice, et je n'en veux à aucun prix. »

La conversation prenait une tournure de plus en plus pénible. Le soir venait. Je demandai à M. de Bismark un second entretien à Ferrières où il allait coucher, et nous partîmes chacun de notre côté.

Voulant remplir ma mission jusqu'au bout, je devais revenir sur plusieurs des questions que nous avions traitées, et conclure.

Ainsi, en abordant le comte vers neuf heures et demie du soir, je lui fis observer que les renseignements que j'étais venu chercher près de lui, étant destinés à être communiqués à mon gouvernement et au public, je résumerais en terminant notre conversation, pour n'en publier que ce qui serait bien arrêté entre nous. « Ne prenez pas cette peine, me répondit-il, je vous la livre tout entière, je ne vois aucun inconvénient à sa divulgation. » Nous reprîmes alors la discussion qui se prolongea jusqu'à minuit. J'insistai particulièrement sur la nécessité de convoquer une assemblée. Le comte parut se laisser peu à peu convaincre et revint à l'armistice. Je demandai quinze jours. Nous discutâmes les conditions. Il ne s'en expliqua que d'une manière très-incomplète, se réservant de consulter le roi. En conséquence, il m'ajourna jusqu'au lendemain onze heures.

Je n'ai plus qu'un mot à dire; car, en reproduisant ce douloureux récit, mon cœur est agité de toutes les émotions qui l'ont torturé pendant ces trois mortelles journées, et j'ai hâte de finir. J'étais au château de Ferrières à onze heures. Le comte sortit de chez le roi à midi moins le quart, et j'entendis de lui les conditions qu'il mettait à l'armistice : elles étaient consignées dans un texte écrit en langue allemande et dont il m'a donné communication verbale.

Il demandait pour gage l'occupation de Strasbourg, de Toul et de Phalsbourg, et comme, sur sa demande, j'avais dit la veille que l'assemblée devrait être réunie à Paris, il voulait, dans ce cas, avoir un fort dominant la ville... celui du Mont-Valérien, par exemple...

Je l'ai interrompu pour lui dire : « Il est bien plus simple de nous demander Paris. Comment voulez-vous admettre qu'une assemblée française délibère sous votre canon! J'ai eu l'honneur de vous dire que je transmettrais fidèlement notre entretien au gouvernement; je ne sais vraiment si j'oserai lui dire que vous m'avez fait une telle proposition.

— Cherchons une autre combinaison, » m'a-t-il répondu. Je lui ai parlé de la réunion de l'assemblée à Tours, en ne prenant aucun gage du côté de Paris.

Il m'a proposé d'en parler au roi, et, revenant sur l'occupation de Strasbourg, il a ajouté : « La ville va tomber entre nos mains, ce n'est plus qu'une affaire de calcul d'ingénieur. Aussi je vous demande que la garnison se rende prisonnière de guerre. »

A ces mots j'ai bondi de douleur, et me levant je me suis écrié : « Vous oubliez que vous parlez à un Français, monsieur le comte. Sacrifier une garnison héroïque qui fait notre admiration et celle du monde serait une lâcheté, et je ne vous promets pas de dire que vous m'avez posé une telle condition. »

Le comte m'a répondu qu'il n'avait pas l'intention de me blesser, qu'il se conformait aux lois de la guerre; qu'au surplus, si le roi y consentait, cet article pourrait être modifié.

Il est rentré au bout d'un quart d'heure. Le roi acceptait la combinaison de Tours, mais insistait pour que la garnison de Strasbourg fût prisonnière.

J'étais à bout de forces et craignis un instant de défaillir. Je me retournais pour dévorer les larmes qui m'étouffaient, et, m'excusant de cette faiblesse involontaire, je prenais congé par ces simples paroles :

« Je me suis trompé, monsieur le comte, en venant ici ; je ne m'en repens pas : j'ai assez souffert pour m'excuser à mes propres yeux; d'ailleurs je n'ai cédé qu'au sentiment de mon devoir. Je reporterai à mon gouvernement tout ce que vous m'avez dit, et, s'il juge à propos de me renvoyer près de vous, quelque cruelle que soit cette démarche, j'aurai l'honneur de revenir. Je vous suis reconnaissant de la bienveillance que vous m'avez témoignée, mais je crains qu'il n'y ait plus qu'à laisser les événements s'accomplir.

« La population de Paris est courageuse et résolue aux derniers sacrifices; son héroïsme peut changer le cours des événements. Si vous avez l'honneur de la vaincre, vous ne la soumettrez pas. La nation tout entière est dans les mêmes sentiments. Tant que nous trouverons en elle un élément de résistance, nous vous combattrons. C'est une lutte indéfinie entre deux peuples qui devraient se tendre la main. J'avais espéré une autre solution. Je pars bien malheureux et néanmoins plein d'espoir. »

Je n'ajoute rien à ce récit, trop éloquent par lui-même. Il me permet de conclure et de vous dire quelle est à mon sens la portée de ces entrevues. Je cherchais la paix, j'ai rencontré une volonté inflexible de conquête et de guerre. Je demandais la possibilité d'interroger la France représentée par une assemblée librement élue, on m'a répondu en me montrant les fourches Caudines sous lesquelles elle doit préalablement passer. Je ne récrimine point. Je me borne à constater les faits, à les signaler à mon pays et à l'Europe.

J'ai voulu ardemment la paix, je ne m'en cache pas; et, en voyant pendant trois jours la misère de nos campagnes infortunées, je sentais grandir en moi cet amour avec une telle violence, que j'étais forcé d'appeler tout mon courage à mon aide pour ne pas faillir à ma tâche.

J'ai désiré non moins vivement un armistice, je l'avoue encore ; je l'ai désiré, pour que la nation pût être consultée sur la redoutable question que la fatalité pose devant nous.

Vous connaissez maintenant les conditions préalables qu'on prétend nous faire subir. Comme moi, et sans discussion, vous avez été unanimement d'avis qu'il fallait en repousser l'humiliation. J'ai la conviction profonde que, malgré les souffrances qu'elle endure et celles qu'elle prévoit, la France indignée partage notre résolution, et c'est de son cœur que j'ai cru m'inspirer en écrivant à M. de Bismark la dépêche suivante, qui clôt cette négociation :

« Monsieur le comte,

« J'ai exposé fidèlement à mes collègues du Gouvernement de la défense nationale la déclaration que Votre Excellence a bien voulu me faire. J'ai le regret de faire connaître à Votre Excellence que le Gouvernement n'a pu admettre vos propositions. Il accepterait un armistice ayant pour objet l'élection et la réunion d'une assemblée nationale. Mais il ne peut souscrire aux conditions auxquelles Votre Excellence le subordonne.

« Quant à moi, j'ai la conscience d'avoir tout fait pour que l'effusion de sang cessât, et que la paix fût rendue à nos deux nations, pour lesquelles elle serait un grand bienfait. Je ne m'arrête qu'en face d'un devoir impérieux m'ordonnant de ne pas sacrifier l'honneur de mon pays déterminé à résister énergiquement. Je m'associe sans réserve à son vœu ainsi qu'à celui de mes collègues. Dieu, qui nous juge, décidera de nos destinées. J'ai foi dans sa justice.

« J'ai l'honneur d'être, Monsieur le comte,
« De Votre Excellence,
« Le très-humble et très-obéissant serviteur,
« JULES FAVRE. »

21 septembre 1870.

J'ai fini, mes chers collègues, et vous penserez comme moi que, si j'ai échoué, ma mission n'aura pas été cependant tout à fait inutile. Elle a prouvé que nous n'avons pas dévié. Comme les premiers jours, nous maudissons une guerre par nous condamnée à l'avance; comme les premiers jours aussi, nous l'acceptons plutôt que de nous déshonorer. Nous avons fait plus; nous avons tué l'équivoque dans laquelle la Prusse s'enfermait et que l'Europe ne nous aidait pas à dissiper.

En entrant sur notre sol, elle a donné au monde sa parole qu'elle attaquait Napoléon et ses soldats, mais qu'elle respectait la nation. Nous savons aujourd'hui ce qu'il faut en penser. La Prusse exige trois de nos départements, deux villes fortes, l'une de cent, l'autre de soixante-quinze mille âmes, huit à dix autres également fortifiées. Elle sait que les populations qu'elle veut nous ravir la repoussent; elle s'en saisit néanmoins, opposant le tranchant de son sabre aux protestations de leur liberté civique et de leur dignité morale.

A la nation qui demande la faculté de se consulter elle-même elle propose la garantie de ses obusiers établis au Mont-Valérien et protégeant la salle des séances où nos députés voteront. Voilà ce que nous savons et ce qu'on m'a autorisé à vous dire. Que le pays nous entende et qu'il se lève, ou pour nous désavouer quand nous lui conseillons de résister à outrance, ou pour subir avec nous cette dernière et décisive épreuve! Paris y est résolu.

Les départements s'organisent et vont venir à son secours. Le dernier mot n'est pas dit dans cette lutte où maintenant la force se rue contre le droit. Il dépend de notre constance qu'il appartienne à la justice et à la liberté.

Agréez, mes chers collègues, le fraternel hommage de mon inaltérable dévouement.

Le vice-président du Gouvernement de la défense, nationale, ministre des affaires étrangères,
JULES FAVRE.

Paris, ce 21 septembre 1870.

CHAPITRE VII

Démarches des chefs de bataillon de la garde nationale. — Le Comité central. — Séance à l'Alcazar. — Explications de Jules Ferry sur la Commune. — *Ni un pouce de notre territoire!* — Note diplomatique. — Le 21 septembre. — Visite à l'Hôtel de Ville. — La statue de Strasbourg. — Ordre contre les manifestations. — Le club des Folies-Bergères. — Gustave Flourens.

Avant la publication du rapport de Jules Favre le bruit du voyage à Ferrière s'était répandu, et la population ne s'associait nullement à la supplique de l'avocat. Dans l'après-midi du 20 septembre plusieurs chefs de bataillon de la garde nationale se rendirent à l'Hôtel de Ville, pour obtenir des explications sur les conjectures qu'avait suscitées le départ de Jules Favre.

Ils protestaient énergiquement contre toute idée d'arrangement pacifique avec la Prusse, déclarant qu'ils entendaient se battre et que rien ne saurait les en empêcher. Ils demandaient :

Qu'aucune motion de paix ni d'armistice ne fût faite par le gouvernement français, traitant en face d'un camp de l'armée prussienne.

Que non-seulement on ne cédât *ni un pouce de notre territoire, ni une pierre de nos forteresses* suivant la circulaire même de Jules Favre, mais qu'on ne consentît à aucune rançon d'argent, à aucune indemnité de guerre.

Qu'aucun traité de paix ne pût être signé que sur la base de l'évacuation complète du territoire français.

Que les élections fixées au 2 octobre, dans l'expectative de former une Constituante, fussent renvoyés jusqu'après la paix.

Mais que le gouvernement provisoire, ayant besoin d'un concours matériel et moral, il fût procédé à Paris aux élections d'une Commune.

Qu'au sein de cette Commune on choisît des membres qui seraient envoyés en qualités de commissaires du gouvernement en province, avec ordre de soulever les départements et d'opérer la levée en masse des citoyens.

Moyennant cette série de mesures, les citoyens chefs de bataillon juraient tous de mourir pour la République, et répondaient des bataillons rangés sous leurs ordres.

Les chefs de bataillon furent reçus par Jules Ferry, secrétaire du gouvernement, qui leur promit de transmettre leurs protestations à qui de droit.

Dans la soirée se réunit à l'Alcazar le comité central, constitué par les vingt comités d'arrondissement de Paris, et qui portait dans ses flancs ce terrible engin de discorde dont la formule définitive s'appela la Commune.

Les membres étaient au nombre de deux cent trente, qui presque tous, au milieu de dissensions civiles, ont acquis une triste notoriété.

Le bureau, présidé par M. Lefrançais, vérifia les pouvoirs des délégués.

MM. Longuet, Jules Vallès, Ranvier, Grenier, Vertut, Leverday, Chemalé, prirent part à une discussion à la suite de laquelle tous les délégués furent admis.

Puis, sur la motion de Chassin, furent adoptés à l'unanimité ces quatre articles :

I. La République ne peut pas traiter avec l'ennemi qui occupe son territoire.

II. Paris est résolu à s'ensevelir sous ses ruines plutôt que de se rendre.

III. La levée en masse sera immédiatement décrétée dans Paris et les départements, ainsi que la réquisition générale de tout ce qui peut être utilisé pour la défense du pays et la subsistance de ses défenseurs.

IV. La remise immédiate entre les mains de la Commune de Paris de la police municipale. En conséquence, suppression de la préfecture de police.

Un cinquième article, qui obtint, non l'unanimité, mais la simple majorité des suffrages, était ainsi conçu :

L'élection rapide des membres de la Commune. Cette Commune se composera d'un membre à raison de dix mille habitants.

Il est arrêté que les résolutions ci-dessus seront portées par voie d'affichage à la connaissance de la population de Paris, et seront en même temps notifiées au gouvernement provisoire par une commission composée de vingt délégués choisis dans les arrondissements de Paris.

Il est encore arrêté par l'assemblée que chaque citoyen devra veiller en armes au maintien des affiches.

Le lendemain, les délégués se rendirent à l'Hôtel de Ville, et interpellèrent l'infatigable Jules Ferry sur les trois points suivants :

I. Le gouvernement provisoire a-t-il ou non l'intention de traiter avec la Prusse, ainsi que l'indiquent et la circulaire de Jules Favre du 19 septembre et un article de l'*Électeur libre* du 21, portant pour titre l'*Armistice?*

II. Le gouvernement provisoire accédera-t-il à la volonté populaire de supprimer la préfecture de police, et de remettre à la Commune de Paris le soin d'organiser la police ?

III. Elira-t-on une Commune de Paris ?

Sur le premier point, Jules Ferry donna l'assurance, tant en son nom qu'en celui des hommes alors au pouvoir, que le gouvernement ne traiterait à aucun prix avec la Prusse, et qu'à la seule énergie de Paris serait confiée la mission de sauver la patrie et la République. Le citoyen* Ferry ajouta que le gouvernement désavouait absolument l'article de l'*Électeur libre.*

Sur le second, il dit qu'à ses yeux il n'appartenait pas au gouvernement de supprimer la préfecture de police; mais que d'ailleurs la municipalité de Paris, une fois constituée, agirait comme bon lui semblerait. En ce qui concernait l'élection de la Commune de Paris, Jules Ferry répondit qu'il ne pensait pas que les élections pussent être faites avant le 28. Quant au nombre des membres qui la devraient composer, il pourrait être augmenté; mais en conservant la répartition égale entre les arrondissements, sans tenir compte de la proportionnalité de leurs habitants.

Les délégués jugèrent convenable de concéder ce point à M. Ferry, surtout après la réponse nette et précise qu'ils avaient reçue quant à l'intention du gouvernement de poursuivre la guerre à outrance.

Le procès-verbal de la conférence fut signée par MM. Beslay, Camélinat, Charles-Louis Chassin, Eugène Châtelain, Auguste Claris, Cornu, Dupas, E. Duval, Johannard, P. Laujallez, G. Lefrançais, Longuet, L. Michel, Mollin, G. Pagnerre, J.-B. Perrin, P. Ranvier, E. Roy, Toussaint, Vertut.

Pour dissiper l'impression fâcheuse qu'avait pu produire la démarche de Jules Favre sur l'opinion, le Gouvernement de la défense nationale manifesta derechef à plusieurs reprises l'intention de lutter à outrance. « On a répandu, disait-il dans une proclamation du 20 septembre, le bruit que le gouvernement songeait à abandonner la politique pour laquelle il a été placé au poste de l'honneur et du péril. Cette politique est celle qui se formule en ces termes : *ni un pouce de notre territoire, ni une pierre de nos forteresses*; le gouvernement la maintiendra jusqu'à la fin. »

Une note corrélative portait :

« Avant que le siège de Paris commençât, le ministre des affaires étrangères a voulu connaître les intentions de la Prusse, jusque-là silencieuse.

« Nous avions proclamé hautement les nôtres le lendemain de la révolution du 4 septembre.

« Sans haine contre l'Allemagne, ayant toujours condamné la guerre que l'empereur lui a faite dans un intérêt exclusivement dynastique, nous avons dit : Arrêtons cette lutte barbare qui décime les peuples au profit de quelques ambitieux. Nous acceptons des conditions équitables. Nous ne cédons ni un pouce de notre territoire, ni une pierre de nos forteresses. La Prusse répond à ces ouvertures en demandant à garder l'Alsace et la Lorraine par droit de conquête. Elle ne consentirait même pas à consulter les populations; elle veut en disposer comme d'un troupeau. Et quand elle est en présence de la convocation d'une assemblée qui constituera un pouvoir définitif et votera la paix ou la guerre, la Prusse demande comme condition préalable d'un armistice l'occupation des places assiégées, le fort du Mont-Valérien et la garnison de Strasbourg prisonnière de guerre. Que l'Europe soit juge! Pour nous, l'ennemi s'est dévoilé. Il nous place entre le devoir et le déshonneur; notre choix est fait.

« Paris résistera jusqu'à la dernière extrémité. Les départements viendront à son secours, et, Dieu aidant, la France sera sauvée. »

A l'occasion de l'anniversaire de la fondation de la première république, Léon Gambetta, ministre de l'intérieur, s'efforça de stimuler l'ardeur de la génération nouvelle, en lui citant l'exemple des hommes de 1792.

« Citoyens, leur dit-il, c'est aujourd'hui le 21 septembre.

« Il y a soixante-dix-huit ans, à pareil jour, nos pères fondaient la République, et se juraient à eux-mêmes, en face de l'étranger qui souillait le sol sacré de la patrie, de vivre libres ou de mourir en combattant.

« Ils ont tenu leur serment; ils ont vaincu, et la République de 1792 est restée dans la mémoire des hommes comme le symbole de l'héroïsme et de la grandeur nationale.

« Le gouvernement installé à l'Hôtel de Ville aux cris enthousiastes de : Vive la République! ne pouvait laisser passer ce glorieux anniversaire sans le saluer comme un grand exemple.

« Que le souffle puissant qui animait nos devanciers passe sur nos âmes, et nous vaincrons.

« Honorons aujourd'hui nos pères, et demain sachons comme eux forcer la victoire en affrontant la mort.

« Vive la France! Vive la République! »

Il fut résolu à l'Hôtel de Ville que les élections pour l'assemblée constituante auraient lieu le 2 octobre, au lieu du 16 d'abord fixé. Le ministre des affaires étrangères expliqua, dans un circulaire, que cette résolution était une réponse au *communiqué* de Reims. Il s'agissait d'ôter au roi de Prusse le prétexte qu'il ne pouvait pas traiter avec un pouvoir irrégulier, et de constituer solidement une Assemblée nationale émanée du suffrage universel; mais l'effervescence qui dominait dans Paris les esprits ne permit pas de réaliser ces intentions.

Dans la soirée du 20, une députation d'officiers de la garde nationale était venue à l'Hôtel de Ville solliciter une seconde audience. Rendez-vous fut pris avec elle pour le lendemain, et le 21, à deux heures environ, deux mille gardes nationaux venaient sans armes se ranger devant l'Hôtel. Quarante chefs de bataillons et dix capitaines y furent reçus comme délégués par M. Étienne Arago, maire de Paris, et MM. Jules Ferry, Jules Simon et Rochefort, membres du gouvernement.

M. Lermina prit d'abord la parole pour demander qu'on reculât l'époque des élections : en ce moment on se bat avec des balles, et non à coup de bulletins.

M. Crevat dit que le peuple voulait qu'on ne cédât aux Prussiens ni un écu ni un pouce de terre. Il demanda des réformes dans les administrations et la levée en masse.

Un autre citoyen exprima le vœu qu'on s'occupât de faire des barricades.

Rochefort répondit qu'on s'était déjà occupé de ce dernier point, et que dès ce soir on commençait des barricades.

« Une commission spéciale, dit Jules Simon, a été créée, dont Rochefort est président, c'est-à-dire qu'elle sera dévouée aux intérêts pressants de la France et de la République. Maintenant je veux répondre à nos autres amis.

« Nous sommes un gouvernement de défense et non de capitulation (applaudissements). C'est à la volonté du peuple que nous devons notre pouvoir, c'est dans cette souveraineté que nous voulons nous retremper, et c'est pourquoi nous sommes allés au-devant des désirs d'élection.

« Aujourd'hui nous entendons le canon de l'ennemi contre lequel il faut lutter à outrance, avant de s'occuper de toutes les considérations, souvent mesquines, qu'entraîne la lutte électorale. Toute la journée, hier, nous avons délibéré sur ces questions. Vous nous apportez un puissant argument, et dans quelques heures nous serons réunis pour peser vos paroles.

« Nous voulons avant tout obéir à la volonté du peuple librement manifestée. Un mot avant finir : de tous temps le peuple de Paris a donné l'exemple des grands dévouements.

« Aujourd'hui, jurons que nous laisserons nos cadavres sur les remparts que nous devons défendre. (Bruyants applaudissements.) Portez sur la place ces cris auxquels nous ferons écho : « Vive l'union ! vive la République ! vaincre ou mourir ! »

Étienne Arago demanda la permission d'ajouter quelques mots : « j'ai eu, dit-il, l'insigne honneur d'être à deux reprises acclamé maire de Paris ; j'ai accepté le poste, parce que le péril était grand. Vous le savez tous, jamais Étienne Arago ne présentera aux Prussiens les clefs de la ville.

« Il faut que notre ville soit une nouvelle Saragosse, ou, si notre courage est déçu, moi-même prendrai les torches pour en faire un Moscou ! »

Ces paroles furent accueillies par d'unanimes bravos et, après quelques mots de M. Lermina, qui insista sur la question de retard des élections, M. Jules Ferry parla à son tour : « Nous jurons, dit-il, de ne pas céder ; nous ne sommes pas un gouvernement de paix, mais un gouvernement de guerre à mort contre l'envahisseur et pour la République, et nous faisons tous serment de mourir pour notre mandat. »

Les délégués se retirèrent alors pour aller rapporter les réponses du gouvernement à leurs mandants, et la manifestation ne tarda pas à se séparer aux cris mille fois répétés de : Vive la République.

Vers la même heure, les 22e et 77e bataillons, ayant leurs fusils décorés de feuillage, de fleurs ou d'immortelles, défilaient devant la statue de Strasbourg sur la place de la Condorde. Les tambours battaient aux champs; les cris de Vive la République! Vive Strasbourg! retentissaient; les couronnes s'entassaient sur le piédestal.

Pendant le défilé, un homme de la 1re compagnie du 52e a l'idée de lancer en l'air le bouquet qui orne son fusil; tous imitent son exemple, et pendant tout le passage du bataillon, ce n'est qu'une pluie de fleurs qui tombe sur la statue.

Une compagnie du 59e vint ensuite: le capitaine prononça une chaleureuse allocution; une quête fut faite en faveur des blessés. On ne se contenta plus de bouquets, on plaça sur la statue des hommages écrits; on y vit celui des enfants de la typographie, des infirmières parisiennes, etc. Autour du piédestal, étaient collées des petites affiches, toutes en l'honneur du brave général Uhrich et de la ville de Strasbourg. Inutile de dire que ces hommages, la plupart en vers, étaient beaucoup plus éloquents par leur élan patriotique que par leurs qualités poétiques.

Toutes patriotiques que fussent ces manifestations, le général Trochu crut devoir les modérer par un ordre spécial.

ORDRE.

Des groupes de la garde nationale, quelques-uns sous le commandement de leurs officiers, se sont livrés ces jours-ci à des manifestations dont le caractère essentiellement pacifique n'a pas troublé l'ordre dans Paris.

Mais à ce moment-là même l'ennemi, dont les principales concentrations sont effectuées, construisait des batteries à portée de nos forts, qui ouvraient le feu contre ces travaux. Le siége est donc commencé, nous avons des blessés et des morts; ce matin même, un vif engagement a eu lieu en avant de Villejuif. La place de tous est sur les remparts ou dans les réserves, et ceux-là mêmes qui ne sont commandés pour aucun service doivent se tenir dans leurs quartiers respectifs, prêts à répondre à l'appel de la défense.

Ce n'est pas l'heure assurément des promenades à travers la ville, de ces manifestations qui portent atteinte au principe militaire et font un pénible contraste avec la gravité de la situation où est le pays.

Nous avons à présent d'impérieux et pressants devoirs, qui dominent de bien haut toutes les préoccupations politiques, et je veux les résumer en quelques mots :

Il faut être au combat ou prêt pour le combat.

Le président du Gouvernement, gouverneur de Paris,

GÉNÉRAL TROCHU.

Cet ordre fut corroboré par l'ordre du jour suivant du général Tamisier, commandant supérieur des gardes nationales.

ORDRE DU JOUR.
Garde nationale de Paris.

Gardes nationaux de la Seine,

Un décret du Gouvernement de la défense nationale a paru hier pour fixer les bases de la discipline dans la garde nationale, qui forme maintenant une armée appelée au service de guerre. Par votre attitude énergique et par votre dévouement, au niveau de toutes les obligations les plus dures de la vie militaire, vous avez, depuis que la République a été fondée, donné l'exemple d'une armée de plus de trois cent mille citoyens conservant l'union et la paix dans son propre sein et dans la cité, sans que les chefs aient été contraints de punir.

Quelques actes isolés d'insubordination, qu'ont déterminés la rapidité de l'organisation de vos bataillons et les difficultés du moment, ont été réprimés par vos propres efforts à la voix de vos chefs.

Mais pour conserver cette organisation si promptement formée, il ne faut pas y laisser pénétrer des germes de dissolution, il ne faut pas qu'au moment où vous avez à combattre, à repousser l'ennemi, vous ayez à détourner vos forces vers un autre but. Vous êtes une armée constituée pour la défense de la République française; pour rester soldats et pour vaincre, il faut obéir aux ordres des chefs, aux lois du pays.

Le décret rendu hier par le Gouvernement de la défense nationale est la loi du pays, la loi de la garde nationale, la loi de Paris, cœur de la France.

Les républiques ne durent que par le respect des lois.

Dans la soirée du 23, Jules Lermina rendit compte au club des Folies-Bergères de la mission des délégués de la garde nationale. Il ajouta, au milieu des applaudissements, qu'il ne pouvait plus être question maintenant d'attaquer le gouvernement ni même de critiquer ses actes; que satisfaction ayant été accordée aux demandes relatives à la défense nationale et aux élections, il ne restait plus qu'à se serrer autour du gouvernement et à lui prêter un concours ardent et dévoué; que les paroles n'étaient plus de saison, et que, pour sa part, il renonçait, à dater de ce soir, à provoquer des réunions publiques et à y parler; que demain peut-être on entendrait tonner le canon des remparts, et que la place de tous les bons citoyens était désormais non dans les réunions publiques, mais aux fortifications.

D'immenses acclamations répondirent à ces paroles, après lesquelles la réunion fut levée.

C'était le même langage qu'avait tenu dans la matinée Gustave Flourens, à Belleville. Après avoir félicité les soldats de son bataillon de leur tenue et de leurs progrès militaires, il leur dit :

« Il faut maintenant que rien ne vienne vous distraire de vos travaux. Nous ne devons avoir qu'un seul objectif : chasser le Prussien. Évitez donc de vous mêler à ces manifestations stériles, qui ne peuvent avoir qu'un seul résultat : entraver le gouvernement et gêner la défense.

« La politique viendra plus tard; en ce moment elle ne pourrait que causer des dissensions profitables à l'ennemi et perdre la République.

« Vous voulez la conserver, n'est-ce pas ? Eh bien! tous vos efforts ne seront pas de trop : le temps des discussions est passé; ne faisons qu'un et ne songeons qu'à frapper l'ennemi. »

Ces paroles furent couvertes d'applaudissements enthousiastes.

CHAPITRE VIII

Les fortifications de Paris. — Progrès de l'investissement.— Rapports officiels.

Si les mouvements patriotiques de la population avaient été centralisés par une direction intelligente, ils auraient abouti à des résultats d'autant meilleurs que l'ensemble des fortifications de Paris offrait à la défense le point d'appui le plus imposant.

Le but que l'on s'était proposé dans leur construction c'était d'empêcher un bombardement immédiat des assiégeants, de les tenir à distance, et d'avoir, en même temps, un vaste espace disponible pour y établir soit des campements, soit des magasins.

Dès le dix-septième siècle, le maréchal de Vauban avait eu l'idée de faire deux enceintes, dont la seconde eût été très-éloignée de l'autre. En 1841, lorsque le plan des fortifications fut discuté, le plan de Vauban fut remis sur le tapis ; mais on l'écarta en raison des obstacles qu'il pouvait présenter à la circulation considérable dont une grande capitale est le centre.

La loi relative aux fortifications fut présentée à la Chambre des députés le 12 décembre 1840.

Sur le rapport de M. Thiers, un crédit de 140 millions fut accordé pour leur exécution, le 13 janvier 1841, par 239 voix contre 162. La Chambre des pairs vota la loi, le 1er avril, par 149 voix contre 85.

La construction dura trois ans; mais, depuis, des travaux ultérieurs ont nécessité de nouvelles dépenses; des améliorations, des additions importantes ont été réalisées.

Les fortifications de Paris se composaient en septembre 1870, et se composent encore, à la fin de 1871,

d'une enceinte continue de 36 kilom., avec quatre-vingt-quatorze fronts, qui comprennent vingt-six bastions à angles obtus, reliés les uns aux autres par des courtines. Les murs des remparts, épais de 3 m. 30, en moellons et en mortier hydraulique, sont revêtus d'un parement de pierres meulières. Presque tous les fronts de l'enceinte sont en ligne droite, et comme notre ami Adolphe Joanne l'a fait observer dans un de ses guides, d'après un axiome bien connu en fortification, une suite de fronts en ligne droite est inattaquable.

Une ceinture de forts détachés complète l'ensemble défensif. Si nous en commençons l'examen du côté du Nord, nous y trouvons d'abord la couronne de la Briche, la double couronne du Nord, la lunette de Stains, le fort de l'Est, destinés à défendre la ville de Saint-Denis et la rive droite de la Seine.

Viennent ensuite, au nord-est de la route de Lille, le fort d'Aubervilliers, qui a la forme d'un pentagone irrégulier bastionné ; puis, au Sud, le fort de Romainville, au sommet du plateau qui s'étend jusqu'à Vincennes.

Le fort de Noisy-le-Sec, que secondent les feux d'une redoute ; ceux de Rosny-sous-Bois, de Nogent-sur-Marne, ont la forme de quadrilatères bastionnés et munis d'ouvrages extérieurs. Entre les forts de Noisy et de Rosny on a établi les redoutes de Montreuil et de la Boissière; entre les forts de Rosny et de Nogent, la redoute de Fontenay-sous-Bois.

Une route stratégique est établie entre ces forts, disposés de manière à dominer les travaux d'attaque qu'on pourrait entreprendre sur les versants assez escarpés qui relient le plateau à la plaine.

L'auteur allemand des *Considérations* l'a reconnu : « Les forts situés sur le plateau qui se trouve à l'est de Paris forment une ligne de défense formidable, dont l'attaque présentera les plus grandes difficultés. »

La redoute de la Faisanderie, située en amont de Joinville-le-Pont, est reliée par des travaux en terre et une route militaire au fort de Gravelle, qui sont comme les ouvrages avancés de la citadelle de Vincennes.

Le sommet de la presqu'île formée par la Seine et la Marne est occupée par le fort de Charenton.

Nous traversons la Seine et rencontrons sur les hauteurs, dans de formidables positions, les forts d'Ivry et de Bicêtre.

Ceux de Montrouge, de Vanves, d'Issy, situés à peu près sur la même ligne que les deux précédents, ferment la gorge du rentrant formé par la Seine, en défendent les approches, et donnent des feux croisés sur les intervalles qui les séparent.

On avait mis en état de défense le fort de Fontenay-aux-Roses, commencé un fort aux Moulineaux, et établi à Montretout une redoute qui devait contribuer à empêcher les Prussiens d'installer des batteries sur le plateau de la lanterne de Diogène.

A l'Ouest, tous les ouvrages sont dominés par la citadelle du Mont-Valérien, grand pentagone régulier, bastionné, qui domine la rive gauche de la Seine. Ce fleuve même, par ses sinuosités et sa largeur, est un élément de défense important.

Le Mont-Valérien, dont M. de Bismark exigeait la reddition préalable avant tout armistice, peut contenir des forces importantes d'infanterie, d'artillerie et de génie, et dans ses magasins casematés sont à l'abri des quantités immenses d'armes et de munitions. Il a coûté quatre millions cinq cent mille francs.

Ce fort peut croiser ses feux avec ceux de Saint-Denis, auxquels il se relie par la Seine.

L'ennemi, dans ses manœuvres d'envahissement, s'attacha principalement à éviter les boulets, les obus, qui pouvaient pleuvoir sur lui du haut des remparts de ces citadelles.

Ses avant-postes se maintinrent pendant plusieurs jours à trois mille mètres en avant des forts de Nogent, Rosny, Romainville et Aubervilliers.

Deux obus du fort d'Ivry, parfaitement pointés, l'avaient forcé, dès le 20, à replier ses sentinelles; il n'osait s'aventurer dans la presqu'île de Gennevilliers. Les tirailleurs de la Seine, commandés par messieurs Dumas et Sauvage, les carabiniers volontaires de la garde nationale, et un détachement de gendarmerie à pied, avaient réussi, en combattant ses uhlans, ses dragons, ses chasseurs, à gagner le temps nécessaire pour faire sauter les ponts de Sèvres et de Billancourt. Les assiégeants n'en occupèrent pas moins Meudon, tandis que d'autre part ils fortifiaient leurs batteries de Raincy, s'avançaient sur Dugny et le Bourget par la route de Lille, parcouraient les hauteurs de Pierrefitte, et s'approchaient de Rueil, de Bougival et d'Argenteuil, où ils se massaient au nombre de quarante mille. Les rapports enregistrés dans le *Journal officiel*, par les soins du ministère de l'intérieur, ne constatent que trop, malgré leurs réticences, le progrès des envahisseurs.

21 septembre, 2 h. et demie.

Le gouverneur de Paris a fait dans la journée de hier une reconnaissance des défenses de Saint-Denis, qu'il a trouvées dans l'état le plus remarquable.

Il est certain que l'ennemi a établi des ponts entre Vaux et Triel.

Le 20, 2,000 cavaliers ont passé par Orgeval, demandant le chemin de Foucherolles; le même jour 4,000 cavaliers ont passé par la Maladrerie, demandant le même renseignement.

Le 20, également, des troupes d'infanterie et de cavalerie se sont installées au Pecq.

Un pont a été jeté par l'ennemi entre ce point et Port-Marly, hier soir vers six heures.

Bougival a été occupé et quelques éclaireurs ont paru à Rueil et à Nanterre.

Ce matin, 21, le général Schmitz, chef d'état-major

du gouverneur de Paris, a reconnu les positions de Courbevoie, Suresnes et Saint-Cloud, sur lesquelles aucun ennemi n'avait paru.

Sur tous les points du Sud et de l'Est l'ennemi se tient à distance, formant à peine quelques groupes que dispersent immédiatement les obus de la marine.

Ivry, 21 septembre, 8 h. 55 du matin.

Commandant Ivay à amiral commandant les marins à Bicêtre.

Une reconnaissance partie du fort d'Ivry a constaté qu'à 1,200 mètres environ du village d'Ivry, dans la direction de Choisy-le-Roi, il y a un poste ennemi. Ce poste se relie par des sentinelles aux petits postes de la Platrière et du moulin d'Argent-Blanc.

En résumé très-peu de troupes, probablement sur le versant Est des collines de Villejuif.

Issy, 21 septembre, 3 h. 5 du soir.

Commandant fort Issy au gouverneur, Paris.

On distingue très-bien des factionnaires prussiens placés sur la route de Châtillon à Chevreuse, sur la crête en arrière de l'ancienne redoute. A plusieurs reprises nous avons vu des troupes y passer en assez grand nombre. L'ennemi doit être en force en arrière des hauteurs. Nous avons envoyé plusieurs obus qui ont bien porté. Je pense qu'ils construisent des batteries, mais nous ne pouvons encore en préciser l'endroit.

Bicêtre, 21 septembre 1870, 3 h. 40 du soir.

Amiral Pothuau à commandant du 9ᵉ secteur, Paris.

Je n'ai pas connaissance que l'ennemi se masse en force en avant de Villejuif : d'après mes renseignements, il occupe les villages de l'Hay et de Chevilly, avec des grands'gardes en avant.

Ces postes avancés ne sont pas à plus de 1,500 à 2,000 mètres de nous, et la plupart défilés de nos feux, ce que nous avons pu découvrir dans nos reconnaissances.

Ivry, 21 septembre, 3 h. 54 du soir.

Le commandant du fort d'Ivry au gouverneur de Paris, à l'amiral commandant les marins et à l'amiral commandant Bicêtre.

Des groupes d'officiers ennemis se sont approchés du Port-à-l'Anglais. Un obus lancé par le fort d'Ivry les a obligés à rétrograder vers le Petit-Vitry ou Choisy-le-Roi. Il y a aussi d'incessantes patrouilles prussiennes qui rôdent autour de l'ouvrage de Saquet. Nos tirailleurs ont échangé quelques coups de fusil avec des sentinelles cachées dans les maisons les plus éloignées de Vitry. Je ne serais pas étonné que l'ennemi tente un mouvement le long de la Seine pendant la nuit, et qu'il occupe les hauteurs de Villejuif.

Combat de Villetaneuse (19 septembre).

Fort Romainville, 21 septembre, 3 h. 55 du soir.

Commandant Romainville à amiral Saisset, Noisy.

L'ennemi, protégé par un détachement de cavalerie, fait un ouvrage entre Courneuve et Bourget, à environ 6,000 mètres de nous, sur la gauche de Dugny.

3 heures. — Une petite colonne ennemie, cavalerie et voitures, partie à trois heures du coude de la Molette, s'est arrêtée à Dugny. L'ennemi occupe Dugny.

Bicêtre, 21 septembre, 4 h. du soir.

Amiral Pothuau à gouverneur de Paris, et vice-amiral La Roncière, Paris.

D'après les renseignements pris par une reconnaissance que je viens de faire faire sur la ligne de Villejuif, aux Hautes-Bruyères, sous la protection des canons du fort, l'ennemi occupe toujours les villages de l'Hay et de Chevilly avec des grand'gardes à Cachan et autres endroits que nous ne pouvons pas voir, mais qui ne sont pas à plus de 2,000 mètres de nous; il paraît cheminer en outre en force sur la route de Choisy-le-Roi, vers Sceaux.

21 septembre, 7 h. du soir.

Du fort d'Issy on distinguait, au milieu du jour, des vedettes ennemis sur la route de Châtillon à Chevreuse, bordant la crête des hauteurs; on leur a envoyé quelques obus bien dirigés.

En avant du fort de Vanves, pour protéger les travaux de démolition, une compagnie d'éclaireurs a eu un léger engagement avec les tirailleurs ennemis; le travail s'est exécuté.

L'amiral Pothuau, à Bicêtre, et le commandant du fort d'Ivry font des reconnaissances sous le canon des forts; l'ennemi se tient en arrière des crêtes de Villejuif, vers l'Hay et Chevilly. Il semble toujours diriger ses forces sur la route de Sceaux.

Du fort de Nogent on signale des forces ennemies au pont de Bric-sur-Marne ; dans une patrouille de gardes nationaux, deux hommes ont été blessés.

De Romainville on voit, à 6,000 mètres, l'ennemi établissant un ouvrage entre la Courneuve et le Bourget ; une petite colonne occupe Dugny.

Rien de nouveau à Saint-Denis et sur tout le front de la Seine, de Saint-Ouen à Sèvres.

Des coureurs ennemis ont paru à Saint-Cloud.

Le 21, à dix heures du soir, le fort de Charenton tira ses deux premiers coups de canon. Un des factionnaires signala un Prussien en vigie qui, du haut du clocher de Créteil, observait le pays à l'aide d'une longue vue. Un canon rayé fut braqué dans cette direction, et au deuxième coup, le Prussien disparaissait au milieu des décombres du clocher.

Dans la même soirée, l'amiral Saisset envoyait du fort d'Ivry une reconnaissance brûler la maison qui servait d'observatoire à l'ennemi, à l'extrémité du parc de Raincy. Une cinquantaine de uhlans qui occupaient le jardin, en arrière, furent délogés par nos tirailleurs.

Vers dix heures, le commandant en chef de la flotte fit lancer un obus sur une maison signalée comme observatoire de l'ennemi au Bas-Meudon, pendant que le poste de garde au pont de Sèvres échangeait une fusillade assez vive avec le poste prussien établi à Brimborion.

Le matin du 22 septembre, un brouillard épais facilite les mouvements des assiégeants.

Dans l'après-midi, cent vingt hommes de la garde mobile (4e bataillon de la Seine, 8e compagnie) firent une reconnaissance en avant du fort d'Issy, pour enlever des canons restés à la redoute du moulin de Pierres ; au retour, ce détachement fut attaqué par un parti ennemi, auquel il tua ou blessa 12 hommes ; nous eûmes 4 blessés, dont un garde national qui avait servi de guide.

Les gardes mobiles se sont conduites comme des vieilles troupes.

On signalait de Romainville, dans la soirée, l'établissement de deux observatoires ennemis : l'un derrière la forêt de Bondy, l'autre sur une tour entre Dugny et Stains, probablement au moulin du Haut-Roi.

A neuf heures du soir, la division Maudhuy fut portée en avant aux forts d'Ivry et de Bicêtre, et occupa le Moulin-Saquet et le village de Vitry.

CHAPITRE IX

Prise des positions de Villejuif. — Reconnaissance du côté du Bourget.

Dans la nuit du 22 au 23, les forts d'Issy et de Vanves signalèrent des mouvements de troupes sur les hauteurs de Châtillon.

8,000 hommes environ du corps du général Vogel de Falkenstein, dont le quartier général était à Choisy, s'étaient emparés, dans la soirée, de la redoute de Villejuif ; vers une heure du matin, à la droite, quelques régiments ennemis s'avançaient sur la crête des collines qui dominent Vitry, occupaient le Moulin-Saquet, et, sur la gauche, 5 à 6,000 hommes venant de Bourg-la-Reine s'établissaient au plateau des Hautes-Bruyères.

La division du général Maudhuy entreprit de reconquérir ces positions et, vers quatre heures du matin, se mit en marche sous la protection des forts de Bicêtre et de Montrouge.

D'après le récit que M. Iezierski a publié dans l'*Opinion Nationale*, ce furent les tirailleurs allemands, embusqués dans le cimetière de Villejuif, qui ouvrirent le feu.

Les Français, parvenus à la redoute des Hautes-Bruyères, établis à la hâte derrière les petits ouvrages en terre qui continuent la redoute sur la gauche, ripostèrent par une vive fusillade. Les mitrailleuses se postèrent encore plus à gauche, du côté du village, au bout d'un champ qui incline sur la plaine, en avant de Chevilly, et qui se rattache à la redoute par un petit chemin creux.

Les premiers boulets lancés aux Prussiens firent sauter deux caissons, et la cannonade qui s'engagea les contraignit à reculer derrière des bouquets d'arbres. Leurs pièces allèrent s'installer à une portée d'environ quinze cents mètres ; mais, vers neuf heures, ils revinrent à la charge. Une colonne de huit à dix mille hommes, sortant au pas de charge par la barrière d'Italie, vint seconder les mobiles de la Seine et les canonniers qui luttaient héroïquement, et à dix heures l'ennemi battait en retraite sur l'Hay, Verrières et Sceaux.

Le rapport officiel du 23 septembre, au soir, disait : « La division Maudhuy est définitivement établie sur les positions de Villejuif ; elle est fortement appuyée sur ses derrières. Après un feu soutenu de plusieurs heures, nos batteries de campagne, soutenues par le tir très-remarquable des forts, ont complètement réduit au silence le feu de l'ennemi et empêché des travaux qu'il cherchait à établir vers Bagneux : ses pertes ont dû être considérables ; les nôtres sont de deux tués et d'une vingtaine de blessés. »

Comparativement aux précédentes, la journée était heureuse. Le contre-amiral Saisset mandait de Noisy au gouvernement de Paris :

« Je suis parti en reconnaissance le 23 à midi et demi, vers le Bourget, avec deux cents fusiliers brevetés, quatre cents hommes d'infanterie de marine et huit compagnies des bataillons des éclaireurs de la Seine (colonel Lafon).

« Fouillé Bobiguy, qui a été trouvé évacué par l'ennemi.

« Débusqué l'ennemi après une vive fusillade du village de Drancy et poursuivi jusqu'à 400 mètres de la gare du Bourget.

« Aperçu dans la gare, derrière des épaulements, dans le village du Bourget, plusieurs colonnes d'infanterie en bataille que le canon du fort de Romainville (une pièce de marine de 0,16), a refoulées dans le village chaque fois qu'elles ont voulu en déboucher.

« A trois heures, battu en retraite par échelon comme à l'exercice, sous quelques balles perdues.

« Un officier des éclaireurs de la Seine grièvement blessé au pied, étant à cheval ; un soldat d'infanterie de marine blessé au bras à la prise du village de Drancy, où nous avons brûlé toutes les meules de fourrages de la cavalerie ennemie. »

Le même jour, à sept heures 10 minutes du soir, le général de Bellemare écrivait au gouverneur de Paris :

« Je viens de rentrer avec mes reconnaissances sur les divers points que je vous indiquais tantôt ; elles ont pris, par l'effet des forces nombreuses que j'ai trouvées occupant Pierrefitte et secourues par des renforts venant des hauteurs de Montmorency, le caractère d'une véritable sortie. Les troupes ont attaqué le village avec un entrain et une vigueur remarquables, protégées par l'artillerie de la Double-Couronne et de la Briche ; elles ont fait subir à l'ennemi des pertes sensibles à en juger par les trophées qu'elles ont rapportés après un combat corps à corps. Ayant fait opérer la retraite pour être rentré avant la nuit, et jugeant l'occupation de Pierrefitte inutile, ne pouvant le conserver, cette opération s'est exécutée avec le plus grand ordre et le plus grand sang-froid, comme à la manœuvre. Je signale au gouvernement et au pays la belle conduite du 28ᵉ de marche dans cette journée glorieuse pour nos armes.

« J'aurai l'honneur de vous adresser un rapport circonstancié avec des propositions de récompense. »

On voit qu'à la suite de chaque mouvement, la situation est toujours invariablement la même. Les assiégés s'avancent, se rendent maîtres d'une position, reconnaissent ensuite qu'elle n'est pas tenable et s'en vont. Toutefois, le rapport militaire du 24 septembre, à 10 heures et demie du matin, résumant les faits de la

veille, disait : « La journée d'hier a été très-bonne. La canonnade de Villejuif, la reconnaissance de l'amiral Saisset et le brillant combat de Pierrefitte ont prouvé que nos jeunes troupes ont acquis tout le sang-froid et l'aplomb de vieux soldats. C'est d'un bon augure pour l'avenir. »

En réalité, l'ennemi faisait ce qu'il voulait, et le même rapport signé par le gouverneur de Paris et contresigné par le général Schmitz, chef d'état-major général, le confesse naïvement dans cette phrase :

« Aujourd'hui tout est calme. L'ennemi achève sans doute ses mouvements et ne se montre nulle part, il est en force considérable à Versailles. »

N'était-ce pas assez !

Toutes les nouvelles communiquées par le ministère sont sur le même ton.

Celles du 24 septembre au soir portent :

« La journée a été absolument calme. Le Mont-Valérien et la batterie de Saint-Ouen ont seuls tiré à grande distance : le premier sur des convois ennemis en avant de Montesson, la seconde sur les travailleurs prussiens à la carrière d'Orgemont.

« Les canonnières, revenant de Suresnes, ont été vivement attaquées en passant devant le parc de Saint-Cloud, la mitraille a fait taire le feu de l'ennemi, en lui faisant éprouver des pertes sensibles ; nous avons eu deux marins blessés assez grièvement.

« Le fort d'Issy a tiré assez vivement ce soir dans la direction de Sèvres, où l'ennemi paraissait établir des batteries.

« Des renseignements certains informent qu'un pont, ayant été établi vers Triel, n'a pu supporter le poids des pièces de gros calibre qui s'y étaient engagées ; trois d'entre elles ont coulé à fond.

« En résumé, la situation est bonne. »

Le 25, à 7 heures du matin, le commandant du fort de Montrouge mande à l'amiral Pothuau, à Bicêtre, « qu'aucun changement apparent n'est survenu, et qu'il croit Bagneux occupé par un corps considérable. »

De Bicêtre, le 25, à 7 heures 52 minutes du matin, le contre-amiral Pothuau fait savoir qu'il n'y a rien de nouveau, que tout est calme ; et le rapport militaire répète immédiatement : « que les dépêches de tous les forts constatent la tranquillité la plus absolue, que l'ennemi ne se montre nulle part, mais que nos canonnières ont mitraillé la position de Brimborion, où l'on soupçonnait des travaux de batterie. »

Une note, émanée du gouvernement de Paris, a pour but de réfuter les critiques dirigées contre les travaux défensifs entrepris, dans la dernière période, aux environs de la capitale.

Note envoyée par le gouverneur de Paris.

Paris, 25 septembre.

Quelques journaux, en parlant des premières opérations militaires qui ont eu lieu autour de Paris, ont émis des appréciations tout à fait inexactes sur l'état des ouvrages nouveaux entrepris en vue de renforcer la défense extérieure, et sur les causes qui ont empêché leur entier achèvement.

Ces divers ouvrages ont été commencés à une époque où le siége de Paris semblait éloigné. Ils devaient avoir le caractère de forts permanents destinés à servir de points d'appui à une armée extérieure, et les travaux avaient été conduits dans ce sens avec la plus grande célérité. Les événements militaires s'étant précipités, avec les pénibles conséquences que l'on sait, la défense de Paris a dû se décider à transformer ces forts en ouvrages de campagne, dont les travaux ont été continués sans interruption de jour et de nuit.

Mais plusieurs jours avant que l'ennemi arrivât dans le voisinage de la capitale, les ateliers subirent une sorte de désorganisation, par suite des préoccupations que les ouvriers avaient pour leurs familles généralement fixées dans la banlieue et de la difficulté qu'ils éprouvaient à pourvoir sur place à leur subsistance.

Pourtant, au moment de l'investissement, ces ouvrages étaient de bonnes redoutes avec un fossé large et profond. Si elles n'ont pas été armées avec des bouches à feu de siége, c'est qu'on ne met pas de pièces de cette espèce, difficiles à enlever au moment du besoin, dans de simples redoutes en terre éloignées du corps de place. Mais toutes celles qui ont pu être occupées pour la défense extérieure l'ont été.

L'ouvrage de Châtillon, en particulier, a prêté un appui très-efficace à la lutte soutenue, sur ce point, avec tant d'énergie. La redoute des Hautes-Bruyères et celle du Moulin-Saquet étaient également, le 19, dans un excellent état de défense, et elles ont permis aux troupes qui occupent actuellement les positions autour de Villejuif de s'y établir solidement.

Tel est l'état exact des choses. Il montre que les récriminations dirigées contre les entrepreneurs chargés de l'exécution des travaux sont dénuées de fondement et de justice. Ils y ont, au contraire, apporté le plus grand zèle, avec un développement extraordinaire de moyens.

Le gouverneur de Paris,
P. O. *Le général, chef d'état-major général,*
Schmitz.

A part quelques coups de canon tirés par les forts, et quelques fusillades aux avant-postes, les rapports militaires constatent une tranquillité presque complète. Dans l'après-midi du 27, une reconnaissance faite par une compagnie du 14ᵉ de ligne, précédée des tirailleurs parisiens du capitaine Lavigne, trouve l'ennemi retranché dans la ferme des Mèches, près Créteil. Les balles pleuvent sur elle des murs crénelés et des toits, mais ne tuent qu'un homme et n'en blessent que deux. Devant le feu redoutable de l'ennemi, elle se retire en bon ordre.

Une dépêche de Bicêtre, 26 septembre, 7 heures 50 du matin, signale, dans la direction de Versailles, un mouvement d'artillerie et de matériel, qui a duré plus d'une heure.

CHAPITRE X

Incendie des Buttes-Chaumont. — Précautions prises pour la protection des monuments publics. — Commission des subsistances.

La population parisienne fut moins émue de ces nouvelles que de l'incendie qui, le 27, vers une heure, étendit sur Paris une voûte de fumée noire et épaisse. Elle provenait du lac des Buttes-Chaumont, où avaient pris feu, par l'imprudence d'un ouvrier, les fûts de pétrole et d'huiles essentielles qui s'y trouvaient gerbés, et presque complétement recouvert de terre.

Cet ouvrier nommé Henriot (Adolphe), demeurant à Belleville, s'était accroupi dans un massif d'arbres, en tournant le dos au dépôt d'huiles minérales. Ayant voulu, à ce moment, fumer une pipe, il frotta une allumette, se vit instantanément entouré de flammes, prit la fuite, et regagna péniblement sa demeure, où on le trouva couché, atteint de brûlures graves aux mains et à la partie postérieure du corps.

Ce fut ce que l'enquête ultérieure constata, car après quelques réticences et quelques dénégations, Henriot fit des aveux complets.

Au pied de la falaise, et masqué par le bouquet d'arbres, se trouvait en effet un espace non encore remblayé, où s'était formée une atmosphère éminemment inflammable, et le contact de l'allumette suffit pour déterminer l'ignition. La flamme se propagea avec une rapidité d'autant plus grande, que les fûts d'essence n'étaient pas encore tous recouverts, et en peu d'instants elle produisit un immense foyer.

Avant même que l'autorité fût prévenue officiellement, la population, les pompiers de Paris, les pompiers auxiliaires, les gardes nationaux, aidés du maire et des adjoints du 19ᵉ arrondissement, ainsi que de ceux des arrondissements circonvoisins, avaient organisé l'attaque du foyer, et préservèrent tout ce qui aurait pu être atteint avec une spontanéité et une intelligence extraordinaires.

Lorsque le préfet de police et le maire de Paris arrivèrent sur le lieux du sinistre, ils restèrent saisis d'admiration en face du spectacle de ce peuple se préservant lui-même.

Grâce à la promptitude et à l'intelligence avec lesquelles les secours furent portés le feu put heureusement être circonscrit, et l'application immédiate de la terre dans l'intervalle des fûts, eut pour effet d'empêcher la communication aux rangs inférieurs.

On évalue cependant à 4,000 le nombre des barils qui furent détruits.

Au moment du sinistre, la cause en était encore inconnue : aussi Paris était en alarmes et croyait à la connivence de quelques traîtres avec les Prussiens, qu'on supposait avoir une foule d'espions. Dans la place l'agitation qui se produisit se serait prolongée si les progrès rapides du blocus n'avaient détourné l'attention, vu les dangers extérieurs. Personne ne pouvait se dissimuler que les opérations militaires de l'ennemi rendissent de plus en plus complet un investissement, qu'un bombardement suivrait évidemment dans peu de jours. Aussi prit-on de nouvelles mesures pour sauvegarder les monuments publics. Les plus beaux tableaux du Louvre furent mis en sûreté, des seaux en zinc, des barils remplis d'eaux, des pompes furent échelonnées dans les galeries de distance en distance. A la bibliothèque de la rue de Richelieu, on plaça sur divers points, des pompes, des réservoirs, des bâtons surmontés d'éponges : des conduites d'eau furent établies le long des escaliers, et des blindages en sacs de terre disposés intérieurement dans les embrasures des fenêtres. On transporta au dehors les plus rares monuments du cabinet des antiques; on descendit les manuscrits les plus précieux dans les sous-sol ou dans les rez-de-chaussée blindés, et les fenêtres de la salle voûtée où sont les estampes furent munies à l'intérieur de volets de tôle.

De fortes solives, des sacs de terre protégèrent les splendides vitraux de la Sainte-Chapelle. Les admirables chevaux de Coustou à l'entrée des Champs-Élysées, les groupes de Rude, d'Étex et de Bra, qui ornent les pieds droits de l'Arc de Triomphe de l'Étoile, furent garantis par des blindages. Les statues de Sarrazin dans la cour du Louvre, les bas-reliefs de Jean Goujon à la fontaine des Innocents disparurent sous une couche de plâtre.

A l'Hôtel de Ville fut constituée une commission des subsistances, composée de M. J. Simon, J. Ferry, Gambetta, Picard, Étienne Arago, maire de Paris; Magnin, ministre du commerce; Cernuschi, économiste; Sauvage, directeur du chemin de fer de l'Est; Littré, membre de l'Institut.

Parurent ensuite ce décret et cet arrêté :

Le Gouvernement de la défense nationale décrète :

Art. 1er. — Réquisition est faite, au nom du Gouvernement de la défense nationale, de tous les blés et farines qui existent actuellement dans l'enceinte de la ville de Paris. Ne sont exceptés que les blés et farines ayant le caractère de provisions de ménage.

Art. 2. — Le prix des blés et farines sera payé aux détenteurs, suivant qualité, en prenant pour base le prix moyen résultant des mercuriales de la première quinzaine de septembre.

Art. 3. — Le ministre du commerce est chargé de l'exécution du présent décret.

Vu le décret du Gouvernement de la défense nationale en date de ce jour,

Le ministre de l'agriculture et du commerce

Arrête :

Art. 1er. — Les détenteurs des blés et farines devront faire, dans les quarante-huit heures, au ministère du commerce, la déclaration des quantités qu'ils possèdent.

Art. 2. — La qualité des blés et farines sera appréciée par trois arbitres nommés : l'un par le ministre du commerce, l'autre par les propriétaires de la marchandise, le troisième par le président du tribunal de commerce.

Paris, le 29 septembre 1870.

MAGNIN.

Le gouvernement décréta qu'à partir du mercredi 28, 500 bœufs et 4,000 moutons seraient vendus au détail pour le compte de l'État, par les bouchers ayant étal qui se feraient inscrire dans leur mairie, et se conformeraient au tarif établi par la taxe, ainsi qu'aux conditions fixées par le ministre de l'agriculture et du commerce à l'Hôtel.

Les laissez-passer devinrent obligatoires en vertu de cette note :

Laissez-passer obligatoires.

Il est de notoriété publique que des hommes, des femmes, des enfants franchissent à toute heure les avant-postes au delà des forts.

Beaucoup de ces individus se livrent, dans l'extrême banlieue, à la dévastation des maisons abandonnées.

D'autres pénètrent jusque dans les camps ennemis, où ils sont accueillis et où ils entretiennent des relations criminelles.

Pour mettre un terme à de si graves désordres, les commandants des troupes ne laisseront franchir les lignes avancées qu'aux personnes munies d'un laissez-passer émanant du gouverneur de Paris ou du général chef d'état-major général.

Tout individu qui chercherait à se soustraire à l'exécution du présent ordre sera saisi, conduit à l'autorité militaire et déféré par elle à la cour martiale.

Si, malgré les injonctions qui lui auraient été faites, il cherchait à fuir, les sentinelles de l'avancée feraient feu sur lui.

En assurant l'accomplissement rigoureux de ces prescriptions, les commandants des avant-postes ne perdront pas de vue qu'ils doivent protection aux courriers des agents diplomatiques et à toutes personnes munies d'un laissez-passer régulier.

Paris, le 28 septembre 1870.

Le gouverneur de Paris,
GÉNÉRAL TROCHU.

Afin d'assurer une discipline plus que jamais nécessaire, le gouvernement institua des cours martiales à Vincennes, à Saint-Denis, ainsi que dans les 13e et 14e corps d'armée.

Pour les communications extérieures, un service de ballons fut organisé. Dès le 21, à deux heures du matin, un ballon monté par l'aéronaute Bertrand s'éleva de Vaugirard, en présence de MM. Rampont, directeur général des postes; Chassinat, directeur du département de la Seine; Mottet, receveur principal, et bon nombre d'agents supérieurs.

Plusieurs sacs de dépêches, représentant un poids minimum de 175 kilog., étaient confiés à l'aérostat, sous la garde d'un employé supérieur de l'administration, M. Tinel de Kérolant.

D'un champ d'expériences, appartenant à M. Godard, boulevard d'Enfer, sur les bords de la Bièvre, s'enleva, le 25, vers onze heures et demie du matin, un ballon monté par M. Lutz, porteur de dépêches importantes, et dirigé par M. Mangin, beau-frère de Godard.

Il était lesté avec des exemplaires du rapport de M. Jules Favre, que les aéronautes devaient semer sur les villages au-dessus desquels ils passaient.

La poste lui avait fait emporter 75 kilog. de lettres, choisies parmi les plus légères de celles qui étaient accumulées dans ses bureaux.

M. Lutz emmenait avec lui des pigeons voyageurs. Il devait en lâcher un pour annoncer le point où le ballon aurait atterri, et conserver les deux autres pour rapporter de Tours, si c'était possible en cette saison, les dépêches de M. Crémieux.

Depuis quelques jours déjà le ballon, captif, planait au-dessus de la Bièvre.

A terre, la brise était nulle; mais de petits ballons d'essai, lancés par M. Godard, indiquèrent qu'à une certaine hauteur il y avait des courants favorables.

En effet, à peine lancé, le ballon s'élevait majestueusement et se dirigea vers l'Ouest aux cris de : Vive la République! poussés par les voyageurs, et répétés par la foule qui les suivait des yeux.

Dans la matinée du 29, d'un champ situé près d'Aubervilliers partit un ballon chargé de dépêches. La nacelle portait MM. Wilfrid de Fonvielle et Manceau; celui-ci avait obtenu l'autorisation de se rendre à Londres, où il est chargé de faire des achats considérables de fusils, des modèles les plus perfectionnés, au compte de la municipalité de Toulouse, qui, comme on le sait, a voté un crédit de 1,500,000 fr. pour l'acquisition d'armes de guerre.

Quant à M. Wilfrid de Fonvielle, il avait mission de se mettre en rapport avec les membres du gouvernement installé à Tours.

Par décret du 26 septembre, l'administration des postes est autorisée à expédier, par la voie d'aérostats montés, les lettres ordinaires à destination de la France, de l'Algérie et de l'étranger. Le poids de ces lettres, dont l'affranchissement était obligatoire, ne devait pas dépasser quatre grammes.

D'autres aérostats libres et non montés pouvaient transporter des cartes-poste portant sur l'une des faces l'adresse du destinataire et sur l'autre la correspondance du public. Chaque carte-poste devait être en carton vélin du poids de 3 grammes au maximum et de 11 centimètres de long sur 7 centimètres de large. Elle était expédiée à découvert, c'est-à-dire sans enveloppe, et l'une de ses faces était exclusivement réservée à l'adresse.

L'affranchissement en timbres-poste desdites cartes, fixé à 10 centimes pour la France et l'Algérie, était obligatoire; celles qui seraient adressées à l'étranger devaient être affranchies d'après le tarif des lettres ordinaires.

Le gouvernement se réservait la faculté de retenir toute carte-poste qui contiendrait des renseignements de nature à être utilisés par l'ennemi.

Du dehors, il n'arriva qu'un courrier qui, à travers mille dangers, pénétra dans la ville, et apporta des nouvelles de Tours.

« L'impression, annonçaient-elles, est partout la même. En France, enthousiasme et exaltation pour la guerre; à l'étranger, blâme absolu des prétentions prussiennes, approbation complète de notre ferme confiance que l'Europe ne permettra pas le morcellement de notre territoire. C'est en ce sens que les négociations se poursuivent activement, elles sont accueillies avec faveur. L'attitude de Paris cause autant d'émotion que de respect. On considère la position des Prussiens comme très-aventurée. Il paraît certain qu'ils ont beaucoup souffert devant Issy, qu'ils ne s'attendaient pas à la défense de Paris, et qu'ils en sont troublés. Les Italiens sont entrés à Rome à la suite d'une capitulation, après quelques coups de fusils. Le pape n'a pas quitté la ville. »

CHAPITRE XI

Le 30 septembre.

L'ajournement des élections générales et municipales était impérieusement commandé par les circonstances; mais ceux qui l'avaient obtenu ne se tenaient point pour satisfaits. Ils entendaient établir une distinction entre la nomination d'une assemblée nationale qu'on pouvait retarder sans inconvénient, et la formation d'une Commune de Paris, qui leur paraissait urgente. Cent sept officiers de la garde nationale, à la tête desquels étaient Jules Vallès, Germain Casse, Millière, vinrent le 29, à l'Hôtel de Ville, pour protester, au nom de leurs bataillons, contre l'ajournement des élections municipales, ou, pour mieux dire, contre les élections de la Commune de Paris, destinée, dans la pensée des meneurs, à remplacer le gouvernement.

D'orageuses discussions continuèrent dans les clubs. Elles furent à peine apaisées par une note qui déclarait que l'intention du gouvernement était toujours de faire procéder, dans le plus bref délai possible, à toutes les élections, et notamment aux élections municipales de Paris.

« Dans ce but, disait la note, et afin que ces élections aient lieu dans les conditions de régularité indispensables, il importe de dresser immédiatement les listes électorales complémentaires et de préparer les cartes d'électeur. On sait qu'un très-grand nombre de citoyens ont été, sous le régime déchu, omis des listes où ils avaient droit de figurer. C'est pourquoi les articles 1er du 14 septembre et 3 du décret du 18 septembre ont prescrit la formation des listes complémentaires.

« En conséquence, les citoyens sont invités à présenter leurs réclamations aux mairies.

« Les mairies de Paris et les mairies provisoires des communes rurales, dont les populations sont rentrées à Paris, recevront ces réclamations et y statueront, sauf le recours ordinaire devant le juge de paix. Des mesures sont prises pour que les justices de paix des cantons ruraux soient installées à proximité des mairies provisoires.

« Les réclamations seront reçues jusqu'au jour qui sera indiqué dans le nouveau décret de convocation des électeurs. »

Les combats du 30 novembre firent oublier momentanément les dissensions intestines.

Dans la matinée du 30, sur différents points des remparts, on entendit le canon tonner, et de nombreuses voitures de blessés se succédaient, venant du côté de la Glacière.

D'importantes reconnaissances étaient opérées sur plusieurs points à la fois : par la division d'Exéa sur Créteil et la vallée de la Marne ;

Par la division Ducrot sur Bougival et la Malmaison ;

Par la division Vinoy sur le plateau de Villejuif ;

Par la division Blanchard, qui s'appuyait sur la flottille, du côté du Bas-Meudon.

La possession de la redoute de Villejuif était surtout importante, puisque de cet ouvrage on pouvait commander la vallée de la Bièvre, tenir en échec le fort de Bicêtre, bombarder et brûler Paris jusqu'au Panthéon. La division Maudhuy occupait Villejuif, mais les Prussiens étaient en force aux alentours, à l'Hay, à Chevilly, à Thiais.

Le 30 septembre, à quatre heures et demie du matin, quinze ou dix-huit mille hommes de troupes de la garde mobile et de la ligne se postèrent sur le plateau et le versant méridional de Bicêtre ; d'autres troupes étaient rangées sur le côté opposé, mais elles ne prirent point part à l'action.

Les premiers coups de canon furent tirés à cette heure par les artilleurs de la redoute contre les régiments allemands, qui débouchaient par les villages de Chevilly et de l'Hay.

A six heures, le fort de Montrouge lança quelques bombes sur l'aile gauche ennemie, et une vive fusillade s'engagea à la levée de la Vanne et dans la direction de l'aqueduc d'Arcueil.

Les troupes de la division Vinoy bousculèrent les troupes prussiennes établies à Chevilly, et emportèrent rapidement le village ; mais elles eurent à regretter la perte du général Guilhem, qui tomba mortellement blessé à la tête de sa brigade.

Une colonne, commandée par le général, Blaise se porta sur l'Hay où les Prussiens s'étaient barricadés et l'occupa après avoir incendié quelques maisons ; elle put alors constater les points précis où étaient massées, aux abords de Chevilly, les troupes prussiennes, avec les batteries desquelles elle engagea un combat d'artillerie.

Vers huit heures, le centre de la bataille parut se déplacer ; le fort de Montrouge se tut, et la redoute de Villejuif supporta à elle seule pendant une heure l'effort des ennemis. Enfin, à neuf heures et demie, le fort de Bicêtre commença un feu soutenu pendant une demi-heure, auquel le fort d'Ivry répondit par quelques coups de canon.

Le tir successif de Montrouge, de Villejuif, de Bicêtre et d'Ivry indiquait le mouvement accompli pendant l'action par les colonnes prussiennes.

La canonnade des forts, intermittente et plus ou moins rapide, laissait entendre, quand elle faisait trêve, une fusillade très-soutenue de notre côté et qui dut être pour les Prussiens extrêmement meurtrière.

Vers dix heures, le général Vinoy, voyant arriver aux Prussiens des renforts considérables, donna le signal de la retraite. Un rapport, adressé à cette heure au chef d'état-major général Schmitz par le gouverneur de Paris, qui observait le combat du haut des remparts de Bicêtre, est ainsi conçu :

« Nos troupes ont opéré une reconnaissance très-vigoureuse ; elles ont successivement occupé Chevilly et l'Hay ; elles se sont avancées jusqu'à Thiais et Choisy-le-Roi. Toutes ces positions étaient solidement occupées et crénelées ; les dernières armées de canons. Après un vif engagement d'artillerie et de mousqueterie, nos troupes se sont repliées sur leurs positions avec un ordre et un aplomb très-remarquables.

« Les gardes mobiles ont eu beaucoup d'aptitude.

« En somme, journée très-honorable.

« Nous avons fait des pertes sensibles non encore évaluées.

« Nous croyons que l'ennemi en a fait de considérables. »

Entre la Seine et la Marne, un bataillon des mobiles du colonel Reille avait occupé par ordre le village de Nogent à dix heures du matin; mais le corps d'Exéa ne tarda pas à se replier, en suivant la rive droite de la Seine.

Les régiments que commandait Ducrot se mirent en marche le 30, à cinq heures du matin, et exploitèrent le pays jusqu'à la Malmaison, entre Rueil et Bougival.

En aval de Paris, les canonnières de la Seine, placées sous la direction du capitaine de vaisseau Thomasset, appuyèrent la brigade Susbielle et le premier bataillon des mobiles de la Côte-d'Or, qui, par les ordres du général Blanchard, exploraient les environs d'Issy et le Bas-Meudon.

A dix heures, le feu avait cessé partout, et les trois reconnaissances rentraient en bon ordre dans leurs campements.

CHAPITRE XII

Documents complémentaires.

Pour achever le récit de la journée du 30 septembre, il importe de publier les rapports militaires dont elle fut l'objet.

30 septembre, soir.

A la suite de l'occupation, par la division de Maudhuy, des positions voisines de Villejuif, l'ennemi était resté maître des villages de l'Hay, Chevilly, Thiais et Choisy-le-Roi, protégeant ainsi sa ligne de communication sur Versailles.

Depuis quelques jours on lui voyait faire sur cette ligne des travaux de terrassement et créneler les villages. Il fut alors décidé par le gouverneur de Paris qu'une action combinée sur les deux rives de la Seine serait tentée pour reconnaître exactement les forces établies dans ces positions.

Dans ce but, pendant la nuit dernière, nos troupes, aux ordres du général Vinoy, se massèrent vers les forts d'Ivry, de Bicêtre et de Montrouge, en arrière de nos postes avancés. Sorties de leurs lignes à la pointe du jour, nos troupes furent accueillies immédiatement par un feu très-vif de mousqueterie et de canon, auquel elles répondirent avec énergie. Bientôt l'engagement devint général sur tout le plateau de Villejuif, et ne dura pas loin de trois heures. Pendant que les troupes aux ordres du général Guilhem (33e et 42e) refoulaient avec une rare vigueur l'ennemi hors de Chevilly,

la tête de colonne du général Blaise (division de Maudhuy) pénétrait dans le village de Thiais, et s'emparait d'une batterie de position qui n'a pu être enlevée faute d'attelages. Mais à ce moment l'ennemi appelait à lui les masses concentrées à sa portée, qui ne s'élevaient pas à moins de 30,000 hommes. Le général Vinoy, jugeant avec raison que l'entreprise ne devait pas être poussée plus loin, ordonna la retraite. Elle s'est effectuée sous le feu, avec un calme qui a été fort remarqué et qui fait le plus grand honneur aux troupes. L'artillerie, toujours solide, a, par la précision de son tir, efficacement appuyé les mouvements; enfin les jeunes bataillons de gardes mobiles, à l'exemple de l'infanterie de ligne, ont eu, de leur côté, la plus ferme contenance.

Nos pertes, non encore évaluées, ont été considérables pour les brigades qui ont directement attaqué les positions fortifiées de l'ennemi. Nous avons à regretter la mort du général Guilhem, vaillant officier qui a bien mérité du pays.

Le général d'Exéa, qui a marché à l'extrême gauche sur Créteil avec une seule brigade, bien que très-vivement engagé, paraît n'avoir eu qu'une trentaine d'hommes hors de combat. Cet officier général se loue également beaucoup de l'attitude de ses troupes. Le feu de ses mitrailleuses a éprouvé l'ennemi, qui a fait là, comme sur le plateau de Villejuif, des pertes importantes.

L'intendance militaire et les services dont elle dispose, la société internationale de secours aux blessés, avec un matériel et un personnel considérable, ont rempli leur mission avec dévouement.

En résumé, les combats du 30 septembre ont montré à nos soldats ce qu'ils valent, à leurs chefs ce qu'ils peuvent attendre d'eux, et cette journée honore les efforts de la défense.

Noisy, 30 septembre, 9 h. 11 du soir.

Contre-amiral Saisset au vice-amiral commandant en chef à Paris.

M. de Pindray, à la tête de sa cavalerie, a fait cette après-midi une brillante reconnaissance, appuyée par trois compagnies des éclaireurs de la Seine (colonel Lafont), sous la protection d'une colonne d'infanterie de ligne placée en arrière hors de portée.

Après avoir chassé l'ennemi de Bondy, cette reconnaissance s'est avancée à 500 mètres de la maison blanche située à la lisière des bois de Bondy, en arrière, à droite du village; l'ennemi, à ce moment, a démasqué une batterie qui a tiré simultanément trois coups à mitraille sur l'infanterie.

Après cette décharge, l'ennemi s'est retiré dans les bois.

Le village de Bondy ayant été fouillé en tous sens, la reconnaissance s'est retirée en bon ordre deux heures après et est rentrée à Romainville à cinq heures.

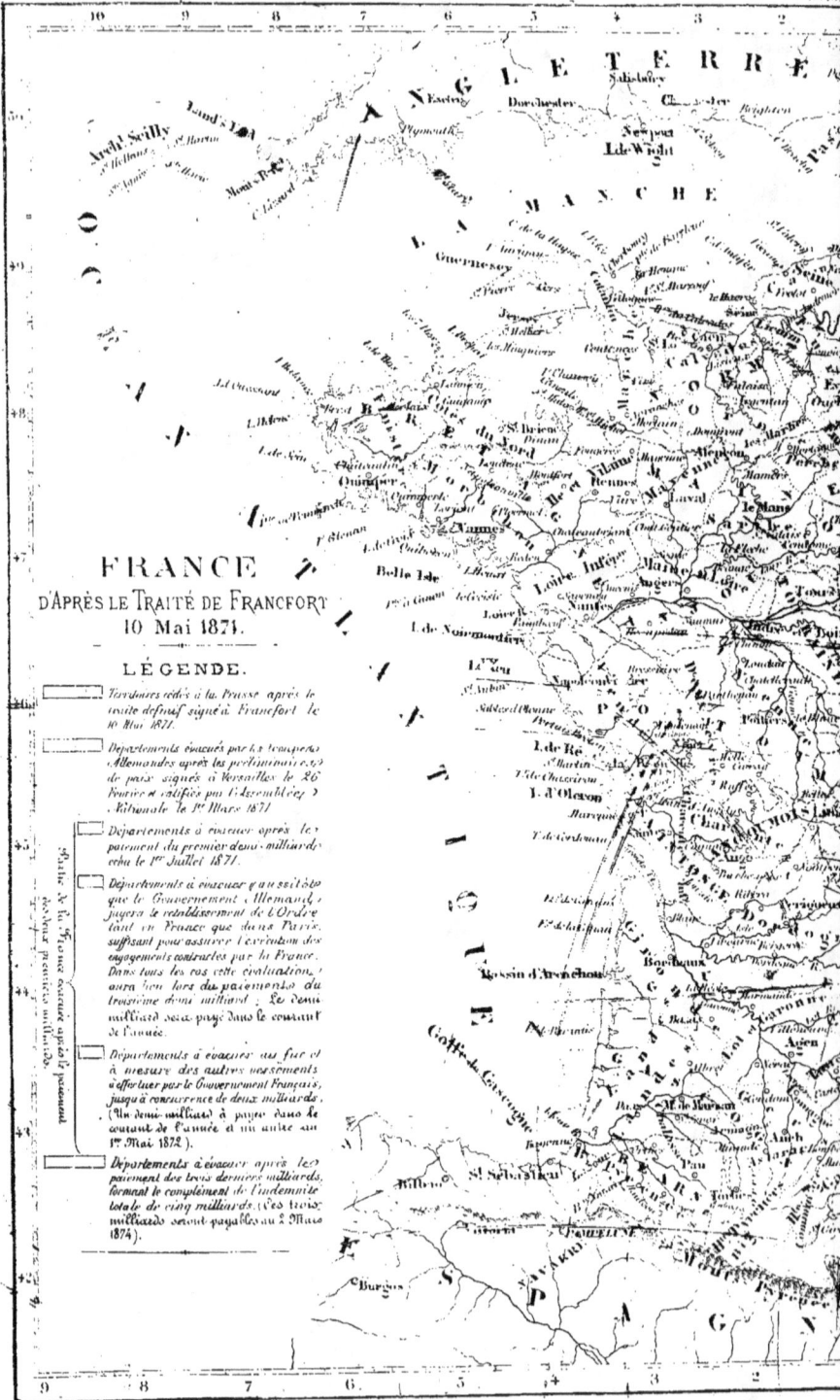

FRANCE
D'APRÈS LE TRAITÉ DE FRANCFORT
10 Mai 1871.

LÉGENDE.

Territoires cédés à la Prusse après le traité définitif signé à Francfort le 10 Mai 1871.

Départements évacués par les troupes Allemandes après les préliminaires de paix signés à Versailles le 26 Février et ratifiés par l'Assemblée Nationale le 1er Mars 1871.

Départements à évacuer après le paiement du premier demi-milliard échu le 1er Juillet 1871.

Départements à évacuer aussitôt que le Gouvernement Allemand payera le rétablissement de l'Ordre tant en France que dans Paris, suffisant pour assurer l'exécution des engagements contractés par la France. Dans tous les cas cette évaluation, aura lieu lors du paiement du troisième demi milliard : Ce demi milliard sera payé dans le courant de l'année.

Départements à évacuer au fur et à mesure des autres versements s'effectuer par le Gouvernement Français, jusqu'à concurrence de deux milliards. (Un demi milliard à payer dans le courant de l'année et un autre au 1er Mai 1872).

Départements à évacuer après le paiement des trois derniers milliards, formant le complément de l'indemnité totale de cinq milliards. (Ces trois milliards seront payables au 2 Mars 1874).

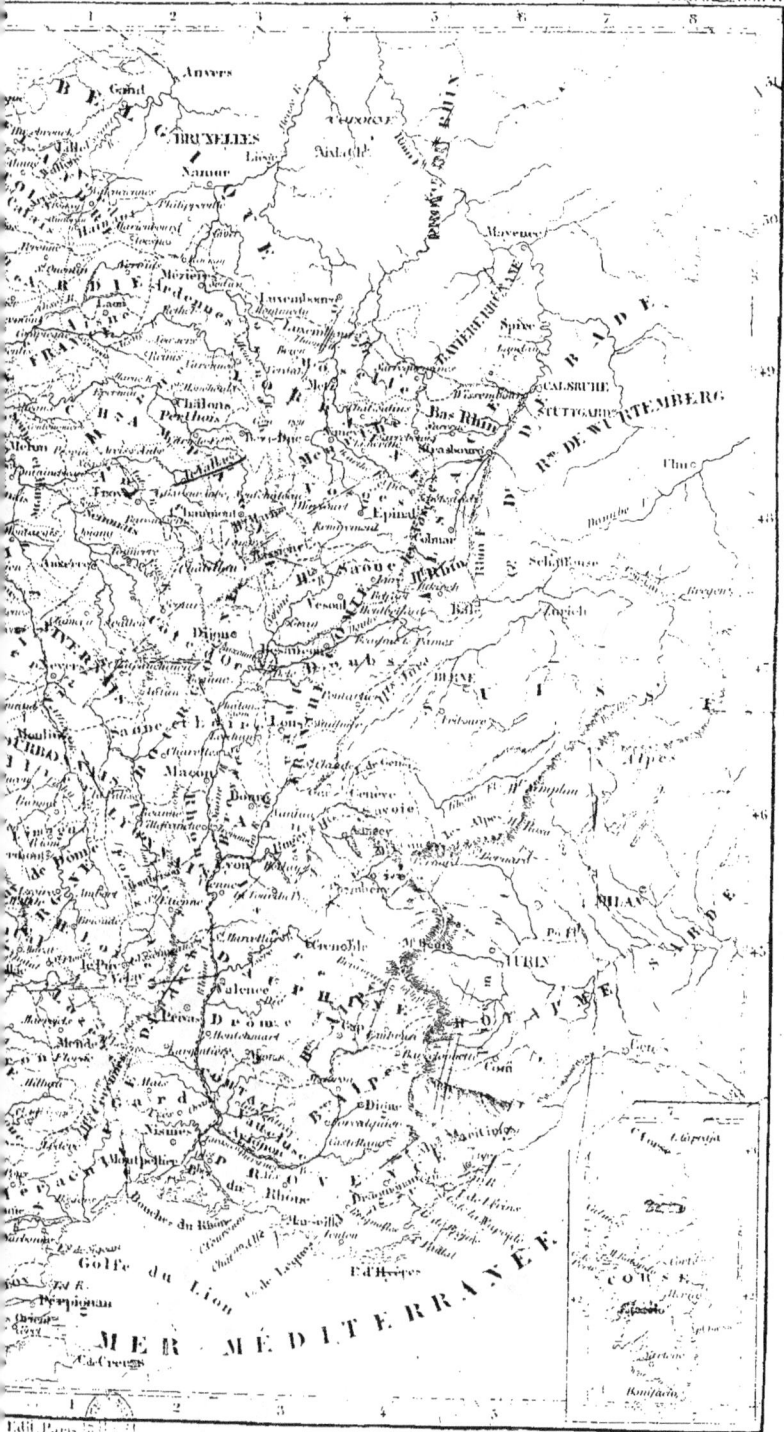

MER MÉDITERRANÉE

Surprise d'un poste prussien par les francs-tireurs de la presse.

1er octobre, 7 h. du soir.

Aujourd'hui il n'y a pas eu d'hostilités en avant de nos positions de Villejuif. Ce matin, le général chef d'état-major général s'est présenté en parlementaire au village de l'Hay pour régler les conditions de la convention à intervenir pour la remise des blessés et l'enterrement des morts; il n'a pu obtenir une entrevue avec un général quelconque, et il reste convaincu que les Prussiens avaient à cacher une évacuation considérable de leurs blessés sur ce point. Il lui a été répondu à plusieurs reprises, que, par ordre du roi, on ne pouvait plus parlementer que sur la route de Créteil.

Le corps du général Guilhem a été remis à la Société internationale des secours aux blessés, et les derniers honneurs lui ont été rendus hier par l'ennemi avec une grande solennité. Son cercueil était recouvert de branchages et de fleurs, au moment où les membres de cette Société l'ont reçu.

En avant de nos forts du nord-est, il y a eu plusieurs reconnaissances poussées très-brillamment, de Noisy sur Bondy, par quatre compagnies des 3e et 4e bataillons des éclaireurs de la Seine, commandant Poulizac, et de Romainville sur Drancy et le chemin de fer de Soissons, par les francs-tireurs des Lilas, commandant Anquetil. La première de ces reconnaissances a dépassé Bondy et s'est avancée vers la Maison Blanche, forçant ainsi l'ennemi à découvrir en ce point une batterie de quatre pièces qui a lancé sur elle cinq ou six obus. L'infanterie ennemie s'était retranchée fortement dans les maisons environnantes, et une attaque prolongée aurait pu être payée chèrement, sans grand résultat. La retraite s'est faite en bon ordre; nous n'avons eu qu'un blessé: l'ennemi doit avoir perdu une quinzaine d'hommes.

3e s. — 3.

La reconnaissance des francs-tireurs des Lilas a traversé Bobigny et enlevé Drancy sous le feu des tirailleurs. Le sous-lieutenant Le Besley a été en ce moment atteint à l'épaule. Au delà de Drancy, l'ennemi a été poursuivi jusqu'à la ligne du chemin de fer, où il s'est retranché dans une maison de garde. Des forces sérieuses se montrant du côté du Bourget et d'Aunay, le commandant Anquetil fit replier sa troupe, rapportant des casques, fusils et revolvers abandonnés sur le terrain. De ce côté l'ennemi a perdu une dizaine d'hommes.

Hier, pendant le combat de Chevilly, la brigade Susbielle, sous les ordres du général Blanchard, a fait en avant d'Issy et sur le Bas-Meudon une brillante reconnaissance qui a duré cinq heures et demie. Nos troupes ont rencontré trois régiments de la garde prussienne fortement soutenus, qui ont été forcés de se replier, laissant sur le terrain nombre d'armes et de casques.

Un bataillon de la Côte-d'Or a pris part à l'action. Son attitude a été très-bonne. Il a eu une quarantaine d'hommes hors de combat, dont huit officiers. La flottille du commandant Thomasset a soutenu cette opération de la manière la plus efficace en couvrant de ses obus les positions de l'ennemi.

Le gouverneur a été visiter les troupes du 13e corps qui ont pris part au combat d'hier; il a été extrêmement satisfait de leur contenance résolue et de leur excellent esprit.

Pour copie conforme :

P. O. Le général, chef d'état-major,
SCHMITZ.

Ordre.

Dans la journée d'hier, le 13e corps s'est hautement honoré devant le pays, qui lui en témoigne par moi toute sa gratitude, et hautement honoré devant l'ennemi qui ne dissimule pas l'impression que lui a faite la vaillance des troupes.

Elles ont eu la vigueur dans l'attaque de positions préparées de longue main pour la défense ; elles ont eu le calme et l'aplomb dans la retraite.

Soldats !

Nous sommes engagés dans une lutte suprême où vous n'êtes plus les appuis d'une politique que la France a répudiée. La Prusse avait solennellement déclarée qu'elle ne prenait les armes que pour combattre cette politique. Mais elle a depuis longtemps levé le masque. C'est l'honneur de la nation qu'elle veut humilier, et son existence même qu'elle veut détruire.

Vous l'avez compris. La grandeur de votre mission vous apparaît. Vous venez de vous montrer, et vous vous montrerez jusqu'au terme de nos efforts communs, dans l'esprit de dévouement et de sacrifice, les dignes soldats de la nation.

Le gouverneur de Paris,
GÉNÉRAL TROCHU.

La perte de l'ennemi fut plus considérable que la nôtre, ce qui s'explique par le feu meurtrier des forts, des redoutes, des batteries de campagne et de deux batteries de mitrailleuses.

Ce fut la brigade de Dumoulin qui engagea l'action ; ce fut vers sept heures que Vinoy, commandant en chef, arriva sur le champ de bataille. A huit heures, le général Trochu entra dans le fort de Bicêtre avec l'amiral commandant le 9e secteur. Les régiments engagés étaient le 9e de marche, composé d'un bataillon de chasseurs à pied et de deux bataillons d'infanterie de ligne ;

Des bataillons des 69e, 70e, 41e, 81e, 90e, 93e, 74e, 39e de ligne ;

Le 35e bataillon de la mobile (Vendée), sur la hauteur de Villejuif ;

Quatre forts escadrons de gendarmes ;

Deux escadrons de spahis ;

Un demi-régiment d'artillerie à cheval.

Le nombre de nos blessés fut évalué à 800, et celui des tués à 200. Un de nos amis, Tregolli, qui visita Chevilly et Villejuif dans l'après-midi même du 30, peint à merveille l'aspect qu'avait alors le champ de bataille.

« On ramassait nos derniers blessés ; l'ambulance américaine avait amené ses voitures, sans compter toutes celles envoyées par la société du Palais de l'Industrie, qui se composait en grande partie de membres suisses, faciles à distinguer, parce qu'ils portent comme insigne une petite croix blanche sur fond rouge.

« Nos ambulances se sont avancées jusqu'à la rencontre des ambulances prussiennes, qui sont munies de grandes voitures traînées par quatre chevaux et dont les conducteurs sont armés.

« Les docteurs seuls ne le sont pas. Tout le personnel comme le nôtre porte le brassard, et les rapports des sociétés sont des plus affables ; chaque membre de l'ambulance allemande est porteur d'une carte revêtue de la signature du baron de Pless.

« Quel aspect navrant que celui d'un champ de bataille, surtout pour celui qui n'appartient pas à la carrière militaire. Le soldat qui voit son camarade mort à ses côtés peut avoir la consolation de l'avoir vengé, mais ce spectacle est horrible pour celui qui vient dans ce champ de dévastation, de sang-froid et après l'action.

« Il s'agit de ramasser les blessés, dont la plupart supportent leur mal avec la plus stoïque résignation. Mais il arrive qu'on s'approche d'un homme pour le relever, et on se contente de lui mettre le képi sur la figure. Il n'y a plus rien à faire. Nos blessés sont tombés jusqu'au village de la Rue.

« Les Prussiens s'empressent de relever les leurs et d'enterrer leurs morts, de sorte que quand nous procédons à la même besogne, il ne reste absolument que les nôtres sur le champ de bataille. Ils relèvent cependant ceux d'entre nous qui n'ont que de légères blessures, pour les garder prisonniers, et nous abandonnent ceux qui sont blessés grièvement.

« Dans l'affaire d'hier matin, nous aurions eu 275 blessés, sur lesquels nous en aurions emporté 165.

« Tant que nous avons attaqué, notre avantage était grand et notre artillerie nous avait rendu un grand service, car les maisons de Chevilly sont criblées de boulets, mais nous avons éprouvé des pertes au moment de la retraite.

« Un chasseur bavarois se vantait d'avoir tué le général qui commandait nos troupes (le général Guilhem) et auquel nos ennemis ont rendu ce matin les honneurs militaires; les papiers que portait le général ont dû être remis à l'un des délégués de l'ambulance.

« Le colonel du 9e régiment de Marche, M. Micque de Rieu, aurait aussi trouvé là mort dans ce combat.

« Vers cinq heures, un capitaine ennemi est venu demander que l'on évacuât au plus tôt le champ de bataille, parce que l'affaire pouvait recommencer. On a cependant continué jusqu'au bout. Les dernières voitures étaient parties, laissant quelques membres des leurs au village de la Rue occupés à soigner nos sept derniers blessés, de sorte que ces messieurs ont été reconduits jusqu'aux avant postes prussiens et sont arrivés aux nôtres, alors que la nuit était complétement venue, ce qui n'était pas sans danger. Heureusement, ils ont pu se faire connaître.

« A Villejuif se trouvaient encore des voitures d'ambulance ramenant quelques blessées, et une trentaine de voitures contenant les docteurs, et les infirmiers ont dû attendre une demi-heure environ que l'on baissât le pont-levis pour le passage.

« Les blessés de ce jour appartiennent aux 35e, 42e, 74e et 75e régiments. Quelques blessés nous rapportent des conversations échangées avec les Prussiens, qui se plaignent que nos journaux les font passer pour plus terribles qu'ils ne sont. Un docteur, devant lequel on parlait de Prussiens, disait : « Appelez-nous des Allemands et non des Prussiens. »

« Les grand'gardes sont occupées par des jeunes gens complétement imberbes, qui font leur faction avec une casquette large et sans visière. Plus loin sont les autres, abrités par des massifs et des bouquets d'arbres entre Chevilly et la Rue. Un grand nombre d'entre eux disent être mariés; et quand ils se sentent emportés par leurs regrets, ils relèvent leur courage en fixant les yeux sur Paris, qui est leur continuel objectif. Ils disent : « Notre vieux roi veut y entrer et nous en faire les honneurs; il le fera. »

« Tous les fusils de nos blessés ont été ramassés par eux et mis dans une grande voiture, traînée par deux chevaux blancs, en même temps que les armes des leurs. Le nombre des casques encore éparpillés sur le champ de bataille est tel, que l'on peut supposer que de leurs côtés les victimes ont été très-nombreuses; c'est tout ce qui a pu transpirer à ce sujet.

« Ce matin, huit voitures sont parties des ambulances emmenant des infirmiers munis de pelles et de pioches, pour procéder à l'enterrement des morts et ramener les sept derniers blessés.

« Probablement avant peu de temps, les hostilités reprendront de ce côté. »

Dans la matinée du samedi 3, le corps du général Guilhem avait été rapporté par la Société des ambulances et déposé dans une des salles du Palais de l'Industrie, transformée en chapelle ardente.

Les obsèques eurent lieu en l'église Saint-Louis des Invalides. La réunion avait lieu au Palais de l'Industrie, où le général Trochu prononça quelques paroles au moment de l'enlèvement du corps. « Messieurs, dit-il, à l'heure présente, l'appareil de la mort n'a rien qui doive nous effrayer. Notre devoir, pour la plupart, notre avenir pour tous est là...

« Les phrases de convention et de convenance seraient déplacées; je ne dirai qu'un mot devant ce cercueil : le général Guilhem a bien vécu, il s'est bien battu, et il est mort en brave.

« Messieurs, je le recommande à votre souvenir. »

Un brillant cortége composait le convoi du général. La messe a été chantée par le grand-vicaire de l'archevêque de Paris.

Parmi les généraux présents, on remarquait :

Le ministre de la guerre Le Flô; les généraux Vinoy, de Linières, Berteaud, Corréard, Schmitz. M. le gouverneur des Invalides de Martimprey se tenait auprès de l'autel, accompagné du général Lyon. En outre, de nombreux officiers d'état-major et de la garde nationale, des commandants de secteurs et des officiers de marine; le comte de Flavigny, le président de la Société de secours aux blessés, le comte Sérurier, le vice-président, ainsi qu'un grand nombre de membres, et l'ambulance suisse au complet.

Le milieu de la nef était maintenu vide par des invalides formant la haie depuis le catafalque, sur lequel se trouvaient l'épée du général ainsi que sa croix de commandeur de la Légion d'honneur, celle des Saints Maurice et Lazare. De nombreux officiers de toutes armes étaient présents ainsi que ceux de la garde mobile.

On remarquait de même les anciens compagnons d'armes du général, beaucoup de militaires du 35e de ligne.

Après l'absoute, le corps fut placé dans un corbillard entouré de drapeaux ornés de crêpes. Suivaient derrière les deux ordonnances du général, qui ne pouvaient retenir leurs larmes; l'un d'eux était à son service depuis vingt ans. Autour de la funèbre voiture marchaient des officiers d'état-major et les généraux de brigade de Valden et de l'Enclos. Le cortége, précédé d'un détachement d'invalides portant des piques avec des drapeaux, a traversé les deux cours et a stationné à la porte de la première, pendant que des troupes de ligne et de la garde nationale défilaient sur la place des Invalides.

Le cortége revint ensuite sur ses pas, au milieu d'une haie d'infirmiers, jusqu'à l'église; la cérémonie officielle était terminée.

Le corps fut placé dans un fourgon et, suivi de quatre voitures de deuil contenant la famille, se dirigea au cimetière Montparnasse.

Le général n'avait pas d'autre famille que celle de sa femme. MM. Anatole Darcy, son beau-frère, et Alexandre Darcy, son neveu, étaient ses seuls parents. La lettre de faire part indiquait que le général avait été tué à l'ennemi au combat de Chevilly, sous Paris.

Cette mort terminait à 54 ans une carrière qui avait été brillante.

Pierre-Victor Guilhem s'était engagé comme volontaire à l'âge de 19 ans et avait obtenu tous ses grades sur le champ de bataille.

Il était resté longtemps en Afrique, où il avait fait preuve d'excellentes qualités militaires. Il s'était signalé en Crimée, en Italie, il avait été fait lieutenant-colonel sur le champ de bataille de Magenta. Il avait aussi pris part à la campagne du Mexique.

Au commencement de cette guerre, le général était à Rome, qu'il avait quittée un des premiers aussitôt l'ordre d'évacuation.

L'armée perdait dans le général Guilhem un homme en qui elle avait toute confiance.

Il emportait tous les regrets des soldats qu'il commandait.

CHAPITRE XIII

Strasbourg. — Les aventures d'Edmond Valentin. — Bombardement de Strasbourg. — Proclamations du général Uhrich et du maire.

Tandis que ces faits se passaient sous les murs de Paris, la ville de Strasbourg succombait!

Un décret du 16 septembre avait nommé maire M. Maurice Engelhard, en le chargeant de porter aux vaillants Strasbourgeois et à son héroïque garnison les remercîments émus de la France, de la population de Paris et du gouvernement de la République. Un autre décret appelait M. Edmond Valentin à la préfecture du Bas-Rhin, en s'en rapportant à son énergie et à son patriotisme pour aller occuper son poste.

M. A. Shnéegans, ancien adjoint au maire de Strasbourg, ancien député du Bas-Rhin, rédacteur en chef du *Journal de Lyon*, dans son livre intitulé *le Siége de Strasbourg*, a retracé d'une manière émouvante les dangers qu'eut à courir M. Valentin pour entrer à Strasbourg :

« Chargé d'y pénétrer et d'apporter à la population une parole d'espoir et d'encouragement, ainsi que le concours d'une énergie à toute épreuve, M. Valentin se mit en route, décidé à exécuter les ordres du ministre, fût-ce au péril de sa vie. Muni d'un passeport américain, il tenta d'abord d'approcher de Strasbourg par le côté du sud ; il erra autour de la forteresse, évitant les vedettes, couchant dans les bois, attendant le moment et l'occasion.

« Il ne réussit qu'à se faire prendre, et à s'entendre intimer l'ordre de promener ailleurs ses indiscrètes fantaisies de Yankee. Il change alors d'itinéraire et d'objectif. Il passe sur la rive droite du Rhin, entre à Kehl, et, nageur excellent, il forme le projet de traverser le fleuve et de pénétrer par l'Ill dans la forteresse. Surpris derechef, et éconduit une seconde fois par l'insuffisante vigilance des gendarmes prussiens, il rentre en Alsace par Wissembourg. Il trouve une population entière qui se rend complice de ses projets.

« Le bruit se répand dans les villages que M. Valentin est là; on reconnaît le préfet républicain, et à la barbe des Prussiens, comme par l'effet d'une franc-maçonnerie patriotique, on se communique la grande nouvelle, sans qu'un mot, sans qu'un geste trahissent cette conspiration de tout un peuple.

« Les femmes, les enfants le guident à travers champs; il passe au milieu des lignes ennemies; il pénètre au sein de l'état-major allemand; il couche dans la maison où M. de Werder vient prendre son café; il l'entend menacer les paysans qui accueillent des étrangers; il s'installe à Schiltigheim, derrière les batteries de siége en face de la ville, dans une des dernières maisons; pendant plusieurs jours, il étudie de loin les tranchées et les parallèles; il observe les habitudes des soldats. Il s'aperçoit enfin que, tous les soirs à la même heure, un couloir de la dernière parallèle reste vide pendant quelques minutes; il épie le moment, se glisse dans les sillons jusqu'auprès de la tranchée, la franchit. — Un cri retentit : les sentinelles l'ont aperçu! Il se jette dans un champ de blé, et aussitôt autour de lui éclate la fusillade. De toutes parts, les balles pleuvent; les canons se mettent de la partie; les obus passent sur sa tête, labourent le sol à droite et à gauche. Lui, immobile, attend.

« Deux heures durant, l'artillerie allemande canonne. Un paysan l'avait forcé le matin d'emporter une bouteille de kirsch; — « Qui sait? lui avait dit le brave homme, vous aurez peut-être besoin de reprendre des forces! » — Ce cordial soutint Valentin pendant ces horribles moments. Le feu se ralentit enfin; puis il cessa.

« Le représentant de la France reprit alors son voyage; rampant au milieu des herbes, il atteignit les bords de la contrescarpe, et, d'un bond rapide, se laissa glisser dans le fossé. Il était à l'abri des balles prussiennes.

« Tout n'était point gagné pourtant. Comment allait-il entrer dans ces bastions qui, de tous côtés, vomissaient par-dessus sa tête les obus sur les tranchées allemandes ?

« Des roseaux garnissaient le bord des fossés ; le sol mou cédait sous le pied ; la main ne trouvait aucun point d'appui. En vain, il essaya d'aborder sur la rive française. Ses forces s'épuisaient d'ailleurs. Il se reposa quelques instants, puis, se jetant à la nage, tourna les ouvrages avancés, criant : France! France ! appelant à son aide les invisibles défenseurs de nos bastions. Mais cette voix se perdait au milieu du grondement du canon. Il arrive enfin près d'un ouvrage ouvert à la gorge ; il sort de l'eau ; il grimpe sur le talus : devant lui se dressent des soldats français qui le couchent en joue. France! répète-t-il, et déjà le bruit sec du chasse-pot qui s'arme frappe son oreille. Un officier s'avance, les fusils se relèvent ; il est sauvé !

« Le même soir encore, le planton du quartier général annonça au gouverneur de la place que le préfet du Bas-Rhin demandait à lui parler.

« Le général se leva, se demandant lequel, du préfet de l'empire ou du délégué aux affaires départementales, se présentait si tard dans son hôtel, et quel pouvait être le motif grave d'une pareille visite. Il s'arrêta étonné devant un inconnu. « — Général, lui dit M. Valentin, je viens de pénétrer dans la forteresse ; j'ai à me faire reconnaître de vous ! » — Et, déchirant la manche de son habit, il tira de la doublure le texte du décret de M. Gambetta qui le nommait préfet du Bas-Rhin. »

M. Valentin ne tarda pas à reconnaître que la place n'était pas tenable. Le 12, pour se mettre en communication plus directe avec Paris, il profita de l'acceptation des propositions suisses qui autorisaient la sortie de la population civile. Le 13, le général Uhrich écrivait :

Général Uhrich à guerre, Paris.

Situation empirée, bombardement sans trêve, artillerie foudroyante. Je tiendrai jusqu'au bout. Comment pourrais-je passer le Rhin sans pont, sans bateau? Abandonnez cette idée impraticable. Sortie honorable ce matin, mais chère, et sans résultat autre que le respect imposé à l'ennemi.

Le même jour, la République fut proclamée à Strasbourg et accueillie avec enthousiasme.

Le 14, la troisième parallèle fut achevée, et l'artillerie de siége redoubla son feu. Les rues qui souffrirent le plus furent celles de la Nuée-Bleue, du Dôme, de la Mésange, des Hallebardes, du faubourg National, du faubourg de Pierre, du faubourg de Saverne, toute la Krutenau, le marais Kageneck.

L'Ile-Jars (propriété du professeur Schutzenberger);

la maison de M. Edel-Büchel, de même que celle de M. Ed. Ehrmann, rue des Récollets, furent brûlés.

Par contre, les quartiers Sainte-Elisabeth, Saint-Thomas, Saint-Nicolas, souffrirent peu. Aux Diaconesses, des malades purent rester dans leurs lits.

Les habitants de la ville, passant leurs journées au rez-de-chaussée de leurs maisons, barricadaient les fenêtres avec des matelas ; des baquets pleins d'eau furent placés dans les rues et aux divers étages des habitations ; on put fréquemment, et grâce à ces précautions, éteindre des bombes. Les nuits furent plus pénibles ; on se réunit dans les caves les plus vastes ; mais au milieu de cette population épouvantée, des cris des femmes, des pleurs des enfants, tout repos était impossible.

Enfin, il fallut céder!

Dans la matinée du 28 septembre fut affichée cette proclamation du général Uhrich aux Strasbourgeois :

Habitants de Strasbourg,

Je reconnais aujourd'hui, et le conseil de défense partage unaniment cet avis, que la défense de Strasbourg est désormais impossible ; je dois, en conséquence, cédant à une triste nécessité, me résoudre à entrer en négociations avec le chef de l'armée assiégeante.

Votre mâle attitude, pendant ces longs jours d'épreuves douloureuses, m'a permis de prolonger la défense autant qu'elle pouvait l'être ; citoyens et soldats, votre honneur est intact, merci à vous ! Merci encore à vous, préfet et magistrats du Bas-Rhin ; vous qui, par votre énergie et votre union, m'avez prêté un si précieux concours, vous qui avez su soulager les souffrances de cette malheureuse population et affirmer hautement et loyalement votre attachement à notre commune patrie. Merci à vous, officiers et soldats! A vous surtout, membres du conseil de défense, qui vous êtes montrés toujours si fermes, si énergiques, si attachés aux grands devoirs que vous aviez à remplir, et m'avez soutenu à ces heures de cruelle incertitude où me plongeaient et les terribles responsabilités de ma charge et la vue des malheurs publics.

Merci à vous, représentants de notre armée de mer, qui, à force de courage, avez pu faire oublier votre petit nombre.

Merci à vous, enfin, enfants de l'Alsace, gardes mobiles, francs-tireurs et compagnies franches ; à vous, canonniers de la garde nationale, qui avez si noblement donné votre sang pour cette grande cause, aujourd'hui perdue ; et vous aussi douaniers, qui avez donné l'exemple du courage et du dévouement.

Je dois remercier aussi et tout particulièrement l'intendance pour le zèle avec lequel elle a su, dans le service des vivres et des hôpitaux, suffire à toutes les exigences d'une situation difficile.

Quelle expression pourrait rendre toute la reconnaissance que j'éprouve pour les médecins civils et militaires, qui se sont consacrés tout entiers au soin de nos blessés et de nos malades, pour ces nobles jeunes gens de l'École de médecine, qui ont accepté avec tant d'enthousiasme les postes les plus dangereux de nos ambulances aux portes de la ville et dans nos ouvrages extérieurs?

Pourrai-je jamais assez remercier tant de membres bienfaisants du clergé, tant de citoyens charitables qui ont ouvert leurs maisons aux blessés, leur ont prodigué les soins les plus empressés et en ont arraché un grand nombre à la mort?

Je garderai jusqu'à mon dernier jour le souvenir des deux mois qui viennent de s'écouler, et le sentiment de reconnaissance et d'admiration que vous m'avez inspiré ne s'éteindra qu'avec ma vie. Pour vous, souvenez-vous sans amertume de votre vieux général; il eût été si heureux de vous épargner tant de malheurs, de souffrances et de dangers! mais il lui fallait étouffer ce désir dans son cœur, pour ne songer qu'au devoir et à la patrie qui porte le deuil de ses enfants. Détournons, s'il est possible, détournons nos regards de ce présent si rempli d'amertume, et jetons-les sur l'avenir : c'est là que nous trouvons cette consolation des malheureux, qui s'appelle l'espérance. Vive à jamais la France.

Donné au quartier général le 27 septembre 1870.

Le général de division, commandant
la 6ᵉ division militaire,
UHRICH.

A cette proclamation en était jointe une autre, qui insistait sur la nécessité d'une passivité absolue de la part des vaincus :

Chers concitoyens !

Après une résistance héroïque, comme les annales militaires n'en offrent que de rares exemples, le digne général, commandant Strasbourg, d'accord avec le conseil de la défense, vient de régler avec le commandant en chef de l'armée assiégeante les conditions de la capitulation de la place.

Le général n'a pris une pareille résolution que vaincu par les impitoyables nécessités de la guerre, devant une double brèche faite aux remparts, sous la menace d'un assaut dont les conséquences ne pouvaient nous être que fatales, et après les pertes irréparables qu'il avait éprouvées dans sa garnison et dans ses officiers. La place ne pouvait plus tenir; il est entré en pourparlers avec l'ennemi. Contrairement à cette loi de la guerre qui impose les plus dures conditions aux villes prises d'assaut, il a obtenu pour Strasbourg qu'elle ne payerait aucune contribution de guerre et serait traitée avec clémence.

A onze heures, la garnison sortira de la ville avec les honneurs de la guerre, l'armée allemande en prendra possession aujourd'hui même. Pour vous, qui avez souffert avec tant de patience et d'abnégation les horreurs du bombardement, ne vous livrez à aucune manifestation hostile contre le corps d'armée qui va pénétrer dans nos murs. Rappelez-vous que la moindre tentative de révolte ne peut qu'empirer notre situation et amener les plus terribles représailles contre la population tout entière.

Les lois de la guerre disent que toute maison d'où part un coup de feu est rasée et ses habitants passés par les armes. Voilà ce dont il faut que chacun se souvienne, et si vous voyez que quelques-uns d'entre vous soient capables d'oublier assez ce qu'ils doivent à leurs concitoyens pour songer à d'impuissantes tentatives de résistance, arrêtez-les. L'heure de la résistance est passée.

Accommodons-nous de ce que nous ne pouvons empêcher. Chers concitoyens, pendant ce long siège, vous avez montré une patience et une énergie qui fera l'admiration de l'histoire; restez dignes de vous-mêmes dans les jours douloureux que nous allons traverser. Vous tenez le sort de Strasbourg et le vôtre entre vos mains. Ne l'oubliez pas !

Strasbourg, 28 septembre 1870.

Le maire,
KUSS.

Le général Uhrich, et un grand nombre d'officiers français, mis en liberté sur parole, quittèrent Strasbourg, le 28 septembre, et furent dirigés sur la Suisse. Ils arrivèrent le 29 à Bâle, et descendirent à l'hôtel des Trois-Rois.

CHAPITRE XIV

Siége de Toul. — Communication des deux capitulations aux Parisiens. — Hommages rendus à la ville de Strasbourg. — Faits militaires sous Paris.

La ville de Toul avait également succombé quelques jours auparavant. Les Prussiens avaient paru devant cette place avec les pièces de siége et les munitions qu'ils avaient prises à Marsal. La garnison, quoique d'une insuffisance extrême, refusa héroïquement de se rendre. Placée sous le commandement d'un ancien officier de cavalerie, le major Itack, elle ne se composait que de cent hommes de la ligne, deux mille mobiles, quarante gendarmes, soixante cuirassiers. Elle n'avait pas un seul artilleur régulier, cinq cents mobiles avait été exercés au service des pièces.

Un exprès, arrivé le lundi 12 septembre à Mirecourt, annonçait au sous-préfet que le 10, la place de Toul avait subi un bombardement de neuf heures. Les dernières nouvelles que Paris avaient eues de Toul avant celle de la capitulation, avaient été apportées le 16, à Neufchâteau, par un paysan, à travers les bois. Placé sur une hauteur de la commune de Chaume-la-Côte, à 6 kilomètres de Toul, il avait été témoin de ce qu'il racontait. Le 15, à huit heures du matin, l'ennemi avait réussi à installer de nouveau des canons sur la côte Saint-Michel, et ouvert un feu très-vif; la place lui avait répondu avec une égale vigueur et cette cannonade s'était prolongée jusqu'à dix heures.

Il y avait eu alors une interruption de trois heures; vers une heure, l'ennemi avait recommencé le feu et tiré assez mollement. La place ne répondait pas; mais vers trois heures elle fit de nouveau un feu extrêmement violent et rapide, et quoique les canons prussiens fussent abrités derrière une faïencerie, la place réussit à faire tomber deux bombes jusque sur leurs pièces.

Le feu de l'ennemi avait cessé immédiatement.

Dans la matinée du 16, aucun coup de canon n'avait été échangé; silence complet; mais on prétendait que l'ennemi devait tenter une nouvelle attaque et même un nouvel assaut. Les villages des environs renfermaient beaucoup de blessés prussiens; beaucoup de troupes autour de Toul.

Le 16 fut donné aux travaux de défense qui n'étaient pas protégés par le canon, un assaut que repoussa la garnison, secondée par toute la population valide qui avait pu se procurer des armes. Plusieurs centaines de Prussiens restèrent sur le carreau.

La ville fut ensuite bombardée, mais irrégulièrement et sans résultat appréciable.

La direction des chemins de fer bavarois, qui exploite les lignes de Wissembourg, Nancy, Paris, offrit de construire en quinze jours un embranchement qui contournerait Toul; mais le général de Moltke répondit qu'on aurait Toul bien avant ce délai. Néanmoins les attaques réitérées ne servirent à rien, la forteresse ayant un double escarpement, des bastions pleins, sans glacis, fossés doubles ayant chacun trente pieds de large, le tout casematé et défendu par soixante-quinze canons, dont vingt-cinq rayés de gros calibre, arrivés de Strasbourg à l'époque où on avait résolu de défendre sérieusement Toul.

Durant la dernière quinzaine, des pièces de gros calibre, arrivées d'Allemagne, furent mises en position au nord sur une crête du mont Saint-Michel, sur des hauteurs, en face du faubourg Saint-Evre, au sud-ouest, et à Dammartin-lès-Toul au sud-est. Rien de sérieux ne fut entrepris avant le vendredi 23 septembre. Dès le point du jour un bombardement concentrique des ouvrages fut commencé par les batteries des pièces de 24 du 2e et du 4e régiment d'artillerie, appuyées par des troupes de la 34e brigade d'infanterie, formant partie d'un corps nouveau placé sous le commandement du grand-duc de Mecklembourg-Schwerin, et comprenant tous les corps qui, se trouvent entre les armées de Frédéric-

Charles et du prince royal, c'est-à-dire tous les corps d'invasion non engagés devant Metz.

Le feu continua toute la journée du vendredi sans que les assiégeants y répondissent d'une manière efficace. Dans la soirée, le feu ayant éclaté en vingt-trois endroits, les instances des habitants auprès du commandant de la place engagèrent celui-ci à hisser le drapeau blanc et à réclamer une capitulation. L'offre fut immédiatement acceptée par le colonel Manteuffel, commandant le siège, et les vainqueurs entrèrent dans la ville le soir même à sept heures. Les conditions furent les mêmes que pour Sedan. Dans un conseil, tenu à l'hôtel de ville, on avait résolu de ne pas se rendre; mais les instances de citoyens qui craignaient une dévastation inutile, prévalurent sur les résolutions belliqueuses des autorités civiles et militaires.

Les prisonniers de la mobile furent relâchés sur leur parole de ne point rentrer au service durant la guerre. Une proclamation du gouvernement apprit aux Parisiens la perte de Toul et de Strasbourg :

RÉPUBLIQUE FRANÇAISE.

Liberté, égalité, fraternité.

Citoyens,

Le gouvernement vous doit la vérité sans détours, sans commentaires.

Les coups redoublés de la mauvaise fortune ne peuvent plus déconcerter vos esprits ni abattre votre courage.

Vous attendez la France; mais vous ne comptez que sur vous-mêmes.

Prêts à tout, vous pouvez tout attendre :

Toul et Strasbourg viennent de succomber.

Cinquante jours durant ces deux héroïques cités ont essuyé, avec la plus mâle constance, une véritable pluie de boulets et d'obus.

Épuisées de munitions et de vivres, elles défiaient encore l'ennemi.

Elles n'ont capitulé qu'après avoir vu leurs murailles abattues crouler sous le feu des assaillants.

Elles ont, en tombant, jeté un regard vers Paris pour affirmer, une fois de plus, l'unité et l'intégrité de la Patrie, l'indivisibilité de la République, et nous léguer, avec le devoir de les délivrer, l'honneur de les venger.

Vive la France! Vive la République!

Le ministre de l'intérieur,

L. GAMBETTA.

Strasbourg était la clef de la France, elle défendait la rive gauche du Rhin. C'était une place de guerre de première classe, dont les fortifications, construites par Vauban, avaient été l'objet de travaux ultérieurs considérables; c'était une grande cité, un centre intellectuel, riche en monuments et en œuvres d'art; et quand les rapides victoires des envahisseurs interceptèrent complétement toute communication avec cette noble ville, elle avait dix mille hommes de garnison, avec d'insuffisants approvisionnements en munitions et en subsistances qui rendaient une longue défense impossible. Sa population et la garnison avaient rivalisé de courage. Aux sept mille soldats qui restaient encore debout après cinq semaines d'héroïque défense contre des forces énormes, s'étaient adjoints onze mille gardes nationaux, qui avaient fait le coup de feu ou sur les remparts, ou dans de vigoureuses sorties, et qui n'avaient cédé qu'après avoir épuisé leurs dernières ressources. Le gouvernement décréta que la statue qui, sur la place de la Concorde, était chaque jour l'objet d'ovations enthousiastes, serait coulée en bronze et maintenue sur le même emplacement, avec inscriptions commémoratives des hauts faits de la résistance des départements de l'Est. Les motifs du décret étaient ainsi libellés :

« Le gouvernement de la défense nationale :

« Considérant que la noble cité de Strasbourg, par son héroïque résistance à l'ennemi pendant un siége meurtrier de plus de cinquante jours, a resserré les liens indissolubles qui rattachent l'Alsace à la France ;

« Considérant que depuis le siége de Strasbourg, la piété nationale de la population parisienne n'a cessé de prodiguer, autour de l'image de la capitale de l'Alsace, le témoignage du patriotisme le plus touchant et de la plus ardente reconnaissance pour le grand exemple que Strasbourg et les villes assiégées de l'Est ont donné à la France.

« Voulant tout à la fois perpétuer le souvenir du glorieux dévouement de Strasbourg et des villes de l'Est à l'indivisibilité de la République et des généreux sentiments du peuple de Paris ;

« Décrète, etc. »

L'infructueuse journée du 30 septembre, la possession de Strasbourg, la clef de la maison, ne pouvaient qu'accroître l'ardeur des troupes allemandes ; aussi voyons-nous, par nos propres rapports militaires, qu'elles firent, pendant les premiers jours d'octobre, de grands mouvements autour de Paris : elles poussèrent leurs terrassements avec activité, établirent des tranchées de communication sans engager aucun sérieux combat avec les reconnaissances qui venaient tirailler avec leurs avant-postes.

Les récits de ces reconnaissances se ressemblant tous, et mentionnant invariablement que la retraite s'est effectuée en bon ordre, nous nous bornerons à en citer deux comme spécimens.

La journée s'est encore passée dans le plus grand calme ; l'ennemi continue à établir des tranchées de communication à grande distance de nos lignes ; quelques coups de canon des forts inquiètent ces travaux. Hier, une reconnaissance faite par un détachement du 19e de marche, entre Bezons et Argenteuil, a échangé des coups de fusil avec le poste prussien placé sur l'autre rive de la Seine ; cinq ou six ennemis ont été tués ou blessés ; de notre côté, le sergent Rouzaud, s'étant avancé jusqu'au pont de Bezons, a eu la jambe traversée par une balle.

Le même jour, en avant de Noisy, le commandant Warnet, avec sept compagnies de gardes mobiles (Côtes-du-Nord, Finistère et 3e bataillon de la Seine), a poussé une reconnaissance au delà de Bondy ; un poste prussien établi dans ce village s'est replié en toute hâte sur la forêt, en arrière, pour n'être pas enlevé par nos soldats, qui s'avançaient au pas de course. Au delà de Bondy, un feu assez vif de mousqueterie s'est engagé. Nous n'avons eu qu'un blessé. La retraite s'est effectuée en bon ordre, sous la protection du 3e bataillon du Finistère (commandant de Legge).

Le commandant Warnet signale les progrès sensibles de nos jeunes soldats, que ces fréquentes reconnaissances familiarisent chaque jour avec la guerre de tirailleurs.

P. O. Le général, chef d'état-major,
SCHMITZ.

4 octobre 1870, 7 h. du soir.

Le général Ducrot fait savoir qu'il s'est produit des mouvements de troupes ennemies en avant de ses lignes ; les Prussiens qui étaient à Malmaison ont été remplacés par des Wurtembourgeois. Pareil fait a été signalé, à la suite du combat du 30 septembre, vers Sèvres, Châtillon et le plateau de Villejuif.

Ce matin, une reconnaissance faite en avant du fort de Nogent, par trois compagnies du bataillon de la Drôme et un peloton de spahis, s'est heurtée, presque à la sortie du village de Neuilly-sur-Marne, contre des avant-postes prussiens qui se sont repliés vivement sur un petit bois où 500 hommes environ étaient embusqués ; accueillie à une petite distance par une fusillade très-nourrie, mais que le brouillard rendait peu meurtrière, nos spahis ont chargé jusqu'à la lisière du bois et tiré à bout portant ; leur décharge a renversé une vingtaine d'hommes ; nous n'avons eu que deux chevaux tués et un blessé ; nos cavaliers, en se repliant sur l'infanterie, n'ont pas été poursuivis.

Nos forts du Sud ont lancé quelques obus sur les travailleurs et les colonnes de marche de l'ennemi.

Rien de nouveau sur tous les autres points.

P. O. Le général, chef d'état-major,
SCHMITZ.

Les dépêches télégraphiées indiquent presque exclusivement les canonnades des forts. Les brouillards épais de la saison paralysaient d'ailleurs l'action de l'infanterie.

Le général Ducrot.

Arc de Triomphe, 5 octobre, 8 h. 55 du matin.

Ingénieur à amiral de la Roncière, au gouverneur de Paris.

Canonnade du Mont-Valérien vers Montretout. Le bastion 59 tire aussi. Coups de canon du côté de Billancourt. Les forts de Montrouge et d'Issy ont tiré quelques coups vers 8 heures et quart et 8 heures et demi.

Montrouge et Vanves tirent encore.

Trocadéro, 5 octobre, 9 h. du matin.

Observatoire au gouverneur de Paris.

Canonnade assez violente du côté du Mont-Valérien, Saint-Cloud et Issy. Nous voyons la fumée au Mont-Valérien.

Observatoire de Paris, 5 octobre, 9 h. 20 du matin.

Observatoire de Paris au gouverneur de Paris.

Depuis 8 h. 10 m., nombreux coups de canon de la ligne fort de Vanves au Mont-Valérien; toujours brumes épaisses.

Vincennes, 5 octobre, 9 h. 26 du matin.

Général Ribourt au gouverneur de Paris.

Plusieurs mouvements de troupes ennemies de l'Est à l'Ouest, à 6 kil. du fort de Nogent.

L'ennemi pratique des créneaux dans les murs de clôture du village de Cœuilly.

Vive fusillade pendant une partie de la nuit du côté de Joinville-le-Pont. Ce matin, brouillard épais.

Paris, 7 octobre, 11 h. 6 du matin.

Le général Ducrot au gouverneur de Paris.

Nous avons canonné assez sérieusement tous les points sur lesquels on voit et où l'on soupçonne des travaux; le tir a été excellent, mais rien n'a bougé du côté de l'ennemi.

CHAPITRE XV

Manifestation du 5 octobre. — Version du *Rappel*.
Compte rendu sténographique.

Il eût été à désirer que la situation fût envisagée avec
une résolution calme; mais l'effervescence grandissait
dans Paris. Le 5 octobre, les bataillons de Belleville, en
armes, musique en tête, débouchaient sur la place de
l'Hôtel-de-Ville, occupaient les terre-pleins et formaient
les faisceaux.

A midi et demi, les officiers et sous-officiers furent
introduits auprès des membres du gouvernement.

Le chef de la manifestation, le major Flourens, prit
la parole, pour demander que les élections municipales
fussent faites immédiatement, et des chassepots fournis
à la garde nationale qui voulait combattre. Le général
Trochu répondait qu'il ne demandait qu'à faire combattre la garde nationale, mais qu'il ne voulait pas envoyer des hommes à la boucherie, et que ce serait le
faire dans l'état actuel des choses: Il refusa, au nom
de la conciliation, la démission que lui offrait Flourens.

Garnier-Pagès fit appel à l'union et annonça la fabrication d'une artillerie qui ferait taire celle des Prussiens; mais Flourens s'écria : « Pas de mots, mais des
faits. » Puis il interpelle directement Gambetta, qui répondit :

« Les élections se préparent; elles se feront aussitôt
que possible sera. On revise, on compte les listes pour
que le suffrage des citoyens devienne vraiment universel. »

Dorian s'engagea à fournir en quinze jours dix mille
fusils à tabatière aux tirailleurs et des obusiers.

Flourens, qui se trouvait dans un état d'exaltation
inexprimable, et peu en harmonie avec les preuves de
modération qu'il avait données quelques jours auparavant, réitéra l'offre de sa démission. « Vous n'avez
pas le droit de la donner; vous êtes au péril! » lui repartit Gambetta.

« C'est vrai! » dirent les officiers présents, auxquels se joignit M. Étienne Arago.

Il conjura Gustave Flourens, au nom de l'amitié
qui l'avait uni à son père, au nom de la république, de
ne pas provoquer un mouvement dans la rue et de lui
tendre la main.

Flourens ne répondit que par l'offre renouvelée de
sa démission, et descendit précipitamment suivi des officiers qui cherchaient à apaiser son effervescence. En
arrivant devant les musiciens de la garde nationale, il
mit le sabre à la main, et s'écria : *Vive la Commune!*

Il était deux heures un quart. Peu après les compa-

gnies défilèrent en bon ordre, musique en tête, quelques-
unes aux cris de *Vive la Commune!* la plupart aux cris
de *Vive la République!*

Tel est le sommaire que nous pouvons publier *de
visu* de cette démonstration. Le *Rappel* en donna une
autre version qui fut communiquée aux journaux de sa
nuance, par les directeurs du mouvement.

Les dix mille citoyens de Belleville, qui se trouvaient
réunis dans les cadres de la garde nationale, sous le
commandement du citoyen Flourens, se sont rendus
aujourd'hui 5 octobre, dans un ordre admirable et en
armes, à l'Hôtel de Ville.

Là, ils ont demandé au Gouvernement de la défense
nationale, par l'intermédiaire du citoyen Flourens, leur
chef :

1º L'armement de la garde nationale de Paris avec
les chassepots, qui jusqu'ici ont été exclusivement réservés à l'armement des gardes mobiles ;

2º Le changement complet de système militaire,
l'abandon de la tactique impériale, si malheureusement
continuée encore sous la République, qui consiste à opposer constamment un Français contre trois Prussiens ;

3º La levée en masse de la nation tout entière ;

4º L'appel immédiat à l'Europe républicaine, aux
révolutionnaires de tous les pays, qui auront bien vite
renversé tous les trônes et en particulier au grand citoyen Garibaldi, dont les offres ont été si indignement
méconnues ;

5º Les élections municipales immédiates, le peuple
français ayant seul droit de se gouverner par lui-même ;

6º L'éloignement immédiat de toutes les personnalités justement suspectes qui occupent encore à l'heure
actuelle des positions administratives ou politiques fort
importantes, grâce auxquelles il leur est très-facile de
trahir la République ;

7º La mise en ordre par la Commune de Paris, élue
par le peuple, des ressources et des subsistances qui
existent encore dans notre ville, au lieu du gaspillage
actuel.

Refus formel et complet ayant été opposé à toutes
ces propositions par le Gouvernement dit de la défense
nationale, le citoyen Flourens s'est vu forcé de donner
sa démission des fonctions de commandant en chef des
63e, 172e, 173e, 174e et 240e bataillons.

D'autres versions encore circulèrent, et ce jour du
5 octobre, précurseur de toutes les révolutions intestines
de Paris, est encore l'objet de commentaires dont le
but est de persuader que les historiographes, animés
par l'esprit de parti, abusent le public sur un détail
ou sur un autre. Il est donc indispensable de donner de
cette mémorable visite un compte rendu plus circonstancié, et d'autant plus exact qu'il a été rédigé
d'après des notes sténographiques.

Il avait été décidé dans plusieurs réunions tenues

les 3 et 4 octobre, que les bataillons de Belleville se rendraient le 5, sous la direction de M. Gustave Flourens, major, auprès du Gouvernement pour lui soumettre plusieurs questions.

En conséquence, environ 5,000 hommes, formant l'effectif de quatre des bataillons du quartier, se rendaient hier place de l'Hôtel-de-Ville, musique en tête.

Les gardes nationaux arrivèrent dès onze heures sur la place; mais la nécessité d'attendre quelques compagnies en retard les arrêta quelque temps, et ce ne fut que vers midi que, le bataillon étant au complet, M. Flourens, suivi des capitaines de toutes les compagnies, put se présenter devant l'Hôtel de Ville et demander à être introduit auprès du gouvernement.

La députation fut introduite dans la salle du conseil par le maire de Paris et les adjoints, et reçue par MM. Trochu, Dorian, Jules Ferry, Garnier-Pagès, Pelletan, le maire et les adjoints de Paris. Flourens prit le premier la parole et s'exprima ainsi :

Messieurs, vous qui avez en ce moment la défense de l'humanité, nous venons avec des citoyens qui n'ont point hésité à quitter leurs travaux pour venir avec ordre et avec calme vous demander de passer en revue ces défenseurs de la patrie.

Mais il importe de bien nous concerter et de bien nous entendre, afin que nous ne soyons pas sans vêtements et sans armes convenables devant un ennemi redoutable. Nous nous demandons si une population vaillante comme la nôtre peut rester ainsi inactive et menacée de la famine sans essayer la moindre action sur l'ennemi.

Il est aussi un point important, c'est la pensée qu'on pourrait voir à tort qu'on a réservé à la garde nationale les plus mauvaises armes, comme si on avait à son égard une sorte de méfiance. Il faut donc qu'on nous délivre les chassepots qui sont restés entre les mains du ministre de la guerre, et nous en ferons un bon, courageux et loyal usage.

Il faut aussi bien nous comprendre; nous sommes les représentants d'un quartier qui, dans toute autre ville, serait une masse considérable; nous sommes donc un parti, en présence des ministres qui nous semblent ne pas devoir discuter la levée en masse.

Vous êtes sans doute les représentants du peuple de Paris : vous avez aidé à renverser l'empire; mais il n'est pas de forces qui ne s'usent, si elles ne sont pas utilisées; le vœu unanime est donc que l'on procède immédiatement et séance tenante aux élections municipales, qui seules peuvent éviter les désordres résultant des subsistances et du rationnement indispensable.

Il faut aussi faire la guerre à tous les trônes, à toutes les monarchies et accepter le concours du grand citoyen Garibaldi.

On s'inquiète aussi de voir dans les administrations des hommes connus par leurs antécédents monarchiques et qui dissimulent mal leurs efforts réactionnaires.

Nous voulons marcher en avant, mais nous voulons assurer et être sûrs que derrière nous nous n'avons pas d'ennemis. Voilà des questions qui exigent une réponse nette et immédiate.

Si maintenant nous examinons la question militaire, nous voyons, malgré la vaillance de notre armée, la vieille tactique coutumière nous entraîner de défaite en défaite. Il faut donc former des colonnes d'attaque formidables pour arriver à jeter trois hommes contre un. Voilà ce qui relèvera le morale de la France endormie.

Il faut absolument rouvrir nos communications, accabler l'ennemi et affaiblir son moral par nos attaques.

Voilà ce que nous vous soumettons, non pas seulement au nom de la garde nationale de Belleville, mais au nom de la garde nationale tout entière! car la place de l'Hôtel-de-Ville n'aurait pu suffire à contenir tous ceux qui pensent comme nous.

M. LE GÉNÉRAL TROCHU. — Je suis un vieil officier qui peut être le doyen de beaucoup d'entre vous. Personne donc mieux que moi ne peut apprécier les sentiments exprimés que je demande à faire ressortir sous un jour un peu différent.

Ce matin, le canon a grondé autour de Paris; j'allais me rendre à mon devoir, lorsque j'ai été averti de la manifestation des citoyens de Belleville; j'ai été partagé entre mon devoir de gouvernant et mon devoir de soldat; je ne sais donc pas ce qui se passe en ce moment, ce qui est excessivement grave.

Si, dans un accès de hardiesse contenue jusqu'ici, on nous attaque... Nous n'acceptons pas ces reproches ! (Bruit.)

M. FLOURENS demande à dire quelques mots.

M. LE GÉNÉRAL TROCHU. — Je ne vous fais point de reproche, vous n'avez point à vous excuser; mais je demande à parler librement et franchement comme républicain : l'ennemi est venu ici, comptant sur des émeutes; il y comptait si bien qu'il n'a pas encore mis un canon de siège en batterie. Si donc votre démarche était prise à tort comme un signe de division, il en pourrait tirer un parti considérable, et j'en frémis.

Il est en effet une chose sur laquelle nous devons être tous d'accord; c'est pour montrer qu'il n'existe pas en ce moment une pensée de divergence ou mieux une nuance entre nous.

Quant aux questions d'ordre extra-militaire, je ne puis les aborder, car une réunion de mon état-major devait avoir lieu aujourd'hui à midi, et je n'ai pas autorité pour vous répondre.

En ce qui concerne la question des armes, on a accusé le gouvernement! Eh bien ! nous avions 200,000 fusils, nous avons porté ce chiffre à 400,000. Le plus clair des réserves en armes étaient dirigées vers l'armée du Rhin, et ces armes ne pouvaient être ressaisies. Donc nous avons distribué toutes nos armes; il nous reste 10,000 fusils chassepots; il en faudrait 20,000 pour représenter les remplacements et pour la classe de 1870.

Quant à vous mener à l'ennemi, messieurs, croyez bien que nous sommes aussi préoccupés que vous-mêmes de vous introduire dans les combats qui ont été assez heureux jusqu'ici pour interdire toute offensive, et c'est là un cas inappréciable !

Mais il faut avant assurer l'équipement et l'unité d'armement pour éviter les dangers devant l'ennemi. Il faut que les conditions de combat soient, je ne dirai pas égales, mais pas trop inégales.

Avecun armement insuffisant, des armes inférieures, c'est se vouer à la mort que de tenter l'engagement. Nous avons toujours eu devant nous des masses profondes, armées de canons : un par 1,000 hommes C'est-à-dire que leurs forces d'artillerie sont aux nôtres comme un 10, un 15 et peut-être un 20 à 1.

Voyez ce qui est arrivé. J'ai mis en avant des petits groupes, et j'ai toujours éprouvé des pertes sensibles. Je vous parle de tout cela avec une entière liberté d'esprit, parce que j'ai le sentiment que je porte des responsabilités sérieuses devant vous, devant la France, et je les accepte; mais le jour où nous serons sortis de ce drame terrible, je rentrerai dans la foule, heureux d'avoir pu rendre service avec votre concours.

Si les grands problèmes ne sont pas résolus avec la rapidité que vous désirez, c'est que nous voyons peut-être plus nettement l'ensemble des situations, bien que nous partagions toutes vos aspirations, tous vos désirs.

M. LE MAJOR FLOURENS explique que son bataillon n'a pas quitté le rempart où il est de garde et que les hommes venus avec lui n'étaient pas de service.

M. LE GÉNÉRAL TROCHU dit qu'il n'a entendu parler que d'un devoir qui l'appelle ailleurs, lui, et non faire des personnalités à l'égard de M. Flourens.

M. FLOURENS lui propose sa démission.

M. LE GÉNÉRAL TROCHU refuse. Il fait appel à l'union et à la conciliation.

M. FLOURENS insiste pour donner sa démission, « car il y a une différence en notre manière de voir. »

M. LE GÉNÉRAL TROCHU. — Quelle différence donc existe-t-il? J'ai répondu comme militaire et comme gouverneur de Paris. Vous demandez à aller à l'ennemi. Eh bien! vous irez. Quant aux armes, je vous ai dit la vérité, et le gouvernement aura à voir s'il doit partager ses quelques chassepots entre la garde nationale et l'armée, sans quoi il y aurait un privilége.

Il insiste de nouveau sur le danger de faire connaître à l'ennemi ces spectacles qui feraient croire à des divisions.

M. LAVAUX, capitaine, signale le danger de laisser faire les Prussiens. Nous avons soixante-trois jours de vivres. Nous ne venons pas faire de la division, nous venons demander nos ressources, nos armements, nos vivres.

M. GARNIER-PAGÈS. — Nous sommes ici pour sauver la France, avec de l'audace, du courage. Vous croyez que chaque jour est perdu; eh bien! chaque jour est un succès, car nous nous perfectionnons. Quant aux armes, nous avons un homme qui est un héros, Dorian; il vous improvise une artillerie qui fera taire celle de l'ennemi.

Nous ne doutons pas de vous, ne doutez pas de nous. Nous agissons, et si nous ne disons rien, c'est que nous ne voulons pas informer l'ennemi de nos moyens et de nos actions.

De l'union, de l'union !

M. FLOURENS. — Pas de paroles, des faits; je dirai à ceux qui m'ont envoyé que vous ne m'avez rien répondu sur les questions militaires, et je m'adresse au citoyen Gambetta pour lui demander sa réponse sur ma question relative aux élections municipales.

M. GAMBETTA. — Voici ma réponse. Les élections étaient pour le 28; vous savez par suite de quelles circonstances on a dû les retarder. On prépare les listes, mais elles sont aujourd'hui ajournées et demeurent ajournées. Ces questions sont de gouvernement et elles se résolvent sous la responsabilité personnelle de ses membres. Ces questions se discutent et ne se décident pas en réunion; elles se décident en conseil. La nécessité de révision des listes est évidente pour tous. Or, on ne vient pas même se faire inscrire. J'étais partisan des élections : l'indifférence des électeurs m'a ébranlé. Si vous voulez que les élections aient lieu bientôt, pressez-vous de vérifier les listes électorales. Ce n'est que lorsque ces listes seront prêtes que les élections pourront avoir lieu, car il faut assurer l'origine pure du suffrage universel.

M. DORIAN donne des explications sur les armes. Il s'engage à fournir d'ici quinze jours 10,000 fusils à tabatière, 60 mitrailleuses et un grand nombre d'obusiers. Chaque jour il en fabriquera et remplacera rapidement tous les fusils à percussion par des tabatières. Malheureusement, il n'a pas à Paris d'acier pour faire des chassepots; mais il fait des mitrailleuses qui seront données comme des armes d'honneur aux compagnies qui donneront le plus de garanties; elles en sauront faire un bon usage.

M. FLOURENS. — N'ayant aucune réponse à porter à mes hommes, je persiste dans l'offre de ma démission. (Vives réclamations.)

M. GAMBETTA. — Vous êtes au péril, vous n'avez pas le droit de donner votre démission. (Oui! oui!) Je vous parle comme un d'entre vous... Je n'ai autorité ni pour recevoir ni pour accepter votre démission, mais j'ai le droit de vous exprimer ma pensée : Eh bien! je trouve qu'à l'heure du péril, vous ne devez pas donner votre démission.

M. ÉTIENNE ARAGO, maire de Paris, parle dans le même sens.

M. JULES FERRY résume les réponses que les officiers pourront reporter à leurs hommes en ces termes : « Vous leur direz que nous les mènerons au feu dès que ce ne sera plus les mener à la boucherie ; que tous auront des fusils à tabatière, à défaut de chassepots qu'on ne peut fabriquer à Paris ; que des mitrailleuses, des obusiers, des canons sont prêts à leur être livrés, et que les élections municipales auront lieu dès que les listes électorales seront mises en état. »

M. GUSTAVE FLOURENS persistant à répéter qu'il va remettre sa démission entre les mains du général Tamisier ; les officiers présents s'élèvent vivement contre cette résolution.

La députation se retire sur cet incident, et les capitaines vont reprendre la tête de leurs compagnies, qui reprennent en bon ordre et avec un calme parfait le chemin de Belleville.

CHAPITRE XVI

Protestations. — Articles du *Réveil* et du *Journal des Débats*. — Ajournement des élections. = Nouvelles de Tours. — Gambetta en ballon.

Bien que la manifestation du 5 octobre fut faite au nom de la garde nationale tout entière, elle fut toutefois l'objet d'assez nombreux désaveux. Le *Siècle* en inséra plusieurs, entre autres celui de tous les gardes nationaux de la 3e compagnie du 240e bataillon (Belleville).

Delescluze dans le *Réveil* n'hésita pas à qualifier la démarche de regrettable. « D'une part, disait il, les manifestations armées semblent toujours porter avec elles la menace d'un appel à la violence ; d'autre part, l'expression des vœux d'un quartier de Paris ne peut être jamais qu'un acte isolé, partiel, et ceux auxquels on les adresse sont toujours en droit d'attribuer une volonté contraire aux dix-neuf vingtièmes non représentés.

Le sentiment qu'avait alors la majorité de la population, et que les meneurs n'avaient pas encore réussi à ébranler, fut exprimé par John Lemoinne dans le *Journal des Débats*. C'est la plus juste et la plus impartiale appréciation qui ait été écrite sur le 5 octobre 1870. Nous ne nous permettrons pas d'en retrancher une ligne :

Si l'investissement de Paris pouvait empêcher les discours et les journaux de nos communistes de parvenir dans les provinces, nous nous consolerions de partager cette captivité, quelque dure qu'elle soit. Il est, en effet,

absolument nécessaire que la France ne prenne pas de pareilles prétentions pour l'expression des idées et des opinions de Paris ; autrement, il faudrait désespérer de pouvoir maintenir l'unité et l'intégrité du territoire et de la nation. Pour démembrer la France, il n'y aurait pas besoin de l'ennemi ; les Français se chargeraient eux-mêmes de cette démolition.

L'immense effort de contraction et de concentration que fit la Révolution française en 1792 pouvait être nécessaire alors qu'il fallait créer, et pour ainsi dire pétrir l'unité nationale. Alors c'était de Paris que partait la circulation du sang, et à Paris qu'elle revenait. La Révolution abolissait la province pour faire la France. Mais qu'on prenne bien garde qu'il n'en est plus de même aujourd'hui, en ce moment surtout. Ce n'est plus la France qui a besoin de Paris, c'est Paris qui a besoin de la France. La France est faite, et Paris est assiégé.

Et c'est à l'heure même où nous appelons les provinces au secours de Paris, où nous attendons que la France se lève et vienne sauver la métropole, c'est à cette heure que des insensés voudraient créer par la force un gouvernement solitaire, une espèce de Conseil des Dix qui siégerait avec des masques, et que le pays se refuserait à reconnaître et même à connaître.

Il y a déjà eu, non-seulement au dehors, mais au dedans du pays, une certaine hésitation à accepter le gouvernement sorti de la nuit du 4 septembre. Ce n'était pas seulement parce qu'il était le produit d'un mouvement irrégulier, ce qui est le caractère nécessaire de toutes les révolutions ; c'était aussi parce qu'il était exclusivement composé des représentants de Paris. La province a craint un instant que ce ne fût une résurrection de la Commune de Paris. Eh bien ! cela ne suffit pas aux hommes de la Commune ; ils veulent encore une plus forte concentration. Ils ne veulent pas entendre parler de la Constituante, qui représenterait le pays tout entier ; ils ne veulent que les élections municipales de Paris, et le conseil de Paris imposant des lois sans contrôle à toute la France.

Et ils s'imaginent que la France subira cette tyrannie ! On peut être sûr que le pays n'acceptera par le gouvernement quand il le verra dans les mains des communistes.

Quand nous disons les communistes, nous ne parlons pas de ce qui regarde la propriété, le partage des biens et tout ce qui s'ensuit. Nous parlons seulement de cette espèce de gouvernement que quelques hommes veulent galvaniser et ressusciter par un effort violent, et qui n'est plus aujourd'hui qu'un anachronisme. Ces centralisateurs, ces unitaires, ne font en réalité que du fédéralisme.

Ils ont la prétention de concentrer la France dans un club ou dans une salle de l'Hôtel de Ville de Paris, et ils ne s'aperçoivent pas que la France peut les abandonner dans leur prison cellulaire, et que les provinces, en voyant que la Commune de Paris n'a pour elles que dès insolences, se contenteront de se défendre chez elles et y resteront.

Ces fils de la Révolution sont des parricides. Ils démantèlent l'œuvre patriotique et sanglante de leurs pères. Les révolutionnaires d'hier avaient fait la France; nous verrons si ceux d'aujourd'hui auront la puissance criminelle de la remettre en pièces.

Le *Rappel* reçut au sujet de son procès-verbal une protestation qui finissait ainsi :

« Les soussignés demandent à marcher contre l'ennemi commun, mais ils se refusent à toute démonstration de la nature de celle qui leur est commandée aujourd'hui.

« Ils veulent éviter des conflits dont nos ennemis ne manqueraient pas de profiter, et n'entendent servir que la République.

« Ils respectent la liberté de tous, et veulent conserver la leur. »

Les soussignés étaient cent cinquante officiers et soldats composant la 3e compagnie du 240e bataillon, lesquels refusaient de s'associer à la manifestation *en armes* provoquée par Flourens. Ils rappelaient que Flourens lui-même avait défendu, huit jours auparavant, à ses bataillons de se porter en masse à la statue de Strasbourg, toute manifestation étant inopportune en ce moment.

L'ajournement définitif de toutes les élections, tant municipales que générales, fut annoncé par cette note du *Journal officiel* :

Le gouvernement avait pensé qu'il était opportun et conforme aux principes de faire procéder aux élections de la municipalité de Paris. Mais depuis cette résolution prise, la situation ayant été profondément modifiée par l'investissement de la capitale, il est devenu évident que des élections faites sous le canon seraient un danger pour la République. Tout doit céder à l'accomplissement du devoir militaire et à l'impérieuse nécessité de la concorde. Les élections ont donc été ajournées; elles ont dû l'être.

D'ailleurs, en présence des sommations que le gouvernement a reçues, et dont il est encore menacé de la part de gardes nationaux en armes, son devoir est de faire respecter sa dignité et le pouvoir qu'il tient de la confiance populaire.

En conséquence, convaincu que les élections porteraient une dangereuse atteinte à la défense, le gouvernement a décidé leur ajournement jusqu'à la levée du siége.

L'ennemi croyait trouver Paris en proie à l'anarchie; il attendait la sédition qui régénère et qui déprave; la sédition qui, plus sûrement que le canon, assure à l'ennemi les places assiégées.

Il l'attendra toujours. Unis, armés, approvisionnés, résolus, pleins de foi dans la fortune de la France, les Parisiens savent qu'il ne dépend que d'eux, de leur

bon ordre et de leur patience d'arrêter pendant de longs mois la marche des envahisseurs.

France ! c'est pour la patrie, pour sa gloire, pour son avenir, que la population parisienne affronte le fer et le feu de l'étranger.

Vous qui nous avez déjà donné vos fils, vous qui nous avez envoyé cette vaillante garde mobile, dont chaque jour signale l'ardeur et les exploits, levez-vous en masse et venez à nous ! Isolés, nous ne saurions sauver l'honneur ; mais avec vous et par vous, nous jurons de sauver la France.

Paris, le 7 octobre 1870.

Les membres du gouvernement de la défense nationale.

(Suivent les signatures.)

La levée en masse était provisoirement chimérique, et toutes les opérations militaires se bornaient à des escarmouches.

La veille, jour où le brouillard intense empêchait toutes observations, le général Bellemare fit une partie du camp retranché demi-circulaire, où étaient établis nos avant-postes, dans un rayon d'un kilomètre. Au delà des forts, dans sa marche du 7, sous la protection des canons de Bicêtre et de Montrouge, le général Vinoy fit occuper le village de Cachan.

Vers midi, douze compagnies des gardes mobiles de la Seine, sous le commandement du lieutenant-colonel Rambaud, poussèrent à Clamart une reconnaissance, d'où elles rapportèrent des armes, des sacs de farine et des outils trouvés dans le bois.

Du côté de la Malmaison, était dirigée, dans la matinée du 8 octobre, une colonne composée d'un détachement des francs-tireurs de Paris (commandant Thierrard) ; de six cents gardes mobiles du 7e bataillon de la Seine, du 4e bataillon d'Ille-et-Vilaine, du 1er bataillon de l'Aisne, le tout sous les ordres du général Martinot.

Cette colonne traversa Nanterre et Rueil. Les francs-tireurs, pétardèrent le mur de la Malmaison et entrèrent dans le parc par une brèche, tandis que, par une autre, au sud-ouest, pénétraient quatre compagnies de mobiles de la garnison du Mont-Valérien, et les éclaireurs volontaires de la ligne, mais l'ennemi ne se montra pas. Il était échelonné dans la plaine entre Rueil et le chemin de fer de Saint-Germain.

Presque aux mêmes heures, des fusillades où nous perdions deux tués et onze blessés, étaient échangées entre les tirailleurs allemands échelonnés de Bezons à Argenteuil, et les éclaireurs de la garde nationale de la Seine, qui, sous les ordres du commandant de Ribeaux, s'étaient avancés dans la plaine de Gennevilliers.

Ces mouvements avaient été soutenus par les éclaireurs à cheval qu'amenait leur commandant Franchetti, par les éclaireurs volontaires de la 1re division d'infanterie, sous les ordres du commandant Cholleton, et appuyés par 4 batteries d'artillerie et 4 escadrons de cavalerie, appartenant au 2ᵉ régiment de dragons et au 1ᵉʳ régiment de gendarmerie à cheval.

Le même jour, 7 octobre, curent lieu plusieurs combats qui attestaient les excellentes dispositions des citoyens armés. Les francs-tireurs des Lilas, dont le lieutenant, M. Mascret, fut atteint d'une balle pendant la retraite, rejetèrent les avant-postes prussiens jusqu'au delà du canal de l'Ourcq par le pont de la Poudrette. La grand'garde de Joinville et les avant-postes prussiens se tiraillèrent dans la soirée, d'une rive à l'autre de la Marne, et sur les bords de la Seine, entre Chatou et Argenteuil, les avant-postes de la rive gauche furent inquiétés par les tirailleurs de la Seine et des Ternes, les éclaireurs de la Seine et les carabiniers de Neuilly.

Mais se passait-il dans les départements quelque chose de plus efficace qu'aux environs de Paris? Pour le savoir, pour conjurer, s'il était possible, les complications intérieures et extérieures, il était indispensable d'avoir au centre des départements un représentant actif et énergique des idées qui animaient la capitale. Il fallait mettre Paris en rapport direct avec les départements, afin, dit un décret fait à l'Hôtel de Ville, le 4 octobre, de faire sortir de ce concours une défense énergique. Le gouvernement du 4 septembre avait donc décidé que Gambetta, laissant à Jules Favre l'intérim du ministère de l'intérieur, partirait en ballon pour Tours, d'où il s'efforcerait de renouer les liens de la grande unité nationale que dessoudaient, pour ainsi dire, les mille tentacules de la pieuvre germanique.

Le 6 octobre, à six heures du soir, avait été reçue une dépêche de Tours, en date du 1ᵉʳ, dont voici le texte:

« Notre seule et immense préoccupation est d'activer l'organisation des forces destinées à débloquer Paris; tout ce qui se fait à cet égard donne le meilleur espoir. L'action des villes et des départements, poussant en avant les forces qu'ils ont organisées par leur initiative, se combine avec ardeur avec celle des contingents militaires, qui forment désormais deux armées, comprenant chacune environ 80,000 hommes, l'une sur la Loire et qui va s'avancer sur Paris, l'autre ayant pour centre... Du côté de..., on réunit également un troisième groupe, composé de forces régulières, de mobiles et de volontaires. La situation de Bazaine continue à demeurer excellente. L'attaché militaire de..., qui vient de parcourir les villes où se réunissent nos troupes, jusqu'à... inclusivement, a été surpris du nombre très-considérable d'hommes bien armés et bien équipés, et surtout de l'artillerie qu'on ne supposait pas exister. La légion française et les zouaves sont arrivés de Rome par les soins de notre ambassadeur, et vont former un solide appoint tout prêt à marcher. »

Ces nouvelles n'ont pas besoin de commentaires, elles sont la récompense de la noble et fière attitude de Paris et de ses défenseurs, elles doublent notre courage, elles fortifient notre constance, elles nous montrent, comme un sérieux espoir, le jour où notre main rencontrera celle de nos frères des départements, à travers les lignes ennemies cédant enfin sous un commun effort.

Vive la France! Vive la République!

> Général Trochu, Jules Favre, Emmanuel Arago, Gambetta, Garnier-Pagès, Jules Ferry, Pelletan, Ernest Picard, Henri Rochefort, Jules Simon.

Là-dessus, le départ immédiat de Gambetta fut résolu, et le ministre chargé de porter aux départements cette proclamation:

Français,

La population de Paris offre en ce moment un spectacle unique au monde:

Une ville de deux millions d'âmes investie de toutes parts, privée jusqu'à présent par la cruelle incurie du dernier régime, de toute armée de secours, et qui accepte avec courage, avec sérénité tous les périls, toutes les horreurs d'un siège.

L'ennemi n'y comptait pas. Il croyait trouver Paris sans défense. La capitale lui est apparue hérissée de travaux formidables, et ce qui vaut mieux encore, défendue par quatre cent mille citoyens qui ont fait à l'avance le sacrifice de leur vie.

Le 7 octobre, à onze heures, deux ballons, dont un était destiné au ministère, étaient gonflés sur la place Saint-Pierre à Montmartre, et surveillés par MM. Nadar, Dartois et Yon.

Ces deux ballons, d'une égale grosseur, jaugeaient 1,250 mètres cubes de gaz. Ils étaient chargés de dépêches et avaient dans leurs flancs des cages pour de nombreux pigeons voyageurs.

Un des ballons, le George Sand, fait avec de la soie blanche et dirigé par M. Révilliod (de Lyon), emportait un sous-préfet qui cherchait à regagner son poste, et deux Américains, MM. May et Regnold, qui devaient s'embarquer au Havre pour l'Angleterre, afin d'y presser l'exécution des commandes d'armes.

Dans le second ballon, l'Armand Barbès, fait en soie jaune, vinrent se placer Gambetta, M. Spuller, son secrétaire, et l'aérostier M. Trichet. Le ministre de l'intérieur portait un bonnet garni de fourrures et un ample manteau.

Le temps était calme, la brise douce et favorable.

A l'ascension assistaient M. Rampont, directeur des postes, le directeur des télégraphes, et le colonel Usquin, aide de camp du général Trochu.

Le départ s'effectua majestueusement aux cris de : Vive Gambetta! Vive la République!

CHAPITRE XXVII

Nouvelles manifestations. — L'armement et l'alimentation.

Les nouvelles favorables apportées de Tours, l'espoir d'en recevoir de meilleures encore par le ballon de Gambetta, n'empêchaient pas des mécontentements de se produire. Le 7, se présenta à l'Hôtel de Ville une députation composée du chef de bataillon et des capitaines du 89e bataillon de la garde nationale (Belleville.) En l'absence des membres du gouvernement, elle fut reçue par M. Dréo, secrétaire du conseil, et par le cabinet. Au nom des citoyens qu'il avait sous son commandement, le chef de bataillon donna lecture d'une résolution tendant à demander qu'on utilisât davantage les gardes nationaux et qu'on rassurât le public sur la question des subsistances.

On lui répondit que l'intention du gouvernement était bien, en effet, de faire marcher la garde nationale, mais qu'il fallait pour cela que les armes fussent meilleures qu'elles ne sont, et qu'on allait se hâter de transformer tous les fusils à piston en bonnes tabatières.

Les gardes nationaux présents répondirent que c'était tout ce qu'ils demandaient, le fusil à tabatière étant une excellente arme entre les mains de qui sait s'en servir.

En ce qui touche la question des subsistances, les délégués demandèrent qu'une affiche assurât de nouveau aux Parisiens que nos approvisionnements étaient amplement suffisants, et que l'envahissement des boucheries par la foule était bien plutôt dû à une panique que rien ne légitimait qu'à la difficulté de satisfaire des besoins réels.

Ils se retirèrent, d'ailleurs, satisfaits des explications de M. Dréo.

Elles étaient corroborées par un inventaire du ministre de la guerre, qui constatait l'existence, dans les provinces non envahies, de :

6 batteries de 12 rayées de campagne,
10 batteries de 8 rayées de campagne,
20 batteries de 4 rayées de campagne, constituées, chargées en guerre et prêtes à être attelées.

Deux parcs de campagne comportant chacun environ 180 voitures chargées en guerre.

« Le matériel de campagne, ajoutait la note du ministère de la guerre, ne fait d'ailleurs pas défaut.

« Il existe des canons de 4 rayés sur affût en nombre considérable.

« Les caissons garnis et vides, les projectiles vides, etc., ne manquent pas.

« Il est donc hors de doute que la délégation du ministère de la guerre, à Tarn, s'est préoccupée de constituer avec succès de nouvelles batteries.

« En ce qui concerne les armes portatives, il existait avant la rupture des communications :

« Environ 300,000 fusils 1866, dans les corps de troupe ou dans les directions, constitués dans les provinces non envahies ;

« Environ 500,000 fusils à percussion rayés, dont une partie est entre les mains des gardes nationales sédentaires, et l'autre, la plus considérable, est entre les mains des gardes mobiles.

« Quant aux fusils à tabatière, ils sont tous à Paris et dans les départements envahis.

« Les approvisionnements de cartouches, modèle 1866, non compris celles qui étaient entre les mains des corps de troupes et celles qui entrent dans la composition des parcs de campagne, n'excédaient pas 10 millions. Mais, depuis le 15 septembre, les divers établissements ont produit des quantités considérables de cartouches. La production par semaine doit s'élever de 4 à 5 millions.

« Les approvisionnements de munitions pour fusils à percussion étaient très-insuffisants; des commandes importantes ont été faites dès le commencement de septembre.

« La fabrication des capsules pour cartouche modèle 1866 a été organisée à Bourges; celle des papiers pour lesdites cartouches, à Nantes. Les fabriques organisées dans ces deux villes doivent donner dès à présent des produits satisfaisants.

« La fabrication des mitrailleuses a été organisée à Nantes par les soins de M. le chef d'escadron de Reffye. Mais il est douteux que ces ateliers aient pu jusqu'à présent donner des produits.

« Les dépôts des deux régiments de la garde et de chacun des deux régiments de Douai et de la Fère ont été envoyés : les premiers à Bourges, les seconds à Rennes. Il ne manque donc en province que les dépôts des régiments qui tenaient garnison à Vincennes, à Metz et à Strasbourg. En somme, il existe dans les départements non envahis les dépôts de quinze régiments d'artillerie et de deux régiments du train d'artillerie, qui peuvent réunir un nombre considérable d'hommes et de chevaux.

« Les cadres font cependant défaut; mais l'application en province du décret du 30 septembre dernier permettra de fournir des officiers.

« Des commandes de harnachement ont été faites et peuvent encore être faites en province. D'ailleurs, en cas d'insuffisance, on pourra faire usage d'objets de harnachement de circonstance.

« Le service de l'artillerie a délégué à Tours les deux officiers supérieurs d'artillerie chefs de bureau du per-

Campement aux avants-postes sous Paris.

sonnel et du matériel au ministère de la guerre. Ces officiers sont très-capables, avec le concours de l'autorité supérieure, d'organiser les ressources qui viennent d'être indiquées. »

Sur le rapport des subsistances, le *Journal Officiel* répondait à la population affamée, lasse de faire queue aux boucheries et fatiguée d'une hippophagie malheureusement obligatoire, par cette note scientifique sur :

L'ALIMENTATION DE PARIS PENDANT LE SIÉGE.

La question des subsistances et de l'alimentation de Paris pendant le siège éveille la sollicitude du Gouvernement de la défense nationale et des municipalités.

La science peut seule résoudre cette question complexe; car il ne s'agit pas, pour l'instant, de réformes sociales ni de systèmes économiques, mais de mesures de salut public qui doivent être discutées de sang-froid et résolues par l'expérience. Que faut-il donc? Expose ces graves questions au point de vue purement scientifique, et laisser à l'initiative privée toute la liberté qui lui est nécessaire pour appliquer les principes formulés par la physiologie.

Dans sa conférence à l'École de médecine, le docteur Sée a donné au public sympathique qui l'écoutait des indications positives et rassurantes sur l'état actuel de la capitale au point de vue des approvisionnements. On ne saurait mieux faire que de le prendre pour guide dans un examen succinct de nos ressources, qui ne manquera pas de rassurer les pessimistes et d'amener tous les hommes de bonne volonté à diriger leurs efforts vers un objet qui se lie étroitement avec la défense nationale.

A l'état normal, et soumis à un travail modéré, l'homme adulte perd toutes les vingt-quatre heures 120 à 130 grammes de substance albumineuse et 280 grammes de carbonne; c'est cette perte quotidienne qu'il s'agit de compenser par les aliments réparateurs, afin que la machine, complètement semblable en cela à une machine à vapeur, continue de fonctionner sans usure appréciable, et reçoive la somme de calorique nécessaires à l'entretien de la vie.

Cette comparaison du mécanisme de nos organes aux différents rouages d'une machine à vapeur est exacte en tous points : comme la machine, nous absorbons du combustible et nous produisons de la force et de la chaleur; comme elle aussi, par l'expiration et par les secrétions, nous rejetons ce que l'on pourrait appeler des scories animales, de la vapeur d'eau et tout l'acide carbonique qui ne s'est pas assimilé pendant le travail de la digestion.

De la circulation de la matière, chez l'homme comme chez les animaux, résulte, d'une part, la production du travail physique et intellectuel, et, d'autre part, là déperdition de forces, ou, ce qui revient au même, de substance et de poids.

Lorsque les vivres sont abondants, le rôle de l'hygiéniste et du physiologue se borne à donner des conseils : c'est une simple question d'économie domestique qu'il doit résoudre; mais, dans les circonstances exceptionnelles où nous sommes placés, il faut, avant tout, courir au plus pressé, c'est-à-dire indiquer aux travailleurs quels sont les moyens les plus rationnels d'assurer leur existence de chaque jour.

Les aliments peuvent être classés en deux catégories : les aliments albumineux ou réparateurs, et les aliments combustibles ou producteurs du calorique. Entre ces deux séries se placent tout naturellement les substances mixtes ou intermédiaires, telles que le pain, les légumes secs, le lait, le beurre, le fromage et le chocolat. Les éléments réparateurs ou albumineux sont en première ligne la viande de boucherie grasse. 100 grammes de bœuf contiennent 21 grammes de substance réparatrice; le poisson salé, 24 à 25 grammes; les œufs, 14 à 15 grammes. Les œufs, surtout, ayant la propriété de se conserver assez longtemps, sont un excellent approvisionnement; durcis, ils donnent une quantité de calorique égale au pain et bien supérieure à la viande maigre, aux pommes de terre, choux, carottes, etc.

Il est donc bien entendu que la disette des viandes maigres n'occasionnerait aucun trouble sérieux dans l'économie, surtout s'il était possible de les remplacer avec avantage par des aliments véritablement substantiels.

Notre approvisionnement en viande fraîche est considérable. Suivant le docteur Sée, il peut suffire aux besoins de la population parisienne pendant trois mois. Il n'en importe pas moins d'utiliser sagement nos ressources.

La ration quotidienne de chaque adulte peut se composer ainsi : 100 grammes de bœuf, 20 grammes de poisson salé, 750 grammes de pain, 50 grammes de

lard, 50 grammes de légumes secs; au total, 970 grammes d'aliments solides contenant 88 grammes de substance réparatrice ou albumineuse. L'homme perdant tous les jours 120 grammes de cette substance, il faut, pour rétablir l'équilibre et combler le déficit de 32 grammes, recourir aux aliments auxiliaires.

Parmi ces aliments figurent le fromage et le beurre. Mais le fromage et le beurre peuvent nous faire en partie défaut jusqu'au jour où nos communications avec l'Ouest seront rétablies.

Il y a encore le chocolat, le café et le vin. Ces deux derniers ne contiennent, comme on le sait, aucune trace de substance albumineuse; mais ils ont cette propriété remarquable de ralentir sensiblement les phénomènes de la digestion et de fixer dans nos organes une notable partie d'acide carbonique qui, n'étant plus éliminée, sert à l'entretien de la chaleur.

Le cacao vient après le beurre dans la série des substances alimentaires, et le chocolat qui en contient est un excellent auxiliaire; malheureusement, nous avons des doutes sérieux sur la qualité de celui que le commerce livre à bon marché et qui seul est accessible aux petites bourses. L'industriel qui donnerait ce produit à l'état pur aurait rendu un véritable service au pays.

Tout le monde connaît par expérience certains effets du café. Ce n'est pas de son action sur le cerveau qu'il s'agit ici. Deux exemples populaires indiqueront mieux qu'une longue dissertation ses effets sur une autre partie de notre organisme.

Les ouvriers mineurs, après avoir pris à jeun une tasse de ce breuvage modérateur, travaillent pendant huit heures sans prendre d'autre nourriture et sans éprouver aucune fatigue extraordinaire; et les pêcheurs de nos côtes emploient le même spécifique, qui leur permet de résister admirablement aux fatigues multipliées de la vie maritime.

Inutile de faire l'éloge du vin : c'est le cordial par excellence. Mélangé avec du sucre blanc ou de la cassonade, il rendra d'immenses services. Un homme peut vivre un mois sans éprouver une déperdition sensible de force, en se soumettant au régime du pain et du vin; n'oublions pas de dire que la croûte contient une fois plus de matières nutritives que la mie, qui renferme 44 0/0 d'eau. Avis aux ménagères.

Un dernier mot pour terminer : les liqueurs fortes de bonne qualité, prises modérément, peuvent être d'un effet salutaire; mais l'abus de ces liqueurs est le meilleur complice de la Prusse, il vaut à lui seul dix espions. Que les travailleurs chassent impitoyablement cet ennemi du dedans, et la science, le patriotisme, l'énergie civique de nos citoyens feront triompher la France républicaine.

CHAPITRE XVIII

Journée du 8 octobre. — Arrestation de Sappia. — Discours
de Jules Favre. — Grande revue sur la place de l'Hôtel de
Ville. — La soirée dans les clubs.

A ces communications officielles succéda une réaction
prononcée contre la manifestation du 5 octobre. Douze
cents gardes nationaux du 132ᵉ bataillon (Levallois-
Perret) protestèrent en même temps contre les paroles
de Ledru-Rollin, qui, le soir même du 5, à la salle Ba-
taclan, avait demandé, comme seul moyen de salut
pour la France, la constitution immédiate d'une Commune de Paris.

Dès le matin du 8 octobre, le 146ᵉ bataillon de la
garde nationale, convoqué par son commandant, était
réuni, et les cartouches avaient été distribuées comme
s'il s'était agi d'aller à la rencontre de l'ennemi, lorsque
M. Sappia, le chef de bataillon, se mit à haranguer ses
troupes, leur disant que c'était sur l'Hôtel de Ville qu'il
allait les diriger, afin de faire une manifestation contre
les tendances du Gouvernement de la défense nationale.

Loin qu'il trouvât de l'écho, il fut appréhendé au
corps et conduit à la place au milieu des applaudissements de la population.

Une affiche placardée sur tous les murs de la capitale et reproduite par quelques journaux invitait les
gardes nationaux et les citoyens à se réunir le samedi
8 octobre sur la place de l'Hôtel de Ville, pour demander l'élection immédiate de la Commune de Paris.

Le Gouvernement, confiant dans le bon sens et dans
le patriotisme de la population parisienne, n'avait cru
devoir faire à cette occasion aucun déploiement de
force inaccoutumé.

Vers une heure et demie, se formait sur la place de
l'Hôtel de Ville un groupe de trois ou quatre cents personnes criant : Vive la Commune ! A deux heures, le
84ᵉ bataillon de la garde nationale (commandant Bixio)
venait se déployer en cordon sur deux rangs le long
de la façade de l'Hôtel de Ville. Ce mouvement provoqua une assez grande affluence de curieux, et les cris
prirent une certaine intensité. Mais la masse des assistants restait indifférente à ces provocations; bien plus,
tout autour de la place et dans les rues adjacentes, on
protestait avec une vive énergie contre les meneurs qui
compromettent le succès de la défense nationale par
des excitations factieuses.

Sur ces entrefaites, le général Trochu arrivait à cheval. Seul, laissant loin en arrière son état-major, il parcourt la foule et fut accueilli par les cris les plus
sympathiques. Un peu plus tard, le général Tamisier
était également acclamé.

Cependant, le bruit se répandait dans Paris qu'une
tentative était faite pour exercer une pression sur le
Gouvernement de la défense nationale. On vit alors ac-
courir bataillons sur bataillons. Les groupes hostiles,
comprenant leur impuissance, se retirèrent et, la garde
nationale ayant occupé la place dans toute son étendue,
les membres du Gouvernement présents à l'Hôtel de
Ville descendirent pour la passer en revue.

« On ne saurait, dit à ce sujet le Journal officiel, un
peu partial à la vérité, décrire l'enthousiasme des
gardes nationaux et de la population. Les cris de : Vive
la République! Vive le Gouvernement! Pas de Commune!
sortaient de cinquante mille poitrines. »

Après la revue, les officiers se rangèrent en cercle, et
M. Jules Favre prononça les paroles suivantes :

« Messieurs,

« Cette journée est bonne pour la défense, car elle
affirme une fois de plus et d'une manière éclatante
notre ferme résolution de demeurer unis pour sauver
la patrie. Cette union intrépide, dévouée dans une seule
et même pensée, elle est la raison d'être du Gouvernement que vous avez fondé le 4 septembre.

« Aujourd'hui, vous consacrez de nouveau sa légitimité. Vous entendez le maintenir pour qu'avec vous il
délivre le sol national de la souillure de l'étranger; de
son côté, il s'engage envers vous à poursuivre ce noble
but jusqu'à la mort, et, pour l'atteindre, il est décidé à
agir avec fermeté contre ceux qui tenteraient de l'en
détourner.

« Par un redoutable hasard de la fortune, Paris a
l'honneur de concentrer sur lui l'effort des agresseurs
de la France; il est son boulevard; il la sauvera par
votre abnégation, par votre courage, par vos vertus civiques, et, si quelques téméraires essayent de jeter dans
son sein des germes de division, votre bon sens les
étouffera sans peine. Tous nous eussions été heureux
de donner aux pouvoirs municipaux le fondement régulier d'une libre élection. Mais tous aussi nous avons
compris que lorsque les Prussiens menacent la cité, ses
habitants ne peuvent être qu'aux remparts, et même au
dehors où ils brûlent d'aller chercher l'ennemi. Quand
ils l'auront vaincu, ils reviendront aux urnes électorales; et, au moment où je vous parle, entendez-vous
l'appel suprême qui m'interrompt! c'est la voix du canon qui tonne et qui nous dit à tous où est le devoir.

« Messieurs, un mot encore. Aux remercîments du
Gouvernement, qui est votre œuvre, votre cœur, votre
âme, qui n'est quelque chose que par vous et pour vous,
laissez-moi mêler un avis fraternel : que cette journée
ne fasse naître en nous aucune pensée de colère, ou
même d'animosité. Dans cette grande et généreuse population, nous n'avons pas d'ennemis. Je ne crois pas

même que nous puissions appeler adversaires ceux qui me valent l'honneur d'être maintenant au milieu de vous. Ils ont été entraînés, ramenons-les par notre patriotisme. La leçon ne sera pas perdue pour eux; ils verront par votre exemple combien il est beau d'être unis pour servir la patrie, et désormais c'est avec nous qu'ils voleront à sa défense. »

Pendant ce discours, on entendait gronder au loin le canon.

En effet, les forts tonnaient de différents côtés contre les positions des assiégeants, et une tentative avait été faite par les mobiles du Nord et les éclaireurs de la Seine, du côté de Bondy. Partis du fort de Noisy, sous les ordres du colonel Lafon et de M. Barzigon, chef de bataillon d'infanterie de marine, ils s'avançaient intrépidement du côté de Bondy. Ils parvinrent à faire taire le feu de mousqueterie des Prussiens cachés dans les bois : nous n'eûmes de tué qu'un sergent d'infanterie de marine; de blessés, qu'un mobile et deux éclaireurs. Mais l'ennemi avait des pièces attelées tirant à obus, une mitrailleuse, des tranchées avec créneaux formés de sacs de terre sur épaulement.

Il ne fallait pas songer à pousser plus loin l'aventure, et nous battîmes en retraite au commencement de la nuit.

Longtemps auparavant, les premiers arrivants à l'Hôtel de Ville s'étaient dispersés; mais, malgré le crépuscule et la pluie qui tombait à flots, de nouveaux bataillons remplissaient la place de l'Hôtel de Ville, et les membres du Gouvernement durent passer une seconde revue au milieu des mêmes démonstrations de sympathie et d'enthousiasme.

Ainsi se termina cette grande journée, qui tournait à la confusion des agitateurs.

Ils devaient prendre leur revanche; mais leurs desseins étaient provisoirement déjoués, et à leur échec avaient puissamment contribué les détonations répercutées d'échos en échos jusqu'à la place de Grève. N'étaient-elles pas un avertissement? Ne disaient-elles pas que l'unique devoir était de chasser l'ennemi?

Jusqu'à une heure avancée, les bataillons qui ne cessaient de défiler sur la place de l'Hôtel de Ville, firent, en regagnant leurs foyers, retentir les rues, les places, les boulevards, de chants patriotiques, et de cris de : Vive la République ! répétés avec un entrain indescriptible par les habitants de tous les quartiers qu'ils traversaient.

Une lettre de Jules Favre au général Tamisier est le résumé et le commentaire de la journée du 8 octobre. Elle en déduit l'enseignement, la moralité. Rester unis pour combattre et pour vaincre; l'être ensuite dans la volonté de fonder une république durable, décrétée par la nation souveraine : voilà les points de repère de tous les citoyens, et ceux que personne à Paris n'aurait perdus de vue un seul instant, si le Gouvernement de la défense nationale avait été réellement à la hauteur de sa mission.

A monsieur le général Tamisier, commandant en chef des gardes nationales de la Seine.

Mon cher général,

Je vous remercie avec effusion, vous et la garde nationale, dont vous êtes le digne chef, du concours que vous venez de nous prêter. Au premier signal, vos bataillons sont accourus, et, par leurs acclamations patriotiques, ont protesté contre les imprudents qui cherchent à nous diviser devant l'ennemi. Vous leur avez prouvé qu'ils n'y réussiront pas. Nous resterons unis pour combattre et pour vaincre. Nous le serons encore après, car tous nous n'avons qu'une volonté : fonder une République durable, décrétée par la nation dans sa souveraineté.

C'est pour l'accomplissement de cette double tâche que nous sommes debout, ne formant qu'un faisceau, maintenant avec fermeté le Gouvernement établi le 4 septembre, ne demandant d'autre récompense que l'honneur insigne de remettre à la France délivrée par l'héroïsme de ses enfants les pouvoirs que nous avons reçus pour la défendre.

Agréez, mon cher général, l'expression de mes sentiments affectueux et dévoués.

Le vice-président du Gouvernement, ministre de l'intérieur par intérim,

JULES FAVRE.

Le soir, l'attitude des clubs s'était sensiblement modifiée. Au club de la Cour des Miracles, dont les principaux membres faisaient partie du comité central du deuxième arrondissement, le citoyen Serallier prit la parole dès l'ouverture de la séance, en protestant contre le déplacement des bataillons de la garde nationale, amenés en armes, lesquels auraient été trompés sur le motif de la prise d'armes, croyant se rendre aux remparts et non pour repousser une manifestation pacifique.

Le citoyen Johannard, président, expliqua que le but de la Commune était de soulager les membres du Gouvernement provisoire, dont les travaux se compliquaient chaque jour, et non de demander leur changement; mais qu'à tout prix on maintiendrait l'ordre à l'intérieur, acceptant provisoirement le refus du Gouvernement et désirant de tout cœur qu'il accomplît jusqu'au bout sa mission.

Au club de la *Patrie en danger*, un orateur, parlant au nom de la concorde, fit le tableau de cette manifestation qui, s'accomplissant au grondement incessant du canon, semblait par sa grande voix nous rappeler la présence des Prussiens et nous indiquer le devoir que nous avions à remplir; il a terminé en réclamant l'adhésion de tous aux actes du Gouvernement provisoire; et non-seulement on l'a laissé parler, mais encore il tint pendant une demi-heure l'auditoire suspendu à ses lèvres, et ce fut au milieu des applaudissements *unanimes* de l'assemblée qu'il descendit de la tribune.

CHAPITRE XIX

Service dans les secteurs. — Protestations en faveur de l'ordre. — Lettre du général Trochu au maire de Paris. — Organisation des francs-tireurs.

Le Gouvernement annonça, par une note officielle du 10, qu'il recevait tous les jours un grand nombre d'adresses des bataillons et des compagnies des divers arrondissements de Paris. Ces adresses manifestaient, avec une vivacité dont le Gouvernement était profondément touché, les sentiments patriotiques de la garde nationale : elles condamnaient énergiquement les manifestations armées, et elles donnaient toute leur approbation à la résolution prise par le Gouvernement d'ajourner jusqu'à la levée du siége les élections municipales.

Le service devint plus exact et plus sévère dans les secteurs, dont la délimitation fut ainsi fixée définitivement :

1er secteur (Bercy) : de la Seine à la rue de Montreuil. Général Faron, rue Michel-Bizet, 26. Bastions 1 à 11.

2e secteur (Belleville) : de la rue de Montreuil à la route de Pantin. Général Callier, rue Haxo, 79. Bastions 12 à 24.

3e secteur (La Villette) : de la route de Pantin à la Grande Rue de La Chapelle. Général Clément Thomas, place de l'Argonne, 17. Bastions 25 à 33.

4e secteur (Montmartre) : de la grande rue de la Chapelle à la route d'Asnières. Amiral Cosnier, avenue de Saint-Ouen, 105. Bastions 34 à 45.

5e secteur (Les Ternes) : de la route d'Asnières à l'avenue de l'Impératrice. Amiral de Quiriot, boulevard de Neuilly, 117. Bastions 46 à 54.

6e secteur (Passy) : de l'avenue de l'Impératrice à la Seine. Amiral Fleuriot de Langle, avenue Raphaël, 32. Bastions 55 à 67.

7e secteur (Vaugirard) : de la Seine à la route de Vanves. Amiral de Montagnac, gare de Vaugirard. Bastions 68 à 76.

8e secteur (Montparnasse) : de la route de Vanves à la Bièvre. Amiral Mequet, avenue d'Orléans, 93. Bastions 77 à 86.

9e secteur (les Gobelins) : de la Bièvre à la Seine. Amiral de Challié, avenue d'Italie, 93. Bastions 87 à 94.

Pendant plusieurs jours, les protestations se multiplièrent dans le sens de l'ordre.

Les gardes de la 1re compagnie du 132e bataillon adjuraient leurs concitoyens, leurs frères, de ne point se mêler à de malsaines et pernicieuses manifestations, quand la patrie était en danger.

« Au nom de la République, au nom de la liberté, au nom de notre chère France menacée, unissons-nous tous. Que l'accord le plus parfait règne entre nous, que la confiance la plus grande nous anime.

« L'union fait la force, dit le vieux proverbe.

« Que tous les bras, toutes les forces, toutes les intelligences s'unissent pour marcher à l'ennemi à jamais maudit, et notre belle France sera sauvée.

« Frères, amis, concitoyens, qu'un seul cri s'échappe aujourd'hui de nos poitrines :

« Tout pour la France ! tout par la France !

« Vive la République ! vive la liberté ! vive la France ! »

La 4e compagnie du 130e bataillon (14e arrondissement) envoyait l'adresse suivante aux citoyens Jules Favre et Henri Rochefort :

« Attendu que l'union, l'ordre et le calme peuvent seuls nous assurer la victoire et le maintien des institutions républicaines;

« Attendu que des manifestations, auxquelles nous sommes restés étrangers, paraissent tendre à faire croire que le Gouvernement de la défense nationale a perdu notre confiance;

« Persuadés qu'il ne songe qu'à déployer la plus grande énergie possible dans l'organisation des forces matérielles du pays, et qu'après la lutte, dont nous sommes moralement certains de sortir triomphants, il remettra à la France entière le soin de ses destinées :

« Nous adressons au Gouvernement provisoire par l'organe des deux citoyens entre lesquels se sont partagés nos suffrages, le 24 juin 1869, un salut fraternel destiné à être pour lui un encouragement dans les voies qu'il a suivies jusqu'à ce jour. »

La 5e compagnie du 148e bataillon avait ainsi rédigé sa déclaration :

« Reconnaissant que les membres de la défense nationale ont, dans les circonstances pénibles que nous traversons, accompli courageusement leur devoir ; reconnaissant de plus que toute diversion politique serait à l'heure présente une perte de temps, un danger et un appel direct, quoique involontaire, à l'entrée de l'ennemi dans nos murs :

« Les soussignés affirment que la continuation de pareilles manifestations ne prouverait qu'une chose : une triste profanation des sentiments républicains, des principes qui doivent être défendus jusqu'à la mort;

« Protestent avec énergie contre les agissements d'une infime minorité réclamant l'élection immédiate de la Commune;

« Et déclarent que le Gouvernement de la défense nationale a bien mérité de la patrie. »

Une autre protestation émanait de la 6e compagnie du 173e bataillon (Belleville) :

« Tous les soussignés, faisant partie de la 6e compagnie du 173e bataillon de la garde nationale de Belleville (20e arrondissement), protestent énergiquement et de la manière la plus formelle contre l'*intention qui leur a été prêtée lors de la manifestation qu'ils ont faite* avec les autres bataillons de Belleville, le 5 de ce mois; et ce, attendu qu'ils y allaient *uniquement pour demander au Gouvernement de la défense nationale des armes de précision pour ceux des gardes nationaux qui ne sont encore armés que de l'ancien fusil à piston*, et non pas, comme on l'a dit à tort, pour marcher contre l'Hôtel de Ville, pour renverser le Gouvernement actuel, dont le maintien est leur plus cher désir, ainsi que pour d'autres motifs dont on a parlé.

« Ils déclarent, au contraire, qu'ils sont tous d'accord pour chasser dès à présent l'ennemi du sol de la France, et qu'ils marcheront au cri de Vive la république, sous les ordres de ce Gouvernement.

« Les soussignés vous prient, monsieur le rédacteur, d'insérer cette protestation dans votre plus prochain numéro, et ils espèrent que les autres journaux voudront bien en faire autant, lorsqu'ils l'auront lue dans votre journal, et afin d'éviter une nouvelle protestation à chacun d'eux. »

Enfin, le 9 octobre, tous les citoyens présents au club des Folies-Bergères, votaient à l'unanimité, cette motion :

« Attendu que les manifestations dans la rue et sur la place publique jettent le trouble dans la cité;

« Attendu que l'expérience nous apprend que ces manifestations, derrière lesquelles peuvent s'abriter les ennemis de nos nouvelles institutions, ont été une des causes de la chute de la République de 1848, puisqu'elles ont amené les fatales journées de juin, qui furent le triomphe de la réaction qui imposa l'empire;

« Attendu que ces manifestations se sont introduites dans les mœurs du peuple anglais, par la raison toute naturelle que l'égalité, l'une des bases de notre droit civil, n'existe pas chez les citoyens habitant l'autre côté du détroit, et que ces manifestations sont pour le peuple anglais le seul moyen d'exprimer sa volonté;

« Attendu que ces manifestations s'expliquent beaucoup moins dans un pays de suffrage universel direct, où le peuple manifeste sa volonté en nommant ses députés, ses magistrats municipaux, où il exerce dans toute sa plénitude le droit d'écrire, de se réunir et de pétitionner;

« Attendu que ces manifestations, dans un moment où l'ennemi est à nos portes, sont un obstacle à la défense, et que d'ailleurs tous les citoyens sont admis à soumettre au Gouvernement les avis qu'ils jugeront utiles :

« Par tous ces motifs, les citoyens réunis dans la salle des Folies-Bergères invitent le Gouvernement de la défense nationale à décréter qu'en présence de l'ennemi toute manifestation dans la rue et sur la place publique soit interdite. »

Accepté à l'unanimité de l'assemblée.

Ces sentiments s'accentuèrent d'une manière éclatante dans la journée du 10. Le bruit s'était propagé que le major Flourens faisait battre la générale à Belleville. Son grade équivalant à celui de chef de légion, il avait sous ses ordres les 63e, 172e, 173e, 174e et 240e bataillons. On pouvait s'attendre à une irruption nouvelle des habitants de Belleville, de la Villette, de Ménilmontant. Aussitôt, soit spontanément, soit à l'appel du tambour, la garde nationale des autres quartiers s'est rassemblée; les compagnies qui, à cette heure, manœuvraient et faisaient l'exercice sur les places, se mirent les premières en mouvement, et bientôt de nombreux bataillons débouchèrent sur la place de l'Hôtel de Ville.

Elle était presque déserte. Quelques groupes isolés discutaient comme d'habitude et sans le moindre désordre. Le major Flourens n'était parvenu à entraîner qu'un si petit nombre d'hommes, qu'après les avoir comptés, il n'avait pas cru devoir les conduire et s'était abstenu. La démonstration projetée tourna tout à l'avantage du Gouvernement qu'elle menaçait. Vingt mille voix répétèrent les cris de : *Vive la République! Vive le Gouvernement!* Chaleureux et nourris, ils retentirent avec plus de force au moment où Jules Ferry annonça l'heureuse arrivée de Gambetta à Épineuse (Oise), d'où il s'était dirigé, par Amiens, sur le Mans et Tours. Le peu de mots que dit Jules Ferry de l'enthousiasme et de l'élan des départements provoqua des acclamations.

En le quittant, plusieurs officiers de la garde nationale de Belleville proposèrent à Jules Ferry de se rendre compte de ses propres yeux des dispositions de la population du 20e arrondissement. Il accepta avec empressement, et le 11 octobre il trouva rangés en ligne, rue de Puébla, au lieu ordinaire des exercices, cinq bataillons du 20e arrondissement; il fut frappé non-seulement de leur esprit d'ordre et de patriotisme, mais encore de leur bonne tenue, de leur irréprochable équipement.

« C'étaient, écrivait-il au maire du 20e, M. Braleret, immédiatement après cette visite, ceux-là mêmes qu'une direction unique avait entraînés, il y a trois jours, dans une démarche intempestive, et qui, redevenus depuis vingt-quatre heures à peine maîtres d'eux-mêmes, ont, comme par enchantement, retrouvé leur équilibre. Combien je regrette que mes collègues du Gouvernement, que la population parisienne tout entière, n'ait pu assister à une manifestation dans laquelle ont éclaté avec un élan, un ensemble, une cordialité que je n'oublierai de ma vie, les véritables sentiments de la garde nationale de Belleville! Vous nous l'avez dit souvent, mon cher maire, et je suis heureux de pouvoir en témoigner après vous : c'est sur de fausses apparences qu'on attribue parfois aux gardes nationaux du 20e arrondissement des dispositions hostiles à l'ordre général, des sentiments malveillants pour le Gouvernement de l'Hôtel de Ville. Sur toutes les lèvres je n'ai trouvé qu'un cri, un seul : *Vive la République !* dans tous les cœurs, qu'un même sentiment : l'esprit de concorde républicaine et une abnégation d'autant plus noble qu'elle est aux prises avec de plus vives souffrances. C'est bien toujours le même peuple qui voulait mettre, en d'autre temps, « trois mois de misère au service de la République. »

Il était urgent de profiter de ces bonnes-dispositions générales pour réorganiser la garde nationale sédentaire et en former des bataillons mobilisables. Le président du Gouvernement se concerta à ce sujet avec le commandant supérieur de ladite garde, et dans une lettre écrite à ce sujet à Étienne Arago, il rappela qu'on avait cru d'abord qu'une grande cité comme la capitale, dominée par des intérêts, des passions, des besoins si divers, n'était pas défendable; que les forts et l'enceinte ne pouvaient « être préparés de manière à opposer, sans le secours d'une armée opérant au dehors, une résistance sérieuse et durable aux efforts d'un ennemi victorieux. »

Mais, suivant l'opinion exprimée le 11 octobre au maire de Paris par le général Trochu, et bien différente de celle énoncée en son discours du 5 juin 1871 à l'Assemblée nationale, l'épreuve était faite; l'enceinte inabordable, la population prête aux sacrifices de toutes sortes, aux habitudes de résignation que comportait un siége de quelque durée. Il n'y avait plus qu'une préoccupation : « celle de jeter des masses hors de l'enceinte et d'aller aborder l'armée prussienne. »

Le général Trochu disait en conséquence que, pour encourager cet élan, il fallait consulter les règles de la guerre, qui démontreraient qu'aucune infanterie, si solide qu'elle fût, ne pouvait être engagée avec sécurité devant les troupes prussiennes sans une artillerie proportionnée à la leur, artillerie que l'on travaillait à former. En second lieu, les fusils à percussion étaient sans doute d'excellentes armes derrière un rempart ; mais quand il fallait tirer vite, quand on avait en sa présence des soldats munis de fusils à tir rapide, leur opposer des fusils à percussion, c'était aller au devant d'un désastre.

Voici quelle était la conclusion de la lettre du général Trochu au maire de Paris :

« Pour l'appel fait au patriotisme des compagnies destinées à un service extérieur, le Gouvernement ne peut s'adresser exclusivement aux bataillons pourvus d'armes à tir rapide. De là résulte la nécessité absolue d'un échange d'armes à l'amiable, opéré par les soins du maire de chaque arrondissement, de telle sorte que les volontaires destinés à un service de guerre soient armés des meilleurs fusils de leur bataillon.

« Le recrutement des compagnies se fera par voie d'inscription sur une liste ouverte dans chaque arrondisse-

ment. La compagnie de volontaires comprendra autant que possible 150 hommes par bataillon, mais l'obligation de fournir ce contingent ne sera imposée à aucun d'eux.

« Si la liste des inscriptions volontaires dépasse le chiffre de 150, les appelés seront pris de préférence parmi les hommes âgés de moins de trente-cinq ans, célibataires, d'une constitution vigoureuse, ayant porté les armes ou ayant acquis la pratique des exercices militaires. Le conseil de famille de chaque bataillon sera chargé de faire ces désignations. Quatre compagnies, réunies et groupées sous le commandement d'un chef de bataillon, formeront les bataillons de marche, exclusivement placés sous les ordres des généraux commandant les divisions actives de l'armée. Ils seront toujours à la disposition de l'autorité militaire.

« Les officiers, les cadres des sous-officiers et les caporaux seront nommés à l'élection par chaque compagnie.

« Les officiers des quatre compagnies, formant un bataillon de marche, nommeront le chef de bataillon commandant.

« Selon les besoins, et proportionnellement au nombre des volontaires inscrits, le général commandant supérieur de la garde nationale pourra former dans chaque bataillon un plus grand nombre de compagnies de guerre.

« Conformément aux règles du service militaire et dans l'intérêt de la sécurité des volontaires, l'uniforme sera obligatoire pour tous. Chacun d'eux devra être pourvu d'un havre-sac imperméable, semblable dans ses principales dispositions au havre-sac de la troupe, d'une giberne ou cartouchière, d'une demi-couverture en laine, du matériel d'une tente-abri. En outre, chaque escouade sera munie des divers ustensiles de campement en usage dans les corps d'infanterie.

« Les bataillons de guerre de la garde nationale, appelés à concourir à des opérations extérieures avec l'armée régulière et la garde mobile, seront soumis comme elles aux lois et règlements militaires. Ils recevront les prestations en nature (vivres de campagne) et la solde des troupes, en échange de la solde que reçoit aujourd'hui la garde nationale sédentaire, à dater du jour où ils auront été mobilisés.

« Je termine, monsieur le maire, cet exposé par une réflexion. Au mois de juillet dernier, l'armée française, dans tout l'éclat de sa force, traversait Paris aux cris de : « A Berlin ! à Berlin ! » J'étais loin de partager cette confiance, et seul, peut-être, entre tous les officiers généraux, j'osai déclarer au maréchal ministre de la guerre que j'apercevais dans cette bruyante entrée en campagne, aussi bien que dans les moyens mis en œuvre, les éléments d'un grand désastre. Le testament que j'ai déposé à cette époque entre les mains de Mᵉ Ducloux, notaire à Paris, témoignera à un jour donné des douloureux pressentiments, trop motivés, dont mon âme était remplie.

« Aujourd'hui, devant la fièvre qui s'est très-légitimement emparée des esprits, je rencontre des difficultés qui offrent la plus frappante analogie avec celles qui se sont produites dans le passé. Je déclare ici que, pénétré de la foi la plus entière dans le retour de fortune qui sera dû à la grande œuvre de résistance que résume le siége de Paris, je ne céderai pas à la pression de l'impatience publique. M'inspirant des devoirs qui nous sont communs à tous et des responsabilités que personne ne partage avec moi, je suivrai jusqu'au bout le plan que je me suis tracé, sans le révéler, et je ne demande à la population de Paris, en échange de mes efforts, que la continuation de la confiance dont elle m'a jusqu'à ce jour honoré.

Recevez, monsieur le maire, l'assurance de ma haute considération.

Le président du Gouvernement,
gouverneur de Paris,

GÉNÉRAL TROCHU.

Une décision énergique fut prise en même temps à l'égard des francs-tireurs, qui tendaient à se multiplier. Le ministre de la guerre, dans un rapport qu'approuva le général président, exposa que, depuis l'ouverture de la campagne contre la Prusse, un grand nombre de corps francs, dus à l'initiative individuelle, avaient été levés à Paris et dans ses environs.

Le Gouvernement leur avait prêté son concours en donnant des commissions aux officiers et des armes et des munitions aux hommes de troupe.

Quelques corps francs avaient même reçu, à titre exceptionnel, des objets d'équipement, des subsides, etc.

Le nombre de ces corps suffisait aujourd'hui à tous les besoins du service, et il y avait de sérieux inconvénients à en augmenter le nombre et à distraire de la garde nationale et de l'armée des hommes qui avaient leur place marquée naturellement.

Le général Le Flô proposait en conséquence un décret qui fut rendu, et qui régla d'une manière définitive l'organisation des corps francs levés à Paris et dans les environs depuis l'ouverture de la campagne.

En voici le dispositif :

Art. 1er. Les corps francs existant en ce moment à Paris, dont l'organisation a été autorisée, seront maintenus en activité pendant tout le temps de la durée de la guerre contre la Prusse.

Art. 2. Chacun de ces corps sera placé sous les ordres d'un commandant militaire.

Art. 3. Les officiers, sous-officiers, caporaux ou brigadiers et soldats qui en font partie, pourront, en vertu d'arrêtés du ministre de la guerre, être traités sous le rapport de la solde et des vivres, comme la garde nationale mobile.

Aucune autre allocation, soit en deniers, soit en nature, ne pourra leur être faite par le département de la guerre.

Art. 4. Dans le cas où des bataillons de la garde nationale sédentaire de Paris seraient autorisés à former des compagnies de volontaires destinés à faire des sorties, il ne serait rien changé à la position des officiers, sous-officiers, caporaux ou brigadiers et gardes nationaux de ces compagnies sous le rapport de la solde et des vivres, c'est-à-dire qu'ils continueraient à être traités exactement comme les autres gardes nationaux sédentaires.

Art. 5. Aussitôt après la promulgation du présent décret, il sera passé une revue d'effectif par un fonctionnaire de l'intendance militaire.

L'effectif constaté à cette revue ne pourra jamais être dépassé.

Art. 6. Il sera délivré de nouvelles commissions à tous les officiers de francs-tireurs par le ministre de la guerre.

Art. 7. Les grades dans les corps francs ne donneront à ceux qui en exercent, ou qui en auront exercé les fonctions, aucun droit à un grade régulier dans l'armée.

Art. 8. Il ne sera plus délivré, à dater de la promulgation de ce décret, aucune autorisation de lever des corps francs.

Art. 9. Le ministre de la guerre est chargé de l'exécution du présent décret.

(*Suivent les signatures.*)

CHAPITRE XX

Le canon Farcy. — Opérations militaires. — Combat de Châtillon.

Autour de Paris, les opérations militaires étaient toujours assez restreintes. Les premiers jours d'octobre, des obus de 104 kilog. et des boîtes à balles de 54 étaient lancés avec succès contre les batteries prussiennes de Brimborion et de Meudon par le canon Farcy. Cette pièce en acier, de 5m,60 de long, du poids de 14,558 kilos, et se chargeant par la culasse, armait une chaloupe canonnière à deux hélices, l'une en avant, l'autre en arrière, et portant dix-neuf hommes d'équipage.

La pièce, servie par huit artilleurs, était baissée ou élevée à volonté, et, malgré l'énorme poussée de la charge de poudre (une cartouche de 16 kilos), le recul n'était pas très-fort. Le canon était amarré à l'avant par d'énormes câbles qui, lâches et tombants, don-

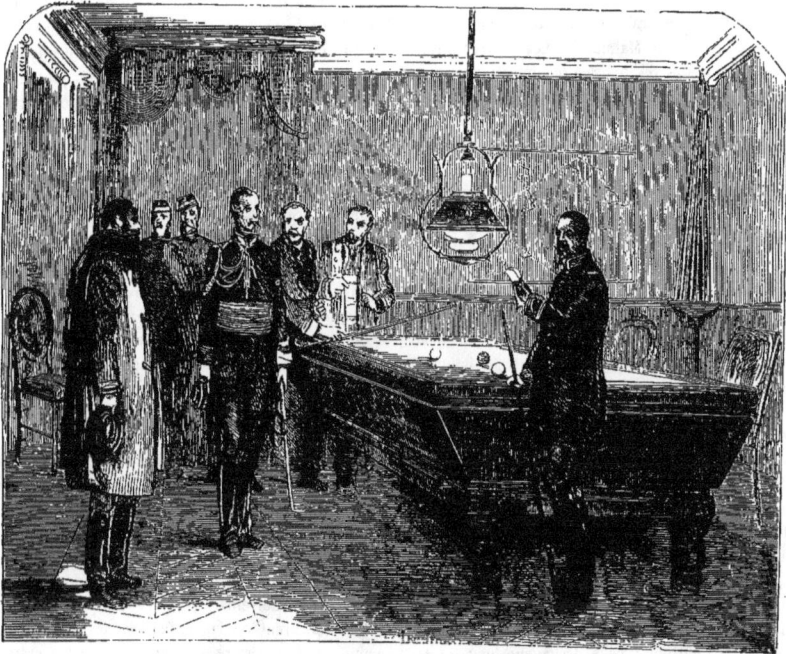

Le maréchal Bazaine recevant un envoyé de Bismark.

naient un certain jeu à la pièce. De plus, lorsque le chef de pièce pointeur, épiant, l'œil sur le point de mire, le moment où le va et vient de l'eau ramène la hausse sur l'axe précis de l'objectif, tirait le cordeau qui enlève la capsule et enflamme la poudre, le mécanicien allait simultanément de l'avant, et le recul se trouvait contrecarré par l'impulsion de la vapeur.

Le bateau lui-même, sans être fortement blindé, était enveloppé sur toute sa surface externe de caissons ou boîtes à air distinctes, à parois très-solides : de la sorte, la carène était multiple; et un projectile qui fracassait la première enveloppe pouvait laisser encore intact le corps même du bâtiment. C'était, pour ainsi dire, une série de retranchements.

Le 10, les compagnies de la ligne des redoutes de la Boissière, Montreuil et Noisy, et un bataillon des mobiles du Nord, eurent un engagement avec l'ennemi caché dans les bois, qui fit avancer deux pièces d'ar-

tillerie, et tirer sur les nôtres une dizaine de coups à obus et à mitraille.

Dans la soirée du 10, le général Blanchard occupa sans coup férir la maison Millaud, dans le voisinage de Cachan. Le 12 octobre, le lieutenant-colonel Reille, commandant le 7e régiment des gardes mobiles (Tarn), exécute une reconnaissance importante dans le but de s'assurer de la présence des forces ennemies au bois de Neuilly et au plateau d'Avron.

Les postes prussiens se replièrent vivement devant les spahis soutenus par nos tirailleurs, et se dérobèrent dans un bois qui s'étend entre Neuilly et Villemomble. Le village du bois de Neuilly fut occupé et fouillé dans tous les sens.

A la gauche, trois compagnies, sous les ordres du commandant de Foucaut, gravirent les pentes d'Avron.

Une division du 1er régiment de chasseurs fouilla la partie dénudée et reconnut le plateau en tous sens sans voir d'ennemis, sauf du côté de Villemomble en arrière du village.

A l'extrémité du mouvement de terrain, l'infanterie prit à revers le bois que l'ennemi, qui s'y était retiré, n'essaya pas de défendre, bien qu'il y eût fait des abattis.

De son côté, le général Ducrot poussait une reconnaissance au delà de la Malmaison. Les éclaireurs Dumas et les éclaireurs de la ligne (commandant Lopez) s'étaient engagés résolûment à la gauche et en avant de Rueil. Les mobiles du Morbihan, après avoir essuyé des feux de peloton partant du parc de la Malmaison, se trouvèrent en présence de batteries prussiennes à la bifurcation des routes de Bougival et de la Jonchère. Ces batteries se démasquèrent à trois cents mètres, mais leur feu n'atteignit pas un seul des nôtres, les boîtes à mitraille ayant fait balle au lieu de s'écarter.

Les mobiles se mirent à couvert dans les fossés de la route, et, de là, ouvrirent le feu sur l'ennemi qui fut contraint de se retirer. Son artillerie, réduite au silence par la nôtre, fut poursuivie dans sa retraite par les obus du mont Valérien jusqu'à Bougival.

Le 13, vers neuf heures du matin, le canon du fort d'Issy tirait en même temps que celui de Montrouge. Comme des mouvements de troupes ennemies avaient été récemment signalés, une reconnaissance offensive devait être faite ce matin par la division Blanchard, du 13e corps, s'étendant des positions d'Issy, à droite, à celles de Cachan, à gauche.

Le général Blanchard a disposé ses troupes en trois colonnes : celle de droite (13e de marche) devait agir dans la direction de Clamart; celle du centre (général Susbielle) sur Châtillon ; celle de gauche (mobiles de la Côte-d'Or et de l'Aube, colonel de Grancey) sur Bagneux.

Dans la soirée du 12 au 13, les gardes mobiles qui occupaient Montrouge s'étaient dirigés au delà du fort jusqu'auprès des maisons qui sont en avant de Bagneux. Ils avaient passé la nuit en cet endroit, à l'abri d'un grand mur, sans que l'ennemi soupçonnât leur présence. Pendant ce temps, une partie du 13e corps (celui du général Vinoy), la division Blanchard, composée du 35e de ligne, des 14e, 15e et 16e régiments de marche, et ainsi qu'un bataillon de chasseurs à pied se répandaient dans la plaine, avec plusieurs batteries d'artillerie.

Dès que le jour parut, le 10e bataillon des gardes mobiles de la Côte-d'Or, sous les ordres du lieutenant-colonel de Grancey, quittait son abri et se portait vivement vers Bagneux ; il était secondé par un bataillon de la garde mobile de l'Aube. L'ennemi, qui était retranché dans les maisons crénelées, les reçut par plusieurs feux bien nourris qui ne nous firent éprouver que quelques pertes très-légères ; cependant, c'est à cette attaque que le commandant des mobiles de l'Aube fut atteint mortellement.

Pendant ce temps, le fort de Montrouge ne cessait d'envoyer des obus; l'aile droite de notre armée se dirigea alors vers Châtillon que bombardait le fort de Vanves et une réserve fut installée auprès de Cachan.

Les mobiles pénétrèrent enfin dans Bagneux pendant que notre artillerie qui s'était avancée dans la plaine canonnait le pays. Le 35e de ligne et les chasseurs à pied furent aussi dirigés par la route de Bourg-la-Reine vers Bagneux pour y remplacer les mobiles qui tenaient depuis le commencement de l'action. La position était alors occupée par nous. Nous avions à regretter le chef de bataillon Picot de Dampierre commandant le troisième bataillon de la Côte-d'Or, tombé victime de son intrépidité.

Picot de Dampierre n'était âgé que de trente-trois ans. Il possédait une fortune considérable, quelque chose comme 200,000 fr. de rente, et, peu de jours avant sa mort, il avait pu offrir aux hommes qu'il commandait deux mitrailleuses, valant 16,000 fr. chacune.

Ce fut au milieu de la canonnade échangée pendant ce combat qu'une bombe, venue du Mont-Valérien, disent les uns, lancée par les Prussiens, disent les autres, tomba sur l'aile droite du château de Saint-Cloud, et le réduisit en cendres.

Au centre, les troupes françaises enlevèrent deux barricades, et s'avancèrent jusqu'à l'église et à la route qui relie Châtillon et Clamart.

Entre ces deux points, deux bataillons se déployèrent dans le plus grand ordre, avançant sous le feu de l'ennemi jusque dans les vignes qui bordent les pentes de la carrière de Calventz.

De là, ils firent le coup de feu avec les tirailleurs ennemis, postés derrière un épaulement sur la crête du plateau de Châtillon.

Deux batteries prussiennes se démasquèrent rapidement, l'une près de la Tour-à-l'Anglais, l'autre vers Châtillon; leur feu fut successivement éteint par les canons de Vanves et Issy.

A ce moment, les masses prussiennes se sont montrées sur les crêtes du plateau, se découvrant ainsi au feu de l'artillerie et des forts.

Le but de la reconnaissance étant atteint, la retraite, comme toujours, fut ordonnée. On fit une centaine de prisonniers prussiens, bavarois ou polonais, et ce fut tout.

Le lendemain, 14, un envoyé Prussien, précédé d'un clairon et portant un drapeau blanc, sortit de Fontenay et se dirigea vers nos lignes.

Conduit auprès d'un officier, il déclara qu'il était chargé de demander un armistice pour enterrer les morts du combat de Bagneux.

Réponse favorable ayant été faite à cette proposition, il fut convenu qu'aucun des forts qui dominaient le théâtre de l'engagement ne ferait feu le vendredi 14, de 11 à 5 heures.

Les cadavres des victimes furent transportés sur le

terrain situé entre les forts et les lignes prussiennes, afin qu'après les avoir reconnus, chaque partie belligérante rendît à ses morts les derniers honneurs.

Le rapport d'ensemble du général Vinoy sur l'affaire du 13 octobre 1870, est ainsi conçu :

Monsieur le Gouverneur,

Dans la soirée du 12 courant, vous m'avez prescrit d'opérer une grande reconnaissance sur Bagneux et Châtillon et de tâter fortement l'ennemi vers ces positions.

J'ai transmis immédiatement vos ordres, et, pour en diriger et en surveiller l'exécution, je me suis transporté le lendemain, dès six heures du matin, au fort de Montrouge.

Mes instructions n'ont pu parvenir au général Blanchard qu'à une heure très-avancée de la nuit, et les dispositions à prendre nécessitant un certain temps, l'attaque des villages n'a pu commencer que vers neuf heures. Cette circonstance n'a pas été défavorable au résultat de la journée, car l'attention de l'ennemi est surtout éveillée au point du jour : plus tard, il se relâche un peu de sa surveillance.

A neuf heures précises, toutes les troupes étaient postées aux points qui leur avaient été assignés d'avance : elles se mettaient en mouvement à un signal convenu, deux coups de canon tirés par le fort de Montrouge.

La 3e division du 13e corps, général Blanchard, était spécialement chargée de l'action : elle devait être soutenue par la brigade Dumoulin de la division Maud'huy, et la brigade de la Charrière, division Caussade.

Deux bataillons du 13e de marche, avec 500 gardiens de la paix, devaient s'emparer de Clamart, s'y maintenir, surveiller Meudon, et pousser des avant-postes jusque sur le plateau de Châtillon.

Le général Susbielle, avec le reste de sa brigade (le 14e de marche et un bataillon du 13e) renforcée par 500 gardiens de la paix, devait attaquer Châtillon par la droite ; les mobiles de la Côte-d'Or et un bataillon des mobiles de l'Aube devaient forcer Bagneux, s'y établir solidement, tandis que le 35e de ligne, avec un autre bataillon de la Côte-d'Or, devait aborder Châtillon de front et occuper Fontenay, pour surveiller la route de Sceaux.

Le 42e de ligne, avec le 3e bataillon de l'Aube, recevait l'ordre de rester en réserve en arrière de Châtillon, vers le centre des opérations, au lieu dit la Baraque.

La brigade de la Charrière avait pour mission de se porter sur la route de Bourg-la-Reine, et de maintenir les forces que l'ennemi dirigeait de ce côté, pour essayer de tourner notre gauche.

La colonne de droite s'empare, sans coup férir, de Clamart, s'y maintient, mais trouve près du plateau de Châtillon des positions fortement occupées. Elles s'arrête donc sans pousser plus en avant.

Le général Susbielle attaque vigoureusement Châtillon, soutenu par son artillerie de campagne et par celle des forts d'Issy et de Vanves. Mais il est arrêté dès l'entrée du village par des barricades qui se succèdent, et par une vive fusillade partie des maisons crénelées. Il est obligé d'emporter une à une ces maisons et de faire appel à l'énergie de ses troupes, tout en usant d'une extrême prudence, pour continuer cette guerre de siége. Le général reçoit un coup de feu à la jambe ; mais sa blessure est heureusement sans gravité ; il reste à cheval et continue à commander sa brigade.

La colonne de gauche enlève rapidement Bagneux, après une vive résistance. Les mobiles de la Côte-d'Or et de l'Aube, sous la conduite du lieutenant-colonel de Grancey, se montrent aussi solides que de vieilles troupes : c'est dans cette attaque que le commandant de Dampierre, chef du bataillon de l'Aube, est tombé à la tête de son bataillon.

Pendant ce temps, le 35e de ligne et un bataillon de la Côte-d'Or, sous les ordres du colonel de la Mariouse, tentent de se frayer un passage entre Bagneux et Châtillon ; mais ils sont arrêtés par la mousqueterie et l'artillerie ennemies. Ils sont obligés eux aussi de faire le siége des maisons et des murs du parc, crénelés et vigoureusement défendus, et ils parviennent jusqu'au cœur du village.

La brigade Dumoulin, qui avait pris position à la grange Ory, reçut l'ordre de se porter en avant pour appuyer le mouvement du colonel de la Mariouse ; elle occupa le bas de Bagneux, tandis que le 35e cheminait par le centre pour forcer la position de Châtillon.

La brigade de la Charrière s'acquittait convenablement de la tâche qui lui avait été confiée. Elle faisait taire, par son artillerie judicieusement dirigée, le feu d'une batterie ennemie postée vers l'extrémité de Bagneux et qui s'efforçait d'inquiéter nos réserves, dans le but de tourner notre gauche.

Après cinq heures de combat, vous avez ordonné la retraite ; elle s'est effectuée dans le plus grand ordre. L'ennemi a essayé de reprendre rapidement ses positions, et il a engagé un feu très-vif de mousqueterie et d'artillerie ; mais nos batteries divisionnaires et les pièces des forts de Vanves, de Montrouge et d'Issy l'ont arrêté court dans cette tentative. Les troupes laissées en réserve ont appuyé la retraite avec calme.

Le but que vous vous étiez proposé a été complétement atteint ; nous avons obligé l'ennemi à montrer ses forces, à appeler de nombreuses troupes de soutien, a essuyer le feu meurtrier de nos pièces de position et de notre excellente artillerie de campagne. Il a dû subir de fortes pertes, tandis que les nôtres sont peu sensibles, eu égard aux résultats obtenus. J'estime que nous n'avons pas eu plus de 30 hommes tués et 80 blessés.

Vous avez pu juger vous-même, monsieur le gouverneur, par l'attitude des troupes qui reprenaient leurs campements, de l'élan et de la vigueur qu'elles avaient dû déployer dans l'attaque.

Le général commandant le 13e corps,
VINOY.

Un ordre du jour du 14 octobre rendit justice à la bravoure des troupes engagées :

ORDRE.

Dans le combat d'hier, la division Blanchard, du 13e corps, les bataillons de la garde mobile et le corps des gardiens de la paix qui y sont attachés, ont acquis de nouveaux droits à la reconnaissance du Gouvernement de la défense nationale et du pays. Les troupes ont montré de la vigueur, de l'aplomb, des habitudes d'ordre et de discipline dont j'ai à les féliciter.

Le 35e régiment d'infanterie et les bataillons de la Côte-d'Or, qui déjà s'étaient si brillamment conduits au combat de Villejuif, les bataillons de l'Aube, qui abordaient l'ennemi pour la première fois, les gardiens de la paix, qui ont perdu un officier et plusieurs hommes, se sont hautement distingués.

Le lieutenant-colonel de Grancey, des bataillons de la Côte-d'Or, a énergiquement contribué, à la tête de la garde mobile, au succès de la journée. Le commandant de Dampierre, des bataillons de l'Aube, entraînant sa troupe à l'attaque de Bagneux, où il est entré le premier, a succombé glorieusement, et je donne ici à ce vaillant officier des regrets que l'armée partagera tout entière.

Le gouverneur de Paris,
GÉNÉRAL TROCHU.

Plusieurs journaux demandaient pourquoi la retraite avait été ordonnée; pourquoi la réserve, placée du côté de Cachan, n'avait pas été employée; pourquoi des batteries placées à la porte d'Italie n'étaient pas sorties ? A ces diverses questions le *Journal officiel* répondit :

Un récit, d'ailleurs très-habilement et très-fidèlement fait de l'engagement d'aujourd'hui jeudi, a donné à supposer que le but que cette opération militaire se proposait était d'occuper le plateau de Châtillon. Pour que les résultats de cette journée excellente soient appréciés à leur véritable valeur, il importe de constater qu'il ne s'est jamais agi d'une occupation définitive, mais seulement d'une reconnaissance offensive qui a réussi de tous points.

L'opinion s'était répandue que la concentration faite avant-hier par l'ennemi n'avait pas pour objet une attaque contre nos positions de Villejuif, comme on l'avait généralement pensé, mais qu'elle avait pour but de préparer une opération offensive contre un corps français venant d'Orléans.

Le gouverneur de Paris a jugé qu'il fallait savoir si les masses prussiennes étaient restées sur le plateau ou l'avaient quitté, comme on l'assurait. Il a, en conséquence, ordonné la reconnaissance dont il s'agit.

Les villages de Bagneux, Châtillon et Clamart ont été envahis, et, après un vif combat de tirailleurs et d'artillerie, où nos troupes ont montré la plus grande énergie, les bataillons prussiens ont paru sur le plateau, leurs réserves accourant de toutes parts, et ils se sont trouvés en prise aux canons des forts de Montrouge, Vanves et Issy. C'est à ce moment que, d'après les ordres donnés, la retraite devait commencer. Elle s'est effectuée avec beaucoup d'ordre et de calme, sous le feu très-vif de l'artillerie des forts, qui a fait beaucoup de mal à l'ennemi. Il a subi des pertes considérables en tués et en blessés, laissant entre nos mains cinquante prisonniers.

Dans l'après-midi du 14, le gouverneur visita les positions situées à l'est de Vincennes, et fit tirer par la redoute de Gravelle des obus à longue portée sur un parc considérable établi par l'ennemi au delà de Montmesly.

Une reconnaissance occupa Créteil, pendant plusieurs heures, pour faciliter le chargement et le transport de quantités considérables de blés, avoines et pailles, restées dans les fermes situées en avant de Maisons-Alfort, sur la droite de la route de Lyon. Ces approvisionnements furent ramenés dans Paris. L'ennemi, retranché derrière la barricade qu'il avait construite sur la route de Bâle à 1,200 mètres en avant de Créteil, ne donna pas signe de vie.

CHAPITRE XXI

Attitude des départements. — Gambetta à Tours. — Arrivée de Garibaldi. — Premier télégramme de Tours.

Détournons maintenant nos regards de la capitale assiégée, pour les porter sur les départements où s'accomplissait un mouvement très-énergiquement conduit.

Dès la fin de septembre avaient été formés les cadres d'une armée de la Loire, sous les ordres du général de Lamotte-Rouge; d'une armée de l'Ouest où le général Fiereck était chargé d'organiser les gardes mobiles ; d'une armée des Vosges, que commandait le général Cambriels.

Gambetta put échapper aux tirailleurs prussiens, et son ballon dégonflé tomba en forêt, près d'Épineu (Somme), le 8 à huit heures du soir. Une heure plus tard, il partait pour Amiens, d'où il se rendait par la voie ferrée au Mans et à Tours.

La dépêche qu'apporta un pigeon, et par laquelle il annonçait l'heureuse issue de son aventureuse expédition, se terminait par ces mots :

« De toutes parts on se lève en masse; le Gouvernement de la défense nationale est partout acclamé. »

A son arrivée à Tours, le 9 octobre, Gambetta fit paraître, en ces termes, une proclamation dont celle qu'il avait emportée n'était que le germe rudimentaire, l'embryon imparfait :

« Citoyens des départements,

« Par ordre du Gouvernement de la République, j'ai quitté Paris pour venir vous apporter, avec les espérances du peuple renfermé dans les murs, les instructions et les ordres de ceux qui ont accepté la mission de délivrer Paris de l'étranger. »

Après avoir tracé les cruelles épreuves que traversait Paris investi et affamé, Jules Gambetta ajoutait que la situation imposait de grands devoirs.

Le premier de tous, c'était de ne se laisser divertir par aucune préoccupation qui ne fût la guerre, le combat à outrance.

Le second, d'accepter fraternellement, jusqu'à la paix, le commandement du pouvoir républicain sorti de la nécessité et du droit.

« Ce pouvoir, ajoutait-il, ne saurait sans déchoir s'exercer au profit d'aucune ambition. Il n'a qu'une passion et qu'un titre : arracher la France à l'abîme où la monarchie l'a plongée.

« De fait la République est fondée et à l'abri des conspirateurs et des réactionnaires.

« Donc, toutes affaires cessantes, j'ai mandat, sans tenir compte ni des difficultés ni des résistances, de remédier avec le concours de toutes les libres énergies aux vices de notre situation, et quoique le temps manque, de suppléer, à force d'activité, à l'insuffisance des délais.

« Les hommes ne manquent pas.

« Ce qui a fait défaut, c'est la résolution, la décision, et la suite dans l'exécution des projets.

« Ce qui a fait défaut après la honteuse capitulation de Sedan, ce sont les armes. Tous nos approvisionnements de cette nature avaient été dirigés sur Sedan, Metz et Strasbourg, et l'on dirait que, par une dernière et criminelle combinaison, l'auteur de nos désastres a voulu en tombant nous enlever tous les moyens de réparer nos ruines.

« Maintenant, grâce à l'intervention d'hommes spéciaux, des marchés ont été conclus, qui ont pour but et pour effet d'accaparer tous les fusils disponibles sur le marché du globe. La difficulté était grande de se procurer la réalisation de ces marchés ; elle est aujourd'hui surmontée.

« Quant à l'équipement et à l'habillement, on va multiplier les ateliers et requérir les matières premières, si besoin est : ni les bras ni le zèle des travailleurs ne manquent ; l'argent ne manquera pas non plus.

« Il faut mettre en œuvre toutes nos ressources qui sont immenses, secouer la torpeur de nos campagnes, réagir contre les folles paniques, multiplier la guerre de partisans, et à un ennemi, si fécond en embûches et en surprises, opposer des piéges, harceler ses flancs, surprendre ses derrières et enfin inaugurer la guerre nationale.

« La République fait appel au concours de tous; son Gouvernement se fera un devoir d'utiliser tous les courages, d'employer toutes les capacités. C'est sa tradition à elle d'armer les jeunes chefs : nous en ferons ! Le ciel lui-même cessera d'être clément pour nos adversaires, les pluies d'automne viendront, et retenus, contenus par la capitale, les Prussiens, si éloignés de chez eux, inquiétés, troublés, pourchassés par nos populations réveillées, seront décimés pièce à pièce par nos armes, par la faim, par la nature.

« Non, il n'est pas possible que le génie de la France se soit voilé pour toujours, que la grande nation se laisse prendre sa place dans le monde par une invasion de cinq cent mille hommes.

« Levons-nous donc en masse et mourons plutôt que de subir la honte du démembrement. A travers nos désastres et sous les coups de la mauvaise fortune, il nous reste encore le sentiment de l'unité française, l'indivisibilité de la République. Paris cerné affirme plus glorieusement encore son immortelle devise qui dictera aussi celle de toute la France : « Vive la République une et indivisible ! »

Garibaldi était arrivé à Tours quelques jours avant Gambetta. Le vétéran de Caprera, immédiatement après la constitution du Gouvernement de la défense nationale, avait envoyé à Paris ce télégramme : « Ce qui reste de moi est à votre service; disposez. » Il écrivait à ses compatriotes cette lettre que publia le *Movimento* :

A mes amis,

Hier je vous disais : guerre à outrance à Bonaparte ; je vous dis aujourd'hui : il faut secourir la République française par tous les moyens possibles.

Invalide moi-même, je me suis offert au Gouvernement provisoire de Paris, et j'espère qu'il ne me sera pas impossible de remplir un devoir. Oui, mes concitoyens, nous devons regarder comme un devoir sacré de secourir nos frères de France.

Notre mission ne consistera pas certainement à combattre les frères de l'Allemagne, qui, étant le bras de la Providence, ont renversé dans la poussière le germe de la tyrannie qui pesait sur le monde ; mais nous irons soutenir l'unique système qui puisse assurer la paix et la prospérité entre les nations.

Je le répète : soutenir par toutes les voies possibles la République française, qui, rendue à la sagesse par les leçons du passé, sera toujours l'une des meilleures colonnes de la régénération humaine.

J. GARIBALDI.

Le 7 octobre, à trois heures, une dépêche affichée sur les murs de Marseille annonça le débarquement du héros de l'indépendance et de l'unité italiennes.

« Le Gouvernement central républicain de Tours aux citoyens Esquiros, administrateur supérieur, et Delpech, préfet du département des Bouches-du-Rhône :

« Faites une réception grandiose à Garibaldi.

« Dites-lui combien nous le remercions, au nom de la France, du concours qu'il nous accorde.

« Priez-le de venir immédiatement nous rejoindre au siège du Gouvernement.

« Nous l'attendons à bras ouverts. »

CRÉMIEUX, GLAIS-BIZOIN, LAURIER.

La garde nationale et les francs-tireurs, convoqués par les autorités vinrent avec empressement former la haie du quai de débarquement à la préfecture, où les appartements étaient préparés pour le général. Une foule innombrable se porta rue-Cannebière, et répéta la *Marseillaise* qu'à la demande du public Ismaël chanta du haut du balcon du Yacht-Club. Lorsque la nuit tomba, des lampions et des girandoles brillèrent aux fenêtres, et les bougies allumées au bout des baïonnettes des citoyens éclairèrent à giorno les rues où devait passer Garibaldi.

Le navire qui amenait le général, *la Ville-de-Paris*, avait malheureusement été retardé dans sa marche, si bien que, vers sept heures du soir, désespérant de l'arrivée prochaine de Garibaldi, les autorités se retiraient et contre-ordre était donné à la garde nationale.

Deux heures à peine s'étaient écoulées, quand la rumeur publique annonce que, cette fois, le vapeur était bien entré dans le port et que Garibaldi allait débarquer. Les autorités se rendirent en toute hâte au port; un fort piquet de la garde nationale, une compagnie des francs-tireurs de l'*Égalité* les suivirent, et, à dix heures, au milieu d'une foule enthousiaste, émue, acclamant Garibaldi et la République, le cortège parcourut les quais, la Cannebière, la rue Saint-Ferréol.

Le général Garibaldi avait pris place dans une voiture découverte, ayant à ses côtés M. Esquiros, qu'accompagnaient nos autorités départementales et municipales. Ce cortège, éclairé par des torches, avança jusqu'à la préfecture, acclamé par une affluence énorme.

Garibaldi arriva à Tours le 8 octobre, à sept heures du matin. Il trouva à la gare M. Crémieux et l'archevêque, qui cachait quelque peu sous un paletot ses habits sacerdotaux. A un lieutenant qui s'offrait de lui former une escorte, il répondit : « Merci! je n'ai pas pas l'habitude d'être escorté, nous nous retrouverons sur le champ de bataille pour délivrer ensemble le territoire de la République. »

Garibaldi se rendit à la préfecture, et y fut reçu par le préfet et les membres du Gouvernement. Un bataillon de francs-tireurs, suivi d'une foule nombreuse, stationnait déjà dans le jardin, en criant : « Vive Gari-

baldi! vive la République! et avait fait prier le vétéran de Caprera de le passer en revue. Garibaldi, qui souffrait de sa blessure et qui se sentait indisposé, se borna à paraître à la fenêtre entre MM. Crémieux et Glais-Bizoin qui descendirent et passèrent en revue les francs-tireurs. En remontant auprès du vétéran, M. Glais-Bizoin embrassa Garibaldi au nom du bataillon.

Ce fut le même jour, qu'au milieu d'un fort orage Gambetta débarqua à la gare, où de rares assistants lui firent une ovation. Il monta dans un fiacre et se fit conduire à l'archevêché.

L'attention de Gambetta, qui cumulait les fonctions de ministre de la guerre avec celles de ministre de l'intérieur, se porta tout d'abord sur les services militaires. Il s'adjoignit comme délégué le général Chanzy, et maintint le comité de la guerre dont faisaient partie les généraux Lefort et Martineau, et MM. Lecesne, Freycinet, Jules Cazot et Alphonse Gent.

Le premier télégramme que Paris reçut de Gambetta pouvait raviver les espérances de la capitale assiégée. Tout allait bien; les nouvelles qu'avaient apportées, les 8 et 13 octobre, deux ballons montés, l'un par M. Moclet, l'autre par M. de Kératry, préfet de police démissionnaire, remplacé par Edmond Adam, avaient exercé une influence, non-seulement à l'intérieur, mais encore à l'extérieur. Bourbaki était à Tours, Metz résistait; le corps diplomatique était impressionné; en somme, tout allait pour le mieux.

Voici la dépêche :

Gambetta à Jules Favre.

Nous avons eu nouvelle constatant journées des 8 et 13, par les deux ballons Moclet et Kératry. Elle a produit une immense impression dans toute la province et une vive émotion sur le corps diplomatique établi à Tours. A ce sujet prière de vouloir annoncer l'arrivée de M. Thiers dans deux jours. Nous avons ici le général Bourbaki, qui nous a donné des nouvelles de Metz, où nous avons encore 90,000 hommes qui, dans des combats incessants, continuent à retenir des forces imposantes autour d'eux. Nous gardons ici Bourbaki.

Frédéric-Charles, qu'on dit remis de sa dyssenterie, serait parti pour Paris, d'après dépêches du sous-préfet de Neufchâteau. On nous mande, au contraire, de Bruxelles, qu'il est à toute extrémité. Malgré la pointe audacieuse des Prussiens et leur entreprise sur Orléans nos affaires semblent prendre une bonne tournure. Si les convois de l'armée que nous attendons, et qui sont en route, nous arrivent dans les délais annoncés, la face des choses changera promptement.

Lyon est complétement calmé; tous les prisonniers ont été relâchés.

Malgré l'occupation de Mulhouse, le général Cambriels se maintient fermement de Belfort à Besançon. Cette dernière ville est tout à fait en état de défense et occupée par de l'artillerie de marine, servie comme vous le savez. On a donné d'ailleurs de nombreux commandements aux officiers de la flotte. Tel est l'ensemble de la situation.

Nous avons la conviction que la prolongation inattendue de votre résistance et les préparatifs militaires, de jour en jour plus considérables des départements, déconcertent les envahisseurs et commencent à les exaspérer. La sympathie de l'Europe, les bruits de médiation par la voie anglaise ou russe circulent avec une intensité croissante. Il faut faire à la Prusse une guerre de ténacité, et nous la forcerons à reconnaître qu'en prolongeant elle-même la guerre, elle n'augmente pas ses bonnes chances et qu'au contraire elle les compromet. Nous vous avons envoyé de bien nombreux émissaires, et ce n'est pas notre faute si vous ne recevez pas plus souvent de nos nouvelles.

Salut fraternel,

Léon Gambetta.

Pour copie conforme :
*Le ministre de l'intérieur
par intérim,*

Jules Favre.

A Ablis, le 8, cent vingt francs-tireurs de Paris surprirent deux compagnies d'infanterie et deux escadrons de cavalerie allemands qui, par une nuit pluvieuse, dormaient derrière des barricades, les mirent en déroute, firent soixante-quinze prisonniers, et s'emparèrent de quatre-vingt-quinze chevaux; mais, le lendemain, les Allemands reparurent, s'emparèrent des conseillers municipaux qu'ils menacèrent de fusiller, et brûlèrent une partie du village.

A Saint-Quentin, ville ouverte, le préfet de l'Aisne, Anatole de la Forge, ancien rédacteur du *Siècle*, fit construire des barricades et armer les ouvriers; les Allemands furent repoussés après un combat de cinq heures, pendant lequel de la Forge fut blessé à la jambe; mais ils revinrent en force trop considérable pour que la défense pût se renouveler.

Dans le département de l'Eure, quand Gisors fut menacé, cinq cents gardes nationaux de la ville de Neaufles, de Bazincourt et de Bézu; six cent mobiles avec les francs-tireurs des Andelys et d'Etrépagny, sous le commandement du capitaine Delaistre, et un détachement de hussards, choisirent comme position le mont de l'Aigle, séparé du campement des Prussiens par l'Epte et par le chemin de fer.

Les premiers coups de feu furent tirés par les francs-tireurs d'Etrépagny, embusqués avec quelques mobiles dans les bois de Beauregard.

L'ennemi riposta en lançant quelques obus. On s'aperçut bientôt qu'il avait complètement investi la ville, et que toute résistance était impossible.

A Rambouillet, dès que l'approche des Prussiens fut signalée, quatre officiers de la garde nationale allèrent en parlementaires demander que le pays fût traité avec humanité. Les uhlans les laissèrent approcher, et le sous-officier polonais qui commandait l'avant garde les conduisit à l'état-major.

« Êtes-vous francs-tireurs? leur dit tout d'abord un des chefs.

— Non, nous sommmes gardes nationaux.

— Ah! vous commandez des paysans armés! eh bien, vous êtes prisonniers et les lois militaires vous seront appliquées dans toute leur rigueur. On va vous conduire à Saclay, où l'on prononcera sur votre sort. »

Les quatre gardes nationaux conduits à Saclay dans une voiture réquisitionnée, comparurent devant un aide de camp du général de Stalkelberg, qui les fit incarcérer à la mairie transformée en prison, et leur donna à entendre qu'ils seraient fusillés. Chose à remarquer, les officiers prussiens, en se montrant impitoyables, n'en observaient pas moins les convenances. Défense était faite d'insulter les quatre prisonniers; un soldat s'étant permis de leur lancer un trognon de pomme, l'officier présent se jeta sur lui, le révolver à la main, le fit arrêter et punir sévèrement.

L'arrêt, qui semblait définitif, tardait néanmoins à s'exécuter. Les prisonniers restaient toujours confinés à la mairie. On leur avait donné de la paille pour se coucher : quant à la nourriture, ils ne recevaient que des pommes de terre; c'était d'ailleurs, pour le moment, l'ordinaire des soldats prussiens.

Quarante-huit heures après leur arrivée, les détenus furent menés par des hussards de la mort devant la maison de M. Pigeon, maire de Saclay, occupée alors par le général.

Un officier d'ordonnance parut et leur dit que le général, préférant la clémence à la justice, leur faisait grâce et les rendait à la liberté. Ce dénoûment imprévu était dû à l'influence de M. de Breteuil et de M. de Pourtalès, dont les propriétés sont dans la région, et dont une partie de la famille, neufchâteloise d'origine, occupe de hautes positions à la cour de Prusse. Les quatre gardes nationaux purent donc enfin rentrer chez eux.

Cette dépêche n'éclaircissait point la situation. En ce qui concernait Metz, les dépêches parvenues aux journaux anglais constataient d'inutiles sorties et le rétablissement complet du prince Frédéric-Charles. La Grande-Bretagne, malgré l'éloquence et l'habileté que M. Thiers avait déployées dans sa mission, persistait, comme la Russie, dans un système absolu de non-intervention. Quant aux préparatifs militaires de jour en jour plus considérables des départements, ils ne déconcertaient ni n'exaspéraient les envahisseurs, qui s'avançaient méthodiquement, avec la régularité des machines, et qui, comme des machines, broyaient sans pitié, sans merci, quiconque tentait de leur barrer le passage. Ils n'essayaient pas de prendre les villes d'assaut : dès qu'ils y remarquaient des indices d'intentions défensives, ils établissaient des batteries à quelque distance, et leurs pièces à longue portée bombardaient toute ville qui résistait. Ce fut ainsi que, le 7 octobre, ils bombardèrent et incendièrent Neuf-Brisach et Vieux-Brisach.

CHAPITRE XXII

Marche des Prussiens. — Formation des corps-francs. — L'armée de la Loire — Combat d'Arthenay. — Prise de Dreux. — Défense de Châteaudun.

Dès le 14 septembre, à midi, un corps badois d'environ quatre mille hommes d'infanterie, de cavalerie et d'artillerie, placé sous les ordres du général Keller, avait occupé Colmar, après avoir échangé avec les francs-tireurs et les gardes nationaux une fusillade appuyée de quelques coups de canon.

Au mois d'octobre 1870, les troupes allemandes s'éparpillaient sur toute la France, et n'avaient devant elles que des corps encore mal organisés, des détachements de francs-tireurs improvisés : comme les volontaires des Alpes, qui, sous le commandement de M. Ravelli, constituaient le noyau de la légion Garibaldienne ; comme les francs-tireurs de Paris, entrés en campagne dès le 9 décembre, sous les ordres du commandant Arrohnsont ; comme les volontaires de l'Ouest, dont le chef abjurait toutes préoccupations politiques ou religieuses, pour dire à ceux qui consentiraient à le suivre :

« Autorisé par le Gouvernement à former avec le régiment des zouaves pontificaux un corps qui prend le nom de *Légion des volontaires de l'Ouest*, à cause du lieu de sa formation, je viens faire appel aux hommes de cœur de toute la France, qui ne sont pas encore incorporés, à tous ceux qui, de près ou de loin, ont appartenu au régiment.

« J'avertis que je veux former un corps sérieux, où règnera la plus grande discipline. Notre seule préoccupation est de défendre la France. C'est dans la ville de Tours que nous nous formons.

« J'espère que mon appel sera entendu et que nous pourrons prouver que le régiment des zouaves saura conserver ses traditions, qu'il sera le type de l'honneur et du dévouement, et qu'il se consacrera à la France comme il s'est dévoué à la défense de Rome.

« Le ministre de la guerre nous a fait l'honneur d'envoyer trois de nos compagnies aux extrêmes avant-gardes.

« DE CHARETTE. »

L'armée de la Loire, qui se constituait, avait eu le 1er octobre, avec les troupes allemandes, quatre engagements successifs. Elles occupaient Toury ; le maire, M. Marchand, logeait des Prussiens et des Bavarois ; 168 bœufs, 117 moutons étaient parqués chez M. Thouvenin, conducteur de machines.

Le général de Longuerue eut la pensée de déloger l'ennemi avec le concours des mobiles du Cher, de quelques hussards, turcos, cuirassiers et chasseurs de Vincennes.

On évaluait à cinq mille le nombre des Allemands maîtres de Toury.

L'action commença à sept heures du matin, et se termina à midi.

Il y eut quatre combats successifs : le premier, d'avant-postes seulement, entre Tivernon et Toury ; le second entre Poinville et la ferme de Boissay ; le troisième entre la ferme de Boissay et Toury ; enfin le dernier entre la ferme de Para, Dimancheville et Toury.

Les hussards débutèrent par une charge brillante. Les mobiles du Cher s'élancèrent ensuite ; mais, par l'ordre du général de Longuerue qui ne voulait pas les exposer sans utilité, ils cédèrent la place aux cuirassiers. Les chasseurs de Vincennes et les turcos achevèrent la défaite avec une fougue irrésistible, en débusquant l'Allemand des maisons et des rues de Toury. L'artillerie ennemie disposait de dix canons, dont le tir était rapide et précis. Une de nos pièces avait été démontée au commencement du combat, mais il en restait deux qui furent dirigées et servies avec une habileté remarquable ; au dire des officiers, qui en observaient les effets, nos canons portaient avec une rare sûreté le désordre et la mort au milieu des régiments ennemis.

Le dimanche matin, 2 octobre, furent amenés à Orléans vingt-sept officiers prussiens, une voiture chargée de différentes armes appartenant à l'armée ennemie, notamment 17 fusils à aiguille et à piston transformés, 1 lance, 7 sabres de cavalerie, 18 sabres d'infanterie, 18 casques, un certain nombre de gibernes, cartouchières et cartouches, une marmite, des sacs et divers fourniments, 3 pistolets dans leurs fontes.

La veille, était venu en gare un convoi de soldats français blessés. Une ambulance avait été installée dans le buffet, où les premiers soins que réclamait leur état leur furent donnés par MM. les docteurs Vallet, Bréchemier, Dubrou, Bouglé et Arqué. Plusieurs soldats, assez grièvement atteints par des éclats d'obus, furent transportés à l'hospice d'Orléans.

Le général Reyan, qui était sorti de Chevilly pour seconder le mouvement, envoya de Toury le rapport que voici :

Le général Reyan au ministre de la guerre à Tours.

« Aujourd'hui 5 octobre j'ai quitté Chevilly à trois heures du matin, et j'ai marché avec trois escadrons

Épisode du bombardement de Châteaudun.

de cavalerie et de l'infanterie sur Toury. Chaque escadron avait une demi-batterie; je suis arrivé à sept
heures devant le village de Chaussy, à 3 ou 4 kilomètres
de Toury. L'escadron du 6e hussards, qui formait
l'avant-garde, a alors entouré le village, est tombé sur
les avant-gardes ennemies et a fait 5 prisonniers au
régiment bavarois royal.

« L'artillerie ennemie, composée de dix pièces de 12,
était en position à Toury, et a fait feu avec une grande
précision sur nos batteries, qui se composaient seulement de neuf pièces de 4. La demi-batterie du général
de brigade Longuerue a été démontée au commencement de l'action, ainsi que deux officiers du 2e hussards. Le chef d'escadron Loytot et le sous-lieutenant
de Bourgoing ont été blessés grièvement. Dans la brigade Bessayre, plusieurs obus sont tombés au milieu
du 9e cuirassiers formé en colonne serrée, et ont frappé
trois hommes et trois chevaux. Malgré le feu bien di-

rigé de l'ennemi, notre mouvement en avant a continué.

« Le village de Toury a été tourné sur la droite par
la brigade Bessayre. La cavalerie de l'ennemi, forte de
400 ou 500 hommes, appuyée par 2,000 hommes d'infanterie, a été obligée de se retirer sur la route de
Paris. Nous les avons poursuivis pendant 3 ou 4 kilomètres au delà de Toury, échangeant quelques coups
de feu, mais ils se sont retirés avec une grande rapidité. J'ai été obligé d'arrêter la poursuite, parce que
mes troupes étaient rompues de fatigue.

« La brigade Michel avait marché depuis minuit, et
les autres depuis trois heures du matin, et ni les hommes
ni les chevaux n'avaient rien eu à manger ou à boire.
Je me suis alors replié sur Toury, et là, j'ai pu m'assurer de la force exacte de l'ennemi, et j'ai su que le
prince Albert, le prince de Saxe-Meiningen et le prince
de Saxe-Altenbourg, qui ont quitté Toury à huit heures

du matin quand notre attaque a commencé, avaient été là pendant une semaine. J'ai pris 147 vaches et 52 moutons que l'ennemi avait rassemblés, et je les ai envoyés à Arthenay. »

L'armée de la Loire engagea, le 8 octobre, des combats où, suivant les dépêches officielles prussiennes, auxquelles il ne faut pourtant pas trop s'en rapporter, elle avait eu le désavantage.

Dans la matinée du 9, des forces prussiennes considérables en infanterie, cavalerie et artillerie, occupèrent Arthenay, et après quatre heures de combat, refoulèrent dans la forêt la brigade Longuerue et quelques compagnies de chasseurs, que vinrent en vain soutenir, sous les ordres du général Reyan, cinq régiments, quatre bataillons et une batterie de 8.

Une dépêche du commandant du 15e corps, parvenue à Paris le 11 octobre seulement, disait :

« Dans la matinée, vers neuf heures et demie, Arthenay, où se trouvait la brigade Longuerue et quelques compagnies de chasseurs, a été attaqué par des forces considérables et occupé par l'ennemi. Le général Reyan s'est porté au secours de la brigade avec cinq régiments, quatre bataillons et une batterie de huit. Après avoir résisté jusqu'à deux heures et demie, le soir, nos troupes ont été refoulées dans la forêt que j'occupe toujours et que je défendrai à tout prix.

« Dans cet engagement, l'ennemi était supérieur en infanterie, en cavalerie et surtout en artillerie. »

Il y avait, entre nos troupes et les envahisseurs, des engagements sur presque tous les points du territoire. Le 6, une rencontre avait lieu dans les Vosges, auprès d'Étival, entre les troupes badoises et des bataillons français sous les ordres du général Peltherin (troupes de ligne et garde mobile). Il y avait en tout, de notre côté, huit ou dix mille hommes, que porte à quatorze mille le rapport adressé d'Étival, le 7 octobre, au grand-duc de Bade, par le major général Degenfelde. Les Badois, qui donnaient isolément pour la première fois, avaient engagé le 3e régiment, le 4er bataillon de fusiliers, le 6e régiment, deux escadrons de la garde et les batteries Mœbel et Kunz.

Étival, le quartier général allemand, Saint-Remy et Nompatelize (canton de Raon-l'Étape) sont juste au nord de la forêt de Montagne, et la ville de Saint-Dié, sur la Meurthe supérieure, est située dans la partie Est du département des Vosges. Aussi longtemps que les Allemands avaient devant eux les grandes armées de l'empire ou qu'ils avançaient vers Paris, ils avaient à peine visité le département des Vosges, et peu de troupes, en dehors des uhlans, avaient été vues au sud de Lunéville.

Le combat dura depuis neuf heures et demie du matin jusqu'à quatre heures de l'après-midi. Les villages de Saint-Remy, de Nompatelize et le bois des Jumelles furent attaqués avec vigueur par les Français, qui

tuèrent ou blessèrent à l'ennemi environ cinq cents hommes.

D'après le rapport du major général Degenfeld, on aurait pris aux Français 60 officiers et 600 hommes non blessés, et ils auraient eu près de douze cents tués ou blessés, à la suite de charges vigoureuses. Le résultat fut que notre héroïque troupe qu'amenait du midi de la France le général Peltherin, après une lutte de sept heures, dut se replier sur Rambervillers, et que les Allemands bivaquèrent sur le champ de bataille.

Dans les départements composant l'ancienne Beauce, l'ennemi n'avait guère devant lui que les francs-tireurs et les habitants qui avaient à la fois le désir de combattre et des armes pour le satisfaire.

30 uhlans prussiens entrèrent brusquement le 8 octobre dans la ville de Dreux, et s'adressèrent au maire, M. Batardon, afin d'avoir de l'argent et des vivres pour 450 cavaliers. Le sous-préfet, Alfred Sirven, fit sonner le tocsin, battre la générale et envoyer des estafettes à toutes les communes. Le jour même il avait trois cents hommes de la ville armés, et le lendemain, dès six heures, des habitants des campagnes accoururent armés de fusils, de crocs et de faux. Une fusillade s'engagea sur le plateau de Cherizy, et l'assaillant est provisoirement tenu en échec. Mais, le 10 octobre, les troupes prussiennes, au nombre de 700 hommes d'infanterie, 300 de cavalerie, avec 7 pièces de 4, incendièrent Cherizy, Brissart, la Mésangère.

Les gardes nationaux de Laigle, de Domfront, de Dreux se sentent démoralisés. Comme l'a écrit le sous-préfet de Dreux, Alfred Sirven, dans une brochure publiée à Tours et à Dreux (*Les Prussiens à Dreux*, *Audiger, éditeur*) :

« Le découragement s'est emparé des mobiles, notre seule force sérieuse; et leur commandant me déclare que sans canons, la défense est impossible. Je télégraphie aussitôt à Chartres, d'où l'on me répond qu'il ne faut pas compter sur des canons, mais qu'un nouveau bataillon de mobiles va venir nous renforcer. Le lieutenant-colonel du 15e bataillon de marche me fait également savoir qu'il s'avance vers Anet avec 3,000 hommes.

« Malgré ces espérances, les chefs de bataillon me réitèrent que sans canons tous les mobiles du monde ne feront pas que la lutte soit possible. »

Les autorités de la ville n'étaient pas, il faut l'avouer, pour la résistance. Elles avaient refusé aux défenseurs venus du dehors des vivres et des billets de logement; le 10, le sous-préfet de Dreux quitta la ville, d'où tout ce qu'il y avait de forces françaises se replia sur Verneuil et sur Laigle.

À Châteaudun la défense fut plus virile.

Il s'y trouvait sept cents volontaires du 1er bataillon de francs-tireurs de Paris, sous les ordres de M. Lipowski, appelé au commandement en remplacement de M. Arohnsonn; une compagnie de francs-tireurs de Nantes, de 150 hommes; une compagnie de francs-tireurs de Cannes, de 50 hommes; cinq compagnies de gardes nationaux de la localité; et quelques gardes nationaux de Brou, Eloyes, et autres communes de la Beauce.

Le 18 octobre, à midi, l'ennemi se présenta et attaqua les barricades dont la ville était hérissée, en même temps qu'il criblait les maisons d'obus, de boulets et de boîtes à mitraille. Tous les hommes disponibles n'avaient pas pris les armes, et il faut lire, dans le *Châteaudun* de M. Édouard Ledeuil, lieutenant-colonel aux francs-tireurs de Paris-Châteaudun, les hommages rendus aux intrépides combattants qui, à deux heures et demie, avaient tué mille hommes aux Prussiens qui commençaient à reculer. Le soir, l'ennemi revint à la charge; il a douze mille hommes d'infanterie et de cavalerie, avec vingt-quatre pièces de canon, et ce n'est qu'au milieu de la nuit qu'il peut se rendre maître d'une ville qui n'est plus qu'un amas de ruines.

Le curieux volume de M. Édouard Ledeuil rapporte d'admirables traits de dévouement.

Sur la place de l'Hôtel-de-Ville, dès le premier engagement, Seillard, jeune homme de dix-neuf ans, de la 7e compagnie, tombe en s'écriant : « Mourir sans avoir tué un Prussien! » Sur la même place, raconte M. Ledeuil, « la plus infernale musique se faisait d'obus, de boîtes à mitraille, de balles, de toitures, de vitres et de pans de maisons sifflant, éclatant, tombant, se brisant, brûlant. Le lieutenant Bazin se promenait les bras croisés pour donner, disait-il, du moral aux hommes; l'adjudant Bataille, casquette à la main, allait, calme et d'un pas mesuré, voir aux barricades leurs besoins en cartouches; les soldats traînaient les tonneaux de poudre en se lançant des quolibets. Parmi eux se faisait distinguer le franc-tireur Maury.

« Les pompiers étaient aux prises avec le feu dans la rue d'Angoulême; intrépides sous le commandement de M. Clément, leur lieutenant, ils s'acharnaient à arracher aux flammes la maison du libraire, M. Lecesne, que les Prussiens s'acharnaient à incendier.

« Un père et ses deux fils, tous habitants de la ville, se battaient en blouse à la barricade de la rue de Chartres.

« Une jeune fille de seize ans, Laurentine Proux, allant de la barricade de la rue Saint-François à la barricade de la rue Loyseau et à celle de la route de Cloyes, émerveillait nos francs-tireurs, à qui elle portait de l'eau et des cartouches, par des chemins couverts de nos morts. Bonvallet, Millins, Durand, Marchal, à la barricade de la rue Loyseau; Chavigny (garde national), Si-bilote, Crapoulet, Veyssière, Durand, dans la rue de Chartres; Deligny, Wolff, Hattiger, Porcheron, Nicolas, — Faraud, Fougery, Potel, Lebihan, de Nantes, — Girard, Rouxel et Cointot, aux cavées; tout le monde enfin se signalait, se décuplait.

« Les obus ayant fait déjà de l'Hôtel de Ville une ruine, le franc-tireur Bougron, un Parisien de 16 ans,

aperçoit le drapeau de Châteaudun, la hampe brisée, tombant comme un blessé de la toiture à jour du pavillon de l'horloge. Malgré les boulets et les balles à pointe d'acier qui labourent la place et criblent la mairie, il court, reçoit une pierre qui le renverse, et puis une autre qui lui meurtrit la jambe et la main, se relève, saisit le drapeau au milieu du sifflement des projectiles et de l'effondrement du sommet de l'édifice et revient triomphant, disant : « En voilà un que les Prussiens n'auront pas! »

Il ne faut pas se dissimuler que cette noble ardeur n'existait que dans quelques hommes. Une grande partie de ceux qui auraient pu combattre s'étaient abstenus dès le début. Beaucoup d'habitants appréhendaient pour Châteaudun le sort de Varize et de Civry, qui avaient été à moitié détruites. Parmi ceux qui avaient pris les armes le matin, beaucoup furent atteints de découragement; et à onze heures du soir les francs-tireurs décimés résolurent à l'unanimité de se retirer sur le pont Saint-Jean, par la rue de la Madeleine, pour gagner Brou et de là Nogent-le-Rotrou.

Une dépêche qui partit de Tours, le 21 octobre, expédiée par Léon Gambetta à Jules Favre, apprit aux Parisiens ce qui était arrivé le 18 octobre à Châteaudun. Elle était ainsi conçue :

A monsieur Jules Favre, à Paris.

Dans la journée du 18 octobre, la ville de Châteaudun (Eure-et-Loir) a été assaillie par un corps de 5,000 Prussiens.

L'attaque a commencé à midi sur tout le périmètre de la ville, dont les rues intérieures était barricadées.

La résistance s'est prolongée jusqu'à neuf heures et demie du soir. Les francs-tireurs de Paris, la garde nationale de Châteaudun ont rivalisé de courage et d'énergie.

A un moment, la place de la ville était couverte de cadavres prussiens; on estime les pertes de l'ennemi à plus de 1,800 hommes.

La ville n'a pas été occupée, elle a été bombardée, incendiée, et les Prussiens ne se sont établis que sur des ruines. L'incendie dure encore.

Ces détails ont été rapportés par M. de Tevenon, receveur des postes, qui a brillamment fait son devoir de citoyen.

Le commandant de la garde sédentaire, M. Testanières, a été tué à la tête de son bataillon.

La résistance de Châteaudun, ville ouverte, peut être mise à côté des pages les plus héroïques de notre histoire.

La délégation du Gouvernement ouvre un crédit pour subvenir aux besoins des familles de Châteaudun. Le décret porte que cette noble petite cité a bien mérité de la patrie.

LÉON GAMBETTA.

A la suite de la dépêche venait le texte du décret ci-dessus mentionné :

La délégation du Gouvernement de la défense nationale établie à Tours :

Considérant que la petite cité de Châteaudun, ville ouverte, a résisté héroïquement pendant plus de neuf heures, dans la journée du 18 octobre, aux attaques d'un corps prussien de plus de 5,000 hommes qui n'a pu réussir à l'occuper qu'après l'avoir bombardée, incendiée et presque totalement réduite en cendres ;

Considérant que, dans cette mémorable journée, la garde nationale sédentaire de Châteaudun s'est particulièrement distinguée par son énergie, sa constance et son patriotisme, à côté du corps des braves francs-tireurs de la ville de Paris ;

Considérant qu'il y a lieu de signaler à la France, par un décret spécial du Gouvernement, le noble exemple donné par la ville de Châteaudun aux villes ouvertes exposées aux attaques de l'ennemi, et de subvenir aux premiers besoins de la population chassée de ses demeures par l'incendie et les obus prussiens ;

Décrète :

Art. 1er. La ville de Châteaudun a bien mérité de la patrie.

Art. 2. Un crédit de 100,000 fr. est ouvert au ministre de l'intérieur, pour aider la population de Châteaudun à réparer les pertes qu'elle a subies à la suite de la belle résistance de la ville aux Prussiens dans la journée du 18 octobre 1870.

Art. 3. Les ministres de l'intérieur et des finances sont chargés, chacun en ce qui le concerne, de l'exécution du présent décret.

    L. GAMBETTA, AD. CRÉMIEUX, AL. GLAIS-BIZOIN,
    L. FOURICHON.

Plus tard l'Assemblée nationale fut saisie, par MM. Claude (de la Meurthe) et Lenoël (Manche), de deux projets de loi tendant à faire supporter par la nation tout entière la charge des désastres causés par la guerre. Sans rien préjuger sur le sort de ces propositions, la commission chargée de les examiner, invoquant le principe du devoir de la patrie envers ceux de ses enfants qui se sacrifient volontairement pour elle, demanda un secours provisoire et immédiat pour la ville de Châteaudun et pour les communes voisines, qui s'étaient fait une situation exceptionnelle par leur héroïsme et leurs malheurs.

« Assurément, dit M. Lefevre-Pontalis, rapporteur de la commission, nous ne voulons point affaiblir votre intérêt pour les autres villes de France qui ont subi l'affront et les ravages de l'invasion. Nous savons ce qu'il leur a fallu de courage pour résister ou de patience pour souffrir. Mais la plupart d'entre elles ont été engagées, en quelque sorte, malgré elles, dans les dou-leurs de la guerre, par les opérations de l'armée ou par le voisinage des batailles.

« Châteaudun, ville ouverte, a pris une part volontaire à la lutte et a été victime de son patriotisme et de son courage.

« Tel est le titre qui lui donne un droit éminent à votre sympathie.

« Déjà Varize et Civry, villages voisins et dignes du même éloge, avaient donné l'exemple d'une résistance héroïque. »

Le rapporteur entre ici dans quelques détails sur la défense des deux villages et de la ville de Châteaudun, et tire de ce tableau cette morale :

« Il ne s'élèvera pas une voix en France pour regretter cette résistance comme inutile ou cet héroïsme comme mal calculé.

« C'est par des traditions pareilles que le caractère français a été formé; c'est par de pareilles leçons qu'il se relèvera à sa hauteur première. Châteaudun s'est immolé pour l'honneur de la France; sa vaillance sera célébrée tant que le mépris de la mort et de la ruine, le sacrifice du citoyen à la patrie seront comptés au nombre des plus belles vertus de l'humanité. »

CHAPITRE XXIII

Forces de l'armée d'investissement. — Mouvements autour de Paris. — Travaux entrepris pour la défense. — Sortie du 21 octobre.

Les mouvements accomplis par l'ennemi dans les départements le forçaient nécessairement à détacher des troupes de son armée d'investissement, qui, au milieu d'octobre, ne se composait guère que de 250,000 hommes. Elle était sous les ordres directs de Guillaume Ier (quartier général à Versailles), et comprenait :

1° Le corps d'armée de Wurtemberg : 2 divisions d'infanterie, 1 division de cavalerie, 12 batteries d'artillerie. Cette armée, placée entre la Seine et la Marne, avait ses avant-postes près de Créteil et son quartier général au château de Plessis-Lalande.

2° Le 11e corps (contingent de Nassau et de Hesse), qui se trouvait à gauche du précédent sur Choisy-le-Roi, l'Hay et Chevilly (quartier général à Rungis).

3° Le 6e corps (contingent de Silésie), qui occupait le plateau de Châtillon et tous les versants ayant vue sur Sceaux, Fontenay-aux-Roses et Plessis-Piquet.

Ce corps était appuyé par :

4° Le 2e corps bavarois, massé dans les villages de Bagneux, Clamart et Châtillon.

Les quartiers généraux de ces deux corps étaient à Palaiseau et Plessis-Piquet.

5° Le 1er corps bavarois, placé en réserve en arrière des deux précédents, et qui se tenait sur les hauteurs s'étendant depuis Issy jusqu'à Meudon et Sèvres.

Le quartier général était à Sèvres même.

6° Le 5e corps (contingent de la basse Silésie et du duché de Posen), qui formait la gauche extrême des positions ennemies et s'étendait dans toute la partie située au sud-est du fort du Mont-Valérien, sur Montretout, Saint-Cloud, Bougival et Rueil.

Ces différents corps constituaient une première subdivision de l'armée, et avaient pour chef le prince royal de Prusse. La seconde subdivision était l'armée du prince royal de Saxe, appelée aussi l'armée de la Marne, et formée par :

1° Le 4e corps (province prussienne de Saxe, Thuringe), qui occupe toutes les hauteurs entre Saint-Denis et Saint-Brice, comprenant les positions du Moulin d'Orgemont, d'Argenteuil, de Pierrefitte, de Sarcelles, de Stains et du Bourget.

Le quartier général était à Sarcelles.

2° Le corps de la garde (corps d'élite recruté dans toutes les provinces de la Prusse) qui se trouvait entre Saint-Denis et Sevran.

Le quartier général était au Tremblay.

3° Le 12e corps (contingent du royaume de Saxe), qui s'étend depuis Sevran jusqu'à la droite des Wurtembergeois, sur Gagny, Montfermeil, Neuilly-sur-Marne.

Le quartier général de ce corps était à Montfermeil, où l'ennemi a établi des batteries de position.

Enfin quatre fortes divisions de cavalerie, représentant environ 9,000 chevaux, battaient la campagne dans le sud et le sud-ouest de Paris, sous le commandement du prince Albert de Prusse, et assuraient le ravitaillement de l'armée ennemie par les plaines de la Beauce.

La situation des habitants des environs de Paris est caractérisée à merveille par la lettre suivante qu'écrivait, le 14 octobre, un habitant de Saint-Cloud :

Saint-Cloud.

MES AMIS,

J'ai peut-être négligé de vous donner de mes nouvelles. Mais la position d'un prisonnier prussien n'est pas toujours agréable.

Voici de nos nouvelles depuis notre entrevue :

Ma femme a passé vingt jours à l'hôpital, d'où elle est sortie convalescente.

Le 5, nous avons été bombardés. Huit ou neuf maisons sont fortement endommagées.

Pour moi, j'ai ramassé un éclat d'obus qui pèse deux kilos ; il a crevé le tuyau de ventilation qui est dans la cour de mon atelier.

Le 6, nous avons vus 150 personnes qui ont émigré, dont notre courageux maire et notre médecin. Depuis

nous sommes sans médecins ; il a eu peur d'un obus qui a visité sa salle à manger.

Tous les jours, nous sommes sous le bombardement jour et nuit, mais nous y sommes habitués. Quant à la fusillade, on n'en fait pas cas ; elle est continuelle. Nous voyons quelques Prussiens par-ci, par-là ; seulement on ne peut sortir de chez soi sans risquer d'être blessé ou tué. Depuis le commencement, nous en avons eu 16 tant tués que blessés, entre autres le docteur Pigache, qui était l'homme le plus estimé.

Hier 13, à une heure, nous avons aperçu de la fumée derrière le château, et le soir vous avez dû voir un incendie des plus compliqués ; il ne reste rien du palais que les cendres. Nous avons eu beaucoup de chance que le vent ait chassé ces tourbillons de feu sur Sèvres et les bois ; sans cela, Saint-Cloud ne serait plus qu'un immense brasier.

Comme je vous le dis plus haut, nous sommes tous trois résignés à ne nous sauver que lorsque nous verrons la maison en feu ou traversé par les bombes, boulets ou obus. Notre paquet est fait à tous trois, et nous n'avons pas peur.

Pas moyen d'aller voir l'eau couler ni aller à son jardin sans être prisonnier ou fusillé. Nous en avons déjà une douzaine qui sont dans cette position-là.

Nous nous faisons vieux pour nourriture. Des pommes de terre le matin et le soir, pas de lard ni de graisse. Mais j'ai de l'huile d'olive à laquelle nous sommes habitués.

La commune nous promet pour mardi prochain une jeune vache de 24 francs qui appartient au duc de Polzo, en la payant 75 centimes et 1 franc la livre, et une livre par personne.

Voilà notre position.

Plus de pyramide ; les boulets l'ont rasée.

Au moment où je vous écris, il se passe une fusillade des plus compliquées. Les francs-tireurs font débusquer les Prussiens de la propriété Polzo. Ils se vantent qu'ils seront dimanche prochain à Paris ; ils ont reçu des renforts et des canons de gros calibre.

Ce sont de vraies bêtes fauves ; ils ne quittent pas les bois ; ils ont tous bonne mine, mais sont poltrons : ils ne sont bons qu'en masse.

Je suis en attendant de vos nouvelles, car nous recevons les lettres par la poste.

Angélique, Hélène se joignent à moi et nous tous d'amitié.

Votre ami, le prisonnier prussien.

Quant aux dispositions morales des soldats allemands, elles étaient de nature à servir leur cause, si l'on ne tient compte que de l'obéissance passive et de l'observance d'une discipline rigoureuse ; mais la plupart, ceux du Sud surtout, étaient atteints de nostalgie. Les lettres trouvées sur les morts en font foi. On nous en a communiqué un nombre si considérable qu'il nous est ab solument impossible de les reproduire. Nous ne choisirons que la plus caractéristique.

Elle avait été écrite sur un papier qui portait cette empreinte au timbre sec : Sainte-Barbe-des-Champs, par André Meixner, soldat au 5e bataillon de chasseurs, 3e compagnie, 2e corps d'armée, 4e division, 8e brigade.

Elle était adressée à madame Cathérin, veuve Witzel, à Watenheim (Bavière rhénane).

André Meixner fut tué dans une reconnaissance par un mobile de la Côte-d'Or, qui trouva dans la cartouchière du pauvre Bavarois, outre quatre-vingts cartouches à tube de cuivre et à balle conique, la lettre dont voici la traduction :

Chère mère,

Aujourd'hui, j'ai reçu pour la première fois une lettre que, dans ma joie, j'ai serrée en levant les mains au ciel, car j'avais déjà envoyé plusieurs lettres en Allemagne sans recevoir de réponse.

J'ai écrit quatre lettres à ma Lina, et je n'ai reçu d'elle aucune nouvelle. Ce silence me rend le cœur malade, et j'avais bien besoin de recevoir de vos nouvelles, chère mère, pour me consoler un peu. Grâce à vous, j'ai appris tout ce qui se passe à la maison. Mais, chère mère, ce n'est pas de ma faute si Lina n'a pas reçu de mes nouvelles, car j'ai rempli mon devoir comme il convient. Vous me dites que vous éprouvez de la peine à recevoir des lettres si courtes. Je vous comprends : c'est le sentiment qui parle. Mais, ma chère mère, vous comprendrez aussi tout le chagrin que j'éprouve d'avoir quitté mon pays, parents, famille, tout ce que j'aime au monde.

Oh ! quand je me représente la distance et l'inconnu, je deviens bien triste, allez !

Si vous saviez tout ce que je souffre dans l'attente des nouvelles de mon frère et de ma Lina. Ah ! chère Lina, c'est donc vrai, tout espoir est perdu ! Plains-moi, pauvre mère ; plains ton pauvre fils. Parfois je me sens triste jusqu'à la mort. C'est en vain que mes camarades cherchent à m'encourager en me faisant entrevoir des jours meilleurs. Hélas ! je ne demande qu'une lettre de ma Lina !

Le bon Dieu nous aidera peut-être à retourner dans notre cher pays.

Merci, ma bonne et tendre mère, les quelques mots que vous m'avez écrits ont réjoui mon cœur en me donnant de bonnes nouvelles de vous et de mon enfant.

Jusqu'à présent, je n'ai reçu aucune blessure ; mais je ne puis pas savoir si je retournerai à la maison sain et sauf, ou pas du tout.

Devant Paris, nous avons un combat dur à soutenir. Ne vous attendez pas à la paix avant l'époque où vous recevrez la nouvelle en Allemagne que l'armée est entrée à Paris ; mais soyez sûre que cette entrée ne se fera pas si facilement. Non, ce n'est pas facile de prendre une ville comme Paris, qui a 25 ou 30 lieues de circon-

férence, et elle ne capitulera pas ainsi qu'on nous le disait.

Chère mère, j'ai tant de choses à vous dire qu'il me semble qu'il me faudrait huit jours pour vous l'écrire.

La difficulté de se procurer du tabac et le besoin de fumer pour chasser les idées noires m'engagent à vous demander quatre paquets de tabac.

Embrassez pour moi la petite Caroline, Mariette et Catherine, Joseph et les siens, et la petite Catherine et son père Philippe. Je leur adresse à tous mes salutations affectueuses.

Je vous prie de m'écrire le plus tôt possible, surtout donnez-moi des nouvelles de ma Lina.

Tout à vous, pour la vie, chère mère.

ANDRÉ MEIXNER.

Bien d'autres lettres analogues dénotent un même sentiment de tristesse et d'anxiété, dont les organisateurs de la défense auraient pu sans doute profiter. Mais, comme nous l'avons dit, ils avaient l'idée préconçue de l'impossibilité du succès.

Dans une note officielle du 17 octobre, ils résumèrent les travaux entrepris dans Paris depuis les premiers désastres de l'armée du Rhin : des travaux d'armement et de terrassement avaient été exécutés dans les six forts occupés par la marine ; onze mille ouvriers avaient été employés à fermer les soixante-neuf portes et à établir des ponts-levis. On n'avait pu achever, à cause de l'investissement complet à la date du 18 septembre, que deux redoutes, celle des Hautes-Bruyères et du Moulin-Saquet ; mais la zone militaire était déblayée. Les bois de Boulogne et de Vincennes avaient été abattus en partie ; les dehors des forts garnis de palissades, sur une ligne d'un développement de 64,000 mètres courants ; enfin trois batteries tout à fait nouvelles s'élevaient à Saint-Ouen, à Montmartre et aux buttes Chaumont.

Sur les remparts, où, comme dans les forts, tout faisait défaut, le génie militaire avait construit des traverses, des abris ; 2 millions de sacs à terre avaient couronné les parapets ; 70 magasins voûtés avaient été construits pour recevoir les poudres et le matériel de la défense.

L'artillerie avait mis en batterie sur l'enceinte ou dans les forts, 2,140 bouches à feu, et porté de 340,000 kilogrammes à 3,000,000 l'approvisionnement des poudres.

Le ministre des travaux publics avait des ressources qu'il avait demandées aux ponts et chaussées, aux ingénieurs des mines, aux ingénieurs civils et à l'industrie privée. Le chemin de fer de la rue Militaire, complètement terminé, présentait un développement de quarante kilomètres. On avait élevé deux barrages sur la Seine, à Suresnes et au nord de l'île de la Grande-Jatte ; une estacade au Point-du-Jour ; un pont de bateaux en amont du mur d'enceinte; deux barrages incombustibles au pont Napoléon, destinés à arrêter les brûlots incendiaires que la Seine pourrait charrier. Les égouts et aqueducs avaient été mis en défense, tant au moyen de travaux intérieurs que par l'organisation d'une surveillance constante confiée aux égoutiers armés. De leur côté, les ingénieurs des mines avaient exploré les carrières souterraines qui se trouvent en si grand nombre dans le sol parisien; les puits avaient été comblés; les galeries murées; les ouvertures placées à portée des glacis soigneusement détruites; les carrières à ciel ouvert rendues impraticables.

La commission du génie civil était chargée de centraliser les offres de concours adressées par le génie civil, par les industriels et par les particuliers. Elle veillait à l'exécution des commandes de matériel et de munitions, émanées du ministère des travaux publics, et dont voici les principales:

102 mitrailleuses de divers modèles, commandées dans dix établissements différents, pour être livrées du 13 au 27 octobre;

115 mitrailleuses des systèmes Fatling et Christophe, à livrer à partir du 27 octobre;

312,600 cartouches pour mitrailleuses, livrées;

50 mortiers et leurs accessoires, avec 50 affûts, livrés;

400 affûts de siége, dont la livraison était commencée;

500,000 obus de différents calibres, commandés aux différentes fonderies de Paris, qui les livrent tous les jours;

5,000 bombes;

Plusieurs grosses pièces de marine à longue portée dont la livraison est prochaine;

Enfin, 300 canons de 7 centimètres, rayés, se chargeant par la culasse, portant à 8,000 mètres, et dont la livraison commencera le 25 octobre. Cette commande, reçue par les principaux fabricants de la capitale, pourra être portée à 600 pièces.

On devait encore à la commission du génie civil l'organisation d'un service spécial d'inspection des secours à prendre contre l'incendie, et, dans le voisinage des musées et des établissements publics, l'établissement des appareils les plus propres à dominer, à l'origine, tous les sinistres.

La commission des barricades, organisée dans les premiers jours qui avaient suivi l'investissement, était mise aussitôt en rapport avec le service des ponts et chaussées. On devait à cette entente et au concours des ingénieurs civils le plan d'une troisième enceinte qui permettrait de rendre, si cela était nécessaire, l'intérieur de la ville inexpugnable.

Tous les accidents des terrains, tous les hasards des constructions avaient été utilisés.

La commission des barricades avait accueilli un très-grand nombre d'inventeurs, et elle avait donné d'efficaces encouragements aux propositions qui lui semblaient dignes d'intérêt.

Un arrêté, publié dans la matinée du 20 octobre par la feuille officielle, traçait des règles d'exécution pour l'application des décrets antérieurs, qui formaient dans chaque bataillon de la garde nationale sédentaire une compagnie de gardes nationaux mobilisés. Chaque compagnie devait se composer de 150 volontaires, et un registre était ouvert dans chaque mairie pour recevoir les inscriptions. D'après l'arrêté rectificatif du 20 octobre, l'obligation de fournir une compagnie de volontaires n'était plus imposée à chaque bataillon; mais tous les bataillons qui se croiraient en mesure d'armer plus d'une compagnie avec leurs seules ressources de fusils à tir rapide, pourraient proposer plusieurs compagnies de volontaires.

L'acceptation des volontaires serait faite par les conseils de famille du bataillon. Les bataillons de volontaires qui concourraient avec la troupe de ligne et la garde mobile aux opérations militaires, ayant pour objet immédiat la défense de la capitale, n'en conserveraient pas moins leur caractère de garde nationale. Comme tels, ils resteraient soumis aux lois et règlements militaires appliqués par la juridiction spéciale créée pour la garde nationale sédentaire par le décret du 27 septembre 1870.

Il était formé, à Paris deux nouveaux régiments d'infanterie de marche, à trois bataillons de six compagnies chacun. Ces régiments devaient être recrutés dans l'infanterie de ligne.

Réquisition était faite, au nom du Gouvernement, des avoines, seigles, orges, escourgeons, en grains ou en farine, qui existent actuellement dans l'enceinte de Paris. Le prix en serait payé suivant qualité, en prenant pour base le prix moyen résultant des mercuriales de la première quinzaine de septembre: mesure équitable, puisque aucune acquisition nouvelle n'ayant été faite après l'investissement, les prix cotés depuis cette époque ne pouvaient être que le fait de la spéculation.

Une population frémissante, décidée à tous les sacrifices, se tenait prête à marcher; mais avec quelle fâcheuse persévérance ses excellentes intentions étaient annihilées!

Que continuons-nous à voir dans les rapports militaires?

Des fusillades destinées principalement à protéger les moissonneurs improvisés qui récoltaient les fruits de la terre dans les plaines voisines.

Des obus lancées par les forts;

Des mouvements de troupes observés.

Relevons un acte de dévouement et d'audace. Un messager de l'armée avait été aperçu par un poste prussien, et avait eu sa barque coulée par la fusillade ennemie, en passant de la rive droite de la Seine sur l'île Marande. Le malheureux, ne sachant pas nager, resta quarante-huit heures dans l'île.

Le caporal Lecomte, du régiment de zouaves de marche, n'hésita pas à se jeter à la nage pour aller à son aide. Ayant trouvé sur la rive un tonneau, il plaça le messager dessus et le ramena sur notre rive, en traînant le tonneau à la nage. A l'aller et au retour, les postes prussiens tirent sur lui quelques coups de fusil, qui, heureusement, ne l'atteignirent pas.

Le général en chef adressa ses cordiales félicitations au caporal Lecomte, et ordonna qu'il serait promu sergent, à la date du 18 octobre 1870.

Une reconnaissance occupa Créteil pour assurer le transport des récoltes et des denrées sur Paris ; une autre reconnaissance, chargée de protéger les travailleurs dans la plaine de Maisons-Alfort, eut un assez vif engagement avec un poste établi dans une maison de garde, sur le chemin de fer de Lyon.

Dans la journée du vendredi 21 octobre, une sortie fut faite par le général Ducrot, dans la direction de Rueil, la Malmaison, la Jonchère et le château du Buzenval, le quartier général était au restaurant Gillet (Porte-Maillot), les troupes s'avancèrent sous la protection du Mont-Valérien.

Les troupes d'attaque étaient formées en trois groupes :

1er groupe (général Berthaut) : 3,4000 hommes d'infanterie, 20 bouches à feu, un escadron de cavalerie, destiné à opérer entre le chemin de fer de Saint-Germain et la partie supérieure du village de Rueil.

2e groupe (général Noël): 1,350 hommes d'infanterie, 10 bouches à feu, destiné à opérer sur la côte sud du parc de la Malmaison et dans le ravin qui descend de Saint-Cucufa à Bougival.

3e groupe (colonel Cholleton): 1,600 hommes d'infanterie, 18 bouches à feu, un escadron de cavalerie, destiné à prendre position en avant de l'ancien moulin, au-dessus de Rueil, à relier et à soutenir la colonne de droite et la colonne de gauche.

En outre, deux fortes réserves étaient disposées, l'une à gauche, sous les ordres du général Martenot, composée de 2,600 hommes d'infanterie et de 18 bouches à feu ; l'autre, au centre, commandée par le général Paturel, composée de 2,000 hommes d'infanterie, de 28 bouches à feu et de deux escadrons de cavalerie.

A une heure, tout le monde était en position, et l'artillerie ouvrait son feu sur toute la ligne, formant un vaste demi-cercle de la station de Rueil à la ferme de la Fouilleuse ; elle concentrait son feu, pendant trois-quarts d'heure, sur Buzenval, la Malmaison, la Jonchère et Bougival. Pendant ce temps, nos tirailleurs et nos têtes de colonne s'approchaient des objectifs à atteindre, c'est-à-dire la Malmaison pour les colonnes Berthaut et Noël, Buzenval pour la colonne Cholleton.

Au commencement de l'action, quatre mitrailleuses sous les ordres du capitaine de Grandchamp et la batterie de 4 du capitaine Nismes, le tout sous la direction du commandant Miribel, s'étaient portées, avec une remarquable audace, très en avant, pour soutenir l'action de l'infanterie.

Les francs-tireurs de la 2e division, commandés par le capitaine Faure-Biguet (colonne Cholleton) se précipitaient sur Buzenval, et se dirigeaient sous bois vers le bord du ravin de Saint-Cucufa.

A un signal convenu, l'artillerie cessa instantanément son feu et nos troupes s'élancèrent avec un admirable entrain sur les objectifs assignés ; elles arrivèrent promptement au ravin qui descend de l'étang de Saint-Cucufa au chemin de fer américain, en contournant la Malmaison. La gauche du général Noël dépasse ce ravin et gravit les pentes qui montent à la Jonchère ; mais elle se trouve bientôt arrêtée sous un feu violent de mousqueterie partant des bois et des maisons où l'ennemi était resté embusqué malgré le feu de notre artillerie. En même temps, quatre compagnies de zouaves, sous les ordres du commandant Jacquot, se trouvaient acculées dans l'angle que forme le parc de la Malmaison, au-dessous de la Jonchère et auraient pu être très-compromises sans l'intervention du bataillon de Seine-et-Marne qui les dégagea, en se portant résolûment sur les pentes qui dominent Saint-Cucufa, sa droite appuyée au parc de la Malmaison.

L'alerte fut si vive à Versailles que, pendant le combat, le roi de Prusse, craignant une surprise, s'éloigna précipitamment ; mais, en définitive, les trois groupes et les réserves ne formaient qu'un total de 10,950 hommes, avec un escadron de cavalerie, et 94 bouches à feu, 48 pour les trois groupes, 46 pour les réserves.

Nous avions devant nous, la 9e division du 5e corps prussien, un régiment de la garde, et une partie du 4e corps ; mais ne devait-on pas savoir que les assiégeants avaient tout combiné pour concentrer en peu de temps toutes leurs forces sur un point donné ?

N'eût-il pas fallu, non-seulement faire donner les cinq mille six-cents hommes qui ne bougeaient pas, et dont les 46 bouches à feu restèrent inactives, mais encore lancer, coup sur coup, du même côté, des masses imposantes ?

Aussi fut-on obligé de battre en retraite.

La ligne plia accueillie par des forces supérieures.

Le commandant Jacquot, en se portant intrépidement en avant à la tête des tirailleurs, était tombé grièvement blessé. Le capitaine Duco et le sergent-major Petit de Granville l'emportèrent dans leurs bras, sous une grêle de balles. En route le capitaine fut blessé de deux coups de feu, mais le sergent-major transporta le commandant Jacquot, jusqu'au moment où, frappé d'une balle, il tomba sur le cadavre de celui qu'il avait voulu sauver.

Tout le monde avait fait son devoir. « Ce que je me plais surtout à reconnaître, dit le rapport du général Ducrot, c'est l'excellente attitude de nos troupes : zouaves, gardes mobiles, infanterie de ligne, tirailleurs Dumas, francs-tireurs des Ternes, francs-tireurs de la

Thiers.

Ville de Paris, tout le monde a fait son devoir. Les batteries du commandant Miribel ont poussé l'audace jusqu'à la témérité, ce qui a amené un incident fâcheux : la batterie de 4 du capitaine Nismes a été surprise tout à coup près de la porte du Longboyau par une vive fusillade qui, presque à bout portant, a tué le capitaine commandant la compagnie de soutien, 10 canonniers et 15 chevaux ; il en est résulté un instant de désordre pendant lequel deux pièces de 4 sont tombées entre les mains de l'ennemi.

« Je dois mentionner particulièrement les éclaireurs Franchetti qui avaient été placés dans ces différentes colonnes, et qui, comme toujours, se sont montrés aussi dévoués qu'intelligents et intrépides. »

Toutefois, vers cinq heures, à la tombée de la nuit, le général Ducrot prescrivit « aux troupes de rentrer dans leurs cantonnements respectifs. »

Nos pertes furent évaluées à 2 officiers tués, 15 blessés, 11 disparus ; 32 soldats tués, 230 blessés, 153 disparus.

Pendant la sortie du 21 octobre, les troupes, commandées par le général Vinoy, se déployaient sur la route de la rive gauche entre Ivry et Issy.

D'autre part, pour couvrir la droite de l'opération du général Ducrot, le général de Bellemare se portait de Saint-Denis sur Gennevilliers.

A Joinville-le-Pont, le 5e régiment de marche, le 7e bataillon de mobiles de la Vienne et les carabiniers francs-tireurs refoulèrent l'ennemi sur Champigny; mais après dix heures de combat, le lieutenant-colonel du 5e régiment de marche ordonna la retraite. M. A. de Vresse, capitaine commandant des carabiniers, dit dans son rapport : « Le lieutenant-colonel ayant fait sonner la retraite, je ralliai ma compagnie sur son régiment. Nos gibernes étaient à peu près vides, et quelques-uns de mes hommes qui avaient entièrement brûlé leurs munitions (33 cartouches) avaient pris les chassepots des hommes morts pour continuer la lutte. La compagnie était rentrée au château de Nicolaï à 8 heures du soir.

La compagnie de carabiniers du 48e bataillon, sous les ordres du capitaine Proust, partant du fort de Rosny, poussa une reconnaissance en suivant les crêtes du plateau d'Avron sur le château et le parc de Launay, entre Villemomble et la station de Gagny.

Un poste prussien avait été signalé dans le parc de Launay. Il fut vigoureusement attaqué; trois sentinelles prussiennes et trois hommes du poste tombèrent; mais aux termes du rapport du général Tamisier, « l'ennemi ayant fait avancer une réserve considérable, le capitaine Proust jugea nécessaire de rallier sa compagnie et de se retirer; et la retraite s'effectua avec autant d'ordre et de fermeté qu'il y avait eu d'ardeur et d'entrain dans l'attaque. »

CHAPITRE XXIV

Sortie du 21 octobre. — Forces des armées des départements. — Prise d'Orléans. — Capitulation de Soissons. — Occupation de Saint-Quentin, de Schelestadt. — Premières nouvelles de la reddition de Metz. — Le *Combat.* — Mouvements populaires. — Le Bourget et Metz. — Proclamation de la délégation de Tours. — Notes du *Journal officiel* de Paris sur Metz et sur l'armistice.

La sortie du 21 octobre, mal conçue et mal exécutée, fut suivie d'un temps d'arrêt. Le ciel était sombre, le sol détrempé, la bise glaciale, la pluie continue et les intempéries de la saison imposaient une trêve aux belligérants.

Notons un petit succès remporté, le 25 octobre à sept heures du matin. Prévenu qu'un fort détachement ennemi, trompé par le brouillard, avait franchi la ligne des grand'gardes, le commandant du fort d'Aubervilliers envoya un bataillon pour cerner les Prussiens. Ceux-ci s'étant aperçus de leur erreur, avaient rebroussé chemin, mais il était trop tard : assaillis de front par les bombes que leur lançait le fort, et harcelés par derrière par le feu des tirailleurs embusqués dans les tranchées qui bordent la ligne du chemin de fer, ils laissèrent sur le terrain une trentaine de morts et de blessés. Vingt prisonniers, toute l'arrière-garde du détachement, étaient restés entre nos mains. De notre côté, sept ou huit francs-tireurs qui s'étaient approchés imprudemment des retranchements ennemis furent mis hors de combat.

Dans les départements les armées étaient en voie de formation. Déjà même, vers le milieu d'octobre, suivant les renseignements donnés par l'*Electeur libre* et la *Vérité*, l'armée de la Loire comptait 80,000 hommes, l'armée du centre, 90,000; l'armée de l'Ouest, 90,000; l'armée de Besançon, 90,000; l'armée des Vosges, 35,000; en totalité, 425,000 combattants. Mais ces troupes, en admettant que les cadres fussent remplis, n'étaient ni suffisamment organisées, ni suffisamment aguerries. L'armée de la Loire ne put défendre Orléans, dont le général de Thann prit possession à la tête de cinquante mille Bavarois, à la suite du combat d'Arthenay. Soissons céda après trois semaines d'un siège vaillamment soutenu, et, entre les mains de l'ennemi tombèrent 4,600 prisonniers, une caisse militaire contenant 90,000 fr., 3,000 quintaux de poudre et 128 canons.

Saint-Quentin fut occupé, le 23 octobre, par quatre mille Prussiens et soumis à une réquisition de deux millions en espèces. Schelestadt, en capitulant, livra aux Allemands deux mille quatre cents prisonniers et cent cinquante canons.

Malgré l'investissement dont l'ennemi avait soin d'élargir les mailles quand il s'agissait de laisser passer de mauvaises nouvelles, les Parisiens apprirent cette douloureuse série de revers et ne les révoquèrent pas en doute; mais tous furent incrédules quand, dans le *Combat*, journal de Félix Pyat, ils lurent, le 27 octobre, la note suivante rehaussée d'un encadrement noir :

« LE PLAN BAZAINE

« Fait vrai, sûr et certain, que le gouvernement de la défense nationale retient par devers lui comme un secret d'État, et que nous dénonçons à l'indignation de la France comme une haute trahison.

« Le maréchal Bazaine a envoyé un colonel au camp du roi de Prusse, pour traiter de la reddition de Metz et de la paix, au nom de Sa Majesté l'empereur Napoléon III.

« LE COMBAT. »

Il y eut dans la presse parisienne un cri presque unanime d'indignation contre ce qui passait pour une invention inspirée par la malveillance. Dans la journée du 27 octobre, des groupes nombreux vinrent à l'Hôtel de Ville demander ce qu'il pouvait y avoir de réel dans la nouvelle donnée par le *Combat*, il leur fut répondu que l'on n'avait aucune raison de la croire fondée.

A quatre heures, sept ou huit cents gardes nationaux assiégèrent les bureaux du *Combat*, s'emparèrent du secrétaire de la rédaction, M. Odilon-Dalimal, et le conduisirent à l'Hôtel de Ville, où ils furent reçus par Henri Rochefort.

« Bonjour, M. Dalimal, dit le membre du gouvernement en apercevant l'écrivain qu'il avait employé à

Bruxelles. Pourquoi êtes-vous ici? êtes-vous délégué?
— Je suis arrêté, dit M. Dalimal .»

Les gardes nationaux qui l'avaient amené protestèrent énergiquement

« Vous n'êtes pas prisonnier, dirent-ils, nous vous avons amené ici pour vous expliquer devant nous avec le gouvernement, parce que dans vos bureaux nous n'avions pu rencontrer M. Pyat; mais nous n'avions pas le droit de vous arrêter et nous ne vous avons pas arrêté.

— N'importe, reprit Rochefort, vous voulez avoir des explications sur la prétendue capitulation de Bazaine? Je ne sais si la nouvelle est vraie ou fausse : depuis le 4 septembre, malgré tous nos efforts, nous n'avons pu recevoir aucune nouvelle directe de Metz, sans quoi le gouvernement l'eût publiée comme toutes celles qu'on lui apporte, car il n'a point d'intérêt à faire le mystérieux, au contraire. Mon opinion personnelle est que la nouvelle est invraisemblable. Bazaine a été longtemps en disgrâce, après son retour du Mexique, et il n'a point de raison d'aimer l'empereur. Les Prussiens, d'ailleurs, s'ils voulaient traiter avec l'empire, n'auraient pas besoin de prendre un intermédiaire. Ils s'adresseraient directement au prisonnier de Wilhelmshohe. De plus, pourquoi supposer que Bazaine se conduirait avec moins de patriotisme que Bourbaki, qui, bien comblé des faveurs impériales, est venu, aussitôt libre, offrir son épée à la République. Je ne puis croire un maréchal de France capable de faciliter aux Prussiens le siège de Paris en permettant aux 250,000 hommes retenus sous les murs de Metz de rejoindre l'armée royale.

« En admettant même que Bazaine se laissât circonvenir par des bonapartistes quand même, comme Canrobert et Lebœuf, il est impossible que le corps d'officiers de l'armée de Metz, que l'armée elle-même, aventurés, livrés, trahis par Napoléon, consentent à une capitulation telle que l'annonce le *Combat.* »

Rochefort fit ensuite une véhémente sortie contre Félix Pyat, qui savait prudemment se soustraire aux dangers et qu'il n'hésita pas à qualifier de lâche et de poltron. « Pour moi, ajouta-t-il, je ne saurai comprendre qu'un homme de cœur eût actuellement d'autre souci que la délivrance du sol national. C'est pourquoi j'ai consenti à faire partie du gouvernement, à accepter un fardeau dont je me délivrerai avec bonheur, quand la patrie sera sauvée, pour ne jamais plus le reprendre. A la prochaine sortie périlleuse, je suis résolu à marcher à la tête des troupes. Je défie M. Pyat de m'accompagner, je suis sûr qu'il ne viendra pas. »

Les gardes nationaux auraient voulu que justice fût faite du *Combat* et de ses rédacteurs. «Non, non, s'écria M. Rochefort. Respectez jusqu'au bout la liberté de la presse, laissez calomnier. Nous méprisons cela, nous.

Que M. Pyat n'ait pour juge que sa conscience, et, ce qui vaut mieux, l'opinion publique. »

Les gardes nationaux accédèrent sans peine à ce qu'on leur demandait dans un langage plein de cœur, plein d'un véritable amour de la liberté. Ils allèrent rendre compte de leur mission à la foule qui les accueillit par des cris : Vive le gouvernement! Vive Rochefort! A bas le *Combat!*

M. Dalimal resta quelques instants sous la protection du gouvernement, et se retira en déclinant toute responsabilité dans l'acte de son rédacteur en chef.

Et pourtant ce rédacteur, voué aux gémonies par la voix publique et dont les numéros avaient été lacérés et brûlés devant les kiosques, avait révélé des faits positifs ! La révélation de ces faits n'en fut pas moins traitée officiellement de *triste calomnie, de double accusation aussi infâme que fausse.*

L'émoi fut apaisé par ce démenti formel et l'attention distraite par les affaires des 28 et 29 octobre.

La position du Bourget, que nos officiers supérieurs regardaient de peu d'importance, avait été jugée bien autrement par les généraux allemands. Elle leur servait à masquer leurs travaux en avant de Gonesse, et à couvrir Dugny, Pont-Iblon, et Blancmesnil.

Entre le fort d'Aubervilliers et le village, à 1 kil. 500 du fort, se trouve une usine. Cette usine, souvent visitée par les Prussiens et dont nous avions toujours négligé l'occupation, pouvait cacher des travaux de l'ennemi. Dans le courant d'octobre, on finit par s'en emparer et y placer les grand'gardes du fort, tandis que sur la gauche, à la Courneuve, étaient établies celles que fournissaient les troupes campées au village d'Aubervilliers ou cantonnées à Saint-Denis.

Les soldats, désireux de tâter l'ennemi et intrigués de notre inaction de ce côté de Paris, se demandaient souvent pourquoi on ne s'emparait point du Bourget : ils en croyaient l'occupation facile et utile. Beaucoup d'officiers eux-mêmes partageaient cette opinion. Sous cette impulsion, on décida, dans l'entourage du général de Bellemare, à Saint-Denis, une expédition contre le Bourget.

On résolut de procéder à la prise du Bourget par une attaque de nuit; ce furent les francs-tireurs de la Presse, placés sous le commandement de M. Rolland, qui furent désignés à cet effet.

D'après les ordres reçus, ils devaient partir de la Courneuve à trois heures du matin, dans la nuit du 27 au 28 octobre. Ils étaient en tout 260, divisés en quatre compagnies. Deux compagnies devaient enlever le poste prussien qui gardait au sud l'entrée du village, pendant que les deux autres compagnies avaient pour mission de le tourner par la route de Dugny.

A l'heure dite et par une nuit obscure, ils quittèrent leur cantonnement et s'avancèrent résolument vers le Bourget. Le mouvement, des deux côtés, se fit avec vigueur et ensemble. Au sud du village, ils parviennent à cacher leur approche à la sentinelle prussienne qu'un des leurs, parlant allemand et qui était parti en avant, avait réussi à amuser quelque temps. Et quand la sentinelle prussienne donna l'alarme, il était trop tard.

Une vive fusillade s'engage; mais l'ennemi se retire bientôt de peur d'être coupé, et nos soldats sont maîtres de la position.

Le demi-bataillon de droite du 14ᵉ bataillon de la mobile de la Seine, de grand'garde à la Courneuve, reçut alors l'ordre de se rendre au Bourget pour y appuyer le bataillon des francs-tireurs, pendant que le demi-bataillon de gauche se préparait, à Aubervilliers, à le suivre, ainsi que d'autres troupes appelées de Saint-Denis.

4 à 5,000 hommes se trouvaient donc réunis à l'intérieur ou à l'arrière du Bourget. Et pour soutenir ces troupes, le général de Bellemarre envoya *deux pièces de 4 et une mitrailleuse!*

Quand le demi-bataillon de droite du 14ᵉ mobile arriva au Bourget, les Allemands l'évacuaient, maison par maison, en tirant dans leur retraite de nombreux coups de fusil.

Nous étions maîtres du village et les Prussiens étaient en fuite.

Aussitôt on déploya dans la plaine, pour couvrir le village, une ligne de tirailleurs qui fut retirée dans la journée et qui, naturellement, pour ne rien changer aux vieux errements, ne fut pas remplacée.

Vers midi, de nouveaux renforts arrivèrent, composés du 10ᵉ mobile de la Seine, d'un demi-bataillon du 34ᵉ de marche et d'un demi-bataillon du 28ᵉ de marche. En arrière du village, le 15ᵉ mobile occupait l'usine dont nous avons parlé et était déployé dans la plaine; il servait de réserve.

Dès que nos soldats furent installés au Bourget, ils élevèrent rapidement une barricade à l'extrémité de la rue principale; mais aucune autre précaution ne fut prise.

Dans un enclos isolé avait été envoyée la 3ᵉ compagnie du 14ᵉ bataillon, sous le commandement du capitaine Faurez. A la barricade étaient postées les 7ᵉ et 8ᵉ compagnies; enfin, dans la propriété de droite, se trouvait la 6ᵉ compagnie qui avait détaché quelques sentinelles pour garder la petite rue du même côté. Mais, dans la plaine, pas le moindre avant-poste, pas une sentinelle, rien en un mot.

A sept heures, les gardes mobiles placés à l'enclos, crurent entendre un bruit étouffé. Ils écoutent avec anxiété, et finissent par croire à l'arrivée dissimulée avec soin d'une troupe nombreuse.

Leur certitude augmentant, le lieutenant de la compagnie crie d'une voix forte :

— Qui vive? avertissement qu'il répète par deux fois.

On entend alors quelques chuchotements; puis une voix répond en français :

— France !
— Quel régiment?
— Mobile.
— Quel bataillon?...

A cette dernière question, il n'est rien répondu. Chacun cherche alors à percer l'obscurité et prépare ses armes.

Tout à coup, des hurrahs bruyants déchirent l'air, des cris *Vorwœrts* retentissent, puis une fusillade effroyable éclate : ce sont les Prussiens qui viennent nous attaquer. Ils sont seulement à quelques pas.

La même scène s'était produite à la barricade.

On prêta les mains, pour ainsi dire, à une surprise, et la surprise ne se fit pas attendre.

M. Dichard, dans une brochure intitulée la *Première affaire du Bourget* (Mauger, Capart et Cⁱᵉ, 103, rue Montmartre), a groupé tous les documents français ou allemands sur cette affaire, à laquelle il fut fait prisonnier. Il raconte que, dès que l'alerte fut donnée, tous les hommes qui se trouvaient dans les maisons s'élancèrent contre les agresseurs, qui, au bout d'une demi-heure, battirent en retraite. Leur essai de surprise n'avait pas réussi; mais par suite de la négligence avec laquelle la position était gardée, il avait été bien près de réussir.

La nuit fut calme, le temps exécrable. On travailla à construire quelques barricades.

Le lendemain 29, l'ennemi recommença un bombardement terrible. Nos deux pièces de 4 répondirent quelques coups.

Les troupes attendaient impatiemment qu'on les relevât, car, depuis l'avant-veille, elles n'avaient pris aucune nourriture; elles n'avaient cessé d'être en faction par un temps exécrable.

La plupart des soldats étaient exténués de fatigue.

Vers la fin du deuxième jour, un grand nombre de gardes mobiles furieux de voir qu'on ne parlait point de les relever, oubliant qu'en face de l'ennemi le premier et le seul devoir du soldat est de rester à son poste, quelque pénible que soit la consigne, et que le manque de pain, l'excès de fatigue ou la privation de sommeil n'excusent jamais la désertion, vers la fin du deuxième jour, disons-nous, un grand nombre de gardes mobiles, abandonnant leur poste sans en avoir reçu l'ordre, retournèrent à Aubervilliers et à Saint-Denis.

Et, il faut bien le dire, quelques officiers, en fermant les yeux, semblèrent autoriser une pareille conduite.

Imitant ce fâcheux exemple, le lendemain matin, dès la première heure, un certain nombre d'autres gardes quittèrent le village.

Les précautions les plus élémentaires furent, du reste, négligées. On ne fit rien pour activer le zèle des soldats. On ne fit rien pour se garder.

Le plan des Prussiens, pour nous reprendre le Bourget, était celui-ci : deux divisions de la garde, c'est-à-dire 25,000 hommes, auxquelles furent adjoints les corps spéciaux des chasseurs et du génie, se tinrent prêtes pour la matinée du 30 octobre, sans compter l'artillerie de corps, car, en Prusse, chaque division a sa propre artillerie; et de plus, par corps d'armée, il existe un certain nombre de batteries auxquelles on donne le nom d'*Artillerie du Corps*, et qui sont toujours disponibles et prêtes à se porter où le besoin s'en fait sentir.

Une division devait donner et l'autre rester en réserve.

Pendant que 5 batteries d'artillerie, placées sur les hauteurs et dans la plaine entre Garges et Blanc-Mesnil, devaient écraser le village sous une pluie d'obus et de mitraille, trois colonnes devaient l'envelopper et couper la retraite aux troupes qui l'occupaient.

La colonne de gauche était située à la droite, et la colonne de droite à la gauche du village.

La première, composée de deux bataillons d'infanterie et trois compagnies de chasseurs, avec deux batteries, une légère et une de grosse artillerie, partie de Blanc-Mesnil pendant la nuit, avait pour mission d'empêcher tout renfort de nous arriver du Drancy; elle devait occuper le chemin de fer, balayer nos réserves, et enfin, prenant le village à revers, nous couper dans notre retraite.

La colonne de droite, deux bataillons, appuyée par l'artillerie de la division, devait tourner le village par la droite, donner la main à la colonne de gauche, pendant que la colonne du centre, composée de quatre bataillons, devait l'attaquer de vive force par le nord.

Toutes ces troupes étaient placées sous le commandement du lieutenant-général von Budritzki.

Le reste de la division servait de 1re réserve. L'autre division et la cavalerie de la garde étaient prêtes à marcher.

Pour résister à une aussi puissante attaque, quelles étaient nos ressources?

A opposer aux nombreuses batteries prussiennes, au nombre de 9, nous avions 2 pièces de 4 et une mitrailleuse au Bourget et 2 pièces de 12 à la Courneuve!

En face des 25 ou 30,000 Prussiens, nous pouvions mettre en ligne, dans le village, le 14e bataillon de garde mobile fort tout au plus de 450 hommes, le 12e dont l'effectif était 550 à 600 présents, 7 compagnies du 28e de marche et 2 compagnies de ligne des 41e et 54e, ainsi que 260 francs-tireurs de la Presse et 50 soldats du génie, en tout 2,500 hommes environ; en arrière du village, le 13e bataillon de garde mobile et 4 compagnies à la Courneuve, à peu près 1,800 hommes.

A sept heures, le bombardement recommença avec violence, et le village fut criblé de projectiles par quarante pièces d'artillerie de 6 et de 12.

La détonation des pièces d'artillerie, le sifflement des boulets, l'explosion des obus, l'écroulement des toits et des fenêtres des maisons, tout faisait rage en même temps.

Ce dernier bombardement fut tel, que de vieux sol-dats qui avaient assisté aux campagnes d'Italie et de Crimée nous affirmèrent n'avoir jamais rien vu de pareil.

Nos deux pièces d'artillerie, sous la conduite d'un officier, avaient remonté la rue du village et s'étaient avancées à une vingtaine de mètres de la grande barricade. L'officier, s'approchant encore de quelques pas, avait regardé pendant quelques instants dans la direction de la plaine et s'était écrié immédiatement en faisant opérer une volte-face à son cheval : « Il n'est que temps. Leurs batteries sont en position. Vite! demi-tour et au galop! » Et la troupe stupéfaite avait vu nos deux pièces redescendre la rue à fond de train, afin de se mettre à l'abri.

Le feu de l'ennemi dura plus d'une heure avec une intensité toujours croissante. Les toits des maisons s'effondraient de toutes parts avec un bruit lugubre qui durait parfois une minute entière; les murs commençaient à s'écrouler.

A la barricade de la grande rue, frappée sur son sommet par les projectiles, les lourds pavés volaient en éclats et retombaient sur la tête et les reins des hommes abrités derrière ce rempart qui allait bientôt devenir insuffisant et périlleux.

A sept heures, la barricade principale, que l'artillerie prussienne criblait de projectiles, dut être abandonnée de la compagnie de gardes mobiles qui la gardait; les hommes furent dirigés immédiatement aux créneaux des murs faisant suite à la barricade. Ils ne purent s'y tenir. Le feu de l'ennemi redoublait de fureur, de grands pans de mur s'abattaient avec fracas sous les boulets pleins.

Les Prussiens se mirent alors à envoyer des boîtes à mitraille et des obus à balle.

Au même instant, des masses d'infanterie se montrèrent dans la plaine, sur la droite et la gauche du village. On vit les soldats prussiens se déployer en tirailleurs au pas de course et s'avancer vers nous en rampant. Aussitôt la fusillade éclate de toutes parts, furieuse, terrible. Elle n'arrêta point l'ennemi dans sa marche.

C'est alors que les cris : « Nous sommes cernés; les Prussiens sont en bas du village! » s'élèvent de partout et répandent l'effroi dans tous les cœurs. Les soldats abandonnent en masse les créneaux, les uns pour se réfugier dans les maisons, les autres pour gagner les issues et tâcher de fuir.

Mais il est trop tard!

Les Prussiens avaient déjà pénétré dans le village; ils tenaient la barricade du sud; ils entraient sur la gauche et sur la droite par des brèches pratiquées dans les murs par leurs pionniers.

Que s'était-il donc passé?

L'ennemi s'était porté, dans son mouvement sur notre gauche, jusqu'à la Courneuve, sur notre droite. Les Prussiens étaient parvenus jusqu'au chemin de fer de

Soissons, s'étaient emparés de la ligne, y avaient établi deux batteries d'artillerie et avaient balayé nos réserves tout en nous isolant du Drancy.

Nos réserves avaient lâché pied. La débandade s'était communiquée jusqu'à l'usine et à la Courneuve. Nos pièces d'artillerie avaient immédiatement évacué le Bourget, ainsi que les compagnies de ligne et plusieurs compagnies du 28ᵉ de marche. Une ligne de tirailleurs reliant le Bourget à La Courneuve s'était rompue, les soldats abandonnant leur poste avec précipitation devant les Prussiens.

Dans le village, il n'y avait plus de commandement pour organiser la résistance ou ordonner la retraite. Le colonel Lavoignet avait quitté le village; son exemple n'avait pas tardé à être imité par plusieurs autres officiers supérieurs, entre autres le lieutenant-colonel Roussan et le commandant Jacob, abandonnant ainsi l'un et l'autre le 14ᵉ bataillon de gardes mobiles placé sous leur commandement immédiat.

Le désordre était au comble; toutes les armes mêlées, confondues: mobiles, grenadiers, voltigeurs, génie, francs-tireurs, étaient entassés dans les maisons.

Il y avait là 1,600 Français voués à la mort ou à la captivité.

Les officiers ne retrouvaient pas leurs compagnies qu'ils n'avaient pas su rassembler; les soldats demandaient leurs chefs à tous les échos et les accusaient de trahison ou de lâcheté.

Par une fatalité incompréhensible, les murs du parc avaient été abandonnés dès le début, et, par cet endroit, l'ennemi avait eu un facile accès dans le village. Par le parc, où ils étaient encore le 21 décembre à la seconde affaire du Bourget.

Les Prussiens, sous la conduite de leurs officiers au premier rang, inondaient les jardins.

La fusillade crépitait avec un bruit sinistre. Les balles sifflaient de tous côtés; la mort, qu'on attendait en face, venait aussi bien de derrière que de droite et de gauche.

Dans la rue principale, la mitraille, crachée par des canons que l'ennemi avait approchés, vomissaient la mort; elle fut bientôt jonchée de cadavres et inabordable.

Des portes, des fenêtres, des lucarnes des maisons partait un feu incessant sur les Prussiens, qui, abrités derrière les murs ou blottis dans les encoignures, visaient tout Français qui passait à leur portée ou se montrait à une fenêtre.

Bientôt les forts français vinrent mêler leur grande voix à ce vacarme, et, sans souci des troupes françaises qui luttaient dans le village, lancèrent à leur tour sur les maisons les lourds projectiles de leur pièce de marine.

On se sentait perdu; mais, dans l'espoir qu'un secours viendrait peut-être, une grande partie de la garnison du Bourget lutta avec le courage du désespoir.

Par leur feu meurtrier, nos braves soldats rendirent presque jusqu'à la fin la barricade principale infranchissable pour les Allemands qui, dans leurs efforts infructueux, perdirent deux de leurs colonels frappés à mort.

Le combat fut d'ailleurs magnifique de part et d'autre. Le commandant Baroche y trouva la mort d'un héros. Le matin, il avait eu comme un pressentiment de sa fin prochaine. Sachant qu'on ne pouvait nous envoyer d'artillerie de Saint-Denis, il dit au vicomte O'Zou de Verrie, capitaine dans son bataillon : « Il s'agit de se faire tuer ici, » et il ne mentit pas à sa parole.

C'était un brave.

Les Prussiens rendirent justice à son courage; le lendemain, ils renvoyèrent par un parlementaire à nos avant-postes l'épée, la croix, et le chronomètre de M. Baroche. Dans leurs journaux, ils firent un grand éloge de sa conduite.

Le commandant Brasseur du 28ᵉ de marche, lui aussi, déploya une bravoure héroïque. Il fut des derniers à rendre son épée.

La conduite de la plupart des défenseurs du Bourget fut digne de ces braves officiers supérieurs.

Jusqu'à près d'une heure, c'est-à-dire pendant plus de trois heures, on tint les Prussiens en respect. Les maisons ne furent prises qu'une à une. Chacune d'elles exigea un véritable siége. L'ennemi dut employer le pic et la pioche pour s'en rendre maître; il dut faire des brèches dans les murs, escalader les fenêtres, pénétrer par les greniers.

A midi et demi, la victoire des Prussiens était définitive. A quel prix pour eux ?

Quel spectacle affreux, partout dans les rues et aux seuils des maisons et dans les jardins ! Des hommes mutilés, écrasés, méconnaissables, des cadavres par tas, des ruisseaux de sang, les murs tachés de fragments de cervelles humaines, des débris de membres épars çà et là. Partout des morts dans les attitudes les plus horribles et les plus inattendues, des blessés pâles et gémissants. C'est là un spectacle qu'on n'oublie jamais quand on l'a vu.

Derrière la grande barricade, des monceaux de Prussiens ! Ils avaient payé cher leurs tentatives d'assaut.

Nous n'exagérons pas. Dans ce village qui compte cent maisons à peine et de 6 a 700 habitants, il y avait bien 1,200 victimes gisant de tous côtés.

Les francs-tireurs de la Presse s'étaient signalés entre tous. Les derniers, ils se sont rendus. Il est vrai que le bruit, peu fondé certainement, mais persistant, avait cours parmi eux que les Prussiens les fusilleraient après la victoire.

Beaucoup, bien que le drapeau blanc fût arboré, continuèrent à se battre et furent massacrés.

Le combat fini, on put voir de Paris et du haut des

forts trois longues files de prisonniers que les Prussiens conduisaient à Gonesse.

Derrière les premiers murs, la musique de la garde royale jouait une fanfare pour célébrer la victoire. Les prisonniers marchaient courbés sous la douleur, oppressés, les yeux humides, indifférents devant les obus français qui tombaient sur la route et qui firent encore quelques victimes dans nos rangs et dans ceux des Prussiens.

Le Bourget, que nous avions pris par un heureux coup de main et que nous avions occupé trois longs jours, était retombé dans les mains des Prussiens. La défaite était consommée!.

Grande avait été la joie quand on avait su le beau coup de main du Bourget; cruel fut le désappointement quand on sut l'abandon.

Le contraste des deux journées se trouvait accentué par les rapports militaires.

Celui du 28 octobre 1870, sept heures du soir, constatait le premier succès. « Ce matin, avant le jour, le général de Bellemare a fait exécuter une surprise sur le Bourget par les francs-tireurs de la Presse. Après une fusillade d'une demi-heure, l'ennemi a été débusqué du village et rejeté en arrière du ruisseau de la Morée, vers le Pont-Iblon.

Dans la journée, 30 pièces d'artillerie et des forces considérables d'infanterie ennemie sont descendues de Gonesse et d'Écouen. Leur feu n'a pu faire quitter le Bourget à nos hommes : (deux bataillons de soutien) — et, après une canonnade de plusieurs heures, la plus grande partie du corps ennemi s'est repliée vers le nord.

Nos tirailleurs sont restés placés en avant du village, à la hauteur de la route n° 20, venant de Dugny à la route de Lille.

Le gros de nos troupes reste dans le village du Bourget, qu'elles vont mettre en état de défense.

Drancy a également été occupé sans que l'ennemi ait tenté de le défendre.

Il a laissé entre nos mains quelques prisonniers, des sacs et des armes.

Dans son rapport au général Trochu en date de Saint-Denis, 28 octobre, le général de Bellemare expliquait par quels motifs il avait décidé l'occupation du Bourget. Voulant utiliser le corps des francs-tireurs de la Presse dont le service était devenu inutile à la Courneuve par suite de l'inondation du Croult (ruisseau qui passe à Saint-Denis); il avait ordonné, dans la soirée du 27, au commandant des francs-tireurs de faire, sur les avant-postes ennemis, établis au Bourget, une attaque de nuit.

Le général de Bellemare ajoute :

« J'indiquai les principales dispositions et je fis prévenir les grand'gardes établies en avant du fort d'Au-

bervilliers et de la Courneuve de prendre les armes, à trois heures du matin, pour soutenir et appuyer le mouvement. A l'heure prescrite, il fut exécuté avec autant de vigueur que de précision par les francs-tireurs sous les ordres du commandant Rolland.

Sans tirer un coup de fusil, ils abordèrent les postes prussiens qui fuirent en désordre, abandonnant la plupart de leurs sacs et de leurs casques. Ils continuèrent à s'avancer dans le village, repoussant l'ennemi de maison en maison, jusqu'à l'église où ce dernier était établi plus solidement.

C'est alors que je les fis soutenir par une partie du 34e de marche et le 14e bataillon de la mobile de la Seine; j'y envoyai en même temps le colonel Lavoignet, commandant la 1re brigade, pour prendre le commandement, avec ordre de s'emparer du village et de s'y établir solidement.

Je faisais appuyer l'infanterie par une section de 2 pièces de 4 et une mitrailleuse, et j'établissais deux pièces de 12 en avant de la Courneuve, pour prendre l'ennemi en flanc.

A 11 heures, je me transportai de ma personne au Bourget, et j'arrivai au moment où nous en étions complètement maîtres; je m'étais fait suivre d'une forte réserve composée du 16e bataillon de la mobile de la Seine et d'un demi-bataillon du 28e de marche.

Vers midi, l'ennemi démasqua deux batteries de position au Pont-Iblon et fit avancer deux batteries de campagne sur la route de Dugny au Bourget, qui ne cessèrent, sauf à de rares intervalles, jusqu'à près de cinq heures, de tirer sur le village dont elles incendièrent quelques maisons.

Je fis retirer mon artillerie, qui ne pouvait lutter avec celle de l'ennemi, trop supérieure en nombre. Nos troupes restèrent dans leurs positions, quoique recevant pour la première fois ce feu formidable, et je n'ai qu'à me louer de leur sang-froid et de leur énergie.

Pendant ce temps les sapeurs du génie faisaient les communications, crénelaient les maisons et rétablissaient les barricades.

Vers 6 heures, j'ai fait relever par des troupes fraîches celles engagées depuis le matin, afin de les faire réparer et manger la soupe. On travaillera toute la nuit pour rendre la position aussi défensive que possible.

La prise du Bourget, audacieusement attaquée, vigoureusement tenue malgré la nombreuse artillerie de l'ennemi, est une opération peu importante en elle-même; mais elle donne la preuve que, même sans artillerie, nos jeunes troupes peuvent et doivent rester sous le feu plus terrifiant que véritablement meurtrier de l'ennemi.

Elle élargit le cercle de notre occupation au delà des forts, donne la confiance à nos soldats, et augmente les ressources en légumes pour la population parisienne.

Nos pertes, que je ne connais pas encore exactement, sont minimes (tout au plus une vingtaine de blessés et quatre ou cinq tués). Nous avons fait quelques prisonniers.

Quand j'aurai reçu les rapports des chefs de corps, et que je les aurai vérifiés avec soin, j'aurai l'honneur de vous envoyer les noms des officiers et soldats qui se sont particulièrement distingués.

Veuillez agréer, etc.

Le général commandant supérieur

DE BELLEMARE.

P. S. — 29 octobre, six heures du matin. — Hier à sept heures et demie, l'ennemi essaya une attaque à la baïonnette, à la gauche du village. Reçu à bout portant par une compagnie du 14e mobile, il s'enfuit à la première décharge, laissant deux blessés entre nos mains. A la faveur de la nuit, il put emporter les autres blessés et les morts, parmi lesquels on assure que se trouve un officier. Cette attaque nous a coûté deux tués et sept blessés.

Les blessés prisonniers ont déclaré que nous avions eu devant nous, dans la journée d'hier, deux régiments de la garde et quatre batteries d'artillerie.

La nuit a été calme; rien de nouveau ce matin.

DE BELLEMARE.

Le 29, à sept heures du soir, le général rendait ainsi compte de la journée :

« Le feu continue par intermittence comme hier. Pas d'attaque d'infanterie; nous sommes en très bonne position; nous tenons et nous y restons.

« Les résultats du combat d'hier au soir ont été importants; le terrain en avant de nos tirailleurs est couvert de cadavres prussiens; un de leurs officiers, blessé, est prisonnier. »

Dans l'attaque, le feu des batteries ennemies a cessé, et elles sont repliées vers Gonesse.

Tout était donc pour le mieux; nous étions en très bonne position; nous tenions et nous y restions; nous avions jonché le sol de cadavres prussiens et éteint le feu des batteries ennemies; mais le lendemain, quel revirement!

Le rapport militaire du général Schmitz était le procès-verbal d'une reculade lamentable!

Le Bourget, village en pointe en avant de nos lignes, qui avait été occupé par nos troupes, a été canonné pendant toute la journée d'hier sans succès par l'ennemi. Ce matin, de bonne heure, des masses d'infanterie, évaluées à plus de 15,000 hommes, se sont présentées de front, appuyées par une nombreuse artillerie, pendant que d'autres colonnes ont tourné le village, venant de Dugny et de Blanc-menil. Un certain nombre d'hommes, qui étaient dans la partie nord du Bourget, ont été coupés du corps principal et sont restés entre les mains de l'ennemi. On n'en connaît pas exactement le nombre en ce moment. Il sera précisé demain.

Le village de Drancy, occupé depuis vingt-quatre heures seulement, ne se trouvait plus appuyé à sa gauche, et le temps ayant manqué pour le mettre en état respectable de défense, l'évacuation en a été ordonnée, pour ne pas compromettre les troupes qui s'y trouvaient.

Le village du Bourget ne faisait pas partie de notre système général de défense; son occupation était d'une importance très-secondaire, et les bruits qui attribuent de la gravité aux incidents qui viennent d'être exposés sont sans aucun fondement.

P. O. *Le général, chef d'état-major,*

SCHMITZ.

Il était inexact que la possession du Bourget fût d'une importance secondaire, et nous n'avons pas besoin d'en donner d'autres preuves que le pompeux ordre du jour adressé à la garde royale prussienne par le prince de Wurtemberg :

Soldats du corps de la garde !

La deuxième division de l'infanterie de la garde, avec les troupes des armes spéciales qui lui avaient été adjointes, a exécuté glorieusement l'attaque sur le Bourget.

Un village ceint de hautes murailles en pierre, mis en état de défense et occupé par les meilleures troupes de la garnison de Paris, a été enlevé à l'ennemi, qui a défendu chaque ferme avec tant d'opiniâtreté que souvent les pionniers devaient ouvrir la route à l'infanterie.

Bien que les pertes que cette victoire nous a coûtées soient relativement très-considérables, le corps de la garde n'en a pas moins acquis une nouvelle journée de gloire pour ses annales.

Au nom du corps, je remercie, pour l'honneur qu'ils lui ont ajouté, l'héroïque commandant de la 2e division de l'infanterie de la garde qui, le premier, a franchi, le drapeau à la main, la barricade qui fermait la route, ainsi que les combattants de toutes les armes.

VIVE LE ROI !

Gonesse, le 30 octobre 1870.

AUGUSTE, *prince de Wurtemberg,*
général commandant du corps de la garde.

La journée du 30 était en réalité une des plus mauvaises journées que nous eussions traversées depuis le commencement du siége.

Une victoire, par notre faute, s'était changée en défaite.

Aussi le mécontentement populaire, excité déjà par la nouvelle de la reddition de Metz, fut-il porté à son comble, et Paris vit le plus formidable mouvement qui eût jusqu'alors menacé le gouvernement du 4 septembre.

FIN DE LA TROISIÈME SÉRIE.

PAPrnT, rue Monsieur-le-Prince, 31.

ÉMILE
DE LA BÉDOLLIÈRE

HISTOIRE
DE LA GUERRE
1870-71

QUATRIÈME SÉRIE

LE SIÉGE DE PARIS

CHAPITRE PREMIER

Capitulation de Metz. — Proclamation de Gambetta. — Arrivée de M. Thiers à Paris. — Bruits d'armistice. — Le 31 octobre.

A la fin du mois d'octobre 1870, Paris était en proie à une irritation que portèrent au comble les nouvelles du dehors. Vingt mille Prussiens étaient entrés à Chartres, après avoir entamé avec le maire et le préfet des négociations, qui, suivant ceux-ci, conservaient sauf l'honneur de la ville. Les troupes allemandes avaient fait sauter le pont de Cléry (Loiret), campaient autour de Beaugency, bombardaient la ville ouverte de Vernon, et s'emparaient d'Étrépagny, dont le maire avait à fournir immédiatement cent sacs d'avoine, des fourrages, de la paille, et quatre mille francs en espèces. En attendant que la commune s'exécutât, on mettait à sac le magasin d'épicerie de Mme Guernier. Les Andelys et autres localités de l'Eure étaient accablées de réquisitions.

Mais la cause suprême d'anxiété était la reddition de Metz, dont le bruit se maintenait en dépit des dénégations officielles. Dès le 20 octobre, le *Journal de Versailles*, publié par l'autorité prussienne, annonçait que le général Boyer avait débarqué la veille dans la ville de Louis XIV, et qu'il venait expressément pour traiter des conditions de la capitulation de Metz. M. Thiers, au retour de sa mission diplomatique, en se rendant de Tours à Paris, avait traversé les lignes de l'armée de la Loire, et appris aux généraux la capitulation de la cité lorraine. Dès le 28, à neuf heures du soir, elle était annoncée au quartier général de l'armée de la Loire par le commandant des avant-postes, le général Tripart. Dès le 30, la délégation de Tours lançait cette sorte de catilinaire contre le maréchal Bazaine :

« Français,

« Élevez vos âmes et vos résolutions à la hauteur des effroyables périls qui fondent sur la patrie.

« Il dépend encore de nous de lasser la mauvaise fortune et de montrer à l'univers ce qu'est un grand peuple qui ne veut pas périr, et dont le courage s'exalte au sein même des catastrophes.

« Metz a capitulé.

« Un général sur qui la France comptait, même après le désastre de Sedan, le maréchal Bazaine a trahi !

« Il s'est fait l'agent de l'homme de Sedan, le complice de l'envahisseur, et, au mépris de l'armée dont il avait la garde, il a livré, sans même essayer un suprême effort, cent vingt-mille combattants, vingt mille blessés, ses fusils, ses canons, ses drapeaux et la plus forte citadelle de la France, Metz, vierge jusqu'à lui des souillures de l'étranger.

« Un tel crime est au-dessus même des châtiments de la justice.

« Et maintenant, Français, mesurez la profondeur de l'abîme où vous a jetés l'Empire. Vingt ans la France a subi ce pouvoir corrupteur qui tarissait en elle toutes les sources de la grandeur et de la vie. L'armée de la France, dépouillée de son caractère national, devenue, sans le savoir, un instrument de règne et de servitude, est engloutie, malgré l'héroïsme des soldats, par la trahison des chefs, dans les désastres de la patrie. En moins de deux mois, deux cent vingt-cinq mille hommes ont été livrés à l'ennemi : sinistre épilogue du coup de main militaire de décembre.

« Il est temps de nous ressaisir, citoyens, et, sous l'égide de la République, que nous sommes décidés à ne laisser capituler ni au dedans ni au dehors, de puiser dans l'extrémité même de nos malheurs le rajeu-

nissement de notre moralité et de notre virilité politique et sociale. Oui, quelle que soit l'étendue du désastre, il ne nous trouve ni consternés ni hésitants.

« Nous sommes prêts aux derniers sacrifices, et, en face d'ennemis que tout favorise, nous jurons de ne jamais nous rendre. Tant qu'il restera un pouce du sol sacré sous nos semelles, nous tiendrons ferme le glorieux drapeau de la Révolution française.

« Notre cause est celle de la justice et du droit : l'Europe le voit, l'Europe le sent ; devant tant de malheurs immérités, spontanément, sans avoir reçu de nous ni invitation ni adhésion, elle s'est émue, elle s'agite. Pas d'illusion ! ne nous laissons ni allanguir ni énerver, et prouvons par des actes, que nous voulons, que nous pouvons tenir de nous-mêmes l'honneur, l'indépendance, l'intégrité, tout ce qui fait la patrie libre et fière.

« Vive la France ! Vive la République une et indivisible. »

Les membres du Gouvernement,

AD. CRÉMIEUX, GLAIS-BIZOIN, LÉON GAMBETTA.

Il était impossible que le Gouvernement de Paris se renfermât plus longtemps dans le silence, et il dut se réduire à cet aveu inséré dans le *Journal officiel* du 31 octobre :

Le Gouvernement vient d'apprendre la douloureuse nouvelle de la reddition de Metz. Le maréchal Bazaine et son armée ont dû se rendre après d'héroïques efforts, que le manque de vivres et de munitions ne leur permettait plus de continuer. Ils sont prisonniers de guerre.

Cette cruelle issue d'une lutte de près de trois mois causera dans toute la France une profonde et pénible émotion ; mais elle n'abattra pas notre courage. Pleine de reconnaissance pour les braves soldats, pour la généreuse population, qui ont combattu pied à pied pour la patrie, la ville de Paris voudra être digne d'eux. Elle sera soutenue par leur exemple et par l'espoir de les venger.

Une seconde note annonçait l'arrivée de M. Thiers et le but de son excursion :

M. Thiers est arrivé aujourd'hui à Paris ; il s'est transporté sur-le-champ au ministère des affaires étrangères.

Il a rendu compte au Gouvernement de sa mission. Grâce à la forte impression produite en Europe par la résistance de Paris, quatre grandes puissances neutres, l'Angleterre, la Russie, l'Autriche et l'Italie, se sont ralliées à une idée commune.

Elles proposent aux belligérants un armistice qui aurait pour objet la convocation d'une Assemblée nationale. Il est bien entendu qu'un tel armistice devrait avoir pour conditions le ravitaillement, proportionné à sa durée, et l'élection de l'Assemblée par le pays tout entier.

Le ministre des affaires étrangères
chargé par intérim du département
de l'intérieur,

JULES FAVRE.

Cette seconde note était complétée par deux communications du ministère de l'intérieur :

M. Thiers a quitté Tours vendredi dernier 28 octobre; il est venu d'Orléans par terre, il a franchi les lignes prussiennes avec un sauf-conduit que la Prusse lui avait accordé sur la demande expresse de la Russie et de l'Angleterre, demande à laquelle l'Autriche et l'Italie se sont empressées de se rallier.

Les ordres militaires donnés par le commandant en chef de l'armée prussienne lui imposaient l'obligation de se rendre au quartier général; mais il n'y avait consenti qu'à la condition expresse de prendre les instructions du Gouvernement de la défense nationale, avant toute communication avec les ministres prussiens. Il n'a rendu à ces derniers qu'une visite de pure politesse et de quelques minutes seulement.

Aujourd'hui, après avoir exposé au Gouvernement tous les détails de sa mission et reçu ses instructions, il quitte de nouveau Paris pour conférer avec les représentants de la Prusse sur les propositions des quatre grandes puissances.

Le public ne doit pas se méprendre sur le caractère de la proposition d'armistice qui émane des puissances neutres.

Cet armistice n'est point le commencement d'une négociation de paix; il n'a qu'un but nettement défini : la convocation d'une Assemblée pour mettre la France en mesure de décider de son sort dans la crise où l'ont précipité les fautes du Gouvernement déchu.

L'armistice, tel qu'il a été proposé par les puissances neutres qui ont demandé elles-mêmes le sauf-conduit au moyen duquel M. Thiers est entré à Paris, ne saurait porter aucun préjudice à la France; il est subordonné à des conditions que le Gouvernement de la défense nationale avait précédemment demandées lors de l'entrevue de Ferrières: le ravitaillement et le vote par la France tout entière.

Du reste, il ne pourra engager le Gouvernement que lorsque, après avoir été négocié à Versailles, il aura été définitivement accepté à Paris.

Le Gouvernement de la défense nationale n'a absolument rien à changer à la politique qu'il a proclamée à la face du monde. Il est convaincu d'avoir exprimé la résolution du pays tout entier; il ne doute pas que les élus de la France, réunis à Paris, ne ratifient solennellement son programme, et il a plus que jamais le ferme espoir que la justice de notre cause sera finalement reconnue par toute l'Europe.

Ces bruits d'armistice produisirent un effet plus fâcheux encore peut-être que la confirmation de ceux de la capitulation de Metz. Déjà on avait calculé l'étendue réelle de ce dernier désastre : 168,289 prisonniers, 153 aigles et drapeaux, 250,000 fusils, 2,000 voitures d'équipement militaire, 541 canons de campagne, 800 pièces de rempart, 76 mitrailleuses, et 200,000 soldats disponibles pour marcher sur Paris, sous les ordres du prince Frédéric-Charles; et c'était quand on aurait pu tenter un grand coup par l'emploi immédiat et foudroyant des forces accumulées dans la capitale et des armées extérieures, que l'on semblait ne songer qu'à des pourparlers, des arrangements qui faisaient perdre un temps précieux et utilisé par l'ennemi avec une incroyable activité!

Aussi, dès les premières heures du 31 octobre, des gardes nationaux, la plupart sans armes ou levant la crosse en l'air, viennent-ils demander des explications au Gouvernement. Le général Trochu et Étienne Arago reçoivent des députations auxquelles ils déclarent que, s'il y avait armistice, la France prescrirait les conditions suivantes :

« Vingt-cinq jours de durée et, pendant ce temps, le ravitaillement de Paris : la liberté entière des correspondances et le vote libre de toute la France, y compris l'Alsace et la Lorraine. »

Aux questions qui leur sont posées relativement à la reddition de Metz, ils répondent que la ville a capitulé le 27 courant, et qu'on ne l'a su à Paris que le 30 octobre au soir. Jusque-là on ne l'avait ouï dire que par des journaux prussiens, dans lesquels on ne pouvait avoir confiance.

Ils ajoutent que, malheureusement, ce dénoûment devait être depuis longtemps prévu. Cette armée devait fatalement se rendre, et l'on ne comptait point sur elle dans le plan général.

Vers midi, des groupes se pressent vers les grilles et poussent des cris confus : « la levée en masse! la Commune! pas d'armistice! »

Tout à coup, du côté de la rue de Rivoli, quelques barreaux cèdent : la multitude envahit tout l'espace compris entre la grille et le soubassement; elle fait irruption sous la voûte, mais les gardes nationaux s'opposent à ce qu'elle gravisse l'escalier. Le lieutenant-colonel Chevriot, gouverneur de l'Hôtel de Ville, monte sur les épaules d'un citoyen et harangue la foule. En l'absence des membres du Gouvernement qu'on est allé quérir pour qu'ils puissent s'entendre avec le peuple, il demande aux citoyens de conserver un calme indispensable dans ces graves circonstances; il le demande au nom de la République.

Il leur rappelle que l'Hôtel de Ville est le siége de la municipalité, le sanctuaire des libertés communales et les engage à se retirer.

On l'applaudit, mais sans suivre son conseil. Étienne Arago reparaît, monte sur une chaise, et s'écrie : « Un peu de patience, citoyens! on va délibérer; des déci-

sions vont être prises, et soyez convaincus qu'en tout-
cas, le Gouvernement se décidera pour la guerre à outrance. S'il en était autrement, je promets à tous que
je cesserais à l'instant même de remplir les fonctions
de maire.

— Bravo! répond la foule : Vive Arago! Vive la République! »

MM. Floquet, Henri Brisson, Clamageran, Henri Rochefort, viennent dire, au milieu du tumulte, qu'ils sont
contre l'armistice. A une heure vingt minutes, Trochu
descend sous la voûte, et parvient à se faire écouter :
« Voulez-vous, dit-il, entendre un homme qui a voué
sa vie à la défense de la République et de la patrie?

« Que demandez-vous?

« Nous croyons avoir fait le possible et réparé déjà
en grande partie les fautes impardonnables du Gouvernement déchu.

« Quand nous sommes arrivés au Gouvernement,
l'état de Paris était tel que l'ennemi eût pu s'en rendre
maître en quarante-huit heures.

« A l'heure qu'il est, nous pouvons le dire avec certitude, la ville de Paris est imprenable!

« Mais il ne suffit pas que l'ennemi n'entre pas; il
faut le chasser, le battre. Pour cela, nous avons besoin
non-seulement de toutes vos forces et de tout votre patriotisme réunis; il faut encore l'union de tous...

« Nous faisons, sachez-le bien, les plus grands efforts,
les plus énergiques efforts imaginables.

« Nous transformons sans relâche les vieilles armes
en armes à tir rapide.

« J'y passe ma vie!

« Nul plus que moi n'est dévoué au salut commun et
nul ne veut davantage une guerre sans merci, une
guerre à outrance!.... »

Les dernières paroles du gouverneur se perdent au
milieu des clameurs : l'affluence grossit; les bataillons
continuent à se masser sur la place, et ce qui prouve
surabondamment qu'ils ne sont pas tous sans armes,
c'est que des coups de feu éclatent dans la bagarre.
Des drapeaux, des pancartes, portent en lettres majus-
cules cette inscription : « Résistance à mort! pas d'armistice. »

Dans la grande salle de l'Hôtel de Ville, les maires
délibèrent sur l'opportunité des élections municipales
et votent le décret suivant :

MAIRIE DE PARIS.

Citoyens,

Aujourd'hui, à une heure, les maires provisoires des
vingt arrondissements, réunis à l'Hôtel de Ville de Paris, ont déclaré à l'unanimité que, dans les circonstances
actuelles et dans l'intérêt du salut national, il est indispensable de procéder immédiatement aux élections
municipales.

Les événements de la journée rendent tout à fait urgente la constitution d'un pouvoir municipal autour
duquel tous les républicains puissent se rallier.

En conséquence, les électeurs sont convoqués pour
demain mardi 1er novembre dans leur section électorale, à midi.

Chaque arrondissement nommera, au scrutin de liste,
quatre représentants. Les maires de Paris sont chargés
de l'exécution du présent arrêté.

La garde nationale est chargée de veiller à la liberté
de l'élection.

VIVE LA RÉPUBLIQUE !

Fait à l'Hôtel de Ville, le lundi 31 octobre 1870.

Le maire de Paris,

ÉTIENNE ARAGO.

Les adjoints au maire de Paris,

CH. FLOQUET, HENRI BRISSON,
CH. HÉRISSON, CLAMAGERAN.

Le président de la commission des élections,

DORIAN.

*Le vice-président de la commission
des élections,*

V. SCHŒLCHER.

Les seuls membres présents à l'Hôtel sont MM. Trochu, Jules Simon, Pelletan et Dorian. A deux heures,
ils entendent une députation dont l'orateur, M. Maurice Joly, reproche au Gouvernement l'abandon du
Bourget et le projet d'un armistice. Il termine en disant que, dans des circonstances aussi désastreuses, le
Gouvernement ne peut se refuser aux vœux du peuple,
qui demande à grands cris l'adjonction d'hommes plus
résolus; qu'il faut en finir avec ces temporisations qui
perdent tout ; que Paris, dont on joue la destinée, a
bien le droit de se protéger lui-même, qu'il réclame
l'élection d'une Commune qui partagera avec le Gouvernement le fardeau sous le poids duquel celui-ci succ-
combe.

Après une réponse coupée par de violentes récriminations, le général Trochu et ses collègues vont s'enfermer dans la salle ordinaire de leurs séances, où sont
venus les rejoindre Ernest Picard et Jules Favre. Ce
dernier déjeunait avec M. Thiers, qui se rendait le jour
même à Versailles pour y continuer sa mission, lorsque
Ferry entra précipitamment et annonça que d'un instant
à l'autre l'Hôtel de Ville serait envahi. Au bout de
quelques minutes, en effet, un télégramme avait apporté au ministère la nouvelle qu'une députation, suivie
d'une foule nombreuse, avait pris possession de la grande
salle, et il s'était empressé de se rendre à son poste.

Les hommes du 4 septembre entrent en discussion.
Faut-il entraver le mouvement en annonçant des élections municipales? Faut-il, pour raffermir l'autorité
ébranlée, faire appel à la population qui la confirmera

entre les mains de ceux qui la détiennent, ou en investira d'autres citoyens.

Dans la grande salle voisine, les envahisseurs préparent l'élection immédiate de la Commune. Par les fenêtres, qui s'ouvrent toutes, sont lancées des masses de bulletins portant : « La Commune est proclamée! le citoyen Dorian est élu président! » Diverses listes de candidats sont mises en circulation coup sur coup avec les noms de Ledru-Rollin, Félix Pyat, Schœlcher, Louis Blanc, Victor Hugo, Martin Bernard, Jules Mottu, Greppo, Delescluze, Bonvallet, Blanqui, Rochefort, Flourens, Pierre Joigneaux. Anxieux, les larmes aux yeux, Étienne Arago entre dans la salle du conseil, et adjure les membres du Gouvernement de sanctionner les élections municipales. Il lui est répondu que la question est à l'ordre du jour, mais que la demande des maires est tout simplement l'abdication du Gouvernement et l'installation de la Commune, et que, plutôt d'y consentir, tous sont prêts à subir les éventualités même les plus terribles.

Arago se retire désolé et revient quelques minutes après, pâle et frémissant. « Ils l'ont souillée par leurs insultes! s'écrie-t-il en jetant son écharpe sur la table : je la dépose et ne la reprendrai que lorsque l'honneur du magistrat sera vengé; du reste, tout est perdu. Les portes de l'Hôtel de Ville ont été ouvertes, le palais est envahi, vous allez voir ces furieux! »

En effet, gardes nationaux, ouvriers, francs-tireurs de Flourens, légionnaires de Tibaldi, se ruent pêle-mêle dans la salle des délibérations, et crient : « Donnez votre démission! retirez-vous! vous êtes des traîtres, des incapables! Vive la Commune! » MM. Jules Favre, Trochu, Jules Simon, Emmanuel Arago, Le Flô, Garnier-Pagès, Hérold, Dréo, le général Tamisier, restent groupés autour de la grande table ronde; mais à la faveur du brouhaha Ernest Picard réussit à s'esquiver, et court au ministère des finances, où il s'occupe aussitôt de faire battre le rappel et de réunir des bataillons de gardes mobiles.

Ce fut ce qui sauva ses collègues.

Un désordre effroyable se produit dans la salle des délibérations. Millière, Gustave Flourens et autres chefs de l'insurrection montent sur la grande table, invitent les assistants au silence, et s'efforcent de formuler le vœu général. Ce n'est que vers cinq heures, après qu'on a apporté des lampes, que Gustave Flourens prononce quelques paroles dont Jules Favre dans sa relation nous a conservé le texte, avec les interruptions :

« Citoyens,

« Vous avez renversé un Gouvernement qui vous trahissait (acclamations unanimes), il faut en constituer un autre. (Oui! oui! oui!) Je vous propose de nommer de suite les citoyens Flourens (réclamations nombreuses), Millière, Delescluze, Rochefort (non! non! pas de Rochefort! — Si! si! nous voulons Rochefort!),

Dorian (applaudissements dans toute la salle), Blanqui, Félix Pyat. » Ici, la voix de l'orateur est couverte par le tumulte; il peut cependant faire comprendre qu'il est nécessaire d'écrire ces listes, pour les répandre dans le peuple et les afficher; il demande aussi qu'on prépare une salle pour le nouveau Gouvernement.

L'assistance murmure très-fort à cette proposition, et quelques gardes nationaux s'écrient que tout doit se passer en présence du peuple.

« Eh bien! réplique Flourens, qu'on nous laisse un peu de place et qu'on ne nous étouffe pas. J'ordonne au peuple de s'éloigner. Les gardes nationaux resteront dans la salle. Quant aux membres du Gouvernement déchu, nous les retenons comme otages (voix nombreuses : Il faut les faire prisonniers¹) jusqu'à ce qu'ils nous aient donné leur démission de bonne grâce, sinon... » (Applaudissements répétés.)

Jules Favre tente de conjurer l'orage. « Vous n'êtes pas le droit, dit-il, vous êtes la violence! » Les clameurs l'empêchent de poursuivre et il descend de la table sur laquelle il était juché. Il est résolu que tous les membres du Gouvernement seront gardés à vue, et retenus comme otages s'ils ne donnent leur démission de membres du Gouvernement. Millière, Flourens, Delescluze, Félix Pyat, Ranvier, sont à la recherche de subsistances, afin de nourrir à la fois les gardiens et les prisonniers.

Mais la scène change encore : le 106ᵉ bataillon, commandé par M. Ibos, a été prévenu de la captivité du Gouvernement du 4 septembre, auquel il est dévoué; il arrive tambour battant, clairons en tête et sonnant la charge, et sans s'arrêter sur la place, monte le grand escalier de l'Hôtel de Ville. Les tirailleurs de Flourens et les légionnaires de Tibaldi veulent lui barrer le passage; mais le 106ᵉ force la consigne, et vient planter son drapeau sur la table même de la salle des délibérations.

Il était alors question de fusiller Trochu, et les partisans de cette exécution sommaire allaient recruter des adhésions dans deux bataillons qui défilaient au moment même, et faisaient sommation au 106ᵉ d'avoir à se retirer.

Le capitaine commandant le détachement de garde vient prévenir le chef de bataillon; mais un homme d'une taille herculéenne, appartenant à une compagnie du 106ᵉ, obéit à la voix de son capitaine qui crie :

« Enlevez le général Trochu! sauvons-le! »

On l'enlève en effet, et aux cris de : « Ils ne l'auront pas! » poussés par la troupe de Flourens, le colosse et ses amis répliquent : « Nous l'aurons! nous le garderons! »

Trochu disparaît. Avec lui peut sortir Eugène Pelletan qu'un citoyen, nommé Morel, fit évader, comme il en rendit compte, le soir même, au club de la Porte Saint-Martin : « Sous la pression de la foule, et sous l'influence d'une chaleur considérable, Pelletan s'était trouvé mal. M. Morel le conduisit dans un salon écarté, d'où il le ramena jusqu'à son domicile, rue du Cherche-Midi, 113.

Jules Ferry, Edmond Adam, Emmanuel Arago s'éloignent en même temps.

Les tirailleurs de Belleville avaient cependant aperçu le képi brodé en or du général, et ils montaient sur la table, le mettant en joue; mais le képi avait disparu, et avec lui le général était devenu introuvable. Craignant de tirer inutilement sur les gardes nationaux, on n'avait pas fait feu. Il paraît certain d'ailleurs que Flourens avait relevé les armes.

Voici ce qui s'était passé : Le garde du 106e qui ne voulait pas lâcher le général Trochu lui avait enlevé son képi, qui pouvait le signaler, et lui avait posé le sien propre sur la tête. En quelques secondes on était arrivé au bas de l'escalier.

On criait toujours : « Ne laissez pas passer ! fermez les portes ! » Mais qui pouvait s'opposer à ces hommes déterminés qui se seraient tous fait tuer plutôt que de reculer d'un pas?

Un capitaine crie : « Laissez passer le 106e et son drapeau, nous vous donnons la place. »

Les bataillons partisans de la Commune, qui pensaient qu'en effet on se retirait simplement, ignoraient qu'on délivrait des membres du Gouvernement et surtout le général Trochu.

Ils ouvrent leurs rangs et le 106e peut sortir tout entier.

Un homme se détache du groupe qui accompagne le gouverneur de Paris et va chercher un fiacre; le général y monte avec plusieurs gardes nationaux et rentre au Louvre.

A l'Hôtel de Ville ordre est donné de ne plus recevoir aucune délégation; personne ne passe, s'il n'est porteur d'un ordre de la *Commune*. Les laisser-passer du Gouvernement de la défense nationale sont insuffisants. Enfin la porte de l'Hôtel de Ville est fermée; on n'entre plus; les hommes de faction ne sont pas même relevés.

Dans la cour sont dressées des tables, sur lesquelles ont été placées des lampes; quelques gardes nationaux y mangent leurs provisions et les cantinières débitent leurs nectars; l'escalier d'honneur conduit à un salon occupé par la légion de Tibaldi, qui garde les prisonniers.

La cour, les escaliers, les couloirs sont remplis de gardes nationaux en armes.

Dans une salle donnant sur le quai se tient M. G. Flourens, qui, debout sur une grande table de travail, paraît présider la réunion, semblable à un club, et dans laquelle se fait entendre chacun tour à tour, quand ce n'est pas plusieurs à la fois; là sont aussi présents MM. Blanqui, Delescluze, Millière, etc. Quelques officiers de la garde nationale prennent aussi souvent la parole. M. Flourens se plaint de la manière dont le général Trochu a été enlevé ainsi que M. J. Ferry.

Il demande que le général soit ramené pour signer sa démission. Le général Tamisier veut bien donner l'ordre aux gardes nationaux de l'aller chercher, mais ce n'est pas en étant gardé comme prisonnier qu'il le fera.

Un citoyen se plaint qu'on perd du temps en théorie, et qu'on ne fait rien de pratique. Pendant ce temps, les membres du Gouvernement, c'est-à-dire MM. Garnier-Pagès, Jules Simon et le général Tamisier, avec plusieurs officiers d'état-major de la garde nationale, retenus comme lui, attendent patiemment la fin de cette journée si pleine de péripéties.

Quant à M. Jules Favre, il est placé dans l'embrasure d'une fenêtre, à moitié caché par le rideau; il est enfoncé sur sa chaise et paraît dormir, sans s'occuper le moins du monde de ce qui l'entoure.

Quelques personnes apportent des provisions, du pain et du vin à ces messieurs. M. Jules Favre se met à manger très-tranquillement.

Voici, d'après ses mémoires, ce qui se passa pendant cette mémorable soirée, entre Millière, Gustave Flourens et lui.

« M. Millière, qui commandait un bataillon de garde nationale, s'approcha de moi avec courtoisie, et m'expliqua à quelles conditions nous pouvions obtenir notre liberté. « Vous n'avez, me dit-il, qu'à signer votre démission. Elle n'est plus que la constitution d'un fait, puisque, en nous acclamant, le peuple vous a destitué. Mais nous n'entendons pas usurper le pouvoir. Demain nous réunirons les électeurs; ils se prononceront, et vous remettrez votre portefeuille au nouveau Gouvernement; jusque-là vous conserverez vos fonctions. »

« J'admirai une audace si ingénue, mais il ne me convenait en aucune manière d'entrer en discussion avec mon interlocuteur. « Je ne veux pas vous répondre, lui dis-je, je ne le peux même pas; car par le fait de la violence que vous exercez sur ma personne, je ne suis plus qu'une chose, ma volonté est liée à ma liberté. En me privant de l'une vous m'empêchez d'user de l'autre. Laissez-moi sortir, et je ferai tout ce qui sera en moi pour que cette insurrection se termine sans effusion de sang; nous avons un tel intérêt à éviter la guerre civile qu'aucun sacrifice fait dans ce but ne doit nous coûter. Étant retenu par vous contre tout droit, par un crime que rien n'excuse, je ne puis entrer en pourparlers avec vous : faites de moi ce que vous voudrez, et ne vous fatiguez pas à me demander ce que je suis résolu à vous refuser. »

« M. Millière parut ébranlé par ces raisons. Il monta sur la table, réclama le silence, et dit à peu près ce qui suit : « Citoyens, vous voulez que les membres du Gouvernement déchu donnent leurs démissions (oui! oui!); cela est tout à fait inutile, puisque vous les avez révoqués. Ils ne sont plus rien; en leur demandant de signer leurs démissions, vous exigez d'eux une lâcheté... » De violents murmures mêlés de signes d'approbation accueillirent ces paroles, et il y eut dans cette tumultueuse assemblée ce que les sténographes de la Chambre traduisent par ces mots : *Mouvements divers.* M. Millière voulut en profiter. Il essaya de nous faire sortir ; mais, malgré ses ordres et ses objurgations, ses soldats croisèrent la baïonnette sur lui et sur nous. Flourens, qui fit la même tentative, ne fut pas plus heureux, et nous revînmes reprendre notre place dans notre embrasure au milieu de nos gardes, qui ne se privaient pas du plaisir de nous insulter. Un fort bel homme, revêtu des insignes de capitaine et se balançant sur sa chaise, les réprimait paternellement. Et quand l'un d'eux disait : Je voudrais bien qu'on me permit de les *descendre*, il lui faisait comprendre qu'il ne perdrait rien à avoir un peu de patience. »

Mais, pendant cette crise, la générale et le rappel étaient battus. Dès neuf heures, douze bataillons s'étaient rassemblés place Vendôme ; à dix heures et demie, ces bataillons se mettent en marche vers l'Hôtel de Ville. MM. Jules et Charles Ferry sont en tête de la colonne. Des bataillons de mobiles sortent de la caserne Napoléon, un bataillon de l'Indre et un du Finistère, et forment une deuxième rangée par derrière.

Soudain l'Hôtel de Ville est ébranlé par des bruits pareils à ceux de la tempête. Des cris s'élèvent : aux armes ! Les volontaires qui gardent les membres du Gouvernement les couchent en joue ; mais quelques secondes d'hésitation permettent à la garde nationale dévouée au 4 septembre de faire irruption dans la salle, d'en expulser les envahisseurs, et de délivrer Jules Favre et ses amis aux cris de Vive la République !

Ainsi se termina cette grande échauffourée. Gustave Flourens, Félix Pyat, Delescluze, Ranvier, s'éclipsèrent.

A six heures du soir était arrivé Blanqui, averti que son nom figurait sur la liste des élus nouveaux. Il ne put parvenir jusqu'à Flourens, bloqué en ce moment par les gardes nationaux du 106ᵉ, dans la salle des délibérations ; il resta alors dans une première salle, où il rédigea et signa seul les ordres suivants :

Ordre de fermer toutes les barrières et d'empêcher toutes communications qui pourraient informer l'ennemi des dissensions soulevées dans Paris.

Ordre aux commandants des forts de surveiller et repousser avec énergie toutes les tentatives que feraient les Prussiens.

Ordre à divers chefs de bataillon, — une vingtaine environ, — de rassembler leurs soldats sur-le-champ à l'Hôtel de Ville.

Ordre à des bataillons, déjà réunis sur la place, d'entrer immédiatement dans le palais pour en garder les portes et en protéger l'intérieur.

Ordre à ces mêmes forces de faire sortir de l'Hôtel de Ville le 106ᵉ bataillon, composé de légitimistes et de cléricaux du faubourg Saint-Germain.

Ordre de faire occuper la préfecture de police par un bataillon républicain actuellement stationné sur la place.

Ordre à plusieurs citoyens de s'installer dans diverses mairies à la place des maires présents.

Blanqui, pendant qu'il multipliait ses instructions, fut surpris par les gardes nationaux des 17ᵉ et 18ᵉ bataillons, arrêté, puis délivré par quelques tirailleurs de Flourens.

Jules Ferry, dans la délivrance de ses collègues, joua un rôle dont l'importance fut contestée, et qu'il a pris soin de bien préciser dans une lettre adressée à la presse parisienne.

« Arrivé, dit-il, devant l'Hôtel de Ville avec une colonne de gardes nationales, beaucoup plus que suffisante pour l'enlever, j'ai fait cerner l'édifice occupé par l'insurrection, sommé le poste qui gardait la porte du côté de l'église Saint-Gervais et essuyé avec la garde nationale deux coups de feu partis des fenêtres en guise de réponse.

« Peu après, M. Delescluze est descendu, venant en parlementaire. J'ai consenti, sur sa demande, pour éviter un conflit qui paraissait lui répugner autant qu'à moi, et dont le dénouement d'ailleurs ne lui semblait pas plus douteux qu'à moi-même, à laisser sortir de l'Hôtel de ville les personnes qui l'occupaient au cri *unique* de « Vive la République ! » sous cette réserve expresse que le Gouvernement resterait en possession de l'Hôtel de Ville, et que le général Tamisier, sortant le premier, présiderait au défilé.

« J'ai bien voulu attendre, deux heures durant, la réponse que M. Delescluze avait promis de me rapporter immédiatement. Pendant ce temps, les tirailleurs de M. Flourens tentèrent de pratiquer sur ma personne, en vertu d'ordres venus du dedans, une arrestation qui n'est pas l'incident le moins ridicule de cette journée, où le grotesque se mêle à l'odieux à chaque pas.

« C'est ainsi que certaines gens entendent le respect des suspensions d'armes.

« Cette fois, perdant patience, je suis monté avec des détachements du 106ᵉ bataillon, des 14ᵉ et 4ᵉ, avec les carabiniers du capitaine de Vresse, et nous avons mis à la porte tous ces messieurs.

« Mais ce fut de ma part, monsieur le rédacteur, un acte de pure mansuétude ; et, maître absolu de l'Hôtel de Ville depuis plusieurs heures, n'ayant qu'un souci, celui de contenir l'ardeur des cinquante mille gardes nationaux qui m'entouraient, je ne laisserai dire par personne que les factieux assiégés dans l'Hôtel de Ville aient capitulé avec moi : ils n'ont ni respecté ni exposé les motions apportées en leur nom ; j'ai fait grâce au grand nombre, et voilà tout.

« Veuillez agréer, monsieur le rédacteur, mes cordiales salutations.

« Jules Ferry. »

Pendant la nuit du 31 octobre au 1ᵉʳ novembre, des bataillons, grossis par l'appel incessant des tambours, défilèrent devant le gouverneur de Paris.

CHAPITRE II

Déclaration du gouvernement. — Destitutions. — Proclamation du général Trochu. — Démissions. — Plébiscite du 3 novembre. — Renouvellement des maires et adjoints.

Le 1er novembre, le *Journal officiel* annonça que l'Hôtel de Ville envahi avait été délivré la nuit, sans effusion de sang, grâce au concours empressé de la garde nationale et de la garde mobile. Il promit des détails qui permettraient d'apprécier les faits, et ajouta que l'on avait pris les mesures nécessaires pour empêcher le retour de pareille agitation. « Fermement résolu à supprimer tout désordre dans la rue pendant la durée du siège, et à ne pas permettre que le Gouvernement et la garde nationale fussent détournés, ne fût-ce qu'un instant de la lutte devant l'ennemi, le Gouvernement de la Défense nationale décrète que tout bataillon de la garde nationale qui sortirait en armes, en dehors des exercices ordinaires et sans convocation régulière, serait immédiatement dissous et désarmé; et que tout chef de bataillon qui aurait convoqué son bataillon, en dehors des exercices ordinaires ou sans ordre régulier, pourrait être traduit devant un conseil de guerre. »

Par décrets des 1er et 2 novembre, furent révoqués, pour être remplacés à l'élection un jour qui serait ultérieurement fixé, les chefs de bataillon Gustave Flourens (1er bataillon de volontaires); Razoua (61e); Goupil (115e); Ranvier (141e); de Frémicourt (157e); Juclard (158e); Cyrille (167e); Levraud (204e); Millière (208e); Gromier (74e); Barberet (79e); Ditesch (190e); Longuet (248e); Ch.-L. Chassin (252e).

Dans une proclamation, le gouverneur de Paris crut devoir féliciter ceux qui s'étaient montrés fidèles.

« *Aux gardes nationaux de la Seine.*

« Votre ferme attitude a sauvé la République d'une grande humiliation politique, peut-être d'un grand péril social, certainement de la ruine de nos efforts pour la défense.

« Le désastre de Metz, prévu mais profondément douloureux, a très-légitimement troublé les esprits et redoublé l'angoisse publique, et, à son sujet, on a fait au Gouvernement de la défense nationale l'injure de supposer qu'il en était informé et le cachait à la population de Paris, alors qu'il en avait, je l'affirme, le 30 au soir seulement, la première nouvelle. Il est vrai que le bruit en avait été semé depuis deux jours par les avant-postes prussiens. Mais l'ennemi nous a habitués

à tant de faux avis que nous nous étions refusés à y croire.

« Le pénible accident survenu au Bourget, par le fait d'une troupe qui, après avoir surpris l'ennemi, a manqué absolument de vigilance et s'est laissé surprendre à son tour, a vivement affecté l'opinion.

« Enfin, la proposition d'armistice, inopinément présentée par les puissances neutres, a été interprétée, contre toute vérité et toute justice, comme le prélude d'une capitulation, quand elle était un hommage rendu à l'attitude de la population de Paris et à la ténacité de la défense. Cette proposition était honorable pour nous; le Gouvernement lui-même en posait les conditions dans des termes qui lui semblaient fermes et dignes. Il stipulait une durée de vingt-cinq jours au moins, — le ravitaillement de Paris pendant cette période, — le droit de voter pour les élections de l'Assemblée nationale, ouvert aux citoyens de tous les départements français.

« Il y avait loin de là aux conditions d'armistice que l'ennemi nous avait précédemment faites : quarante-huit heures de durée effective, et quelques rapports très-restreints avec la province pour la préparation des élections, — point de ravitaillement, — le gage d'une place forte, — l'interdiction aux citoyens de l'Alsace et de la Lorraine de participer au vote pour la représentation nationale.

« A l'armistice aujourd'hui proposé, se rattachent d'autres avantages dont Paris peut facilement se rendre compte, sans qu'il faille les énumérer ici. Et voilà qu'on le reproche comme une faiblesse, peut-être comme une trahison, au Gouvernement de la défense nationale.

« Une infime minorité, qui ne peut prétendre à représenter les sentiments de la population parisienne, a profité de l'émotion publique pour essayer de se substituer violemment au Gouvernement. Il a la conscience d'avoir sauvegardé les intérêts qu'aucun gouvernement n'eut jamais à concilier, les intérêts d'une ville de deux millions d'âmes assiégée, et les intérêts d'une liberté sans limites. Vous vous êtes associés à sa tâche, et l'appui que vous lui avez donné sera sa force à l'avenir contre les ennemis du dedans aussi bien que contre les ennemis du dehors.

« Fait à Paris le 1er novembre 1870.

« *Le président du Gouvernement, gouverneur de Paris,*

« Général TROCHU. »

La phrase sur le Bourget était malencontreuse. Personne n'avait le droit d'adresser des reproches à de braves jeunes gens, qui ne demandaient qu'à brûler jusqu'à leur dernière cartouche. Les rapports militaires ayant affirmé qu'ils avaient été lancés sur un point tout en avant des lignes prussiennes pour s'y maintenir, c'était au pouvoir, d'où les premiers ordres étaient émanés, qu'incombait le fardeau des fautes commises;

Épisode du bombardement.

il ne devait pas les donner, ou, après qu'ils avaient été brillamment exécutés, il ne devait pas laisser *en l'air* des troupes composées en grande partie de recrues dévouées, pleines de feu, mais sans expérience.

C'était à lui à les soutenir, à leur envoyer des renforts ; c'était à lui à ne pas *manquer de vigilance*, et c'est sur lui, quoi qu'on en dise, que retombe la responsabilité du douloureux échec du Bourget.

On s'empare du Bourget et on le garde.

Étonné de ce procédé nouveau, l'ennemi revient le lendemain en forces, et accompagné de quarante-cinq pièces d'artillerie.

Il s'aperçoit que la position est occupée par les troupes de la veille, troupes fatiguées que l'on n'a pas même pris la peine de renforcer.

Nous n'avons que quatre canons, deux pièces de douze et deux de quatre. L'ennemi croit à un piége. Il suppose que des forces considérables sont cachées quelque part, et il se contente de canonner de loin ; mais le surlendemain (dimanche), informé sans doute par ses espions que nulle mesure énergique n'a été prise pour mettre le Bourget à l'abri d'un coup de main, il revient plus nombreux que la veille, et contrairement à ses habitudes, qui sont de respecter le repos dominical, il ouvre une canonnade terrible ; il s'empare de la position en nous faisant un assez grand nombre de prisonniers.

De deux choses l'une : ou il fallait se retirer après s'être emparé du Bourget, ou il fallait prendre toutes les mesures pour le garder.

On n'a rien fait de tout cela.

On assure même que, suivant son habitude, l'intendance avait négligé d'envoyer des vivres aux troupes campées au Bourget. La fatalité continue à peser sur nous. Comment donc faire pour la conjurer. Le moyen est facile. Il faut que le commandement en chef prenne un parti énergique, qu'il se débarrasse de toutes les incapacités ou de tous les mauvais vouloirs qui fourmillent. Ce n'est qu'à ce prix que la population continuera au général Trochu la confiance qu'elle a mise en lui. L'opinion a déjà désigné certains hommes qui sont au-dessous de leur tâche. Qu'on les remercie de leurs services, et, parmi ces personnages, qu'on n'oublie pas celui qui, samedi dernier, répondait à une demande de pièces d'artillerie qu'il n'en enverrait que si on lui garantissait d'abord qu'il y avait à Saint-Denis des écuries pour abriter les chevaux.

Pendant ce temps-là, nos troupes restaient avec 4 canons devant les 45 bouches à feu de l'ennemi.

Le rapport officiel nous dit que le Bourget ne faisait pas partie de notre système général de défense. Alors pourquoi l'avez-vous pris et pourquoi, l'ayant pris, l'avez-vous gardé? Était-ce pour le plaisir de livrer à l'ennemi de nouveaux prisonniers? — Si le Bourget, d'ailleurs, ne faisait pas partie de notre système de défense, il est certain qu'il faisait partie du système de défense de l'ennemi, qui avait tenté les plus grands efforts pour le reconquérir et qui y était parvenu. A ce point de vue, cette position valait la peine qu'on la conservât et qu'on prît toutes les précautions nécessaires pour qu'elle ne retombât pas dans les mains des Prussiens.

Il y eut, à la suite du 31 octobre, des remaniements dans les régions gouvernementales, Henri Rochefort, Tamisier, Edmond Adam, Étienne Arago, donnèrent successivement leur démission. Des décrets appelèrent au commandement de la garde nationale Clément Thomas, qui avait occupé le même grade en 1848; à la préfecture de police, Ernest Cresson, avocat à la cour d'appel de Paris; à la mairie, Jules Ferry.

Le général Tamisier adressa l'ordre du jour suivant aux gardes nationales de la Seine :

Paris, 3 novembre 1870.

Le général Clément Thomas a été appelé au commandement supérieur de la garde nationale. J'avais accepté comme une très-lourde tâche ces difficiles fonctions ; je n'ai pas hésité à les quitter le jour où j'ai vu le Gouvernement placer à côté de moi, avec le titre d'adjudant général, le citoyen que je regarde comme le plus capable de les bien remplir. Il occupera avec plus d'autorité, de vigueur et de science militaire la position que j'ai traversée avant lui. Mais il ne rendra pas plus de justice que moi à cette généreuse armée de la garde nationale parisienne, à ces soldats que l'amour de la patrie a seul formés en quelques semaines. L'insigne honneur d'avoir été un instant leur commandant en chef est bien au-dessus de toutes les ambitions de ma vie. C'était encore un trop grand honneur pour moi que de transmettre des ordres à ces illustres officiers généraux des secteurs de l'enceinte, lorsque j'aurais voulu leur obéir.

Je regrette d'avoir fait trop peu pour le Gouvernement de la défense nationale. Je l'aime et le respecte parce qu'on ne saurait soupçonner son désintéressement, parce qu'il a été libéral à une époque qui semblait vouée à la dictature, calme et confiant dans l'avenir au milieu des ennemis et des revers. Il lui a été donné de nous faire oublier par moment les douleurs de la patrie, en nous permettant d'entrevoir ce que la République apporterait un jour, à la France, de force, de grandeur et de liberté.

TAMISIER.

L'ordre du jour suivant fut adressé aux gardes nationales de la Seine :

Gardes nationaux de la Seine,

Appelé pour la seconde fois et après vingt-deux ans d'intervalle à l'honneur insigne de vous commander, j'ai accepté, sans présomption comme sans faiblesse, ces fonctions difficiles, parce que je sais le concours que trouvera toujours dans votre patriotisme un chef pénétré de ses devoirs et qui saura s'inspirer de votre esprit.

Mon seul regret est de n'avoir pu décider le patriote éprouvé que je remplace à conserver son commandement.

La crise que nous traversons, mes chers camarades, crise dont vous connaissez les causes et les auteurs, est une de celles où une nation doit périr ou se régénérer par un effort sublime.

Cet effort, vous êtes résolus à le tenter, et aujourd'hui qu'un vote librement exprimé prouve la confiance que peuvent mettre en vous les citoyens éminents auxquels vous avez confié le soin de vos destinées, préparons-nous à cette action décisive que vous appelez de tous vos vœux.

Votre vieux général sera toujours heureux et fier de marcher à votre tête; mais n'oubliez pas que, dans les épreuves qui nous sont réservées, le courage personnel ne saurait suffire; il faut y joindre ce qui constitue la véritable force d'une armée : la discipline, l'esprit d'ordre, et, ce qui résume peut-être toutes les vertus, l'abnégation élevée jusqu'au sacrifice.

Union ! Confiance ! et Vive la République !

Paris, le 4 novembre 1870.

Le commandant supérieur des gardes nationales de la Seine,

CLÉMENT THOMAS.

Afin d'achever de calmer l'agitation et de prouver son bon vouloir, le Gouvernement décréta :

« Que la France adoptait les enfants des citoyens morts pour sa défense, et pourvoirait aux besoins des familles qui réclameraient le secours de l'État.

« Qu'il serait formé deux nouveaux régiments montés

d'artillerie, avec des batteries et des détachements des régiments d'artillerie de l'ex-garde et une partie des batteries de marche de l'armée de Paris.

« Que la population serait consultée, le jeudi 3 novembre, sur cette question : « Maintient-elle, oui ou non, les pouvoirs du Gouvernement de la défense nationale? »

Par une affiche qu'avaient signée Dorian, président de la commission des élections, Victor Schœlcher, vice-président, le maire de Paris et ses adjoints, les électeurs étaient convoqués pour le mardi, 1er novembre, à midi, afin de nommer, au scrutin de liste, quatre représentants de Paris, et de constituer un pouvoir municipal auquel tous les républicains pussent se rallier. Un avis du ministre des affaires étrangères, chargé de l'intérieur par intérim, interdit aux maires d'ouvrir le scrutin pour des élections impossibles; mais un décret, admettant « qu'il était opportun de constituer régulièrement par l'élection les municipalités des vingt arrondissements, » invita le corps électoral à procéder, le samedi, 5 novembre, à cette élection. Un décret ultérieur modifia d'une manière sensible ces dispositions.

Le Gouvernement de la défense nationale :

Considérant que les maires des vingt arrondissements de la ville de Paris, régulièrement convoqués à l'Hôtel de Ville, ont émis à l'unanimité le vœu qu'il fût procédé, en deux votes distincts, à l'élection des maires et à celle des adjoints,

Décrète :

Art. 1er. Le scrutin du 5 novembre sera exclusivement consacré à l'élection des maires.

Les bulletins de vote ne porteront en conséquence qu'un seul nom.

Les bulletins qui porteraient plus d'un nom seront valables, mais le premier nom porté sur la liste sera seul compté.

Le candidat qui aura obtenu la majorité absolue des suffrages exprimés sera proclamé maire.

Si aucun des candidats n'a réuni la majorité absolue, le scrutin sera continué au lendemain dimanche, 6 novembre.

Art. 2. Il sera procédé le 7 novembre à l'élection des adjoints.

L'élection aura lieu au moyen d'un bulletin portant trois noms.

Les bulletins qui contiendraient plus de trois noms seront valables, mais les trois premiers noms seront seuls comptés.

Les trois candidats qui auront obtenu la majorité absolue des suffrages exprimés seront proclamés adjoints.

Si un second tour de scrutin est nécessaire, il aura lieu le lendemain 8 novembre.

Art. 3. Prendront seuls part aux votes, pour les maires et adjoints, les électeurs domiciliés dans l'arrondis-

sement, inscrits sur les listes électorales ou ayant acquis, depuis la clôture des listes, leurs droits électoraux.

Art. 4. Tout électeur de Paris est éligible, dans chacun des vingt arrondissements, quel que soit l'arrondissement où il réside.

Art. 5. Le scrutin sera ouvert, tous les jours indiqués ci-dessus, de huit heures du matin à six heures du soir.

Fait à l'Hôtel de Ville, le 4 novembre 1870.

Général TROCHU, JULES FAVRE, EMMANUEL ARAGO, JULES FERRY, GARNIER-PAGÈS, E. PELLETAN, E. PICARD, JULES SIMON.

Le Gouvernement enchevêtra l'explication de toutes les mesures qu'il prenait dans la narration officielle des événements du 31 octobre, qui perdit ainsi le caractère de compte rendu pour prendre la physionomie d'un manifeste politique.

« La France, disait-il, ne peut avoir qu'une pensée : celle de repousser l'invasion.

« Le Gouvernement de la défense nationale, dès son installation, a travaillé jour et nuit à chasser les envahisseurs. Paris l'a soutenu admirablement dans la lutte, par son courage devant l'ennemi et par sa résignation devant les privations qu'entraîne un long siège. On comptait sur nos divisions; nous les avons oubliées; il ne faut pas qu'elles renaissent. Une seule journée de désordre dans la ville nous est plus funeste que deux batailles perdues.

« Hier, le Journal officiel a appris aux Parisiens la nouvelle de la capitulation de Metz; le Gouvernement n'avait connu ce désastre que la veille dans la soirée. Fidèle à ses habitudes de sincérité absolue, il l'a publiée en la recevant. Il annonçait en même temps que l'ennemi avait repris le Bourget. Enfin, événement beaucoup plus grave, mais d'une nature bien différente, il mentionnait la proposition d'un armistice faite aux belligérants par les quatre grandes puissances, l'Angleterre, la Russie, l'Autriche et l'Italie.

« Une partie de la population s'est persuadé que cette négociation ainsi introduite, non par nous, ni par l'ennemi, mais par les grandes puissances européennes, était l'indice d'une arrière-pensée de capitulation. De cette erreur, de ces nouvelles ainsi rapprochées est née une émotion profonde qui, dès la nuit précédente, s'était manifestée par des attroupements sur le boulevard, et qui, vers deux heures de l'après-midi, dans la journée du 31 octobre, a jeté sur la place de l'Hôtel de Ville une foule composée de plusieurs milliers de personnes.

« A la suite de ces attroupements, un grand scandale s'est produit. L'Hôtel de Ville a été envahi, un comité de salut public a été proclamé, les membres du Gouvernement ont été retenus pendant plusieurs heures comme otages. Vers huit heures du soir, le général Trochu, M. Emmanuel Arago et M. Jules Ferry, étaient arrachés des mains de la sédition par le 106ᵉ bataillon de la garde nationale, commandant Ibos. Mais M. Jules Favre, M. Garnier-Pagès, M. Jules Simon, le général Tamisier et le commandant du 106ᵉ demeuraient prisonniers.

« Ce n'est que vers trois heures du matin que ces scènes lamentables ont pris fin par l'intervention des bataillons de la garde nationale, accourus en nombre immense autour de l'Hôtel de Ville, sous la direction de M. Jules Ferry. Les cours intérieures ayant été occupées par la garde mobile, plusieurs détachements du 106ᵉ bataillon de la garde nationale, du 14ᵉ, du 4ᵉ, et les carabiniers du capitaine de Vresse, ont fait évacuer les salles envahies, tandis qu'au dehors les gardes nationales, qui remplissaient la place, les quais et la rue de Rivoli, accueillaient par d'immenses acclamations le général Trochu, passant sur le front des bataillons.

« Le Gouvernement aurait pu, sans doute, en finir beaucoup plus tôt avec cette triste insurrection; mais il s'était fait un devoir d'éviter, par-dessus tout, une collision en face de l'ennemi. A force de patience et de mansuétude, on a pu éviter un conflit sanglant. C'est là un grand bonheur. Mais de pareilles aventures ne peuvent se renouveler. La garde nationale ne peut-être incessamment absorbée par la nécessité de mettre à la raison une minorité factieuse. Il faut que Paris se prononce une fois pour toutes.

« Le Gouvernement consultera la population de Paris tout entière dès après-demain, c'est-à-dire dans le plus court délai possible, sur la question de savoir si elle veut, pour Gouvernement, MM. Blanqui, Félix Pyat, Flourens et leurs amis, renforcés par une Commune révolutionnaire, ou si elle conserve sa confiance aux hommes qui ont accepté, le 4 septembre, le périlleux et douloureux devoir de sauver la patrie.

« Le Gouvernement se doit à lui-même, après cette journée, après ce coup de main qui a failli réussir, de demander à ses concitoyens si, oui ou non, il conserve leur confiance. Dans la situation où nous sommes, la force du Gouvernement n'est qu'une force morale, l'acclamation du 4 septembre ne suffit plus. Il faut le suffrage universel.

« Si le suffrage universel prononce contre le Gouvernement actuel, dans les vingt-quatre heures, la population sera mise à même de le remplacer. S'il décide, au contraire, que le pouvoir restera dans les mêmes mains, les hommes qui le tiennent aujourd'hui le conserveront avec cette consécration nouvelle. Mais pour que personne ne se trompe sur le sens du scrutin qui va s'ouvrir, ils déclarent avant l'élection que la *journée* du 31 octobre doit être la dernière *journée* de tout le siége; qu'ils n'accepteront désormais le pouvoir que pour l'exercer dans sa plénitude et même dans sa rigueur; qu'ils ne souffriront plus qu'aucun obstacle leur vienne du dedans.

« Fidèles observateurs des lois pour leur propre compte, ils contraindront tout le monde à se tenir dans la stricte légalité, afin que tous les efforts se réunissent sur ce qui doit être désormais notre unique pensée : l'expulsion de l'ennemi hors du territoire.

« Que le Gouvernement passe son temps à parlementer ou à se défendre, quand il est tenu d'agir sans relâche contre l'ennemi; que la garde nationale et l'armée se morfondent de froid et de fatigue dans nos rues, tandis qu'elles devraient être aux remparts, c'est un crime contre la nation et contre le sens commun. Il ne se reproduira plus. Le moment des efforts suprêmes approche rapidement. — Paris, désormais, n'est plus une ville; c'est une armée. La France, qui marche à notre aide, a besoin, avant tout, de nous savoir unis : nous le serons. Tel est le sens que le Gouvernement donne à l'élection du 3 novembre. Il veut être maintenu dans ces conditions ou tomber. »

Jamais les électeurs n'exercèrent leurs droits avec plus de calme, de régularité, et en même temps plus d'empressement, que dans la journée du 3 novembre. Point d'abstentions. Dès huit heures du matin, les portes des sections étaient assiégées. Les électeurs des communes de la Seine et des départements limitrophes votaient au siége de leurs mairies provisoires, et ceux des communes qui n'avaient pas de mairies, au siége de leur délégation, en présence de leur maire. La garde nationale mobile et l'armée de terre et de mer votaient dans les lieux que leur avait désignés l'autorité militaire.

A Belleville, une revue de la garde nationale fut passée par le général Clément Thomas, en présence du maire et des adjoints de Paris, qui furent acclamés aux cris de : Vive la France! vive la République!

A six heures, les votes furent dépouillés dans les secteurs, puis recensés dans les mairies et centralisés au ministère de l'intérieur. Le résultat du scrutin fut 557,936 *oui*, 62,638 *non*.

Le recensement des votes pour les vingt arrondissements, Saint-Denis, Sceaux, Seine-et-Oise et Seine donna 321,373 *oui*, 53,565 *non*. Les *non* furent en majorité que dans le 20ᵉ, 9,535 contre 8,291 *oui*.

La ligne et la garde mobile apportèrent au relevé un contingent de 236,623 *oui* et 9,053 *non*.

Le total était donc de 557,996 *oui* et de 62,688 *non*.

Les membres du Gouvernement remercièrent la population par une proclamation chaleureuse, dans laquelle ils promettaient que le devoir de la défense continuerait d'être l'objet de leur préoccupation exclusive. « Tous, disaient-ils, nous serons unis dans le grand effort qu'elle exige; à notre brave armée, à notre vaillante mobile, se joindront les bataillons de la garde nationale frémissante d'une généreuse impatience. » Forts de la consécration qu'ils venaient de recevoir, ils déclaraient qu'ils ne souffriraient pas qu'une minorité portât atteinte aux droits de la majorité, bravât les lois et devînt, par la sédition, l'auxiliaire de la Prusse. En sa qualité de vice-président du Gouvernement et de ministre de l'intérieur, Jules Favre exprima sa gratitude par cette adresse spéciale :

« Mes chers concitoyens,

« Je vous remercie, au nom de notre amour commun de la patrie, du calme avec lequel vous avez procédé au vote que le Gouvernement vous demandait.

« Ce calme est l'œuvre de votre patriotisme et de votre bon sens.

« Il prouve que vous comprenez toute la valeur du suffrage universel, et que vous êtes dignes de le pratiquer dans toute sa liberté.

« Ce suffrage substitue la raison à la violence, et, montrant où est le droit, il enseigne le devoir.

« Il réduit au silence ceux qui, en méconnaissant son autorité, deviendraient des ennemis publics.

« Que ce jour solennel marque donc la fin des divisions qui ont désolé la cité.

« N'ayons tous qu'un cœur et qu'une pensée : la délivrance de la patrie.

« Cette délivrance n'est possible que par l'obéissance aux chefs militaires et par le respect des lois; chargé du soin de maintenir leur exécution, je fais appel à votre intelligent concours et je vous promets en échange tout mon dévouement, toute ma fermeté.

« Vive la République! vive la France !

« Jules Favre.

« 3 novembre 1870. »

Les élections municipales, qui eurent lieu le 5, s'accomplirent avec une égale tranquillité. Les maires élus furent MM. Tenaille, Tirard, Beauvallet, Vautrain, Vacherot, Hérisson, Arnaud (de l'Ariége), Carnot, Desmarets, Dubail, Mottu, Grivot, Pernolet, Asseline, Henri Martin, François Favre, Clémenceau, Delescluze, Ranvier.

CHAPITRE III

La mission de M. Thiers. — Le pont de Sèvres. — Les subsistances. — La viande de cheval. — La poste aux pigeons. — Rejet de l'armistice.

Pendant cette période électorale, les hostilités restèrent pour ainsi dire suspendues; il y avait d'ailleurs un accord tacite motivé par l'imminence de la solution des démarches poursuivies par M. Thiers. Il avait obtenu de l'Angleterre, de la Russie, de l'Autriche et de l'Italie leur appui à une proposition d'armistice qui permettrait à la France de se donner une représentation nationale et un Gouvernement régulier.

Toutefois, M. Thiers comprit qu'il n'était aucunement autorisé à traiter au nom du Gouvernement pour un armistice ou une proposition d'armistice ; que sa mission ne pouvait à aucun titre le faire entrer en relation avec le Gouvernement prussien; qu'il ne pourrait le faire qu'après avoir pris les pouvoirs et les instructions du Gouvernement à Paris, et qu'il ne lui convenait pas de solliciter à ce sujet une autorisation de la Prusse.

Cette objection fut comprise, et les puissances, la Russie en tête, prirent l'initiative des négociations. Elles intervinrent en leur nom personnel auprès du roi Guillaume, lui exposèrent leur désir très-ardent de voir la paix conclue, la nécessité de donner à la France l'occasion d'affirmer sa volonté collective, l'urgence d'obtenir une décision du Gouvernement de la défense nationale.

Le roi de Prusse ne crut pas pouvoir se refuser à une demande aussi juste, quelque envie qu'il en eût. Autorisation fut donnée à M. Thiers de traverser les lignes prussiennes, en vue de prendre, à Paris, les pouvoirs et les instructions nécessaires pour entrer en pourparlers avec les puissances neutres, mais non pas avec la Prusse.

M. Thiers, grâce à l'intervention directe de l'empereur de Russie, put franchir les lignes prussiennes et arriver à Tours, d'où il partit le 30 octobre. Il traversa Versailles, dont le général de Moltke vint en personne lui assurer le libre passage.

Dans une des rues voisines du château, la rue de Valois, M. Thiers se croisa avec M. de Bismark.

Il y eut dans l'assistance, parmi les officiers présents, une émotion profonde. La France vaincue, mais debout encore et fière, croisait sur ces pavés célèbres de Versailles la Prusse victorieuse et implacable.

M. de Bismark vint à M. Thiers et le salua.

M. Thiers rendit ce salut, et dit :

« Monsieur le comte, je ne puis vous parler que pour vous dire que je ne puis vous parler.

— Je le comprends, répondit M. de Bismark.

— Je ne passe ici, ajouta M. Thiers, que pour aller chercher des instructions et demander les pouvoirs du Gouvernement de mon pays. »

Un nouveau salut, et les deux hommes d'État se séparèrent.

M. Thiers fut conduit jusqu'aux avant-postes. Le gouverneur de Paris n'était pas prévenu; le Mont-Valérien envoya quelques obus vers le petit détachement qui descendait vers la rivière. Enfin un parlementaire prussien s'avança; quelques minutes après, M. Thiers était sur le sol parisien. Il se rendit aussitôt au ministère des affaires étrangères.

Après avoir conféré avec Jules Favre et les autres membres du Gouvernement, le plénipotentiaire s'empressa de retourner à Versailles. Le 2 novembre, il vit officiellement M. de Bismark, lui exposa l'ensemble des faits, et on aborda alors, de part et d'autre, la discussion même des conditions de l'armistice demandé par les puissances neutres. Comme le point aigu de la discussion paraissait devoir être la votation de l'Alsace et de la Lorraine, c'est ce point qui fut traité tout d'abord.

La journée du jeudi 3 novembre fut perdue en très-grande partie. M. de Bismark apprit à M. Thiers que la Commune était proclamée à Paris, désormais gouverné par M. Blanqui.

M. Thiers déclara qu'il était bien sûr et de la garde nationale et de la population, et qu'il ne s'agissait pas, à coup sûr, d'une révolution accomplie.

M. Cochery vint dans la soirée de ce jour jusqu'aux avant-postes, et apprit du général de Maussion la vérité sur l'état de Paris. Il rapporta à Versailles des journaux et put aisément rétablir la vérité.

On s'occupa immédiatement de la question du ravitaillement. A l'extrême surpise de M. Thiers, M. de Bismark opposa le refus le plus formel.

Qu'était-ce pourtant que l'armistice sans le ravitaillement?

Il était tout naturel que le ravitaillement fût une des conditions de l'armistice, qui, s'il ne devait pas aboutir à un arrangement prolongerait inévitablement les souffrances de la ville investie, dans le cas où de nouvelles sources d'alimentation n'y seraient pas introduites.

D'interminables queues s'éternisaient à la porte des bouchers. Après avoir taxé la viande de bœuf, il avait fallu taxer la viande de cheval, dont le prix avait été fixé, par arrêté du 29 octobre, signé Magnin, à 1 fr. 80 c. le kil. pour aloyau et faux-filet; à fr. 40 c. pour tende de tranche, culotte, gîte à la noix, tranche grasse; les autres morceaux, 50 c. le kil.; le filet se vendait à prix débattu.

Le comité d'hygiène et de salubrité du neuvième arrondissement chargea une commission d'étudier profondément les qualités et l'emploi de la viande du cheval; elle indiqua la préparation de la graisse de cheval, du pot-au-feu de cheval, du cheval en horsesteaks, en rôti, en civet, à la mode, en haricot. Les préceptes indiqués par le comité d'hygiène et de salubrité du neuvième arrondissement furent observés par un grand nombre de pauvres diables affamés. Mais qu'en résulta-t-il dans l'avenir? C'est que l'hippophagie, qui avait eu un moment de vogue, fut complétement démonétisée.

Le comité d'hygiène et de salubrité du neuvième arrondissement de Paris, avec la plus irréprochable impartialité, avait résumé en quatre points les qualités et les défauts de la viande de cheval : -

1° Le cheval donne une viande noire par excellence et qui se rapproche tout à fait, par sa structure, son fumet et sa consistance, de celle du cerf; c'est, en un mot, une véritable *venaison* à fibres un peu lâches et ondulées; sa contexture, en quelque sorte spongieuse, lui donne, quand la viande est récemment tuée, une sorte d'élasticité désagréable sous la dent.

2° Il contient peu de jus et l'abandonne très-rapidement à la moindre cuisson; soit que ce jus soit fort pauvre en albumine, soit en raison de sa petite quantité (la question de la dose d'albumine est à vérifier par une analyse dont le résultat sera communiqué au comité), il est difficile d'obtenir, sans grandes précautions, un bouillon clair.

3° Sa graisse est presque en entier constituée par de l'oléine (graisse liquide ou huile); à peine laisse-t-elle déposer, selon les morceaux, de 10 à 20 0/0 de graisse concrète à 15 degrés de température; en raison de cette fluidité, elle sort de la viande à la moindre chaleur en même temps que le jus, de sorte qu'un morceau de cheval mis au pot-au-feu à la manière ordinaire ne représente plus, après cuisson, qu'une masse de fibres dépourvue de toute saveur.

4° Enfin la viande de certains chevaux (probablement les entiers) possède un fumet exagéré.

Le comité ajoutait :

La graisse de cheval est d'une finesse et d'une légèreté extrêmes, elle n'a d'odeur qu'un léger parfum qui rappelle celui du saindoux, et remplace dans la cuisine avantageusement toutes les graisses employées; elle peut même servir comme huile dans les salades ou vinaigrettes en raison de sa fluidité, et est supérieure dans les fritures.

La conclusion était :

Que (au point de vue d'une bonne cuisine) la viande de cheval ne doit pas être destinée à être bouillie.

Que, pour la broche ou le gril, il est nécessaire, plus que pour toute autre viande, de l'*attendre* quelques jours et même de la mariner; elle supporte la marinade comme le gros gibier, mieux et plus longtemps que le bœuf.

Que sa meilleure préparation consiste à la cuire dans son jus, sous forme soit de *cheval à la mode*, soit de daube ou de pâté; ces derniers valent ceux de venaison.

Nous avons cru devoir enregistrer ce souvenir peu connu de l'investissement; car, bien que les assiégés de 1870-71 aient été dégoûtés de l'hippophagie, elle peut renaître de ses cendres, et il n'est pas inutile de connaître les raffinements culinaires qu'elle offrait pendant le siège aux Parisiens.

Quand les chevaux se rarifièrent, les chiens furent attaqués, puis les chats, les rats, les ours du Jardin des Plantes, les mulots et les souris.

Les salaisons, avidement recherchées, devinrent inabordables pour les pauvres.

Les riches se procuraient, avec peine encore, un poulet pour 20 fr.; un faisan, 40 fr.; un lapin, 30 fr.; un brochet, 40 fr.; un œuf, 2 fr.; du lard, du jambon, du beurre pour 25 fr. la livre. Lorsque des pourvoyeurs furent allés, au péril de leur vie, marauder dans les champs voisins, on eut des oignons pour 6 fr. le litre; les pommes de terre pour 4 fr. le litre; un chou, 6 fr.

Le gaz manquait depuis le 1er novembre; les consommateurs avaient réduit l'allumage de leurs brûleurs dans la proportion d'un bec sur deux. Dans toutes les habitations particulières et dans tous les bâtiments affectés au public, la consommation du gaz, réglée au compteur et à l'heure, avait été diminuée de moitié au moyen de l'abaissement de la hauteur des flammes. Dans beaucoup d'établissements, le pétrole servait seul à l'éclairage.

Les Parisiens avaient encore la douleur de ne pouvoir échanger que difficilement des nouvelles avec leurs familles absentes. Les ballons ne suffisant pas aux correspondances, on imagina d'avoir recours aux pigeons, sous les ailes desquels on plaça des dépêches réduites par un procédé photographique de manière à pouvoir tenir sur des cartes de visite de la plus minime dimension. M. Rampont, directeur des postes, eut la chance de découvrir à Paris même plus de cinq cents pigeons voyageurs. Il fut décidé qu'on en ferait partir par ballon trente à la fois, porteurs de dépêches microscopiques, qu'on les renverrait, après les avoir dépouillés de leur précieux fardeau, au colombier d'où ils étaient partis.

Lorsqu'une immense capitale en est réduite à de semblables extrémités, il est de la plus complète évidence que le ravitaillement physique et moral lui est indispensable pour procéder avec tout le calme désirable à une opération aussi importante que le choix d'une représentation nationale. Deux conditions *sine qua non* furent précisées par le *Journal officiel*.

« Le public ne doit pas se méprendre sur le caractère de la proposition d'armistice qui émane des puissances neutres.

« Cet armistice n'est point le commencement d'une négociation de paix; il n'a qu'un but, nettement défini : la convocation d'une Assemblée pour mettre la France en mesure de décider de son sort dans la crise où l'on précipitée les fautes du Gouvernement déchu.

« L'armistice a été proposé par les puissances neutres, qui ont demandé elles-mêmes les sauf-conduits au moyen desquels M. Thiers est entré à Paris.

« L'armistice, tel qu'il est proposé, ne saurait porter aucun préjudice à la France : il est subordonné à des conditions que le Gouvernement de la défense nationale avait précédemment demandées, lors de l'entrevue de Ferrières : le ravitaillement et le vote par la France tout entière. »

La première fut impitoyablement repoussée ; et le 4 novembre, vers 9 heures, une sonnerie de clairons se faisait entendre au pont de Sèvres, et des drapeaux parlementaires étaient arborés.

A neuf heures trois-quarts, une petite barque verte se détachait du rivage occupé par les Prussiens et amenait une personne vêtue d'un mac-farlane noir, tenant d'une main un paquet de papiers, de l'autre un bâton d'épine blanche : c'était M. Thiers, que le général Ducrot et M. Jules Favre vinrent recevoir.

La conversation s'engagea immédiatement, les trois personnages se promenant le long de la berge, tandis que la barque retournait du côté de Sèvres, et, après un quart-d'heure ou une demi-heure d'attente, deux Allemands y prenaient place et venaient rejoindre MM. Jules Favre et Thiers. Après quelques moments de causerie, le général Ducrot fit un signe, une estafette à cheval, officier de la garde mobile, vint prendre un pli et se dirigea vers Paris. Les cinq personnes continuèrent leur promenade sur la berge, tantôt ensemble, tantôt par groupes de deux, le général Ducrot restant souvent tout en arrière, fumant tranquillement un cigarre.

Le pli que l'estafette emportait était celui qui annonçait le rejet de la condition de revitaillement. Pouvait-il répondre autrement que par la note qu'il publia le lendemain :

Paris, 5 novembre 1870.

« Les quatre grandes puissances neutres, l'Angleterre, la Russie, l'Autriche et l'Italie, avaient pris l'initiative d'une proposition d'armistice à l'effet de faire élire une Assemblée nationale.

« Le Gouvernement de la défense nationale avait posé ses conditions, qui étaient : le ravitaillement de Paris et le vote pour l'Assemblée nationale par toutes les populations françaises.

« La Prusse a expressément repoussé la condition du ravitaillement ; elle n'a d'ailleurs admis qu'avec des réserves le vote de l'Alsace et de la Lorraine.

« Le Gouvernement de la défense nationale a décidé, à l'unanimité, que l'armistice ainsi compris devait être repoussé. »

Les explications, dont cette note succincte n'était qu'un prélude, furent adressées par le ministère de la guerre aux agents diplomatiques de la République française :

Monsieur,

La Prusse vient de rejeter l'armistice proposé par les grandes puissances neutres, l'Angleterre, la Russie, l'Autriche et l'Italie, ayant pour objet la convocation d'une Assemblée nationale. Elle a ainsi prouvé, une fois de plus, qu'elle continuait la guerre dans un but étroitement personnel, sans se préoccuper du véritable intérêt de ses sujets et surtout de celui des Allemands qu'elle entraîne à sa suite. Elle prétend, il est vrai, y être contrainte par notre refus de lui céder deux de nos provinces.

Mais ces provinces que nous ne voulons ni ne pouvons lui abandonner, et dont les habitants la repoussent énergiquement, elle les occupe, et ce n'est pas pour les conquérir qu'elle ravage nos campagnes, chasse devant ses armées nos familles ruinées, et tient, depuis près de cinquante jours, Paris enfermé sous le feu des batteries derrière lesquelles elle se retranche. Non : elle veut nous détruire pour satisfaire l'ambition des hommes qui la gouvernent. Le sacrifice de la nation française est utile à la conservation de leur puissance. Ils le consomment froidement, s'étonnant que nous ne soyons pas leurs complices en nous abandonnant aux défaillances que leur diplomatie nous conseille.

Engagée dans cette voie, la Prusse ferme l'oreille à l'opinion du monde. Sachant qu'elle froisse tous les sentiments justes, qu'elle alarme tous les intérêts conservateurs, elle se fait un système de l'isolement, et se dérobe ainsi à la condamnation que l'Europe, si elle était admise à discuter sa conduite, ne manquerait pas de lui infliger. Cependant, malgré ses refus, quatre grandes puissances neutres sont intervenues et lui ont proposé une suspension d'armes dans le but défini de permettre à la France de se consulter elle-même en réunissant une Assemblée. Quoi de plus rationnel, de plus équitable, de plus nécessaire ? C'est sous l'effort de la Prusse que le Gouvernement impérial s'est abîmé. Le lendemain, les hommes que la nécessité a investi du pouvoir lui ont proposé la paix, et, pour en régler les conditions, réclamé une trêve indispensable à la constitution d'une représentation nationale.

La Prusse a repoussé l'idée d'une trêve en la subordonnant à des exigences inacceptables, et ses armées ont entouré Paris. On leur en avait dit la soumission facile. Le siége dure depuis cinquante jours, la population ne faiblit pas. La sédition promise s'est faite attendre longtemps, elle est venue à une heure propice au négociateur prussien qui l'a annoncée au nôtre comme un auxiliaire prévu; mais, en éclatant, elle a permis au peuple de Paris de légitimer par un vote imposant le Gouvernement de la défense nationale qui acquiert par là aux yeux de l'Europe la consécration du droit.

Il lui appartenait donc de conférer sur la proposition d'armistice des quatre puissances; il pouvait, sans témérité, en espérer le succès. Désireux avant tout de s'effacer devant les mandataires du pays et d'arriver par eux à une paix honorable, il a accepté la négociation et l'a engagée dans les termes ordinaires du droit des gens.

L'armistice devait comporter :

L'élection des députés sur tout le territoire de la République, même celui envahi ;

Une durée de vingt-cinq jours;

Le ravitaillement proportionnel à cette durée.

La Prusse n'a pas contesté les deux premières conditions. Cependant elle a fait à propos du vote de l'Alsace et de la Lorraine quelques réserves que nous mentionnons sans les examiner davantage, parce que son refus absolu d'admettre le ravitaillement a rendu toute discussion inutile.

En effet, le ravitaillement est la conséquence forcée d'une suspension d'armes s'appliquant à une ville investie. Les vivres y sont un élément de défense. Les lui enlever sans compensation, c'est lui créer une inégalité contraire à la justice. La Prusse oserait-elle nous demander d'abattre chaque jour, par son canon, un pan de nos murailles sans nous permettre de lui résister? Elle nous mettrait dans une situation plus mauvaise encore en nous obligeant de consommer un mois sans nous battre, alors que, vivant sur notre sol, elle attendrait pour reprendre la guerre, que nous fussions harcelés par la famine. L'armistice sans ravitaillement ce serait la capitulation à terme fixe sans honneur et sans espoir.

En refusant le ravitaillement, la Prusse refuse donc l'armistice. Et cette fois ce n'est pas l'armée seulement, c'est la nation française qu'elle prétend anéantir en réduisant Paris aux horreurs de la faim. Il s'agit, en effet, de savoir si la France pourra réunir ses députés pour délibérer sur la paix. L'Europe demande cette réunion. La Prusse la repousse en la soumettant à une condition inique et contraire au droit commun. Et cependant, s'il faut en croire un document publié sans être démenti et qui émanerait de sa chancellerie, elle ose accuser le Gouvernement de la défense nationale de livrer Paris à une famine certaine ! Elle se plaint d'être forcée par lui de nous investir et de nous affamer !

L'Europe jugera ce que valent de telles imputations. Elles sont le dernier trait de cette politique qui débute par engager la parole du souverain en faveur de la nation française et se termine par le rejet systématique de toutes les combinaisons pouvant permettre à la France d'exprimer sa volonté ! Nous ignorons ce qu'en penseront les quatre grandes puissances neutres, dont les propositions sont écartées avec tant de hauteur : peut-être deviendront-elles enfin ce que leur réserverait la Prusse, devenue, par la victoire, maîtresse d'accomplir tous ses desseins.

Quant à nous, nous obéissons à un devoir impérieux et simple en persistant à maintenir leur proposition d'armistice comme le seul moyen de faire résoudre par une Assemblée les questions redoutables que les crimes du Gouvernement impérial ont permis à l'ennemi de nous poser. La Prusse, qui sent l'odieux de son refus, le dissimule sous un déguisement qui ne peut tromper personne. Elle nous demande un mois de nos vivres, c'est nous demander nos armes. Nous les tenons d'une main résolue et nous ne les déposerons pas sans combattre. Nous avons fait tout ce que peuvent des hommes d'honneur pour arrêter la lutte. On nous ferme l'issue ; nous n'avons plus à prendre conseil que de notre courage, en renvoyant la responsabilité du sang versé à ceux qui, systématiquement, repoussent toute transaction.

C'est à leur ambition personnelle que peuvent être immolés encore des milliers d'hommes : et quand l'Europe émue veut arrêter les combattants sur la frontière de ce champ de carnage pour y appeler les représentants de la nation et essayer la paix, oui, disent-ils, mais à la condition que cette population qui souffre, ces femmes, ces enfants, ces vieillards qui sont les vic-

19 janvier, gardes nationaux de réserve au bois de Boulogne.

times innocentes de la guerre, ne recevront aucun secours, afin que, la trêve expirée, il ne soit plus possible à leurs défenseurs de nous combattre sans les faire mourir de faim.

Voilà ce que les chefs prussiens ne craignent pas de répondre à la proposition des quatre puissances. Nous prenons à témoin contre eux le droit et la justice, et nous sommes convaincus que si, comme les nôtres, leur nation et leur armée pouvaient voter, elles condamneraient cette politique inhumaine.

Qu'au moins il soit bien établi que jusqu'à la dernière heure, préoccupé des immenses et précieux intérêts qui lui sont confiés, le Gouvernement de la défense nationale a tout fait pour rendre possible une paix qui soit digne.

On lui refuse les moyens de consulter la France. Il interroge Paris, et Paris tout entier se lève en armes pour montrer au pays et au monde ce que peut un

grand peuple quand il défend son honneur, son foyer et l'indépendance de la patrie.

Vous n'aurez pas de peine, monsieur, à faire comprendre des vérités si simples et à en faire le point de départ des observations que vous aurez à présenter lorsque l'occasion vous en sera fournie.

Agréez, etc.

Le ministre des affaires étrangères,
JULES FAVRE.

CHAPITRE IV

Création des compagnies de guerre. — Les trois armées. — Nouveaux engins de guerre.

C'était donc maintenant à Paris à prouver ce que peut un grand peuple, quand il défend son honneur, son foyer et l'indépendance de la patrie. Les 39 régiments d'infanterie de marche, créés par décret du 28 octobre 1870, achevaient de s'organiser. Un décret du 8 novembre créa, dans chaque bataillon de la garde nationale, quatre compagnies de guerre fournies par les hommes valides des catégories ci-dessous, en suivant l'ordre des catégories et en ne prenant dans l'une d'elles que lorsque la catégorie précédente aurait été épuisée :

1° Volontaires de tout âge;

2° Célibataires ou veufs sans enfants de 20 à 35 ans;

3° Célibataires ou veufs sans enfants de 35 à 45 ans;

4° Hommes mariés ou pères de famille de 20 à 35 ans;

5° Hommes mariés ou pères de famille de 35 à 45 ans.

Le décret portait en outre, articles 3 à 7 :

Art. 3. Les autres compagnies destinées au service de la défense ayant autant que possible un effectif uniforme, comprendront le reste du bataillon. Elles constitueront le dépôt et fourniront les hommes nécessaires pour combler les vides faits dans les compagnies de guerre.

Art. 4. Chacun des bataillons armés de fusils à tir rapide conservera un nombre de ses fusils égal à son effectif de guerre, et il en tiendra l'excédant à la disposition du commandant supérieur de la garde nationale, qui lui fera remettre en échange des fusils à percussion.

Art. 5. Chacun des bataillons pourvus d'armes à percussion recevra un nombre de fusils à tir rapide égal à son effectif de guerre, et il remettra, sur l'ordre du commandant supérieur de la garde nationale, l'équivalent en fusils à percussion, pour remplacer les armes à tir rapide délivrées par d'autres bataillons ;

Art. 6. Dans chaque bataillon, chacune des quatre compagnies de guerre nommera son cadre, soit dans les cadres existants du bataillon, soit parmi les gardes qui la composent.

L'effectif de ce cadre sera de :

Un capitaine, un lieutenant, un sous-lieutenant, un sergent-major, un sergent-fourrier, quatre sergents, huit caporaux, un tambour et un clairon.

Art. 7. Lorsque les quatre compagnies de guerre recevront l'ordre de participer aux opérations militaires, le commandement sera pris par le chef de bataillon ou, à son défaut, par le plus âgé des capitaines de ces compagnies.

Un autre décret régla l'organisation des régiments de cavalerie de marche, qui prirent, dans les trois subdivisions de l'arme, les numéros et les dénominations suivantes :

1er et 2e régiments de marche de cuirassiers (11e et 12e de cuirassiers).

1er, 2e et 3e régiments de marche de dragons et

1er régiment de cavalerie mixte (13e, 14e, 15e et 16e de dragons).

1er et 2e régiments de marche de lanciers (9e et 10e de lanciers).

1er régiment de marche de chasseurs et 2e régiment de cavalerie mixte (13e et 14e de chasseurs).

1er régiment de marche de hussards (9e de hussards).

Enfin trois armées furent formées sous le commandement en chef du général Trochu, ayant pour chef d'état-major général le général Schmitz, pour sous-chef le général Foy, pour commandant supérieur de l'artillerie, le général Guiod; pour commandant supérieur du génie, le général de Chabaud la Tour; pour intendant général, le général Wolf.

Voici quelle était la composition des trois armées :

PREMIÈRE ARMÉE.

Commandant en chef, général Clément Thomas.
Chef d'état-major général, colonel Montagut.
260 bataillons de garde nationale sédentaire.
Légion de cavalerie : colonel Quiclet.
Légion d'artillerie : colonel Schœlcher.

DEUXIÈME ARMÉE.

Commandant en chef, général Ducrot.
Chef d'état-major général, général Appert.
Sous-chef d'état-major, lieutenant-colonel Warnet.
Commandant de l'artillerie, général Frébault.
Commandant du génie, général Tripier.
Intendant général, intendant général Wolf, chargé spécialement du service de la deuxième armée.

PREMIER CORPS D'ARMÉE.

Commandant en chef, général Vinoy.
Chef d'état-major général, général de Valdan.
Commandant de l'artillerie, général d'Uhexi.
Commandant du génie, général du Pouët.
Intendant militaire, intendant Viguier.

Première division. — *Général de Malroy.*
Première brigade, général Martenot.
Deuxième brigade, général Paturel.

Deuxième division. — *Général de Maudhuy.*
Première brigade, colonel Valentin.
Groupe de gardes mobiles de province.
Deuxième brigade, général Blaise.

Troisième division. — *Général Blanchard.*
Première brigade, colonel Comte.
Groupe de gardes mobiles de province.
Deuxième brigade, général de la Mariouse.

DEUXIÈME CORPS D'ARMÉE.

Commandant en chef, général Renault.
Chef d'état-major général, général Ferri Pisani.
Commandant de l'artillerie, général Boissonnet.
Commandant du génie, colonel Corbin.
Intendant militaire, intendant Baillod.

Première division. — Général Susbielle.
Première brigade, colonel Bonnet.
Deuxième brigade, général Lecomte.
    Deuxième division. — Général Berthaut.
Première brigade, général Bocher.
Deuxième brigade, colonel Boutier.
    Troisième division. — Général de Maussion.
Première brigade, général Courty.
Deuxième brigade, général Avril de Lenclos.

TROISIÈME CORPS D'ARMÉE.

Commandant en chef, général d'Exéa.
Chef d'état-major général, colonel de Belgaric.
Commandant de l'artillerie, général Princeteau.
Commandant du génie, colonel Ragon.
Intendant militaire, intendant de Préval.
    Première division. — Général de Bellemare.
Première brigade, colonel Fournès.
Deuxième brigade, colonel Colonieu.
    Deuxième division. — Général Mattat.
Première brigade, général Faron.
Groupe de gardes mobiles de province.
Deuxième brigade, général Daudel.

DIVISION DE CAVALERIE.

Commandant, général de Champéron.
Chef d'état-major, chef d'escadron de Rosmorduc.
Première brigade, général de Gerbrois.
Deuxième brigade, général Cousin.
Régiment de gendarmerie à cheval, colonel Alla-
veine.

TROISIÈME ARMÉE.

SOUS LE COMMANDEMENT SPÉCIAL DU GOUVERNEUR DE
PARIS.

*Première division. — Général Soumain, commandant la
première division militaire.*
Chef d'état-major, lieutenant-colonel Péchin.
Première brigade, général Dargentolle.
Deuxième brigade, général de La Charrière.
*Deuxième division. — Vice-amiral de la Roncière, com-
mandant en chef des marins et de la circonscription de
Saint-Denis, avec son état-major constitué.*
Première brigade, colonel Lavoignet.
Deuxième brigade, colonel Hanrion.
Troisième brigade, capitaine de frégate Lamotte-
Tenet.
    Troisième division. — Général de Liniers.
Chef d'état-major, commandant de Morlaincourt.
Première brigade, colonel Filhol de Camas.
Deuxième brigade, colonel de Chamberet.
    Quatrième division. — Général de Beaufort.
Chef d'état-major, commandant Lecoq.
Première brigade, général Dumoulin.
Deuxième brigade, capitaine de frégate d'André.

    Cinquième division. — Général Corréard.
Chef d'état-major, commandant Vial.
Première brigade, lieutenant-colonel Champion.
Deuxième brigade, colonel Porion.
    Sixième division. — Général d'Hugues.
Chef d'état-major, commandant d'Elloy.
Première brigade, capitaine de frégate de Bray.
Deuxième brigade, colonel Bro.
*Septième division. — Contre-amiral Pothuau, avec son
état-major constitué.*
Première brigade, lieutenant-colonel Le Mains.
Deuxième brigade, capitaine de vaisseau Salmon.
    Cavalerie.
Première brigade, général de Bernis.
Deuxième brigade, lieutenant-colonel Blondel.

Tout semblait se disposer pour la plus énergique des
défenses. Des souscriptions nationales s'ouvraient pour
l'achat de pièces d'artillerie. On cherchait à combiner
de nouveaux engins de guerre; on inventait des com-
positions fulminantes, comme celle qui se composait de
68 parties d'azotate de baryte, de 12 parties de charbon
léger et de 20 de nitroglycérine. On faisait des expériences sur le moyen d'utiliser le picrate d'ammonia-
que même dans les armes à feu.

Une égale activité se développait dans les départements. Un décret du 3 novembre prescrivait à chaque
département de mettre, à ses frais, sur pied, dans le
délai de deux mois, autant de batteries qu'il comptait
de fois cent mille âmes de population. Les batteries devaient être fournies avec leur personnel et leur matériel, en un mot, prêtes à entrer en ligne.

L'impulsion fut telle qu'il résulte d'un rapport fait à
l'Assemblée nationale, le 19 février 1871, qu'il existait à cette époque 57 batteries complètes en matériel,
en personnel et en chevaux, et 41 batteries complètes
en matériel seulement.

Faute d'ingénieurs et d'intendants militaires, on em-
pruntait des hommes du personnel des ponts-et-chaus-
sées, des agents voyageurs au commerce.

CHAPITRE V

Opérations de l'armée de la Loire. — Bataille
de Coulmiers.

Nous avons raconté les débuts de l'armée de la Loire.
Vaincue et chassée d'Orléans, elle avait dû repasser la
Loire, et s'était reconstituée sous les ordres du général
d'Aurelles de Paladines, successeur du général de la
Motte-Rouge; elle formait un corps de soixante mille

hommes, portant le numéro 15, et composé de trois divisions : deux aux environs de Salbris, la troisième à Argent-sur-Sauldre (Cher), commandée par le général Martin des Paillères.

Un 16e corps, de 35,000 hommes, sous les ordres du général Pourcet, occupait la forêt de Marchenoir, en avant de Blois.

Dès la fin du mois d'octobre, le général d'Aurelles comptait tenter une action vigoureuse; mais il avait jugé le temps trop pluvieux, les chemins trop peu praticables, l'équipement d'une partie de la garde mobile trop défectueux. Le ministre de la guerre donnait le conseil de marcher en avant, mais voyant le général d'Aurelles plongé dans une incertitude que traduisaient les termes d'une dépêche en date de Blois, 28 octobre, 10 heures 20, il lui manda : « Vos hésitations et les craintes exprimées dans votre dépêche, m'obligent à renoncer à un plan sur la valeur duquel mon opinion n'a pas varié. En conséquence, arrêtez le mouvement et prenez de bonnes positions, en faisant exécuter immédiatement des ouvrages de défense, en utilisant la forêt de Marchenoir et en commandant les deux rives de la Loire. Avertissez des Paillères auquel, d'ailleurs, j'envoie une dépêche. »

Différées par l'irrésolution des chefs et par le courant des idées pacifiques, les opérations de l'armée de la Loire ne commencèrent que le 6 novembre. La division des Paillères s'avança par Gien sur Orléans; les deux autres, le 8, se dirigèrent vers la même ville, soutenues par le 16e corps, dont le général Chanzy avait pris la direction, en remplacement du général Pourcet, relevé pour cause de santé.

Dans la nuit du 8 au 9 novembre, le général en chef était à Poisly, où il reçut du ministre de la guerre, à Tours, une dépêche qui le prévenait de la présence d'environ quarante mille Prussiens à Orléans et aux environs : « Dans ces conditions, lui disait-il, je ne puis vous donner aucun ordre et je dois vous laisser juge; mais je désire vivement que notre plan primitif puisse s'accomplir, car son succès aurait pour nous une immense importance, surtout par ses conséquences ultérieures. Il faut tenir compte, en outre, de l'appui que vous devez attendre de l'autre côté par le corps (celui du général des Paillères) qui opère pour vous rejoindre. Il ne faut donc pas renoncer légèrement à votre marche en avant. »

On savait, en outre, que les Prussiens étaient fortement retranchés à Coulmiers, et dans des villages, des châteaux et des fermes, crénelés, barricadés à l'intérieur et dont l'approche était défendue, à l'extérieur, par ouvrages de fortification.

L'ordre de marche, arrêté dès la veille, portait qu'une partie des troupes du général Martineau irait prendre position entre le Bardon, à droite, et le château de la Touanne, à gauche; que le général Peytavin s'emparerait successivement de Baccon, de la Renardière et du Grand-Lus, pour donner ensuite la main à la droite du général de Chanzy, en vue d'attaquer le village de Coulmiers.

Les divisions Jauréguiberry et Barry, la réserve d'artillerie, et le général Dariès, avec ses bataillons de réserve, devaient soutenir ce mouvement.

Le général de Chanzy devait exécuter par Charsonville, Epieds et Gémigny, un mouvement tournant appuyé sur la gauche par la cavalerie du général Reyau, lequel avait pour instructions de chercher à déborder, autant que possible, l'ennemi par sa droite. Les francs-tireurs de Paris, sous les ordres du lieutenant-colonel Lipowski, avaient l'ordre d'appuyer, sur la gauche, le mouvement de la cavalerie.

Dès huit heures du matin, toutes les troupes se mettent en mouvement, après avoir mangé la soupe. A neuf heures et demie, le général en chef, arrivé devant Baccon, trouve l'armée rangée en bataille sur deux lignes, dans un ordre admirable. Tout en elle annonce la confiance.

Le temps est froid et sombre; la journée cependant s'annonce bien, et au jour, le brouillard commence à se dissiper.

L'action commence autour de Baccon, village situé sur une éminence, d'où l'on domine la plaine dépouillée de ses récoltes, et bornée, du côté de la Loire, par des taillis.

La division Peytavin emporte d'assaut Baccon, le château de la Renardière, et le château du Grand-Lus, ayant sa gauche du côté du village de Coulmiers.

Les troupes du général Barry, arrêtées dans leur marche par l'artillerie ennemie, rejoignent à deux heures et demie les tirailleurs de la division Peytavin, et s'élancent au pas de course aux cris de : Vive la France! dans les bois et les jardins situés au sud de Coulmiers. On essaye de pénétrer dans le village : l'ennemi qui s'y est retranché, et qui a sur ce point une grande partie de ses forces et de son artillerie, fait les plus grands efforts pour s'y maintenir afin de protéger la retraite des troupes de sa gauche, qui se trouvent d'autant plus compromises que notre mouvement en avant s'accentue davantage. Pour faire cesser cette résistance, le général en chef appelle le général Dariès et la réserve d'artillerie. Cette dernière s'établit en batterie à hauteur du Grand-Lus, et, après un feu des plus violents de plus d'une demi-heure, finit par réduire au silence les batteries de l'ennemi. En ce moment les tirailleurs, soutenus par quelques bataillons du général Barry, conduits par le général en personne, reprennent leur marche en avant, et entrent dans le village, d'où ils chassent l'ennemi vers quatre heures du soir.

Dans cette attaque, les troupes du général Barry, 7e bataillon de chasseurs de marche, 31e régiment d'infanterie de marche, et le 22e régiment de mobiles (Dordogne), montrèrent beaucoup de vigueur et d'entrain.

A gauche du général Barry, une partie des troupes du contre-amiral Jauréguiberry, éclairées sur leur gauche par les francs-tireurs du commandant Liénard, traversent Charsonville et Epieds, et arrivent devant Cheminiers, où elles sont assaillies par une grèle d'obus. Elles déploient leurs tirailleurs, mettent leurs batteries en position et continuent leur marche en ouvrant un feu de mousqueterie.

La lutte que soutinrent ces troupes fut d'autant plus sérieuse qu'elles furent longtemps exposées non-seulement aux feux partant de Saint-Sigismond et de Gérigny qui étaient devant elles, mais encore à ceux de Coulmiers et de Rosières qui n'attiraient pas encore l'attention du général Barry.

Au plus fort de l'action, le général Reyau fit prévenir le général de Chanzy que sa cavalerie avait éprouvé une résistance sérieuse, que son artillerie avait fait de grandes pertes en hommes et en chevaux, qu'elle n'avait plus de munitions et qu'on était dans l'obligation de se retirer.

Pour éviter un mouvement tournant qu'aurait pu tenter une armée composée du 1er corps bavarois et assistée de cavalerie et d'artillerie prussienne, le général de Chanzy porta la réserve du 16e corps, la brigade Bourgillon, en avant, dans la direction de Saint-Sigismond, en la faisant soutenir par le reste de son artillerie de réserve.

Pendant ce temps, la division commandée par le contre-amiral Jauréguiberry s'emparait des villages de Champs et d'Ormeteau.

C'était le dernier refuge des Allemands.

Ils avaient crénelé ces points avec soin, et les avaient admirablement disposés pour la défense.

Aussi se mirent-ils en pleine retraite, après un inutile retour offensif sur Coulmiers.

Deux batteries de huit, placées derrière le parc du Grand-Lus, font taire les batteries des Prussiens, et déciment les troupes en retraite sur Patay par la route de Bucy-Saint-Liphard, laissant entre nos mains plus de deux mille prisonniers, évacuant successivement non-seulement toutes les positions retranchées qu'elles occupaient derrière la Mauve et dans les environs d'Orléans, mais encore forcées d'abandonner en toute hâte cette ville, pour battre en retraite sur Artenay, par Saint-Péravy et Patay.

La pluie et la neige qui étaient tombées toute la nuit et dans la journée du lendemain, et qui avaient détrempé les terres, rendirent impossible une poursuite qui eût pu nous donner de plus grands résultats. Malgré ces difficultés, une reconnaissance poussée jusqu'à Saint-Péravy, s'empara de deux pièces d'artillerie, d'un convoi de munitions et d'une centaine de prisonniers dont cinq officiers.

Le général des Paillères, dont la marche sur Orléans avait été calculée sur une plus longue résistance de l'ennemi, s'avance pendant quatorze heures, dans la journée du 9, dans la direction du canon, et, malgré tous ses efforts, ses têtes de colonnes ne purent arriver à la nuit que jusqu'à Chevilly.

Nos troupes d'infanterie de ligne et nos mobiles, qui voyaient le feu pour la première fois, notamment ceux de la Dordogne et de la Sarthe, furent admirables d'entrain, d'aplomb et de solidité.

L'artillerie mérita de grands éloges, car, malgré des pertes sensibles, elle dirigea son feu et manœuvra sous une grèle de projectiles, avec une précision et une habileté remarquables.

Nos pertes, dans cette journée, furent d'environ 1,500 hommes tués ou blessés.

Le colonel de Foulonge, du 31e de marche, fut tué.

Le général de division Ressayre, commandant la cavalerie du 16e corps, fut blessé par un éclat d'obus.

Le rapport officiel allemand porte les pertes de l'armée bavaroise à 42 officiers et 650 hommes tués ou blessés; certains rapports donnent un chiffre de 53 officiers tués, 5,000 hommes tués ou blessés.

Les vainqueurs, à la nuit tombante, établirent leurs bivouacs sur le lieu même où ils avaient combattu. Le général d'Aurelles de Paladines plaça son quartier général au château de Grand-Lus, où de nombreux blessés furent transportés.

La chapelle, séparée de l'habitation, était transformée en ambulance ainsi que plusieurs autres dépendances du château, mises généreusement par le propriétaire, M. de Gourcy, à la disposition des médecins.

Ceux-ci prodiguaient, avec leur dévouement accoutumé, aux soldats mutilés des deux nations, les soins que réclamaient leurs blessures.

A peine descendu de cheval, le général d'Aurelles visita l'ambulance. Nos soldats ne faisaient entendre aucune plainte; ils étaient remplis de confiance et de courage.

Ce premier devoir accompli, le général en chef envoya au ministère de la guerre la dépêche télégraphique suivante :

Château du Grand-Lus, 9 novembre, 8 h. du soir.

Le combat a duré jusqu'à la nuit. Les troupes du 15e corps occupent Bardon, les châteaux de la Touanne, de la Renardière, du Grand-Lus et Coulmiers.

Le général Chanzy, qui avait commencé l'attaque de Gémigny pour exécuter son mouvement tournant, a été obligé de reporter sa gauche en arrière, parce que le général Reyau, qui devait se diriger sur Saint-Péravy, l'a fait prévenir que de fortes colonnes ennemies le menaçaient sur sa gauche.

Après avoir lutté avec son artillerie qui a beaucoup souffert, le général Reyau s'est replié sur Prénouvellon. Par suite, le général Chanzy prépare son mouvement, pour résister à l'attaque dont il est menacé, en occupant Cheminiers et Poiseaux.

Son quartier général est à Epieds.

Pendant la nuit, le temps était devenu très-mauvais ; au point du jour, la pluie continuait à tomber.

Les reconnaissances faites de grand matin annonçaient un mouvement rétrograde de l'armée allemande ; sa retraite n'était pas encore connue, mais divers renseignements, donnés par des personnes venues d'Orléans pendant la nuit, la faisaient pressentir.

Bientôt cette nouvelle prit un caractère de certitude et se répandit avec rapidité ; l'armée allemande avait évacué Orléans et pris la route d'Étampes.

Pourquoi le général d'Aurelles ne profita-t-il pas de sa victoire ? Pourquoi ne se mit-il pas à la poursuite de l'ennemi avec assez de vigueur pour consommer sa déroute et l'écraser ?

Le général d'Aurelles, dans l'intéressant ouvrage qu'il a fait paraître chez Plon au mois de janvier 1871, a répondu en ces termes à ces questions :

« La bataille n'avait fini qu'à la nuit, la cavalerie, qui, lancée sur les lignes de retraite de l'ennemi, aurait pu entamer la poursuite et donner de bons résultats, était retournée dans ses cantonnements à Prénouvellon.

« Il faut bien considérer aussi que le général Chanzy, craignant d'être tourné, avait fait porter sa gauche en arrière. On ne songeait donc à rien moins qu'à poursuivre l'ennemi, puisqu'on s'attendait pour le lendemain à une attaque de front combinée avec une autre attaque sur le flanc gauche. Comme toujours les troupes se gardèrent bien, étendirent leurs grand'gardes et leurs petits postes aussi loin que possible, mais rien ne fut signalé.

« Une pluie glaciale, mêlée de neige, commençait à tomber, la nuit était sombre à tel point que le lendemain matin seulement on s'aperçut que l'ennemi avait battu en retraite.

« La fatigue des hommes était grande, et il aurait été imprudent de les pousser en avant après la bataille.

« D'ailleurs, le général en chef était opposé à toute espèce d'opérations de nuit : si elles sont dangereuses même avec des troupes aguerries, elles le deviennent bien plus avec de jeunes troupes ; il en résulte presque toujours des paniques, des méprises.

Le lendemain il était trop tard. Les Allemands font de très-grandes étapes, s'arrêtant à peine ; ils avaient douze heures d'avance et se rapprochaient de leur base d'opération, le cercle d'investissement de Paris, où ils allaient trouver de puissants secours.

« L'armée bavaroise ressemblait à une grand'garde qui aurait été repoussée sur le corps principal.

« Étampes n'est qu'à douze lieues de Coulmiers et était à une forte journée de marche seulement des réserves allemandes. De Tann devait donc trouver, en arrivant dans cette ville, une armée de soutien.

« Il fallait se contenter du résultat obtenu ; la victoire de Coulmiers avait mis la dernière main à l'œuvre entreprise par le général d'Aurelles ; son armée, solide, disciplinée, avait après la bataille confiance en elle-même et en ses chefs. »

Coulmiers n'était donc, dans la pensée du général en chef, que le prélude des grands combats qui devaient suivre.

Deux pièces d'artillerie, des caissons de munitions et des voitures de bagages furent pris par le commandant de Lambilly, chef d'état-major de l'amiral Jauréguiberry. Apprenant au point du jour que l'ennemi était en pleine retraite, et que sa dernière colonne de bagages et d'artillerie venait de traverser Saint-Péravy, il n'hésita pas à se jeter à sa poursuite avec ce qu'il avait sous la main, les pelotons d'escorte de l'amiral, comprenant environ cinquante cavaliers des 6e dragon et 1er hussards ; ils furent appuyés à distance par un bataillon d'infanterie. Ils rencontrèrent la colonne ennemie à sa sortie de Saint-Péravy, gagnèrent au galop la tête du convoi, sabrant tout ce qui se trouvait sur leur passage. Ils ramenèrent deux canons, vingt-neuf voitures de munitions, et une centaine de prisonniers, dont cinq officiers.

Le 10 au matin, les cloches d'Orléans et des villages environnants sonnaient à toute volée pour célébrer la journée de Coulmiers.

Au milieu de la nuit, les ambulances s'étaient mises en mouvement, malgré le mauvais temps, avaient parcouru en tous sens le champ de bataille pour recueillir les blessés et enlever les morts. Le nombre en paraissait assez considérable, mais il était encore impossible de s'en rendre un compte exact. Beaucoup de blessés s'étaient traînés dans les fermes voisines pour y chercher un abri ; malheureusement quelques-uns avaient dû succomber, faute des soins immédiats qu'on n'avait pu leur donner.

En pure perte sonnaient les cloches d'Orléans. Il y avait encore là une occasion perdue ; la victoire de Coulmiers aurait pu ouvrir à l'armée de la Loire le chemin de Paris.

Dans une dépêche du 23 octobre, Jules Favre oscillait entre l'espérance d'un arrangement et celle d'une victoire décisive.

Il concluait en disant : « Paris débloqué, la guerre est finie ! il faut donc marcher sur Paris, qui doit être l'objectif. » Et il répétait le 28 : « Nous pouvons agir efficacement dans quinze jours, il faut que vous agissiez à ce moment. 120,000 hommes de nos meilleures troupes au point convenu. »

Le 2 novembre, fut tenu un conseil de guerre auquel vint assister Gambetta. Le général en chef y émit l'opinion qu'il n'avait pas assez de forces pour lutter contre les masses qui ne manqueraient pas de l'assaillir et que le mieux était de repasser dans les anciennes positions ; son opinion fut combattue vivement, et on décida qu'on fortifierait à la hâte Orléans pour en faire une base d'opérations et que Paris resterait l'objectif.

L'armée du prince Frédéric-Charles approchait, et

le général d'Aurelles en était prévenu par une lettre de Gambetta, en date de Tours, le 13 novembre : « Il importe, écrivait-il, de ne pas s'enfermer indéfiniment dans Orléans ; mais il faut au contraire envisager le camp retranché que vous y faites établir comme un refuge dans lequel vous rentrerez après des expéditions heureuses. Il serait dangereux d'attendre patiemment à Orléans que des forces supérieures vinssent vous attaquer. Si, par exemple, une occasion favorable s'offrait d'écraser à quelque distance un corps inférieur en nombre, vous devriez évidemment en profiter.

« Or, la situation présente est celle-ci : d'un côté, au delà d'Artenay, sont réunies des forces que les évaluations les plus élevées mettent à 55,000 hommes, et que je suppose devoir être d'une quarantaine de mille, avec une nombreuse artillerie. En même temps des corps paraissent vouloir venir du côté de Pithiviers et de Montargis. Peut-être que d'autres encore viennent de Paris ou de Chartres. Je n'en suis point inquiet, car je crois fermement que vous serez en mesure de résister à leurs efforts combinés. Mais la question se pose de savoir s'il ne serait pas avantageux pour vous, de vous porter au-devant de ces diverses forces et de les écraser successivement. Ainsi, n'y aurait-il pas lieu, par exemple, de vous porter au-devant d'Artenay et d'y livrer bataille avant l'arrivée des renforts ? »

Le général d'Aurelles ne fit rien de ce qui lui était recommandé. M. de Freycinet, dans son histoire de la *Guerre en province*, rapporte qu'il lui manda le 19 novembre : « Je vous engage à étudier avec nos généraux la meilleure direction à cette force totale de 250,000 hommes (y compris le 21e corps en formation au Mans) que vous allez avoir sous la main. Nous ne pouvons demeurer éternellement à Orléans. Paris a faim et nous réclame. Étudions donc la marche à suivre pour arriver à nous donner la main avec Trochu qui marcherait à notre rencontre avec 150,000 hommes en même temps qu'une diversion serait tentée dans le Nord. »

Le général d'Aurelles resta inactif, en invoquant ce prétexte :

· « Pour étudier un plan à suivre, pour arriver à donner la main au général Trochu, il serait nécessaire que je fusse au courant de ce qui se passe à Paris et des intentions de cet officier général. »

Un écrivain anglais, dans une étude publiée par le *Blackwood Magazine* sur la campagne de la Loire, est, de tous ceux qui ont traité le même sujet, celui dont le jugement est le plus net et le plus exact. « Après la victoire de Coulmiers, dit-il, une rare et précieuse occasion se présentait de pousser en avant. Le succès était alors aussi certain qu'il deviendrait peu probable par la suite, car l'armée de la Loire si nombreuse qu'elle fût alors ne pouvait plus lutter contre les forces combinées du prince Frédéric-Charles et du duc de Mecklembourg. Les amis de la France ne pourront lire cette page de l'histoire de la campagne sans en ressentir un bien amer regret. Pour la première fois, depuis l'ouverture des hostilités, les Français avaient remporté une victoire réelle ; pour la première fois aussi les Allemands avaient commis une erreur, en laissant à découvert, le 10 novembre, toute la partie méridionale de Paris. Le prince Rouge était en arrière de huit journées de marche. Et cependant d'Aurelles de Paladines ne voulut pas se mettre en marche. S'il se fût immédiatement porté en avant comme un général allemand l'eût fait, dans trois jours il se serait trouvé sur les bords de la Seine ; Versailles aurait été évacué et le siège de Paris immédiatement levé. A coup sûr une grande bataille aurait été livrée dans la semaine suivante et sitôt après l'arrivée du prince Rouge ; mais quel qu'eût été le résultat de cette rencontre, et en admettant que la victoire fut restée du côté des Allemands, un puissant effet moral n'en eût pas moins été produit. Paris aurait été ravitaillé et l'issue de la guerre en aurait été matériellement modifiée.

« La bataille de Coulmiers, bien qu'elle ait eu lieu une semaine trop tard, est toutefois arrivée assez tôt pour ouvrir la porte à d'utiles et actifs mouvements. Mais la cavalerie est allée tranquillement se coucher au moment même où ses services étaient devenus le plus nécessaires pour courir sus aux Bavarois mis en déroute complète. Le général d'Aurelles de Paladines a prétendu que ses troupes étaient trempées et qu'elles avaient froid : soit ; mais les troupes allemandes n'étaient-elles pas dans une situation pire encore ? N'étaient-elles pas également mouillées et refroidies ? Ainsi se passèrent des heures précieuses, et lorsque l'armée de la Loire se décida à se mettre en mouvement, il était trop tard pour compter sur le succès. »

CHAPITRE VI

Combats autour d'Orléans. — Les volontaires de Garibaldi. — Opérations dans l'Est. — Le général Cambriels. — Défense de Dijon. — Marche du duc de Mecklembourg. — Forteresses prises. — Bataille de Dury. — Occupation d'Amiens.

Après s'être inutilement chamaillée avec le général d'Aurelles, la délégation de Tours prit sur elle d'ordonner un mouvement des 18e et 10e corps, et d'une division du 15e sur Pithiviers, Ladon, Maizières et Beaune-la-Rolande. Du 24 au 28 novembre, ils y subirent glorieusement l'attaque de forces supérieures.

Ce fut la petite ville de Ladon qui, le 24 novembre, servit de théâtre au premier choc de l'armée de la Loire contre les troupes du Prince Frédéric Charles, sur la route de Montargis à Orléans.

Une escouade de chasseurs à cheval, deux compagnies d'infanterie de ligne, un demi-bataillon de mobiles et deux pièces de canon de petit calibre soutinrent pendant quatre heures l'effort d'une colonne prussienne de plus de 7,000 hommes, appuyée d'une formidable artillerie.

Des opérations militaires avaient lieu en même temps sur tous les points du territoire.

Au commencement de novembre, le petit corps de volontaires que commandait Garibaldi, et qui était à Dôle, reçut l'ordre de se transporter à Autun, afin de protéger la ligne de Nevers.

Dans l'Est, l'armée placée sous les ordres du général Cambriels, dont on avait faussement annoncé des succès remportés au pied des Vosges, était cantonnée à Besançon faute d'un effectif et d'un matériel suffisants pour entamer une campagne. Gambetta était venu rendre visite le 13 octobre au général Cambriels, et avait arrêté les bases d'une réorganisation indispensable; mais en attendant qu'elle fût même commencée, les Allemands avaient pu occuper Gray, Vesoul, puis Dijon, dont les gardes nationaux se défendirent héroïquement, le 19 octobre de sept heures du matin à quatre heures du soir, et qui ne céda qu'après avoir été cruellement bombardée.

Souffrant des suites d'une blessure qu'il avait reçue à la tête à Sédan, le général Cambriels eut pour successeur le général Crouzat, qui sortit de Besançon le 8 novembre, et rejoignit à Chagny, 22 novembre, un corps de vingt mille hommes, sous les ordres du colonel Bonnet. Il n'y resta que quatre jours, ayant été appelé à renforcer l'armée de la Loire dont les soldats, au nombre de trente ou quarante mille, formèrent à Gien le 20e corps.

Dans l'Ouest, les troupes allemandes commandées par le duc de Mecklembourg ne trouvèrent devant elles que des bataillons dont l'organisation, quoique poussée activement, était imparfaite ; elles purent, après des combats rapidement terminés, occuper la Loupe, Nogent-le-Rotrou, et se diriger sur le Mans.

Plusieurs de nos places fortes, bien que vaillamment défendues, étaient tombées au pouvoir de l'ennemi après d'impitoyables bombardements. Après Metz, livrée presque sans résistance à M. de Bismark, nous avions perdu le fort Mortier avec 220 prisonniers, et 55 canons ; Verdun, avec 4,163 prisonniers, 136 canons et 23,000 fusils; Neufbrisach, avec 8,000 fusils et cent canons; Thionville, avec 74,000 prisonniers et 200 canons ; la Fère, avec 2,000 prisonniers et 70 canons.

Dans le Nord, une armée d'environ soixante mille hommes, placée d'abord sous les ordres de Bourbaki que remplaça Faidherbe, rencontra le 24 novembre, près d'Amiens, l'avant-garde du corps d'armée que le général de Manteuffel ramenait de Metz. Sur le champ de bataille de Dury, le 27 novembre 1870, luttèrent héroïquement les soldats du 17e bataillon de chasseurs à pied, du 43e de

ligne, les mobiles de la Marne, les marins de Toulon, ceux de Brest, dont un lieutenant nommé Meunier, commandant la deuxième batterie, pointa lui-même ses pièces jusqu'à sa troisième et dernière blessure, et tomba à côté de son adjudant et de dix sous-officiers.

Amiens fut occupé par l'armée allemande, dont une partie s'y installa tandis qu'une autre se dirigeait sur Rouen.

CHAPITRE VII

Première bataille de Champigny. — La vraie campagne. — Proclamation du 4 novembre. — Avis donné aux départements.

Pendant ces marches et contre-marches dans les départements, l'ennemi était immobile devant Paris, comme le tigre qui guette sa proie.

Des coups de feu, des canonnades étaient échangées ; des escarmouches avaient lieu aux environs de Saint-Cloud, de Villetaneuse, de Gennevilliers. De celle qui eut le plus d'importance, le théâtre fut Champigny. Dans ce village, qu'une seconde bataille a rendu à jamais célèbre, les Prussiens avaient établi des magasins à fourrages ; une fabrique de chapeaux de feutre avait été convertie en poste-caserne, et renfermait un détachement considérable d'infanterie. D'autre part, le génie prussien travaillait sans relâche aux épaulements destinés à mettre la localité en état de défense. Une partie des équipages était abritée dans les granges abandonnées par leurs propriétaires ; un fort détachement de cavalerie était installé dans la ferme du Tremblay, située à une centaine de mètres du viaduc de Nogent-sur-Marne.

Il fallait sacrifier ce malheureux village d'où les Allemands pouvaient non-seulement menacer nos redoutes, mais encore inquiéter sans relâche notre ligne d'avant postes et rendre le service d'éclaireurs difficile, sinon impossible.

En conséquence, le 13 novembre, à une heure précise de l'après-midi, le fort de Joinville (redoute de la Faisanderie), d'une part, et le fort de Nogent, de l'autre, ouvrirent un feu concentrique sur Champigny. Un quart d'heure après, une bombe partie de Joinville mit le feu à la toiture des magasins de la fabrique de chapeaux. La flamme jaillit aussitôt et ne tarda pas à gagner l'économat : à partir de ce moment, la fabrique servit de cible à notre artillerie. Les bombes tombaient coup sur coup, et bientôt les vastes bâtiments qui la composent flambaient à la fois. On voyait les Prussiens

Patay. — Charge des zouaves pontificaux.

s'enfuir par bandes, la plupart tête nue et sans arme et chercher un abri dans les bois de Cœuilles.

Une demi-batterie de mitrailleuses, masquée par une redoute établie à Saint-Maur-les-Fossés prit les fuyards en flanc et leur tua beaucoup de monde. La pluie de projectiles continuait, et bientôt les maisons qui entourent l'église sont la proie des flammes. Comme dans la fabrique, les Prussiens s'y étaient établis, et en furent délogés : là aussi les mitrailleuses contribuèrent à parfaire l'œuvre du canon. La ferme du Tremblay semblait d'abord être à l'abri des coups. Mais avant même qu'on eût pu l'atteindre, cavaliers et chevaux s'enfuirent pêle-mêle. Les montures n'avaient pas été sellées et sautaient au hazard; on retrouva quelques chevaux noyés dans la Marne. A quatre heures le feu avait été mis à quatre coins différents et la position était rendue intenable pour l'ennemi.

Le nombreux tirailleurs de la ligne et des francs-ti-

reurs appartenant aux différents corps francs étaient embusqués derrière les peupliers de l'Ile-de-Beauté et sous les colonnes du viaduc. Ainsi abrités, ils dirigèrent une fusillade très-efficace sur le village bombardé. Les Prussiens ripostèrent, mais sans produire grand effet. Les coups de fusil des nôtres, au contraire, tombant au milieu des masses épaisses des fuyards, manquaient rarement leur but. Profitant de la confusion que les bombes avaient jetée parmi l'ennemi, les francs-tireurs pénétrèrent dans Champigny, et se battirent dans les rues. Des monceaux de fourrages étaient amoncelés derrière l'église ; les francs-tireurs y mirent le feu ainsi qu'à plusieurs maisons dont les caves recélaient des Prussiens.

Les mitrailleuses avaient opéré un mouvement en avant, et de la redoute de Saint-Maur s'étaient avancées jusqu'à 400 mètres de Champigny en soutenant les opérations des francs-tireurs.

Le rapport militaire sur cette première affaire de Champigny est ainsi conçu :

14 novembre 1870, matin.

Hier, dans la journée, l'ennemi, délogé du village et du territoire de Champigny par les obus de la Faisanderie et les mitrailleuses de Joinville, s'est réfugié dans une maison à l'est du chemin de fer, d'où les obus du fort de Nogent n'ont pas tardé à le chasser également.

La redoute de Gravelle a tiré sur les ouvrages de Montmesly ; et, bien qu'à 5,200 mètres, elle les a fortement endommagés. L'observatoire de Vincennes a vu plusieurs projectiles atteindre la batterie elle-même.

Le fort de Charenton a tiré sur les ouvrages de l'ennemi au-dessus de Thiais et inquiété les travailleurs.

Le gouverneur de Paris a visité hier les redoutes des Hautes-Bruyères et du Moulin-Saquet.

Le gouverneur de Paris,

P. O. Le général, chef d'état-major général,

SCHMITZ.

Pour copie conforme :

Le ministre de l'intérieur par intérim,

JULES FAVRE.

Quelques jours avant le 14 novembre, si l'on en croit le journal *la Vérité,* le général Vinoy aurait prononcé ce mot : « Enfin, nous allons commencer la vraie campagne ! »

Le 14 novembre, parut une longue proclamation du général Trochu aux citoyens de Paris, à la garde nationale, à l'armée et à la garde nationale mobile. Il y annonçait une ferme volonté dans la résistance, signalait les efforts accomplis et réclamait des plus grands. « L'avenir les exige, disait-il, car le temps nous presse. Mais le temps presse aussi l'ennemi, et ses intérêts, et le sentiment public de l'Allemagne, et la conscience publique européenne le pressent encore plus. Il ne serait pas digne de la France, et le monde ne comprendrait pas que la population et l'armée de Paris, après s'être si énergiquement préparées à tous les sacrifices, ne sussent pas aller plus loin : c'est-à-dire souffrir et combattre jusqu'à ce qu'elles ne puissent plus ni souffrir ni combattre. Ainsi serrons nos rangs autour de la République et élevons nos cœurs.

« Je vous ai dit la vérité telle que je la vois. J'ai voulu montrer que notre devoir était de regarder en face nos difficultés et nos périls, de les aborder sans trouble, de nous cramponner à toutes les formes de la résistance et de la lutte. Si nous triomphons, nous aurons bien mérité de la patrie en donnant un grand exemple. Si nous succombons, nous aurons légué à la Prusse, qui aura remplacé le premier empire dans les fastes sanglants de la conquête et de la violence, avec une œuvre impossible à réaliser, un héritage de malédic-

tions et de haines sous lequel elle succombera à son tour. »

Dans une dépêche expédiée par un ballon qui eut le tort d'aller tomber en Norwége, d'où sa cargaison fut ramenée à Tours, le général Trochu mandait, le 18 novembre :

« Les nouvelles reçues de l'armée de la Loire m'ont naturellement décidé à sortir par le Sud et à aller au devant d'elle coûte que coûte ; c'est lundi (28 novembre) que j'aurai fini mes préparatifs poussés de jour et de nuit. Mardi 29, l'armée extérieure, commandée par le général Ducrot, le plus énergique de nous, abordera les positions fortifiées de l'ennemi, et, s'il les enlève, poussera vers la Loire, probablement dans la direction de Gien. »

CHAPITRE VIII

Grands préparatifs d'une sortie de l'armée parisienne. — Trois proclamations. — Seconde bataille de Champigny.

Trois proclamations annoncèrent aux Parisiens la détermination prise par les chefs de la défense.

La première émanait du Gouvernement :

Le Gouvernement de la défense nationale à la population de Paris.

Citoyens,

L'effort que réclamaient l'honneur et le salut de la France est engagé.

Vous l'attendiez avec une patriotique impatience que vos chefs militaires avaient peine à modérer. Décidés comme vous à débusquer l'ennemi des lignes où il se retranche et à courir au-devant de vos frères des départements, ils avaient le devoir de préparer de puissants moyens d'attaque. Ils les ont réunis ; maintenant ils combattent ; nos cœurs sont avec eux. Tous, nous sommes prêts à les suivre, et, comme eux, à verser notre sang pour la délivrance de la patrie.

A cette heure suprême où ils exposent noblement leur vie, nous leur devons le concours de notre constance et de notre vertu civique. Quelle que soit la violence des émotions qui nous agitent, ayons le courage de demeurer calmes. Quiconque fomenterait le moindre trouble dans la cité trahirait la cause de ses défenseurs et servirait celle de la Prusse. De même que l'armée ne peut vaincre que par la discipline, nous ne pouvons résister que par l'union et l'ordre.

Nous comptons sur le succès, nous ne nous laisserions abattre par aucun revers.

Cherchons surtout notre force dans l'inébranlable

résolution d'étouffer, comme un germe de mort honteuse, tout ferment de discorde civile.

Vive la France ! Vive la République !

JULES FAVRE, *vice président du Gouvernement* ; EMMANUEL
ARAGO, JULES FERRY, GARNIER-PAGÈS, EUGÈNE PELLETAN,
ERNEST PICARD, JULES SIMON, *membres du Gouvernement;*
GÉNÉRAL LE FLÔ, DORIAN, J. MAGNIN, *ministres*; ANDRÉ
LAVERTUJON, F. HÉROLD, A. DRÉO, DURIER, *secrétaires
du Gouvernement.*

Paris, 28 novembre 1870.

La seconde proclamation était du général Trochu :

Citoyens de Paris,
Soldats de la garde nationale et de l'armée,

La politique d'envahissement et de conquête entend
achever son œuvre. Elle introduit en Europe et prétend
fonder en France le droit de la force. L'Europe peut
subir cet outrage en silence, mais la France veut combattre, et nos frères nous appellent au dehors pour la
lutte suprême.

Après tant de sang versé, le sang va couler de nouveau. Que la responsabilité en retombe sur ceux dont
la détestable ambition foule aux pieds les lois de la civilisation moderne et de la justice. Mettant notre confiance en Dieu, marchons en avant pour la patrie.

Le Gouverneur de Paris,
GÉNÉRAL TROCHU.

Paris, le 28 novembre 1870.

Venait enfin la proclamation du général Ducrot « le
plus énergique d'eux tous. »

Soldats de la 2e armée de Paris !

Le moment est venu de rompre le cercle de fer qui
nous enserre depuis trop longtemps et menace de nous
étouffer dans une lente et douloureuse agonie ! A vous
est dévolu l'honneur de tenter cette grande entreprise :
vous vous en montrerez dignes, j'en ai la certitude.

Sans doute, nos débuts seront difficiles; nous aurons
à surmonter de sérieux obstacles : il faut les envisager
avec calme et résolution, sans exagération comme sans
faiblesse.

La vérité la voici : dès nos premiers pas, touchant
nos avant-postes, nous trouverons d'implacables ennemis, rendus audacieux et confiants par de trop nombreux succès. Il y aura donc là à faire un vigoureux
effort, mais il n'est pas au-dessus de vos forces. Pour
préparer votre action, la prévoyance de celui qui nous
commande en chef a accumulé plus de 400 bouches à
feu, dont deux tiers au moins du plus gros calibre; aucun obstacle matériel ne saurait y résister, et, pour
vous élancer dans cette trouée, vous serez plus de
150,000, tous bien armés, bien équipés, abondamment
pourvus de munitions, et, j'en ai l'espoir, tous animés
d'une ardeur irrésistible.

Vainqueurs dans cette première période de la lutte,
votre succès est assuré, car l'ennemi a envoyé sur les
bords de la Loire ses plus nombreux et ses meilleurs
soldats ; les efforts héroïques et heureux de nos frères
les y retiennent.

Courage donc et confiance! songez que, dans cette
lutte suprême, nous combattrons pour notre honneur,
pour notre liberté, pour le salut de notre chère et malheureuse patrie, et, si ce mobile n'est pas suffisant pour
enflammer vos cœurs, à vos champs dévastés, à vos
familles ruinées, à vos sœurs, à vos femmes, à vos
mères désolées!

Puisse cette pensée vous faire partager la soif de
vengeance, la sourde rage qui m'animent, et vous inspirer le mépris du danger.

Pour moi, j'y suis bien résolu, j'en fais le serment
devant vous, devant la nation tout entière : je ne rentrerai dans Paris que mort ou victorieux; vous pourrez
me voir tomber, mais vous ne me verrez pas reculer.
Alors, ne vous arrêtez pas, mais vengez-moi.

En avant donc! en avant, et que Dieu nous protége !

Le général en chef de la 2e armée de Paris,

A. DUCROT.

Le 28, les portes de Paris furent fermées et dans le
bois de Vincennes fut concentrée une armée qu'on peut
évaluer à plus de 80,000 hommes.

Le plan arrêté consistait en ceci : tandis que le général Vinoy au Sud, l'amiral La Roncière au Nord, le
général Lavoignet à l'Est, exécuteraient quelques démonstrations offensives, capables de donner le change
à l'ennemi, la deuxième armée, conduite par le général
Ducrot, passerait la Marne sur plusieurs ponts, et, s'é-
tendant sur la rive gauche de la rivière, déploierait un
vaste front de bataille, dont la gauche aurait pour objectif Bry-sur-Marne ; le centre, les hauteurs de Villiers,
et la droite Champigny. Les mouvements devaient être
appuyés par la puissante artillerie des forts et par des
batteries installées dans la presqu'île de Saint-Maur.

On ne pouvait, il est vrai, espérer surprendre les
Prussiens et leur dérober les vastes concentrations de
troupes rendues nécessaires. Mais en leur donnant le
change, à l'aide d'attaques simultanées, sur le point où
devait se porter l'effort principal, il y avait tout lieu de
croire que la ligne d'investissement, très faible d'ailleurs, serait facilement percée. Enfin, le terrain, habilement choisi, permettait d'arriver, par des pentes
douces, jusqu'à Chennevières; les larges avenues du
Tremblay et de Champigny rendaient faciles les manœuvres de l'artillerie.

Ce plan fut exactement suivi.

Au Sud, dans la soirée du 28, le général Vinoy commença une démonstration sur l'Hay et Chevilly.

Au Nord, le général Henrion s'empara d'Épinay. Ce
village avait été fortifié et barricadé par les Prussiens,

mais ils ne purent résister à l'élan de nos jeunes mobiles et de nos braves marins; la position fut emportée d'assaut. Les pertes de l'ennemi furent assez grandes; de plus, on leur prit deux mitrailleuses et quatre-vingt-neuf prisonniers.

Nous eûmes près de 250 hommes hors de combat.

Le vice-amiral la Roncière-le-Noury, dans un ordre du jour, exprima aux combattants toute sa satisfaction.

« La diversion que nous étions chargés d'opérer a, dit-il, pleinement réussi. Notre action était limitée; par votre entrain, votre vigueur sous le feu de l'ennemi, vous l'avez grandie. Vous avez complétement répondu à la confiance que j'avais en vous, et vous avez utilement secondé le mouvement général.

» J'ai le ferme espoir que lorsque le jour reviendra de se dévouer au salut de la patrie, je vous retrouverai encore aussi résolus. Vous resterez dignes de la grande tâche que nous avons à accomplir. »

A l'Est, conformément aux arrangements pris, les marins commandés par le vice-amiral Saisset, et soutenus par la division d'Hugues, escaladèrent le plateau d'Avron, et y construisirent des ouvrages défensifs. Mais le véritable théâtre de l'action devrait être Champigny.

De ce côté, la lutte fut retardée par une crue subite qui emporta les ponts établis sur la Marne. Conjoncture fâcheuse, car la nuit du 28 au 29 novembre fut exceptionnellement froide, et les 50,000 hommes qui bivouaquaient dans le bois de Vincennes en souffrirent d'autant plus que, pour alléger leur bagage, déjà très-volumineux, la couverture leur avait été enlevée. De plus, par mesure de précaution, et pour dissimuler à l'ennemi, campé sur les hauteurs voisines, la présence dans le bois d'une grande agglomération de troupes, il avait été interdit d'allumer aucun feu, que les arbres dénudés n'auraient pas suffi à masquer.

La journée du 29 s'écoula sans incident notable. Il était évident pour tout le monde que la grande bataille était pour le lendemain, et chacun s'y préparait. Dès six heures du matin, le 30, le camp était levé, et vers sept heures, alors que les ombres de la nuit n'étaient pas encore dissipées, les troupes se mirent en marche pour aller passer la Marne sous la protection des feux du plateau d'Avron, des forts de Rosny et de Nogent, des redoutes de Gravelle et de la Faisanderie.

Le commencement de la lutte et le passage de la Marne ont été décrits de la manière la plus pittoresque par notre ami Ayraud-Degeorge, qui participait à la bataille comme engagé au 23ᵉ de ligne :

« A sept heures un quart, au moment où le jour commençait à poindre, les têtes de colonnes arrivaient sur le plateau de Gravelle et un coup de canon partait du fort de Nogent.

» La bataille était commencée.

» Au même instant, toute la ceinture des forts qui entoure le côté Est de Paris se couvrit d'un panache de fumée, et, semblables à des joueurs de paume, nos artilleurs commencèrent à peloter avec les artilleurs ennemis.

» Et pendant que la canonnade redoublait d'intensité, de longues colonnes d'infanterie sortaient des bois, où depuis deux jours elles étaient cachées, et tournant autour du fort de Gravelle, qui semblait le pivot de ce gigantesque mouvement, se dirigeaient vers Joinville-le-Pont.

» A cet instant le soleil parut, éclairant ce spectacle grandiose d'une armée de 80,000 hommes prenant position pour la bataille, protégée par les monstrueux canons des forts.

» L'armée, sentant toute la grandeur de la cause pour laquelle elle allait combattre, s'était arrêtée et laissait défiler devant elle les innombrables pièces d'artillerie accumulées par les soins du gouverneur de Paris.

» Bientôt toutes les colonnes reprirent leur marche et, descendant rapidement les rues déclives de Joinville, se trouvèrent devant la Marne. Le magnifique pont qui, il y a quelques mois encore, reliait en cet endroit les deux rives de la Seine, s'est écroulé sous la mine.

» Les arches qui touchent à la terre ont été complétement ruinées; l'arche centrale seule est restée presque intacte. Aussi les pontonniers avaient-ils établi avec beaucoup de soin, du reste, une sorte de vaste escalier à l'aide de poutres étayées sur les ruines. Des ponts de bateaux avaient en outre été établis en aval et en amont de la rivière. »

Au moment où les troupes se précipitèrent sur les ponts, ce fut avec un entrain inexprimable que s'effectua le passage.

« Nous l'avons franchie, cette Marne infranchissable ! » disaient avec joie les soldats.

Les 35ᵉ, 42ᵉ, 113ᵉ, 114ᵉ, 115ᵉ et 116ᵉ régiments; les mobiles de la Côte-d'or, de la Vendée, du Morbihan, défilèrent successivement.

A leur approche, les Wurtembergeois et les Prussiens qui, délogés de Champigny le 13, y étaient revenus en force, évacuèrent le village pour se retirer dans les positions fortifiées qu'ils avaient établies. Toutes ces positions furent successivement enlevées; une division du corps d'Exéa, qui n'entra en ligne que dans l'après-midi, acheva la victoire.

« C'était bien une victoire, a dit le meilleur et le plus complet des historiens de la bataille de Champigny, M. Léo Neddy; mais elle était chèrement achetée. Nous avions perdu là nombre de braves, entre autres le général Renault, qui succomba deux jours après à la suite de ses blessures, et le commandant Franchetti, des éclaireurs volontaires de la Seine, tué d'un éclat d'obus en portant un ordre du général Trochu.

« C'est surtout à l'attaque du parc de Villiers que nous perdîmes le plus de monde. Les Prussiens avaient fait de ce parc une position tellement formidable qu'il fut impossible de l'enlever et même d'en approcher à plus de 200 mètres. Il eût fallu plus d'artillerie pour avoir raison des savantes fortifications allemandes, et dans cette journée, comme toujours, l'insufisance des forces engagées empêcha un succès désisif.

« Néanmoins, nos troupes couchèrent sur les positions conquises. Le lendemain, premier décembre, l'enthousiasme était à son comble à Paris. On se croyait sûr de la victoire : vingt bataillons de marche de la garde nationale allaient prendre position à la Faisanderie ; d'autres et même des bataillons sédentaires couvraient le plateau d'Avron. Tout le monde allait sortir pour permettre aux troupes régulières de poursuivre leurs succès. Tandis qu'elles marcheraient en avant, la garde nationale formerait une seconde ligne, garderait les positions enlevées, et au besoin comblerait les vides de l'armée. Tels étaient les bruits, logiques du reste, auxquels on ajoutait foi dans la capitale. Une heureuse journée avait suffi pour ranimer toutes les espérances, enflammer tous les cœurs.

« La stupéfaction fut grande lorsqu'on apprit qu'au lieu de profiter de la victoire de la veille on avait conclu un armistice afin d'enterrer les morts et recueillir les blessés. Cet armistice, qui l'avait demandé ? M. Trochu dit que ce sont les Allemands. Les Allemands, de leur côté, affirment que c'est M. Trochu. Quoi qu'il en soit, le résultat certain fut celui-ci : tandis que nos troupes immobiles se gelaient, sous prétexte de repos, l'ennemi amenait de Versailles des renforts considérables. Des mouvements de troupes prussiennes étaient, dès le matin, signalés au général Vinoy, sur la route de Versailles à Choisy-le-Roi ; et bien que l'armistice fût limité aux bords de la Marne, le général Vinoy ne put se décider à opérer, sur la rive gauche de la Seine, une diversion pour arrêter ces renforts ennemis dans leur marche vers le théâtre de la lutte. »

Cette inaction du premier décembre fut pour nous un véritable désastre. Le 2 au matin, les Prussiens qui, désabusés sur l'importance des diversions qui avaient eu lieu au Nord et au Sud, avaient massé des forces considérables sur les bords de la Marne ; les Prussiens prirent l'offensive et nous attaquèrent alors que le jour se levait à peine. Voici comment M. Léo Neddy raconte cette attaque :

« L'armistice devait expirer à quatre heures de l'après-midi. Il restait encore, à cette heure là, de nombreux blessés à recueillir. Nos ambulanciers se retirèrent en les abandonnant aux Wurtembergeois, qui en ramassèrent un certain nombre.

« Mais la reprise du bombardement des positions prussiennes par nos forts obligea l'ennemi à rentrer dans ses lignes, et nos malheureux compatriotes restèrent sur le champ de bataille, voués à une mort affreuse par le froid glacial de la nuit.

« La journée du 2 décembre commença par un fait inexplicable.

« Nos troupes, qui avaient tant de raisons de se tenir sur leurs gardes, se laissèrent surprendre dans Bry par les Saxons, et dans Champigny par les Wurtembergeois. Il y eut un moment de véritable désordre. Les mobiles de la Côte-d'Or, placés en grand'garde, en avant de Champigny, lâchèrent pied au premier coup de feu et se précipitèrent dans la direction de la Marne, sans même donner l'alarme dans le village qu'ils étaient chargés de garder. Leur colonel, Mandat de Grancey fut tué en sortant de la maison où il avait passé la nuit.

« Tout un bataillon du 42ᵉ de ligne se trouva cerné dans Bry par les Saxons et fut fait prisonnier.

« Toutefois, le succès des Allemands ne fut pas de longue durée. Les 25,000 hommes qu'ils avaient lancés sur Bry et Champigny se virent bientôt arrêtés lorsque nos troupes furent remises de leur panique et ramenées au combat sous la protection d'une formidable artillerie. »

Le combat du 2 décembre fut terrible, acharné ; il se continua sans interruption jusqu'à la nuit tombante. Bry-sur-Marne fut pris et repris ; dans Champigny, les Prussiens ne purent gagner un pouce de terrain. De part et d'autre, les pertes furent considérables comme en témoignent les nombreuses tombes que l'on remarque sur les hauteurs de Cœilly. Il faut lire les rapports officiels publiés par les journaux allemands, dont la brochure de M. Neddy nous donne une exacte traduction : tous ces documents constatent le courage et l'acharnement de nos troupes dans cette grande journée.

Le 3, il n'y eut aucun combat. Le temps était brumeux et sombre. Seulement, au matin, notre artillerie repoussa quelques colonnes ennemies qui s'étaient montrées sur le plateau de Cœilly.

Les Prussiens s'apprêtaient à nous attaquer, de nouveau le 4, lorsque, à leur grande surprise, ils s'aperçurent que l'armée tout entière, abandonnant les positions conquises, avait repassé la Marne à la faveur du brouillard, qui n'avait pas permis d'inquiéter la retraite.

« Comme toujours, depuis le commencement de cette fatale guerre, dit encore M. Léo Neddy dont le témoignage fait autorité, nos troupes avaient héroïquement combattu, pour finir par se replier en bon ordre. Non-seulement on ne prit pas le temps d'enlever les cadavres de soldats, on abandonna aussi ceux d'un grand nombre d'officiers. La retraite s'opéra sans difficulté ; l'armée, qui devait nous sauver, fut ramenée sans bruit dans le bois de Vincennes, tandis que l'on croyait, à Paris, qu'elle avait traversé les lignes allemandes.

« Pour ne pas avouer la vérité, le *Journal officiel*, en nous annonçant cette « *concentration*, » faisait en même temps cette déclaration, à laquelle on ajouta foi : « *Les opérations continuent.* »

« En effet, comme le général Ducrot n'était *ni victorieux ni mort*, il y avait lieu de croire que l'attaque sur les bords de la Marne était simplement destinée à donner le change à l'ennemi et qu'un plus grand effort allait se produire sur un autre point.

« La suite des événements se chargea de faire tomber encore cette illusion. »

CHAPITRE IX

La bataille de Champigny selon les historiographes allemands.

De l'aveu même des écrivains allemands, si l'énergique effort du 30 novembre avait été continué le premier décembre, la ligne d'investissement était brisée; l'armée de Paris avec tout son matériel de guerre, ses cadres solidement établis, tombait sur les derrières du corps bavarois qui allait livrer la bataille d'Orléans. Que l'on gravisse ces hauteurs de Chennevières qui ont été arrosées du sang de nos soldats ; que l'on constate jusqu'à quelle limite extrême l'élan de la première journée avait poussé nos troupes, et l'on conviendra que la bataille de Champigny aurait dû décider du sort de la campagne.

Les fautes commises furent énormes, inouïes. L'inaction du premier décembre restera comme un fait incompréhensible ; la retraite du 3 ne trouvera pas d'excuse ; l'histoire condamnera sévèrement les chefs inhabiles sur lesquels doit retomber la lourde responsabilité d'un revers qui aurait dû être un triomphe.

A la bataille de Champigny prit part un corps saxon, dont les généraux envoyèrent au gouvernement de Dresde un rapport officiel des plus précieux pour nous; car il rend hommage à la valeur des défenseurs de Paris, et avoue qu'ils ont été sur le point de triompher.

Voici la traduction de ce document que nous considérons comme d'une haute importance :

L'ordre général du 1er décembre ordonnait la concentration de toutes les troupes sur les lieux d'alarme pour le matin du 2.

Un ordre émané du quartier général et daté du 2 décembre, une heure et demie du matin, prescrivit de s'emparer à la pointe du jour des villages de Bry-sur-Marne et de Champigny, qui étaient restés entre les mains de l'ennemi à la suite du combat du 30.

Dès huit heures du matin, la 1re brigade wurtembergeoise s'emparait de la plus grande partie de Champigny. Trois des masses considérables envoyées par l'ennemi prolongent la lutte jusque dans l'après-midi. Le

2e corps vient rapidement soutenir nos troupes en débouchant par la gauche, sous la direction du général Ritzenstein, et la journée se termine après un combat des plus sanglants.

Sur la droite, le général de division Nehrhoff de Holdenberg avait porté, dès six heures et demie, sur Bry, les troupes qu'il avait sous la main et qui se composaient des 1er et 2e bataillons du 8e régiment d'infanterie saxonne, n° 107; du 3e bataillon du 5e régiment d'infanterie saxonne, n° 104, et d'une section de la 4e compagnie du génie.

Ce détachement était placé sous les ordres du major Bossé.

Dès huit heures, la plus grande partie du village était entre nos mains, et l'ennemi, surpris tant aux abords qu'à l'intérieur des maisons, était rejeté de toutes parts.

Il ne s'arrêta et ses troupes ne parvinrent à se reformer qu'aux abords des ponts et des retranchements qu'il avait construits sur ces points.

Là nos efforts durent s'arrêter, d'autant plus que des renforts considérables ne cessaient de traverser la Marne pour venir dégager les troupes chassées de Bry.

La première partie de la bataille se termine ici. L'ennemi, surpris et nullement préparé à une attaque, était rejeté tant à gauche de Champigny qu'à droite de Bry-sur-Marne. Il se trouvait à l'abri des forts et tirait un avantage considérable, non-seulement des batteries de Nogent et d'Avron, mais encore des renforts d'infanterie, d'artillerie et de mitrailleuses qu'il était en mesure d'opposer aux troupes peu nombreuses que nous avions engagées jusque-là.

Le gros de la 24e division, sous les ordres du général von Nehrhoff, se trouvait massé à droite du village de Noisy-le-Grand, qui était occupé par le 2e bataillon du 5e régiment, n° 4, et par trois compagnies du 2e bataillon de chasseurs, n° 13.

La batterie, n° 4, de gros calibre avait en vain tenté de soutenir nos troupes, pendant leur mouvement sur Bry, en allant s'établir dans le parc de Noisy. Elle avait dû se replier sous le feu des obus dirigés de toutes parts sur ce point; elle n'avait pu tirer qu'un petit nombre de coups sur les troupes massées au-dessous du fort de Nogent.

Vers trois heures et demie, le régiment de chasseurs n° 108, avait été porté de La Grenouillère, où se trouvaient nos réserves, sur la droite de Villiers.

Le 3e bataillon du régiment de la garde royale (saxonne), n° 100, avait été prendre sa place comme soutien des deux batteries de gros calibre de la réserve d'artillerie du corps d'armée. La 3e section de la réserve du corps d'armée et la batterie de petit calibre de la 4e section se trouvaient avec deux convois de munitions à droite de Champs.

A partir de neuf heures, le combat auprès de Champigny s'accentue et prend d'heure en heure plus d'intensité. En outre de la brigade wurtembergeoise qui avait engagé l'action, nous y avions envoyé la 3e division d'infanterie, tandis que l'ennemi faisait entrer en ligne les colonnes considérables qui se trouvaient massées en dessous de Joinville.

Le général de brigade Reitzenstein occupait Villiers avec six compagnies qui garnissaient les maisons et principalement le mur du parc. Il avait en outre avec lui la 4e compagnie du 2e bataillon de chasseurs, n° 13.

Des forces ennemies, qui devenaient de plus en plus considérables, menaçaient d'investir Bry, même par derrière. Pour les arrêter et pour dégager les deux bataillons du 8e régiment, n° 107, on envoya l'ordre au 1er bataillon de chasseurs, qui était en réserve derrière Villiers, de se porter à neuf heures quarante-cinq par Villiers sur Bry.

En même temps, le général Nehrhoff reçut l'ordre d'envoyer un bataillon occuper l'espace entre Noisy et Villiers. Le 3e bataillon du 8e régiment, n° 107, se porta dans cette direction, sous le commandement du colonel Tettau, commandant la 48e brigade. Ce dernier avait l'ordre de prendre sous son commandement, en outre des portions déjà engagées de sa brigade, les détachements de chasseurs envoyés comme soutiens.

Le 1er bataillon de chasseurs (envoyé de Villiers sur Bry) rencontrait l'ennemi plus tôt qu'on n'aurait pu s'y attendre, presque à la sortie de la première barricade de Villiers. Celui-ci ouvrit aussitôt un feu des plus violents sur le flanc gauche de la colonne. On dut opérer un changement de front vers le Sud, malgré l'ordre de marcher sur Bry. Le 2e bataillon, envoyé en toute hâte, pour soutenir le 1er, suivit la même direction.

Malgré la supériorité des forces ennemies, nos troupes s'avancent, au milieu des hourras, de barricade en barricade, et rejettent les Français jusqu'au delà de la vigne avoisinante. Néanmoins l'ennemi s'arrête sur le pli de terrain suivant, celui qui se trouve immédiatement sur le bord de la Marne; il s'y établit et reçoit des renforts qui portent son effectif à deux brigades. Nos deux bataillons, toujours seuls contre ce déploiement considérable, eurent à subir des pertes plus considérables que de coutume, d'autant plus que le feu de l'artillerie ennemie s'ajoutait à celui de la mousqueterie.

Des rangées entières de chasseurs étaient étendues derrière des plis de terrain et d'autres petits abris. Le commandant du régiment, baron de Honsen, leur donne l'ordre d'avancer; mais il s'aperçoit bien vite et avec la plus vive douleur que ses ordres s'adressaient à des morts et à des blessés.

Au moment où notre mouvement offensif avait dû s'arrêter, la plupart des officiers qui restaient encore de ces deux bataillons, après les grands combats de Saint-Privat et de Sedan, étaient tués ou blessés.

Le 8e régiment d'infanterie de Saxe, n° 107, avait ouvert la campagne avec 34 officiers; il en perdit 17 à Saint-Privat, 8 à Sedan et 12 le 2 décembre, sur 47 qui se trouvaient aux 1er et 2e bataillons.

Des troupes fraîches, pourvues de tous leurs officiers, auraient hésité à attaquer les têtes de pont défendues par des masses qui s'accroissaient de plus en plus. Que devait faire ce petit noyau de troupes décimées et privées de leurs officiers?

Devant soi, l'impossibilité d'avancer; derrière soi, la honte d'une retraite. Il n'y avait qu'une chose à faire, garder les positions conquises et s'y défendre à outrance. Les troupes qui avaient dépassé les dernières barricades se replièrent pour s'établir dans les maisons de Bry, en attendant qu'on pût les dégager.

Pendant ce temps, le combat qui s'étendait de plus à gauche, vers Villiers et Champigny, leur laissa quelque peu de repos. Néanmoins les munitions commençaient à leur manquer; on avait tenté à plusieurs reprises de leur en faire parvenir, mais les obus qui ne cessaient de tomber sur la route de Noisy à Bry avaient empêché ce mouvement de s'effectuer.

L'ordre général du 1er décembre, ayant prescrit de ne pas s'engager outre mesure dans la défense de Bry, vint s'ajouter à toutes ces considérations. S. A. R. le prince Georges donna l'ordre au général Nehrhoff de ne plus envoyer de réserves au major Bossé, mais de lui expédier l'ordre d'évacuer Bry s'il le jugeait nécessaire. Mais l'ennemi, de son côté, qui n'était plus en état de nous attaquer sur ce point, retirait ses troupes dans le même moment et les formait en colonnes en arrière du village dans la direction de Champigny.

Il se fit ainsi, vers midi, une sorte d'armistice tacite dont le major Bossé sut habilement profiter pour rétablir ses communications avec la division Nehrhoff sans être nullement inquiété par l'ennemi, qui achevait d'évacuer Bry.

Nos deux braves bataillons, en pénétrant le matin dans Bry, avaient fait environ 200 prisonniers, qu'on avait immédiatement dirigés sur la réserve.

Un officier français, qui se trouvait parmi eux, a rendu justice à la bravoure de nos troupes en s'écriant, au moment où les prisonniers défilaient devant la réserve: « Ils criaient toujours, ils venaient comme une avalanche et tout était fini. » (En français dans le texte.)

Plus au centre, les deux bataillons du 1er régiment de chasseurs conservaient leur position jusqu'à midi sur la hauteur garnie de vignes, et infligeaient des pertes sensibles à l'ennemi.

C'est ici que se place un épisode qui caractérise la nouvelle manière dont les Français entendent faire la guerre. Un détachement ennemi, fort de deux ou trois bataillons, s'avança jusqu'à cent pas de nos lignes en agitant des mouchoirs, en secouant leurs bonnets et leurs fusils en l'air. Quelques groupes se détachèrent et vinrent se rendre prisonniers; les autres restèrent, hésitants et défiants, entre les deux lignes de tirailleurs.

Le colonel, baron de Honsen, qui, pendant le cours de la campagne, avait été à même de reconnaître les ruses perfides dont notre adversaire n'hésite pas à se servir, ne s'en porta pas moins jusqu'à cinquante pas environ de la ligne ennemie, en criant qu'il allait faire cesser le feu et qu'ils n'auraient qu'à se constituer prisonniers.

Au même moment, soit que leur action fût préméditée, soit qu'ils eussent pu reconnaître la faiblesse relative de notre petit corps, les Français ouvrirent un feu des plus violents, et le combat reprit une intensité nouvelle qui devait, dans un court délai, achever l'épuisement de nos munitions, qui commençaient déjà à nous faire défaut.

Fort heureusement, le 3ᵉ bataillon du régiment avait reçu l'ordre d'aller rejoindre les deux premiers. Il arriva fort à propos pour soutenir les troupes et les aider à conserver la position de la hauteur couverte des vignes.

L'ennemi, quoiqu'il ait repoussé un essai de retour offensif tenté par le 3ᵉ bataillon aussitôt son arrivée, n'osa pas descendre des hauteurs qu'il occupait immédiatement sur la Marne, et le combat s'arrêta vers trois heures environ jusqu'au moment où le mouvement de retraite générale de l'ennemi commença. Le 1ᵉʳ régiment de chasseurs, auquel était venu s'ajouter la 4ᵉ compagnie du 13ᵉ bataillon, venant de Villiers, a su arrêter, avec des forces cinq fois inférieures, l'attaque de toute l'aile gauche ennemie. Il mérite de servir d'exemple à tous les régiments de l'armée. Il n'a pas été possible de faire usage de l'artillerie dont nous disposions en quantité bien suffisante, tant à Villiers qu'à Noisy, non-seulement parce que les hauteurs sur lesquelles nous opérions étaient exposées aux coups incessants des batteries de position de l'ennemi, mais encore parce que sur ce terrain accidenté leur champ de tir ne pouvait s'étendre à plus de 800 pas.

Néanmoins, vers onze heures, on fit venir de Villiers la batterie de gros calibre nᵒ 7, afin de protéger la retraite de nos bataillons dans le cas où elle deviendrait nécessaire; d'un autre côté, la batterie de gros calibre nᵒ 8 prit position au sud de Noisy, à la Grenouillère.

Ces deux positions ne tardèrent pas à être reconnues par l'ennemi, et la batterie nᵒ 7, principalement eut beaucoup à souffrir du feu de ses obus. Entre trois et quatre heures, le combat cessa sur toute la ligne. La nuit venait rapidement. L'ennemi se retirait sur tous les points. Les batteries ennemies continuèrent à lancer des obus pendant une partie de la nuit.

Notre offensive semble avoir prévenu une dernière tentative que l'ennemi voulait effectuer pour briser nos lignes. Les troupes du 12ᵉ corps (saxon) et celles cédées par la 1ʳᵉ brigade wurtembergeoise ont rivalisé de bravoure pendant cette sanglante journée.

Les pertes du 12ᵉ corps s'élèvent, d'après les situations des différents régiments, tant en tués qu'en blessés, à 55 officiers et 1,096 hommes.

CHAPITRE X

La guerre dans les départements. — L'armée de la Loire. — Les troupes allemandes reprennent Orléans.

La bataille de Champigny eut une désastreuse influence sur les affaires de la France.

Avant même qu'elle fût connue des départements, une irrésolution fatale se produisait dans les mouvements de leurs armées.

Le 30 novembre, neuf heures du soir, dans une conférence tenue à Saint-Jean-la-Ruelle, entre les généraux d'Aurelles, Chanzy, Borel, et Freycinet, envoyé de la délégation de Tours, les mesures suivantes avaient été décidées :

Les 15ᵉ, 16, 18ᵉ et 20ᵉ corps formeront une armée expéditionnaire de cent soixante mille hommes.

Elles s'avancera par Pithiviers sur Fontainebleau.

Le 17ᵉ corps gardera Orléans, et aura pour appui le 21ᵉ qui était à Vendôme sous le commandement du général Jaurès.

Le 1ᵉʳ décembre, à dix heures du matin, le 16ᵉ corps, ayant à sa tête le général Chanzy, s'avança vers les villages de Guillonville, Nonneville, Villepion, Faverolles, et, après une lutte qui dura de midi à six heures du soir, la 1ʳᵉ division, sous les ordres de l'amiral Jauréguiberry, chassa de ces villages, à la baïonnette, une force d'au moins vingt mille fantassins ou cavaliers, appuyés par cinquante pièces d'artillerie.

A l'aile droite de l'armée, aux environs de Beaune-la-Rolande, le 18ᵉ corps tint l'ennemi en échec.

Les espérances que faisaient concevoir ces succès furent accrues par la nouvelle qu'apporta un ballon parti de Paris, des premiers avantages remportés les 29 et 30 novembre sous les murs de Paris. Le général d'Aurelles n'hésita pas à lancer cet ordre du jour :

« Officiers, sous-officiers et soldats de l'armée de la Loire,

« Paris, par un sublime effort de courage et de patriotisme, a rompu les lignes prussiennes. Le général Ducrot, à la tête de son armée, marche vers nous ; marchons vers lui avec l'élan dont l'armée de Paris nous donne l'exemple.

« Je fais appel aux sentiments de tous les généraux comme des soldats; nous pouvons sauver la France. Vous avez devant vous cette armée prussienne que vous venez de vaincre sous Orléans, vous la vaincrez encore; marchons donc avec résolution et confiance.

« En avant sans calculer le danger! Dieu protégera la France.

« Quartier général de Saint-Jean, le 1ᵉʳ décembre 1870. »

Évacuation du plateau d'Avron par les troupes du général Hugues.

À Tours on crut, suivant l'expression de Gambetta, à la réapparition du génie de la France, un moment voilé. « La victoire nous revient, disait le ministre dans une proclamation du 2 décembre, nos troupes d'Orléans sont vigoureusement lancées en avant. Nos deux grandes armées marchent à la rencontre l'une de l'autre. Dans leurs rangs, chaque officier, chaque soldat sait qu'il tient dans ses mains le sort même de la patrie; cela seul les rend invincibles. Qui donc douterait désormais de l'issue finale de cette lutte gigantesque ? »

Et les 16e et 17e corps, qu'un décret du 2 décembre déclarait avoir bien mérité de la patrie, s'avancèrent au-devant des cinquante mille Allemands que groupait sous ses ordres le duc de Mecklembourg. Nos troupes se comportèrent si bien, que, vers la fin de la journée du 2 décembre, les Bavarois, comme en conviennent leurs narrations, furent sur le point d'être anéantis; mais la 17e di-

vision prussienne arriva sur le terrain à sept heures et demie du soir, et obligea l'armée française à évacuer les positions de Loigny et de Château-Goury. La troisième division du 16e corps français (général Morandy), fut repoussée, et sa retraite compromit la division Peytavin, du 15e corps, qu'écrasaient à Poupry des forces supérieures. Le prince Frédéric-Charles, instruit de la situation, porta toutes ses troupes de Pithiviers à Arthenay; et, le 5 décembre, à huit heures trente-cinq minutes du matin, d'Aurelles télégraphiait à Tours :

« L'ennemi a franchi tous les obstacles jusqu'à Cercottes; il est, en outre, maître de tous les débouchés de la forêt, la position d'Orléans n'est donc plus ce qu'elle était autrefois. Aujourd'hui qu'elle est entourée et qu'elle a perdu l'appui de la forêt, elle n'est plus défendable avec des troupes éprouvées par trois jours de fatigue et de combat, et démoralisées par les pertes considérables qu'elles ont faites. — D'un autre côté, les forces de l'ennemi dépassent toutes mes prévisions et les appréciations que vous m'avez données. Le temps presse et ne me permet plus de faire la concentration dont vous parlez. La résistance ne peut s'organiser d'une manière efficace : malgré tous les efforts que l'on pourrait tenter encore, Orléans tombera fatalement ce soir ou demain entre les mains de l'ennemi. »

Et, en effet, les 4 et 5 décembre, la délégation recevait ces douloureuses dépêches :

Général des Paillières à Guerre, Tours.

Orléans, le 4 décembre, minuit.

L'ennemi a proposé notre évacuation d'Orléans à onze heures et demie du soir sous peine de bombardement de la ville.

Comme nous devions la quitter cette nuit, j'ai accepté nom du général en chef.

Batteries de la marine ont été enclouées, poudre et matériel détruits.

Général des Paillières à Guerre, Tours.

Orléans, 5 décembre, minuit 20.

Faites rebrousser le train de munitions à Amboise. Orléans est évacué ce soir à onze heures et demie, d'après convention avec l'ennemi.

Secrétaire général préfecture Orléans à Guerre, Tours.

La Ferté Saint-Aubin, 5 décembre, 4 h. 25 du matin.

Orléans a été occupé par les Prussiens à onze heures et demie du soir après pourparlers.

Une heure a été donnée aux troupes pour évacuer la ville. Le 15e corps et une partie du 61e sont en ce moment à La Ferté. On dit les Prussiens presque sans munitions. Je ne pense pas qu'ils aient fait beaucoup de prisonniers à Orléans.

Tous les hommes compétents s'accordent à reconnaître qu'au moment où toutes les forces du prince Frédéric-Charles partaient contre l'armée de la Loire, les 18e et 20e corps, réunis sous les ordres de Bourbaki, et même la division du général Martin des Paillières, auraient pu agir efficacement; mais l'incertitude du général d'Aurelles, chargé de la direction supérieure, avait paralysé tous ceux qui lui avaient été provisoirement subordonnés.

Quoique devant leur succès autant à des circonstances fortuites qu'à leurs propres combinaisons, les Allemands n'en furent pas moins exaltés.

Le 4 décembre, l'issue des combats livrés sous Paris avait été annoncée par le général de Moltke dans cet ordre du jour :

Ordre.

Soldats,

Après deux jours de combats acharnés, vous avez repoussé l'effort suprême d'un ennemi réduit au désespoir par la famine et les privations de toute sorte.

Vous avez bien combattu, et dans peu de jours vous recevrez la récompense de vos efforts et de votre patience.

L'armée de Paris, employée presque tout entière à maintenir l'ordre au milieu d'une population affamée, ne peut tarder d'ouvrir les portes de la capitale.

Les armées de secours, écrasées par nos valeureux frères, ne peuvent opposer qu'une faible résistance.

Dans quelques jours, les auteurs d'une guerre injuste seront forcés de demander la paix.

Alors, délivrée de toute inquiétude, l'Allemagne jouira du repos que lui assurent ses justes conquêtes.

Au quartier général à Versailles, 4 décembre 1870.

Signé : DE MOLTKE.

Après la reprise d'Orléans, le chef d'état-major général écrivit au général Trochu pour lui faire savoir qu'à la suite de la défaite de l'armée de la Loire par les troupes allemandes, Orléans avait été occupé par les troupes allemandes. Il offrait un sauf-conduit pour aller et venir à l'officier que le gouverneur de Paris croirait devoir charger de vérifier le fait.

« Versailles, 5 décembre 1870.

« Il pourrait être utile d'informer Votre Excellence que l'armée de la Loire a été défaite hier près d'Orléans, et que cette ville est réoccupée par les troupes allemandes.

« Si toutefois Votre Excellence juge à propos de s'en convaincre par un de ses officiers, je ne manquerai pas de le munir d'un sauf-conduit pour aller et venir.

« Agréez, mon général, l'expression de la haute considération avec laquelle j'ai l'honneur d'être votre très-humble et très-obéissant serviteur.

« *Le chef d'état-major,*

« COMTE DE MOLTKE. »

Le gouverneur répondit :

« Paris, 6 décembre 1870.

« Votre Excellence a pensé qu'il pourrait être utile de m'informer que l'armée de la Loire a été défaite près d'Orléans et que cette ville est réoccupée par les troupes allemandes.

« J'ai l'honneur de vous accuser réception de cette communication, que je ne crois pas devoir faire vérifier par les moyens que Votre Excellence m'indique.

« Agréez, mon général, l'expression de la haute considération avec laquelle j'ai l'honneur d'être votre très-humble et très-obéissant serviteur.

« *Le gouverneur de Paris,*

« Général TROCHU. »

En publiant cette correspondance, le gouvernement y joignit ce commentaire laconique et significatif :

« Cette nouvelle, qui nous vient de l'ennemi, en la supposant exacte, ne nous ôte pas le droit de compter sur le grand mouvement de la France accourant à notre secours. Elle ne change rien ni à nos résolutions, ni à nos devoirs.

« Un seul mot les résume : combattre !

« Vive la France ! vive la République ! »

Les lettres qu'on vient de lire furent connues de la population de Paris vers six heures du soir. Si M. de Moltke s'était proposé de terrifier les Parisiens, il manqua complétement son coup. Pour s'en convaincre, on n'aurait eu qu'à prêter l'oreille à tout ce qui se disait, dans les groupes, sur les boulevards et sur les places publiques.

Les Parisiens, outre qu'ils n'ajoutaient qu'une foi médiocre aux assertions de M. de Moltke, paraissaient décidément convaincus qu'une défaite de l'armée de la Loire ne serait en aucune façon la fin de la défense nationale. Orléans, ville ouverte, pourrait avoir été repris sans que pour cela l'armée de la Loire fût détruite. Cette armée elle-même aurait pu beaucoup souffrir sans que pour cela il fallût désespérer de la France. Paris avait commencé à se défendre, alors que les départements semblaient complétement endormis.

Une note officielle résuma ces impressions :

Paris, disait-elle, en dépit de toutes les mauvaises nouvelles, n'abandonnera pas son attitude de résistance, maintenant qu'il sait que la province est devenue le théâtre d'un énergique mouvement, et que ce mouvement, malgré des échecs et des désastres, ne s'arrêtera qu'après l'expulsion de l'étranger. Pas plus à Paris que dans les départements, on ne se fait d'illusions sur les difficultés de notre situation militaire. Nous pouvons éprouver des revers, tout le monde en convient, mais nous ne cesserons de combattre qu'après avoir conquis une paix honorable et durable.

CHAPITRE XI

Combats sur les bords de la Loire. — La guerre dans les départements.

La délégation de Tours ne perdit pas non plus courage. Menacée d'être cernée par l'ennemi, elle résolut de quitter Tours pour Bordeaux, afin de conserver toute sa liberté d'action, et ne se relâcha point de son activité, malheureusement impuissante.

Un remaniement s'effectua dans l'organisation des troupes massées sur la rive droite de la Loire. Le commandement général fut supprimé.

Les 16ᵉ et 17ᵉ corps furent placés sous les ordres du général Chanzy, ainsi que le 21ᵉ commandé par le général Jaurès, et dont le quartier général était à Marchenoir. Ils soutinrent glorieusement les 7 et 8 décembre, avec le concours de la division Camo (du 19ᵉ corps), l'attaque de cinquante mille Prussiens, Bavarois et Mecklembourgeois. Assailli de nouveau le 10, par les mêmes troupes, renforcées du 10ᵉ corps, le général Chanzy se maintint dans ses positions.

Repoussé deux fois, le prince Frédéric-Charles conçut le projet de tourner l'armée française.

Par ses ordres, vingt mille hommes longèrent la rive gauche de la Loire jusqu'à Chambord, et cherchèrent à passer sur la rive droite par le pont de Blois, puis par celui d'Amboise ; mais les autorités de ces deux villes, animées par les exhortations de Gambetta, qui était présent, résistèrent à toutes sommations.

Aux 18ᵉ et 20ᵉ corps du général Bourbaki, avait été adjoint le 13ᵉ corps, dont le général, Martin des Paillières, fut remplacé, sur sa demande, par Martineau des Chesnez.

Cette armée, forte de cent mille hommes, avait passé la Loire ; tandis que celle de Chanzy, dont les cadres comportaient cent vingt mille hommes, restait en face des troupes dirigées par le prince Frédéric-Charles. Il était entendu que les deux armées devaient au besoin se prêter secours ; aussi le général Chanzy écrivit-il à Bourbaki : « Le mouvement qu'il est possible et indispensable de faire pour rétablir coûte que coûte notre situation, est le suivant : marcher de Bourges sur Vierzon, pousser le gros de la 1ʳᵉ armée par Romorantin sur Blois, prendre position entre la Loire et le Cher, intercepter la communication de l'ennemi entre Orléans et son armée engagée sur Tours, de façon à couper cette armée de cette base d'opérations. Si ce mouvement se fait, je me charge de tenir sur la rive droite de la Loire. Me faire connaître la décision qu'on aura définitivement prise. »

Conformément à ce plan, Bourbaki marcha par Bourges et Vierzon sur Romorantin, ce qui suffit pour jeter de l'incertitude dans les mouvements de l'ennemi; mais elle ne dura qu'un moment. Les Allemands pouvaient-ils manquer de hardiesse, quand leurs forces, d'après les chiffres authentiques communiqués à la *Correspondance de Berlin* par l'état-major, s'élevaient à près d'un million ?

En effet, les 450,000 hommes entrés en France les 4 et 6 août, avaient reçu, le 22 août, un renfort de 112,000 hommes.

Les pertes sur les champs de bataille jusqu'à Sedan avaient été de 71,436 hommes.

Mais, grâce aux 400,000 hommes de réserve qui étaient en Allemagne, on avait pu commencer l'investissement de Paris, avec 30,000 hommes de la garde, 122,000 hommes d'infanterie, 24,325 de cavalerie, 622 canons.

A la reprise d'Orléans, la deuxième armée du prince Frédéric-Charles se composait de 49,607 hommes d'infanterie, 10,766 de cavalerie, avec 276 canons.

L'armée du grand-duc de Mecklembourg, de 36,212 fantassins, 9,190 cavaliers, 208 canons ; l'armée de Manteuffel, de 44,950 hommes d'infanterie, 2,806 de cavalerie, 156 canons.

L'effectif des corps qui se dirigeaient sur le Mans, montait à 57,737 hommes d'infanterie, 14,426 de cavalerie, 318 canons.

Devant Belfort, qui fut investi le 3 décembre, campaient 39,288 hommes d'infanterie, 10,030 de cavalerie, avec 150 canons.

Pour lutter contre des masses aussi écrasantes, aussi bien stylées, aussi soumises à leurs chefs, il manquait à nos troupes l'expérience, l'étude de la guerre et la cohésion.

L'armée du Nord et la garnison d'Amiens (généraux Farre et Paulze d'Yvoi), après avoir livré un combat, le 27 novembre, entre Saleux et Villers-Bretonneux, avaient dû abandonner Amiens et sa citadelle, que l'ennemi occupa le 30. De là il marcha sur Rouen, rencontra, le 4 décembre, à Buchy, un corps de marins, de volontaires et de mobiles, dont la courageuse résistance fut stérile, et entra à Rouen sans coup férir.

La citadelle de Phalsbourg, impitoyablement bombardée, après avoir soutenu un siège de quatre-vingts jours, livra, le 12 décembre, 1,880 prisonniers et 65 canons.

Montmédy se rendit le 14 décembre, avec 3,000 prisonniers et 65 canons. Des parlementaires prussiens s'étaient présentés dès le 2 septembre devant cette place et avaient sommé le commandant, le capitaine Reboul, de la leur livrer. Cette proposition ayant été repoussée, deux fortes batteries couvrirent la ville de feux. Dans la matinée du 5, et avant midi, l'hôtel de ville, la préfecture, et près de la moitié des maisons étaient en feu ou criblées par les projectiles prussiens.

Une troisième sommation fut, à ce moment, adressée au commandant, qui la rejeta comme les précédentes. Le feu des Prussiens recommença alors vers une heure, et plus de deux mille obus furent encore lancés contre la ville, qui continua de répondre énergiquement à ces attaques. Désespérant de triompher d'une pareille résistance, l'ennemi s'était éloigné ; mais il était revenu faire un siège en règle, dont l'issue ne pouvait être douteuse dans l'état d'isolement où la ville se trouvait.

Sur les bords de la Loire, une insurmontable entrave s'opposa à la continuation des succès des 18e, 20e et 15e corps. Ils étaient incomplets, mal armés, organisés imparfaitement et glacés par le froid. Chanzy comprit qu'il y avait péril à baser ses calculs sur leur coopération, et il transféra son quartier général à Vendôme, où il arriva le 11 décembre. Il y eut bientôt affaire à des masses que le prince Frédéric-Charles avait concentrées, et fut obligé de battre en retraite sur le Mans.

Bourbaki alla concentrer ses forces à Bourges, et travailla à y réorganiser sa première armée, avec le concours du chef d'état-major Borel et des généraux Clinchant, qui remplaçait Crouzat, Martineau des Chesnez, qui succédait à Martin des Paillières.

Le successeur de Bourbaki et de Farre, commandant intérimaire, Faidherbe, établit à Lille le quartier général de l'armée du Nord.

Dans l'est, deux légions mobilisées du Rhône et un bataillon de mobiles de la Gironde étaient cantonnés à Chagny, Verdun-sur-Doubs et Beaune, sous les ordres du général Cremer, nommé le 23 novembre. Leurs opérations devaient se combiner avec celles des volontaires de Garibaldi. Ceux-ci, un moment maîtres de Dijon, où rentra Riccioti, ne purent s'y maintenir ; mais ils repoussèrent, près d'Autun et à Arnay-le-Duc, l'attaque de deux mille Prussiens, qui furent refoulés sur le corps de Cremer, et forcés d'évacuer la ville de Nuits.

Des renforts, arrivés le 12 décembre, portèrent l'effectif de la division Cremer à deux brigades, composées : la première, du bataillon des mobiles de la Gironde, des 32e et 57e de marche ; la seconde, de la 1re et 2e légions des mobilisés du Rhône, de trois compagnies des chasseurs volontaires du Rhône, d'une compagnie de volontaires libres du Rhône.

La division avait deux batteries de 4 et une armstrong de 9.

Avec ces forces, Cremer poussa des reconnaissances dans les environs avec tant d'activité et de succès, que le commandant Werder résolut de le relancer dans Nuits, et quitta Dijon dès l'aurore du 18 décembre, à la tête de 24,000 hommes, avec 48 canons.

Le général Cremer échelonna ses brigades de Boncourt aux hauteurs de Chaux ; il confia le commandement de l'aile droite au lieutenant-colonel Graziani, celui du centre au colonel Celler, et celui de l'aile gauche au colonel Poullet, son chef d'état-major.

Les Prussiens engagèrent l'action sur tous les points, et elle fut d'abord soutenue avec une intrépidité sans pareille. On admira l'héroïsme de Graziani, qui fut mortellement blessé ; de Carayon-Latour, dont l'exemple entraîna les cinq compagnies des mobiles de la Gironde ; de Celler, qui resta expirant sur le champ de bataille ; de Cremer, qui chargeait le révolver d'une main et le sabre de l'autre. Mais une partie de la 3e légion du Rhône eut un mouvement de recul, et il fallut battre en retraite sur Chaux, après avoir perdu 1,200 hommes. Les Prussiens, de leur côté, avaient si cruellement souffert qu'ils n'occupèrent Nuits que pour la forme, et reprirent la route de Dijon.

La statistique dressée par l'intendance prussienne de Dijon avoue une perte de 7,200 hommes.

CHAPITRE XII

Situation de Paris. — Bataille du Bourget. — La journée du 21 décembre.

Pendant ce temps, Paris était dans une sorte d'état léthargique et fiévreux à la fois. La mortalité augmentait dans des proportions effrayantes; la viande de bœuf avait disparu; celle de cheval était parcimonieusement rationnée. Le pain était devenu une composition infâme, dans laquelle on aurait pu supposer qu'il entrait tous les ingrédients imaginables, excepté de la farine. Dès les premiers jours de décembre, on avait eu la crainte d'en manquer, et il ne fallut pas plus d'un mois pour justifier cette crainte; néanmoins le gouvernement déclara audacieusement qu'elle n'était nullement fondée :

Aux habitants de Paris.

Hier, des bruits inquiétants, répandus dans la population, ont fait affluer les consommateurs dans certaines boulangeries.

On craignait le rationnement du pain.

Cette crainte est absolument dénuée de fondement.

La consommation du pain ne sera pas rationnée.

Le gouvernement a le devoir de veiller à la subsistance de la population; c'est un devoir qu'il remplit avec la plus grande vigilance. Nous sommes encore fort éloigné du terme où les approvisionnements deviendraient insuffisants.

La plupart des sièges ont été troublés par ces paniques. La population de Paris est trop intelligente pour que ce fléau ne nous soit pas épargné.

Paris, 12 décembre 1870.

JULES FAVRE, JULES FERRY, JULES SIMON, EUGÈNE PELLETAN, ERNEST PICARD, GARNIER-PAGÈS, EMMANUEL ARAGO.

Aux souffrances physiques s'ajoutaient les souffrances morales, la douleur d'être sans communications avec des parents ou amis de province; les regrets causés par la perte des fils et des frères qui allaient se faire tuer aux avant-postes. Une autre source d'inquiétude était la fermentation des passions politiques. On pouvait se croire sans cesse à la veille d'un nouveau trente et un octobre. D'orageux conciliabules se tenaient chaque jour; chaque jour aussi se produisaient des manifestes. Il en parut deux simultanément le 18 décembre : dans le *Combat*, celui signé au nom de l'Union Républicaine, par MM. Dupont, de Bussac, Considérant et Godchaux; dans le *Réveil*, le manifeste signé par MM. Brives, La-marque et Ledru-Rollin, au nom de l'Alliance Républicaine.

Le premier, dans le but d'arriver à la réalisation des principes contenus dans la formule : *liberté, égalité, fraternité*, adoptait comme bases primordiales de la constitution, la République une et indivisible, fondée sur le suffrage universel avec une Assemblée nationale et des ministres nommés et révocables par cette Assemblée;

Les conseils municipaux élus dans chaque commune par le suffrage universel et ayant seuls droit de nommer et de révoquer les maires et adjoints, la loi limitant leurs attributions;

L'organisation judiciaire basée sur l'élection, les magistrats élus suivant des conditions d'aptitude et pour un temps déterminé par la loi;

La séparation absolue des églises et de l'État, et la suppression du budget des cultes et de toute allocation municipale ou départementale aux clergés et corporations ou établissements religieux;

Une large instruction primaire pour les enfants des deux sexes, comprenant les éléments des arts professionnels, obligatoire pour tous et aux frais de l'État; l'enseignement de l'État laïque à tous les degrés avec la liberté de l'enseignement pour les adultes;

La responsabilité des fonctionnaires publics de tout ordre, et le droit, pour chaque citoyen, de poursuivre directement devant le jury tout abus de pouvoir et tout crime ou délit;

La liberté illimitée de la presse, sans timbre ni cautionnement, et le droit de réunion et d'association comme garanties contre les vœux de la majorité, et comme sauvegarde des droits de la minorité.

Le programme de l'Alliance Républicaine, dont le *Combat* refusa l'insertion, trouva cependant plus d'adeptes, et nous croyons indispensable de le reproduire comme le maximum des vœux que formulaient à cette époque les hommes avancés du parti démocratique :

PROGRAMME

L'Alliance Républicaine, fondée par d'anciens représentants du peuple républicain et par les citoyens ayant donné des gages de dévouement et de fidélité à la République, pénétrée de cette vérité primordiale qu'une nation, pas plus qu'un individu, ne saurait aliéner sa liberté, et voulant arriver à la réalisation de la grande formule de nos pères :

Liberté, Égalité, Fraternité,

adopte, comme bases de la constitution politique de la France :

Art. 1er. — La République, une et indivisible, organisée par le suffrage universel.

Art. 2. — Une Assemblée nationale unique, d'où sortira le pouvoir exécutif, élu et révocable par elle.

Art. 3. — Les Conseils municipaux, élus par le suffrage universel et ayant seuls le droit de nommer et révoquer les maires et adjoints, la loi limitant leurs attributions.

Les mêmes principes applicables à tous corps intermédiaires entre la commune et l'Assemblée nationale.

Art. 4. — La publicité des séances de tous les corps élus.

Art. 5. — La justice ramenée autant que possible à la gratuité, — publique dans toutes les phases de la procédure, ayant pour base le jury. — Les magistrats nommés par l'élection, suivant des conditions d'aptitude et pour un temps déterminé par la loi. — Suppression de toutes juridictions exceptionnelles.

Art. 6. — La responsabilité des fonctionnaires publics de tout ordre et de droit, pour chaque citoyen, de poursuivre directement, devant le jury, tout abus de pouvoir et tout crime ou délit.

Art. 7. — La séparation absolue des églises et de l'État. — Suppression du budget des cultes et de toute allocation communale ou départementale aux clergés. — Abolition des corporations religieuses.

Art. 8. — L'enseignement de l'État, laïque à tous les degrés. — L'instruction au premier degré gratuite et obligatoire. — L'instruction au second degré et au degré supérieur, gratuite et facultative. — La liberté de l'enseignement pour le second degré et pour le degré supérieur. — A tous les degrés, large développement de l'enseignement professionnel.

Art. 9. — La liberté illimitée de la presse, sans aucune loi fiscale.

Art. 10. — Le droit de réunion et d'association comme garanties contre les erreurs de la majorité et comme sauvegarde des droits de la minorité.

Art. 11. — Suppression de l'armée permanente. Création d'une milice nationale composée de tous les citoyens valides. Les grades conférés à l'élection jusqu'à celui de chef de bataillon inclusivement. Une loi fixant les conditions d'aptitude pour les armes spéciales.

Art. 12. — Réduction considérable du budget. — Transformation successive des impôts en un impôt unique, qui finisse par ne plus être qu'une mutualité et une assurance contre tous risques. — Suppression des impôts de consommation et de tous ceux qui pèsent sur le travail, arrêtent la production et chargent le contribuable en raison inverse de ses ressources.

Art. 13. — Extinction de tous monopoles et privilèges.

Art. 14. — Suppression des titres nobiliaires.

Art. 15. — Amortissement graduel de la dette publique et interdiction de créer désormais aucune rente perpétuelle.

Art. 16. — Application immédiate de réformes sociales, économiques et d'institutions de crédit, assurant progressivement au travailleur le produit intégral de son travail.

Art. 17. — La répudiation de toute guerre de conquête, mais sans qu'il soit jamais permis de traiter avec l'ennemi tant qu'il foulerait le sol sacré de la patrie.

En résumé :

La République une et indivisible; — République, non de classes, mais de fusion de toutes les classes; non purement de forme, mais de fond, en ce qu'elle plongera ses racines dans les profondeurs même de la société; — République, résolue à concilier, par la science et le bon sens, sans violentes secousses, les intérêts les plus antagoniques en apparence, parce qu'elle est résolue à vivre définitivement; — République, solidarisant d'abord les citoyens, pour solidariser ensuite les nations, dans une large et fraternelle conception des États-Unis d'Europe.

Par délégation de la Société :

BRIVES, LAMARQUE, LEDRU-ROLLIN.

Sous peine d'être débordé, il devenait de plus en plus urgent que le gouvernement fît quelque chose. Il en indiqua d'abord l'intention, en ordonnant, le 18 décembre, qu'à partir du lendemain, toutes les portes de Paris seraient fermées à midi.

Un décret du même jour statua que, pendant la durée des opérations militaires en cours, les officiers de tous grades de la garde mobile seraient nommés par le gouvernement. Les suffrages avaient pu s'égarer; les choix n'être pas faits en vue d'éventualités aussi graves que celles auxquelles nous assistions. Il fallait à la tête de la vaillante jeunesse, des hommes d'expérience connaissant la guerre, et qui donnassent à leurs soldats l'exemple de la discipline en même temps que du courage.

Le gouverneur de Paris mit à l'ordre du jour les noms des officiers, sous-officiers et soldats qui avaient mérité le haut témoignage de l'estime de l'armée et de la gratitude publique. Parmi ceux qu'il citait, il en était, hélas! de tombés sous les balles : les généraux Renault, Ladreit de la Charrière; le commandant Franchetti; les capitaines de Néverlée, de Sazilly; les chefs de bataillon Saillard, Mowat, du 11e de ligne; les lieutenants Primat et Leroux, du 4e zouaves, et une foule d'autres, de ceux dont Victor Hugo a dit :

La voix d'un peuple entier les berce en leur tombeau.

D'autres, qui survivaient, récompensés par la mise à l'ordre du jour, avaient marché les premiers au feu, y étaient restés quoique blessés, avaient conservé pendant toute l'action leur vigueur, leur entrain et leur sang-froid; et ils étaient encore debout pour animer par leurs exhortations et par leur exemple les combattants qui allaient entrer en ligne.

Par une note du 20 décembre, le gouvernement répondit aux accusations que ses adversaires dirigeaient contre lui, et posa à son tour son programme : « Plusieurs journaux, disait cette note, reprochent au gouvernement de suivre une politique indécise et de compromettre la défense par ses hésitations. Ils l'accusent aussi de ne pas mettre le public incessamment au courant de ses espérances et de ses moyens d'action, et de garder quelquefois pour lui les dépêches qui lui parviennent.

« Le gouvernement n'a pas la prétention de faire toujours ce qu'il serait jugé le meilleur par chacun de ceux qui ont le droit et le devoir de contrôler ses actes. S'il voulait réaliser cet idéal, il serait forcé de faire à la fois plusieurs choses contradictoires. Ce à quoi il s'efforce, c'est d'accomplir sans arrière-pensée, la lourde tâche qui pèse sur lui, et, sur ce point, son programme est simple : combattre l'invasion étrangère jusqu'à ce qu'il l'ait repoussée par la force, ou par un arrangement honorable.

« Ce programme, par lui formulé dès les premiers jours, n'a pas cessé, ne cessera pas d'être le sien. Paris fût-il seul à résister, le devoir continuerait à l'imposer. Mais, grâce à Dieu! malgré ses fortunes diverses, l'effort de la province s'unit aux nôtres et se prononce chaque jour davantage. Là aussi, aux ruines de l'empire la République a fait succéder des armées improvisées qui s'affirment par leur héroïsme. Dans la douloureuse situation où nous sommes, nous ne pouvons retracer l'histoire glorieuse de leurs combats de chaque jour sur tous les points du territoire. L'imperfection de nos communications ne nous permet de recueillir que des renseignements incomplets, et nos concitoyens voudront bien ne pas exiger de nous des détails qui ne nous parviennent pas. Quand nous recevons des dépêches, nous ne gardons pour nous que les appréciations confidentielles; nous avons toujours publié, et nous publierons toujours les faits qu'elles renferment. De ces faits constants il résulte, pour tout esprit impartial, que la nation accepte résolûment la lutte et qu'elle ne se laissera pas dominer par l'étranger. »

La note officielle traçait ensuite de notre situation dans les départements un tableau très-satisfaisant; mais qui malheureusement péchait sous le rapport de la fidélité :

« Qui aurait pu croire, il y a quelques semaines, que nos jeunes recrues de la Loire arrêteraient, par dix jours de combats, les bandes victorieuses de Frédéric-Charles, du prince de Mecklembourg et du prince royal de Saxe? Non-seulement elles les ont tenues en échec, mais elles les ont fait reculer en leur infligeant des pertes considérables. Elles forment une armée intacte prête à donner la main à Briant vers l'ouest, à Bourbaki au sud, alors que le général Faidherbe, dont chacun sait la distinction et le courage, opère du côté du nord. »

La note concluait en ces termes :

« Telle est notre situation résumée en quelques mots. Nous ne dissimulons ni sa gravité ni ses périls, mais nous disons qu'elle est simple, et qu'elle nous impose l'obligation de tenir et de combattre. Depuis trois mois, Paris accepte les plus dures souffrances, et sa constance grandit avec l'épreuve. Il sait qu'il peut souffrir davantage, et repousse avec horreur l'idée d'une capitulation que la crainte de cette aggravation lui arracherait. Le gouvernement n'a d'autre mérite que de s'associer à ce sentiment et de se faire l'exécuteur de cette volonté. Il est résolu à y mettre toute son énergie, et il ne demande d'autre récompense que de n'être pas indigne du dévouement civique de ceux qui lui ont donné leur confiance. Il combattra avec eux, et, il en a le ferme espoir, avec eux et par eux il vaincra.

« L'ennemi qu'il s'agit de repousser est puissant; mais, quelle que soit sa force, elle est moins grande que celle de la nation française; et quand Paris, quand le Gouvernement de la défense nationale annoncent leur inébranlable dessein de combattre et de vaincre, ils peuvent affirmer, sans crainte de se tromper, qu'ils ont pour eux la France tout entière, et qu'avec la garde nationale, la garde mobile et l'armée, ils réussiront dans leur sainte entreprise. »

CHAPITRE XIII

Le 21 décembre.

Après de pareilles déclarations, il fallait que, dans le plus bref délai, les actes répondissent aux paroles.

Les grands mouvements de troupes commencèrent dans la journée du 20, et dans la nuit du 20 au 21.

Cent huit bataillons de la garde nationale mobilisée, ayant pour commandant en chef le général Trochu, allaient prendre part à la grande bataille qui devait se livrer sous les murs de Paris.

Tout était là! les discussions s'apaisèrent, la polémique s'éteignit, tous les regards se tournèrent vers les combattants, dont un grand nombre laissaient dans Paris leurs familles anxieuses, mais animées d'une même ardeur, d'un même esprit de sacrifice.

A l'extrême droite, le général Vinoy, à la tête des divisions Malroy et Blaise, chassa rapidement les Prussiens de Neuilly-sur-Marne, de la Maison-Blanche et de la Ville-Évrard.

Le quartier général du centre était à Saint-Denis; le 21, à cinq heures du matin, sortirent de cette ville différents corps, par les portes du Nord et de l'Est. Le 138e de ligne, les gardes mobiles et les marins, devaient faire sur le Bourget une tentative que dirigeait le général Ducrot, dont le quartier général était à la Cour-Neuve.

Le général Trochu était à Aubervilliers; entre Bobigny et Noisy-le-Sec s'étendait le corps de réserve du général d'Exéa, qui, du reste, ne donna pas.

Deux mille hommes de la garde royale prussienne défendaient le Bourget.

Dans la matinée du 21, le fort de la Briche donna le signal de la bataille en canonnant les retranchements ennemis établis à Épinay ; celui de l'Est tira sur les fortifications du Bourget ; celui de la Double-Couronne, sur les ouvrages de Stains.

A sept heures du matin, les forces sorties de Saint-Denis se dirigèrent d'une part par Stains, de l'autre par le Bourget, pour effectuer leur jonction à Dugny.

Le dixième bataillon de la Seine enleva Stains avec un irrésistible entrain, pendant que des obus étaient lancés par le fort d'Aubervilliers et par les pièces de marine de la redoute située au delà des glacis.

En même temps, le 138e de ligne et le bataillon de marine s'avançaient sur le Bourget ; des batteries s'installaient du côté de la suiferie ; des mortiers fonctionnaient dans la plaine, et deux wagons blindés stationnaient sur la ligne de Soissons.

Les troupes françaises marchèrent sur le Bourget à deux colonnes : celle de gauche composée du bataillon de fusilliers-marins, sous les ordres du commandant Lavessie, capitaine de frégate ; celle de droite comprenant le 138e de ligne, sous les ordres du commandant Rouille, dont le cheval fut tué auprès d'une barricade.

La réserve était composée des 134e et 135e de ligne, des 14e et 10e bataillons de mobiles de la Seine.

A l'attaque du Bourget prirent aussi une grande part les francs-tireurs de la presse sous les ordres de leur brave commandant Rolland, dont le cheval s'abattit sous lui et derrière le corps duquel il s'abrita quelque temps, en se servant de ses révolvers. Il reçut pourtant une blessure au bras ; dans la même légion, les capitaines Lion et Fournier furent aussi blessés, ainsi qu'un grand nombre de francs-tireurs pour lesquels le Bourget était décidément un pays fatal.

Étaient présents les généraux Trochu et Clément Thomas, le vice-amiral La Roncière le Noury, l'abbé Daüer.

Le village fut enlevé après un combat acharné, surtout dans le cimetière que les marins attaquèrent à la baïonnette, et dans lequel un certain nombre furent blessés, presque tous aux mains.

Des affiches placardées à la hâte sur les murs de la capitale permirent aux habitants, avides de nouvelles, de présager une victoire.

21 décembre, 2 h. soir.

L'attaque a commencé ce matin sur un grand développement, depuis le Mont-Valérien, jusqu'à Nogent.

Le combat est engagé et continue avec des chances favorables pour nous sur tous les points.

Cent prisonniers prussiens provenant du Bourget viennent d'être amenés à Saint-Denis.

Le gouverneur est à la tète des troupes.

Le général, chef d'état-major général,
SCHMITZ.

Par malheur, à la marche en avant succéda rapidement la marche rétrograde. L'aile droite de l'armée resta immobile à Stains ; et les vainqueurs du Bourget reçurent du général Ducrot l'ordre de battre en retraite ! Les généraux et leurs états-majors tournèrent bride, et se replièrent sur le Drancy ! Les rapports allemands sur cette affaire constatent que l'ennemi éprouva une stupéfaction profonde en voyant les Français battre en retraite au moment où il se croyait écrasé par eux.

Le vice-amiral la Roncière le Noury, qui avait la direction supérieure des opérations du centre, résuma ainsi les faits dans son rapport :

Le vice-amiral, commandant en chef, au gouverneur de Paris.

Au fort d'Aubervillers.

Conformément à vos ordres, nous avons attaqué le Bourget ce matin. Le bataillon des marins et le 138e, sous l'énergique direction du capitaine de frégate Lamothe-Tenet, ont enlevé la partie nord du village, en même temps qu'une attaque menée vigoureusement par le général Lavoignet, dans la partie sud, se voyait arrêtée, malgré ses efforts, par de fortes barricades et des murs crénelés qui l'empêchaient de dépasser les premières maisons dont on s'était emparé.

Pendant près de trois heures, les troupes se sont maintenues dans le nord du Bourget, jusqu'au delà de l'église, luttant pour conquérir les maisons une à une sous les feux tirés des caves et des fenêtres et sous une grêle de projectiles. Elles ont dû se retirer, leur retraite s'est faite avec calme.

Simultanément, une diversion importante était effectuée par les 10e, 12e, 13e et 14e bataillons de gardes mobiles de la Seine, et une partie du 62e bataillon des gardes nationales mobilisées de Saint-Denis, sous le commandement supérieur du colonel d'Autremont.

Enfin, au même moment, le 68e bataillon de la garde nationale mobilisée de Saint-Denis se présentait devant Épinay, tandis que les deux batteries flottantes nos 1 et 4 canonnaient le village, ainsi qu'Orgemont et le Cygne d'Enghien, qui ripostaient vigoureusement.

Nos pertes sont sérieuses, surtout parmi le 134e et le 138e.

Bien que notre but n'ait pas été atteint, je ne saurais assez louer la vaillante énergie dont nos troupes ont fait preuve.

Cent prisonniers prussiens ont été ramenés du Bourget.

Signé : DE LA RONCIÈRE.

Le général Chanzy.

La démonstration faite par l'aile gauche de notre armée ne fut pas plus heureuse

Le 212e bataillon de marche de la garde nationale, sous les ordres de M. Pilhes, ancien représentant, des troupes de ligne, des chasseurs à pied, des détachements de gardes mobiles, de marins et de francs-tireurs de Paris (2e bataillon, commandant Chabaud Mollard), se massèrent le 20, à onze heures du soir, dans la plaine de Rueil.

A deux heures du matin, le général Noël, commandant en chef, donna ordre d'occuper l'île du Chiard qui s'étend entre Rueil et Chatou, et où des détachements prussiens étaient postés.

Il ordonna la construction d'un pont de bateaux, et cinq barques furent amenées le long de la rive gauche par les marins du génie, dirigés par le commandant Faure. Une vive fusillade les accueillit et ralentit le travail qui était encore incomplet au jour naissant.

A six heures du matin, les batteries du Mont-Valérien et la redoute du Moulin-Gibet tirèrent sur les positions prussiennes.

Mais, malgré ce puissant concours, la fusillade n'en continua pas moins nourrie sur les pontonniers, qui, à sept heures du matin, renoncèrent définitivement à leur entreprise.

Le commandant du génie, M. Faure, fit revenir ses hommes à la gare de Rueil, et par les ordres du général Noël, une compagnie du 130e de ligne et une centaine de francs-tireurs s'embarquèrent au pont de Chatou, pour tirer sur les postes prussiens de la rive droite de la Seine, tandis qu'une batterie de six pièces de douze et deux mitrailleuses se plaçait derrière le chemin de fer de Saint-Germain, et pointait sur le village de Chatou.

Parmi les Prussiens, infanterie et cavalerie, parmi les dragons de Guillaume eux-mêmes, ce fut alors un véritable sauve-qui-peut. Malgré cet avantage, ordre fut donné de ne plus s'occuper du pont et de faire replier les bateaux.

Probablement n'attachait-on aucune importance à l'établissement de ce pont.

Seulement M. Faure, le commandant du génie, tenait beaucoup à entrer dans l'île du Chiard ou plutôt à y faire une reconnaissance. Il partit donc avec la 2e compagnie des francs-tireurs de Paris, commandés par le capitaine Haas, sur le chemin de fer de Saint-Germain, et au bout du pont qui était rompu, ils se laissèrent glisser jusque dans l'île.

La 6e compagnie des francs-tireurs de Paris, commandée par le capitaine Lannoy et le lieutenant Renault, les suivait. Arrivés dans l'île, ils y furent reçus par le feu de l'ennemi qui ne dura pas moins de deux heures. Malgré l'intensité de la fusillade, ils y restèrent près de trois heures, reconnurent les positions de l'ennemi et détruisirent une redoute établie par les Prussiens dans les maisons de l'île.

Cette expédition coûta la vie au commandant Faure, qui reçut une blessure à laquelle il succomba quelques heures après, et au capitaine Haas, atteint à la tête par une balle en menant au feu la 2e compagnie des francs-tireurs de Paris.

Le rapport militaire du 21 décembre était sobre de détails sur toutes ces batailles; il constatait que les opérations militaires, engagées dans la journée, avaient été interrompues par la nuit, et ne se prononçait que vaguement sur le résultat.

21 décembre 1870, soir.

Les opérations militaires engagées aujourd'hui ont été interrompues par la nuit.

Sur notre droite les généraux de Malroy et Blaise, sous les ordres du général Vinoy, ont occupé heureusement Neuilly-sur-Marne, Ville-Évrard et la Maison-Blanche. Le feu de l'ennemi a été éteint sur tous les points où il avait établi des batteries pour arrêter notre action, à la suite d'un combat d'artillerie très-vif.

Le général Favé, commandant l'artillerie de la troisième armée, a été blessé.

Le plateau d'Avron et le fort de Nogent ont appuyé l'opération.

Dès le matin, les troupes de l'amiral de La Roncière ont attaqué le Bourget; elles étaient composées de marins, de troupes de ligne et de gardes mobiles de la Seine.

La première colonne, qui avait pénétré dans le village, n'a pu s'y maintenir; elle s'est retirée après y avoir fait une centaine de prisonniers, qui ont été dirigés sur Paris.

Le général Ducrot fit alors avancer une partie de son artillerie, qui engagea une action très-violente entre les batteries de Pont-Iblon et de Blancmesnil. Il occupe ce soir la ferme de Groslay et Drancy.

Du côté du Mont-Valérien, le général Noël, vers sept heures du matin, a fait une démonstration à gauche sur Montretout, au centre de Buzenval et Longboyau, en même temps que sur la droite le chef de bataillon Faure, commandant du génie du Mont-Valérien, s'emparait de l'île du Chiard.

Au moment où cet officier supérieur y pénétrait à la tête d'une compagnie de francs-tireurs de Paris, il fut très-grièvement blessé.

Le capitaine Haas, qui commandait cette compagnie, fut tué roide.

La garde nationale mobilisée a été engagée avec les troupes. Tous ont marché avec une grande ardeur.

Le chiffre de nos blessés n'est pas encore connu.

Il n'est pas très-considérable, eu égard au vaste périmètre sur lequel se sont développées les opérations. Cependant les marins et la garnison de Saint-Denis ont fait des pertes assez sérieuses dans l'affaire du Bourget, qui, d'ailleurs, a été fort contrariée par une brume intense, très-gênante pour l'action de notre artillerie.

Le gouverneur passe la nuit avec les troupes sur le lieu de l'action.

Paris, le 21 décembre 1870.

P. O. Le général, chef d'état-major général,
SCHMITZ.

Une note complémentaire, en date du 22, 3 h. 1/2, ajoutait:

La journée d'hier n'est que le commencement d'une série d'opérations. Elle n'a pas eu et ne pouvait guère avoir de résultats définitifs; mais elle peut servir à établir deux points importants: l'excellente tenue de nos bataillons de marche, engagés pour la première fois, qui se sont montrés dignes de leurs camarades de l'armée et de la mobile, et la supériorité de notre artillerie qui a éteint complétement les feux de l'ennemi.

Si nous n'avions pas été contrariés par l'état de l'atmosphère, il n'est pas douteux que le village du Bourget serait resté entre nos mains.

A l'heure où nous écrivons, le général-gouverneur de Paris a réuni les chefs de corps pour se concerter avec eux sur les opérations ultérieures.

Le gouverneur de la défense nationale croyait devoir présenter un échec comme un prélude.

Il y eut, dans la nuit du 21 au 22, un incident que le rapport militaire relate ainsi:

« La nuit dernière, des soldats ennemis restés dans les caves de Ville-Évrard ont fait une attaque sur les postes occupés par les troupes. Nos hommes, ayant riposté vigoureusement, ont tué ou fait prisonniers la plus grande partie des assaillants. Malheureusement, le général Blaise, qui s'était porté en toute hâte à la tête de ses troupes, a été mortellement atteint. Il est l'objet des plus vifs regrets dans la brigade qu'il commandait depuis le commencement du siège, et l'armée perd en lui un de ses chefs les plus vigoureux.

« Les pertes de l'ennemi ont été des plus sérieuses aux affaires d'hier; elles sont confirmées par les prisonniers qui ont été faits sur différents points.

« P. O. *Le général, chef d'état-major,*
« SCHMITZ. »

Nous pouvons ajouter à ce récit aride quelques détails qui ne sont pas sans intérêt. Des mobiles occupaient quelques maisons à l'extrémité droite de la Ville-Évrard. Deux d'entre eux descendent dans une cave pour voir s'ils ne trouveront pas quelque bouteille oubliée dans un coin. Après avoir descendu quelques marches, ils se trouvent en présence d'une porte en fer. Soudain, la porte s'ouvre, deux coups de feu se font entendre, un des mobiles tombe raide mort; son camarade, plein d'épouvante, remonte et donne l'alarme. Mais il est trop tard; de toutes les voûtes souterraines pratiquées au-dessous des maisons, dans les caves, les Prussiens surgissent, le dreyse à la main, et faisant feu au hasard.

Quelques-uns montent dans les chambres où se trouvent nos soldats, enfoncent les portes et somment les nôtres de se rendre. Des luttes terribles s'engagent dans plus d'un appartement, et les cadavres et les blessés roulent sur les escaliers. Les soupiraux vomissent des balles, et chaque pan de mur abrite un Prussien. Grâce à l'obscurité, une confusion excessive règne dans les rues; le son strident et aigu des sifflets prussiens se mêle à la voix retentissante de nos clairons; on se rencontre, on se bat dans l'obscurité corps à corps, les coups de fusil s'échangent; on s'apostrophe en français et en allemand; là c'est un Allemand qui croit s'adresser à un camarade et tombe sur un soldat de ligne qui le cloue au mur d'un coup de baïonnette; là-bas deux détachements français, trompés par l'obscurité, sont sur le point de croiser le fer; bref, le désordre est à son comble.

Ce fut en ralliant ses troupes pour repousser l'attaque des Prussiens, que le général Blaise reçut deux balles, l'une à la poitrine, l'autre au fémur, toutes deux partant du soupirail d'une cave. La lutte, commencée vers neuf heures et demie, se termina vers onze heures par la retraite des Prussiens.

On s'attendait à la reprise immédiate de l'action; mais pas un coup de fusil ne fut échangé dans la journée du 22 décembre.

Les voitures d'ambulance et les brancardiers qui avaient été commandés de service reçurent contre-ordre. Les troupes gardèrent toute la matinée leurs positions, et vers deux heures seulement commencèrent des mouvements que, naturellement, nous n'avons pas à indiquer.

Vers cette heure aussi, les voitures d'ambulance commencèrent à rentrer, et le défilé dura toute la journée par les portes de Flandre, de la Villette, de Romainville, etc. Du reste, toutes les voitures rentraient à vide.

Il faisait dans la plaine un froid atroce. Tous les soldats qu'on rencontrait grelottaient, emmitouflés tant bien que mal dans leurs couvertures, le cou et les joues cachées dans leur mouchoir mis en fanchon, les oreillettes du bonnet de police soigneusement rabattues.

Lorsqu'on avait dépassé la porte de Flandre et les maisons qui bordent la route jusqu'à la hauteur du fort d'Aubervilliers, du sommet de la colline on voyait la grande plaine nue, sèche, glacée, s'étendant silencieuse autour des villages mornes : le Bourget, Drancy, etc.

Cependant la plaine était peuplée : des bataillons de toutes armes campaient derrière chaque ferme; mais les hommes, massés autour des maigres feux de bivouac, restaient immobiles et produisaient à peine l'effet de quelques taches noires.

La route seule était animée. Des soldats regagnaient Aubervilliers, croisant leurs camarades dirigés vers les avant-postes. Sur les bas côtés, des ouvriers du génie civil installaient des fils télégraphiques. D'autres ébranchaient les arbres abattus pour alimenter les feux.

En aval de la Seine, une reconnaissance fut poussée toutefois par les gardes mobiles, qui, sous les ordres du chef de bataillon Delclos, cherchèrent à chasser les Prussiens du bois de Clamart.

Les batteries du nord et du nord-ouest, le fort de la Briche et tous les forts de Saint-Denis ne cessèrent de tirer; les forts de l'est et d'Aubervilliers achevèrent la démolition du Bourget, d'où les Prussiens, déjà réinstallés, furent contraints de se réfugier sous les batteries du Blanc-Mesnil.

Au Raincy, le 2 décembre, douze bataillons mobilisés de la garde nationale échangèrent des coups de feu avec les Prussiens.

Les forts ne restèrent pas silencieux. L'artillerie de Bondy et du plateau d'Avron tira sur les travaux des Prussiens, qui, dit un rapport militaire du 24, déployèrent de leur côté une grande activité.

De tous les corps, celui du génie fut le plus occupé malgré la gelée. Il put exécuter des travaux de terrassement, des parallèles, des tranchées à Drancy, à Chelles, la Ville-Évrard, la Maison-Blanche; mais ces opérations furent interrompues par la dureté du sol, qui était gelé jusqu'à 50 centimètres de profondeur.

La température servit de prétexte pour faire rentrer de nombreux corps de troupes dans Paris. « Les troupes, disait le rapport militaire du 25 décembre, ont cruellement souffert pendant la dernière nuit. Le travail des tranchées a dû être arrêté. Dans cette situation, devenue grave pour la santé de l'armée et qui pourrait l'atteindre dans son moral, le gouverneur de Paris a décidé que tous les corps qui ne seraient pas nécessaires à la garde des positions occupées seraient cantonnés de manière à être abrités. Ils s'y remettront des pénibles épreuves qu'ils viennent de subir et seront prêts à agir selon les événements. »

« Une partie des bataillons de la garde nationale employés au dehors rentrera dans Paris. Ceux qui resteront devant les positions seront cantonnés comme la troupe et relevés à tour de rôle. »

Ce n'était pas en abandonnant les fruits des sacrifices accomplis, l'avantage des positions conquises, qu'il était possible d'arrêter la *grande activité* des Prussiens.

Aussi purent-ils avoir établi diverses batteries de gros calibre au-dessus de la route de l'Ermitage au Raincy, trois batteries à Noisy-le-Grand, trois batteries au pont de Gournay. Dès le matin du 17 décembre, le feu fut dirigé avec la plus grande violence contre les forts de Noisy, de Rosny, de Nogent, et sur les positions d'Avron. « Cet ensemble, dit assez naïvement le rapport militaire, tendrait à prouver que l'ennemi, fatigué d'une résistance de plus de cent jours, se dispose à employer contre nous des moyens d'attaque à grande distance, qu'il a depuis longtemps rassemblés. »

C'était la première journée du bombardement : « L'attaque de l'ennemi, écrivait Jules Favre le soir même dans une adresse aux Parisiens, ne fera qu'augmenter le courage de la population de Paris. Elle a prouvé par sa constance qu'elle est résolue à une résistance inflexible ; elle s'associera aux nobles efforts de ses défenseurs en redoublant de calme et de discipline. Prête à tous les sacrifices pour sauver la patrie, elle ne peut être surprise ou ébranlée par aucune épreuve. »

Les bonnes dispositions dans lesquelles pouvaient se trouver les parisiens, n'étaient pas mises à profit. Aux premiers obus qui tombèrent sur le plateau d'Avron, le gouverneur de Paris décida que nos pièces étant moins puissantes que les canons Krupp, le plateau était devenu tout à fait intenable pour l'infanterie, que l'artillerie était également dans une situation que l'intensité croissante du feu de l'ennemi ne pouvait qu'aggraver, et que le gouverneur avait *le devoir impérieux* de faire cesser. Il se rendit sur les lieux, ordonna et organisa sur place la rentrée des pièces en arrière des forts ; mais dans la communication qu'il fit, le 29 décembre au peuple de Paris, le général Trochu n'en affichait pas moins une confiance motivée par ses pronostics :

« La nouvelle phase prévue depuis longtemps, dans laquelle entre le siége de Paris, pourra transformer les conditions de la défense, mais elle ne portera atteinte ni à ses moyens, ni à son énergie. »

Un autre document officiel portait que le plateau d'Avron avait été labouré, pendant toute la journée du 28, par huit batteries convergentes, et réitérait en ces termes la naïveté de la veille :

« L'emploi par l'ennemi de moyens nouveaux et très-puissants nous obligera sans doute à modifier notre système de défense. Selon toute probabilité, c'est le bombardement qui commence, le bombardement par les fameux canons Krupp, tant de fois annoncés. Mais tout a été prévu dès le début du siège, même les extrémités auxquelles pourrait se porter l'assiégeant, quand il en viendrait à éprouver des doutes sur la possibilité de prolonger le blocus. »

Le bombardement des forts de Nogent, de Rosny et de Noisy continua dans la journée du 30 décembre. On comprend sans peine quelle était la sourde irritation des Parisiens, en entendant les détonations qui se rapprochaient, et auxquelles on ne répondait pas ; ils restaient là emprisonnés, inactifs, affamés, mains liées et ventre vide, et pour calmer leur mécontentement, les membres de la défense nationale ne trouvaient que des paroles sonores (*Verba et Voces*) comme cette proclamation lancée le 31 décembre par le général Trochu :

« CITOYENS ET SOLDATS !

« De grands efforts se font pour rompre le faisceau des sentiments d'union et de confiance réciproque auxquels nous devons de voir Paris, après plus de cent jours de siége, debout et résistant. L'ennemi, désespérant de livrer Paris à l'Allemagne pour la Noël, comme il l'a solennellement annoncé, ajoute le bombardement de nos avancées et de nos forts aux procédés si divers d'intimidation par lesquels il a cherché à énerver la défense. On exploite devant l'opinion publique les mécomptes dont un hiver extraordinaire, des fatigues et des souffrances infinies ont été la cause pour nous. Enfin, on dit que les membres du gouvernement sont divisés dans leurs vues sur les grands intérêts dont la direction leur est confiée.

« L'armée a subi de grandes épreuves, en effet, et elle avait besoin d'un court repos, que l'ennemi lui dispute par le bombardement le plus violent qu'aucune troupe ait jamais éprouvé. Elle se prépare à l'action avec le concours de la garde nationale de Paris, et tous ensemble nous ferons notre devoir.

« Enfin, je déclare ici qu'aucun dissentiment ne s'est produit dans les conseils du gouvernement, et que nous sommes tous étroitement unis, en face des angoisses et des périls du pays, dans la pensée et dans l'esprit de sa délivrance. »

CHAPITRE XIV

Premières opérations de janvier 1871. — Note sur l'absence de nouvelles des départements.

Le 1er janvier 1871, se réunissait, sous la présidence du gouverneur, un conseil de guerre, composé des généraux en chef des trois armées, des amiraux commandant les forts, les généraux des armes de l'artillerie et du génie. Il avait été convoqué, disait le *Journal officiel*, par le gouvernement, résolu à opposer la plus énergique résistance à l'ennemi qui menaçait Paris d'un bombardement. « Le conseil, ajoutait l'*Officiel*, a été unanime dans l'adoption des mesures qui associent la garde nationale, la garde mobile et l'armée à la défense la plus active.

« Ces mesures exigeront le concours de la population tout entière. Le gouvernement sait qu'il peut compter sur son courage et sur sa volonté inflexible de combattre jusqu'à la délivrance. Il rappelle à tous les citoyens que, dans les moments décisifs que nous allons traverser, l'ordre est plus nécessaire que jamais. Il a le devoir de le maintenir avec énergie ; on peut compter qu'il n'y faillira pas. »

Les rapport militaires du 2 janvier 1871 portait :

« La nuit a été calme.

« Deux ou trois explosions se sont fait entendre sur le plateau de Châtillon. La Tour-des-Anglais a sauté. L'ennemi semble y travailler activement.

« Une forte patrouille a pénétré cette nuit dans Rueil et s'est retirée après avoir essuyé le feu du poste de l'avenue de la Gare.

« Le bombardement des forts de Nogent, Rosny, Noisy et des villages environnants a commencé ce matin, sans causer jusqu'à présent de dommages bien sérieux. Le feu est cependant très-vif sur Nogent, et des obus, dont beaucoup éclatent en l'air, sont dirigés sur le village.

« Les efforts de l'ennemi se sont portés aujourd'hui contre le fort de Nogent, sur lequel il a lancé 600 obus. Il n'y a eu aucun effet produit. Un seul homme blessé légèrement et pas de dégâts.

« On travaille activement dans tous nos forts. »

Une autre note, à la date du même jour, entretenait Paris de ce qui pouvait se passer dans les départements. Elle n'était fondée sur rien de précis, car elle disait à son début :

« Le froid rigoureux qui sévit contre nous avec une âpreté si cruelle n'a pas seulement pour conséquence d'infliger à nos soldats et à notre population les plus dures souffrances.

« Il nous condamne à ignorer ce qui se passe en province, en interrompant les voyages déjà si incertains de nos messagers.

« Depuis le 14 décembre, *le gouvernement n'a reçu aucune nouvelle officielle*, et c'est seulement par quelques feuilles allemandes qu'il a pu obtenir les renseignements fort incomplets et fort arriérés que le public connaît. »

La note officielle s'efforçait ensuite de raviver la confiance ébranlée des Parisiens.

« C'est là une situation pleine d'anxiété, et cependant nul de nous ne sent diminuer sa confiance. Au-dessus de nos murailles, où veille la garde nationale, au-dessus de nos forteresses, que l'ennemi commence à couvrir de ses feux, s'élève comme un souffle d'espoir et de délivrance qui pénètre tous les cœurs et y fait naître une vague, mais ferme intuition du succès. C'est à ce sentiment généreux qu'il faut attribuer la facilité avec laquelle sont accueillies les rumeurs favorables les plus contraires à toute vraisemblance. Ces jours derniers, il a suffi à un jeune soldat réfractaire de raconter l'arrivée à Creil d'un corps de quatre-vingt mille Français pour que, plus prompte que l'éclair, cette lueur de lumière illuminât soudain la cité et fût acceptée comme une vérité certaine. Vérification faite, le récit était mensonger. Son auteur est entre les mains de la justice, qui recherche avec soin les motifs qui l'ont entraîné à cette mauvaise activité. »

Ce passage de la note officielle faisait allusion à une nouvelle qui avait couru dans certains quartiers, mais à laquelle personne n'avait ajouté foi, et dont l'auteur prétendu n'a jamais comparu devant aucun tribunal.

La note officielle du 2 janvier se terminait ainsi :

« Le bon sens et le patriotisme de la population de Paris, qui se montre à la fois si ardente et si sage, la mettent en garde contre les actions violentes qu'amène forcément l'abandon d'une illusion si légitimement chère. Il n'en faut pas moins se montrer sévère contre de pareilles entreprises et se fortifier à l'avance contre l'attrait puissant des nouvelles hasardées. Mais ce que nous pouvons affirmer sans crainte d'être démenti, c'est qu'il n'est pas téméraire d'espérer, et que des faits généraux se dégagent des symptômes graves qui doivent nous soutenir et nous faire croire à la prochaine efficacité de notre résistance. Il est certain que les départements opposent à l'ennemi une résolution qui l'étonne et le déconcerte. On en trouve l'aveu, d'autant plus précieux qu'il est involontaire, dans la plupart de ses relations. Ce sol français, qu'il avait traversé au pas de course dans la première partie de la campagne, lui est maintenant disputé pied à pied, et son sang s'y mêle avec celui de nos braves soldats qui accourent sous nos drapeaux à la voix de la France républicaine.

« Nous ne connaissons qu'imparfaitement les combats livrés dans la vallée de la Loire. Et ce n'est pas sans raison que leurs narrateurs prussiens les entourent d'obscurité. Nos armes n'ont pas toujours été heureuses ; les corps de Chanzy et de Bourbaki ont été séparés, mais ils luttent avec énergie, quelquefois victorieusement. C'est avec une émotion profonde qu'à défaut des bulletins de nos officiers, dont nous admirons le courage, nous lisons ceux de l'ennemi, forcé de reconnaître la solidité de ces troupes civiques, arrachées d'hier à la famille, et si bien animées de l'amour de la patrie, qu'à peine équipées, elles sont dignes de se mesurer avec des guerriers consommés : elles les tiennent en échec, les font reculer, se dérobent à leurs attaques, et s'avancent vers nous en attirant tous ceux qui comprennent la grandeur du danger et la sainteté du devoir. Or, le nombre doit en être grand, car c'est encore notre chère et malheureuse Lorraine, tout opprimée qu'elle est par l'occupation prussienne, cache ses enfants dans les plis des vallons et les envoie furtivement à nos armées, malgré les uhlans qui les menacent de mort. Nos forces augmentent donc incessamment par ce recrutement qui ne s'arrêtera plus, tandis que celles des Prussiens diminuent et s'affaiblissent.

« Nous ne savons rien de précis sur les mouvements des deux généraux qui accourent à notre secours, mais la précaution qu'ont les feuilles prussiennes de nous les cacher ne peut que nous encourager.

« Sans doute, nous ne devons pas nous bercer de chimères.

« Nous sommes en face des périls les plus graves qui puissent accabler une nation.

« Cependant tous nous sentons que notre France républicaine les surmontera.

« Paris lui a donné l'exemple, et cet exemple est noblement suivi. Paris ne veut pas succomber. Sa population tout entière, d'accord avec les hommes qui ont l'insigne honneur de diriger sa défense, repousse hautement toute capitulation. Paris et le gouvernement veulent combattre, — là est le devoir, — et comme le pays tout entier s'y associe sans réserve, quelle que soit l'épreuve passagère qui lui soit infligée, il ne s'humiliera pas devant l'étranger. »

CHAPITRE XV

Le Bombardement de Paris.

A partir du 3 janvier, les obus tombèrent en dedans de l'enceinte, où ils ne causèrent que des dégâts matériels. Vers une heure et demie du matin dans les nuits du 4 au 8, Paris fut réveillé en sursaut par le grondement des canons Krupp ; mais ce fut le 5 janvier, à midi et demi, que le premier obus allemand tomba, sur la maison n° 11 de la rue Lalande, à Montrouge. Elle est habitée par M. Picon, entrepreneur de maçonnerie et se compose seulement d'un rez-de-chaussée. Madame Picon travaillait près de sa fenêtre en écoutant le bruit lointain de la canonnade, lorsque tout à coup une détonation violente se fait entendre à ses côtés, et au même instant, elle voit tomber toutes les vitres, les chambranles des croisées, des meubles brisés, des plâtras détachés du plafond, des panneaux arrachés à la porte : c'était un obus qui venait d'éclater.

En l'espace d'une demi-heure à peine, une douzaine d'obus tombèrent sur les quartiers du sud de Paris, mais heureusement sans blesser personne. Tout se réduisit à quelques dégâts matériels.

Toute la journée, la foule se porta du côté où tombaient les projectiles prussiens, chacun voulant se rendre compte par lui-même de l'effet de ces fameux obus, et le public semblait généralement très-désappointé du peu d'importance des ravages : on s'attendait à mieux.

Dans la journée, d'autres obus tombèrent sur le quartier Saint-Jacques, et au boulevard de l'Observatoire, où l'on put lire en grosses lettres sur la boutique d'un marchand de chaussures : *fermé pour cause de bombardement.* Le point de mire choisi par les Prussiens semblait être le Panthéon, à en juger par la direction des bombes.

Dans la soirée, la nouvelle phase dans laquelle entrait le siége fut officiellement annoncée :

Jeudi soir, 5 janvier.

Le bombardement de Paris est commencé.

L'ennemi ne se contente pas de tirer sur nos forts, il lance ses projectiles sur nos maisons, il menace nos foyers et nos familles.

Sa violence redoublera la résolution de la cité qui veut combattre et vaincre.

Les défenseurs des forts, couverts des feux incessants, ne perdent rien de leur calme, et sauront infliger à l'assaillant de terribles représailles.

La population de Paris accepte vaillamment cette nouvelle épreuve. L'ennemi croit l'intimider, il ne fera que rendre son élan plus vigoureux. Elle se montrera digne de l'armée de la Loire qui a fait reculer l'ennemi, de l'armée du Nord qui marche à notre secours.

Vive la France ! Vive la République !

Général TROCHU, JULES FAVRE, E. PICARD, EMMANUEL ARAGO, JULES SIMON, JULES FERRY, GARNIER-PAGÈS, EUG. PELLETAN.

Le 6 janvier, fut affichée une nouvelle proclamation du gouverneur de Paris.

Au moment, disait-il, où Paris redouble ses efforts, on cherche à égarer les citoyens de Paris par la tromperie et par la calomnie. On exploite, contre la défense, nos souffrances et nos sacrifices.

« Rien ne fera tomber les armes de nos mains. Courage, confiance, patriotisme !

Le gouverneur de Paris ne capitulera pas. »

Tous les organes de la presse relevèrent avec vivacité cette phrase : « le gouverneur de Paris ne capitulera pas ; » qui donnait au général Trochu le droit de s'isoler de ses collègues, d'assumer sur lui toute responsabilité ? Il s'agissait, non de connaître sa résolution personnelle, mais de savoir si la manière dont la défense était dirigée n'entraînait pas inévitablement une capitulation.

Le *Siècle* se faisait remarquer par sa verdeur :

Nous ne pouvons pas supposer que M. le général Trochu et les sept autres membres du gouvernement de la défense nationale sont tout à coup et simultanément en état de se rendre un compte exact de leurs actes aussi bien que de leur inaction. D'un autre côté, nous les croyons honnêtes, et ils ne peuvent nous conduire sciemment à une situation tellement douloureuse qu'elle serait absolument intolérable.

Ils savent mieux que personne, la date certaine à laquelle notre dernier sac de farine sera consommé. Si nos renseignements sont exacts, cette date n'est pas aussi éloignée que l'avaient cru quelques calculateurs optimistes.

Ils savent, en outre, que toute ville assiégée, défendue par un chef militaire qui a déclaré « qu'il ne capitulerait jamais, » que toute ville assiégée, pour échapper aux horreurs de la famine et aux hontes de la capitulation, doit avoir pourvu, dix jours au moins avant l'heure où le pain lui manquera, soit à sa délivrance, soit à son ravitaillement.

Donc, en admettant, — ceci est une supposition tout à fait hasardée, — que notre approvisionnement en farines puisse nous conduire, par exemple, jusqu'à la fin du mois courant, il serait indispensable que nous fussions ou débloqués ou ravitaillés le 20, au plus tard.

Or, nous sommes aujourd'hui au 9 janvier; douze jours se sont écoulés depuis l'évacuation du plateau d'Avron. L'opinion publique a unanimement réclamé une action rapide, continue, ne laissant ni repos, ni trêve à l'ennemi, et surtout ne lui permettant pas de détacher de l'armée d'investissement des corps ayant pour mission d'aller écraser nos armées de province.

Nous ne savons quel nouveau plan a conçu M. le général Trochu, nous ne savons ce qui a été décidé dans les conseils de guerre tenus ces jours derniers, mais nous savons que nous sommes au 9 janvier et que, malgré les bruits qui ont circulé hier et avant-hier, aucune opération militaire n'est encore engagée.

Par quels motifs mystérieux, en vue de quelles perspectives le chef de la défense, — *qui ne capitulera pas*, — et les membres du gouvernement consentent-ils à cette inaction qui irrite et lasse la population parisienne?

Est-ce le secours du dehors que nous attendons?

Mais ce secours, même en admettant les éventualités les plus heureuses, peut se faire attendre, et jusqu'à quand pouvons-nous attendre? Même, en ce cas, pourquoi ne pas dire à ce peuple quelques paroles d'espoir?

Sur quoi donc compte-t-on? Est-ce sur la mansuétude du roi Guillaume qui bombarde nos maisons? Est-ce sur une intervention des puissances étrangères qui nous ont été si manifestement malveillantes jusqu'ici?

Ces sur ces divers points que nous provoquons les loyales explications du gouvernement. Nous lui rappelons qu'il a devant lui une population animée du plus ardent patriotisme, prête à tous les sacrifices, à tous les dévouements, et qui a donné assez de témoignages de confiance et de sympathie au général Trochu et à ses collègues pour qu'on la traite dignement et virilement.

Les journaux récriminaient à l'unisson; l'*Avenir national* s'écriait :

« Voyons! il serait bien temps cependant d'en finir avec les incertitudes et les équivoques; il serait bien temps que Paris, après trois mois de souffrances, d'angoisses, de résignation, pût savoir qui le mène et où on le mène. Jusqu'à présent il ne sait qu'une chose : c'est que l'inaction persiste, que l'anxiété grandit, que les provisions s'épuisent, et, qu'en marchant encore quelque temps dans cette voie, il doit fatalement arriver par la famine à la capitulation. Cela, il le sait, il le sent. Mais qui donc, après tant de désastres, le conduit ainsi à ce désastre suprême? Voilà ce qu'il ignore, ce que nous ignorons tous, e ce que nous devons, ce que nous voulons savoir. »

Déjà, le dernier jour de l'année 1871, dans une des réunions des maires de Paris, M. Delescluze, maire du 19e arrondissement, avait prononcé un véritable réquisitoire contre les membres du gouvernement. Il fut soutenu par M. Clémenceau et par deux adjoints, combattu par Jules Favre, Vacherot, il provoqua un peu d'agitation pour obtenir un vote. Jules Favre se fit applaudir en disant : « Je confesse que le général Trochu n'a pas toujours été exempt de blâme, qu'il s'est souvent montré hésitant, mais sans cesser d'avoir confiance dans le résultat final et de vouloir le triomphe et le maintien de la République. Patience! le bruit court que les armées de la Loire, après avoir battu le prince Charles et Von der Thann, ne sont plus qu'à treize lieues de Paris; espérons qu'avant peu ce bruit sera officiellement confirmé. »

On allait se séparer quand M. Delescluze reprit la parole avec une grande énergie pour réfuter le discours du ministre des affaires étrangères. Ce fut M. Vacherot qui lui répondit. La discussion entre les deux maires s'envenima à tel point qu'on leva la séance au milieu d'une tempête d'interpellations.

Les sentiments dont les maires étaient les interprètes étaient ceux de l'immense majorité. Ils ont été admirablement résumés dans la déposition faite par le général Le Flô, sur les causes qui amenèrent l'insurrection du 18 mars :

« La question de savoir si on pouvait forcer les lignes ennemies, dit le général, a été discutée si souvent, qu'il me paraît inutile d'y revenir. Mon sentiment est qu'il était trop tard à l'époque de la capitulation, mais qu'il y a eu un moment où il était possible, sinon facile, de le faire. C'eût été toujours une opération extrêmement dangereuse, mais qui, dans plusieurs occasions, aurait présenté des chances de succès. Aucune tentative sérieuse n'ayant été faite dans ce sens, il en est résulté un très-grand mécontentement dans la garde nationale de Paris, qui croyait, elle, qu'on pouvait forcer les lignes ennemies avec une très-grande facilité, et qui était écœurée de tous les événements militaires qui se sont produits pendant le siége.

« Les opérations militaires, dit-il, avaient laissé une impression extrêmement pénible dans la population parisienne et surtout dans cette garde nationale qui comptait 250,000 hommes plus ou moins disposés à se battre, mais qui témoignaient au moins un grand désir de le faire.

« Je dois dire que mon opinion est qu'on aurait pu les employer plus sérieusement, et je crois qu'ils l'auraient parfaitement accepté. Je crois qu'il y a eu de longs intervalles où la garde nationale aurait pu être employée plus fructueusement, qu'elle aurait été un élément militaire excellent, et que par conséquent on a eu grand tort de pas l'employer. Je sais qu'on a voulu finir par là, mais on l'a fait avec mauvaise grâce et d'une façon peu sérieuse, presque dérisoire. Ainsi en réserve, dans certaines de nos sorties, on a mis 50, 60 ou même 80 bataillons de la garde nationale, sans leur faire tirer un coup de fusil. Au point de vue politique, c'était une faute; au point de vue militaire, c'en était une plus grande. »

CHAPITRE XVI

La guerre dans les départements.

Une lueur d'espérance fut donnée à la population si éprouvée de la capitale, par les nouvelles qu'apportèrent les pigeons voyageurs.

Une dépêche en retard, car elle était datée de Lyon, 23 décembre, était ainsi conçue :

Lyon, 23 décembre.

Gambetta à Trochu.

J'ai reçu le 22 décembre au matin, par M. d'Alméida, votre dépêche écrite le 16 décembre. L'appréciation que vous avez faite de l'armée de la Loire et des éléments qui la composent est parfaitement juste, et trouve dans les faits qui s'accomplissent tous les jours une nouvelle confirmation.

Les Prussiens, sans avoir éprouvé rien qui ressemble à une défaite, paraissent cependant démoralisés. Ils commencent à éprouver une grande lassitude, et on leur tue beaucoup de monde de tous les côtés. Sur divers points du cercle qu'ils occupent, ils rencontrent de vigoureuses résistances. Belfort est approvisionné pour huit mois. Toute la ligne, de Montbéliard à Dôle, est bien gardée par les forces de Besançon; de Dôle à Autun,

par les forces de Garibaldi et du général Bressolles; il en est de même du Morvan et du Nivernais jusqu'à Bourges.

D'un autre côté, l'armée de Bourbaki est dans une excellente situation. Elle effectue en ce moment une manœuvre dont on attend les meilleurs résultats.

Chanzy, grâce à son admirable ténacité, a fait lâcher prise aux Prussiens, et, depuis le 16, il s'occupe à refaire ses troupes fatiguées par tant et de si honorables combats. Aussitôt remises, ce qui ne demande que quelques jours, rééquipées et munitionnées, vous pouvez être assuré que Chanzy reprendra l'offensive.

Le Havre est tout à fait dégagé; les Prussiens ont même abandonné Rouen après l'avoir pillé et dirigé leur butin sur Amiens, direction que paraissent avoir prise les forces de Manteuffel pour barrer le passage aux troupes de Faidherbe. Nous augmentons tous les jours notre effectif.

A mesure que les forces s'accroissent, les gardes nationaux mobilisés qui ont déjà vu le feu s'en tirent à merveille, et en peu de temps ce seront d'excellents soldats. Le pays est comme nous résolu à la lutte à outrance. Il sent tous les jours davantage que les Prussiens s'épuisent par leur occupation même, et qu'en résistant jusqu'au bout, la France sortira plus grande et plus glorieuse de cette guerre maudite.

Salut fraternel,

LÉON GAMBETTA.

Une dépêche postérieure donnait de plus amples détails sur la résistance des départements. Elle était du 31 décembre 1870, et Gambetta, en l'adressant à Jules Favre, commençait par se plaindre de la température et de la difficulté des communications même aériennes.

31 décembre 1870.

Gambetta à Jules Favre.

La cruauté de l'hiver ne nous a pas permis de correspondre depuis trois semaines et de vous tenir au courant de nos opérations. Veuillez croire, cependant, que nous n'avons négligé aucun moyen de communication avec vous. Nous avons multiplié les messagers, nous en avons demandé à tous les préfets, et il ne se passe pas un seul jour sans que notre infatigable collaborateur Steenackers n'en fasse partir un, quelquefois deux, avec la collection de toutes les dépêches.

Quant aux pigeons, notre plus précieuse ressource, elle nous fait aujourd'hui à peu près défaut par suite des rigueurs de la température. Des essais de départ ont été tentés à plusieurs reprises; mais le froid, la neige sont pour nos oiseaux un fléau terrible; nous pouvons les perdre sans profit; on les voit tournoyer quelque temps quand on les a lâchés, puis s'arrêter tout à coup comme paralysés, la plupart étant fidèle au colombier du départ. Mais nous ne pouvons nous expo-

Le général Bourbaki.

ser à les perdre en nous obstinant à les faire partir. Dites bien toutes ces choses à l'intelligente population de Paris; ces petits détails la toucheront et lui feront voir que nous ne cessons de penser à elle, et que nous sommes surtout malheureux de ne pouvoir lui donner toutes les satisfactions auxquelles lui donnent droit son ardent patriotisme, sa constance dans les épreuves et l'indomptable énergie qu'elle a montrée après l'occupation d'Orléans, qui avait fait espérer à la Prusse qu'elle en avait fini avec l'armée de la Loire. Je vous ai raconté les divers événements militaires qui ont suivi cette triste journée.

Dans la lutte que nous soutenons, nous ne nous lasserons pas de reprendre infatigablement la défense à outrance de la république et du sol national. Moins de quinze jours après l'évacuation d'Orléans et la belle retraite du général Chanzy, nos deux armées étaient pleinement reconstituées, et en voici maintenant le tableau fidèle : la 1re armée de la Loire, qui comprend le 15e, le 18e et le 20e corps commandés par les généraux Martineau, Clinchant et Billot sous le général Bourbaki, a été rapidement portée vers...

Les préliminaires de cette vaste opération ont jusqu'ici assez bien marché. Après une très-brillante affaire gagnée à Nuits par les troupes du général Grenier, appuyées par Menotti Garibaldi, dans laquelle on a tué plus de 7,000 Prussiens, le corps de Werder fut refoulé vers Dijon; et, quelques jours après, il suffit de la marche en avant pour obliger les Prussiens à évacuer précipitamment Dijon et Gray, à la date du 27 décembre.

Ils vont se refaire sur Vesoul et Épinal, pendant qu'ils rappellent à eux les troupes qui occupaient l'Yonne et se ralliaient au prince Frédéric-Charles, qui est toujours à Orléans, par Montargis, Joigny, Auxerre, Tonnerre, Châtillon-sur-Seine et Chaumont. Après avoir fait occuper Dijon et Gray, nous poursuivons notre marche sur Vesoul; ce qui pourrait bien débloquer Belfort sans coup férir. L'important est de marcher vite, et, dans ce mouvement d'ensemble, d'assurer ses derrières. Je ne puis vous en dire plus long, l'opération étant en train; il n'y a qu'à souhaiter qu'elle réussisse.

A l'Ouest, les choses sont également en excellent état. Chanzy, dont le quartier général est au Mans, après avoir refait et reconstitué ses troupes, est tout à fait à la veille de reprendre l'offensive.

Les Prussiens ont évacué complétement la vallée du Loiret et n'ont pas osé franchir la Loire à Tours, de peur d'être tournés. Ils paraissent se concentrer exclusivement sur la route de...

Nous pouvons donc envisager sans crainte l'état respectif des forces de la France et de la Prusse. Il est hors de doute, en effet, pour nous comme pour l'Europe entière, que nos bonnes chances augmentent tous les jours. Les Prussiens ont perdu près d'un demi-million d'hommes depuis qu'ils sont entrés sur notre territoire; leur matériel de guerre, si considérable, si bien servi, a diminué; par l'usage même il s'est altéré. Bien des batteries sont hors de service, comme nous l'apprennent nos espions, et nous commençons, au contraire, à avoir des canons supérieurs aux leurs. Nos fusils leur causent les pertes les plus cruelles. Tous les jours nos ressources s'accroissent, tous les jours les leurs diminuent. Ils ont conscience de ce qui peut leur être fatal. Le roi Guillaume lui-même n'échappe pas à ce pressentiment, et, dans son dernier ordre du jour à son armée, il reconnaît que la guerre est entrée dans une phase nouvelle, et que, grâce à des efforts extraordinaires, la France peut opposer tous les jours de nouvelles armées. C'est, en effet, notre situation. Le pays tout entier comprend et veut la guerre sans merci.

Nous en finirons en moins de temps qu'on ne le suppose, si nous le voulons, si nous avons aussi la force morale nécessaire pour supporter, pour subir les échecs, les revers, la mauvaise fortune en continuant à nous battre. Cette disposition à la lutte jusqu'à la victoire et à la revanche la plus absolue est telle, que des défaites, qui chaque jour deviennent plus improbables, ne feraient qu'exaspérer et enflammer ses sentiments. La France est complétement changée depuis deux mois; l'âme de Paris s'est répandue sur elle et l'a transfigurée, et, si vous veniez à succomber, c'est un cri de vengeance qui sortirait de toutes les poitrines. Mais vous ne succomberez pas.

La situation intérieure du pays ne s'est guère modifiée depuis ma dernière dépêche; l'esprit public est tourné tout entier à la guerre.

La France s'attache de plus en plus au régime républicain. La masse du peuple, même dans les campagnes, comprend, sous le coup des événements qui s'accomplissent, que ce sont les républicains, tant calomniés, tant persécutés, diffamés avec tant d'art depuis trois générations, qui sont de vrais patriotes, les vrais défenseurs de la nation et des droits de l'homme et du citoyen. Il y a plus que de l'estime pour eux dans ce sentiment, il y a de la reconnaissance.

Chassons l'étranger, comme nous le pouvons et comme nous le devons, et la république est définitivement assise en France. J'ai parcouru plusieurs fois la France depuis que je vous ai quittés, et partout, dans les villes comme dans les villages, je recueille les mêmes sentiments et les mêmes acclamations pour la république.

Partout nous pouvons compter sur le dévouement de la garde nationale; du reste, le pays tout entier est exclusivement absorbé par les préoccupations de la guerre et l'anxiété patriotique que nous inspire Paris. C'est ainsi qu'un lugubre événement, qui s'est accompli à Lyon, le 22 décembre, la veille de mon arrivée dans cette ville, et qui en d'autres temps eût profondément agité l'opinion, n'a causé qu'une émotion passagère.

Dans une réunion publique tenue à la Croix-Rousse, un chef de bataillon de la garde nationale de ce quartier, le commandant Arnaud, sommé par quelques misérables de donner l'ordre à son bataillon de marcher sur l'Hôtel de Ville pour enlever le préfet, ayant courageusement refusé de se prêter à un tel crime, a été saisi, jugé par ces bandits, condamné et fusillé, en moins de trois quarts d'heure, en plein midi, au milieu d'une population qui, ignorant sans doute ce qui se passait, ne lui a pas porté secours. Le commandant Arnaud était un républicain solide et éprouvé, estimé, aimé de tous ceux qui le connaissaient à Lyon.

Il est tombé en criant cinq fois : « Vive la République! » Sa mort aussitôt connue a jeté le deuil et l'horreur dans la cité lyonnaise, et, dès le lendemain, comme une protestation unanime de toute la population, le conseil municipal, le premier magistrat du département, assistés de toutes les autorités civiles et militaires, au milieu d'un concours de plus de cent mille citoyens, faisaient au commandant Arnaud de magnifiques et expiatoires funérailles.

J'ai cru de mon devoir, malgré les occupations impérieuses et exclusivement militaires qui m'avaient appelé à Lyon, de suivre le cercueil de ce martyr du devoir républicain et de donner un public témoignage de notre horreur pour la violence. Dans la journée, nous fîmes avec le préfet dont on ne saurait trop louer depuis trois mois l'énergie et la prudence politique, arrêter les misérables impliqués dans cette affaire. Ils sont déférés au conseil de guerre, en vertu du décret du 28 novembre sur les faits accomplis dans les départements en état de guerre. Il en sera fait une justice exemplaire. La veuve et les enfants de la victime ont été adoptés par le conseil municipal de Lyon.

Puisque je vous parle de Lyon, laissez-moi vous dire

l'impression générale que j'en ai apportée. D'abord toute tentative séparatiste ou fédéraliste est dénuée de fondement. Loin de vouloir se séparer de Paris et de l'unité française, Lyon a tenu à honneur d'affirmer son étroite solidarité avec le reste du pays en prodiguant ses ressources en hommes et en argent à la défense nationale.

Les quatre légions des mobilisés du Rhône sont devant l'ennemi, parfaitement habillées, équipées, armées et munies d'une puissante artillerie se chargeant par la culasse, le tout aux frais de la ville et du département. La ville est admirablement fortifiée, des approvisionnements sont faits ; le danger du siége de Lyon est évanoui, mais ses habitants s'y étaient préparés, avec une résolution digne de l'exemple de Paris.

Vous apercevrez par ces détails que ce n'est à Lyon ni l'exagération révolutionnaire, ni les tendances séparatistes qui constituent le péril possible et éventuel de la situation politique. Le courageux et vénéré M. Hénon est à la tête du conseil municipal. La prudence, la souplesse et la fermeté républicaine du préfet déjoueront tous les calculs de nos adversaires, et Lyon continuera à nous donner le spectacle consolateur de la seconde capitale de la France tout entière vouée aux travaux et aux sacrifices de la guerre.

LÉON GAMBETTA.

En même temps était transmise au Gouvernement de la défense, une dépêche du général Faidherbe, arrivée à Bordeaux le 4 janvier :

Le général Faidherbe au ministre de la guerre.

Aujourd'hui 3 janvier, bataille sous Bapaume, de huit heures du matin à six heures du soir. Nous avons chassé les Prussiens de toutes les positions et de tous les villages. Ils ont fait des pertes énormes et nous des pertes sérieuses.

Avesne-les-Bapaume, 3 janvier.

J. FAIDHERBE.

De son côté, l'Agence Havas avait reçu par des pigeons une dépêche sans date, qui disait :

« Les nouvelles de la guerre sont bonnes.

« Faidherbe a remporté une victoire à Pont-Noyelle. Son armée augmente chaque jour en nombre et en solidité. Chanzy, changeant sa base d'opérations, a effectué un mouvement jusqu'au Mans, tenant continuellement tête à l'ennemi, lui faisant subir pendant huit jours des pertes considérables.

« L'armée de Bourbaki est dans une excellente situation ; ses mouvements sont ignorés.

« Les Prussiens se montrent inquiets du mouvement des deux armées qui sont sur leurs flancs et n'osent pas avancer dans le centre ; ils ont évacué Nogent-le-Rotrou, remontant dans la direction de Paris.

« A Nuits, il y a eu un brillant combat livré par

25,000 Allemands contre 10,000 Français. Nous avons perdu 1,200 hommes (Chiron) ; les Prussiens en ont perdu 7,000 dont le prince Guillaume de Bade.

« Les correspondants du *Times*, à Versailles et dans les autres quartiers généraux prussiens, constatent eux-mêmes combien la situation a changé au désavantage des Allemands.

« Chaque jour les forces françaises augmentent, celles des Allemands diminuent. Ils ont perdu 300,000 hommes depuis leur entrée en France. Il existe en Allemagne 100,000 veuves et 200,000 orphelins. Actuellement, l'effectif des Allemands, en France, est évalué à 600,000 hommes, dont 100,000 malades. La landsturm a été appelée dans quelques provinces allemandes ; la dernière levée a suscité de la résistance.

« Le siége de Belfort a donné lieu à plusieurs sorties qui ont causé à l'ennemi de grandes pertes. »

En vérifiant l'exactitude des renseignements ci-dessus nous trouvons qu'en effet Faidherbe avait déployé une habileté à laquelle rend justice en ces termes l'auteur allemand des *Pensées et considérations* militaires. « Soldat entreprenant et très-actif, dit-il, Faidherbe, appelé à la fin de novembre à commander l'armée française du Nord, profita si bien du temps qu'il avait à sa disposition pour la réorganisation de ses troupes qu'après tout au plus un mois de repos celles-ci reprenaient déjà l'offensive. Le 23 décembre, on voyait Faidherbe se diriger d'Amiens le long de la Somme avec une armée ayant à peu près le même effectif que celle qui avait été battue le 27 novembre aux environs de cette dernière ville.

« Les journées des 23 et 24 décembre, aux environs de Pont-Napoléon, furent marquées par des combats qui n'eurent rien de décisif. Les jeunes troupes de Faidherbe se distinguèrent par la ténacité de leur résistance : elles durent, il est vrai, céder à Manteuffel, mais elles purent se retirer sur Arras sans être le moins du monde incommodées.

« Arrivées aux environs de Bapaume, les troupes de la première armée allemande se partagèrent de nouveau en deux parts, dont l'une, composée de toute une division d'infanterie, se portait le 27 sur Péronne pour investir cette ville. Profitant de cette circonstance, Faidherbe tomba sur ce qui était resté aux environs de Bapaume. »

La bataille s'engagea le 2 janvier. L'armée était divisée en deux corps (les 22e et 23e) sous les ordres des généraux Paulze-d'Ivoy et Lecomte. Une division du 2e corps dirigea une attaque vigoureuse sur le village de Béhagnies, qu'elle ne réussit point à enlever ; mais la 1re division du 22e corps (général Bressol), chassa des villages d'Achiet-le-Grand et de Beaucourt les troupes prussiennes commandées par le général de Gœben. Le 3 janvier, toutes les positions ennemies, à Favreuil, Sapinies, Avesnes-les-Bapaume, Ligny, Tilloy, Grévillers, furent enlevées. « A six heures du soir, porte la relation officielle, nous avions chassé les Prussiens de tout le champ de bataille, couvert de leurs morts ; de très-nombreux blessés prussiens restaient entre nos mains dans les villages où l'on avait combattu, ainsi qu'un nombre de prisonniers. Quelques pelotons, emportés par leur ardeur, s'engagèrent sans ordre dans les faubourgs de la ville de Bapaume, où les Prussiens s'étaient retranchés dans quelques maisons ; comme il n'entrait pas dans nos vues de prendre cette ville, au risque de la détruire, ces pelotons furent rappelés à la nuit. Les pertes des Prussiens pendant ces deux jours sont très-considérables ; les nôtres sont sérieuses. »

Les pertes furent assez sérieuses des deux parts pour amener une suspension d'armes tacitement conclue, pendant laquelle de Gœben concentra tous ses efforts sur Péronne, qui ne tarda pas à capituler. Mézières s'était rendu le 2, avec 2,000 prisonniers et 6 canons ; Rocroy, le 5, avec 300 prisonniers et 72 pièces d'artillerie.

Dans l'Ouest, le général Chanzy avait établi son quartier général au Mans. Il disposait d'environ 130,000 hommes, jeunes recrues pour la plupart, avec 350 pièces de canon. Né à Nouart (Ardennes), en 1823, cet officier supérieur ne devait son élévation qu'à lui-même. Après avoir fait ses études au collège de Verdun-sur-Meuse, il s'engagea dans la marine ; mais rebuté par les obstacles que rencontrent les jeunes gens qui ne sortent pas du vaisseau-école, il quitta le grade de maître-timonier pour entrer dans l'armée de terre. A vingt-cinq ans seulement, il se prépara à l'École de Saint-Cyr, et quoiqu'il n'eût pu y entrer que dans les derniers rangs, il travailla avec tant d'énergie et d'intelligence qu'il en sortit le second en 1843. « C'était, a dit de lui un de ses condisciples, un modèle de tenue et de discipline. Travailleur opiniâtre, il dirigeait fort bien sa section à l'exercice ; tout, dans son attitude, sa patience à toute épreuve, son caractère froid et réservé, dénotait une nature énergique et une grande force de volonté. »

Le général Chanzy avait passé la plus grande partie de son existence militaire en Afrique, où il comptait des états de service hors ligne. Il avait fait l'expédition de Syrie et fut ensuite appelé à prendre le commandement de l'un des régiments de notre armée d'occupation à Rome. A cette époque, en 1864, éclata la grande insurrection arabe, et aussitôt le ministre de la guerre donna l'ordre d'embarquer spécialement le régiment du colonel Chanzy, tant il avait une confiance particulière dans l'énergie et la capacité de son chef.

Le général Chanzy commandait la subdivision de Sidi-ben-Abbés quand il avait été appelé à diriger l'aile gauche de l'armée de la Loire.

Ajournant jusqu'au milieu du mois de janvier les grandes opérations, Chanzy se borna d'abord à pousser des reconnaissances.

La colonne Rousseau inquiétait l'ennemi du côté de Nogent-le-Rotrou.

La colonne Jouffroy surprit un poste prussien près de Vendôme et fit 200 prisonniers.

La colonne de Curten, forte de 10,000 hommes, après quelques escarmouches favorables, dut se replier, le 6 janvier, devant des forces supérieures ; mais elle reprit bientôt l'avantage.

« L'ennemi, écrivait le général de Curten à Chanzy, est venu attaquer ce matin vers onze heures, du côté de Saint-Cyr-du-Gault, Villeporcher et Villechauve. La colonne, obligée d'abandonner ses positions, a reculé jusqu'à Neuville. Je me suis porté à son secours ; j'ai pris l'offensive et j'ai repoussé l'ennemi sur toute la ligne pendant deux heures et demie. J'ai repris nos positions de Villechauve, Villepot et Villeporcher. La nuit a mis fin au combat, au moment où je venais d'occuper Saint-Amand. Le canon du général Jouffroy, qui a commencé vers deux heures et demie, a beaucoup aidé au succès. Nos pertes, que je ne connais pas encore exactement, sont légères. L'ennemi me paraît avoir beaucoup souffert. J'ai ramassé de ses blessés et fait des prisonniers. »

Les dépêches que Chanzy recevait de Bordeaux le condamnaient à une inaction relative ; elles lui recommandaient d'attendre les 19e et 25e corps, qui devaient coopérer avec lui, et qui ne seraient prêts que le 12. « Il est bien évident, mandait une dépêche du ministère de la guerre à Chanzy, le 6 janvier 1871, que si vous croyez pouvoir utilement, avec vos forces actuelles, devancer cette date pour occuper par avance quelques positions, ou même changer votre base, nous n'y faisons nulle objection. Vous êtes seulement prévenu que les 19e et 25e corps ne pourront quitter, avant le 12 courant, les positions où ils se forment. Vous aurez aussi à considérer l'opportunité qu'il peut y avoir à ne pas dénoncer vos intentions avant d'être en mesure de les exécuter vigoureusement. Mais une fois en marche, nous vous supplions d'aller vite, car nous avons grande hâte d'aboutir. »

L'armée de l'Est, réorganisée sous les ordres de Bourbaki, se composait des 15e, 18e, 20e et 24e corps de la division Cremer et d'une réserve commandée par M. Palle de la Barrière, capitaine de vaisseau. C'était une force d'environ 140,000 hommes.

Garibaldi, à la tête d'une vingtaine de mille hommes, était à Dijon que les Prussiens avaient évacué, et que le général Cremer avait occupé dès le 27 décembre. « Le rôle de la division Cremer, a dit le chef d'état-major Poullet dans sa précieuse histoire de l'*Invasion de l'Est*, était de rester isolée sur la rive gauche de la Saône pour surveiller l'armée de secours et protéger les flancs des troupes de Bourbaki. Ce plan était bon : sans doute Cremer se fût constamment trouvé très en l'air ; il était en quelque sorte sacrifié, mais il eût éclairé assez à temps Bourbaki pour que la retraite de celui-ci se fît en bon ordre. Il eût fait sauter les ponts de la

Saône, à Gray et en amont de cette ville; il eût occupé Dôle, point très-important qui relie le chemin de fer de Besançon à Lyon à celui de Paris-Lyon. Dans la nuit du 4 au 5, sur de fausses indications grossies encore par la peur, annonçant qu'une forte colonne prussienne marchait de Montbard sur Dijon, Cremer reçut ordre de revenir au chef-lieu de la Côte-d'Or. Il s'établit à six kilomètres à l'est de cette ville, ne voulant pas que ses soldats perdissent leurs habitudes de discipline au contact des patriotiques habitants trop disposés à les fêter. Il dut garder cette position jusqu'à l'arrivée de Garibaldi et de son armée. »

Le général Billot, commandant le 18e corps, avait, le 2 janvier, passé l'Ognon sur la glace, en exécutant un mouvement de marche en avant d'Auxerre, dans la direction de Vesoul, pour rejoindre les autres corps de la première armée.

Les ponts avaient été détruits : le pont de Forges fut réparé à la hâte; un pont de bateaux de cinquante-quatre mètres de long fut établi à côté du pont de Pesmes; la surface de la glace qui couvrait la rivière fut recouverte de paille ou d'un planchéiage en madriers, et le passage put s'effectuer. Celui de l'artillerie et des voitures sur le pont de bateaux; celui de la cavalerie sur le pont de Forges; celui de l'infanterie sur la glace.

Le mouvement des 18e et 20e corps était combiné avec celui du 24e corps, qui longeait la rive gauche de l'Ognon, et avait pour objectif les retranchements allemands d'Esprels et de Villersexel.

CHAPITRE XVII

Bombardement des établissements publics et des hôpitaux. — Protestations. — Bruits de trahison. — Récriminations de la presse. — L'alimentation de Paris.

Cependant Paris semblait plongé dans la torpeur. L'autorité militaire n'essayait point de répondre au bombardement; elle annonçait seulement que des dispositifs considérables d'artillerie étaient en voie d'exécution pour combattre les nouvelles batteries démasquées par l'ennemi. Les obus continuaient à pleuvoir, et semblaient dirigés, par un raffinement de barbarie, sur les quartiers où se groupent des établissements qui sont comme le compendium de notre civilisation : la Sorbonne, les Écoles de droit et de médecine, le Collége de France, le Musée du Luxembourg, les Gobelins, les collections uniques du Jardin des Plantes, le Panthéon, les églises de Saint-Sulpice et du Val de Grâce, la riche bibliothèque Sainte-Geneviève, le temple protestant de Panthémont.

Et ce qu'il y avait de plus exécrable de la part de l'ennemi, ce n'était pas de chercher à détruire nos monuments, nos trésors de science, de beaux-arts et de littérature : c'était de tirer sur les hôpitaux, sur les ambulances, sur les établissements d'instruction publique. Des blessés étaient atteints dans les salles où ils étaient agglomérés; des enfants dans les dortoirs où ils reposaient insoucieux; des femmes et des vieillards dans leurs demeures, où ils s'étaient endormis en faisant des vœux pour leurs fils qui marchaient au combat.

Voici les faits que mentionne le *Journal officiel* :

« Pendant la nuit du 8 au 9 janvier, l'hôpital de la Pitié a été criblé d'obus. Le bâtiment de l'administration et les divers bâtiments qui contiennent les malades ont été gravement atteints.

« Dans une salle de médecine affectée au traitement des femmes, les projectiles prussiens ont fait une morte et deux blessés : Mme Morin, tuée sur place; Mme Mirault, qui a eu le bras droit emporté; Mme Archambrault, atteinte au bras et à la cuisse (fracture), et grièvement blessée au bas-ventre.

« L'hôpital de la Pitié se trouvant placé à l'extrême limite du tir de l'ennemi, on n'avait pas supposé, dès le premier jour, qu'il eût une intention particulièrement hostile à l'établissement; mais, la nuit dernière, les obus, envoyés exactement dans la même direction, sont venus tomber et éclater sur les mêmes points, et s'ils n'ont pas occasionné de nouveaux malheurs, c'est que les précautions avaient été prises pour mettre les malades en sûreté.

« Cet acharnement semblerait démontrer qu'il ne s'agit plus d'un bombardement ordinaire, mais d'une cruauté sauvage qui s'attaque de préférence aux établissements hospitaliers, dans la pensée d'atteindre plus profondément la population et de lui occasionner les plus dures et les plus poignantes émotions.

« Il devient utile de publier de tels faits, qui ajoutent une page odieuse à l'histoire de nos ennemis, et de protester, au nom du droit, de la civilisation, de l'humanité, contre cet attentat prémédité, qui n'a eu de précédent dans aucune guerre. »

On lisait encore dans le *Journal officiel* :

« Après un investissement de plus de trois mois, l'ennemi a commencé le bombardement de nos forts le 30 décembre, et, six jours après, celui de la ville. Une pluie de projectiles, dont quelques-uns pesant 94 kilogrammes, apparaissant pour la première fois dans l'histoire des siéges, a été lancée sur la partie de Paris qui s'étend depuis les Invalides jusqu'au Muséum. Le feu a continué jour et nuit, sans interruption, avec une telle violence, que, dans la nuit du 8 au 9 janvier, la partie de la ville située entre Saint-Sulpice et l'Odéon recevait un obus par chaque intervalle de deux minutes.

« Tout a été atteint : nos hôpitaux regorgeant de

blessés, nos ambulances, nos écoles, les musées et les bibliothèques, les prisons, l'église de Saint-Sulpice, celles de la Sorbonne et du Val-de-Grâce, un certain nombre de maisons particulières. Des femmes ont été tuées dans la rue, d'autres dans leur lit ; des enfants ont été saisis par des boulets dans les bras de leur mère. Une école de la rue de Vaugirard a eu quatre enfants tués et cinq blessés par un seul projectile.

« Le musée du Luxembourg, qui contient les chefs-d'œuvre de l'art moderne, et le jardin où se trouvait une ambulance qu'il a fallu faire évacuer à la hâte, ont reçu vingt obus dans l'espace de quelques heures. Les fameuses serres du Muséum, qui n'avaient point de rivales dans le monde, sont détruites. Au Val-de-Grâce, pendant la nuit, deux blessés, dont un garde national, ont été tués dans leur lit. Cet hôpital, reconnaissable à la distance de plusieurs lieues par son dôme que tout le monde connaît, porte les traces du bombardement dans ses cours, dans ses salles de malades, dans son église dont la corniche a été enlevée.

« Aucun avertissement n'a précédé cette furieuse attaque. Paris s'est trouvé tout à coup transformé en champ de bataille, et nous déclarons avec orgueil que les femmes s'y sont montrées aussi intrépides que les citoyens. Tout le monde a été envahi par la colère, mais personne n'a senti la peur.

« Tels sont les actes de l'armée prussienne et de son roi, présent au milieu d'elle. Le gouvernement les constate pour la France, pour l'Europe et pour l'histoire. »

C'était dans l'ombre, par les nuits les plus noires, que les Prussiens accomplissaient leurs tentatives de dévastation, qui, si elles avaient répondu à leur furie, auraient enseveli sous les ruines, blessés et malades, étudiants et maîtres, ouvriers de toutes les professions, desservants de tous les cultes, et auraient bouleversé des parties de la capitale en lesquelles se résume, en quelque sorte, toute la société française.

Le Gouvernement de la défense nationale flétrissait à juste titre les barbares qui violaient ainsi les lois de la guerre et de l'humanité. Une protestation fut adressée par le ministre des affaires étrangères à nos agents diplomatiques, pour être communiquée aux cabinets européens.

Les médecins des Enfants-Malades et de la Salpêtrière rédigèrent les protestations que voici :

Paris, 9 janvier.

« Au nom de l'humanité, de la science, du droit des gens et de la convention internationale de Genève, méconnus par les armées allemandes, les médecins soussignés de l'hôpital des Enfants-Malades (Enfant-Jésus) protestent contre le bombardement dont cet hôpital, atteint par cinq obus, a été l'objet pendant la nuit dernière.

« Ils ne peuvent manifester assez hautement leur indignation contre cet attentat prémédité à la vie de 600 enfants que la maladie a rassemblés dans cet asile de la douleur.

« Docteurs ARCHAMBAULT, JULES SIMON, LABRIC, HENRI ROGER, BOUCHUT, GIRALDÈS. »

Paris, 11 janvier.

« La Salpêtrière est un hospice où sont recueillis en temps ordinaire :

« 1° Plus de trois mille femmes âgées ou infirmes ;

« 2° Quinze cents femmes aliénées, et par surcroît, en ce moment de suprême douleur, les populations réfugiées des asiles d'Ivry et trois cents de nos blessés. C'est là une réunion de toutes les souffrances, qui appelle et commande le respect. Mais l'ennemi qui nous combat aujourd'hui ne respecte rien.

« Dans la nuit de dimanche à lundi, du 9 au 10 janvier, il a pris pour point de mire les hôpitaux de la rive gauche, la Salpêtrière, la Pitié, les Enfants-Malades, le Val-de-Grâce et les cabanes d'ambulance. A la Salpêtrière, nous avons reçu plus de quinze obus.

« Or, notre dôme très-élevé est surmonté du drapeau international, il en est de même du dôme du Val-de-Grâce. C'est un acte monstrueux contre lequel protestent les médecins soussignés, et qu'il faut signaler à l'indignation de ce siècle et à celle des générations futures.

« Les docteurs CRUVEILHIER, CHARIOT, LUYS, A. VOISIN, BAILLARGÉ, TRÉLAT, J. MOREAU, DE TOURS, médecins de la Salpêtrière ; FERMON, pharmacien en chef. »

Paris, 13 janvier.

« Nous soussignés, médecins et chirurgiens de l'hôpital Necker, ne pouvons contenir les sentiments d'indignation que nous inspirent les procédés infâmes d'un bombardement qui s'attaque avec une préméditation de plus en plus évidente à tous les grands établissements hospitaliers de la capitale. Cette nuit, des obus sont venus éclater sur la chapelle de l'hôpital Necker, remplie momentanément de malades ; c'est le point central et le plus élevé de ce grand hôpital, qui sert ainsi de point de mire aux projectiles de l'ennemi. Ce n'est plus là de la guerre : ce sont les destructions d'une barbarie raffinée qui ne respecte rien de ce que les nations ont appris à vénérer. Nous protestons au nom et pour l'honneur de la civilisation moderne et chrétienne.

« DÉSORMEAUX, GUYON, POTAIN, DELPECH, LABOULBÈNE, CHAUFFARD. »

Paris, 13 janvier.

« L'institution nationale des Jeunes Aveugles, sise boulevard des Invalides, est un vaste bâtiment isolé, parfaitement visible à l'œil nu des hauteurs de Châtillon et de Meudon. Ce bâtiment, hospitalisant 200 blessés et malades militaires, et surmonté du drapeau de la convention de Genève, a été hier, 12 janvier, vers trois heures de l'après-midi, par un temps clair, visé et atteint par les canons prussiens. Plusieurs projectiles ont d'abord sifflé sur l'édifice et dans le voisinage; puis, le tir ayant été rectifié, deux obus ont, coup sur coup, effondré l'aile gauche du bâtiment, en blessant trois malades et deux infirmiers. Des malheureux atteints de fluxions de poitrine et de fièvres typhoïdes ont dû être transportés dans les caves.

« Le personnel médical de l'institution proteste, au nom de l'humanité, contre ces actes de barbarie accomplis systématiquement par un ennemi qui ose invoquer Dieu dans tous ses manifestes.

> « Drs ROMAND, inspecteur général des établissements de bienfaisance, directeur de l'institution; — LOMBARD, médecin en chef de l'institution; — DÉSORMEAUX, chirurgien en chef; — MÈNE, médecin traitant; — HARDY, médecin traitant; — CLAISSE, médecin traitant et médecin adjoint de l'institution; BACHELET, aide-major. »

L'inquiétude de la population parisienne lui suggérait naturellement une foule de conjectures. Le bruit courait, pendant les premiers jours de janvier, qu'il y avait un plan de campagne arrêté après mure délibération en conseil de guerre, mais que ce plan avait été communiqué aux assiégeants par des traîtres. Le gouverneur de Paris prit la plume, le 11 janvier, pour démentir une aussi grave accusation. « Une trame abominable dont les fils sont entre les mains de la justice, écrivit-il, a accrédité dans Paris le bruit que des officiers généraux et autres sont ou vont être arrêtés, pour avoir livré à l'ennemi le secret des opérations militaires. Le gouverneur s'est ému de cette indignité, et il déclare ici que c'est lui qu'on atteint dans la personne des plus dévoués collaborateurs qu'il ait eus pendant le cours de ces quatre mois d'efforts et d'épreuves.

« Entre les divers moyens qui ont eu quelquefois pour but et toujours pour effet de compromettre les intérêts sacrés de la défense, celui-là est le plus perfide et le plus dangereux. Il jette le doute dans les esprits, le trouble dans les consciences, et peut décourager les dévouements les plus éprouvés. Je signale ces manœuvres à l'indignation des honnêtes gens; je montre les périls où elles nous mènent à ceux qui vont répétant, sans réflexion, de si absurdes accusations, et j'en flétris les auteurs.

« J'interviens personnellement, moins parce que j'ai le devoir de protéger l'honneur de ceux qui, sous mes yeux, se consacrent avec le plus loyal désintéressement au service du pays, que parce que j'aime la vérité et que je hais l'injustice.

« GÉNÉRAL TROCHU. »

Cette lettre fut complétée par une note ainsi conçue :
« Plusieurs journaux répétant avec insistance qu'un plan d'opérations arrêté dans un prétendu conseil de guerre de quatre généraux n'aurait pas été suivi d'exécution par suite de la connaissance que l'ennemi en aurait eue, le gouverneur de Paris déclare cette allégation absolument controuvée. Il se serait abstenu de la relever s'il ne voyait un danger sérieux à laisser d'aussi faux bruits s'accréditer. »

Ces deux démentis suffisaient-ils? Quelles étaient ces trames abominables dont la justice était saisie, et contre lesquelles elle n'a jamais exercé de poursuites? Tout le monde révoquait en doute leur existence et la connivence d'un général avec les Prussiens; mais la vérité apparaissait dans un moyen terme. « Nous ne croyons pas à la trahison, disait l'*Avenir national*, mais nous croyons à certaines défaillances; nous croyons à des découragements qui se manifestent chez quelques chefs et qui, de proche en proche, vont gagnant jusqu'au dernier soldat de l'armée; nous croyons à l'affaiblissement de la discipline; nous croyons qu'on ne sait réprimer ni les actes ni les paroles; et le ton dogmatique et absolu avec lequel M. le général Trochu répond de tous ceux qui l'entourent ne suffit pas à nous rassurer. »

Le langage de la presse entière était le reflet des idées dominantes. Que sont devenues, s'écriait-elle, les déclarations énergiques, les engagements solennels du Gouvernement de la défense nationale? Doit-il croupir dans une périlleuse inaction? « Nous savons bien, écrivait le *Temps* du 13 janvier, quelles sont les difficultés de n'importe quel mouvement offensif dans la situation où nous nous trouvons, mais il n'en est pas moins vrai que nous sommes d'accord avec le sentiment populaire, et que nous nous refusons à croire que l'on puisse nous bombarder ainsi tant que l'on voudra, quartiers par quartiers, ou même tous les quartiers à la fois, jusqu'à ce que des circonstances, sur lesquelles notre volonté ne saurait avoir d'influence, ou fatiguent ou découragent l'ennemi, ou enfin fassent lever le siége »

L'alimentation de Paris était une des questions les plus essentielles et les plus urgentes. Chaque matin des groupes se formaient aux portes des boulangers, stationnaient dans les rues, et faisaient d'alarmants commentaires sur les mesures adoptées relativement aux subsistances. Un arrêté du maire de Paris, en date du 12 janvier, interdisait aux boulangers de fabriquer ou de mettre en vente du pain dit de luxe, de bluter et de trier, par un procédé quelconque, les farines qui étaient livrées par la caisse de la boulangerie. Un avis du ministère de l'agriculture et du commerce rappelait que les blés de semence étaient soumis à la réquisition comme tous les autres blés, et invitait leurs détenteurs à les conduire immédiatement à la halle. Aux termes d'un décret du 12 janvier, la réquisition des blés et des farines existant dans l'enceinte de la ville de Paris était applicable aux blés et aux farines existant dans le département de la Seine, et dans les parties des départements voisins dont les habitants étaient en communication avec Paris. Un décret étendit ces dispositions aux seigles, orges, escourgeons et méteils. Un autre décret enjoignit de dresser une liste des chevaux dont la conservation était indispensable pour les transports privés impossibles à effectuer avec l'aide des voitures à bras, et mit un certain nombre de chevaux réservés à la disposition successive de tous les intérêts privés de chaque arrondissement ou de la commune.

En vertu d'un décret du 13 janvier, réquisition fut faite de toutes les quantités de farines excédant cinq kilos par ménage au maximum. Un arrêté du maire de Paris interdit aux boulangers de vendre du pain aux personnes qui n'appartenaient pas à leur clientèle ordinaire, ou qui n'étaient pas munies d'une carte d'alimentation attestant qu'elles habitaient le quartier ?

Un décret ultérieur mit en réquisition, sous peine de mille francs et de trois mois de prison, le blé que détenaient encore les cultivateurs à titre de réserve pour semence, ou les spéculateurs en vue d'une hausse. Il devait être payé, à la Halle aux blés, au prix de 50 fr. le quintal métrique et comptant. De nouveaux arrêtés de la mairie centrale fixèrent la ration de pain à 300 grammes pour les adultes et à 150 grammes pour les enfants au-dessous de cinq ans. Chaque ration était, dans le premier cas, de 10 centimes ; dans le second, de 5 centimes. Des perquisitions devaient être faites par le maire de chaque arrondissement ou par son délégué spécial, avec l'assistance du commissaire de police, s'il y avait lieu, au domicile de toutes les personnes absentes, à l'effet de rechercher les combustibles, les comestibles, denrées et liquides de toute nature, qui pouvaient s'y trouver.

Les perquisitions ordonnées chez les personnes absentes, furent réglementées par cette lettre du ministre de l'intérieur :

Monsieur le maire et bien cher collègue, l'arrêté par lequel ont été ordonnées des perquisitions et des réquisitions dans les logements des personnes absentes pourrait donner lieu à de graves abus s'il n'était, dans son exécution, entouré de toutes les précautions nécessaires à la garantie des droits de ceux qui ne peuvent se défendre. MM. les maires comprendront combien il importe de ne rien négliger à cet égard. Je voudrais que leur action se combinât non-seulement avec les commissaires de police, mais encore avec celle des juges de paix ou de leurs suppléants, et que chacune des opérations fût constatée par un procès-verbal régulier.

Les perquisitions ont pour but de mettre à la disposition de la municipalité le combustible et les comestibles. Elles ne peuvent, sous aucun prétexte, s'étendre à des objets qui ne sont pas de consommation courante. MM. les maires s'appliqueront à éviter tout ce qui, dans une mesure personnelle, pourrait ressembler à une vexation. Quant aux réquisitions des logements vides, il est encore plus essentiel de concilier, autant que possible, les devoirs de l'humanité avec le droit de propriété et la sauvegarde du domicile. Les logements inoccupés seront d'abord choisis. Parmi ceux qui sont d'abord occupés, on préférera ceux qui sont assez vastes pour qu'on puisse commodément mettre à part le mobilier, en ayant soin de le placer à l'abri de toute atteinte. Sans doute, il est pénible d'être forcé de recourir à de pareilles extrémités, mais il faut avant tout donner asile aux familles bombardées et les placer dans les locaux inhabités. C'est deviner, j'en suis sûr, les dispositions patriotiques des personnes absentes qui s'empresseraient d'offrir leurs demeures, si elles pouvaient communiquer avec nous. Dans la crise suprême que nous traversons, l'esprit de solidarité seul peut nous sauver, et c'est à lui que tout doit être sacrifié.

Agréez, monsieur le maire et bien cher collègue, etc.

Le ministre de l'intérieur par intérim,

JULES FAVRE.

Fallait-il rendre plus inquiétante encore par une sorte de léthargie, au point de vue des opérations militaires, la crise alimentaire qui prenait des proportions de plus en plus grandes ?

CHAPITRE XVIII

Affaire du Moulin de Pierre. — Effets du bombardement. — Victimes tuées ou blessées.

Il y avait bien, par intervalle, de petits mais d'heureux engagements. Le commandant Blanc, avec une compagnie de zouaves et une compagnie des mobiles du Morbihan, avait, dans la nuit du 11 au 12, repoussé des postes prussiens sur les versants du plateau d'Avron.

Un combat très-honorable pour nos troupes fut livré, le 13, à Issy; mais les sorties combinées de longue main étaient invariablement suivies d'une reculade, et on lisait dans les rapports militaires des passages comme celui-ci :

Le général Faidherbe.

14 janvier, matin.

Sur l'ordre du gouverneur, le général Vinoy a préparé hier au soir une sortie contre le Moulin-de-Pierre, à laquelle assistaient les généraux Blanchard et Corréard. La tête de colonne ayant été accueillie par un feu des plus vifs, la sortie n'a pas été poussée à fond, et nos troupes sont rentrées dans leurs lignes.

L'artillerie de nos forts sommeillait, tandis que celle des assiégeants redoublait chaque jour de fureur. Une statistique, dressée sur les rapports des commissaires de police, constata les pertes et dégâts ci-dessous énumérés :

Du 5 au 6 janvier.

Pendant la nuit du 5 au 6, les batteries de l'ennemi, dirigées jusque-là sur les forts, ont bombardé les quartiers de Montrouge, de l'Observatoire, du Luxembourg, du Val-de-Grâce, du Panthéon. Le boulevard Saint-Michel, la rue Saint-Jacques, la rue Gay-Lussac, le cimetière de Montrouge, le Champ-d'Asile, la rue d'Enfer, la chaussée du Maine ont reçu beaucoup d'obus, et il en est également tombé un grand nombre entre les ponts d'Auteuil et de Grenelle, sur la route de Versailles, à la villa Caprice, rue Boileau, rue Hérold, rue de la Municipalité. Plusieurs maisons se sont effondrées, et des dégâts plus ou moins sérieux ont été constatés dans vingt-six propriétés.

Il y a eu cette nuit-là 40 victimes, dont 5 morts.

Ajoutons que, dans la même nuit, l'École normale reçut quatre obus, dont un tomba dans l'ambulance, mais sans atteindre personne.

Du 6 au 7.

Le bombardement a continué pendant la nuit du 6 au 7 sur l'intérieur de Paris. Les quartiers qui ont principalement souffert sont ceux du Val-de-Grâce, de

Notre-Dame-des-Champs, de Plaisance, de Javel, de Grenelle et d'Auteuil. Il y a eu cette nuit encore d'importants dégâts dans beaucoup de propriétés particulières, et dix habitants ont été atteints, dont quatre mortellement.

Du 7 au 8.

A partir de sept heures du soir, les projectiles ont recommencé à tomber dans l'intérieur de Paris. Les batteries de Châtillon dirigeaient leur feu sur le Panthéon, et celles de Meudon sur le quartier de Grenelle. Aux abords des Invalides et de l'École militaire, il est tombé une centaine d'obus, et un grand nombre d'autres près de l'Observatoire, dans le jardin du Luxembourg, rue de Fleurus, rue de Madame, boulevard Saint-Michel, rue du Bac ; puis, d'un autre côté, à Grenelle et à Auteuil. De sept à neuf heures et demie du soir, on a compté 120 coups de canon par heure. Beaucoup de propriétés ont été endommagées, et il y a eu dans la nuit quinze victimes, dont deux morts.

Du 8 au 9.

Dans la nuit du 8 au 9 et la matinée du 9 janvier, les projectiles sont tombés en très-grand nombre sur la rive gauche. Les guetteurs de nuit ont compté, point à point, 900 coups de canon partis des batteries ennemies, de neuf heures du soir à cinq heures du matin, dont les projectiles ont atteint principalement le 5e arrondissement (Panthéon), 6e (Odéon), 7e (Invalides), 14e (Observatoire), 15e (Vaugirard). Des dégâts ont été constatés dans 60 immeubles particuliers. Parmi les édifices publics atteints, on citera le Val-de-Grâce, la Sorbonne, la bibliothèque Sainte-Geneviève, Saint-Sulpice, l'église de Vaugirard, la prison de la Santé, la caserne du Vieux-Colombier, le dépôt de la compagnie des omnibus ; enfin des projectiles sont arrivés dans le jardin du Luxembourg, et jusqu'à la rue Clément, à 550 mètres du Pont-Neuf.

Il y a eu, dans la nuit, 59 victimes : 22 morts et 37 blessés.

Au lycée Corneille, trois malades de l'ambulance furent atteints dans leur lit. L'un d'eux eut le bras fracturé et trois côtes brisées. Les autres malades durent être transportés dans les caves. Le lycée subit en outre d'assez graves dégâts matériels.

La Sorbonne fut atteinte par plusieurs obus, dont trois ont causé de sérieux dommages ; deux entrèrent dans le mur de la chapelle, un autre brisa l'un des pigeons de la façade.

Un obus brisa de même le chapiteau de la dernière colonne à droite de la façade de l'École de droit. A l'École de médecine, une bombe, tombée dans la cour de l'École pratique, y défonça plusieurs pavés, et alla se perdre dans la rue Hautefeuille.

Du 9 au 10.

Le bombardement a redoublé d'intensité pendant la nuit du 9 au 10. On a compté plus de 300 obus qui sont venus tomber dans les quartiers Saint-Victor, Jardin-des-Plantes, du Val-de-Grâce, Notre-Dame-des-Champs, de l'École-Militaire, de la Maison-Blanche, de Montparnasse et de Plaisance. En deux heures, il en est tombé 50 aux abords du Panthéon, et ils ont causé sur plusieurs points des dommages importants. Un incendie qui a éclaté dans un chantier de bois du quartier de la Gare a pu être circonscrit promptement. Diverses maisons de refuge et des ambulances ont été atteintes, notamment l'hôpital de la Pitié, la maison de Sainte-Pélagie, la maison des frères de la doctrine chrétienne. Le nombre des victimes s'est élevé cette nuit à 48 : 12 morts et 36 blessés.

Du 10 au 11.

Pendant la nuit du 10 au 11, le bombardement de la rive gauche a été très-intense. Les obus ont principalement atteint les quartiers des Invalides, du Panthéon, de Saint-Sulpice, de la Sorbonne, du Jardin-des-Plantes. Ceux de Vaugirard et de Grenelle en ont été littéralement criblés, ainsi que le constate le rapport des guetteurs de nuit (poste des Invalides) qui ont compté, de neuf heures du soir à trois heures du matin, 237 coups tirés par les batteries prussiennes, 89 obus ayant éclaté sur Vaugirard, et 38 sur Grenelle et le faubourg Saint-Germain, jusqu'au haut du quartier Mouffetard. Les objectifs semblaient être le palais du Luxembourg, le Panthéon et le Val-de-Grâce, en raison du grand nombre de projectiles tombés dans le jardin (23 obus) et dans les rues avoisinantes de Fleurus, de Madame, d'Enfer, de l'École-de-Médecine, du Val-de-Grâce, des Feuillantines.

Les édifices atteints sont l'École polytechnique, l'École pratique de médecine, le couvent du Sacré-Cœur, l'hospice de la Salpétrière, le bâtiment principal de l'assistance publique, l'usine Cail, la maison du docteur Blanche. Enfin huit incendies se sont déclarés, et 50 propriétés particulières ont été plus ou moins sérieusement dégradées.

Du 11 au 12.

Le bombardement a continué pendant la nuit du 11 au 12 ; 230 coups de canon ont été tirés par les batteries prussiennes, et 125 obus ont éclaté sur divers points de la rive gauche, notamment dans les quartiers du Val-de-Grâce, Notre-Dame-des-Champs, École militaire, Montparnasse, Plaisance ; rues Mouffetard, Monge, Port-Royal, Notre-Dame-des-Champs, boulevard des Invalides, rue Nationale, avenue d'Italie, Chaussée-du-Maine.

(Le rapport militaire du 12 dit, en outre, que, depuis minuit jusqu'à deux heures du matin, il est tombé, dans le quartier Saint-Sulpice, *environ un projectile par minute*.)

Les édifices atteints sont l'École normale, l'église Saint-Nicolas, l'institution des jeunes aveugles (5 victimes), les hospices de l'Enfant-Jésus et de la Maternité (5 élèves sages-femmes blessées), la boulangerie des hospices; 3 incendies, éteints grâce à la promptitude des secours, se sont déclarés, et on a compté 45 immeubles dégradés.

Du 12 au 13.

Malgré un épais brouillard qui n'a pas permis de constater tous les effets du bombardement, on a compté 250 obus qui ont éclaté sur Paris, et dont les quartiers du Jardin-des-Plantes, Notre-Dame-des-Champs et Croulebarbe ont principalement subi les effets.

Beaucoup d'obus sont tombés dans le Jardin-des-Plantes, ainsi que sur la Boulangerie centrale situé rue Scipion; divers établissements publics ont été atteints: l'institution des Jeunes aveugles, l'hôpital de Lourcine, l'ambulance de Sainte-Périne, celle des Dames-Augustines, la Compagnie des petites voitures; cinquante-huit maisons particulières ont été fortement endommagées, notamment rue de Lourcine et boulevard Arago. Enfin on compte 13 victimes, 2 tués et 11 blessés.

Du 13 au 14.

Dès huit heures du soir, le 13, le bombardement a recommencé avec une extrême vigueur, et a d'abord frappé les quartiers de la gare et du Panthéon; il s'est un peu ralenti lors de l'action engagée du côté d'Issy, puis il a continué toute la nuit, et pendant la journée du 14. Plus de cinq cents obus sont tombés sur les quartiers du Val-de-Grâce, de la Sorbonne, du Jardin-des-Plantes, Necker, de l'École militaire, Croulebarbe et Javel. D'autres en ont également reçu, entre autres celui de Saint-Thomas-d'Aquin, qui n'avait pas été éprouvé jusqu'à présent. De deux à cinq heures du matin, les batteries ennemies tiraient cent obus à l'heure.

Les édifices et établissements publics atteints sont: la boulangerie centrale, rue Scipion, qui semble servir de point de mire; la prison de Sainte-Pélagie, l'hôpital de la Pitié; l'école des sœurs, rue de Blainville, le jardin du Luxembourg, les ambulances des sœurs Bénédictines, de la rue de Varennes, de la rue Blomet, des dames Augustines, la maison des religieuses de Saint-Vincent-de-Paul et le dôme des Invalides, frappé d'un éclat de projectile.

On a constaté des dégâts à 106 immeubles particuliers. Quelques incendies causés par des obus ont été éteints, grâce à la promptitude des secours.

Du 14 au 15.

Pendant la nuit du 14 au 15, la canonnade ennemie a été dirigée avec la plus grande vigueur tant sur nos forts que sur la ville de Paris, qui a reçu, de huit heures du soir à sept heures du matin, plus de cinq cents obus, dirigés sur les quartiers de l'Observatoire, du Jardin-des-Plantes, de l'École militaire, du Val-de-Grâce, de l'Odéon, Saint-Victor, de la Gare, de Grenelle et du Point-du-Jour. Un grand nombre de projectiles sont tombés sur les rues Daguerre, Lecourbe, Mouffetard, Monge, de Poliveau. Soixante-quinze immeubles ont été endommagés.

Les édifices et établissements atteints sont: Le muséum du Jardin-des-Plantes; le Luxembourg, la prison de Sainte-Pélagie, l'hôpital de la Pitié, les casernes Mouffetard et de Lourcine, l'hôpital du Val-de-Grâce, les dômes du Panthéon et de la Sorbonne, le presbytère de l'église Saint-Étienne-du-Mont, le collége Henri IV, l'église Saint-Sulpice, l'hôtel des Invalides, la manufacture des Gobelins, les ambulances de Sainte-Périne et de la rue de la Gaîté, le marché Saint-Germain, l'abattoir de Grenelle. Quatre incendies se sont déclarés: rues de Poliveau, de Lourmel, de Notre-Dame-des-Champs et boulevard de l'Hôpital; ils ont pu être promptement éteints. Le bombardement a continué avec une véritable fureur pendant la journée du 15.

Du 15 au 16.

Une canonnade très-vive a été dirigée pendant la nuit du 15 au 16, sur nos forts, ainsi que sur les 5e, 6e, 13e, 15e et 16e arrondissements, notamment sur le Point-du-Jour, la route de Versailles, le boulevard de Grenelle, les rues du Commerce et Letellier. De sept heures du soir à neuf heures du matin, on a constaté la projection de 300 obus dont deux sont tombés sur les quartiers de l'île Saint-Louis et de la Monnaie, qui n'avaient pas encore été atteints.

Les édifices et principaux établissements qui ont reçu des projectiles, sont: l'Hôtel-des-Invalides, le collége Rollin, le Couvent des religieuses, la rue de Vaugirard, le pont Notre-Dame, dont une des arches a été touchée; l'entrepôt général des vins, la boulangerie centrale, le Jardin-des-Plantes, la caserne de la rue Mouffetard, le dépôt des omnibus, rue d'Ulm, la compagnie des Petites-Voitures, la gare de l'Ouest et l'usine Cail. Cinq obus sont tombés dans ce dernier établissement, sans causer ni accident, ni dégâts importants.

Du 17 au 18.

Des obus sont tombés dans la gare d'Orléans, au Jardin-des-Plantes, à la boulangerie centrale, point de mire du tir de l'ennemi.

Deux incendies heureusement éteints se sont déclarés à l'entrepôt des vins et à l'abattoir de Grenelle. Il y a eu vingt victimes.

Un travail analogue sur les dévastations produites a été continué avec la même exactitude jusqu'à la fin du siége, et nous aurons soin d'en indiquer les traits principaux.

En récapitulant le nombre des victimes, pour les douze premiers jours, on trouve les résultats suivants :

Du	5 au	6,	5 tués,	5 blessés,	10 victimes.
—	6 au	7,	4 —	6 —	10 —
—	7 au	8,	2 —	13 —	15 —
—	8 au	9,	22 —	37 —	59 —
—	9 au	10,	12 —	36 —	48 —
—	10 au	11,	3 —	10 —	13 —
—	11 au	12,	1 —	20 —	21 —
—	12 au	13,	2 —	11 —	13 —
—	13 au	14,	9 —	24 —	33 —
—	14 au	15,	9 —	14 —	23 —
—	15 au	16,	6 —	15 —	21 —
—	17 au	18,	6 —	14 —	20 —

Total :   81 tués, 205 blessés, 286 victimes.

Sur les 81 victimes tués, il y avait 25 enfants ; 16 femmes ; 40 hommes.

Sur les 205 personnes blessées, 23 enfants · 72 femmes, et 110 hommes.

CHAPITRE XIX

Victoire de Villersexel. — Retraite de l'armée de Chanzy. — Lettre de Gambetta sur la nécessité d'une grande sortie. — Forces prussiennes autour de Paris. — Deuxième dépêche.

Aux protestations de la diplomatie française contre les procédés germaniques, le comte de Moltke ayant répondu dédaigneusement, la continuation de la guerre devenait inévitable. Les 15 et 16 janvier, les forts, les redoutes, les bastions, élevèrent tout à coup la voix, et jamais, depuis le commencement du siége, canonnade aussi formidable n'avait retenti aux oreilles des Parisiens. Des grondements sans interruption, indiquaient que plusieurs pièces, des batteries entières, tiraient à la fois, et la moyenne des coups pouvait s'évaluer à quinze par minute. « Pendant la journée, dit le rapport militaire du 16, l'horizon étant beaucoup moins brumeux que précédemment, l'artillerie de l'enceinte a pu bien distinguer les batteries de l'ennemi et les a combattues. Le bombardement a pris des proportions qu'il n'avait pas encore atteint. Nous ne croyons pas qu'aucune ville, aucun champ de bataille, aient entendu jamais une canonnade pareille à celle que nos batteries et les batteries prussiennes ont échangée depuis huit heures du matin jusqu'à trois heures de l'après-midi. »

L'importance nouvelle donnée au rôle de nos citadelles avancées, se rattachait à un plan général. On se disposait à tenter la sortie décisive si longtemps différée.

Les nouvelles transmises des départements par la dé-

légation de Bordeaux, déterminaient enfin le Gouvernement de la Défense nationale à sortir de sa torpeur. Le général Bourbaki mandait, de Montbazon, 8 janvier, qu'il avait quitté Bourg afin de faire évacuer Dijon, Gray, Vesoul, et lever le siége de Belfort. Le 9 janvier 1871, à 7 h. 45 s., un télégramme annonçait que Villersexel, clef des positions prussiennes, avait été enlevé au cri de Vive la France ! Bourbaki télégraphiait, le 10 janvier, à 2 h. 20 du matin, au ministre de la guerre à Bordeaux :

« L'armée a exécuté, hier 9, le mouvement ordonné. Le général Clinchant a enlevé avec un entrain remarquable Villersexel, le général Billot a occupé Esprels et s'y est maintenu. Nous sommes maîtres de nos positions. Tous les ordres sont donnés pour répondre convenablement à une attaque de l'ennemi si elle venait à se produire, ou pour prendre telle autre position que les circonstances rendraient nécessaire. Je vous adresserai ultérieurement un rapport sur cette affaire qui fait honneur à nos armes, et qui permet de concevoir des espérances malgré la rigueur de la saison et les difficultés de ravitaillement. »

Le 10 janvier, le général de Serres envoyait au ministre de la guerre cette dépêche confidentielle :

Bournel, 10 janvier 1871, 1 h. 49 s.

De Serres à Guerre, Bordeaux, confidentielle.

J'ai étudié cette nuit, avec le général Bourbaki, toutes les mesures nécessaires pour préparer la bataille d'aujourd'hui, bataille que l'ennemi doit absolument livrer, qu'elles qu'en soient les conditions, s'il a conscience de sa situation par rapport à la nôtre. Toutes les dispositions sont arrêtées entre nous, et notre situation comme force et positions est beaucoup plus belle qu'hier, où l'ennemi avait tous avantages. Nous prendrons, s'il y a lieu, l'offensive. La lutte au château de Villersexel a duré toute la nuit. Le splendide château dominant toute la ville, refuge de quelques compagnies prussiennes, a été incendié par elles pour couvrir leur salut.

Le général en chef, parti dès quatre heures du matin, est magnifique de vigueur, d'entrain et d'élan. C'est à lui que revient incontestablement l'honneur de la journée, dont les premières heures, écoulées en dehors de son action personnelle, ont laissé à désirer. Il a enlevé les régiments déjà fatigués du 20ᵉ corps avec un élan irrésistible, et les a lancés dans Villersexel regorgeant d'ennemis. La position était à nous. Quant à ce que vous qualifiez de savantes manœuvres entre les deux groupes des forces ennemies, vous devez vous féliciter vous-même en n'oubliant pas que ce sont encore vos idées qui, par ma voie, ont collaboré à cette tâche. Je laisse au général, qui n'y manquera pas, le soin de le dire et de l'écrire.

Une dépêche de M. Chaudordy, en date du 14 janvier, annonçait quelques succès de Faidherbe. Elle portait encore que le général Bourbaki était tout près de Belfort. Il avait gagné une première bataille à Villersexel et une seconde le 12.

Vesoul et Lure étaient évacués. Il avait grande confiance et se louait beaucoup des troupes et des officiers.

La même dépêche avouait que le général Chanzy, après deux jours de brillantes batailles près du Mans, avait dû se replier derrière la Mayenne. Il pensait avoir eu à faire à 180,000 combattants, commandés par Frédéric-Charles et Mecklembourg. Il n'était pas découragé et comptait reprendre bientôt l'offensive. Il avait perdu une douzaine de canons, et environ dix mille prisonniers, mais les ennemis avaient eu de leur côté de grandes pertes.

En se basant sur ces renseignements, la délégation de Bordeaux pressait le Gouvernement de la défense nationale de faire un vigoureux effort. Gambetta disait à Jules Favre et Trochu :

Bordeaux, 14 janvier 1871.

« Je vous ai envoyé avant-hier une dépêche exclusivement militaire qui, en retraçant la situation respective des forces du général Bourbaki dans l'Est, et du général Chanzy sur la ligne du Mans, annonçait, pour le 20 au plus tard, un ensemble d'opérations militaires convergeant sur Paris avec la coopération de Faidherbe et les forces réunies dans la Seine-Inférieure sous le commandement du général Loysel, ensemble un total de 425,000 hommes. Nous vous adjurions à cette date de faire une immense sortie, sans esprit de retour, de telle sorte qu'après ce vigoureux effort Paris fût débloqué *ipso facto* ou abandonné à lui-même.

« Dans cette dernière hypothèse, la France y gagnait une armée, auxiliaire décisif pour la continuation de la lutte. Depuis hier, les choses ont changé de face. Le général Chanzy, accablé par des forces supérieures, s'est vu contraint à céder la ligne du Mans, pour se concentrer à nouveau entre Laval et Alençon. Ce douloureux revers, qu'il faut supporter comme les autres avec un front d'airain, n'est que le résultat d'une manœuvre audacieuse de l'ennemi, dont il vous appartient exclusivement de profiter.

« En effet, profitant du bombardement et de l'effet bruyant qu'ils font sur notre ville, les Prussiens vous ont laissé devant un rideau d'artillerie et ont amené : 1° Près de 200,000 hommes sur Chanzy, empruntés au segment qui va de Mantes à Orléans ; 2° 100,000 hommes qu'ils font marcher à grandes journées, à travers l'Auxerrois et la Bourgogne, sur Bourbaki.

« Vous n'avez jamais été investis par des forces moindres. Quant à croire, comme me l'ont dit l'émissaire Brousseau et la lettre du général Trochu que j'ai reçue ce matin, que vous êtes entourés par un triple cercle de fortifications, c'est là une illusion qui peut être fatale

à la cause de la France et de la république. Cette illusion rappelle les effrayantes erreurs des assiégés de Metz. Vous n'avez devant vous, en fait d'ouvrages fortifiés, que ceux que vous apercevez et où sont installées les batteries qui vous couvrent de feux : au delà, il n'y a rien. Nous avons fait parcourir et visiter minutieusement par un officier du métier, qui nous en a rapporté un graphique, les lignes prussiennes, et c'est en toute certitude que nous affirmons qu'il n'existe rien de pareil. En conséquence, agissez, agissez au plus vite, vous ne retrouverez peut-être jamais cette occasion libératrice ! Nos armées feront les plus héroïques efforts pour retenir les troupes prussiennes détachées du siège pour venir les écraser : ne donnez pas à ces troupes, si la fortune nous est contraire, le temps de remonter vers Paris. Nous continuerons à faire presser au Nord, à l'Est, à l'Ouest, les forces prussiennes. Il vous appartient de choisir les défauts de la cuirasse, car il en est certainement plus d'un. Vous avez le choix du lieu, mais songez que bientôt vous n'aurez plus le choix de l'heure.

« Salut fraternel.

« *Signé* LÉON GAMBETTA. »

En même temps, l'état suivant des forces prussiennes autour de Paris, relevé par un officier supérieur de l'armée française, était adressé au Gouvernement de Paris, par les soins du ministre de la guerre de la délégation de Bordeaux :

Situation des forces prussiennes autour de Paris.

« Les divisions qui investissent Paris sont les suivantes :

« La 7e et la 8e du 4e corps, de Cormeilles à Saint-Brice.

« La 1re et la 2e de la garde, à Gonesse, Boissy, et jusqu'à la forêt de Bondy.

« La 23e et la 24e du 12e corps saxon, à Coubron, Chelles et le Pin.

« La division wurtembergeoise, de Chelles à Ormesson.

« La 3e et la 4e division du 2e corps, d'Ormesson à Villeneuve-Saint-Georges.

« La 11e et la 12e du 6e corps, à Orly, Rungis, Thiais et Chevilly.

« La 3e et la 4e division du 2e corps bavarois, à l'Hay, Sceaux et Châtillon.

« La 21e division du 11e corps, vers Clamart, Meudon, Velisy.

« La 9e et la 10e du 5e corps, de Viroflay à Bougival.

« En tout 16 divisions.

« En évaluant chacune de ces divisions à 12,000 combattants, on arriverait à 192,000 hommes. Mais les régiments détachés diminuent cet effectif, et je suis porté à croire que le total des troupes d'investissement autour de Paris n'atteint pas 180,000 hommes.

« Les corps les plus affaiblis doivent être le 12ᵉ, le 2ᵉ et le 6ᵉ ; le 12ᵉ a envoyé des renforts à l'armée du Nord, des régiments du 2ᵉ et du 6ᵉ marchent vers l'Est.

« Le 1ᵉʳ corps bavarois se trouve entre Etampes et Montlhéry.

« La division de landwehr de la garde est entre Nogent-le-Rotrou et Châteaudun. Elle a dû être remplacée entre Saint-Germain et Rambouillet par la 2ᵉ division de réserve landwehr.

« Bordeaux, le 11 janvier 1871.

                    « Le chef du bureau des reconnaissances,
                              « Cuvinot.

    « Pour copie conforme :

    « Léon Gambetta. »

Le jour même, Gambetta adressait au Gouvernement siégeant à l'Hôtel de Ville de Paris, une dépêche plus pressante encore, que plusieurs journaux ont reproduite, mais en en altérant le texte.

Le voici tel qu'il est garanti exact et authentique par le journal la République française :

                    Gambetta à Jules Favre.

                              14 janvier 1871.

« Je ne peux pas me lasser de vous le redire, et chaque fois avec plus d'insistance ; il faut sortir, sortir tout de suite, sortir à tout prix, sortir aussi nombreux que possible, sortir sans esprit de retour. Près de 300,000 hommes vous ont abandonnés depuis cinq jours, pour courir les uns sur Chanzy, les autres sur Bourbaki. Nous les retiendrons le plus possible, mais n'attendez pas qu'ils reviennent pour sortir, ne les laissez pas remonter vers Paris.

« Votre dépêche du 10 janvier, reçue et déchiffrée aujourd'hui, m'a causé autant de colère que de douleur. Comment se peut-il que, voyant et jugeant aussi clairement l'homme et les choses, vous puissiez subir un joug sous lequel Paris, la France et la république vont succomber ? Il n'est ni convenances, ni relations, ni intérêts particuliers qui puissent vous faire fléchir ni hésiter. Votre dépêche, c'est un arrêt rendu contre lui et rendu contre vous également. Que diront la France et l'histoire quand elles connaîtront la vérité écrite par vous-même ? Quand je pense que le 8, suivant ce que vous me dites, tout était préparé, ordonné, et que, sans motifs, rien ne s'est exécuté, je me demande si vous mesurez bien et l'étendue de telles fautes et l'étendue de nos responsabilités, car je ne me sépare jamais de vous.

« Je vous remercie d'ailleurs de toutes les facultés politiques et autres que vous avez obtenues pour moi. Mais je n'ai pas le courage de traiter pour le moment ces questions, et je termine, comme j'ai commencé, en vous criant : Sortez, sortez, si vous ne voulez pas laisser périr la France ; car je ne saurais me lasser de le redire, vous n'avez autour de vous qu'un simple cercle de feu derrière lequel nos audacieux et habiles ennemis dérobent tous leurs mouvements. La province fait d'ailleurs écho au cri unanime de Paris et se demande à son tour pourquoi cette persistante inaction. Chanzy s'est remis de son échec d'hier et nos affaires dans l'Est ont bonne tournure.

« Salut fraternel,

                    « Signé Léon Gambetta. »

« Sortez ! sortez, si vous ne voulez pas laisser périr la France ! »

C'était le mot de la situation.

CHAPITRE XX

La bataille de Montretout et de Buzenval. — Affaire de la Malmaison. — Les dépêches du matin et celles du soir. — Rapport d'ensemble.

Par une proclamation du 18 janvier, le Gouvernement de la défense nationale prépara les Parisiens à la grande sortie :

            Citoyens,

L'ennemi tue nos femmes et nos enfants ; il nous bombarde jour et nuit ; il couvre d'obus nos hôpitaux. Un cri : Aux armes ! est sorti de toutes les poitrines.

Ceux d'entre nous qui peuvent donner leur vie sur le champ de bataille marcheront à l'ennemi ; ceux qui restent, jaloux de se montrer dignes de l'héroïsme de leurs frères, accepteront au besoin les plus durs sacrifices comme un autre moyen de se dévouer pour la patrie.

Souffrir et mourir, s'il le faut, mais vaincre.

Vive la République !

            Les membres du Gouvernement,
    JULES FAVRE, JULES FERRY, JULES SIMON,
    EMMANUEL ARAGO, E. PICARD, GARNIER-
    PAGÈS, EUG. PELLETAN.

            Les ministres,
    GÉNÉRAL LE FLÔ, DORIAN, MAGNIN.

            Les secrétaires du Gouvernement,
    HÉROLD, LAVERTUJON, DURIER, DRÉO.

Dans la nuit du 18 au 19, le clairon, le tambour, retentirent, et avant le point du jour, cent mille hommes se concentrèrent et traversèrent la Seine à Asnières et à Neuilly.

Le général Trochu s'était mis à leur tête, après avoir confié le commandement au général Le Flô, qui, dans l'ordre du jour qu'il publia dès la première heure du 19 janvier, apprit à la population qu'il était investi du commandement des troupes de la garde nationale, de la garde mobile et de l'armée, qui restaient chargées de la défense de Paris, des forts et des ouvrages avancés. « A dater de ce jour, disait-il, j'entre en possession de ce commandement. Le commandant en chef de Saint-Denis, les commandants en chef du génie et de l'artillerie, les chefs d'état-major général de la garde nationale et de l'armée, tous les généraux de division et de brigade chargés de commandements supérieurs, les commandants des divers groupes des forts et des secteurs passent, en conséquence, sous mes ordres directs. Ils devront se mettre, pour toutes les questions d'ensemble ou de détail qui intéressent la défense et les divers services, en relations directes avec moi.

« Les commandants en chef du génie et de l'artillerie, le chef d'état-major général de l'armée et celui de la garde nationale, un officier de l'état-major de chaque arrondissement de commandement, le général commandant la 1re division et l'intendant de cette même division se réuniront aujourd'hui, au ministère de la guerre, à une heure de l'après-midi.

« Cette réunion constituera le rapport quotidien. »

Le général Trochu alla s'installer, comme dans un observatoire, au Mont-Valérien.

A la tête de la droite, le général Ducrot avait, dès trois heures du matin, réuni les troupes qu'il conduisait vers les collines qui dominent Bougival. Le moment de l'attaque était fixé à six heures, mais il subit deux heures entières de retard. Une forte batterie prussienne, établie au-dessus des Carrières-Saint-Denis, balayait la rive gauche de la Seine, entre Nanterre et Rueil.

Une forte artillerie de campagne prit position sur la droite du chemin de fer de Saint-Germain, près de la Seine, et prit Carrières en écharpe, tandis que les batteries blindées sur wagons le prenaient de face à la station de Nanterre. Ce mouvement réussit. Les Prussiens tirèrent avec rage sur les batteries blindées.

Un artilleur de la marine eût, dès les premiers coups, la tête emportée par un obus. La route était libre pour la colonne principale et pour les régiments de soutien. Le général Ducrot lança ses troupes en ligne droite du rond-point de Nanterre sur Rueil, Bois Préau, les derrières de la Malmaison et la droite de Longboyau, dans la direction de la Celle-Saint-Cloud.

Il atteignit ainsi par les bois, franchissant les tranchées, la Bergerie en avant de Saint-Cucuffa. L'infanterie prussienne répondait par un feu très nourri au tir, un peu trop rapide peut-être, de nos jeunes soldats, la colonne principale, gravissant la hauteur en écharpe, se dirigea vers le plateau de la Bergerie, par le carrefour des Forins et le fond du parc de Buzenval, sous le feu des créneaux dont sont percés tous les murs de clôture.

Tandis que l'infanterie opérait avec une grande énergie ce mouvement difficile, l'artillerie légère, le suivant par les routes du plan inférieur, avançant péniblement, dans le but de prendre position sur les crêtes. C'était une mission difficile et périlleuse. Les chemins étaient pleins d'embuscades. Quand dans l'obscurité du bois la fusillade s'arrêtait, de petits obus venaient éclater, partant de points inconnus.

Les arbres craquaient soudainement, sous le choc des boulets tirés au jugé des fourrés de Saint-Cucuffa. Pas de muraille qui ne fût une redoute pas de repli de terrain qui ne cachât des mitrailleuses ou des compagnies de tirailleurs. Quand on arriva au plateau découvert, les pertes étaient grosses, mais l'ennemi était rejeté dans les fonds de la Celle-Saint-Cloud et de Bougival.

Le corps d'armée du centre, sous les ordres du général de Bellemare, partit du rond-point de Courbevoie, côtoya la droite des glacis du Mont-Valérien, occupa la ferme de Fouilleuse, et franchissant la route de la Malmaison, pénétra par une brèche dans le parc de Buzenval. Là, l'ennemi s'était retranché d'une façon formidable.

Des lignes de tranchées s'étageaient sur la pente de cinquante en cinquante mètres. Chaque tranchée ne pouvait être enlevée qu'au prix d'un combat meurtrier. Chaque fossé franchi, l'ennemi se présentait de nouveau, plus terrible et mieux abrité. Cette périlleuse ascension s'exécuta sans que jamais l'ardeur de nos soldats diminuât un seul instant.

Au bout de six heures de combat, la première ligne met pied sur les ruines de la ferme de la Bergerie de Garches. Ce terrain, fait de décombres, est désert. Fuyant dans les tranchées dont ils ont sillonné ce petit plateau, les Prussiens disparaissent dans le repli de Garches et de Villeneuve-l'Étang.

L'action la plus longue et la plus meurtrière de la journée se passa au parc de la Malmaison, dont les Prussiens avaient pour ainsi dire rembourré le mur d'enceinte avec des sacs à terre et des fascines.

La ligne, la garde nationale, la mobile, s'avancèrent bravement contre ce mur crénelé que l'artillerie ne parvenait pas à abattre. A l'un des angles du mur se trouve une maisonnette assez élevée et de forme gracieuse, d'où l'ennemi tirait sur nos soldats. Quelques obus, habilement dirigés, tombèrent sur cette maison qui commença à brûler. L'ennemi l'abandonna, pendant que plusieurs décharges de mitrailleuses l'attendaient au passage.

Le tir était des plus vifs. Sur la droite, les mobiles étaient couchés dans les vignes; sur la gauche, les gardes nationaux, dans la même position, et tous dans la boue, continuaient une fusillade acharnée.

On parvint à franchir ce mur redoutable derrière lequel on pensait trouver les Prussiens; mais ceux-ci, à notre approche, s'étaient bientôt retirés sous les arbres, abrités dans les tranchées d'où ils ne cessaient de nous envoyer une pluie de balles.

Il nous fallait continuer à poursuivre un ennemi invisible.

De nouveaux bataillons de gardes nationaux vinrent renforcer les premiers, et deux fois on franchit le mur en dedans duquel il était impossible de se maintenir; un moment le génie auxiliaire fut sur le point d'en faire l'assaut, mais la fumée sortant sans cesse des créneaux indiquait que le tir de l'ennemi était toujours constant et régulier. L'artillerie et les mitrailleuses continuaient à diriger leur feu dans le bois. Ce fut devant ce terrible mur, pour le moment infranchissable, que nos troupes se renouvelèrent, continuèrent une vive fusillade jusqu'à la tombée de la nuit.

Le général Vinoy opérait sur l'extrême gauche, par la route parallèle à la Seine et au chemin de fer de Versailles, et aboutissant à l'éminence de Montretout. Il enleva la position avec un remarquable élan dans la matinée, faiblit, et se montra moins habile à garder ses positions qu'impétueux pour les conquérir. L'ennemi avait pu se masser à la hâte, sur les hauteurs, dont la possession était chaudement disputée par de nombreuses pièces de canon.

Et à neuf heures du soir, par un temps brumeux et triste, commença une retraite qui ne finit qu'à onze heures du matin.

C'était en partie l'insuffisance de notre artillerie qui nous perdait.

Le comité d'artillerie, bien que le général Guiod, son président, eut reçu du gouvernement, le 19 janvier, un témoignage d'estime, avait notoirement apporté des entraves et des retards à la confection de nouvelles batteries.

La journée du 19 acheva de démontrer cette regrettable infériorité, puisque, vers la fin du jour, de l'aveu du général Trochu, l'ennemi pût faire converger sur nous des masses énormes d'artillerie, les employer avec une violence extrême, et forcer nos colonnes à se retirer des hauteurs qu'elles avaient gravies le matin.

Les péripéties de la grande sortie furent suivies avec anxiété, presque par heure, par les Parisiens. La lecture du premier bulletin, daté du Mont-Valérien, 19 janvier 1871, à dix heures dix minutes, fut faite à haute voix dans les mairies, par des citoyens de bonne volonté, et accueillie par des cris de : Vive la République !

Gouverneur au ministre de la guerre et au général Schmitz, au Louvre.

Concentration très-difficile et laborieuse pendant une nuit obscure. Retard de deux heures de la colonne de droite. Sa tête arrive en ligne en ce moment. Maisons

Béarn, Armengaud et Pozzo di Borgo occupées immédiatement. Long et vif combat autour de la redoute de Montretout; nous en sommes maîtres. La colonne Bellemare a occupé la maison du curé et pénétré par brèche dans le parc de Buzenval. Elle va attaquer la maison Craon. La colonne de droite (général Ducrot) soutient vers les hauteurs de la Jonchère un fier combat de mousqueterie. Tout va bien jusqu'à présent.

Une foule considérable se porta sur Malmaison et sur tous les points culminants, d'où l'on pouvait embrasser le panorama de la bataille; mais comme le constatait la seconde et troisième dépêches, une brume épaisse rendait les observations très-difficiles :

Mont Valérien, 19 janvier 1871, 10 h. 37 m.

Officier d'ordonnance au ministre de la guerre.

Montretout occupé par nous à 10 heures. L'artillerie reçoit l'ordre d'occuper le plateau à côté et de tirer sur Garches. Bellemare entre dans Buzenval, attaque maintenant vers la Bergerie, fusillade très-vive. Brouillard intense, observations très-difficiles. Je n'ai pas encore entendu un coup de canon prussien.

Mont Valérien, 10 h. 50 m. du matin.

Gouverneur au ministre de la guerre et au général Schmitz.

Un épais brouillard me dérobe absolument les phases de la bataille. Les officiers porteurs d'ordres ont de la peine à trouver les troupes. C'est très-regrettable, et il me devient difficile de centraliser l'action comme je l'avais fait jusqu'ici. Nous combattons dans la nuit.

La teneur de ces rapports fit succéder la perplexité à l'espoir. Les quatrième, cinquième et sixième bulletins qui parurent dans la soirée, ne contenaient aucune indication précise sur l'issue du combat :

La bataille engagée en avant du Mont-Valérien dure depuis ce matin. L'action s'étend depuis Montretout, à gauche, jusqu'au ravin de la Celle-Saint-Cloud, à droite.

Trois corps d'armée formant plus de cent mille hommes et pourvus d'une puissante artillerie sont aux prises avec l'ennemi. Le général Vinoy, à gauche, tient Montretout et le bat ; à Garches, le général de Bellemare et le général Ducrot ont attaqué le plateau de la Bergerie et le battent depuis plusieurs heures. Au château de Buzenval, les troupes ont déployé la plus brillante bravoure, et la garde nationale mobilisée a montré autant de solidité que de patriotique ardeur.

Le gouverneur, commandant en chef, n'a pu faire connaître encore les résultats définitifs de la journée. Aussitôt que le Gouvernement les aura reçus, il les communiquera à la population de Paris.

Épisode du bombardement, rue de Vaugirard.

Amiral commandant 6e secteur à général Le Flô.

A la tombée du jour, nos troupes, en vue du 6e secteur, occupent Montretout avec de l'artillerie, les hauteurs au-dessus de Garches et un parc à droite, dans Saint-Cloud.

De fortes réserves sont au repos depuis midi sur les contre-forts de Garches et de la Fouilleuse, vers la Seine. Les derniers ordres du gouverneur, qui était au Mont-Valérien avec le général Vinoy pour le tir de nos bastions, sont de tirer énergiquement sur le parc de Saint-Cloud et de la vallée de Sèvres, au-dessus de laquelle s'élève une fumée continue depuis deux heures.

8 h. 40 du soir.

Commandant supérieur des gardes nationales à chef d'état-major général.

La nuit seule a pu mettre fin à la sanglante et hono-

rable bataille d'aujourd'hui. L'attitude de la garde nationale a été excellente. Elle honore Paris.

GÉNÉRAL CLÉMENT THOMAS.

Le septième bulletin, publié à une heure avancée, dévoila la douloureuse vérité.

9 h. 50 du soir.

Notre journée, heureusement commencée, n'a pas eu l'issue que nous pouvions espérer.

L'ennemi, que nous avions surpris le matin par la soudaineté de l'entreprise, a, vers la fin du jour, fait converger sur nous des masses d'artillerie énormes avec ses réserves d'infanterie.

Vers trois heures, la gauche, très-vivement attaquée, a fléchi. J'ai dû, après avoir ordonné partout de tenir ferme, me porter à cette gauche, et, à l'entrée de la nuit, un retour offensif des nôtres a pu se prononcer.

4e s. — 5

Mais la nuit venue, et le feu de l'ennemi continuant avec une violence extrême, nos colonnes ont dû se retirer des hauteurs qu'elles avaient gravies le matin.

Le meilleur esprit n'a cessé d'animer la garde nationale et la troupe, qui ont fait preuve de courage et d'énergie dans cette lutte longue et acharnée.

Je ne puis encore savoir quelles sont nos pertes. Par des prisonniers, j'ai appris que celles de l'ennemi étaient fort considérables.

LE GÉNÉRAL TROCHU.

Le lendemain, 20 janvier, à sept heures trente minutes du matin, le général Trochu annonçait du Mont-Valérien au général Schmitz, qu'il avait, bien que l'ennemi n'attaquât pas, reporté en arrière, ou fait rentrer dans leurs anciens cantonnements, la plupart des masses qui pouvaient être canonnées des hauteurs... « A présent, ajoutait-il, il faut parlementer d'urgence à Sèvres, pour un armistice de deux jours, qui permettra l'enlèvement des blessés et l'enterrement des morts. Il faudra pour cela du temps, des efforts, des voitures très-solidement attelées et beaucoup de brancardiers. Ne perdez pas de temps pour agir dans ce sens. »

Le rapport sur l'ensemble des opérations du 19 ne fut publié que le 21. Il ne contient aucun détail nouveau, et il est facile, en le lisant, malgré les artifices de narration employés, de voir que les mauvaises dispositions prises ne pouvaient amener d'autre résultat qu'une défaite.

Nos pertes, que le rapport officiel dit sérieuses, n'ont jamais été déterminées positivement. Les premiers renseignements recueillis par l'état-major général de la garde nationale donnèrent les chiffres de 283 tués, 1,182 blessés, 165 disparus. Mais il y avait loin du total de 1,630 à la réalité. La garde nationale de Paris, les mobiles du Loiret souffrirent énormément. Le colonel du 36e de ligne fut tué; à l'attaque de Buzenval, le 10e régiment de marche perdit son colonel, M. de Rochebrune, et son lieutenant-colonel, M. Ibos, le sauveur du 31 octobre. Tous les bataillons de la garde nationale montrèrent la solidité de vieux soldats.

Le 16e régiment de marche, comprenant les 72e et 69e, se distingua sous les murs de Buzenval. Sous l'impétueuse attaque des deux bataillons réunis, l'ennemi lâcha pied et courait de toutes parts se réfugier derrière le retranchement qui fermait le haut du parc.

De la barricade crénelée jaillit un déluge de feux. Nos gardes nationaux s'élancèrent sous la pluie des balles. Le capitaine Couchot sauta, le sabre à la main, sur la barricade. Il tomba, le cœur traversé d'une balle. Un de ses hommes se précipita pour le relever; il tomba à son tour. Un second accourut, lui aussi tomba.

Là, moururent aussi, du 72e, le sous-lieutenant Bouy, le lieutenant Sarra, et bien d'autres.

Le 69e fit une perte bien cruelle, le fils du savant chimiste Regnault, jeune peintre, qui avait obtenu le grand prix de Rome en 1866, et ses tableaux de *Judith*, de *Salomé*, de l'*Esclave marocaine décapitée*, promettaient à la France un grand artiste.

Plus tard, dans un triste anniversaire, furent célébrés, dans les églises de Rueil et de Saint-Cloud, des services en mémoire des victimes tombées le 19 janvier. L'impression qu'éprouva Paris en apprenant leur mort fut moins celle du deuil que de la colère. Quoi! toujours des hommes inutilement sacrifiés! toujours des entreprises pompeusement annoncées et terminées par un misérable avortement! On relisait les rapports qui les avaient suivies, et dans tous se retrouvaient des phrases stéréotypées, sur la vigueur de l'attaque, les contretemps, la retraite effectuée en bon ordre, le résultat final, qui n'était pas atteint, etc. Comparez les rapports officiels que nous avons indiqués plus haut (pages 282, 283, 284), et vous verrez que celui du 11 janvier n'en est pour ainsi dire qu'une seconde édition. Il n'y a que les noms de changés.

Trochu eut une vague intuition de son insuffisance. Tout en conservant la présidence du gouvernement, il renonça aux fonctions et au titre de gouverneur de Paris, et céda le commandement en chef au général Vinoy, qui s'installa immédiatement, avec son état-major, au Louvre, cour Caulaincourt, dans les anciens appartements du général Fleury. Cette quasi-retraite était une réponse aux justes plaintes qu'avaient suscitées la répétition constante des mêmes fautes, la mauvaise direction et le manque d'ensemble des mouvements, la distribution tardive, incomplète ou nulle des munitions et des vivres aux combattants, l'isolement trop prolongé dans lequel étaient laissées les troupes après s'être emparées de positions importantes. Mais la satisfaction donnée était-elle suffisante? Le général Trochu, simple président, ne conservait-il pas trop d'influence sur les opérations militaires? Ne chercherait-il pas à y entretenir l'esprit de temporisation qui nous avait nui?

Les assiégeants célébrèrent, en bombardant avec une nouvelle furie, leur victoire et la nouvelle dignité de Guillaume Ier, qui, le 18, avait été proclamé empereur dans la galerie des glaces du château de Versailles. Très-faible dans la soirée du 19, leur canonnade s'accentua à partir de minuit, les projectiles tombèrent, à peu d'exceptions près, dans la plupart des rues et sur les édifices ou établissements déjà atteints, entre autres : l'Entrepôt des vins, l'École polytechnique, la Pitié, l'hospice des Incurables, le chemin de fer de l'Ouest (rive gauche), la caserne Babylone, le Luxembourg et le Jardin des Plantes. Ce dernier reçut dix-huit obus, et l'un d'eux causa des dégâts assez sérieux dans les galeries du Musée zoologique. Quarante-quatre propriétés particulières furent endommagées; deux femmes et sept hommes blessés.

Du 20 au 22 janvier, on compta vingt-huit victimes, dont un enfant, deux femmes et trois hommes tués.

Les ambulances et hôpitaux ne furent pas épargnés; l'asile Sainte-Anne, où étaient réunis six cents malades et des blessés français ou prussiens, reçut en vingt-quatre heures plus de trente obus. Comme le disaient le directeur et les médecins de cet établissement dans la protestation qu'ils signèrent, l'égarement des projectiles prussiens était *systématique et calculé*. Le but de nos ennemis était évidemment de semer l'épouvante en prouvant qu'ils ne reculaient devant rien, qu'ils n'avaient pitié ni des faibles ni des malades, et que nous avions à opter entre une soumission complète à leur joug et l'extermination.

Le bombardement de Saint-Denis commença le 21 janvier. Pendant toute la nuit, le tir fut incessant; le pourtour de la cathédrale, le dépôt de mendicité, l'usine Claparède, le théâtre, la rue Lepetit, la maison n° 77 de la rue de Paris, l'hôtel du Grand-Cerf, plusieurs maisons de la place de la Fontaine, furent criblés par les projectiles.

La rue Lepetit fut incendiée; partout la ruine, la désolation, des décombres, et une population qui se sauvait affolée par la sauvagerie de l'ennemi.

La route de Paris, celle de Saint-Ouen étaient couvertes de voitures emportant les ménages. Des femmes, des enfants abandonnant leurs foyers, pleuraient en jetant un dernier regard sur les ruines. Quelques rares habitants, des soldats couraient en traversant les rues, car partout il y avait du danger.

Il y eut, à Saint-Denis, du 21 au 22, deux enfants tués; une femme tuée; un homme tué; et vingt et un blessés.

CHAPITRE XXI

Proclamation du général Vinoy. — Le 22 janvier.

Plus que jamais, on devait renoncer aux moyens dilatoires. De l'élan, de la spontanéité, des plans combinés d'avance, si l'on voulait, mais susceptibles d'être modifiés sur le champ de bataille : voilà ce qu'il nous fallait ! mais, dans l'ordre du jour par lequel il faisait part aux Parisiens de sa nomination, le général Vinoy se montrait moins préoccupé des assiégeants que des *ennemis de l'ordre*.

« A l'intérieur, disait-il, le parti du désordre s'agite et cependant le canon gronde. Je veux être soldat jusqu'au bout; j'accepte ce danger, bien convaincu que le concours des bons citoyens, celui de l'armée et de la garde nationale ne me feront pas défaut pour le maintien de l'ordre et le salut commun. »

Sorte de défi qui était de nature à irriter les perturbateurs et à grossir leurs rangs !

Dans la nuit du 21 au 22, un peu après minuit, cinq ou six cents individus assiègent la prison de Mazas, où étaient enfermés Flourens et quelques autres citoyens de son bord.

Trois délégués nommés Haran, Pierre Leroux et Marcollier, entrent au poste, composé de soixante-quinze hommes de la 3e compagnie du 6e bataillon. Parlementant avec le chef, le capitaine Baudoin de Salics, ils obtiennent d'être conduits par lui auprès du directeur, M. Bayet, et réclament la liberté des prisonniers, au nom de l'attroupement qui gronde au dehors, en promettant, si on leur cède, de s'abstenir de toute dévastation.

Bayet s'offre de ramener les délégués à la porte, à condition qu'ils usent de leur influence sur la foule pour que l'ordre ne soit pas troublé. Vainement le capitaine fait remarquer au greffier le danger d'une pareille condescendance; le directeur n'en tient aucun compte, il descend et fait ouvrir un des battants de la porte, tandis qu'il lui eût été facile de parler à la foule par le guichet.

La discussion, au surplus, ne fut pas longue : M. Bayet dit qu'il était lui-même un homme du 4 septembre, qu'il aimait, lui aussi, la République et la justice, mais qu'il ne fallait jamais avoir recours à la violence; il s'engageait à délivrer les prisonniers le lendemain, si on lui apportait un mandat régulier.

— Non ! non ! tout de suite; il nous les faut tout de suite, répondait la foule. Flourens ! Flourens !

Les délégués firent entendre pour la forme quelques paroles de conciliation, mais la porte livra bientôt passage aux assaillants. A ce moment, un carreau de la loge du gardien fut brisé, on prit les clefs qui ouvrent à la fois la porte cochère et la première porte intérieure de la prison. Toute la compagnie en armes n'attendait que la réquisition de M. Bayet pour agir; mais il ne lui donna point le droit de résister, il se contenta de demander un reçu des prisonniers qu'il livrait.

Presque tous les assaillants étaient armés de chassepots chargés : ils établirent une garde qui tint leurs propres amis en respect, et le directeur désigna la cellule de Gustave Flourens, écroué depuis le 7 décembre. Celui-ci sortit bientôt avec un képi à sept galons et une longue capote. Après avoir été embrassé par un certain nombre de ses libérateurs, tandis que les tambours battaient aux champs, Flourens dit à peu près :

« Citoyens, d'autres amis sont détenus ici avec moi ; je ne m'en irai point sans eux. »

La foule acclama, et le directeur ouvrit successivement les cellules de MM. Nicolas-Léo Meillet, Henri Bauër, écroués depuis le 28 décembre; du docteur Jean-Jacques Pillot, de Demay, Dupas, Alphonse Humbert, tous quatre écroués le 7 janvier.

A mesure qu'un prisonnier paraissait, le tambour

battait; on criait : « Vive la Commune ! » et l'on s'embrassait. M. Meillet mit tant d'empressement à s'en aller qu'il fallut le porter à demi-nu sur un banc du boulevard Mazas où il acheva de s'habiller. A une heure moins le quart, tout était fini.

« Un cheval ! un cheval pour le major Flourens ! crièrent quelques voix. »

Puis les portes se refermèrent; la foule se dispersa comme par enchantement, et plus silencieuse qu'on eût pu le supposer.

Flourens et ses amis regagnèrent la cité de Belleville et entrèrent à la mairie, où quelques employés veillaient à l'entresol pour achever un travail urgent de répartition des vivres.

« Ne vous dérangez pas, citoyens, leur dit Flourens, achevez vos tableaux. Nous allons seulement vous garder. »

Il plaça une sentinelle à la porte; puis, libérés et libérateurs se firent indiquer la réserve de pain, mirent en perce une pièce de vin qui était destinée à la distribution aux nécessiteux pour le lendemain, mangèrent et burent, fouillèrent quelques dossiers et repartirent tranquillement.

« Nous ne sommes pas en nombre, nous reviendrons, » dit Flourens; et il céda sans résistance la place à quelques compagnies de la garde nationale qu'avait envoyées, dès le premier avis, le général Callier, commandant du 2ᵉ secteur.

Le lendemain, à l'heure habituelle, les membres de la commission municipale et les employés retrouvèrent la mairie telle qu'ils l'avaient laissée; seulement, ils s'étonnaient de la présence insolite et inexplicable pour eux d'un bataillon que le général Callier y avait placé le matin, pour la préserver d'un nouveau coup de main. Ils furent bientôt au fait, et purent juger par leurs propres yeux de l'importance du gaspillage constaté dans cette dépêche :

Paris, le 22 janvier 1871, 11 h. 48 du matin.

Général Callier, commandant 2ᵉ secteur, à maire de Paris.

« Le passage de Flourens à la mairie du 20ᵉ arrondissement de Paris a coûté environ deux mille rations de pain supprimées ou emportées. La commission municipale est dans le plus grand embarras; elle compte sur vous pour obtenir le remplacement de ces deux mille rations, soit par l'Hôtel de ville, soit par une intendance quelconque. C'est un besoin d'ordre public et des plus urgents. »

Dès les premières heures du 22, on lisait sur tous les murs de Paris une affiche par laquelle Clément Thomas et Jules Favre invitaient les citoyens à s'unir « pour en finir avec la criminelle entreprise des factieux. »

A voir, le matin, la physionomie de la capitale, nul n'aurait soupçonné les événements de la nuit. L'agitation était surtout intérieure; à l'Hôtel de ville, le conseil du gouvernement, constitué en permanence, se concertait avec le général Vinoy; au ministère de l'instruction publique, délibéraient ensemble MM. Jules Simon, Dorian, les maires François Favre, Clémenceau, Arnaud de l'Ariége, Tirard, Hérisson; huit colonels, dont deux de la garde nationale, et trois chefs d'escadron.

Sur la place de l'Hôtel-de-Ville s'étaient formés des groupes entièrement inoffensifs.

Peu à peu, ils deviennent plus compacts. Diverses députations arrivent précédées de leurs délégués.

Une première délégation est reçue à l'Hôtel de ville par le citoyen Chaudey, adjoint. Elle est conduite par M. Tony Révillon, le chroniqueur de la *Petite Presse*; elle désire que le gouvernement et les maires sachent que la population parisienne ne veut plus de Trochu, ni comme général, ni comme gouvernant, et exige son départ pur et simple, et non pas son remplacement partiel. M. Chaudey s'étant chargé de transmettre ce vœu à qui de droit, les délégués se retirent en prenant l'engagement de ramener leurs mandataires sans manifestation agressive.

Une seconde délégation succède à celle-ci. Les citoyens qui en font partie ne semblent pas briller par l'unité des vues, et demandent chacun une chose différente. Elle semble dirigée surtout par un M. Monteille, qui manifeste le désir de remplacer les généraux Trochu et Vinoy comme commandant de l'armée de Paris. M. Chaudey ayant accueilli cette proposition froidement, la délégation s'éloigne assez mécontente.

Pendant ce temps le flot grossit, et lorsqu'ils redescendent, les délégués sont entourés de questionneurs.

M. Monteille se hisse le long de la colonne d'un réverbère, et, de là, essaye de haranguer la multitude; mais sa voix se perd au milieu du tumulte qui va croissant.

Tout à coup, vers une heure, trois cents gardes nationaux, la plupart du 101ᵉ bataillon de marche, débouchent sur la place, tambours en tête, en criant : « Vive la Commune ! à bas Trochu ! vive Flourens ! »

Gustave Flourens n'est pas avec eux; mais, dans un café voisin de la Tour Saint-Jacques, est attablé depuis onze heures du matin, un autre conspirateur émérite, Blanqui, auquel des affidés viennent de temps en temps rendre compte de ce qui se passe.

Les gardes nationaux du 101ᵉ se précipitent du côté de l'édifice municipal, dont grilles et portes sont immédiatement fermées.

Voyant qu'ils ne peuvent pas entrer, ils veulent d'abord déblayer la place et font évacuer le terre-plein, proche du quai; mais ils ne sont pas en nombre. Changeant de tactique, ils envoient chercher du renfort à Belleville, et, en l'attendant, se massent assez irrégulièrement à l'autre extrémité de la place, vers la rue de Rivoli.

Craignant une collision, femmes, enfants, curieux,

se sauvent de tous côtés, et, pour la plupart, restent en observation à distance.

A une heure et demie, les grilles du palais de la municipalité sont cadenassées, même place Lobau, et nul ne peut plus entrer ni sortir. Des mobiles sont, de ce côté, en faction, comme d'ordinaire, entre la grille et les murailles. Devant la façade, on n'a pas laissé une seule sentinelle.

La place est envahie par des curieux qui vont, viennent, s'en vont et reviennent, s'enquérant de ce qui se passe, se questionnant réciproquement et déplorant, de commun accord, que cette manifestation, si elle devait avoir lieu, n'ait pas été faite sans armes.

A deux heures et demie, débouche, par le quai, une compagnie de marche du 101e bataillon; elle vient de la place d'Italie (13e arrondissement). Les deux tambours qui la précèdent battent le rappel; les hommes sont revêtus de la capote grise, ont le fusil sur l'épaule, et crient : Vive la République! vive la Commune! Ils se dispersent par groupes de deux ou trois, pour former une sorte de ligne de tirailleurs.

Il est trois heures; il n'y a aucune troupe en dehors des grilles; le commandant de l'Hôtel de ville; le colonel Vabre et les officiers des mobiles du Finistère se promènent sur le trottoir, entre la grille et la façade. En ce moment, et par un hasard tout à fait singulier, retentit comme un tonnerre, faisant écho à un autre tonnerre, la canonnade de Châtillon d'une part, et d'autre part le bruit formidable des pièces qui bombardent Saint-Denis.

Les terribles engins de meurtre de M. de Moltke semblent élever leur diapason pour rappeler aux Parisiens que le véritable ennemi commun n'est point dans leurs murs.

Quelques minutes s'écoulent encore; puis un grand mouvement se produit : c'est une compagnie du 207e bataillon, des Batignolles, qui arrive au pas de course par la rue de Rivoli.

A peine est-elle arrivée au milieu de la place, qu'une horrible détonation se fait entendre, suivie d'un cri immense composé des mille clameurs de la foule qui fuit éperdue : ce sont des gardes nationaux du 101e et du 207e qui ont mis un genou en terre et fait feu sur l'Hôtel de ville.

Les coups sont dirigés sur les fenêtres de l'Hôtel de ville et sur le groupe des officiers bretons. Personne n'est atteint.

Le colonel Vabre, traverse la grille, interpelle avec indignation les agresseurs, suivi de M. de Legge, chef de bataillon des mobiles du Finistère, de son adjudant-major Bernard et d'un matelot.

Un individu en bourgeois, qui n'est autre que M. Sapia, commande une seconde décharge.

Quatre balles frappent l'adjudant Bernard aux deux bras et à la tête.

Alors des mobiles se précipitent aux fenêtres de plusieurs des salles de l'Hôtel de ville et ripostent.

En un instant la place, tout à l'heure si tumultueuse, est déserte, et sur l'asphalte, horrible spectacle! gisent sans mouvement les malheureux atteints par la fusillade.

La place est parsemée de coiffures, de paniers, d'objets divers abandonnés dans leur fuite par les gens affolés de terreur.

Le long de l'avenue Victoria des corps sont étendus, inertes. Il y en a d'autres devant l'Assistance publique, d'autres sur les plates-bandes bitumées de la place.

Les insurgés s'embusquent aux angles du quai et de la rue de Rivoli, ils envahissent deux maisons voisines de l'assistance publique; et dirigent un feu nourri contre le premier étage de l'édifice municipal. Toutes les vitres volent en éclats; les lambris sont sillonnés de balles. Ce n'est pas exagérer que d'estimer à deux cents le nombre des coups de feu qui ont pénétré dans les salles.

Un des premiers coups tirés atteignit et brisa le buste de la République placé dans la salle d'honneur!

Enfin la garde républicaine, la garde nationale et la garde mobile arrivent en masse et entourent la place.

On se met en devoir de relever les morts. Un grand nombre des individus couchés qui n'étaient qu'évanouis ou feignaient d'être blessés se relèvent et s'enfuient.

Les victimes, trop nombreuses encore, se réduisent au chiffre de huit morts et dix-sept blessés, dont une femme.

Parmi les morts, sont M. Chastaignon, capitaine, et M. Pompée, garde du 207e bataillon. L'ex-commandant Sapia, criblé de balles, mais respirant encore, est étendu sur le sol.

On procède à des arrestations. Une perquisition faite dans la maison no 1 de l'avenue Victoria amène la capture de vingt gardes de divers bataillons, parmi lesquels quatre mobiles parisiens.

A cinq heures, un calme relatif est rétabli. Les abords de la place de l'Hôtel-de-Ville sont occupés par la garde nationale et la garde républicaine.

Au moment où la place est complètement déblayée, un officier de la garde nationale, seul et sans armes, se présente en agitant un mouchoir blanc, à la façon d'un parlementaire.

C'était Serizier, capitaine au 101e bataillon; or, comme les gens qui venaient de tirer sur l'Hôtel de ville appartenaient précisément au 101e bataillon, l'audacieux personnage fut immédiatement, par l'ordre de Jules Ferry, mis en état d'arrestation. Dans la soirée, on se demanda s'il n'y avait pas lieu, pour le juger, lui et quelques autres, de former une cour martiale. Les généraux qui avaient pris le commandement de l'Hôtel de ville reconnurent, après examen, que l'état de la législation ne le permettait pas, et Serizier fut renvoyé devant un conseil de guerre.

La nuit, l'Hôtel de ville fut occupé militairement, et des bataillons de la garde mobile et de la garde nationale, avec de l'artillerie, campèrent dans les rues adjacentes sous le commandement du général Malroy. Une proclamation gouvernementale annonça que le gouvernement ne faillirait pas à son devoir, la cité tout entière réclamant la ferme exécution des lois.

Dix-sept gardes et plusieurs officiers arrêtés furent écroués à la maison d'arrêt de la rue du Cherche-Midi.

On conduisit au fort de Vincennes soixante-dix autres personnes, parmi lesquelles étaient Bayct, directeur de la prison de Mazas, et Delescluze, rédacteur en chef du *Réveil*.

Un décret ordonna, jusqu'à la fin du siège, la fermeture de tous les clubs; par ces motifs, qu'à la suite de ces excitations criminelles, dont quelques-uns avaient été le foyer, la guerre civile avait été engagée par quelques agitateurs, désavoués par la population tout entière;

Qu'il importait d'en finir avec ces détestables manœuvres qui, dans les circonstances actuelles, étaient un danger pour la patrie et qui, si elles se renouvelaient, entacheraient l'honneur, irréprochable jusqu'ici, de la défense de Paris.

Un autre décret porta de deux à quatre le nombre des conseils de guerre de la 1re division militaire; un troisième supprima les journaux *le Réveil* et *le Combat*, considérant que tous deux contenaient chaque jour des excitations à la guerre civile; que leur publication, en présence des crimes qui venaient d'être commis contre la sûreté de l'État, devenait un danger public, auquel le conseil et la défense ne pouvaient plus être exposés; enfin que la situation de Paris faisait au gouvernement un devoir de recourir aux mesures que comportait l'état de siége.

CHAPITRE XXII

Négociations et armistice.

A la suite de ces troubles intestins, dont les Prussiens se réjouirent, on remarqua de leur part un redoublement d'activité sur tous les points de la ligne d'investissement, comme si l'ennemi eût, voulu se mettre en garde contre un nouveau retour offensif sur le terrain où s'était produit l'engagement du 19 janvier. Il installa de nouvelles batteries en arrière de la gorge de Montretout.

Au-dessous de Buzenval, le pont de bateaux de l'île de la Loge fut complétement rétabli, et l'on y ajouta une tête de pont.

Au sud, une batterie fut placée dans la maison dite à clochetons, près de la gare de Meudon.

Une reconnaissance faite du fort de Vanves, dans la nuit du 23 au 24, signala de l'ouest à l'est un bruit de voitures continu.

A l'est, pendant toute la journée du 23, l'observatoire de Vincennes constata de nombreux mouvements de troupes en arrière de Villiers. Au nord, des mouvements analogues, assez considérables, furent observés entre Aulnay, Gonesse, le Bourget, Pont-Iblon et la route de Poissy. Deux batteries nouvelles tirèrent sur Drancy, le Petit-Drancy et Aubervilliers.

Les quartiers de Paris que pouvaient atteindre les bombes, et notamment les 5e et 6e arrondissements, en reçurent un grand nombre; plusieurs édifices et trente-deux immeubles privés furent atteints le 23. A Saint-Denis, dans la nuit du 22 au 23, cent-vingt obus tombèrent sur la ville, surtout aux abords de la cathédrale, qui servait principalement de point de mire aux feux convergents des batteries prussiennes. La prison, en partie démolie, dut être évacuée; un grand nombre de maisons particulières s'effondrèrent. Bien que les habitants se fussent en partie réfugiés dans les caves, 15 personnes furent tuées du 21 au 22, et le nombre des blessés fut au moins égal.

Dans la nuit du 21, deux incendies furent causés à Saint-Denis par le bombardement : l'un, très-grave, anéantit une fabrique de carton; l'autre se déclara rue des Ursulines, dans une maison particulière qui fut en partie détruite.

Qui l'aurait cru? Pendant ce déchaînement des fureurs des négociations étaient entamées. Le gouvernement, dit de la défense nationale, demandait à traiter; et en son nom, le 23, pendant que les obus pleuvaient sur le Val-de-Grâce, le Luxembourg, les Invalides, les quartiers du Panthéon et de Montrouge, Jules Fabre se rendait à Versailles auprès de M. de Bismark-Schœnhœsen, pour y arrêter les bases d'une convention d'armistice, prélude de la paix.

Ce fut avec de grands ménagements que le gouvernement de Paris prépara la ville à capituler. Dès les premiers bruits qui en coururent, il y eut dans la population un mouvement de révolte. Des pétitions furent signées pour demander un suprême effort; des conciliabules eurent lieu malgré l'interdiction des clubs, qu'ils remplaçaient, et leur effervescence fut portée au comble par les nouvelles qui circulaient : Défaite des armées de province, suicide de Gambetta; ou, au choix, sa mise en état d'arrestation par ordre d'un groupe d'anciens députés, de conseillers généraux, de grands propriétaires réunis en une sorte d'assemblée provisoire.

Il n'y avait de vrai dans ces bruits que la mauvaise chance de nos armées, qu'accablait la supériorité du nombre, de la tactique et de la discipline.

Une communication officielle en date du 26 apprit

aux Parisiens que les chances de la guerre avaient refoulé nos armées l'une sous les murs de Lille, l'autre au delà de Laval, la troisième sur les frontières. Tant que le gouvernement avait pu compter sur l'arrivée d'une armée de secours, il était de son devoir de ne rien négliger pour prolonger la défense de Paris.

Maintenant, perdant tout espoir, réduit par l'état des subsistances à l'impossibilité d'attendre, il était entré en pourparlers sur les bases suivantes : Convocation d'une assemblée; occupation des forts pendant l'armistice, mais sans que les troupes allemandes pénétrassent dans Paris, conservation de la garde nationale intacte et d'une division de l'armée.

Le 27 janvier, jour où l'artillerie prussienne observait enfin le silence et où le feu cessa de notre côté, l'imminente signature de l'armistice était annoncée d'une manière plus formelle encore, et toujours avec les mêmes circonlocutions. La note officielle constatait à la fois l'énergie, le courage de tous, et leurs horribles privations. Le siége de Paris avait duré quatre mois et douze jours; le bombardement un mois entier. Depuis le 15 janvier, la ration de pain était réduite à 300 grammes; la ration de viande de cheval, depuis le 15 décembre, n'était que de 30 grammes. La mortalité avait plus que triplé.

Sur les boulevards, et à Belleville, à Montmartre, à la Villette, des groupes compacts se réunirent pour récriminer contre les décisions du gouvernement, des officiers de la garde nationale voulurent prendre des dispositions militaires que désavouait l'état-major; on sonna même le tocsin à Saint-Nicolas et à Saint-Laurent dans la nuit du 27 au 28 janvier. Mais il n'y eut plus qu'une douleur morne quand on sut que l'œuvre était consommée.

La convention fut signée le 30 janvier 1871, à huit heures, entre le comte de Bismark, chancelier de la Confédération germanique, stipulant au nom de S. M. l'empereur d'Allemagne, roi de Prusse, et M. Jules Favre, ministre des affaires étrangères du Gouvernement de la défense nationale, munis de pouvoirs réguliers.

En voici les articles :

ARTICLE PREMIER.

Un armistice général, sur toute la ligne des opérations militaires en cours d'exécution entre les armées allemandes et les armées françaises, commencera pour Paris aujourd'hui même, pour les départements dans un délai de trois jours; la durée de l'armistice sera de vingt et un jours, à dater d'aujourd'hui, de manière que, sauf le cas où il serait renouvelé, l'armistice se terminera partout le dix-neuf février, à midi.

Les armées belligérantes conserveront leurs positions respectives, qui seront séparées par une ligne de démarcation. Cette ligne partira de Pont-l'Évêque pour les côtes du Calvados, se dirigera sur Lignières, dans le nord-est du département de la Mayenne, en passant entre Briouze et Fromentet; en touchant au département de la Mayenne à Lignières, elle suivra la limite qui sépare ce département de celui de l'Orne et de la Sarthe, jusqu'au nord de Morannes, et sera continuée de manière à laisser à l'occupation allemande les départements de la Sarthe, Indre-et-Loire, Loir-et-Cher, du Loiret, de l'Yonne, jusqu'au point où, à l'est de Quarré-les-Tombes, se touchent les départements de la Côte-d'Or, de la Nièvre et de l'Yonne. A partir de ce point, le tracé de la ligne sera réservé à une entente qui aura lieu aussitôt que les parties contractantes seront renseignées sur la situation actuelle des opérations militaires en exécution dans les départements de la Côte-d'Or, du Doubs et du Jura. Dans tous les cas, elle traversera le territoire composé de ces trois départements, en laissant à l'occupation allemande les départements situés au nord, à l'armée française ceux situés au midi de ce territoire.

Les départements du Nord et du Pas-de-Calais, les forteresses de Givet et de Langres, avec le terrain qui les entoure à une distance de dix kilomètres, et la péninsule du Havre, jusqu'à une ligne à tirer d'Étretat, dans la direction de Saint-Romain, resteront en dehors de l'occupation allemande.

Les deux armées belligérantes et leurs avant-postes, de part et d'autre, se tiendront à une distance de dix kilomètres au moins des lignes tracées pour séparer leurs positions.

L'armistice s'applique également aux forces navales des deux pays, en adoptant le méridien de Dunkerque comme ligne de démarcation, à l'ouest de laquelle se tiendra la flotte française, et à l'est de laquelle se retireront, aussitôt qu'ils pourront être avertis, les bâtiments de guerre allemands qui se trouvent dans les eaux occidentales. Les captures qui seraient faites après la conclusion et avant la notification de l'armistice seront restituées, de même que les prisonniers qui pourraient être faits, de part et d'autre, dans des engagements qui auraient lieu dans l'intervalle indiqué.

Les opérations militaires sur le terrain des départements du Doubs, du Jura et de la Côte-d'Or, ainsi que le siége de Belfort, se continueront indépendamment de l'armistice, jusqu'au moment où on se sera mis d'accord sur la ligne de démarcation dont le tracé à travers les trois départements mentionnés a été réservé à une entente ultérieure.

ARTICLE 2.

L'armistice ainsi convenu a pour but de permettre au Gouvernement de la défense nationale de convoquer une Assemblée librement élue, qui se prononcera sur la question de savoir : si la guerre doit être continuée, ou à quelles conditions la paix doit être faite.

L'Assemblée se réunira dans la ville de Bordeaux.

Toutes les facilités seront données par les commandants des armées allemandes pour l'élection et la réunion des députés qui la composeront.

ARTICLE 3.

Il sera fait immédiatement remise à l'armée allemande, par l'autorité militaire française, de tous les forts formant le périmètre de la défense extérieure de Paris, ainsi que de leur matériel de guerre. Les communes et les maisons situées en dehors de ce périmètre ou entre les forts pourront être occupées par les troupes allemandes, jusqu'à une ligne à tracer par des commissaires militaires. Le terrain restant entre cette ligne et l'enceinte fortifiée de Paris sera interdit aux forces armées des deux parties. La manière de rendre les forts et le tracé de la ligne mentionnée formeront l'objet d'un protocole à annexer à la présente convention.

ARTICLE 4.

Pendant la durée de l'armistice, l'armée allemande n'entrera pas dans la ville de Paris.

ARTICLE 5.

L'enceinte sera désarmée de ses canons, dont les affûts seront transportés dans les forts à désigner par un commissaire de l'armée allemande.

(Il est bon de noter que, dans le protocole, cette condition fut abandonnée par les commissaires allemands, sur la demande des commissaires français.)

ARTICLE 6.

Les garnisons (armée de ligne, garde mobile et marins) des forts de Paris seront prisonnières de guerre, sauf une division de douze mille hommes que l'autorité militaire conservera pour le service intérieur.

Les troupes prisonnières de guerre déposeront leurs armes, qui seront réunies dans des lieux désignés et livrées suivant règlement par commissaires, suivant l'usage; ces troupes resteront dans l'intérieur de la ville, dont elles ne pourront pas franchir l'enceinte pendant l'armistice. Les autorités françaises s'engagent à veiller à ce que tout individu appartenant à l'armée et à la garde mobile reste consigné dans l'intérieur de la ville. Les officiers des troupes prisonnières seront désignés par une liste à remettre aux autorités allemandes.

A l'expiration de l'armistice, tous les militaires appartenant à l'armée consignée dans Paris auront à se constituer prisonniers de guerre de l'armée allemande, si la paix n'est pas conclue jusque-là.

Les officiers prisonniers conserveront leurs armes.

ARTICLE 7.

La garde nationale conservera ses armes; elle sera chargée de la garde de Paris et du maintien de l'ordre. Il en sera de même de la gendarmerie et des troupes assimilées, employées dans le service municipal, telles

que garde républicaine, douaniers et pompiers; la totalité de cette catégorie n'excédera pas trois mille cinq cents hommes.

Tous les corps de francs-tireurs seront dissous par une ordonnance du Gouvernement français.

ARTICLE 8.

Aussitôt après la signature des présentes et avant la prise de possession des forts, le commandant en chef des armées allemandes donnera toutes les facilités aux commissaires que le Gouvernement français enverra, tant dans les départements qu'à l'étranger, pour préparer le ravitaillement et faire approcher de la ville les marchandises qui y sont destinées.

ARTICLE 9.

Après la remise des forts et après le désarmement de l'enceinte et de la garnison, stipulés dans les art. 5 et 6, le ravitaillement de Paris s'opérera librement par la circulation des voies ferrées et fluviales. Les provisions destinées à ce ravitaillement ne pourront être puisées dans le terrain occupé par les troupes allemandes, et le Gouvernement français s'engage à en faire l'acquisition en dehors de la ligne de démarcation qui entoure les positions des armées allemandes, à moins d'autorisation contraire donnée par les commandants de ces dernières.

ARTICLE 10.

Toute personne qui voudra quitter la ville de Paris devra être munie de permis réguliers délivrés par l'autorité militaire française, et soumis au visa des avant-postes allemands. Ces permis et visas seront accordés de droit aux candidats à la députation en province et aux députés à l'Assemblée.

La circulation des personnes qui auront obtenu l'autorisation indiquée ne sera admise qu'entre six heures du matin et six heures du soir.

ARTICLE 11.

La ville de Paris payera une contribution municipale de guerre de la somme de deux cents millions de francs. Ce payement devra être effectué avant le quinzième jour de l'armistice. Le mode de payement sera déterminé par une commission mixte allemande et française.

ARTICLE 12.

Pendant la durée de l'armistice, il ne sera rien distrait des valeurs publiques pouvant servir de gages au recouvrement des contributions de guerre.

ARTICLE 13.

L'importation dans Paris d'armes, de munitions ou de matières servant à leur fabrication, sera interdite pendant la durée de l'armistice.

ARTICLE 14.

Il sera procédé immédiatement à l'échange de tous les prisonniers de guerre qui ont été faits par l'armée

Entrée des troupes prussiennes à Paris.

française depuis le commencement de la guerre. Dans ce but, les autorités françaises remettront, dans le plus bref délai, des listes nominatives des prisonniers de guerre allemands aux autorités militaires allemandes à Amiens, au Mans, à Orléans et à Vesoul. La mise en liberté des prisonniers de guerre allemands s'effectuera sur les points les plus rapprochés de la frontière. Les autorités allemandes remettront en échange, sur les mêmes points, et dans le plus bref délai possible, un nombre pareil de prisonniers français, de grades correspondants, aux autorités militaires françaises.

L'échange s'étendra aux prisonniers de condition bourgeoise, tels que les capitaines de navires de la marine marchande allemande, et les prisonniers français civils qui ont été internés en Allemagne.

ARTICLE 15.

Un service postal pour les lettres non cachetées sera organisé entre Paris et les départements, par l'intermédiaire du quartier général de Versailles.

En foi de quoi les soussignés ont revêtu de leurs signatures et de leur sceau les présentes Conventions.

Fait à Versailles, le vingt-huit janvier mil huit cent soixante et onze.

Signé : JULES FAVRE.   BISMARK.

La publication de ce document dans le *Journal officiel* était accompagné d'une note destinée à en atténuer le pénible effet :

« C'est le cœur brisé de douleur que nous déposons les armes. Ni les souffrances ni la mort dans le combat n'auraient pu contraindre Paris à ce cruel sacrifice. Il ne cède qu'à la faim. Il s'arrête quand il n'a plus de pain. Dans cette cruelle situation, le Gouvernement a fait tous ses efforts pour adoucir l'amertume d'un sacrifice imposé par la nécessité. Depuis lundi soir il négocie; ce soir a été signé un traité qui garantit à la garde nationale tout entière son organisation et ses armes; l'armée, déclarée prisonnière de guerre, ne quittera point Paris. Les officiers garderont leur épée. Une Assemblée nationale est convoquée. La France est malheureuse, mais elle n'est pas abattue. Elle a fait son devoir; elle reste maîtresse d'elle-même. »

Le gouvernement s'occupa immédiatement de régler toutes les conditions de ravitaillement, et les agents qu'il expédia se mirent en route dès le lendemain matin.

Une annexe signée le lendemain fixait les lignes de démarcation qui devaient être formées entre les Français et les Allemands, les personnes qui obtiendraient la permission de franchir les avant-postes de ces derniers ne pourraient le faire que par les routes de Calais, de Lille, de Metz, de Strasbourg, porte de Fontenay, de Bâle, d'Antibes, de Toulouse, n° 189, puis sur les ponts de la Seine, comprenant celui de Sèvres, dont la reconstruction est permise.

La reddition des forts devait être opérée dans les journées des 29 et 30 janvier 1871, à partir de dix heures du matin, de la manière suivante :

« Les troupes françaises auront à évacuer les forts et le terrain neutre, en laissant dans chacun des forts le commandant de place, le garde du génie, le garde d'artillerie et le portier-consigne. Aussitôt après l'évacuation de chaque fort, un officier d'état-major français se présentera aux avant-postes allemands, afin de donner les renseignements qui pourraient être demandés sur ce fort, ainsi que l'itinéraire à suivre pour s'y rendre.

« Après la prise de possession de chaque fort, et après avoir donné les renseignements qui pourraient leur être demandés, le commandant de place, le garde du génie, le garde d'artillerie et le portier-consigne rejoindront à Paris la garnison du fort.

« Les armes, pièces de campagne et le matériel seront remis aux autorités allemandes dans un délai de quinze jours à partir de la signature de la présente convention, et déposés par les soins des autorités françaises à Sevran. Un état d'effectif de l'armement et du matériel sera remis par les autorités françaises aux autorités allemandes le 4 février prochain.

« Les affûts des pièces qui arment les remparts devront être également enlevés avant cette époque. »

CHAPITRE XXIII

Exécution de l'armistice. — Prise de possession des forts.— Convocation d'une assemblée nationale. — Circulaire de Gambetta. — Dernières opérations militaires.

L'exécution de ces arrangements commença le matin même. Soldats de la ligne, marins, chasseurs, compa-

gnies du génie et de l'artillerie, quittèrent les forts, mornes et la tête baissée.

Un décret du 29 janvier convoqua les collèges électoraux, à l'effet d'élire une assemblée nationale pour le dimanche 5 février, dans le département de la Seine, et pour le mercredi 8 février, dans les autres départements. L'élection devait avoir lieu par départements au scrutin de liste, conformément à la loi du 15 mars 1849. Les députés étaient au nombre total de 753. Peu de jours après, un décret rectificatif fixa au 8 les élections de Paris, par ces motifs que de nombreuses réclamations s'étaient élevées contre la brièveté du délai, et que le renvoi du 8 ne pouvait avoir d'inconvénient, puisqu'il n'aurait point pour effet de retarder la réunion de l'Assemblée de Bordeaux.

Par d'autres décrets, furent dissous tous les corps francs, éclaireurs, francs-tireurs, guérillas, etc., faisant partie de l'armée de Paris.

Les régiments de la garde nationale mobilisée, dits régiments de Paris, furent dissous; les compagnies de guerre qui les composaient rentraient dans leurs bataillons respectifs, les lieutenants-colonels des régiments dissous conservèrent leurs grades et leurs insignes, jusqu'à une réorganisation de la garde nationale. Les officiers de tout grade appartenant aux régiments de Paris devaient toucher, à titre d'indemnité, la solde due à leur grade, jusqu'au 1er mars 1871.

M. Jules Simon, ministre de l'instruction publique, se rendait à Bordeaux, pour s'entendre avec la délégation gouvernementale, assurer l'exécution de l'armistice et préparer la réunion de l'Assemblée, tandis que le ministre des affaires étrangères, le ministre des travaux publics et les directeurs des principales compagnies de chemins de fer allaient de concert à Versailles avec la commission des chemins de fer allemands se concerter sur les moyens de faciliter le ravitaillement de Paris. Le directeur général des postes, M. Rampont, dut s'entendre également avec les agents des postes allemandes, si méticuleux, que l'administrateur français n'obtint qu'après de longues discussions la faculté d'expédier chaque jour dix numéros des journaux de Paris dans les départements, encore M. Rampont n'obtint-il cette concession qu'à la condition expresse que chaque éditeur enverrait en même temps, gratuitement, trois exemplaires à la recette des postes allemandes à Versailles.

Pour les hommes qui, dans les forts, dans la plaine, aux remparts, n'avaient reculé devant aucune fatigue, soldats, marins et gardes mobiles, le général Le Flô, ministre de la guerre, rédigea un ordre du jour dans lequel il disait à ces braves défenseurs de Paris : « Aujourd'hui que des malheurs inouïs, que votre courage et vos sacrifices n'ont pu conjurer, vous ramènent dans son enceinte, de nouveaux devoirs, non moins sacrés que ceux que vous avez accomplis déjà, vous sont imposés. A tout prix vous devez donner à tous l'exemple de la discipline, de la bonne tenue, de l'obéissance. »

La délégation de Tours ne pouvait se dispenser de faire entendre sa voix, ce fut, non point pour se résigner à la transaction consommée, mais pour la désavouer, et pour émettre le vœu qu'il ne se trouverait pas un Français pour signer un *pacte infâme.*

Léon Gambetta, dans sa circulaire du 31 janvier aux préfets et sous-préfets, prêcha la guerre à outrance après l'armistice; mais ces idées pouvaient-elles avoir le moindre fondement aux yeux de ceux qui connaissaient la position de nos armées?

L'armée de Bourbaki, après avoir remporté la victoire de Villersexel, avait engagé immédiatement un nouveau combat. Les Prussiens en retraite étaient allés se retrancher dans le village d'Arcey, à la croisée des routes de Villersexel à Montbéliard et de Belfort à l'Ile-sur-le-Doubs; leur artillerie, placée à droite et à gauche du village et appuyée contre les bois, défendait non-seulement Arcey, mais encore la route d'Héricourt et de Belfort.

La veille, le général Bressoles garnit d'artillerie les bois immenses qui se déroulent en avant d'Arcey. Le 13, à neuf heures du matin, l'attaque générale commença sous un soleil splendide, mais aussi par un froid de 20 degrés; la canonnade se faisait entendre sur toute la ligne, plus vivement cependant à la gauche, dans la direction de Gonvillars. Le front d'attaque s'étendait sur plus de cinq kilomètres de terrain; dissimulée dans le bois de Marvelise, notre artillerie lançait un nombre considérable d'obus sur le bois du Mont et sur Arcey, pendant que l'infanterie glissait le long de ce bois pour aller surprendre les Prussiens. L'artillerie ennemie répondait par un feu nourri; mais, à midi, elle était réduite au silence et obligée de se replier en abandonnant Arcey.

Sans laisser un moment de repos à l'ennemi, nos troupes emportent successivement les positions de Desaudans, Semondans, Aibre, Ecclenans et Saint-Julien. Elles avaient jusqu'alors marché avec un entrain admirable, malgré les souffrances que leur causait une température glaciale; mais les vivres commencent à manquer, ainsi que les munitions. Et à la grande confiance que leur avaient inspirée les premiers avantages succèdent bientôt le découragement et les appréhensions d'un avenir incertain.

Toute l'armée (15e, 18e, 20e et 24e corps) se porta toutefois contre l'ennemi, dont la ligne principale était la rive gauche de la Lisaine, garnie de pièces à longue portée, et occupée par des troupes échelonnées depuis Chenabin, à l'extrême droite, jusqu'à Montbéliard, à l'extrême gauche.

En dépit de la glace, de la neige, de l'insuffisance des forces, des munitions et des subsistances, nos soldats enlevèrent, le 15 janvier, les positions allemandes disposées sur la route départementale de Mont-

béliard; le 16, la brigade Carrol-Trevis (de la division Cremer), les 57e, 83e de ligne, le 1er bataillon du 80e de mobiles, le bataillon de la Gironde, chassèrent l'ennemi du village de Chenebier; l'amiral Penhouat prit possession de l'Étobon; mais, le 17, des masses prussiennes et bavaroises, massées aux environs d'Héricourt, avec une formidable artillerie, barrèrent le passage aux vainqueurs de la veille. Bourbaki, abattu, démoralisé, voyant les renforts arriver sans cesse au général de Werden, se dirigea sur Besançon; mais, chemin faisant, il apprit que les Prussiens avaient pris Dôle, passé le Doubs et la Loire; que ses communications avec Lyon allaient être interceptées. Le 24 janvier, il réunit à Château-Farine un conseil de guerre, où il fut résolu qu'on se mettrait en retraite sur Pontarlier. Le général Billot opina seul pour que l'on marchât sur Auxerre.

Grande fut la stupéfaction à Bordeaux, lorsqu'une dépêche, arrivée le 25 janvier à dix heures du matin, fit connaître cette résolution. Deux dépêches lui furent adressées coup sur coup par le ministre : « Je suis tombé des nues, je l'avoue, à leur lecture, disait-il familièrement dans celle de 2 h. 30 m. Sans avoir eu à livrer un seul nouveau combat, après avoir fait des mouvements à peine sensibles sur la carte, vous m'annoncez que votre armée est hors d'état de marcher et de combattre, qu'elle ne compte pas trente mille combattants, et vous n'avez d'autre solution que de vous diriger sur Pontarlier. Enfin, vous concluez par me demander mes instructions. Quelles instructions voulez-vous que je donne à un général en chef qui me déclare qu'il n'y a pas d'autre parti à prendre? »

La dépêche de 4 h. 55 m. ajoutait :

« Plus je réfléchis à votre projet de marcher sur Pontarlier, moins je le comprends. Je viens d'en parler avec les généraux du ministère, et leur étonnement égale le mien. N'y a-t-il point erreur de nom? Pontarlier près de la Suisse? Si c'est là en effet votre objectif, avez-vous envisagé les conséquences? Avec quoi vivrez-vous? Vous mourrez de faim certainement. Vous serez obligé de capituler ou d'aller en Suisse. Car, pour vous échapper, je n'aperçois nul moyen. Partout vous trouverez l'ennemi devant vous et avant vous. Le salut, j'en suis sûr, n'est que dans une des directions que j'ai indiquées, dussiez-vous laisser vos *impedimenta* derrière vous, et n'emmener avec vous que vos troupes valides. A tout prix, il faut faire une trouée. Hors de là vous vous perdez. »

Bourbaki, de plus en plus éperdu, tenta de se brûler la cervelle : la blessure qu'il se fit d'un coup de pistolet à la tête ne fut pas mortelle; mais, comme le dit une communication officielle de Bordeaux, samedi, 28 janvier, il se trouva, *par suite d'un malheureux accident, hors d'état de conserver son service actif*, et force fut de le remplacer à la tête de la première armée, par le général Clinchant, qu'il avait lui-même désigné comme son successeur éventuel.

Le nouveau chef avait mission de modifier les plans conçus et d'arrêter la retraite sur Pontarlier; mais d'insurmontables difficultés s'y opposent. « Du moins, mande le ministre de la guerre, je compte sur votre fermeté et sur le dévouement de tous vos chefs de corps pour tirer le meilleur parti possible d'une situation que vous n'avez pas créée, mais où je déplore profondément de voir l'armée irrévocablement engagée. »

Cette situation était d'autant plus à déplorer que l'armistice ne concernait que les armées du Nord et de Paris.

M. de Bismark, dans une note explicative qui lui fut demandée, dit expressément que les hostilités continueraient devant Belfort et dans le Doubs, le Jura et la Côte-d'Or. M. de Manteuffel en profita au point de refuser une suspension d'armes de trente-six heures pour conférer sur une ligne de démarcation à établir, et le général Clinchant se vit dans la dure nécessité de franchir la frontière. Il en prévint ses soldats par un ordre du jour du 31 janvier. « Nous sommes, leur dit il, entourés par des forces supérieures; mais je ne veux livrer à la Prusse ni un homme ni un canon. Nous irons demander à la neutralité suisse l'abri de son pavillon; mais je compte, dans cette retraite vers la frontière, sur un effort suprême de votre part : défendons pied à pied les derniers échelons de nos montagnes, protégeons les défilés de notre artillerie et ne nous retirons sur un sol hospitalier qu'après avoir sauvé notre matériel, nos munitions et nos convois. »

Le lendemain, 1er février 1871, à 4 h. 1/2, une convention fut signée à Neufchâtel, entre le général français et le général Hanz Herzog, commandant en chef des troupes de la Confédération helvétique. L'armée de l'Est, en entrant en Suisse, déposait ses armes, équipement et munitions, pour être restitués à la France après la paix, et après le règlement définitif des dépenses occasionnées à la Suisse par le séjour des troupes françaises. La Confédération se réservait la désignation d'internement pour ces troupes et leurs officiers; le conseil fédéral les répartit immédiatement entre les différents cantons de la façon suivante : Zurich, 11,000; Berne, 20,000; Lucerne, 5,000; Uri, 400; Schyz, 1,000; Owalen, 400; Nidwalden, 300; Glaris, 7,000; Zangen, 700; Fribourg, 4,000; Soleure, 3,000; Bâleville, 5,000; Bâle-Campagne, 1,500; Schaffhouse, 1,200; Appenzel R. E., 1,500; Appenzell R. I., 200; Saint-Gall, 7,000; Grisons, 1,000; Argovie, 8,800; Thurgovie, 3,900; canton de Vaud, 8,000; Valais, 1,000; Neufchâtel, 1,000; Genève, 1,500; en tout 84,900 hommes.

Les dépêches du général Herzog traçaient de l'armée de l'Est un tableau lamentable. Elle avait bivouaqué dans la neige, jalonné sa route de chevaux morts, de munitions et de fourgons abandonnés; il lui restait toutefois environ 80,000 combattants et cent canons de mitrailleuses. Les soldats étaient en haillons, affamés, pieds nus; et partout ils combattirent jusqu'à la der-

nière heure. Le général Billot, qui était à l'arrière-garde et qui parvint à gagner Lyon, envoyait de Perrache, le 3 février, à 6 heures du matin, cette dépêche qu'on ne peut lire sans émotion :

Général Billot à Gambetta, intérieur et guerre.

« Après avoir couvert la retraite de l'armée, conformément aux ordres du général Clinchant, je viens, avec son autorisation et sans être interné, rendre compte de notre situation au gouvernement de la défense nationale et prendre ses ordres.

« Le 18e corps et la réserve ont vaillamment combattu le 1er février à la Cluse et à Oyel, près le fort de Joux. Deux attaques des Prussiens ont été repoussées. Nous sommes restés maîtres des positions sur toute la ligne, 64 prisonniers sont restés entre nos mains. Les pertes de l'ennemi sont considérables. Le manque de vivres et de munitions joint à l'ensemble des mouvements prescrits en raison de la situation faite à l'armée par l'armistice exécuté par nous pendant trois jours, pendant que l'ennemi marchait pour couper nos communications, m'a déterminé, conformément aux instructions du général Clinchant, à ordonner la retraite. Elle s'est effectuée en Suisse, partie sur Gex, pour des corps isolés auxquels j'ai donné liberté de manœuvres.

« Le combat du 1 février nous coûte 700 hommes, et notamment l'héroïque colonel Achille, qui depuis deux mois allait au feu avec deux blessures ouvertes. L'attitude de nos troupes d'arrière-garde a été admirable aux combats de la Cluse et d'Oyel, malgré le découragement produit par l'armistice, la proximité de la Suisse et les privations de toute nature qu'elles supportaient depuis deux mois.

« BILLOT. »

Garibaldi avait pu échapper à la cruelle extrémité qui accablait Clinchant. Maître de Dijon qu'il sut défendre héroïquement dans les journées du 21, 22 et 23 janvier, quoique malade et obligé d'assister à la bataille en voiture découverte, le vieux patriote italien avait commencé une diversion, quand la nouvelle de l'armistice lui parvint. Des environs de Dôle où il était déjà, il demanda au Gouvernement quelques éclaircissements, et prit la route de Mâcon qu'il atteignit sans encombre peu de jours après; le 17 février, il donnait sa démission et retournait sur son rocher de Caprera.

Chassée du Mans par des forces supérieures, mais fortement établie sur la Mayenne, la deuxième armée se disposait à rentrer en campagne, lorsqu'un ordre du jour du 31 janvier apprit aux soldats l'armistice. « Vous alliez, leur disait le général Chanzy, tenter de nouveaux efforts, mais la parole du Gouvernement engagée doit être loyalement acceptée, les hostilités sont suspendues. »

Au Nord, Faidherbe, à la tête d'environ vingt-cinq mille hommes, avait eu à combattre à Saint-Quentin, le 19 janvier, des masses venues de Reims, Laon, La Fère, Ham, Péronne, Paris, Amiens et de Normandie, et, le 20, il avait battu en retraite sur Lille, Valenciennes, Douai et Cambrai.

La citadelle de Belfort, à laquelle M. de Bismark avait refusé de rendre l'armistice applicable, luttait héroïquement. Le 28, les Prussiens avaient tenté infructueusement l'assaut du fort des Perches; mais Longwy avait capitulé, le 26, après neuf jours de bombardement, en livrant quatre mille prisonniers et deux cents canons.

CHAPITRE XXIV

Élections. — Réunion de l'Assemblée nationale. — Préliminaire de paix. — Les Prussiens aux Champs-Élysées. — Traité de paix définitif. — Protocole de Francfort.

On peut apprécier, d'après le précédent exposé des faits militaires, les illusions que se faisait Gambetta dans sa circulaire aux préfets, en regardant comme possible la continuation de la guerre. La pensée qui avait présidé aux négociations, ainsi qu'aux pourparlers de Ferrières, était celle de la paix. On la retrouve dans la réplique que le Gouvernement de Paris fit à la proclamation de Bordeaux.

« Quoi! s'écriait-il, on nous insulte ! Mais nous n'avons cédé qu'à la plus inexorable nécessité ! » Il négligea de dire qu'il n'avait pas assez fait pour la conjurer.

Pour tâcher d'aplanir les dissidences, Garnier-Pagés, Pelletan, Arago se rendirent à Bordeaux, où était déjà Jules Simon.

Les événements qui suivent appartiennent aux annales générales de la France, et non à notre sujet même, l'histoire de la guerre avec la Prusse et l'Allemagne. Nous n'avons donc qu'à les résumer en peu de mots dans tout ce qui ne touche pas essentiellement à l'immense lutte dont nous avons minutieusement raconté l'origine, le développement et les péripéties diverses.

Les élections eurent lieu dans l'ordre et le calme le plus profond. A Paris furent nommés : Louis Blanc, par 216,471 suffrages; Victor Hugo, par 214,169; Garibaldi, par 200,065; Edgar Quinet, par 199,008 ; Gambetta, par 193,211; Henri Rochefort, par 162,248; puis, avec des chiffres moindres, l'amiral Saisset, MM. Delescluze, Joigneaux, Schœlcher, Félix Pyat, Henri Martin, amiral Pothuau, Édouard Lockroy, Gambon, Dorian, Ranc, Malon, Henri Brisson, Thiers, Sauvage, Martin Bernard, Marc Dufraisse, Greppo, Langlois, Frébault, Clémenceau, Vacherot, Brunet, Charles Floquet, Cournet, Tolain, Littré, Jules Favre,

Arnauld (de l'Arriège), Ledru-Rollin, Léon Say, Tirard, Razouat, Adam, Millière, Peyrat, Farcy.

Réunie à Bordeaux, le 12 février 1871, l'Assemblée nationale choisit, le 21, M. Thiers pour chef du pouvoir exécutif de la République française.

Les négociations se poursuivaient entre MM. Thiers et Jules Favre d'une part, et M. de Bismark de l'autre, accompagné des représentants de la Bavière, du Wurtemberg et du grand-duché de Bade. Les préliminaires de paix furent signés, le 26 février, en ces termes :

Teneur des préliminaires de paix, dont lecture a été faite à l'Assemblée nationale et dont l'instrument authentique reste déposé aux archives du ministère des affaires étrangères.

« Entre le chef du pouvoir exécutif de la République française, M. Thiers, et le ministre des affaires étrangères, M. Jules Favre, représentant la France, d'un côté ;

« Et de l'autre, le chancelier de l'empire germanique M. le comte Otto de Bismark-Schœnhœsen, muni des pleins pouvoirs de S. M. l'empereur d'Allemagne, roi de Prusse ;

« Le ministre d'État et des affaires étrangères de S. M. le roi de Bavière, M. le comte Otto de Bray-Steinburg;

« Le ministre des affaires étrangères de S. M. le roi de Wurtemberg, M. le baron Auguste de Waechter ;

« Le ministre d'État, président du conseil des ministres de S. M. R. Mgr le grand-duc de Bade, M. Jules Jolly,

« Représentant l'empire germanique ;

« Les pleins pouvoirs des deux parties contractantes ayant été trouvés en bonne et due forme, il a été convenu ce qui suit pour servir de base préliminaire à la paix définitive à conclure ultérieurement:

« ART. 1. — La France renonce en faveur de l'empire allemand à tous ses droits et titres sur les territoires situés à l'est de la frontière ci-après désignée:

« La ligne de démarcation commence à la frontière nord-ouest du canton de Cattenom, vers le grand-duché de Luxembourg, suit, vers le sud, les frontières occidentales de Cattenom et Thionville, passe par le canton de Briey en longeant les frontières occidentales des communes de Montois-la-Montagne et Roncourt, ainsi que les frontières orientales des communes de Marieaux-Chênes, Saint-Ail, atteint la frontière du canton de Gorze qu'elle traverse le long des frontières communales de Vionville, Chambley et Onville, suit la frontière sud-ouest resp. sud de l'arrondissement de Metz, la frontière occidentale de l'arrondissement de Château-Salins jusqu'à la commune de Pettoncourt dont elle embrasse les frontières occidentale et méridionale, pour suivre la crête des montagnes entre la Seille et Moncel, jusqu'à la frontière de l'arrondissement de Sarrebourg, au sud de Garde.

« La démarcation coïncide ensuite avec la frontière

de cet arrondissement jusqu'à la commune de Tanconville dont elle atteint la frontière au nord ; de là elle suit la crête des montagnes entre les sources de la Sarre blanche et de la Vezouse jusqu'à la frontière du canton de Schirmeck, longe la frontière occidentale de ce canton, embrasse les communes de Saales, Bourg, Bruche, Colroy-la-Roche, Plaine, Ranrupt, Saulxures et Saint-Blaise-la-Roche du canton de Saale, et coïncide avec la frontière des départements du Bas-Rhin et du Haut-Rhin jusqu'au canton de Belfort dont elle quitte la frontière méridionale non loin de Vourvenans, pour traverser le canton de Delle, aux limites méridionales des communes de Bourgogne et Froide-Fontaine, et atteindre la frontière suisse, en longeant les frontières orientales des communes de Jonchérey et Delle.

« L'empire allemand possédera ces territoires à perpétuité, en toute souveraineté et propriété. Une commission internationale, composée de représentants des hautes parties contractantes, en nombre égal des deux côtés, sera chargée, immédiatement après l'échange des ratifications du présent traité, d'exécuter sur le terrain le tracé de la nouvelle frontière, conformément aux stipulations précédentes.

« Cette commission présidera au partage des biens-fonds et capitaux qui jusqu'ici ont appartenu en commun à des districts ou des communes séparées par la nouvelle frontière ; en cas de désaccord sur le tracé et les mesures d'exécution, les membres de la commission en référeront à leurs gouvernements respectifs.

« La frontière, telle qu'elle vient d'être décrite, se trouve marquée en vert sur deux exemplaires conformes de la carte du territoire formant le gouvernement général d'Alsace publiée à Berlin, en 1870, par la division géographique et statistique de l'état-major général, et dont un exemplaire sera joint à chacune des deux expéditions du présent traité.

« Toutefois, le tracé indiqué a subi les modifications suivantes, de l'accord des deux parties contractantes : dans l'ancien département de la Moselle, le village de Marte-aux-Mines, près de Saint-Privat-la-Montagne, et de Vionville, à l'ouest de Rezonville, seront cédés à l'Allemagne ; par contre, la ville et les fortifications de Belfort resteront à la France avec un rayon qui sera déterminé ultérieurement.

« Art. 2. — La France payera à S. M. l'empereur d'Allemagne la somme de cinq milliards de francs. Le payement d'au moins un milliard de francs aura lieu dans le courant de l'année 1871, et celui de tout le reste dans un espace de trois ans, à partir de la ratification des présentes.

« Art. 3. — L'évacuation des territoires français occupés par les troupes allemandes commencera après la ratification du présent traité par l'Assemblée nationale siégeant à Bordeaux. Immédiatement après cette ratification, les troupes allemandes quitteront l'intérieur

de la ville de Paris, ainsi que les forts situés sur la rive gauche de la Seine, et, dans le plus bref délai possible fixé par une entente entre les autorités militaires des deux pays, elles évacueront entièrement les départements du Calvados, de l'Orne, de la Sarthe, d'Eure-et-Loir, du Loiret, de Loir-et-Cher, de l'Yonne, et, de plus, les départements de la Seine-Inférieure, de l'Eure, de Seine-et-Oise, de Seine-et-Marne, de l'Aube et de la Côte-d'Or, jusqu'à la rive gauche de la Seine. Les troupes françaises se retireront en même temps derrière la Loire qu'elles ne pourront dépasser avant la signature du traité de paix définitif. Sont exceptées de cette disposition la garnison de Paris, dont le nombre ne pourra pas dépasser quarante mille hommes, et les garnisons indispensables à la sûreté des places fortes. L'évacuation des départements situés entre la rive droite de la Seine et la frontière de l'est par les troupes allemandes s'opérera graduellement après la ratification du traité de paix définitif, et le payement du premier demi-milliard de la contribution stipulée par l'article 4, en commençant par les départements les plus rapprochés de Paris, et se continuera au fur et mesure que les versements de la contribution seront effectués. Après le premier versement d'un demi-milliard, cette évacuation aura lieu dans les départements suivants : Somme, Oise, et les parties des départements de la Seine-Inférieure, Seine-et-Oise, Seine-et-Marne, situées sur la rive droite de la Seine, ainsi que la partie du département de la Seine et les forts situés sur la rive droite. Après le payement de deux milliards, l'occupation allemande ne comprendra plus que les départements de la Marne, des Ardennes, de la Haute-Marne, de la Meuse, des Vosges, de la Meurthe, ainsi que la forteresse de Belfort avec son territoire, qui serviront de gage pour les trois milliards restants, et où le nombre des troupes allemandes ne dépassera pas cinquante mille hommes. S. M. l'empereur sera disposé à substituer à la garantie territoriale, consistant dans l'occupation partielle du territoire français, une garantie financière, si elle est offerte par le Gouvernement français dans des conditions reconnues suffisantes par S. M. l'empereur et roi pour les intérêts de l'Allemagne. Les trois milliards dont l'acquittement aura été différé porteront intérêt à cinq pour cent, à partir de la ratification de la présente convention.

« Art. 4. — Les troupes allemandes s'abstiendront de faire des réquisitions, soit en argent, soit en nature, dans les départements occupés. Par contre, l'alimentation des troupes allemandes qui resteront en France aura lieu aux frais du Gouvernement français, dans la mesure convenue par une entente avec l'intendance militaire allemande.

« Art. 5. — Les intérêts des habitants des territoires cédés à la France, en tout ce qui concerne leur commerce et leurs droits civils, seront réglés aussi favorablement que possible lorsque seront arrêtées les conditions de la paix définitive. Il sera fixé à cet effet un espace de temps pendant lequel ils jouiront de facilités particulières pour la circulation de leurs produits. Le Gouvernement allemand n'apportera aucun obstacle à la libre émigration des habitants des territoire cédés, et ne pourra prendre contre eux aucune mesure atteignant leurs personnes ou leurs propriétés.

« Art. 6. — Les prisonniers de guerre qui n'auront pas déjà été mis en liberté par voie d'échange, seront rendus immédiatement après la ratification des présents préliminaires. Afin d'accélérer le transport des prisonniers français, le Gouvernement français mettra à la disposition des autorités allemandes, à l'intérieur du territoire allemand, une partie du matériel roulant de ses chemins de fer, dans une mesure qui sera déterminée par des arrangements spéciaux, et aux prix payés en France par le Gouvernement français pour les transports militaires.

« Art. 7. — L'ouverture des négociations pour le traité de paix définitif à conclure sur la base des présents préliminaires aura lieu à Bruxelles immédiatement après la ratification de ces derniers par l'Assemblée nationale et par S. M. l'empereur d'Allemagne.

« Art. 8. — Après la conclusion et la ratification du traité de paix définitif, l'administration des départements devant encore rester occupés par les troupes allemandes sera remise aux autorités françaises; mais ces dernières seront tenues de se conformer aux ordres que le commandant des troupes allemandes croirait devoir donner dans l'intérêt de la sûreté, de l'entretien et de la distribution des troupes.

« Dans les départements occupés, la perception des impôts, après la ratification du présent traité, s'opérera pour le compte du Gouvernement français et par le moyen de ses employés.

« Art. 9. — Il est bien entendu que les présentes ne peuvent donner à l'autorité militaire allemande aucun droit sur les parties du territoire qu'ils n'occupent point actuellement.

« Art. 10. — Les présentes seront immédiatement soumises à la ratification de l'Assemblée nationale française siégeant à Bordeaux et de S. M. l'empereur d'Allemagne.

En foi de quoi les soussignés ont revêtu le présent traité préliminaire de leurs signatures et de leurs sceaux.

« Fait à Versailles, le 26 février 1871.

« A. Thiers.

« V. Bismark. « Jules Favre. »

« Les royaumes de Bavière et du Wurtemberg et le grand-duché de Bade ayant pris part à la guerre actuelle comme alliés de la Prusse, et faisant partie maintenant de l'empire germanique, les soussignés

adhèrent à la présente convention au nom de leurs souverains respectifs.

« Versailles, 26 février 1871.

« Comte de Bray-Steinburg, baron de Waechter, Mitt-Acht, Jolly. »

Avant la signature de ces préliminaires, une condition cruelle avait été mise à la prolongation de l'armistice. Les négociateurs avaient obtenu que le 1er mars, à onze heures du matin, trente mille hommes entreraient dans les Champs-Élysées, et occuperaient l'espace compris entre la Seine et la rue du Faubourg-Saint-Honoré, à partir de la place de la Concorde jusqu'au quartier des Ternes.

L'évacuation devait avoir lieu immédiatement après la ratification des préliminaires par l'Assemblée nationale.

Malgré toutes les précautions oratoires avec lesquelles, suivant l'usage, cette concession fut résolue par une proclamation du 27 février, Paris, l'apprenant, fut en ébullition. Le comité central de la garde nationale fit battre la générale; des groupes tumultueux se formèrent; des barricades furent ébauchées. Les Prussiens, inquiets, entrèrent, le 1er mars, dans les Champs-Élysées, presque sans bruit, et comme honteux. Ce jour-là, les magasins furent fermés, des drapeaux noirs aux fenêtres des mairies et des maisons particulières; la vie fut, pour ainsi dire, suspendue jusqu'au 3 mars, jour où l'on sut qu'à Bordeaux 546 voix contre 107 avaient ratifié les préliminaires de paix.

Le 11 mars, l'Assemblée décida qu'elle siégerait à Versailles, où M. Thiers et les ministres s'installèrent dès le 14. Ce fut là un grief de plus ajouté à tant d'autres, et dont devaient profiter les factions qui avaient exploité le mécontentement public à chaque sortie malheureuse, à chaque négociation maladroite, et l'insurrection du 18 mars éclata.

Il faudrait des volumes pour raconter l'étrange et sanglant épisode du règne de la Commune; mais, comme nous l'avons fait remarquer, il n'a exercé aucune influence sur la terminaison de la guerre que nous avons entrepris de raconter, et nous sommes heureux de n'avoir pas à nous appesantir sur des faits que tout le monde déplore, et sur lesquels sont ouvertes d'ailleurs des enquêtes qui ne sont pas encore terminées.

Un traité de paix, conforme aux préliminaires du 26 février, fut signé à Francfort-sur-le-Mein, le 10 mai.

Les ratifications en furent échangées, le 20 mai, dans le protocole suivant :

Francfort-sur-le-Mein, le 20 mai 1871.

Les soussignés, M. Jules Favre, ministre des affaires étrangères de la république française, M. Augustin-Thomas-Joseph Pouyer-Quertier, ministre des finances de la république française, et M. Marc-Thomas-Eugène de Goulard, membre de l'assemblée nationale, d'un côté; de l'autre, le prince de Bismark, chancelier de l'empire germanique, le comte Harry d'Arnim, envoyé extraordinaire et ministre plénipotentiaire de S. M. l'empereur d'Allemagne près le saint-siège, se sont réunis aujourd'hui pour procéder à l'échange des ratifications du traité définitif de paix entre la république française et l'empire germanique, signé dans cette ville le 10 mai de l'année courante.

M. Jules Favre et M. Pouyer-Quertier présentèrent l'instrument de ratification, signé par le chef du pouvoir exécutif de la république française le 18 mai, ainsi qu'une expédition en due forme de la loi ratificative du traité votée par l'Assemblée nationale le 18 mai, par l'article 2 de laquelle l'Assemblée nationale consent à la rectification de frontière proposée par le paragraphe 3 de l'article 1er du traité, en échange de l'élargissement du rayon autour de Belfort, tel qu'il est indiqué par le paragraphe 3 dudit article et par le troisième des articles additionnels.

Le prince de Bismark et le comte d'Arnim présentèrent, de leur côté, l'instrument de ratification signé par S. M. l'empereur et roi de Prusse le 16 du mois courant, ainsi que l'expédition du protocole, en date de Berlin, le 15 mai, et insérée dans l'instrument de ratification allemand, en vertu duquel S. M. le roi de Bavière, S. M. le roi de Wurtemberg et S. A. R. le grand-duc de Bade ont accédé expressément, par leurs plénipotentiaires respectifs, au traité de paix du 10 de ce mois.

Lecture ayant été donnée de ces deux documents, les plénipotentiaires français ont pris acte de l'adhésion donnée au traité par les plénipotentiaires de L. M. les rois de Bavière et de Wurtemberg, et de S. A. R. le grand-duc de Bade, au nom de leurs souverains respectifs, les plénipotentiaires allemands, de la loi susindiquée votée par l'Assemblée nationale française.

Les plénipotentiaires des deux pays sont convenus que les stipulations d'échange dont il est question dans l'article 1er et le 3e des articles additionnels, après avoir été acceptées par le Gouvernement français, feront partie intégrante au traité de paix et que la délimitation de frontières entre la France et l'empire germanique sera effectuée en conséquence.

L'échange des lettres de ratification a eu lieu ensuite, de manière que l'instrument allemand a été délivré aux plénipotentiaires français, et l'instrument français aux plénipotentiaires allemands.

En foi de quoi, le présent protocole, rédigé en deux exemplaires, dont l'un en langue française et l'autre en langue allemande, a été signé par les plénipotentiaires

respectifs, après avoir été lu et approuvé. L'exemplaire allemand a été remis aux plénipotentiaires allemands.

V. BISMARK. ARNIM. JULES FAVRE. POUYER-QUERTIER. E. DE GOULARD.

Les soussignés sont convenus et ont arrêté ce qui suit :

D'après l'article 7 du traité définitif de paix entre l'empire germanique et la république française, du 10 mai courant, le premier payement de 500 millions aura lieu dans les trente jours qui suivront le rétablissement de l'autorité du gouvernement français dans la ville de Paris.

Le mode de payement est fixé dans ce même article.

Les soussignés sont cependant convenus que, pour cette fois seulement, les conditions du payement stipulées seront modifiées, de sorte que 125 millions de francs seront acceptés en payement en billets de la banque de France dans les conditions suivantes :

1° 40 millions seront payés jusqu'au 1er juin courant, autres 40 millions jusqu'au 8 juin courant, les derniers 45 millions jusqu'au 15 juin courant;

2° La partie la plus grande possible de chaque payement se fera en billets de banque de cent, cinquante ou vingt francs; les payements seront effectués à Strasbourg, Metz ou Mulhouse.

Une somme de 125 millions, à-compte du second payement d'un milliard fixé dans l'article 7 du traité définitif de paix du 10 mai courant, devra être payée dans les soixante jours qui suivront l'époque fixée pour le payement du premier demi-milliard. Ce payement de 125 millions sera effectué dans les valeurs prescrites audit article 7, à moins qu'un autre arrangement n'aurait eu lieu.

Fait en double à Francfort, ce 21 mai.

V. BISMARK. JULES FAVRE. POUYER-QUERTIER.

A l'heure où nous déposons la plume, l'exécution du traité poursuit son cours.

Les négociations entamées à la fin de mars 1872 ont pour base d'obtenir l'évacuation complète du territoire, contre le versement d'une somme de cinq cents millions. Les deux milliards cinq cents millions restant seraient payés à raison de quarante millions par mois, pendant quatre années, et le reste à très-bref délai.

Que de sacrifices, de douleurs, de misères enfantent l'ambition insatiable des rois et l'aveuglement des peuples !

FIN

www.ingramcontent.com/pod-product-compliance
Lightning Source LLC
Chambersburg PA
CBHW050457270326
41927CB00009B/1783